지방자치단체의 위기와 파산

–미국의 경험과 교훈

임성일 지음

도서출판 해남

지방자치단체의 위기와 파산 –미국의 경험과 교훈

초판1쇄 인쇄 2017년 11월 27일
초판1쇄 발행 2017년 12월 4일

지은이 임성일
발행인 노현철
발행처 도서출판 해남

출판등록 1995. 5. 10 제 1-1885호
주 소 서울특별시 서대문구 충정로 38-12(충정로 3가) 우리타워 6F
전 화 739-4822 **팩스** 720-4823
이 메 일 haenamin30@naver.com
홈페이지 www.hpub.co.kr

ISBN 978-89-6238-111-5 93350

박길성 (협)자치경영컨설팅 소장은 이 책의 기획에 참여하여 많은 도움을 주었다.

서문

책의 제목 선정을 두고 여느 저자들처럼 이런저런 생각을 하였다. 마지막까지 2, 3개의 제목을 쥐고 고민하다가 마침내 지금의 제목을 선택하였다. 마음 한편으로는 선택한 제목이 조금 자극적이고 현실을 과장하는 면모가 없지 않다는 생각이 스쳤다. 사실, 우리나라에서 수년 내에 지방자치단체가 파산할 가능성은 낮기 때문이다. 하지만 우리 사회에 재정위기의 경각심을 강하게 불러일으키고 싶었던 저자의 또 다른 마음이 그것을 압도하였다. 당장, 아니 가까운 미래는 아닐지라도 이제 정말 조심하지 않으면 우리나라에서도 재정위기 단체들이 속출할 수 있음을 경고하는 것이 전문가의 양식이자 의무라고 판단되었다.

최근의 역사에서 한 국가의 재정이 건전 상태에서 위기 상태로 추락하기까지는 채 10년이 걸리지 않았다. 대표적으로 브라질, 아르헨티나, 칠레 등을 휩쓴 남미 국가의 재정위기(국가와 지방 모두 재정위기를 겪었음)가 그러하였고, 세계 금융위기(global fiscal crisis)의 직격탄을 맞은 남유럽 국가의 재정위기(소위 PIGS: Portugal, Italy, Greece, Spain)가 그러했다. 재정당국은 틈만 있으면 우리나라의 재정건전성이 OECD 국가 중 최우량급이라고 말한다. 결코 틀린 말이 아니다. 현재 GDP 대비 국가 채무 비율이 40% 이하인 나라들은 손에 꼽을 정도이고, 이웃 일본은 무려 200%를 훌쩍 넘은 지 오래이다. 하지만 현재 우리가 재정건전성 면에서 한 수 아래로 보는 유럽의 쟁쟁한 국가들(예컨대, 이탈리아, 스페인, 영국, 독일,

프랑스 등)도 지금의 우리 소득 수준과 비슷하였던 1990년대 초 · 중반(1인당 국민소득 25,000-30,000달러 내외)에는 결코 현재의 우리보다 못하지 않았다. 당시 이들은 이미 65세 이상 인구 비율이 14%를 넘어선 고령사회를 맞이하였고, 사회복지 지출이 급팽창하는 전환기를 겪고 있었다. 그 후 일부 국가는 눈덩이처럼 불어나는 채무와 재정적자로 말미암아 수년 내에 재정압박 내지 재정위기의 수렁에 빠졌다.

주지하다시피, 우리나라는 이제 막 복지국가의 초입에 들어선 상태이다. 그런데 정치권의 근시안적인 조바심과 경쟁심 때문에 복지 확장 드라이브가 광풍처럼 몰아치고 있다. 기본적 · 보편적 복지의 구현, 사회적 약자에 대한 보호, 사회 양극화 해소, 각종 사회 안전망(safety net) 구축 등 사회복지의 확장 필요성에 대하여는 아마도 국민 모두가 마음으로 공감할 것이다. 분명히 사회복지는 국민의 따뜻한 마음과 공감을 필요로 한다. 하지만 그것을 실현하는 것은 국가의 튼튼한 재정과 훌륭한 국정 리더십이다. 돌이켜 보면, 우리나라는 세계 금융위기 이후 지금까지 쉴 새 없이 확대 지향적 사회복지 지출을 몰아붙여 왔다. 하지만 그와 같이 저돌적이고 회귀 불능한 사회복지 정책은 국가재정 면에서 결코 지속 가능하지 않다. 재정의 지속 가능성 관점에서 보면, 지금은 따뜻한 마음보다 현재와 미래에 대한 냉철한 인식과 그에 기반을 둔 판단이 절실히 요구되는 시점이다. '따뜻한 마음과 냉철한 판단력'을 보유하는 훌륭한 정치적 리더십과 지혜와 공정성으로 무장된 전문가의 지식이 합력해서 재정의 지속 가능성과 현재 세대와 미래 세대의 공평한 행복을 보장할 수 있는 사회적 우선순위와 중장기 비전을 국민에게 제시하고 국민을 설득할 수 있어야 한다.

최근 들어 지방자치단체의 재정 낭비와 부실 관리 사례들이 언론에 부쩍 많이 보도되고 있다. 때로는 관련 기사가 신문에 대문짝만하게 나기도 한다. 인천시의 총체적 재정 문제, 경전철(용인 · 김해 · 의정부시 등) · 거가대교(경상남도, 부산시) 등 각종 최소수익 보장(MRG) 조치에 따른 재정손실, 강원도의 알펜시아와 태백시 오투리조트의 재정손실, 인천 · 부산 · 대구 · 시흥 · 태백시 채무 문제, 편법적 민간 자본 유치와 무리한 채무보증 행위로 인한 다수 자치단체의 대규모 세금 낭비, 지방 공기업의 부실 경영, 국내외 행사 유치와 관련된 숱한 예산 낭비 사례 등 열거하자면 부지기수이다. 이러한 소식에 접하는 국민들은 한편으로 지방자치단체가 세금을 낭비하고 제 마음대로 돈을 쓴다고 불만을 토로하면서 또 다른 한편으로 이러다가 파산하는 것은 아닌지 우려를 갖는다.

한 술 더 떠서 일부 언론과 전문가들은 "미국이나 선진국에서 실시되고 있는 지방자치단체 파산제도를 우리나라도 도입해야 한다"라고 심심찮게 주장하고 있다. 하지만 이러한 주장은 올바르지 않다. 현재 선진국 중 지방자치단체 파산제도를 도입하고 있는 나라는 미국 하나밖에 없기 때문이다. 그리고 많은 사람들이 오해하는 것과 달리 파산제도의 목적은 채권자로부터 지방자치단체를 보호하고 각종 구제 장치를 통해 재정 회생을 이끌어 내는 '보호와 구제'에 있다. 이는 약 80년 가까운 역사를 지니는 미국의 지방정부 파산(local government bankruptcy)제도가 지속적으로 견지해 온 기본 목적이자 존재 의의이다.

이 책은 우리나라의 재정 운영에 경각심을 불러일으키는 데도 목적이 있지만, 지방자치단체 파산제도에 대한 우리 사회의 인식적 오류와 객관적 지식의 부족을 해소하려는 목적도 있다. 처음 집필을 시작하였을 때는 우리에게 생소한 미국의 지방정부 파산제도와 재정위기에 대해 잘 정리해서 독자들에게 새로운 지식과 정보를 주려는 마음으로 가득하였다. 그러다 집필을 해나가는 과정에서 조금 욕심이 생겨나 우리나라의 최근 재정 문제와 현상을 거시적으로 진단하는 내용을 첨가하기로 마음을 바꾸었다. 아마도 미국 지방재정의 위기에 대해 심층적으로 살펴보던 중에 우리의 현실에 대한 우려가 마음을 강하게 자극하였던 것 같다. 이를 반영하여 책의 처음 세 장은 우리나라의 국가재정과 지방재정의 거시적 현상과 문제에 대해 기술하고 있다. 나머지 일곱 개 장은 본래 의도하였던 미국의 지방정부 파산제도에 충실하고 있다. 여기서는 무엇보다도 지방정부 파산제도의 핵심 내용과 실제 파산 사례 그리고 우리에게 주는 교훈과 시사점을 가능한 객관적으로 전달하는 데 주력하였다. 그 중 일부는 지방정부 파산제도를 이해하는 데 필요한 미국의 지방정부와 지방재정의 운영 구조와 방식에 대한 내용을 보완적으로 기술하고 있다. 그리고 마지막 장에서는 지방재정 위기의 발생 원인과 진단 및 처방에 관하여 미국을 중심으로 다루면서 일본 사례를 첨가하고 있다. 이들은 현 시점에서 우리가 겸허하게 배우고 익혀서 앞으로 실천해야 할 타산지석(他山之石)의 교훈과 시사를 준다.

우리나라의 국가재정과 지방재정은 겉으로는 꽤 건전한 것처럼 보이지만, 사실 이미 한 발은 불안한 경로에 들어서 있다. 이는 지난 6-7년간 사회복지 정책을 급하고 과도하게 추진한 결과(잘못된 경로 선택)이다. 만일 여기서 우리 사회가 자칫 나머지 한 발마저 잘못된 경로에 들여놓는다면, 국가채무와 재정적자는 걷잡을 수 없는 수렁에 빠질 수 있다. OECD 국가들에 대한 저자의 오랜 관측에 의하면, 국가채무가 40-50%대에 이르기까지는 각국이 매우 신중한 탓에 꽤 오랜 기간이 소요되지만, 일단 50%대에 들어서면 그 후 70-100% 수준으로 치닫는 것은 불과 몇 년이 걸리지 않는다. 여기에는 항상 단기 승부와 만족에 익숙한 정치 · 사회적 셈법과 대형 정책적 판단 미스가 수반된다. 이것은 마치 개인이 사회적 규범과 질서를 지키려고 부단히 노력하고 근신하다가 어느 순간 그 문턱을 넘어서자 그 후부터는 과거와 딴판으로 쉽게 규범과 질서를 어기는 것에 비유할 수 있다. 지금 우리는 그러한 경계선의 언저리에 와 있다. 다시 강조하지만, 지금은 정말 조심하고 신중해야 할 때이다.

집필을 시작한 것은 지방재정의 낭비와 도덕적 해이가 한참 기승을 부리던 2000년대 중반(세계 금융위기 발생 이전)이었다. 그런데 저자의 능력 부족 등 이런저런 이유로 꽤 오랜 시간이 흐른 지금에야 책의 완성을 보게 되었다. 이 책의 발간에 즈음하여 몇 분에게 특별히 감사드리고 싶다. 먼저, 항상 사랑으로 부족한 자를 지원하고 이끌어 주신 부모님께 깊은 감사를 드린다. 그리고 늘 삶의 동반자로서 미소와 소망과 격려를 아끼지 않은 아내에게 충심으로 감사드린다. 끝으로, 아무런 조건 없이 출판을 수락하고, 또한 오랫동안 지각한 졸저에 대해 인내하고 좋은 조언을 아끼지 않으신 도서출판 해남의 노현철 대표님께 심심한 감사를 드린다.

2017년 10월 15일

저자 임성일

차례

Chapter 1

서론: 재정위기와 재정건전성

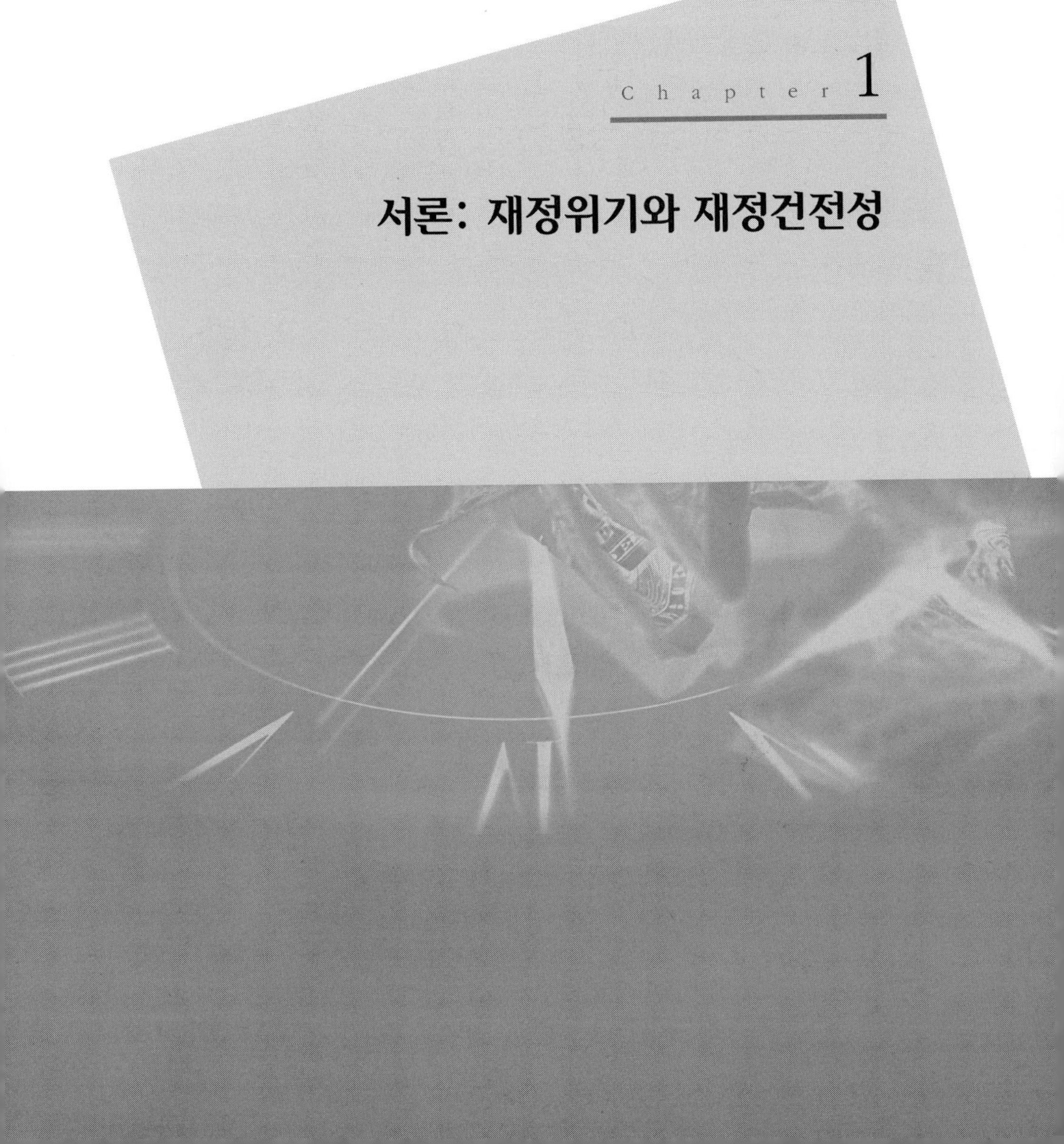

1. 글로벌 금융위기와 국가재정 위기

남유럽 국가(PIGS, PIIGS)의 재정위기

2008년에 글로벌 금융위기(global financial crisis)가 발생한 이후 전 세계는 정치 · 사회 · 경제적으로 많은 어려움과 변화를 겪었다. 국가별로 차이가 있지만, 글로벌 금융위기는 국가재정과 지방재정에 큰 압박과 곤란을 주었다. 일부 국가를 비롯하여 미국과 유럽의 다수 지방정부들이 재정위기에 빠져들었다. 금융위기를 극복하는 과정에서 보다 분명해진 사실은 국가의 재정 상태와 역량이 위기 극복의 관건이라는 점이다. 재정이 튼튼한 나라는 위기를 비교적 가볍고 빨리 극복한 반면 재정이 부실한 나라는 위기의 깊은 늪에서 헤어나지 못하였다. 전자의 예로는 한국, 호주, 캐나다, 독일, 중국 등을 들 수 있고, 후자의 예로는 소위 '피그스'(PIGS: 포르투갈, 이탈리아, 그리스, 스페인의 4개 국가를 지칭하는 약어로 폄훼성 영어 의미('돼지(들)'를 함축하며, 여기에 아일랜드를 추가하여 때로 "PIIGS"라고 함))로 지칭되는 남유럽 국가들을 지목할 수 있다. 실제로 금융위기의 직격탄을 맞은 남유럽 국가들은 모두 금융위기 이전부터 막대한 국가채무와 재정적자 그리고 각종 재정규율 문제로 시달려 온 재정 불건전 국가였다. 그 중에서도, 특히 그리스와 포르투갈은 대규모 재정적자로 몸살을 앓았었다. 오늘날 PIGS 국가들은 유럽 국가채무 위기(European sovereign-debt crisis)의 대명사가 되었다.

그리스의 국가채무 위기는 2009년 11월에 발발하였는데, 2010년에 이르자 그리스 정부는 국가채무의 무게를 이기지 못하고 채무 불이행, 즉 디폴트(default)를 선언하였다. 당시 그 파장을 크게 우려한 국제 사회는 유럽연합(EU)과 유럽중앙은행(European Central Bank)을 중심으로 그리스에 긴급자금(구제금융)을 제공하기로 결정하였다. 그리고 국제 채권시장의 동요를 막기 위해 그리스 관련 국채와 민간 채권을 적극적으로 구입하였다. 그 후 그리스 사회가 얼마나 어려운 시간을 보냈는지에 대하여는 길게 말하지 않아도 외환위기를 겪어 본 우리로서는 충분히 이해할 수 있을 것이다. 간단히 말하면, 그리스 국민은 연금과 각종 사회복지 서비스를 제대로 공급 받지 못하여 고통을 받았고, 지방정부의 기본 행정 서비스가 중단되거나 부실하게 공급되는 애로를 겪었다. 그리고 재정위기 이전에 7-8%이던 실업률이 위기 이후 20% 이상으로 급증하였고, 청년 실업률은 무려 50%를 훌쩍 뛰어넘었다. 사회적 고통과 분노 그리고 허탈감이 극에 달하였음은 두 말할 나위가 없다.

남유럽 국가 재정위기의 한 가운데 선 그리스는 유로 존(Euro zone: 유로화를 사용하는 17개 국가)에 가입하기 전부터 복합적인 재정 문제를 안고 있었다. 그러던 중 2001년에 유로화(Euro)를 받아들이면서 외국 자본 유입이 크게 늘어나 한때 경제와 재정이 활기를 띠는 듯하였다. 하지만 국가경제의 체질이 바뀌지 않은 상태에서 그것은 반짝 경기에 불과하였다. 국가경쟁력은 조금도 향상되지 않았다. 특히, 연금 등 각종 재정 지출에 대한 안일한 국민의 인식과 정부와 정치권의 구조 개혁 지연 등 소극적 대응 행태는 거의 바뀌지 않았다. 이러한 상황에서 2008년에 발생한 글로벌 금융위기는 그리스의 국가경제와 재정을 단숨에 침몰시키기에 충분하였다.

글로벌 금융위기는 민간경제는 물론 과도한 채무와 적자에 신음하는 국가재정에 유동성 위기를 몰고 왔다. 그리스 재정의 숨통을 죈 것은 과도한 누적채무였고, 이는 결국 그리스를 국가부도 상태로 내몰았다. 그 와중에 잘못된 국가채무 통계가 들통이 나는 해프닝이 있었다. 그리스 정부에 대해 국내외 자본시장은 한층 더 싸늘해졌고, 불신과 불확실성에 가득 찬 눈초리로 그리스를 대하였다. 그리스 문제는 감당할 수 없는 재정적자와 국가채무가 핵폭탄이었지만, 따지고 보면 매우 낮은 저축률도 일조한 바가 없지 않다. 그리스가 디폴트를 선언할 무렵 국가저축률(GDP 대비 저축 금액)은 7%대 초반으로 매우 낮았다. 이는 당시 유로 존의 평균 저축률 약 20%와 비교하면 턱없이 낮은 수준이다. 이것은 다시 말해서 그리스가 자력으로 경제와 재정을 회생시키는 것이 사실상 불가능에 가깝다는 것을 의미한다. 같은 PIIGS 국가이지만, 스페인과 아일랜드의 당시 국가저축률은 20%에 근접하였다. 이와 같은 저축률 차이는 스페인과 아일랜드가 그리스보다 2년 이상 늦게 구제금융을 받았으나, 그리스보다 빨리 단기에 구제금융 체제로부터 벗어날 수 있게 해주는 중요한 요인으로 작용하였다.

그리스는 2015년 초에도 당시 새로 출범한 치프라스(Alexis Tsipras) 정부가 채무 디폴트 위협을 가하면서 유럽연합을 뒤흔들어 놓았다. 이 문제는 우여곡절 끝에 그리스 정부의 각종 세출 구조조정(민영화 포함) 프로그램과 채무 변제 조건 변경을 핵심으로 하는 조정안이 그리스와 유럽연합 간에 합의되면서 일단락되었다. 2017년 초 현재에도 그리스의 재정은 정상 궤도에 진입하지 못한 채 위기의 불씨를 안고 있다.

유로 존 국가 중 독일, 영국, 프랑스에 이어 경제 규모 4위인 스페인이 위기를 맞이한 것은 다소 드라마틱하였다. 스페인의 국가채무는 글로벌 금융위기 발생 이전인 1990년대와 2000년대 초·중반까지만 해도 GDP 대비 채무 비율이 낮을 때는 30%대 그리고 높을 때는 50%대 수준을 유지하였다. 우리나라가 현재 GDP 대비 채무 비율 약 40%를 자랑하고 있지만, 스페인 사태나 아일랜드 사태를 보면 국내의 잘못된 정치적 결정이나 대형 글로벌 충격이 가해질 경우 국가채무가 불과 몇 년 사이에 급격히 악화될 수 있다는 역사적 교훈 앞에 보다 겸허하고 냉철해야 한다. 스페인은 새로운 세기(21세기)에 들어서면서 대단한 경기 호황을 누렸다. 그러다 2000년대 중반부터 부동산시장이 급격히 냉각하면서 경기가 불황에 빠졌다. 엎친 데 덮친 격으로 글로벌 금융위기가 발생하자 스페인의 경제와 재정은 곤두박질쳤고 실업률이 급상승하였다(스페인은 금융위기 이전에 이미 그리스와 함께 실업률 15% 이상의 고실업 국가였다). 고용 사정이 크게 악화되자 사회·정치적으로 심각한 갈등과 진통이 생겨났다.

국가경제의 악화는 재정에 큰 타격을 주었다. 이는 스페인이 소위 남유럽 국가 채무위기(또는 재정위기)의 핵심 당사국에 포함된 사실이 말해 준다. 과거 우리나라가 외환위기 당시 경제위기만을 겪었던 것과 달리 스페인은 경제위기와 재정위기를 동시에 겪었다. 국가재정이 막대한 적자와 채무로 신음하는 상황에 이르자 스페인은 급기야 유럽연합에 도움을 요청하였다. 유럽연합은 몇 가지 조건을 전제로 자금을 지원하기로 결정하였다.

스페인은 금융위기 이전부터 유럽 내에서 아일랜드와 함께 주택시장이 지나치게 과열된 '주택 거품(housing bubble) 국가'로 잘 알려져 있었다. 주택시장이 활황이었던 당시 스페인의 지방정부들은 넘쳐나는 재산과세 수입으로 재정의 황금기를 느낄 정도였다고 한다(비록 그 정도에는 못 미치지만 우리나라의 수도권 지방자치단체들도 부동산시장 활황기였던 1990년대와 2000년대 초기에 비슷한 경험을 한 바 있다). 하지만 역설적으로 부동산시장의 엄청난 활황은 수년이 지나자 지방재정을 피폐화시키는 부메랑이 되었다. 대부분의 지방정부들이 재정 호황기에 미래의 재정불황에 대비하지 않고 예산을 있는 대로 펑펑 쓴 것이다. 우리 식으로 표현하면, 무리한 개발사업과 대중영합주의 사업을 과감하게 추진하고, 선심성 · 낭비성 예산 지출을 예사로 한 것이다. 2012년 중반에 마침내 스페인 재정위기가 발생했을 때 중앙정부의 부채(7,330억 유로: 우리 돈으로 1,000조 원 이상임)도 컸지만, 지방정부의 부채도 수천 억 유로나 되는 천문학적 금액이었다. 당시 지방정부 중에서 사실상 재정파산 상태였던 곳이 적지 않았다. 카탈루냐(Catalonia), 발렌시아(valencia)를 포함한 다수의 광역정부들이 중앙정부에 긴급구제금융(bailout)을 요청하였던 사실이 그것을 대변해 준다. 특히, 카탈루냐주는 스페인의 주들 가운데 가장 막강한 곳인데(스페인 GDP의 약 20% 점유), 당시 약 50억 유로(우리 돈으로 약 6조 원)의 긴급 자금 지원을 요청하였다. 이러한 현상은 부동산 경기 덕분에 지방재정이 풍요를 누렸던 2000년대 초와 비교하면 극과 극일 뿐 아니라 참으로 아이러니컬하다. 스페인은 결국 몸통이 비대해질 대로 비대해진 국가와 지방의 채무를 감당하지 못하고 씁쓸하게 유럽연합과 국제통화기금(IMF)으로부터 구제금융을 지원 받는 신세가 되었다.

금융위기가 발생하자 거품은 꺼졌고, 정치 · 경제 · 재정 · 사회적으로 대혼란이 야기되었다. 스페인의 국가재정이 풍전등화(風前燈火)의 위기에 빠진 2012년 중반 글로벌 채권시장에서는 사실상 스페인 국채를 투매하는 사태가 벌어졌다. 당시 금융시장과 자본시장에서는 스페인이 시장에서 자금을 조달하는 것이 거의 불가능하다는 비관론이 팽배하였다. 그리고 스페인이 제2의 그리스가 될 것이라는 전망도 이곳저곳에서 쏟아져 나왔다. 그리스와는 차원이 다른 유럽의 중심 국가가 부도 상태에 빠지게 될 경우 국제 금융시장과 자본시장이 큰 충격을 받고 요동칠 것은 불 보듯 뻔하였다. 이에 국제 사회는 스페인의 요청을 수용하고 긴급히 재정 지원 등 각종 구제 조치를 취하였다.

스페인은 재정위기를 탈피하고 국가경제를 성장 기조로 회복시키기 위해 국가경제와 재정 전반에 걸치는 구조개혁을 단행하였다. 구조개혁의 의지를 확고히 보여 준 것은 재정의 안정성과 지속 가능성 확보를 목적으로 단행된 2011년도 헌법 개정(제135조 개정)이다. 이는 모든 행정기관이 예산 안정성을 확보하고 EU와의 합의를 준수하는 차원에서 정치 · 경제 · 재정적으로 매우 중요한 의미를 지녔다. 그 후 스페인 정부는 헌법 개정을 뒷받침하는 후속 조치로 관련 법률을 제 · 개정하는 한편 강도 높은 구조조정을 실시하였다. 이때 지방자치제도와 지방재정 운영에 큰 변화와 영향을 주는 각종 정부개혁 조치들이 함께 단행되었다.

2012년 이후 현재까지 진행 중인 구조개혁은 스페인 경제를 다시금 지속 가능한 성장경로에 안착시키는 데 성공하였다. 이 과정에서는 국제 유가의 하락과 유로의 평가절하 그리고 조세개혁도 한 몫을 하였다(European Union, 2015). 특히, 국가와 지방, 그리고 모든 행정기관을 대상으로 한 전 방위적 세출 구조조정은 스페인의 재정적자를 단기간에 큰 폭으로 줄였다. 그 결과 가파르게 상승해 왔던 국가채무의 성장세가 멈추었다. 구체적인 예로, 2010년에 GDP 대비

9.2%나 되었던 재정적자가 2015년에는 4%대로 크게 줄었다. 이 추세라면 중기 구조적 균형재정(structural balance)의 달성과 함께 머지않아 기초수지의 흑자(primary surplus)도 달성 가능할 것으로 예상된다. GDP 대비 공공채무 비율은 2015년 또는 2016년을 정점으로 감소 추세가 예상되고, 2016년 102.5% 그리고 2018년에는 93.2%에 달할 것으로 전망된다(European Commission, 2015; IMF, 2015).

스페인은 최근 3년(2015-2017) 연속해서 3% 이상의 GDP 성장률을 기록하고 있다. 특히, 스페인은 과거 경제위기를 함께 겪었던 유럽연합의 중견 국가 이탈리아가 노동개혁 등에 성공하지 못하였던 것과는 대조적으로 국가의 경제와 재정회복의 관건이 되는 핵심 개혁 – 노동개혁, 금융개혁(금융 시스템 정비), 정부개혁 – 에 성공하면서 재정의 건전성을 회복하였다. 종합적으로, 스페인의 경제와 재정 상황은 국제 사회의 적극적인 구제 조치를 토대로 강력한 재정개혁과 각고의 자구노력 그리고 세계경제의 완만한 회복세에 힘입어 최근 눈에 띄게 좋아졌다. 실제로 재정위기 국가 중에서 스페인과 아일랜드는 2013년에 구제금융 체제로부터 조기 졸업하였다.

아일랜드는 1990년대와 2000년대 초에 급격한 경제 성장과 부동산시장의 활황으로 장밋빛 일색의 국가 발전 전망을 가졌던 나라이다. 하지만 2000년대 후반부터 과열되었던 부동산 거품이 꺼지면서 금융권이 파산위기에 몰렸고, 결국 880억 유로의 구제금융을 지원 받는 신세가 되었다. 사실, 아일랜드는 2006년 말까지만 해도 국가채무 수준이 OECD 평균보다 크게 낮았고, 재정수지 흑자를 기록하였다. 하지만 세계 금융위기를 전후로 주택 거품과 국내 경기가 폭삭 주저앉으면서 심각한 재정위기에 빠져들고 말았다. 재정위기의 화근은

[표 1-1] 재정위기 국가와 주요 선진국의 GDP 대비 재정수지 및 총채무 비교

(단위: %)

	전체 수지				기초수지				총채무			
	2008	2010	2015	2020	2008	2010	2015	2020	2008	2010	2015	2020
PIIGS 국가												
- 포르투갈	-3.8	-11.2	-4.4	-2.3	-1.1	-8.5	-0.1	1.7	71.7	96.2	129.0	124.6
- 이탈리아	-2.7	-4.2	-2.7	-0.2	2.0	-0.1	1.3	3.3	102.4	115.4	132.0	126.8
- 아일랜드	-7.0	-32.1	-1.9	0.3	-6.3	-29.8	0.5	2.1	42.4	86.3	78.7	67.2
- 그리스	-10.2	-11.2	-3.4	-1.7	-5.4	-5.3	0.2	1.5	109.4	146.2	179.4	169.2
- 스페인	-4.4	-9.4	-5.1	-2.3	-3.4	-7.8	-2.4	0.1	39.4	60.1	99.8	95.7
한국/일본												
- 한국	1.5	1.5	0.3	1.7	1.2	0.8	-0.4	1.6	28.2	30.8	37.8	37.4
- 일본	-4.1	-9.1	-3.5	-2.2	-3.8	-8.6	-3.1	-2.2	191.3	215.9	238.0	236.1
미국 등												
- 미국	-6.7	-10.9	-3.5	-5.4	-4.6	-8.9	-1.6	-2.7	73.6	95.7	105.6	112.7
- 영국	-5.2	-9.5	-4.4	-0.9	-3.7	-7.0	-2.9	0.7	50.2	76.0	89.0	85.9
- 독일	-0.2	-4.2	0.7	1.0	2.2	-2.1	1.9	1.6	65.1	81.0	71.2	56.4
- 프랑스	-3.2	-6.8	-3.5	-1.6	-0.5	-4.5	-1.6	0.0	68.0	81.6	96.2	95.1

자료: IMF(2017. 4); 2020년은 예측치임.

정부가 경제를 살리려고 무리하게 유동성 위기에 빠진 은행의 채무를 보증해 준 것이었다. 아일랜드 정부의 초강경 무리수로 인해 아일랜드의 2010년도 전체 재정수지(기초재정수지)는 GDP 대비 무려 32%(30%)를 기록하였다(이는 아마도 그 해의 세계 기록이었을 것이다). 당시 국가재정수지에 관한 EU의 재정규율 기준이 GDP 대비 3% 상한이었음을 상기하면 실로 엄청난 재정적자 수준이 아닐 수 없다.

아일랜드의 재정위기는 국가의 무리한 채무보증 외에 다른 본질적인 문제가 있어서 발생한 것이 아니었다. 따라서 외부로부터 구제금융이 지원되자 재

[그림 1-1] 재정위기 국가와 주요 선진국의 GDP 대비 총채무(2015, 2020)

(단위: %)

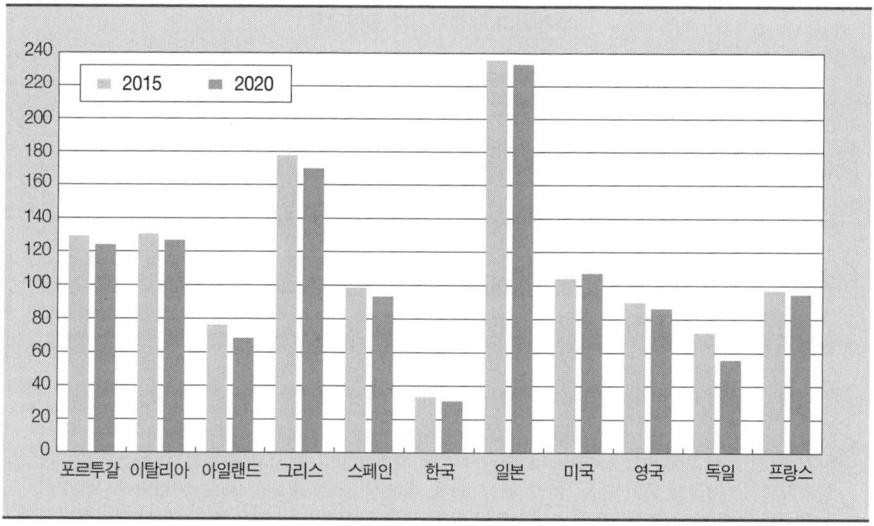

주: IMF 자료(2017. 4)를 토대로 작성한 것임(2020년은 예측치임).

정은 빠르게 회복되었다. 실제로 아일랜드가 재정위기의 한 가운데 서 있었던 2010년에도 GDP 대비 국가채무는 86%로 아주 높은 수준이 아니었다([표 1-1] 참조).

세계 금융위기가 발생한 이후 대부분의 OECD 국가들은 공공 부문의 재정 지출을 대폭 삭감하고 지출의 우선순위를 재조정하는 '재정조정(통합) 프로그램'(fiscal consolidation programmes)을 실시하였다. OECD 보고서(2015)에 의하면 회원국들은 2009-2011년 기간 중에 GDP의 2.8%에 해당하는 재정조정을 실시하였고, 2012-2015년 기간에는 그보다 더 큰 재정조정을 단행하였다. 유럽 국가들 중에서도, 특히 스페인과 이탈리아는 중앙재정뿐만 아니라 지방재정을 대상으로 매우 적극적인 세입 · 세출 조정을 실시한 나라로 지목된다.

스페인의 재정위기와 정부개혁

스페인 정부는 재정안정성을 지속적으로 개선하기 위해서는 무엇보다도 재정 지출의 효율성 향상이 매우 중요하다고 판단하고 여기에 정부의 정책과 역량을 총집중하였다. 이는 구체적으로 2012년부터 전 공공 부문을 대상으로 추진된 고강도의 행정개혁을 통해 실천되었고, 그 과정에서는 다양한 형태의 지출 구조조정이 이루어졌다. 행정개혁의 핵심 개념으로 '행정의 현대화'가 천명되었는데, 이는 행정 활동의 효율성 증진을 통한 예산 안정성 도모에 그 목적이 있다. 행정개혁은 신설된 행정개혁위원회(스페인어로는 CORA로 약칭됨)가 주도하였으며, 동 위원회는 행정구조 합리화 증진을 목표로 내걸었다. 행정개혁의 핵심은 공공 부문이 민간 부문에 행정 서비스와 각종 기본 혜택(basic benefits)은 제공하되, 불필요하게 낭비되는 운영 경비는 과감하게 줄이는 데 있다. 특히, 지방행정 구조 합리화 정책은 2013년에 제정된 막강한 지방개혁 법률, 즉 '지방행정 합리화와 지속 가능성 법률'(LRSAL)에 의해 큰 탄력을 받았다.

일련의 정부개혁이 추진되면서 지방자치단체의 행정과 재정 활동에 큰 변화가 있었다. 개혁의 가장 큰 목적이 국가재정의 안정성과 지속 가능성 확보에 있었던 만큼 그것을 달성하기 위한 가장 현실적인 목표들이 중앙재정과 지방재정의 적자와 채무를 대폭 줄이는 데 집중되었다. 따라서 2011년도 헌법 개정 이후 취해진 모든 중요한 제도 변화와 정책 조치는 이를 충족하는 행정 · 재정 개혁 프로그램으로 구성되었다. 대표적인 예로 중앙정부와 지방자치단체의 재정적자와 채무의 연간 감축 목표 설정, 세입 확충(증세 · 징세 노력 등), 지출 구조조정, 각종 효율성 증진을 실천하고 촉구하는 법률의 제 · 개정 및 관련 정책을 지적할 수 있다.

최근 몇 년을 돌아보면, 스페인에서는 중앙정부는 물론 지방자치단체의 재정 효율성과 건전성 및 지속 가능성 확보를 위해 매우 파격적인 조치들이 단행되었다. 지방재정에 초점을 둘 때, 이는 한편으로 과거 경제 호황기에 지방자치단체들이 재정을 불필요하게 낭비하고 비효율적으로 사용하였던 잘못된 관행과 불합리한 행태를 교정하는 차원에서 긍정적이고 적절한 조치로 간주된다. 하지만 또 다른 한편으로 국가가 재정효율성 및 지속 가능성 가치를 빌어 지방자치 권한을 약화시키고 지방재정의 유연성을 저하시켜 궁극적으로 중앙집권의 강화를 초래한다는 부정적 비판을 면하기 어렵다. 후자의 대표적인 예로 지방공무원 인력조정 등 세출 구조조정 조치와 조직 구조 합리화, 주요 지방행정 서비스의 공급 비용(표준 비용) 정보를 통한 구조조정 실시 등을 거론할 수 있다.

임성일, 『지방재정』, 2015 참조.

2. 국가재정이 붕괴되는 데는 채 10년이 걸리지 않았다

1) 재정위기는 채무와 재정수지의 양과 질에 의해 결정

일반적으로 국가와 지방의 재정위기는 구조적 요인과 비구조적 요인이 복합적으로 작용하여 발생한다. 이때 그 징후는 채무와 재정적자의 상태를 통해 나타난다. 이는 그리스, 스페인, 포르투갈, 아일랜드, 이탈리아 등 글로벌 금융위기를 전후로 심각한 재정위기 상황에 처했던 국가들의 재정지표가 분명히 말해 준다. 예를 들어, 그리스의 재정수지와 총채무는 2008년에 각각 GDP 대비 −10.2%, 109.4%였다. 포르투갈, 그리스, 이탈리아의 경우 2005년도 GDP 대비 재정수지 적자는 각각 −6.2%, −5.3%, −4.2%로 OECD 국가 평균(−2.8%)의 약 2배 내외로 높았다.

재정위기와 관련하여 논하자면 재정적자보다 채무가 훨씬 더 위험한 요인이다. 재정적자 문제는 극단적으로 지출을 큰 폭으로 줄이면 되지만, 채무는 변제 역량이 강화되어야만 해소될 수 있기 때문이다. 역사적으로 유럽의 선진국들은 국가와 연도별로 조금씩 차이가 있지만, 1980년대와 1990년대에는 높은 재정적자(예컨대, GDP 대비 재정적자 비율 5% 이상)를 기록하였다. 특히, 영국과 독일은 1990년대에 때로 GDP 대비 재정적자 비율이 7%를 넘어서는 매우 심각한 적자 문제로 시달렸다. 하지만 당시 대다수 국가들(이탈리아 제외)은 적어도 채무에 관한 한 GDP 대비 채무 비율을 50% 내외 수준에서 잘 관리하였다. 그 후 2000년대 후반에 PIGS 국가의 반열에 들어서게 된 국가들은 여러 가지 국내외 이유로 재정수지가 나빠진 상태에서 국가채무가 급격히 악화되자 재정위기에 함몰되었다.

그런데 그리스를 제외한 다른 나라의 채무는 미국이나 프랑스와 비교할 때 그 수준이 대단히 높은 것으로 보기는 어렵다. 문제는 채무의 질과 부도 위험성 면에서 큰 차이가 존재하는 데 있다. 미국과 프랑스 등에 비해 PIGS 국가들은 해외 채무 의존도가 높고 국가재정 전반에 대한 위험도가 국제적으로 높이 평가되고 있었다. 통상 해외 채무의 비중이 높을 경우, 특히 단기외채의 의존도가 높을 경우 외부 충격에 의해 재정위기에 빠질 가능성이 크다. 이는 외환위기 때 우리나라가 뼈저리게 경험했던 바이다. 재정위기 당시 PIGS 국가의 해외 채무는 최소한 GDP의 절반 이상을 차지하였고, 국가재정의 위험도(국채의 부도 확률)를 반영하는 CDS 프리미엄이 매우 높은 상태였다. 국가경제와 재정의 위험도는 결국 국가의 대외신인도를 종합 평가하는 세계적 신용평가 기관의 신용 등급으로 나타난다. 당시 국제 신용평가 기관(2012년 초, S&P 기준)의 신용 등급은 미국과 일본이 각각 AA+, AA-인 데 비해 이탈리아, 포르투갈, 그리스는 각각 BBB+, BB, SD(Selective Default: 선택적 디폴트)로 평가되었다. 주지하다시피, 미국은 기축 통화국이면서 국가채무의 해외 의존도가 낮아 국가부도의 가능성이 거의 없는 나라이다. 참고로 그리스와 이탈리아는 20세기 중반에 각각 한 차례씩 외채에 대해 디폴트를 한 경험이 있다. 그리고 경제위기에 빠지면 국가의 통화가치가 급격히 떨어지는데 이는 그리스 등에서 여실히 나타났다. 사실, 그와 같은 현상은 1990년대 말 동아시아 경제위기(외환위기)를 겪었던 한국, 태국, 인도네시아, 필리핀 등이 공통적으로 경험한 바이다. 당시 우리나라를 포함한 대부분의 나라들이 위기 이전에 비해 약 40% 내외의 엄청난 통화가치 절하를 경험하면서 거의 공황 상태에 빠졌다. 요약하면, 국가재정에서 차지하는 채무의 양적 크기도 중요하지만, 그 못지않게 중요한 것이 채무의 구조와 질적 특성이다. 이는 다음에서 설명되는 일본의 경우를 살펴보면 알 수 있다.

일본의 국가채무는 OECD 국가 중 타의 추종을 불허하는 고공행진을 기록 중에 있다. OECD 국가들 중에서 GDP 대비 채무 비율이 높은 나라들은 대개 100% 내외의 수준을 유지하고 있는데 비해 일본은 그 두 배가 넘는 약 240%(2015년 기준 238%)를 기록하고 있다. 일본의 재정적자 수준 또한 거의 매년 GDP 대비 3%를 넘어서고 있어서 다소 불건전한 상태에 있다(세계 금융위기 직후에는 약 10% 수준을 기록한 바 있다). 그런데도 일본의 경제와 재정은 위기 상황을 맞이하지 않고 있다. 선진국 가운데 GDP 대비 채무 비율이 가장 높은 나라이자 국가예산의 약 절반을 채무(국채 발행)로 충당하는 국가의 재정이 무너지지 않고 지속되는 것은 일견 모순처럼 보인다(매년 예산 중 어마어마한 금액이 국가채무의 원리금 상환에 지불되고 있다).

그런데 일본의 재정 환경을 면밀히 살펴보면 다른 나라와 달리 고도의 채무재정이 지속될 수 있는 독특한 역량과 여건을 갖추고 있음을 알 수 있다. 그것은 (1) 국가채무의 대부분이 국내 채무(국내 금융 기관, 기관투자자, 공공 기관 대상 채무)인 점, (2) 지속적으로 대외무역 분야에서 막대한 경상수지 흑자를 시현하는 점(최근에는 가끔 적자를 보이는 경우도 발생하였음), 그리고 (3) 국가의 자산과 부채를 비교한 결과 상당한 순자산(자산>부채)을 확보하고 있는 점이다. 특히, 일본 정부가 발행하는 국채의 약 90%가 국내의 민간 금융 기관(보험사, 은행, 기타 금융 기관)과 정부의 공공 자금 및 공적 연금에 의해 소화되고, 해외 자금에 의한 국채 소화가 10% 미만인 사실은 매우 놀라운 현상이다. 특히, 아베 신조(安倍晋三) 정권 출범 이후 중앙은행이 양적 완화 정책을 적극적으로 실시하면서 과거에 비해 훨씬 많은 국채를 중앙은행이 보유(전체 국채의 약 20% 보유)하는 현상이 나타났다. 이러한 현상은 앞으로 만일 국제금리가 빠르게 상승할 경우 현재 과감하게 마이너스 금리제도를 운영하고 있는 일본 중앙은행의 입장에서는 매우 난감하고 골치 아픈 문제가 될 것이다.

주지하다시피, 세계 경제가 불안하거나 위기 상황이 발생할 때마다 미국의 달러화 다음으로 가장 인기가 있는 통화가 다름 아닌 일본의 엔화이다. 이것은 무엇보다도 세계의 투자가들이 일본의 통화가 강한 경제적 역량과 재정적 환경에 의해 안정성을 담보하고 있는 것으로 신뢰하고 있음을 의미한다. 그럼에도 불구하고 만일 세계 금리가 급격히 상승할 경우, 일본 정부의 미래 차입 비용과 기존 차입에 대한 원리금 상환 비용 부담은 일본의 재정에 강한 압박을 줄 것으로 예측된다. 만일 시장이자율과 국채 금리가 수년 내에 가파르게 상승한다면 일본 정부가 아무리 재정의 효율성과 생산성을 높인다 하더라도 그 효과는 빛바랠 수밖에 없다. 이는 일본 재정에 매우 위험한 적신호가 아닐 수 없다. 특히, 일본 중앙은행은 2016년 1월에 적극적인 금융완화 정책(양적 · 질적 완화 정책)의 일환으로 마이너스 금리 정책을 실시하였고, 이는 2017년 7월 현재도 유효하다. 그런데 이러한 상태에서 만일 국제 금리가 급상승할 경우 일본의 금융시장과 자본시장 그리고 실물시장 및 재정이 크게 요동칠 것이 거의 확실하다. 현실적으로, 일본 재정의 가장 큰 복병은 금리 인상이다. 오늘날 환율은 일본의 수출과 국제경쟁력을 좌지우지하는 변수이고, 금리는 일본 재정의 건전성과 지속 가능성을 좌우하는 거시변수이다.

재정적자와 채무지표를 현 단계에서 단순 비교하면, 우리나라의 재정은 다수의 OECD 국가들에 비해 상당히 양호한 것으로 평가된다. 사실이 그렇다. 하지만 이는 지난 10여 년의 과거와 현재 시점에 대한 평가에 한해 타당하다. 만일 향후 예상되는 '합리적 재정 환경 변화'와 현재 진행 중이면서 앞으로 계속 확장이 예상되는 정책(예컨대, 사회복지재정 지출 확대)의 중장기 미래 영향을 감안한다면, 우리나라의 재정건전성은 예상보다 쉽고 빠르게 침식될 수 있다. 극단적으로, 향후 5-10년 이내에 그러한 상황이 발생할 수도 있다.

현실적으로 국가채무의 보유 주체, GDP 대비 총외채 규모, 단기외채 비율, 가처분 소득 또는 GDP 대비 가계부채 규모, 국제 금융 및 자본시장에서의 위상 등을 종합적으로 비교 · 검토해 보면, 우리나라는 일본에 비해 채무의 질이나 위험 상황에서의 대응성이 크게 떨어진다. 특히, 최근에 급증하고 있는 가계부채의 규모와 내용을 살펴보면, 그것이 향후 우리 경제와 재정에 큰 부담이 될 것이라는 우려를 지울 수가 없다. IMF와 OECD의 최근 자료(2016)를 보면, OECD 국가 중 덴마크, 네덜란드, 노르웨이, 오스트레일리아, 캐나다, 아일랜드를 제외한 대부분 나라들의 가처분 소득 또는 GDP 대비 가계부채가 우리나라보다 양호한 것으로 파악되고 있다. 그리고 국민경제의 견인차 역할을 하는 대외무역이 과거와 달리 최근 들어 간간히 수지 적자 현상을 보이고 있는 점도 우려할 바이다. 종합적으로, 이제는 국가재정을 매우 전략적이고 이성적으로 운영해야 할 시기에 당도하였다.

우리나라의 외채 현황

기획재정부(2017. 5. 24 보도자료)에 의하면 우리나라의 총외채는 2017년 3월 말 기준으로 4,057억 달러이며, 이는 단기외채(계약만기 1년 이하) 1,154억 달러와 장기외채(계약만기 1년 초과) 2,903억 달러로 구성된다. 단기외채 비율(단기외채/총외채)이 28.4%이고, 단기 대외지급 능력을 보여 주는 단기외채/외환보유액 비율이 30.7%로 나타나 아직은 외채 보유의 건전성이 나쁜 편은 아니다. 특히, 단기외채가 총외채나 외환보유액에서 차지하는 비중이 글로벌 금융위기 직후 크게 악화되었다가 최근 몇 년간 크게 개선된 점은 고무적인 현상이다. 그럼에도 불구하고 보다 적극적으로 대처해 나가야 할 과제는 외채 규모가 4,000억 달러 수준으로 늘어난 다음 글로벌 금융위기 이전의 수준(3,000억 달러 초반)으로 돌아가지 않고 있는 문제이다. 물론 해외 채무와 채권을 동시에 감안하는 순대외채권의 비중과 규모가 증가하는 것은 긍정적인 신호이다.

[표 1-2] **대외채권, 총외채, 외채건전성 지표**

구분	2008	2009	2010	2011	2012	2013	2014	2015	2016	2017. 3
대외채권(억 달러)	3,406	4,151	4,506	4,987	5,386	6,089	6,781	7,205	7,843	8,131
순대외채권(억 달러)	246	705	947	986	1,297	1,854	2,538	3,245	4,034	4,074
총외채(억 달러)	3,159	3,446	3,559	4,000	4,089	4,235	4,243	3,961	3,809	4,057
단기외채/총외채(%)	47.1	43.1	38.3	34.9	31.3	26.4	27.4	26.3	27.6	28.4
단기외채/외환보유액(%)	74.0	55.1	46.8	45.6	39.1	32.3	32.0	28.3	28.3	30.7

자료: 2017년 3월 말 국제투자대조표(잠정)(한국은행, 2017. 5. 24); 기획재정부 보도자료(2017. 5. 24)에서 재인용하였음(단, [표 1-2]의 구성은 원본을 토대로 필자가 수정한 것임).

2) 2000년대의 남유럽 국가, 1990년대의 남미 국가

글로벌 금융위기 직후 국가재정 위기를 겪었던 남유럽 국가들을 보면, 국가채무가 악화되고 재정 운영 구조가 심각히 망가지는 데는 불과 10년이 채 걸리지 않았다. 특히, 스페인과 아일랜드의 경우 불과 수년 만에 국가채무가 40-

50% 대에서 100% 내외로 급격히 악화되면서 전연 예상하지 못했던 재정위기를 맞이하였다. 이들 대부분은 2000년대에 들어와 채무와 재정수지가 급속히 악화되는 어려움을 겪다가 글로벌 금융위기라는 강력한 케이오(K.O.) 펀치를 맞고 주저앉았다. 그 후 이탈리아를 제외한 나머지 세 나라는 국제기구로부터 구제금융을 지원 받는 신세가 되었다. PIGS 국가의 경험은 급속히 전이되는 인체의 암세포처럼 글로벌 금융위기가 재정위기로 전이된 대표적 사례로 향후 계속 회자될 것이다.

2017년 현재 재정위기 당시 큰 폭의 마이너스 경제 성장률을 보였던 PIGS 국가 중 그리스를 제외한 나머지 나라들은 모두 구제금융 체제에서 벗어났다. 그리고 경제와 재정이 조금씩 회복 중에 있다. 하지만 선진국 경제와 유로 존의 경제 사정이 호전되지 않아 이들이 완전한 회복 상태로 돌아가기까지는 상당한 시간이 걸릴 것으로 예상된다. 예를 들어, 그리스의 경우 최근에도 실업률이 25% 내외를 오르내리고 있고, 이탈리아, 스페인, 포르투갈의 실업률 또한 10% 대 초 · 중반의 높은 수준에 있다. 특히, 심각한 것은 청년실업 문제인데, PIGS 국가의 청년실업률은 놀랍게도 40-50% 수준에서 고공행진 중이다.

GDP 대비 국가부채는 2015년 기준으로 그리스 179.4%, 포르투갈 129.0%, 이탈리아 129.0%, 스페인 99.8%로 스페인을 제외하고는 모두 100%가 넘는 매우 높은 상태에 있다. IMF의 전망(2017. 4)에 의하면 스페인을 제외한 세 국가의 GDP 대비 국가부채는 2020년까지도 100% 이하로 떨어지지 않을 것으로 예측되고 있다. 이러한 가운데 유로 존 전역에 걸쳐 경제 성장 둔화와 디플레이션 발생에 대한 우려가 확산되고 있다. 이는 PIGS 국가는 물론 유로 존을 이끌어 나가고 있는 독일과 프랑스 그리고 기타 국가의 경제와 재정에도 어두운 그림자가 드리우고 있음을 암시한다.

1980년대까지만 해도 비교적 괜찮은 경제 성장을 유지해 왔던 아르헨티나, 칠레, 브라질 등 남미의 중심 국가들이 1990년대에 지방재정과 국가재정의 동시 파탄을 겪었던 사실은 잘 알려져 있다. 간단히 언급하면, 1990년대에 남미 지역에서는 분권화가 새로운 시대적 조류로 확산되었는데, 아이러니컬하게도 강한 분권화 정책이 지방재정 위기를 초래하는 원인이 되었다. 당시 적극적으로 진행되었던 지방분권이 예상치 못한 경기 불황의 암초에 부딪히면서 재정 위기가 발생한 것이다. 실제로 분권화 신드롬이 확산되는 과정에서 지방재정이 파탄되고 국가채무 디폴트가 선언된 것도 따지고 보면 10년 내외의 재정 상황 변화에 기인한다.

당시 분권화를 추진한 대부분의 남미 국가들은 기능 이양에 비해 재원 이양이 턱없이 부족한 방식으로 분권화 정책을 펼쳤는데(기능 이양과 재원 이양 간의 '부정합 분권화'), 이는 지방재정에 결정적인 어려움을 주었다. 종전에 비해 하는 일은 크게 많아진 데 비해 재원은 그다지 늘어나지 않았기 때문이다. 이러한 상황에서 지방이 선택할 수 있는 유일한 길은 적극적으로 채무에 의존하는 재정 운영뿐이었다. 당시 분권화 과정에서 지방의 기채 자율권이 크게 신장되었는데, 이는 결과적으로 지방정부로 하여금 채무에 의존하는 재정 운영을 하도록 만들었다. 그런데 이것이 재정위기의 화근이 되었다. 재원 확충이나 지출 감소를 도모하지 않은 채 쉽고 편리한 지방채에 과도하게 의존하는 재정이 결코 지속 가능할 수가 없음은 동서고금의 역사가 입증하는 바이다. 해가 갈수록 지방의 채무는 눈덩이처럼 커졌고, 지방자치단체의 채무변제 능력은 급속히 악화되었다. 지방은 중앙에 SOS를 타진하였고, 중앙정부는 깊은 고민에 빠졌다. 그 후 지방재정 문제가 보통 심각한 것이 아님을 깨달은 연방(중앙)정부는 마침내 고사 직전에 놓인 지방재정을 구제해 주기로 결정하였다. 이는 대표적인 연성 예산제약(soft budget constraint) 사례로 자주 회자된다.

문제는 불행히도 당시 브라질, 아르헨티나, 칠레 등의 국가재정 사정이 경제 성장 둔화와 경기 불황으로 인해 급격히 악화된 상태였다는 점이다. 사실은 중앙(연방)정부 자신도 발등에 떨어진 불을 꺼야 할 긴박한 상태에 놓여 지방을 돌볼 여력이 거의 없었다. 특히, 아르헨티나가 그러했다. 실제로 아르헨티나는 중앙정부가 지방정부의 과도한 누적채무를 감당하다가 국가재정이 부도를 맞은 나라이다. 이는 지방재정 위기가 국가재정 위기로 전이된 대표적인 사례로 회자된다. 비록 원인과 성격은 다르지만, 아르헨티나 재정은 2014년에도 디폴트 직전까지 갔다.

요약하면, 남미 지역에서 발생한 지방재정 위기는 불균형 분권(권한 · 기능과 재원의 불균형 이양), 경기 악화, 과도한 지방채 발행, 거시재정 관리 수단 약화(분권화로 인해 중앙정부가 지방재정을 거시적으로 통제하는 권한 및 장치가 크게 약화), 무리한 국가의 지방재정 구제금융 지원 등의 현상이 복합적으로 작용하면서 발생하였다.

3) 시사와 교훈

세계 금융위기 이후 발생한 남유럽 국가의 재정위기는 남미 국가의 재정위기와 성격이 다르다. 그리스, 포르투갈, 이탈리아, 스페인, 아일랜드 등의 재정위기는 지방분권이나 지방재정의 문제에서 비롯되지 않았고, 국가경제의 성장 부진과 국가재정의 거시 관리 부족에서 비롯되었다. 다만, 스페인의 경우 지방정부의 재정 남용과 과다 부채가 국가재정 위기를 초래하는 데 일조하였다. 그러나 시대별 · 국가별로 재정위기의 원인과 배경은 다르지만, 한 가지 공통적인 사실은 국가재정이 무너지는 데는 10년 내외의 부실한 관리면 족하다는 것이다.

이러한 사실은 우리에게 섬뜩한 두려움을 불러일으킨다. 정부가 항상 국민을 향해 던지는 말 중 하나가 우리나라의 재정 상태(특히, 국가채무와 재정수지)는 OECD 국가의 평균보다 상당히 양호하다는 주장이다. 공평하게 말해서, 현재의 상태만을 두고 수평적으로 비교하자면 정부의 주장은 충분히 객관적이고 일리가 있다. 문제는 근년의 채무 증가 속도와 향후 적극적으로 대응해야 할 각종 사회복지 지출 그리고 SOC 및 각종 공공시설의 유지관리 비용 등을 감안하면, 현재의 재정건전성이 5-10년 이후에도 담보된다고 장담할 수 없다는 점이다.

지금과 같이 중앙정부와 지방자치단체가 마치 담합이라도 한 듯이 대규모 재정 사업을 손쉽게 추진하고, 관행과 타성에 젖은 비효율적이고 낭비적인 보조 사업(민간보조 포함)들이 난무하는 재정 운영을 계속해 나간다면 국가재정의 건전성은 머지않아 크게 훼손될 수 있다. 특히, 최근 들어 마치 브레이크 없는 자동차처럼, 수조 원, 수십조 원의 재정 부담을 수반하는 사회복지 재정 사업들이 거침없이 추진되는 현실을 보노라면 재정건전성은 더 크고 더 빨리 망가질 수 있다는 우려를 지울 수가 없다. 이러한 사실을 인식할 때, 우리가 조만간에 제대로 된 재정개혁을 하지 못할 경우 재정과 경제가 동반 추락하는 매우 힘든 상황이 발생할 수 있다. 만일 이러한 상황이 발생한다면, 다시 정상 수준을 회복하기까지는 오랜 시간과 지난한 사회적 고통을 감내해야만 한다.

현재 재정 상태가 우리나라보다 매우 못한 것으로 간주되는 유럽 선진국들도 과거로 거슬러 올라가면 지금의 우리만큼 양호했거나 오히려 더 나은 상태와 여건을 유지한 경우가 적지 않았다. 대표적으로, 재정수지와 채무의 수준 그리고 체계적인 사회복지 재정의 유지와 각종 재정규율 면에서 그러하다. 세계의 선진국인 미국, 독일, 프랑스, 이탈리아, 일본이 1인당 국민소득(GDP 기준) 2만 달러를 달성한 것은 1990년 전후의 3, 4년이고(영국은 이들보다 조금 늦은 1995년에 달성하였음), 이들 국가가 1인당 국민소득 3만 달러를 돌파한 것은 일본, 미국, 독일이 1996년 이전, 그리고 영국, 프랑스, 이탈리아는 2003년, 2004년이다. 영국, 프랑스, 독일, 이탈리아, 스페인은 1990년대 전반에 걸쳐 국가재정의 수지와 채무 수준이 비교적 양호하였다.

이들 국가가 우리와 같이 1인당 국민소득 2만 달러에서 막 3만 달러를 넘으려는 시기인 1995-2000년을 예로 들면, 당시 GDP 대비 국가부채는 영국(45% 내외), 프랑스(약 60%), 독일(55% 내외), 스페인(60% 내외)으로 매우 높지 않았다(다만, 이탈리아는 예외적으로 약 110% 내외 수준이었음). 사실, 우리나라의 현재 국가채무 수준 보다 조금 더 높을 뿐이다. 그런데 이들 국가의 인구 구조는 1990년 이전에 이미 65세 이상 인구가 14%를 넘은 상태('고령사회')여서 사회복지와 사회보장 분야의 재정 투입이 한참 많았을 때이다. 이에 비해 우리나라는 이제 막 본격적인 인구의 고령화 시대에 접어든 상태에서 각종 사회복지 재정 수요가 급증하는 추세에 직면해 있다. 이와 같은 사실을 감안하면, 이들 선진국의 당시 재정건전성은 현재 우리의 재정건전성보다 사실상 양호하였던 것으로 평가해도 무방할 것이다. 지금 정부 당국이 우리나라의 재정건전성을 현재의 선진국 재정 상태와 비교하면서 느긋하게 우리의 재정이 매우 건전하고 양호하다고 말하는 것은 적절하지 않다. 아니, 사실상 공정하지 않다. 우리나라와 서구 선진국을 비교할 때는 항상 양자 간에 10-20년의 간극이 있음을 인식하는 객관적인 시차 비교를 해야만 올바른 평가와 교훈을 얻을 수 있다.

구미 선진국들은 우리보다 한참 먼저 저출산, 고령화, 그리고 확장 지향적 사회복지 지출 등 인구 · 사회 · 정치 · 경제적 구조 변화를 겪었다. 그 과정에서 모든 나라들이 사회 · 정치적 필요에 의해 사회복지 지출의 팽창 현상을 경험하였고, 이로 인해 재정의 건전성이 상당 수준 훼손되었다. [표 1-3]에 나타난 바와 같이, 이들 국가의 고령화 비율(65세 이상 인구가 전체 인구에서 차지하는 비율)은 1인당 국민소득 2만 달러를 넘었을 때 이미 약 15% 내외(일본과 미국은 그보다 낮음)의 높은 수준이었다. 이는 다시 말해서, 그 당시가 각국이 사회복지 지출에 한참 많은 재정을 투자하였던 시기였음을 의미한다.

만일 이러한 사회적 현상이 경제 성장이 장기간 지속되는 시기에 전개되었다면, 그 후 유럽 선진국들은 대규모 재정적자와 채무로 인한 재정건전성 문제에 시달리지 않았을 것이다. 불행히도 그 시절에는 호황기는 상대적으로 짧

[표 1-3] 주요 국가의 1인당 소득 수준과 재정적자, 채무, 고령화 수준

	1인당 국민소득(1인당 GDP)		GDP 대비 재정적자 (%)	GDP 대비 국가채무 (%)	65세 이상 인구 비율 (%)
	2만 달러 달성 시기, 규모	3만 달러 달성 시기, 규모			
한국	2006년, 20,917달러 (2001년, 11,256달러)	아직 미달성	2017(예산), 0.8%	*2017년 현재 약 40%	9.6 (7.7)
일본	1987년, 20,356달러 (1982년, 9,429달러)	1992년, 31,014달러 (1987년, 20,356달러)	NA	92-140% (1995-2000)	10.8 (9.5)
이탈리아	1990년, 20,765달러 (1985년, 7,967달러)	2004년, 31,189달러 (1999년, 21,946달러)	-7.3~-1.3	119-131% (1995-2000)	14.8 (13.1)
스페인	2003년, 21,496달러 (1998년, 15,534달러)	2007년, 32,709달러 (2002년, 17,020달러)	-7.0~-1.0	65-74% (1995-2000)	16.7 (16.1)
영국	1995년, 21,330달러 (1990년, 19,096달러)	2003년, 32,575달러 (1998년, 26,281달러)	-5.2~1.4	45-52% (1995-2000)	15.9 (15.7)
프랑스	1990년, 21,795달러 (1985년, 9,775달러)	2004년, 33,874달러 (1999년, 24,799달러)	-5.1~-1.3	67-77% (1995-2000)	14.0 (12.7)
독일	1990년, 22,220달러 (1985년, 9,394달러)	1995년, 31,730달러 (1990년, 22,220달러)	-9.4~-4.1	54-60% (1995-2000)	14.9 (14.5)
미국	1987년, 20,101달러 (1982년, 14,439달러)	1996년, 30,068달러 (1991년, 24,405달러)	-5.1~-1.3	62-83% (1995-2000)	12.2 (11.6)

주: 1) 1인당 국민소득 부문에 있는 ( ) 안의 수치는 각국의 1인당 소득 2만 달러, 3만 달러 달성 직전 5년 전의 1인당 국민소득 수준을 의미함.
2) GDP 대비 국가채무 부문에 있는 ( ) 안의 수치는 GDP 대비 국가채무의 측정 기간(즉, 1995-2000년)을 의미하고, ( ) 밖의 수치는 측정 기간 중의 최저치와 최고치를 의미함.
3) 65세 이상 인구 부문에 있는 ( ) 안의 수치는 1인당 국민소득 2만 달러 달성 시점에서의 각국의 고령인구 비율을 의미하고, ( ) 밖의 수치는 1인당 소득 3만 달러 시점에서의 고령인구 비율을 의미함(단, 한국은 2001년, 2006년 기준임).

자료: World Bank(World Development Indicator, 2016), IMF 자료 참조.

았고, 불황기는 상대적으로 길었다. 그 결과 대부분의 선진국들이 경제와 재정의 성장통과 다양한 문제를 경험할 수밖에 없었다. 그 중에는 상대적으로 선방한 나라가 있는가 하면 고전한 나라들도 있었다. 국가에 따라 상반되는 현상이

나타나게 된 원인은 국가의 정치적 리더십과 국민과의 소통, 과감한 정부개혁, 그리고 분명한 중장기 비전을 토대로 하는 사회적 공감 도출에서 찾을 수 있다.

끝으로, 1990년대에 있었던 남미 국가의 재정위기는 향후 우리나라의 분권 정책에 시사하는 바가 크고, 또한 중요한 교훈을 남겼다. 그것은 지방분권이 성공하려면 기능 이양과 재원 이양이 균형을 이루는 방식으로 분권 정책이 추진되어야 한다는 사실이다. 그리고 지방분권을 적극적으로 지지해 주는 정치 · 사회 · 경제적 환경이 종합적으로 무르익은 시기의 선택을 잘 해야 한다는 점도 매우 중요한 시사이자 교훈이다. 국민의 공감과 사회적 합의에 바탕을 두지 않는 정치권과 행정부의 일방적인 지방분권 추진은 분권의 본질적 목표와 실체에 근접하지 못하는 막대한 사회적 기회 비용을 초래할 것이다.

3. 국가경제가 어려우면 지방재정은 곤경에 빠진다

1) 국가경제와 지방재정은 같이 움직인다

국가의 경제 성장과 재정 상태는 지방재정에 직접적으로 영향을 미친다. 경제 불황은 국세와 지방세 수입을 감소시킬 뿐 아니라 중앙정부의 지방보조금도 감소시킨다. 이러한 현상이 심해지면 지방자치단체는 부득이 지출을 조정해야 한다. 이때 재정이 양호한 지방자치단체와 그렇지 못한 지방자치단체 간에는 감내할 수 있는 능력 면에서 큰 차이가 난다. 후자 중에는 급격한 수입 감소로 인해 일상적인 행정 활동이나 공무원 급여 지급에 문제가 있을 정도로 심각한 재정압박에 시달리는 지방자치단체도 생겨난다. 이러한 상황이 극심해지면 '유동성 경색'(liquidity bottleneck) 현상이 나타나고, 실제로 도래하는 채무의 원금이나 이자를 지불하지 못하는 채무 불이행(default) 상태가 현실화된다. 사실상 재정위기 단체 또는 재정파산 단체가 탄생하는 것이다.

우리나라에서는 지금까지 재정이 파산한 지방자치단체는 없었다. 그러나 미국을 비롯한 남미 지역과 유럽에서는 역사적으로 적지 않은 도시들이 사실상 재정파산을 맞았다. 가까이는 이웃 일본에서도 매우 드물지만 발생 사례가 있다. 글로벌 금융위기 이후 세계의 많은 도시들이 재정적 곤란을 겪었다. 곤란의 정도와 발생 경로는 국가와 도시마다 차이가 있지만, 크게 보아 다음의 세 가지 상황으로 정리될 수 있다.[1)]

첫째, 세입 부문의 어려움이다. 이는 세계 경제의 급격한 침체로 인해 지방세 등 자체수입이 급감하고 상위 정부(연방 · 중앙정부, 주 · 광역정부)의 보조금이 크게 줄어들면서 지방재정의 총세입이 감소하는 현상을 말한다. 다만, 다수 국가에서는 중앙정부의 보조금이 줄어드는 현상이 나타났지만, 우리나라 등 일부 국가에서는 그렇지 않았다. 우리나라에서는 내국세와 연계된 지방교부세와 지방교육재정교부금은 완만한 성장을 하였고, 정부예산에 의한 국고보조금은 크게 늘어났다. 국고보조금이 급팽창한 이유는 2008년 이후 단기간에 크게 확대된 사회복지 국고보조 사업 때문이다. 이는 금융위기 상황과 정치적 판단이

1 Dethier, Jean-Jacques and Curtis Morrill, "The Great Recession and the Future of Cities," Policy Research Working Paper 6256, The World Bank, 2012, p. 8.

복합적으로 작용한 결과이다. 하지만 지방세 수입의 경우 우리나라에서도 증가율이 크게 떨어지고, 심지어 세수가 전년도 수준을 밑도는 현상도 나타났다(이는 2013년에 나타났으며, 국세의 경우도 마찬가지이다).

지방재정 전체가 아닌 개별 지방자치단체 중에서는 이전에 경험하지 못했던 마이너스 세수 증가율을 기록하거나 지방세 결산이 예산을 밑도는 매우 예외적인 현상을 보이는 곳도 나타났다. 중앙정부는 이미 2013년, 2014년에 무려 약 20조 원의 엄청난 세수결손을 기록한 바 있다. 국세 수입이 줄어들면서 지방재정의 핵심 재원인 지방교부세(금)(중앙정부가 지방자치단체와 시 · 도 교육청에 재정을 지원하는 일반보조금으로 내국세의 일정 비율과 연동되어 운영됨)가 타격을 받았다. 이러한 현상은 과거에는 도무지 상상하기 어려운 것이었다.

그리고 경기 불황과 디플레이션의 영향으로 지방정부가 보유한 자산의 가치가 떨어지면서 재산 매각이나 임대를 통한 세입 확충에도 부정적인 영향이 나타났다. 자산가치의 감소는 지방자치단체의 자금 차입 능력을 떨어뜨리고 차입 비용을 증가시키는 요인으로 작용하였다. 미국의 경우 일부 지방정부가 '위험 자금'(risk fund)에 자산을 투자하거나 금융위기 중에 도산한 은행에 자금을 투자한 나머지 대규모 자산 손실과 함께 세입 감소를 겪는 사태가 발생하였다. 뉴욕, 런던, 프랑크푸르트와 같은 세계 금융시장의 중심 도시들은 지역 내 금융 기관의 도산과 금융 분야 종사자의 대량 실업으로 인해 막대한 세수 감소를 경험하기도 하였다.

둘째, 지출 부문의 어려움이다. 일반적으로 지방정부는 갑작스런 경기 불황으로 세입이 급감하는 상황에서도 재정 지출을 큰 폭으로 줄이기 힘든 애로에 직면한다. 가장 큰 이유는 정치 · 사회 · 경제적 요인과 관련이 있다. 무엇보다도 경기가 크게 위축되면서 발생하는 심각한 사회 · 경제적 문제(경제 활동 감소, 실업 증가, 빈곤계층 확대 등)에 대해 지방정부가 정치 · 재정적으로 강력하게 대응해야 하기 때문이다. 이는 통상 '사회 안전망'(social safety net)과 관련된 사회복지 지출 수요의 급팽창을 의미한다. 이러한 상황에서는 다른 분야의 재정 지출을 감축하더라도 재정 지출의 총량에 큰 변화가 있을 수 없다. 경기 불황으로 인해 세입 확보에 빨간불이 켜진 상황에서 재정 지출을 줄이지 못한다면 국가와 지방의 재정 운용은 매우 어려운 상황에 봉착한다. 이는 그리스 사태가 대표적으로 말해 준다.

셋째, 경제가 악화되고 재정 여건이 나빠지면서 지방의 재원 조달 역량(financing capacity), 즉 차입 역량이 크게 위축되는 문제가 발생한다. 여기에 더해 지방채 발행을 주도해 오던 금융 기관과 채권 발행 기관(bond issuers: 미국 지방재정의 주요 재원 공급 주체임)이 금융위기의 직격탄을 맞은 것도 지방의 재원 조달 역량을 위축시키는 데 일조하였다. 한마디로, 많은 지방정부가 종전보다 비싼 비용을 치러야만 지방채를 발행할 수 있는 어려운 자금시장 환경이 조성된 것이다. 이를 알아챈 신용평가 기관들은 금융위기가 발생하자 지방정부의 신용도 조정에 착수하였다. 경기 침체로 인해 과세 기반 약화, 세출 압박, 세출 경직성 증가 등 각종 악재가 쌓이면서 지방정부의 채무 감당 능력이 약화될 가능성이 높다고 판단한 것이다. 신용평가 기관 무디스(Moody's)에 의하면 2008년 8월부터 2010년 1월 기간 중에 72개 지방정부의 신용평가에 변동이 있었다. 지방정부의 재원 조달 역량 약화는 인프라 투자에 대한 외국인 투자를 크게 위축시켰

[그림 1-2] 경기 불황(외부 충격)에 따른 중앙 · 지방정부의 재정압박 경로

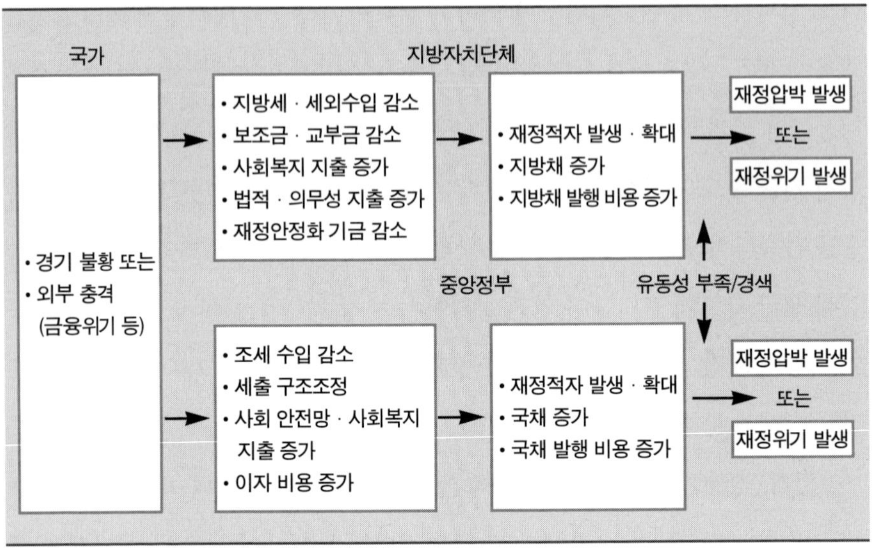

고, 진행 중인 사업의 중단 내지 연기 현상을 초래하였다.

2) 금융위기의 진원지인 미국의 지방정부 재정위기

글로벌 금융위기는 위기의 본원지인 미국도 강타하였다. 미국의 연방정부는 물론 여러 주들이 경기 불황으로 재정수입이 급감하는 어려움을 겪었다. 특히, 주정부의 경우 세입 구조가 기본적으로 강한 경기순응형(pro-cyclical) 방식으로 구조화되어 있기 때문에 경기 변동에 민감하게 영향을 받는다. 미국의 센스서국(US Census Bureau)이 2010 회계연도(2010년 6월 종료)의 세입을 2년 전(글로벌 금융위기 발생 직전) 세입과 비교해 본 결과, 노스다코타(North Dakota)주를 제외한 모

든 주에서 큰 폭의 세수 감소가 있었던 것으로 나타났다. 특히, 세입의 감소폭이 컸던 주로는 알래스카(−48%), 애리조나(−22.5%), 루이지애나(−20.4%), 아이다호(−19.2%), 조지아(−18.2%) 등이 있다(Deutsche Bank Research, 2011. 12. 8). 이와 같은 큰 폭의 주정부 세입 감소 현상은 주의 재정 지원에 의존하는 일부 지방정부의 재정에 심각한 문제를 초래하였다. 다만, 주정부가 소비세와 소득세에 의존하는 것과 달리 지방정부는 재산세에 크게 의존하기 때문에 경기 침체에 따른 세수 감소의 영향은 상대적으로 덜 받았다(다만, 경기 침체가 오래 지속될 경우 주택 가격의 인하로 인해 재산세 과표가 하향조정되어 세수가 줄어들 가능성이 커진다).

전반적으로 주정부와 지방정부의 세입이 줄어드는 상황에서 재정 지출은 변동이 없거나 오히려 늘어나는 경향을 보였다. 그 이유는 경기 침체 시기에는 각종 사회복지 및 사회 안전망과 관련된 지출이 크게 늘어나기 때문이다. 대표적으로, 주의 경우 실업 증가와 소득 감소가 줄을 이으면서 저소득층의 건강복지와 관련된 지출(Medicaid: 주 예산 중 가장 큰 비중을 차지하는 프로그램의 하나이며, 대체로 주 재정 지출의 약 25% 내외를 점유함)이 큰 폭으로 상승하였다. NASBO(주 예산 담당관 전국연합)에 의하면, 2010년에는 Medicaid 등록자가 전년 대비 8.1% 증가하였고, 2010-2012년 기간 중에는 무려 17.3%나 증가할 것으로 전망되었다(Deutsche Bank Research, 2011. 12. 8).

이와 같이 재정 수입이 크게 줄어드는 상황에서 지출 수요가 증가할 경우 자연히 재정적자 현상이 나타난다. 그러나 미국의 거의 모든 주들은 주의 헌법 또는 법률에 의해 반드시 균형예산 원칙을 준수해야 한다. 따라서 재정적자를 지속적으로 끌고 갈 수 없고, 어떠한 방식으로든 재정의 수지균형을 이루어야 한다. 다행히도 미국의 주들은 세계의 다른 어느 지역정부보다 강하고 다양한 자율적 재정조절 수단(과세 권한, 지출 권한 등)을 보유하고 있어서 올바른 정치적 결단을 하기만 하면 빠른 시일 내에 균형예산을 달성할 수가 있다. 실제로 각 주가 글로벌 금융위기를 강하게 버틸 수 있었던 것도 보유하고 있었던 막강한 과세 권한과 지출 권한을 적극적으로 행사하였기 때문이다. 많은 주정부와 지방정부들이 세금 인상을 통해 초기의 세입 감소 문제를 극복하였고, 인력과 지출 프로그램을 구조조정하면서 거대한 금융위기의 쓰나미를 견뎌 내었다. 특히, 이번의 금융위기 극복 과정에서는 대부분의 주가 보유하는 재정안정화기금(fiscal stabilization fund: 일명 'rainy day fund')이 그 진가를 유감없이 발휘하였다. 재정안정화기금은 과거 뉴욕주 등이 경제 · 재정위기를 겪었던 것을 교훈 삼아 대다수 주가 그 필요성을 절감하여 설치한 것으로 일종의 주정부 비상금에 해당한다.

하지만 주와 달리 경기 대응 수단과 재정자율성이 상대적으로 제한된 지방정부들 중에는 재정압박에 시달리거나 극단적으로 재정위기에 빠져 파산 신청을 한 곳이 적지 않았다. 그 가운데는 미국 역사상 가장 큰 규모의 지방정부 파산을 기록한 디트로이트(Detroit)시를 비롯하여 스톡턴(Stockton)시, 샌버나디노(San Bernardino)시 등이 포함된다. 이들은 하나같이 해묵은 구조적 요인과 기습적 외부 충격에 의해 급격한 세입 감소를 겪었고, 동시에 눈덩이처럼 쌓이는 재정적자와 채무 문제에 시달렸다. 여기에서 디트로이트시의 재정파산에 대해 간단히 기술하면 다음과 같다(디트로이트시 사례는 뒤에서 자세히 기술되며, 여기서는 일종의 서론 격으로 독자들에게 재정위기의 현실감을 약간 불러일으키는 수준에서 다루고 있다).

2013년 7월 미국 중북부의 미시간주에 속한 대도시 디트로이트시는 재정 파산을 선언하고 곧바로 연방법원에 파산 신청을 하였다. 디트로이트시의 파산 보호 신청은 글로벌 금융위기 이후 미국의 몇몇 도시들이 연쇄적으로 파산을 신청한 또 하나의 사례이다. 사실, 디트로이트시의 파산은 관가와 금융가에서는 시간 문제일 뿐 어느 정도 예견된 바였다. 하지만 디트로이트시가 미국의 30대 도시에 속하는 대도시인데다 관련 채무 규모가 워낙 커서 파산 소식이 전해지자 미국 사회는 크게 놀랐다. 디트로이트시의 채무액은 우리 돈으로 약 20조 원이나 되었는데, 이는 장구한 미국의 지방정부 파산 역사상 가장 큰 규모였다.

디트로이트시가 파산을 하게 된 결정적인 원인은 세계 금융위기라는 거대한 '쓰나미'이다. 하지만 본질적인 원인은 과거 수십 년간 지속되어 온 도시의 경영 환경 악화와 부실한 재정 관리 그리고 인구 · 사회 · 경제 구조의 변화라는 '거시 · 구조적 문제'에 있다. 잘 알려진 바와 같이 디트로이트시는 미국 자동차 산업의 메카로 한때 사회 · 경제적으로 매우 풍요로웠던 도시이다. 하지만 1970년대 이후 미국의 자동차 산업이 일본에 밀리는 등 심각한 국제경쟁력 저하 현상을 겪으면서 디트로이트시의 경제와 재정은 직격탄을 맞았다. 지역의 산업과 경제가 침체되자 인구가 급격히 줄어들었고, 이는 재정의 수입과 지출에 이중적인 부담을 가하였다. 단적인 예로 디트로이트시의 주택 공가율은 30%대까지 치솟았는데, 이는 시의 기간 재원인 재산세 수입에 치명타를 가하였다. 빈집이 크게 늘어나면서 과세 대상이 축소되고 주택 가격이 전반적으로 인하되는 등 전체 과세 기반이 침식되었기 때문이다. 아울러 시내의 주거 환경

[그림 1-3] 지역경제 기반의 침식과 지방재정 위기 발생(디트로이트시 사례)

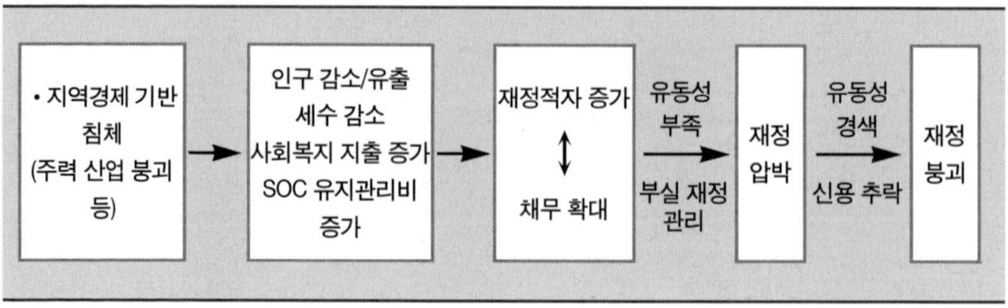

이 악화되자 부유층의 상당수가 교외로 이전한 것도 세수 감소를 가중시켰다. 세수가 크게 줄어드는 상황에서도 사회복지 등 대인 서비스 지출은 늘어났고, 각종 도시기반시설의 유지관리 비용 또한 계속적으로 늘어났다. 한마디로, 수입은 급감하는 반면 지출은 줄어들지 않는 수지 불균형 상황이 장기간 지속되었다.

재정의 수입과 지출이 균형을 이루지 못하는 적자 상황에서 시는 재정 수요의 많은 부분을 채무를 통해 충당할 수밖에 없었다. 이러한 채무재정(debt financing) 방식은 해가 거듭되면서 채무 규모를 눈덩이처럼 불렸고, 급기야는 시가 도저히 감당할 수 없는 상황을 만들어 내었다. 이러한 가운데 2008년에 몰아친 세계 금융위기의 파고는 이미 쇠진한 디트로이트시를 단숨에 집어삼키기에 충분하였다. 시의 재정이 질식 상태에 처한 것을 누구보다도 잘 알고 있었던 디트로이트 시장은 극약처방에 해당하는 파산 보호를 신청하기로 결정하였다. 이에 대해 디트로이트시를 관장하는 미시간주는 파산 보호 신청을 강력히 저지하고 나섰다. 이 과정에서 주와 시 간에 심각한 갈등과 불협화음이 생겼지만,

결국 미시간주는 파산제도 이외의 다른 해결 수단이 없음을 인식하고 하는 수 없이 디트로이트시의 파산 보호 신청을 허용하고 말았다.

3) 일본 유바리시의 재정위기

2006년 6월 이웃 일본의 홋카이도에 속한 인구 약 2만 명의 소도시인 유바리(夕張)시는 수년간 누적된 채무를 견디지 못하고 마침내 재정파탄을 선언했다. 그리고 곧바로 중앙정부에 준용재정재건단체(準用財政再建団体) 지정을 요청하였다. 이는 유바리시가 자기 힘으로는 당면한 재정 문제를 도저히 해결할 수가 없어서 중앙정부에 사실상 백기 항복을 한 것이다. 일본에서 준용재정재건단체 자격을 신청한다는 것은 지방자치단체장의 입장에서는 치욕스러운 결정으로 끝까지 취하고 싶지 않은 조치이다. 하지만 재정적으로 막다른 골목에 이른 유바리시는 더 이상 버틸 힘도 탈출구도 없었기에 그와 같은 선택을 하고 말았다. 유바리시는 오랜 기간 분식회계 등 각종 위법과 편법을 통해 대규모 재정적자와 채무를 관리해 오다가 더 이상 그것을 감추기도 어렵고 감당할 수도 없는 막다른 골목에 이르자 마침내 재정파탄 사실을 세상에 알렸다.

탄광 지역인 유바리시는 1980년대를 전후로 소위 '잘 나가는 경제와 재정'을 누렸었다. 이 시기에 시는 박물관을 짓고 리조트 건설에 몰두하는 등 다양한 명분을 앞세워 각종 지역 개발 사업을 확장해 나갔다(그 배경에는 석탄 산업의 몰락에 대응하는 '탄광에서 관광으로'라는 도시 정책의 일대 변화가 있었다). 하지만 이러한 호황은 오래 가지 않았다. 1990년대에 접어들면서 일본 전체가 '잃어버린 10

년'이라는 장기 복합 불황의 수렁에 빠져들었다. 이때 유바리시의 지역경제가 큰 타격을 입었고, 곧바로 시 재정이 큰 압박을 받기 시작했다. 사실, 유바리시는 그 당시 재빨리 감축경영 체제에 돌입했어야 했는데, 타이밍을 놓쳤다. 세수가 급감하자 시는 지방채에 의존하는 차입경영 방식을 채택하였다. 하지만 수입이 큰 폭으로 줄어들고 지출은 크게 감소되지 않는 상황에서 과도한 채무의존 경영을 한다는 것은 현실 도피이자 미래의 고통을 쌓아 나가는 행위였다. 자연히 채무가 눈덩이처럼 불어났다. 늘어나는 채무는 시간이 흐르면서 원리금 부담의 덩치를 키웠고, 이는 시 재정을 강하게 압박하였다.

이러한 과정에서 유바리시는 사실상 '돌아올 수 없는 강'을 건너는 중대한 과오를 범했다. 시장을 포함한 핵심 경영진이 결산을 조작해서 당면한 재정 문제를 모면하려는 결정적인 판단 미스를 한 것이다. 분식회계의 핵심은 출납폐쇄기간제도를 이용해서 회계 간, 회계연도 간에 자금을 불법으로 주고 받으면서 재정수지에 문제가 없는 것처럼 허위 결산보고를 하는 것이었다. 하지만 이러한 편법적 조치는 시점에 차이가 있을 뿐 언젠가는 들통이 날 수밖에 없는 장기 시한폭탄이었다. 유바리시는 2006년 봄을 지나자 채무와 재정적자를 더 이상 감출 수도, 견딜 수도 없는 상황에 봉착하였다. 마침내 시는 2006년 6월에 재정파탄을 선언하고 중앙정부에 재정구제를 요청하는 준용재정재건단체 자격 신청을 하였다.

중앙정부는 급히 관계 공무원을 파견하고 유바리시의 재정 상태를 종합적으로 점검하였다. 곧이어 정부는 유바리시를 준용재정재건단체로 지정하였고, 시는 관련 법령의 적용을 받게 되었다. 여기에는 중앙정부와 홋카이도(유바리시를 관장하는 광역자치단체)가 주도하는 다양한 재정구제 조치와 함께 행정·재정적 규제 조치들이 포함되었다. 이와 별도로 유바리시는 뒤늦게 강력한 자구 조치를 마련하였다. 2017년 초 현재 유바리시는 채 만 명이 되지 않는 주민과 함께 2027년까지 갚아 나가야 할 채무 약 200억 엔(우리 돈으로 약 2,000억 원)을 안고서 고전분투하고 있다. 유바리시의 재정위기와 관련된 자세한 내용은 제9장에서 기술되고 있다.

재정위기나 재정파산(또는 재정파탄)을 논할 때 우리는 항상 그것이 미국이나 유럽, 남미에서 있었던 먼 나라 이야기로 생각해 왔다. 그러다 근년에 이웃 일본에서 발생하였던 지방재정 파탄 사태를 생생히 전해 들으면서 이것이 결코 남의 일이 아님을 감지하게 되었다. 무엇보다도 일본의 지방재정제도와 운영 방식이 우리와 매우 유사한 점이 우리를 다소 자극하고 불안케 한다. 실제로 우리나라의 지방공기업들이 민간 영역에 적극적으로 뛰어들고, 잘못된 부동산 개발 사업 때문에 재무 구조가 급격히 악화되고 있는 현실을 보면 우리도 일본의 전철을 밟고 있는 것은 아닌지 하는 우려가 든다. 특히, 최근에 지방자치단체와 지방공기업 가운데 전에 없이 심각한 재정 문제를 노정하는 곳이 여기저기서 나타나면서 혹 국지적인 재정위기가 발생할지 모른다는 불길한 생각도 스친다.

4) 지방재정이 곤경에 빠지면 국가가 나서서 구해준다?

우리나라를 비롯한 대부분의 나라들은 지방재정 위기가 발생하지 않도록 상위 정부(연방 · 중앙정부, 광역 · 지역정부 등) 차원에서 다양한 거시재정 관리 프로그램을 가동한다. 그럼에도 불구하고 세계 각국에서는 시기와 환경을 달리하면서 지방재정 위기가 끊임없이 발생하고 있다. 각국의 사례를 보면, 지방재정에 심각한 문제나 위기 상황이 발생할 경우 중앙정부가 직접 나서서 문제 해결을 시도하는 경향이 있다. 가장 보편적인 처방은 중앙정부가 문제 단체의 행정 · 재정 권한의 일부를 제한(상위 정부의 관리 · 감독 체제 강화, 예산 통제 및 인력 · 지출 삭감, 지방채 발행 제한, 페널티 부여)하면서 구조조정계획 수립, 채무 상환 기간 및 조건 완화, 보조금 지원 등 여러 가지 재정회생 조치를 병행하는 것이다.

그런데 문제와 논란거리가 되는 것은 국가가 나서서 문제 단체의 재정을 구제해 주는 조치이다. 이러한 조치는 일면 불가피성이 인정되지만, 그에 따른 사회 · 경제적 부작용이 매우 크다. 가장 큰 부작용은 지방자치단체가 재정을 잘못 운영하더라도 결국은 중앙정부가 나서서 문제를 해결해 준다는 일종의 믿음을 지방자치단체와 자본시장에 심어 주는 것이다. 이는 지방자치단체로 하여금 재정을 근시안적으로 운영하고, 관리를 소홀히 하게 만드는 행태적 유인으로 작용한다. 즉, 자치단체가 예산에 대해 심각한 부담을 느끼지 않은 채 방만한 재정 운영과 낭비를 초래하는 원인이 된다. 이론적으로 말하자면, 이는 지방자치단체의 연성예산제약(soft budget constraint)과 도덕적 해이(moral hazard) 현상을 유발한다. 이러한 현상은 자녀가 돈을 잘 관리하지 못해 금전적 문제가 생겨나더라도 결국에는 엄마, 아빠가 나서서 문제를 해결해 준다는 믿음을 자녀가 갖는 것에 비유할 수 있다. 이 경우 그 아이는 최선을 다해서 경제생활을 하지 않는다.

매우 예외적인 경우이지만, 지방자치단체가 스스로 나서서 재정구제 또는 구제금융(bailout: 이하 '베일아웃'이라고 함)을 요청하거나 채무 불이행(default)을 선언하고 파산을 신청하기도 한다. 예를 들어, 과거 일본에서는 재정파탄 상태에 처한 지방자치단체가 중앙정부에 '준용재정재건단체의 지정'을 요청하면 신청 조건의 충족을 전제로 중앙정부가 해당 단체에 대해 각종 규제와 함께 재정지원을 해주었는데, 이는 일종의 베일아웃에 해당한다. 역사적으로 준용재정재건단체의 지정을 요청한 지방자치단체가 적지 않았는데, 2006년의 유바리시 사례를 마지막으로 동 제도는 폐지되었다(일본 정부는 유바라시의 사태를 교훈으로 삼아 새로운 제도를 도입하였는데, 이에 대하여는 뒤에서 자세히 다루고 있다).

이와 달리 지방자치단체가 직접 나서서 자신이 안고 있는 지불 의무를 이행할 수 없음을 외부에 공표하는 채무 불이행을 선언하거나 공적 파산 시스템에 의존하는 경우도 있다. 이는 매우 극단적인 공적 조치인데, 현재 세계에서 유일하게 미국에서 운영되고 있다. 본문에서 자세히 기술되고 있지만, 미국의 지방자치단체 파산제도는 약 80년의 오랜 역사를 지니고 있다. 이는 미국이라는 고유의 정치 · 사회 · 경제적 환경에서 독특한 기능과 자생력을 갖고 성장한 제도이다. 이 제도를 다른 나라가 겉모양만 보고 섣불리 도입할 경우 정치 · 사회 · 경제적 조건 불비로 인해 십중팔구 실패할 가능성이 높다. 국가 단위가 국제 사회를 향해 디폴트를 선언하고 IMF 등 국제 사회에 구제금융을 요청한 사례는 역사적으로 많이 있다. 이에 대하여는 바로 뒤에서 기술하고 있다.

5) 지방자치단체 베일아웃, 디폴트, 파산

지방자치단체 파산제도는 국제기구나 중앙정부가 자금을 지원해서 경제·재정위기로부터 구해 주는 베일아웃과는 본질적으로 다르다. 간단히 말해서, 구제금융은 국가나 광역정부가 재정이 파탄난 지방자치단체에 자금 실탄을 제공해 줌으로써 파산을 막는 조치를 의미한다. 아마도 우리에게 가장 친숙한 베일아웃 사례는 우리나라가 국가 부도 상태에 내몰렸던 외환위기 시절 IMF(국제통화기금)로부터 구제금융을 지원 받았던 경험(1997년 12월 3일)일 것이다.

당시 국내외 어떤 기관도 우리나라에 대해 파산을 선고하지 않았다(물론 국가 단위에 대해 법적 권능을 갖고서 파산을 선고할 주체도 없다). 다만, 우리 경제가 외환보유 미비로 인해 사실상 채무 지급 불능 상태에 봉착하였고, 이로 인해 국제신용평가 기관의 대외 신인도 평가가 급격히 추락하는 상황이었다. 이러한 상황을 타개하기 위해 우리 정부는 국제 사회에 구제금융을 요청하였다. 이에 대해 IMF를 통해 긴급 금융 지원이 이루어졌고, 그에 대한 반대급부로 IMF는 우리 정부와 기업에 대해 뼈를 깎는 구조조정을 요구하였다. 이와 같은 구제금융 조치는 채무와 각종 지불 의무를 본격적으로 조정해 주는 수단과 내용이 없는 점에서 뒤에서 살펴볼 지방자치단체 파산제도와는 본질적으로 차이가 난다. 즉, 구제금융은 특정 국가로 하여금 경제위기와 재정위기로부터 벗어날 수 있도록 도와 준다는 측면에서 '구제'의 의미는 크지만, 채무자를 보호해 주는 측면에서의 의미는 그렇게 크지 않다.

역사적으로 세계 각국이 국제기구(국제 사회)로부터 베일아웃 혜택을 입었던 경우는 적지 않다. 그 예로는 우리나라의 외환위기 구제금융 사례를 비롯하여 1970년대의 영국, 1980년대와 1990년대의 중남미 재정위기 구제 사례(아르헨티나, 멕시코, 칠레, 콜롬비아, 에콰도르, 브라질, 볼리비아), 그리고 글로벌 금융위기 이후 발생한 남유럽 국가의 재정위기 사례(포르투갈, 아일랜드, 그리스, 스페인) 등을 언급할 수 있다. 참고로 2008년에 미국발 금융위기가 발생한 이후 IMF 차관 등 구제금융을 지원 받은 국가로는 헝가리, 아이슬란드, 루마니아, 세르비아, 폴란드, 라트비아, 인도네시아, 태국, 파키스탄 등이 있다.

베일아웃은 그 나름의 필요성과 유용성이 있지만, 도덕적 해이를 유발하는 심각한 문제를 내포한다. 예를 들어, 재정위기가 발생할 때마다 중앙정부가 직접 구제금융을 제공해 준다면 그것을 본 다른 지방정부들이 알게 모르게 재정 관리와 징세 노력을 소홀히 하는 행태적 역효과가 나타난다. 구제금융을 지원 받은 지방정부의 도덕적 해이 자체도 바람직하지 않지만, 그 못지않게 우려되는 것은 구제금융이 다른 지방정부에 나쁜 선례를 남긴다는 점이다. 이러한 점을 인식하여 미국의 주정부는 원칙적으로 지방정부에 대해 베일아웃 정책을 취하지 않는다. 일반적으로 미국의 주정부는 외부적 요인(지역경제 쇠퇴, 인구 급감, 자연재해 등)에 의해 발생하는 재정위기에 대하여는 적극적으로 개입하는 반면 재정 관리 부실이나 공무원의 부정 · 부패, 노조 문제 등 내부적 요인에 의해 발생하는 재정위기에 대하여는 간접적, 소극적으로 개입하는 경향이 있다.

인솔번시(insolvency)는 지방정부가 채무를 변제할 수 없는 재정적 파산 상태, 즉 지급 불능 상태를 의미한다. 그리고 디폴트는 인솔번시 상태가 현실화되어 자본시장과 대외에 확인 · 공표되는 행위적 의미를 함축한다. 즉, 인솔번시가 상황 판단의 성격을 지닌다면, 디폴트는 상황 발생의 행동적 의미를 내포한다.

지방정부가 자신의 지불 의무, 즉 채무에 대해 디폴트 하는 경우(통상 지방정부가 스스로 인정하고 선언함)는 크게 두 가지 형태로 구분된다. 하나는 기술적 디폴트(technical default)이고, 또 다른 하나는 실질적 디폴트이다. 전자는 채권 협약상에 명시된 계약 조건을 위반하는 것을 말한다. 이는 지방채무가 실제로 상환되지 않거나 채권의 구조에 변화가 일어나는 것이 아니고, 문자 그대로 계약 조건의 이행에 차질이 생기는 것을 뜻한다. 예컨대, 법적 요건인 재무(재정) 보고를 재때에 하지 못하거나, 행정 착오 내지 실수로 지불 의무를 적시에 이행하지 못하는 경우이다. 이것은 통상 회자되는 채무 불이행과는 차이가 난다. 후자는 일반적으로 회자되는 디폴트로서 지방채 증권이 약속하고 보증한 지불 의무가 실제로 이행되지 못하는 것을 말한다. 매우 예외적이지만, 투자자에게 손실을 끼치는 채무 재구조화도 실질적 디폴트에 포함된다. Moody's는 디폴트를, (1) 채무협약 및 계약상 확정된 지불 의무(채무)에 대해 채무자가 원금과 이자를 제때에 지불하지 못하거나 지연하는 경우, (2) 채무자가 파산을 신청하거나 법정 관리 상태에 돌입하여 앞으로 확정된 지불 의무(채무)의 원금과 이자를 제때에 지불하지 못하거나 지연할 가능성이 있는 경우로 정의한다(Moody's, July 2015, p. 87). 참고로 소위 부도국가란, 국가가 도래한 채무의 원리금을 지급하지 않는 경우(sovereign default)를 의미하며, 채무 원리금의 일정 부분 이상을 지불유예하는 경우(moratorium)와 채무 구조조정 경우(debt restructuring)를 포함한다.

미국의 경우 일반적으로 지방정부가 디폴트를 선언하면 주정부와 채권자 등이 나서서 디폴트 선언 단체에 대해 여러 가지 조치를 취한다. 여기에는 주정부의 직접적인 거시재정 관리 조치와 재정 지원 조치 그리고 채권자의 소송과 각종 협상이 주를 이룬다. 하지만 지방정부가 디폴트를 선언한다고 해서 곧바로 파산 보호와 같은 법적 보호막 속으로 들어가는 것은 아니다. 물론 디폴트 상태가 지방정부의 파산 신청 적격성을 결정하는 중요한 요소이기는 하지만, 연방파산법은 디폴트 하나만으로 파산 신청을 수용하지 않는다. 그리고 디폴트 선언을 하더라도 지방정부가 연방파산법원에 파산 신청을 하지 않는 한 파산 보호를 받을 수가 없다.

지방정부 파산제도는 디폴트와 베일아웃 단계를 넘어 법원이 파산 대상 단체의 채무를 조정해 주는 것을 골자로 하는 법적 정치이다. 물론 이 경우 채무조정의 대상 속에 상위 정부 채무가 포함될 수 있다. 예컨대, 우리나라와 같이 지방채의 많은 부분이 중앙정부의 공공기금, 시 · 도의 지역개발기금에 의존하는 경우가 그에 해당한다. 하지만 미국의 경우 지방채의 대부분이 민간시장(민간투자자)에서 소화되는 지방채권(bond) 채무이기 때문에 채무조정 대상에 상위 정부 채무가 포함되는 적은 거의 없다. 따라서 파산 보호 조치에 의한 지방정부의 채무조정은 대부분 민간투자자와의 조정이다. 그러므로 이 문제는 주정부가 나서서 채무 삭감과 같은 파격적인 조치를 할 수 있는 성질이 아니다. 부연하면, 이는 서로 다른 정부 간의 행정 · 재정 관계에 의한 조치로서는 불가하며, 오로지 연방파산법에 의한 파산법원의 판결 조치에 의해서만 가능하다.

대체로 말해서, 베일아웃은 행정 · 정치적 조치의 성격이 강한 데 비해 파산은 법적 조치의 성격을 갖는다. 물론 법원이 파산 조치의 기본 틀을 제시하면 그것을 실천하는 각종 행정 · 정치적 조치가 후속적으로 뒤따른다. 디폴트는 국가나 지방정부가 일방적으로 선언하거나 관련 행위를 행하는 것인 반면 파산은 법원에 의해 인정되는 점에서 양자는 본질적으로 다르다. 이에 비해 베일아웃은 일반적으로 심각한 유동성 위기에 처한 국가나 지방정부가 구제금융을 요청하고, 요청을 받은 주체(국제기구, 다수 국가, 상위 정부 등)가 그에 동의하면 성사가 되는 쌍방적 소통을 기본으로 한다. 따라서 베일아웃이 있으려면 이해당자자 간의 소통과 협력이 반드시 필요하다.

참고로 모라토리엄(moratorium)은 채무 상환 기간이 도래하였음에도 불구하고 채무 상환을 할 만한 재정 능력(채무 감당 능력)이 되지 못하여 채무 상환 기간을 연기해 줄 것을 요구하는 것, 즉 지불유예를 의미한다.

역사적으로 디폴트나 채무 재구조화를 행한 사례는 세계 도처에서 적지 않았다. Reinheart and Rogoff(2008, p. 64)의 연구에 의하면 1800년 이후 국가채무에 대해 디폴트 내지 재구조화(sovereign debt defaults or restructuring)를 한 사례는 238번이나 있었고, 스페인의 경우 무려 13번이나 디폴트했다. 비교적 근년의 사례로는 러시아의 해외 채무 디폴트 선언(1988년), 아르헨티나의 디폴트 선언(2001년) 사례를 들 수 있다. 민간 부문이든 공공 부문이든 디폴트나 채무 재구조화는 매우 극단적인 상황에서 경제 주체가 취할 수 있는 생존을 위한 재무적 행동 수단이다. 이것은 과도한 채무로 신음하는 주체의 입장에서는 필요악적 수단일지 모르지만, 그로 인해 막대한 손실을 보게 되는 채권자와 투자자들에게는 독이나 살상무기와도 같다.

끝으로, 매우 예외이지만 지방정부가 파산을 선언한다고 해서 그것이 반드시 디폴트를 뜻하는 것은 아니다(마찬가지로, 앞서 언급한 것처럼 디폴트가 반드시

우리나라 지방자치단체의 첫 번째 모라토리엄 선언

몇 년 전(2010년 7월)에 경기도 성남시가 지방채 모라토리엄(moratorium)을 선언한 적이 있다. 그런데 이것은 법적 · 제도적 장치가 없는 상태에서 특정 자치단체장이 일방적으로 자기선언을 한 것에 불과하다. 지방자치와 지방재정의 기본법에 해당하는 지방자치법이나 지방재정법은 지방자치단체의 모라토리엄에 대해 다루고 있지 않다. 법적 근거가 없는 만큼 성남시의 모라토리엄 선언은 공적 효력이 없다. 당시 성남시장(이재명 시장)은 기자회견을 통해 "판교 신도시 사업을 위한 판교특별회계에서 차용해 일반회계예산으로 사용한 돈 5,200억 원을 당장 갚을 능력이 안 돼 지급유예 선언을 한다"라고 밝혔다. 이는 성남시의 재정에 정통한 사람이라면 상식에 맞지 않는 선언이라고 판단할 것이다. 그 이유는 무엇보다도 성남시의 재정 상태가 전국의 도시들 중에서 최상위 그룹에 속하고 있고, 공공부문 그것도 지방자치단체가 직접 채권–채무자의 정당한 법적 권리와 의무를 침해하고 부인하는 것이 부적절하기 때문이다.

성남시의 예산 규모나 지방세수 징수 실적 그리고 재정수지나 채무 상황을 종합적으로 감안하면 당시의 모라토리엄 선언은 설득력이 크게 떨어진다. 구체적으로, 2010년도의 성남시 예산은 1조 7,577억 원(일반회계 1조 2,237억 원+특별회계 5,340억 원)이고, 재정자립도는 67.8%로 전국 및 경기도에서 정상급 수준이었다. 모든 상황을 종합해 볼 때, 예산회계가 조작되지 않는 한 당시의 성남시 재정 상태는 많은 자치단체들보다 크게 양호하였다.

성남시는 이재명 시장 집권 이전에 소위 '호화 청사' 건립(3,222억 원)이라는 따가운 여론의 질타를 받았던 바 있고, 일부 도로 · 공원 관련 사업이 재정 낭비의 논란에 휩싸이기도 했다. 이 과정에서 성남시는 약 4년 동안 5,000억 원이 넘는 거액의 자금을 판교특별회계로부터 일반회계로 끌어당겨 사용하였다. 이로 인해 성남시의 재정 상태가 어려워진 것은 분명하다. 특히, 회계연도 중에 새로 취임한 시장의 입장에서 자기 사업(공약 사업)을 수행하는 데 애로가 있었던 것도 사실이다. 그렇지만 성남시의 재정건전성이 정상적인 행정 활동을 수행할 수 없을 만큼 본질적으로 훼손되거나 악화된 것은 결코 아니었다. 설혹 전임자로부터 물려받은 재정 상태나 대형 투자 사업이 마음에 차지 않거나 부실하더라도 현실은 현실로서 냉정히 직시하고 대처해야 한다. 어려운 여건에서 각고의 노력과 더 나은 행정개혁을 통해 현상을 타개하는 것이 훌륭한 리더십의 표상이다.

성남시 사태가 몰고 온 가장 심각한 문제점은 법적 · 제도적 장치가 부재하고 재정이 극단적으로 파탄이 나지 않은 상황에서 사회적 파장이 매우 큰 모라토리엄을 선언함으로써 국민과 주민에게 불안과 위기감을 고조시켰다는 것이다. 일반국민의 입장에서는 인구나 재정 면에서 우리나라의 중견 도시인 성남시가 심각한 재정 문제로 채무 연기를 결정하였다면, 다른 많은 지방자치단체들도 비슷한 상황에 있지 않을까라는 막연한 추측과 불안감을 갖기 십상이다. 실제로 그러했다. 성남시 사태 이후 많은 언론들이 지방자치단체의 재정 문제, 특히 재정 낭비 문제에 대해 연일 기사를 쏟아내었다. 이것을 접하는 국민들이 지방자치와 지방재정에 대해 불신과 불안을 표출하였음은 두 말할 필요가 없다.

지방정부의 긴급재정 상황

ACIR은 지방정부의 재정위기 내지 긴급재정 상황(financial emergencies)을 크게 (1) 파산(bankruptcy), (2) 채무 불이행(default), (3) 각종 지불 의무 이행 실패와 주정부의 긴급 상황 선언의 세 유형으로 구분하고 있다.

파산은 지방정부가 연방파산법에 의해 공식적으로 파산 신청을 한 경우를 말한다. 채무 불이행은 지방정부가 신의성실 원칙에 입각해서 지불하기로 확약한 단·장기 채무의 원금 또는 이자를 지불하지 못하는 경우를 의미한다. 여기에는 (1) 일반보증채권 디폴트(지방세 또는 지방세입 담보의 상환 기간 1년 이상 지방채), 일반보증 일시차입금 디폴트(지방세 또는 지방세입 담보의 단기차입), 정부목적 수입(익)채권 또는 단기채 디폴트(특정 시설(사업)의 수입을 통해 채무를 변제하는 지방채), 민간 목적 수입(익)채권 또는 단기채 디폴트(비정부 주체의 수입을 통해 채무를 변제하는 지방채로 통상 발행 지방정부는 지불 책임이 없음)의 네 가지 형태가 있다. 각종 지불 의무 이행 실패와 주정부의 긴급 상황 선언이란, 지방정부가 지방채의 원리금은 제대로 지불하지만 공무원 급여, 각종 구매대금, 기타 중요한 지불 의무를 이행하지 못하여 주가 긴급재정 상황을 선언하는 것을 의미한다.

자료: ACIR, *Bankruptcies, Defaults, and Other Local Governmwnt Financial Emergencies*, March 1985.

재정파산을 뜻하는 것은 아니다). 미국의 지방정부 파산 사례를 살펴보면, 파산 중에서도 일반채무나 지방채권에 대한 지급 불이행 사태가 발생하지 않은 경우들이 있었다. 대표적인 사례로 1994년에 발생하였던 캘리포니아주의 오렌지 카운티(Orange County) 파산 사례를 지목할 수 있다. 당시 오렌지 카운티는 파산을 선언하였음에도 불구하고 채권 투자자들에게 일정한 채무 변제를 하였다. 물론 이는 매우 예외적인 경우이며(오렌지 카운티의 파산은 일반적인 지방정부 파산과 매우 다른 특수한 상황에 의해 발생하였다), 대부분의 파산 사례에서는 파산 선언이 사실상 디폴트 선언을 뜻한다.

Chapter 2

우리나라 국가재정과 지방재정의 상태

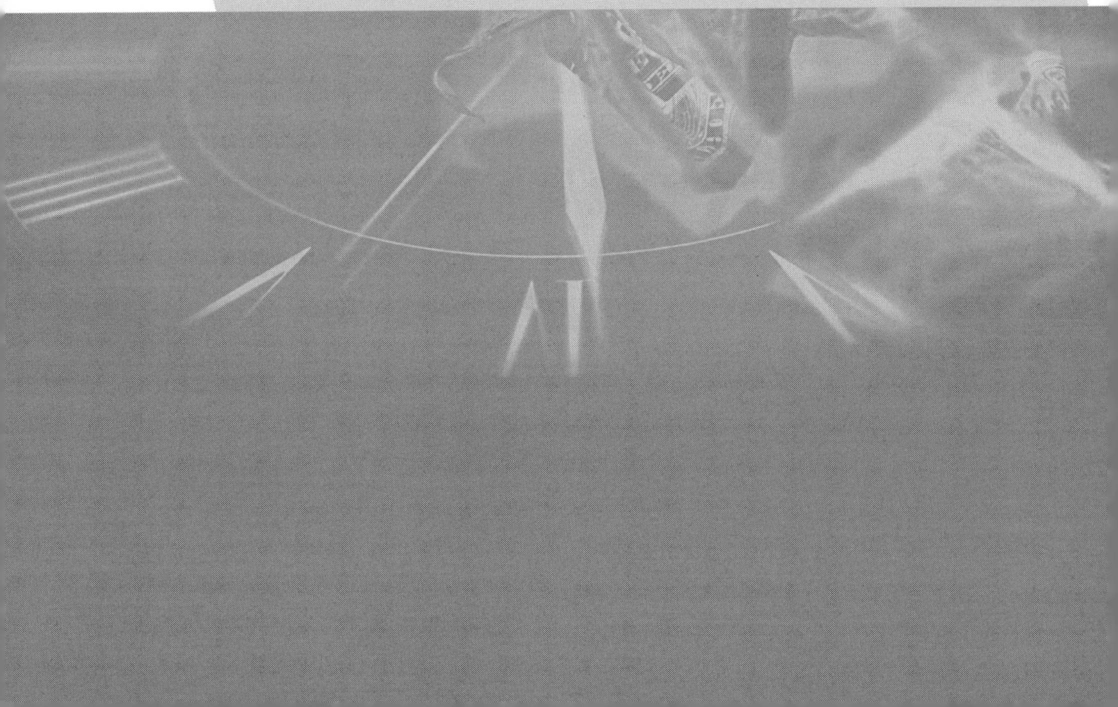

1. 재정의 고성장 시대 종식

1) 조세 수입의 성장 둔화

우리나라는 지금까지 OECD 국가들 중에서 재정을 잘 관리해 온 건전재정 국가로 평가되어 왔다. 하지만 최근의 경제 성장 둔화, 공공 부문의 채무 증가 속도와 내용을 관찰해 보면, 향후 자칫하면 국가와 지방자치단체 모두 '재정위기 징후'(fiscal crisis symptom)에 빠질 수 있다는 우려가 든다. 세계 금융위기 이후 국세와 지방세 모두 전에 없이 부진한 징수 실적을 보인 것은 이미 언론을 통해 잘 알려진 바이다. 특히, 2012-2014년에는 3년 연속해서 국세의 세수결손이 발생하는 매우 이례적인 현상이 나타났다. 실로 우리 사회를 다소 불안케 하는 현상이 아닐 수 없다.

2013년도 국세 실적은 201.9조 원으로 2012년도 국세 실적(203.0조 원)보다 0.5% 감소(1.1조 원)하였다. 더 충격적인 것은 그것이 2013년도 국세 세입예산(210.4조 원)을 무려 4.0%(8.5조 원)나 밑도는 실적이었다는 사실이다. 과거에는 상상하기 힘든 현상이 벌어진 것이다. 2014년에도 연이어 큰 폭의 세수 감소 현상이 나타났다. 그러나 다행히도 2015년에는 추경예산의 편성을 통해 세입(세수)을 사전에 한 번 조절한 가운데 담배소비세 등 일부 세목의 수입이 조금 회복되면서 4년 연속 세수결손이라는 최악의 상황은 면하였다. 참고로 2015년의 총조세 수입은 288.9조 원이고, 이는 국세 217.9조 원, 지방세 71.0조 원으로 구성된다. 2016년에는 몇 가지 이유로 세수가 견조한 성장을 보였다. 실제로 2015년과

2016년은 상당한 초과 세수가 발생하여 다음 연도의 추경예산 편성에 큰 버팀목이 되었다(다행히 2017년 상반기에도 징세 실적은 비교적 양호한 것으로 관측되고 있다).

문제는 2015년과 2016년의 견조한 세수 증가가 지속 가능한 특성을 갖는지의 여부이다. 이에 대하여는 상반된 견해가 있을 수 있다. 다만, 필자의 생각으로는 그것을 정부 정책 및 재정 기술적 요인 등에 의한 일시적 현상으로 간주하고자 한다. 그 이유는 최근의 세수 증가가 세수에 결정적인 영향을 주는 경제 환경의 본질적인 변화(경제의 본격적인 성장 궤도 진입)나 세율 또는 과세 기반의 구조 변화가 진행되지 않은 상태에서 나타난 현상이기 때문이다.

물론 2014년 이후 정부가 담배소비세 세율 인상을 비롯하여 사실상 증세로 간주될 수 있는 몇 가지 조치(각종 공제제도, 비과세 · 감면제도, 과세 구간 조정 등에 대한 일부 조정)를 취하였지만, 그것은 세수 확장을 지속적으로 견인해 나갈 수 있는 조세 역량의 강화와 다소 무관한 것들이다. 무엇보다도 이들은 세제개혁(tax reform)의 본질적인 특성을 내포하지 못하고 있다. 특히, 지방세의 경우 더욱 일시적인 현상으로 간주하는 것이 합리적일 것이다. 지방세수는 2015년에 매우 큰 폭으로 증가하였는데, 그것은 지방소비세 세율 인상(정부의 취득세 영구 인하 정책에 따른 재정손실 보전 차원에서 조치되었음)과 정부의 적극적인 부동산 경기 진작 정책에 따른 재산과세(취득세 등)의 급등에 기인하였다. 지방소비세의 대폭 인상은 앞으로도 계속 지방세수를 견인하는 지속성을 갖겠지만, 재산과세의 급등은 일시적 현상으로 간주되어야 한다. 그 이유는 재산과세가 경기의 부침과 정부 정책 그리고 투기성 바람에 의해 기간별 변동성을 갖기 때문이다(아울러 취득세 세율의 영구 인하 요인도 감안되어야 한다).

[표 2-1] 국세와 지방세 수입, 2010-2017

(단위: 조 원, %)

	2010년	2011년	2012년	2013년	2014년	2015년	2015년/2010년	2017년
국세	177.7 (78.3)	192.4 (78.6)	203.0 (79.0)	201.9 (79.0)	205.5 (76.9)	217.9 (75.4)	1.2배 증가	242.3 (77.3)
지방세	49.2 (21.7)	52.3 (21.4)	53.9 (21.0)	53.8 (21.0)	61.7 (23.1)	71.0 (24.6)	1.4배 증가	71.2 (22.7)

주: ( ) 안의 수치는 국세와 지방세의 상대 비중(%)을 의미하며, 행정자치부 자료를 토대로 필자가 계산한 것임; 2015년까지는 결산, 2017년은 예산임.
자료: 행정자치부, 2017『지방자치단체 통합재정 개요』, 2017.

이와 같은 사실을 종합해 볼 때, 중기 시야에서의 보다 합리적이고 보수적인 세수 예측은 조세 정책이나 재정 지출 정책 및 금융 정책의 중대한 변화가 없는 한 최근 2년(2015년, 2016년)의 급성장 추세보다는 낮고, 2011-2014년 기간보다는 높은 중간의 어느 영역일 것으로 전망된다.

2) 지방재정의 고성장 시대 마감, 저성장 시대 진입

지방재정의 세입 성장률은 세계 금융위기 이후 2015년 이전까지는 부진하였다. 특히, 지방세 부문이 그러했다. 2013년에는 세수가 전년보다 줄어드는 현상이 나타났고, 하마터면 지방세수 실적이 거의 예산을 밑돌 뻔한 상황까지 벌어졌다(다행히 국세와 같은 최악의 상황은 모면하였다). 정부 발표에 따르면 2013년도 지방세 수입(결산)은 53조 7,789억 원으로 2012년 실적(53조 9,381억 원) 대비 1,592억 원 감소하였다. 지방세수가 전년보다 줄어든 것은 글로벌 금융위기의 충격이 있었던 2009년 이래 처음 있는 일이다. 가장 큰 원인은 경기 불황에 따른 부동산 거래의 부진으로 기간 세목인 취득세 수입이 약 5,000억 원 가량 줄어든 데 있다. 다행히 2014년부터는 정부 정책(경기부양 정책, 지방소비세 세율의 대폭 인상, 지방세 비과세 · 감면 축소 등)과 징세 노력에 힘입어 지방세수가 늘어나기 시작하였다. 특히, 2015년에는 사실상 폭발적인 세수 증가 현상이 나타났다. 그것은 2013년에 53.8조 원이던 세수가 2015년에 71.0조 원으로 크게 늘어난 사실이 말해 준다(불과 2년 사이에 지방세수가 40%나 증가하였음).

지방세의 사정이 국세보다 조금 나은 것은 징세 노력이 향상되거나 지방세 환경이 개선되어서라기보다 앞서 언급한 것처럼 순전히 정부 정책 변화 때문이다. 지방세와 더불어 지방재정의 근간이 되는 세외수입도 최근 부진을 면하지 못하고 있다. 일반적으로 세외수입은 지방세에 비해 경기 변동에 상대적으로 덜 민감하지만, 현재와 같은 경기 악화 상황에서는 세외수입 또한 정상적인 성장을 기대하기 어렵다. 요약하면, 지방의 자체재원(지방세+세외수입) 성장세는 최근 둔화 추세에 있다. 2014년 이후의 세수 증가는 일시적인 것으로 보이며, 앞으로 만일 대규모 국세의 지방세 이양이나 증세 정책이 없는 한 지방의 자체재원 성장률은 과거의 성장 추세를 따라잡기가 거의 힘들 것으로 전망된다. 아직 장담하기는 이르지만, 안타깝게도 우리나라의 국가재정과 지방재정이 마침내 '고성장 시대'를 마감하고 지금까지 경험해 보지 못한 '저성장 시대'에 진입한 것이 아닌가 하는 우려가 든다.

국세 상황이 지방세보다 더 심각한 것은 앞서 지적한 바이다. 국세 수입의 결산이 예산에 크게 못 미친 결과 내국세와 결부된 지방교부세 또한 당초 예산에 못 미치는 금액이 지방에 지원되었다(지방교육재정교부금의 경우도 마찬가지임).

세수가 예산보다 줄어들 경우 지출 측면의 감소 요인이 없다면 재정수지는 자연히 적자가 된다. 그리고 재정적자가 누적되고 그 규모가 계속 커질 경우 그것을 충당하기 위한 채무가 급속히 늘어난다. 세계 각국의 사례가 말해 주듯이 중앙 · 지방을 불문하고 재정위기에 빠진 정부는 하나같이 대규모 누적적자와 채무를 견디지 못하였다는 사실을 우리는 확실히 인식해야 한다.

현 단계에서 한 가지 분명한 것은 국세와 지방세 수입이 과거 전성기처럼 지속적인 고도성장을 달성하려면 무엇보다도 세계 경제가 회복되고 국내 경기가 되살아나야 한다는 점이다. 그리고 앞으로 예상되는 미국 연방은행(FRB)의 양적 완화 정책의 변화(금리 인상의 시점, 규모, 단계, 자산 감축, 기타 통화 정책)와 같은 굵직한 세계 경제의 거시변수들이 국세와 지방세 수입의 신장에 도움이 되는 방향으로 전개되어야 한다. 끝으로, 어떠한 상황에서도 지방자치단체의 징세 노력과 창의적 징세 행정에 대한 노력은 부단히 지속되어야 한다.

2. 재정의 새로운 경향: 사회복지 재정 주도 시대

1) 사회복지 지출 수요의 급증[1)]

우리나라의 사회복지 지출은 글로벌 금융위기 이후 빠르게 확대되었다.

---

1 이 부분과 다음 항(우리나라 사회복지 재정의 국제적 수준)에서 다루는 내용은 임성일의 발표문(국회예산정책처 주최 세미나 발표 논문, 2015)을 원용하고 있음을 밝혀 둔다.

사회복지 재정은 중앙 · 지방 재정을 막론하고 지난 7년(2008-2015) 사이에 2배 이상 크게 늘어났다. 같은 기간 중에 중앙재정과 지방재정이 각각 1.5배, 1.4배 증가한 것과 비교하면 실로 고속 성장이다. 좋든 싫든 이는 2008년 이후 전개되고 있는 우리나라 재정의 신조류로서 지금까지 가보지 못했던 재정의 새로운 지평을 열고 있다. 하지만 단기에 전개되고 있는 사회복지 재정과 비사회복지 재정의 비대칭적 성장 현상에 대하여는, 한편으로 시대적 환경 변화와 국민의 수요를 반영하는 것으로 받아들이면서도 또 다른 한편으로 국가재정 자원의 유연성을 떨어뜨리고 예산 공간을 협소하게 만드는 문제와 부작용을 우려하지 않을 수 없다. 특히, 지방재정의 경우 수입 여건이 녹록치 않은 상황에서 사회복지 지출 수요가 급격히 늘어나고 있는 현상에 대해 재정의 지속 가능성 측면에서 심각하게 고민해야 한다.

우리나라의 재정은 글로벌 금융위기 중에도 규모가 지속적으로 늘어났다. 그리고 중앙정부의 지방자치단체 이전재정 또한 줄지 않고 오히려 크게 늘어났다. 내국세와 연계된 지방교부세와 지방교육재정교부금은 완만한 증가세를 보인 반면 국고보조금은 사회복지 국고보조금 사업의 급팽창으로 인해 큰 폭의 증가세를 보였다. 2008년 이후 최근까지 신설 확대된 사회복지 국고보조사업으로는 영유아 보육, 기초연금(구 기초노령연금), 누리과정, 기타 생활복지와 교육복지 관련 사업 등이 있다. 그런데 이들은 하나같이 굵직굵직한 사업이다. 참고로 현재 지방자치단체가 수행하는 중요한 사회복지 재정 사업을 열거하면, 기초생활보장급여, 의료급여 경상보조, 영유아보육료 지원, 가정양육수당 지원, 기초연금, 노인 · 장애인 · 정신요양 3개 시설, 어린이집 운영 지원(보육 돌

봄 서비스), 자활 지원(자활 사업), 장애인 관련 사업(활동 지원, 연금), 국가예방접종 실시 등이 있다.

대형 사회복지 국고보조사업은 법률에 의한 의무 사업으로 지방자치단체의 자금 매칭(matching), 즉 지방비 부담을 필요로 한다. 따라서 사회복지 재정은 국가재정과 지방재정의 확장을 유발하는 견인차 역할을 하고 있다. 국민연금 등 사회보험을 논외로 하면, 어떤 면에서는 사회복지 국고보조사업이 향후 우리나라의 재정을 좌우하는 열쇠를 쥐고 있다고 말할 수 있다. 특히, 세수가 크게 확장되지 않는 상황에서 사회복지 지출이 급증할 경우 공채 발행을 늘릴 수밖에 없다. 실제로 박근혜 정부 시절 채무가 급격히 늘어난 원인 중 하나가 다름 아닌 사회복지 지출의 급증 문제와 관련이 있다.

근년에 신설 · 확장된 사회복지 재정 사업은 OECD 선진국의 경험과 우리나라의 소득 수준을 고려하면 대부분 그 나름의 합리성과 타당성을 지니고 있다. 문제는 잘못된 타이밍과 급격한 사업 확대에 있다. 사실은 2000년대 초 · 중반 우리나라의 경제와 재정이 보다 탄탄했던 시기에 사회복지 재정을 점진적으로 확대하였다면, 현재와 같은 사회 · 정치 · 재정적 문제로 신음하지 않았을 것이다. 아쉽게도 그 당시에 재정을 지혜롭게 관리하지 못하고, 불필요하고 낭비적인 사업에 수많은 재정자금을 소진해 버린 것이다.

그런데 대형 사회복지 국고보조사업들이 급조되어 실시되다 보니 그 과정에서 보조 사업의 범위(복지수혜자 대상 및 범위)와 보조율 문제를 두고 중앙정부와 지방자치단체 간에 극심한 갈등 양상이 표출되었다. 갈등의 핵심은 사회복지에 대한 경비 부담을 중앙정부와 지방자치단체 간에 누가, 어느 정도로 더 많이 또는 더 적게 부담하는 것이 타당한지에 대한 셈법에 있다. 하지만 현실에 있어서는 경제와 재정 셈법보다는 정치 · 행정적 논쟁과 갈등이 난무하였다. 따지고 보면 이는 경기 불황으로 인해 국가재정이 그 어느 때보다 많은 압박을 받고 있기 때문에 생겨난 문제이다. 이에 대하여는 뒤에서 별도로 기술하기로 한다.

주지하다시피, 사회복지 지출은 거의 모든 선거의 정치적 공약(신규 사업과 기존 프로그램의 확장) 탑 순위에 등재되면서 현재 급상승 중이다. 이는 가장 최근에 있었던 대통령 선거(2017. 5. 9)의 진행 과정에서도 그대로 드러났다. 각 당 대통령 후보자들의 선거 공약(현 문재인 대통령 포함)을 살펴보면, 앞으로 사회복지 지출 부담이 기존 복지 지출의 시간적 확장에 더해 국가재정과 지방재정을 묵직하게 압박할 것이 거의 확실해 보인다.

지난 수년간 급격히 늘어난 사회복지 지출은 혹 증가 속도를 조절할지는 몰라도 당분간 지속적으로 확장 추세를 이어갈 전망이다. 영유아 보육 · 어린이집 확충, 가정양육수당, 기초연금, 기초생활수급자 복지, 장애 관련 복지(연금, 활동 지원, 장애수당), 무상급식, 일자리 확충, 건강복지, 기타 저출산 · 고령사회 대비 등 다양한 사회복지 지출 수요가 국가재정과 지방재정의 곳곳에 포진해 있는 현실이 그러한 전망에 힘을 실어 준다. 이들은 또한 급격히 진행되고 있는 저출산, 고령화, 사회 양극화, 일자리 복지와 맞물리면서 국가와 지방의 의무적 복지 지출을 끌어당겨 재정의 경직성을 심화시킬 가능성이 매우 높다.

여기에 더해 전통적인 도시 기반 수요(도로 · 교량 · 하천, 수질 개선, 상 · 하수도, 생활폐기물 처리시설 확충 등), 기존 SOC 등에 대한 유지관리 비용, 지역경제 활성화, 지역경쟁력 강화와 관련된 재정 지출 수요도 지속적으로 증가할 것이 전망된다. 그 외에 안전, 문화 · 예술 · 관광 · 체육, 주민밀착형 복합문화 · 커뮤니티 센터 조성 등에 대한 투자 수요도 꾸준히 늘어날 전망이다. 한마디로, 국가 차원에서 특단의 조치가 없는 한 재정 지출 수요는 줄지 않고 앞으로 계속해서 크게 늘어날 것으로 예상된다. 문제는 세입의 확장 공간 또는 재정 역량이 그것을 수용할 수 있느냐이다. 지금으로 보아 그것은 역부족인 것으로 판단된다.

2017년도 예산 자료에 의하면 사회복지 지출(보건 · 복지 · 고용)은 중앙재정 129.5조 원과 지방재정 49.5조 원(전체 지방 총지출의 25.6%)으로 구성된다. 지방의 사회복지 지출을 세부적으로 보면, 중앙정부 이전재원(보조금)이 전체의 절반이 넘는 27.2조 원이고, 나머지를 지방자치단체가 자기재원으로 조달(시 · 도비 12.8조 원, 시 · 군 · 구비 9.3조 원, 기타 22억 원)하고 있다. 중앙재정의 경우 공적연금이 가장 큰 비중을 차지하는 가운데 주택, 노동, 기초생활보장 부문에 많은 사회복지 재정이 사용되고 있다.

우리나라의 사회복지 재정은 중앙정부와 지방자치단체 모두가 중요한 기능과 역할을 담당하는 협력적 공유 시스템을 채택하고 있다. 현재 중앙정부의 고유 기능에 속하는 사회보험(공적연금, 건강보험)을 제외하면 대부분의 사회복지 재정은 국고보조금제도를 중심으로 중앙과 지방이 기능과 재원을 공유하고 있다. 대체로 말해서, 사회복지 국고보조사업의 정책 및 사업의 결정과 관리는 중앙정부가 주도하고, 사업의 집행은 주민과 밀착된 지방자치단체가 주도하는 기능 분화가 이루어져 있다.

한 가지 유념해야 할 것은 '사회복지 재정 100조 원 시대'(2014년 달성)라고 말하지만, 공적 연금과 건강보험을 제외한 공적 부조와 사회 서비스 관련 재정은 약 50조 원 규모라는 사실이다. 실제로 국민의 일상생활과 밀접한 사회복지 재정 지출은 보건복지부와 각 지방자치단체가 주관하는 사업들을 통해 집행된다. 2017년도 예산 기준으로 보건복지부의 총지출은 57.7조 원(사회복지 47.8조 원+보건 9.9조 원)인데, 그 중에서 기금 관련 지출 23.7조 원(국민연금기금 20.2조 원, 국민건강증진기금 3.3조 원, 응급의료기금 0.2조 원)을 제외한 예산 지출은 33.9조 원이다(이는 정부 총지출 400.5조 원의 약 8%에 해당한다). 예산 사업 중에서는 노인 · 청소년(9.6조 원), 기초생활보장(9.4조 원), 보육 · 가족 및 여성(5.5조 원)의 세 분야가 전체 예산지출의 70% 이상을 차지한다. 참고로 보건복지부 지출은 2008년의 25조 원에서 2014년의 47조 원으로 불과 6년 사이에 약 2배로 급증하였다(2017년도 예산은 57.7조 원임).

2) 지방자치단체의 사회복지 재정 급증

지방자치단체의 2017년도 사회복지 지출 예산의 총계 규모는 81조 2,400억 원이다(일반회계와 특별회계를 합친 순계 규모는 49.5조 원임). 그 중에서 가장 큰 비중을 차지하는 부문은 노인 · 청소년(25조 3,812억 원)이고, 그 다음으로 보육 · 가족 및 여성(22조 8,384억 원), 기초생활보장(16조 3,901억 원), 취약계층 지원(11조 6,274억 원) 등의 순이다. 이들 4개 예산 부문은 지방자치단체 사회복지 분야 지출의 90% 이상을 차지한다. 이들 부문은 세부적으로 약 200개 내외의 다양한 사업들로 구성되는데, 대부분이 인구가 과소한 농촌형 자치단체(군)보다 특정 인구가 밀집한 도시형 자치단체에서 광범위하게 수행되는 경향이 강하다.

지방자치단체 사회복지 지출은 규모나 상대 비중(전체 예산 대비 비율) 면에서 2008년 이후 급속히 증가하였다. 예를 들면, 사회복지 지출의 예산 대비 비율은 2009년의 18.3%에서 2015년 27.5%, 2017년 27.3%(일반회계 기준)로 급증하였다. 다만, 규모 증가나 상대 비율의 증가 폭은 지방자치단체 유형별로 크게 차이가 난다. [표 2-2]에 나타난 바와 같이, 사회복지비 비율(지방자치단체의 일반회계 세출 결산액 중 사회복지 분야 결산액이 차지하는 비율)을 지방자치단체 수준별로 비교해 본 결과 전체적으로 자치구가 가장 높은 반면 군이 가장 낮은 것으로 파악되었다. 자치구는 전체 재정 지출의 절반 이상을 사회복지 지출에 사용하는 데 비해 군은 전체 지출의 20% 미만을, 그리고 광역시 · 도와 시는 그 중간인 약 30% 정도를 사용하고 있다. 이는 지방자치단체의 기능과 사무, 인구구조와 특성, 사회복지 국고보조사업의 특성, 재원 조달 체계 등의 요인들이 복합적으로 반영된 결과이다. 다만, [표 2-2]에는 구체적으로 나타나 있지 않지만 노인 · 청소년 부문의 경우 군의 비율이 가장 높은데, 이는 농촌형 자치단체의 고령화 현상을 반영한다. 한편, 현재는 노인과 청소년 부문을 합쳐서 예산을 분류하고 계상하고 있는데, 양자는 성격이 다르고 특히 노인 부문이 압도적인 비중을 차지하는 현실을 감안할 때 향후 상호 분리해서 운영할 필요가 있다.

자치구와 군을 비교하면, 자치구는 일반행정과 사회복지를 주된 기능으로 수행하는 가운데 매우 제한된 자체재원(2개의 지방세목) 재정 상황에서 영유아 등 복지 수요 인구가 밀집된 특성을 지닌다. 이에 비해 군은 자치구보다 훨씬

[표 2-2] 지방자치단체 수준별 사회복지 지출 비율, 2012-2015(결산 기준, %)

연도	전국 평균	광역시 · 도 평균	시 평균	군 평균	자치구 평균
2012	26.4	24.9	26.1	15.6	47.3
2013	28.7	27.5	28.2	16.2	50.0
2014	31.7	30.3	31.3	18.2	52.6
2015	32.6	30.7	32.4	19.9	54.6

자료: 행정자치부, 지방재정 365(2017. 6).

넓은 종합행정 기능을 수행하는 반면 세목수가 많고 노인 인구 외에는 사회복지 대상 인구(영유아 등)가 많지 않은 특성을 보유한다. 이러한 사실을 인식할 때, 앞으로 우리나라의 정부 간 재정관계와 재정 시스템은 인구 · 사회 · 재정 체계의 특성 차이를 반영하여 재구조화할 필요가 있다.

3) 우리나라 사회복지 재정의 국제적 수준: OECD 국가 비교

최근에 사회복지 정책과 사업이 급증한 결과 국가재정과 지방재정에 큰 부하가 생겼음에도 불구하고 우리나라의 사회복지 지출 수준(GDP 대비)은 OECD 국가 중 멕시코, 칠레와 더불어 최하위권에 속한다([그림 2-1] 참조). 2009년 기준(OECD STAT 2013. 11)으로 GDP 대비 공공사회복지 지출(public social expenditure)의 OECD 평균은 22.1%인 데 비해 우리나라의 수치는 9.6%에 불과하다. 이에 비해 사회복지 지출(공공사회복지 지출+법정민간지출(법정퇴직금, 산전후휴가급여 등); 사회보장위원회(관계부처 합동), 2014 참조)의 OECD 평균은 22.7%이고, 우리나라의 수치는 10.6%이다.

[그림 2-1] GDP 대비 공공사회복지 지출의 비교(2007, 2014)

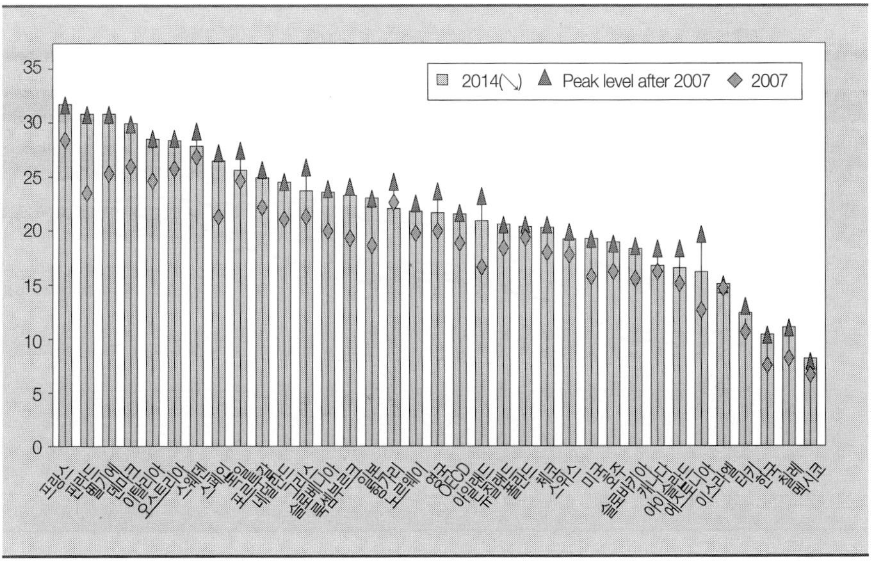

주: OECD 국가는 평균적으로 GDP 대비 22%의 금액(재정)을 공공사회복지 지출에 사용하고 있는 반면 한국은 약 10% 수준을 유지하고 있음(2012년 9.6%, 2013년 10.2%, 2014년 10.4%).
자료: OECD(2014), OECD Social Expenditure data base(www.oecd.org/social/expenditure.htm).

우리나라의 사회복지 지출 통계와 OECD 사회복지 재정 통계(SOCX) 간에는 몇 가지 관점에서 뚜렷한 차이가 있어 정확한 기수적 비교에는 애로가 있다(고경환 외, 2014 등 참조). 그러나 한 가지 분명한 사실은 현 시점에서 OECD 사회복지 통계나 다른 선진국의 통계 구성(범위와 내용)과의 차이를 인정하더라도 우리나라의 1인당 국민소득과 경제적 위상을 감안할 때 우리나라의 사회복지 재정 지출 수준은 상당히 낮다는 것이다. 일반정부(general government) 지출이 GDP에서 차지하는 비율은 주요 선진국의 경우 50% 내외인 데 비해 우리나라는 약 30% 수준에 불과하다. 이는 우리나라의 공공 부문 비중이 상대적으로 취약하다는

[그림 2-2] GDP 대비 공공사회복지 지출의 역사적 추이, 1960-2012

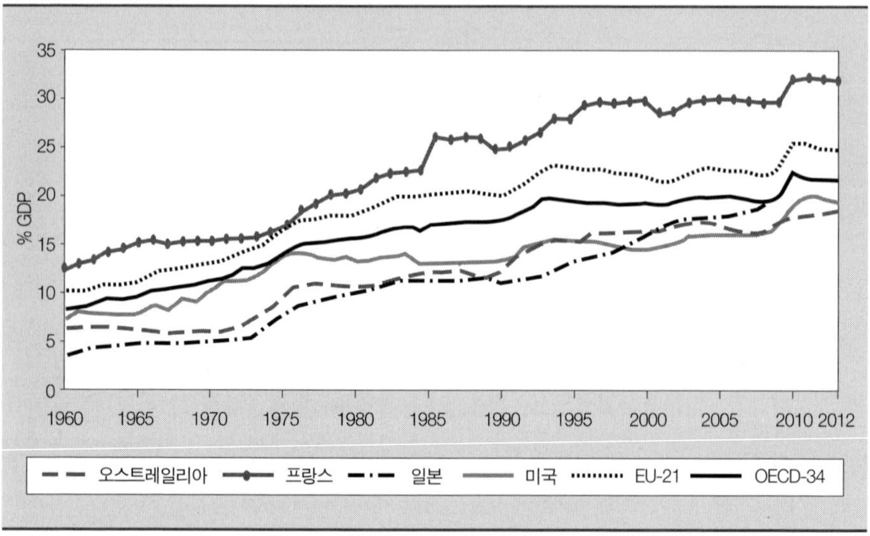

자료: OECD, Social Spending During the Crisis, Social Expenditure(SOCX) data update 2014, p. 2.

것을 뜻한다. 공공 부문의 비중 차이가 나는 가장 큰 이유는 OECD 주요 선진국들이 우리나라에 비해 사회보험, 사회복지와 관련된 지출 비중이 매우 높은 데 있다.

이러한 현상은 그동안 우리나라가 다른 OECD 국가에 비해 현저히 낮은 사회복지 재정 투자를 해온 데 기인한다. 우리나라에서 사회복지 재정에 대한 국가적 · 국민적 관심이 높아진 것은 불과 15년 내외이다. 1990년대 중 · 후반에 있었던 OECD 가입과 외환위기를 계기로 우리나라에서도 사회 안전망에 대한 필요성이 높아졌고, 2008년의 세계 금융위기를 전후로 영유아 보육, 공적 연금 · 보험, 고령자 보호, 근로 · 고용에 대한 사회 · 정치적 요구가 고조되었다.

선진국들은 우리보다 훨씬 먼저 고성장, 고소득 수준을 달성하면서 복지국가를 추구한 관계로 지금의 우리나라와 비교할 수 없는 수준의 사회복지를 향유하고 있다. 무엇보다도 대부분의 선진국들이 국가와 지역의 사회기반시설을 1980년대 이전에 정비 완료한 점도 재정을 사회복지 부문에 집중적으로 투자할 수 있었던 중요한 여건의 우위로 간주된다.

우리나라는 그동안 의식주 등 사회적 기본 수요(basic needs)의 충족 문제와 사회기반시설 투자에 전념할 수밖에 없는 상황이어서 체계적이고 지속적으로 사회복지 지출을 확장할 수 없었다. 그러나 우리나라의 상황은 2000년대 중·후반을 기점으로 사회복지 재정 투자에 대한 새로운 가능성과 지평을 바라보게 되었다. 그것은 과거 수십 년간 사회기반시설(SOC 등)에 치중해 오던 재정 지출에 구조 변화가 생겼기 때문이다. 특히, 최근 들어 SOC 투자가 뚜렷한 감소 추세를 보이는 가운데 사회복지 지출이 급증하는 추세가 나타나고 있다. 예컨대, 지방재정에서 사회복지비가 차지하는 비중은 2009년에 17.6%(24.1조 원)이던 것이 2015년에는 25.4%(44.1조 원)로 크게 증가한 반면 국토 및 지역개발비는 2009년의 10.6%(14.5조 원)에서 2015년의 6.6%(11.5조 원)로 크게 줄어들었다.

최근의 경향을 보면, 도로·교량 등 사회 SOC 정비와 같은 투자적 경비의 점유 비율은 크게 줄어들고 있는 반면 사회 안전망을 비롯하여 보육, 연금·보험, 고령자 보호, 근로·고용, 주택 분야의 대인 사회 서비스 점유 비율이 크게 확대되는 추세가 뚜렷하다. 이는 지출 성질 면에서 우리나라의 재정이 투자적 지출 중심 구조에서 대인 사회 서비스 지출 중심 구조로 변화되고 있음을 의미한다. 다시 말해서, 우리나라의 재정 지출 구조가 SOC 주도형에서 사회복지 지출 주도형으로 구조가 변화되고 있는 것이다. 참고로 이웃 일본의 지방재정은 1990년대 초반에 이미 투자적 지출 중심 구조를 벗어났다. 과거 30%대 초반까지 높았던 투자적 지출 비중이 최근 10%대 초반으로 크게 떨어진 것이 그것을 말해 준다(池上岳彦 편, 2015).

이와 같은 추세가 지속될 경우 앞으로 심각한 경제위기 상황이 도래하지 않는 한 국가재정 공간에서 사회복지 재정이 차지하는 비중은 과거에 비해 크게 확장될 것으로 전망된다. 이것은 다시 말해서, GDP 대비 사회복지 지출 비중이 상당히 빠른 속도로 증가할 수 있음을 의미하는 동시에 우리나라가 종전보다 더 빨리 선진국의 복지재정 수준을 추격할 수 있는 여력과 가능성을 가질 수 있음을 시사한다.

OECD 국가의 역사적 경향과 현재 상태 그리고 우리나라의 소득 수준과 사회적 수요를 감안하면, 우리나라의 사회복지 재정이 앞으로 크게 확대되어야 하는 것은 필연적이다. 다만, 사회복지 재정의 확대 필요성과 사회적 수요는 재정의 지속 가능성이 담보되는 수준에서 추구되어야 한다. 재정의 지속 가능성은 중장기적으로 적정 채무와 적정 재정수지를 유지하면서 우리 사회의 재정수요를 충족해 나가는 것인데, 이는 기본적으로 국가경제 성장에 의해 제약을 받는다. 당분간 저성장 기조가 예상되는 현 시점에서 볼 때, 향후 사회복지 재정과 비사회복지 재정의 사회적 적정 조합(optimal mix)을 어떻게 선택할지가 초미의 관심사이다.

3. 국가재정과 지방재정의 건전성

1) 국가재정의 중기 건전성

정부 발표에 의하면 2015년 결산 기준으로 우리나라의 재정적자(관리재정수지 적자)와 국가채무는 각각 28.3조 원, 591.5조 원이다. 이는 GDP 대비 각각 1.7%, 37.9%에 해당한다. 그리고 2017년도 예산에 의하면 우리나라의 재정적자와 국가채무는 각각 38조 원, 682.4조 원이며, 이는 GDP 대비 각각 2.4%, 40.4%에 해당한다. 마침내 GDP 대비 국가채무 40%대 시대가 개막된 것이다.

기획재정부가 발표한 중기 재정계획(대한민국 정부, 2016-2020년 국가재정운용계획, 2016. 9)에서는 2016-2020년 중 재정 수입의 연평균 증가율을 5.0%로 추정하고 있다. 이는 예상 경제 성장률의 약 2배에 가까운 예측이다. 과거의 역사적 자료를 토대로 산정된 조세 수입의 GDP 탄력성(tax revenue elasticity)은 통상 1을 조금 넘는 것으로 파악되고 있다(저자의 탄력성 분석 결과(2015)에 의하면 탄력성은 대체로 1.1 내외임). 이를 감안하면 경제 성장에 의한 세수 증가는 정부가 계획(예상)하는 연평균 5.0% 증가를 충족할 수가 없다. 예를 들면, 2017년 4월 현재 한국은행과 한국개발연구원(KDI)은 금년도 경제 성장률을 2.6%로 수정조정하였는데, 성장률 전망과 조세 수입의 GDP 탄력성을 수용할 경우 2017년도 조세 수입의 성장률은 약 3% 수준으로 예상할 수 있다. 다만, 최근에 정부가 사실상 소규모 증세 조치를 취하였음(담배소비세 인상, 일부 세목의 공제 대상 및 범위 재조정 등)을 감안할 경우 조세 수입의 실제 성장률은 그보다 1% 내외로 더 높을 수도 있다. 그러나 이를 반영하더라도 세수 증가가 지출 증가를 따라잡기에는 역부족이다.

기획재정부와 국회예산정책처는 우리나라 재정의 중기 건전성과 안정성을 그런대로 무난한 것으로 전망하고 있다. 하지만 가장 큰 돌발변수는 예상을 밑도는 경제 성장과 정치권의 급격한 복지 정책 추진 그리고 청년실업 문제이다. 현재 주요 경제예측 기구와 전문가 사회가 대체로 공감하는 중기 경제 성장 예측은 연평균 2-3%의 저성장이다. 이를 수용한다면 재정의 성장은 대대적인 증세 조치나 매우 창의적인 세원 확대 조치가 없는 한 연평균 3-4% 수준을 유지할 것으로 전망된다. 만일 이러한 상황에서 정부가 재정 수입의 연평균 증가율 5%를 달성하고자 하거나 복지재정 지출을 연평균 10% 이상 확대하는 정책 드라이브를 건다면, 이는 자연적 재정 성장을 훨씬 초과하는 과부하를 의미한다. 이 경우 다른 조건이 일정하다면 적자공채의 확대 발행이 불가피하다.

우리나라의 경제는 글로벌 금융위기 이후 세계 경제의 저성장과 내수 부진 등이 겹치면서 2012년 이후 계속해서 2%대의 저성장을 기록하고 있다. 경기를 견인하는 국내의 투자와 소비가 대내외의 불확실성으로 활력을 되찾지 못하는 가운데 우리 경제의 버팀목인 수출마저 2015년, 2016년 연속으로 감소하는 어두운 현상이 나타났다. 국제기구들은 2017년부터 세계 경제가 완만히 상승할 것으로 예측하면서도 본격적인 회복 궤도에 진입하기까지는 다소 시간이 걸릴 것으로 전망하고 있다.

국회예산정책처(NABO)의 2017년 및 중기 경제전망(2016. 10)에 의하면, 2016-2020년 기간 중 우리 경제의 잠재 성장률은 이전 5년(2011-2015)의 연평균 3%대에서 2%대 후반으로 하락할 것이 예측되고 있다. 그 배경에는 국내외 주요 경기 요인 외에 저출산, 고령화가 빠르게 진행되면서 노동의 성장 기여도가 자본과 생산성의 성장 기여를 밑도는 현상이 크게 반영되었다. 한 가지 충격적인 것은 최근(2017. 7. 13)에 한국은행이 우리나라의 2016-2020년 잠재 성장률을 3%대 이하(2.8-2.9%)로 크게 하향 추정하였다는 사실이다. 한국은행의 경제전망 보고서에 의하면 우리나라의 그동안 잠재 성장률은 2001-2005년 4.8-5.2%, 2006-2010년 3.7-3.9%, 2011-2015년 3.0-3.5%를 기록하였다. 이와 같이 다소 어두운 중기 전망 하에서는 국채 발행과 같은 채무재정(debt financing)이나 증세에 기대지 않고서는 늘어만 가는 재정 수요를 도저히 감당할 수가 없다.

2017년 예산 기준으로 사회복지 분야(보건 · 복지 · 고용)의 지출 총규모는 129.5조 원이다. 이를 토대로 단순히 계산하면, 사회복지 재정 지출이 연평균 10%씩 증가할 것으로 가정할 경우 향후 매년 13조 원 이상의 사회복지 예산 증가가 있어야 한다. 이와 같은 상황에서 금년 5월에 출범한 문재인 정부는 사회복지 재정의 확대를 기조로 하는 여러 가지 복지 프로그램(기초연금 인상, 아동수당 신설, 기초생활 수급과 확대, 최저임금 보조, 각종 건강보험 보장성 강화 등)을 공식 정책으로 채택하였다. 이와 관련된 정확한 비용 추계가 나오지는 않았지만, 매년 30조 원 이상의 추가적인 재원이 소요될 것으로 추측된다.[2] 여기에 더해 문재인 정부는 재정 지출의 증가율을 현재의 3.5% 수준에서 약 두 배인 7.5%로 상향 조정하는 적극적인 재정 정책을 취할 것을 천명하고 있다. 이는 사실상 머지않

2 정부가 최근에 증세를 천명한 소위 '부자 과세'(특정 대기업 집단과 관련된 법인세 인상, 최고 소득층을 대상으로 하는 소득세 인상 등)로서는 이것을 감당하기에 역부족이다(이 자체를 두고도 긍정 · 부정, 찬반의 견해가 갈리고 있다). 정부가 대대적인 세출 구조조정을 단행하거나 사회복지 프로그램에 대한 보다 완만한 중장기 접근을 하지 않는 한, 결국에는 전체 국민과 기업을 대상으로 하는 증세 논의를 본격화할 수밖에 없을 것으로 전망된다.

아 증세와 공채 정책 드라이브가 있을 것임을 암묵적으로 시사한다. 그런데 앞으로 정부가 상당한 수준의 증세 드라이브나 공채 정책을 추진하려면 그와 관련된 시기와 여건, 국민의 이해와 공감 등 여러 가지 변수를 고려하면서 매우 신중히 접근하지 않으면 안 된다. 그 이유는 그러한 정책은 사회 · 경제 · 정치적 환경이 어느 정도 조화를 이루고 뒷받침을 해줄 때 시도될 수 있고, 또한 성공을 기대해 볼 수 있기 때문이다.

하지만 현재의 상황은 그렇게 녹록치 않다. 저성장으로 인해 국민의 재정부담 여력과 지갑이 점점 얇아지고 있고, 빠른 채무 증가 속도와 정치권의 포퓰리즘에 의한 과도한 미래 재정 수요가 잿빛 그림자를 드리우고 있기 때문이다. 그리고 정부의 재정 활동에 대한 국민의 불신(국민의 다수가 정부가 재정을 남용하고 있다는 불신)이 높은 점도 이 시점에서 정부가 적극적인 증세 정책이나 공채 정책을 추진하기 어려운 중요한 이유에 해당한다.

2) 국가채무의 진행 속도와 질적 악화를 예의 주시

먼저, 국가채무의 가파른 성장세에 주목해야 한다. 2010년 이후 최근까지의 국가채무 현황을 보면, 그 규모와 증가 속도가 조금씩 커지고 있음을 알 수 있다. 예컨대, GDP 대비 채무 비율은 2011년의 31.6%에서 2015년의 37.9%, 그리고 2017년(예산)의 40.4%로 가파르게 상승하고 있다. 2011-2017년 기간 중 국가채무의 연평균 증가율은 8.4%로 매우 높을 뿐 아니라 조세 수입의 증가율을 크게 웃돌고 있다. 여기에 더해 주목해야 할 또 다른 사실은 국가채무의 질적 악화

[표 2-3] 국가채무와 재정수지, 2010-2017

		2010	2011	2012	2013	2014	2015	2016	2017	성장률(%)
국가채무	총규모(조 원)	392.2	420.5	443.1	489.8	533.2	591.5	638.5	682.4	8.4
	(GDP 대비, %)	(33.5)	(31.6)	(32.2)	(34.3)	(35.9)	(37.9)	(39.4)	(40.4)	
	- 적자성 채무(조 원)	193.3	206.9	220.0	253.1	286.4	330.8	368.7	397.3	11.5
	(일반회계 적자보전)	(119.7)	(135.3)	(148.6)	(172.9)	(200.6)	(240.1)	(279.8)	(308.4)	(14.7)
	- 금융성 채무(조 원)	199.0	213.6	223.1	236.7	246.7	260.6	269.8	285.0	4.9
재정수지	통합재정수지(조 원)	16.7	18.6	18.5	14.2	8.5	−0.2	2.5	13.8	-
	(GDP 대비, %)	(1.3)	(1.4)	(1.3)	(1.0)	(0.6)	(0.0)	(0.2)	(0.8)	
	관리재정수지(조 원)	−13.0	−13.5	−17.4	−21.1	−29.5	−38.0	−39.0	−28.3	-
	(GDP 대비, %)	(−1.1)	(−1.1)	(−1.3)	(−1.5)	(−2.0)	(−2.4)	(−2.4)	(−1.7)	

주: 2015년까지는 결산 기준; 2016년은 채무의 경우 전망치, 재정수지의 경우 예산(추경) 기준; 2017년도는 채무와 수지 모두 예산 기준임.
자료: 기획재정부, 국회예산정책처.

문제이다. 그것은 국가채무가 급증하는 가운데 일반회계의 재정적자를 메우기 위한 적자성 채무의 규모와 비중이 급격히 늘어나고 있는 문제이다. 구체적으로 지적하면, 2011-2017년 기간 중 국가채무의 연평균 증가율은 8.4%인 데 비해 적자성 채무의 연평균 증가율은 무려 14.7%를 기록하고 있다.

그리고 같은 기간 중에 국가 재정수지가 크게 악화된 사실을 결코 간과해서는 안 된다. 2010년과 2011년에 GDP 대비 1.1%였던 재정수지 적자는 2015년에 2.4%로 크게 증가하였다. 아울러 1%대의 흑자를 유지해 왔던 통합재정수지가 2015년에는 마침내 마이너스(즉, 적자)로 돌아섰다. 이제는 재정적자와 채무가 '재정 빈곤의 악순환'을 만들어 내는 주범이고, 극단적으로 재정위기와 재정파산을 몰고 오는 화근임을 명심해야 할 시점이다.

[그림 2-3] 우리나라 재정 정책의 선택경로와 미래

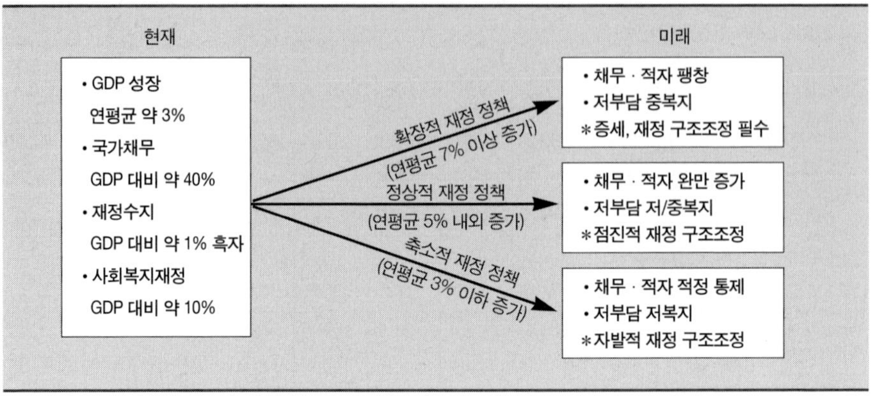

주: 우리나라의 중장기 경제 성장률을 연평균 2-3%로 가정한 것임.

우리나라의 국가채무 수준이 OECD 평균에 비해 양호한 것은 분명하다. 하지만 최근에 진행되는 국가채무의 증가 속도나 그동안 채무에 포함되지 않다가 새로 계상되는 채무를 감안하면, 우리나라의 채무 상태를 느긋한 마음으로 만만하게 볼 것은 결코 아니다(이에 대하여는 제1장에서 기술한 선진국 사례를 참고하기 바람). 만일 재정적자가 계속해서 확대된다면 궁극적으로 공채 발행에 의존하는 채무재정을 적극적으로 사용할 수밖에 없다. 이와 관련하여 우리는 일본의 과거 경험과 현재 상태로부터 시사와 교훈을 얻을 필요가 있다.

일본에서는 1990년대 초반부터 재정수지가 빠르게 악화되자 중앙정부와 지방자치단체들이 공채 발행에 적극적으로 기대는 재정 정책을 추진하였다. 실제로 일본 정부는 1994년부터 2017년 초 현재까지 단 한 해도 거르지 않고 매년 적자공채('특례공채'라고 함)를 발행하였다. 그 결과 일본의 공공채무는 약 1,000조 엔이라는 천문학적 규모로 불어났다. 오늘날 일본 재정의 차입재정 의존도가 얼마나 심한지는 중앙정부 예산의 약 절반가량을 공채 발행 수입으로 충당하고 있는 사실이 말해 준다. 사실상 매우 극단적인 예산 운영 상황이 연출되고 있는 것이다.

2015년도 기준으로 일본의 중앙정부 일반회계 세출은 96조 3,420억 엔인데, 그 중에서 국채 총액이 23조 4,510억 엔을 차지하고 있다(국채 비율 24.3%). 그리고 국가재정이 얼마만큼 공채 발행에 의존하고 있는지를 보여 주는 공채 의존도(공채 발행액(36조 8,630억 엔)이 일반회계 세출 총액(96조 3,420억 엔)에서 차지하는 비중)는 38.3%로 거의 40%에 육박하고 있다(日本 財務省, 日本の統計, 2016). 실제로 공채 발행 잔액이 천문학적 규모여서 매년 일본 정부가 국채의 원리금 상환을 위해 지불하는 금액은 우리의 상상을 초월한다. 2017년 현재 국채의 원리금 상환 비용은 일본의 재정 지출 가운데 비중이 가장 큰 사회보장비 다음으로 규모가 크고, 국채의 이자 비용만 해도 중앙정부 지출의 약 10%를 차지한다.[3)]

이러한 상황을 인식할 때, 일본의 재정은 시장금리의 변동 상황에 대해 매우 민감할 수밖에 없다. 현재 대략적인 추산으로는 시장금리가 1% 오르면 국채 경비 부담이 약 10조 엔 증가한다. 만일 수년 내에 시장금리가 2% 오른다고 가정할 경우 일본 정부가 추가적으로 부담해야 하는 국채 관련 경비는 약 20조 엔(우리 돈으로 약 200조 원)이 되는데, 이는 우리나라의 지방재정 규모와 맞먹는 어마어마한 금액이다. 우리나라의 경제와 재정 상황이 1990년대 이후의 일본 상황과 유사한 점이 많음을 감안할 때(물론 정치 · 사회 · 문화적으로 차이가 나는 점도

---

3 2015년도 기준으로 일본의 공채 잔액은 총 807조 910억 엔이고, 한 해의 이자 비용으로 무려 10조 1,150억 엔이라는 거액을 지불하고 있다(우리 돈으로 100조 원이 넘는 이자를 부담하고 있다).

많음), 일본의 경험을 반면교사로 삼고 정부의 재정 정책, 특히 공채 정책에 신중을 기해야 한다.

지금과 같이 다소 비관적으로 예측되는 경제 · 재정 전망 하에서는 재정의 건전성을 확보하고 효율성과 효과성을 극대화하는 중장기 재정 운영 전략을 구축하는 것이 무엇보다도 중요하다. 그렇지 못할 경우 국가재정과 지방재정은 결코 지속 가능성을 확보할 수 없고, 국민이 원하는 행정 서비스를 제대로 공급할 수 없다.

3) 지방재정은 건전한가?: 거시적으로는 무난하나, 미시적으로는 조심해야

우리나라의 지방재정이 낭비와 비효율에 빠져 있는 것은 분명하지만, 재정의 건전성에 문제가 있는 것은 아니다. 최근 언론 등에서 일부 지방자치단체의 부실한 재정 관리 현상을 두고 재정 위기론을 제기하기도 하지만, 이는 다소 과장된 바가 없지 않다. 이들 자치단체가 재정을 방만하게 사용하고 부실하게 운영한 것은 분명하나, 종합적으로 판단할 때 이들이 재정위기 상황에 놓인 것으로 판정하기는 어렵다. 보다 공정하게 표현하자면, 이들은 부실한 재정 관리로 인해 심각한 재정압박 상태에 놓인 자치단체로 규정하는 것이 타당하다. 다만, 이들이 앞으로도 계속해서 자기를 혁신하는 재정 구조 개편과 위험 관리 대책을 강구하지 않고 방만한 경영을 한다면, 재정위기의 함정에 빠질 가능성을 배제할 수 없다.

사실, 지방자치단체의 재정건전성 문제가 불거지게 되는 가장 큰 원인은 비효율적인 재정 운영과 부실한 재정 관리에 있다. 이러한 사실을 인식할 때, 자칫하면 만성화된 재정 비효율성이 재정건전성을 크게 훼손하고, 이것이 심화되어 일부 자치단체가 심각한 재정위기를 겪을 수 있겠다는 우려도 생긴다. 물론 이러한 우려가 당장 현실화될 가능성은 낮다. 하지만 강조하고자 하는 사실은 이러한 추세가 멈추지 않고 계속될 경우 재정압박이 심해지고, 그것이 강도를 더하게 되면 재정위기가 발생할 수 있다는 점이다. 이는 마치 서서히 데워지는 물속에서 위기의식 없이 조용히 죽어 가는 개구리의 비유를 연상케 한다. 만일 지방재정이 앞으로도 계속해서 지금과 같은 방식으로 운영된다면 미래에 외부로부터 강한 충격이 주어질 때 적지 않은 지방자치단체들이 파산 상태에 내몰릴 수도 있다.

외부 충격은 단지 글로벌 금융위기나 외환위기와 같은 것만을 의미하지 않는다. 앞서 기술한 바와 같이, 본격적인 저성장 재정 구조로의 전환, 급속한 고령화 진전, 복지 지출 팽창, 사회간접자본 및 공공시설에 대한 막대한 유지관리 비용 부담 등 향후 합리적으로 예견되는 '점진적 거대 변화'를 내포하는 의미이다. 현재 많은 전문가들이 앞으로 우리나라의 경제 성장과 재정 성장이 과거와 크게 다른 양상으로 전개될 것이라는 데 대해 대체로 견해를 같이 한다. 고도 경제 성장은 더 이상 기대하기 어렵고, 자칫 잘못하면 잠재 성장률을 지속적으로 밑도는 저성장의 늪에 빠져들 가능성도 있다.

지방재정의 건전성은 글로벌 금융위기 직후 조금 나빠졌다가 2010년부터 차츰 좋아지고 있는 상황이다. 현재의 지방재정 상태는 거시적으로 보아 대체로 건전한 가운데 일부 지방자치단체들이 건전성 문제를 겪고 있는 것으로 진단할 수 있다. 일부 지방자치단체가 재정 문제를 겪는다고 해서 그것이 곧바로 해당 단체나 지방재정 전체가 총체적 부실이나 위기에 빨려드는 것을 의미하지 않는다.

이와 관련하여 우리는 지방재정의 전체적 현상과 개별 자치단체의 부분적 현상을 구분할 줄 알아야 한다. 여러 가지 분석 잣대를 적용하더라도 현재의 지방재정은 일부 건전성과 효율성에 문제가 있는 것은 사실이지만, 아직은 재정 위기와는 거리가 멀다. 재정수지와 채무, 세입 및 세출 증가율 등 재정건전성을 판단하는 국제 기준에 비추어 볼 때 그러한 판단을 할 수 있다. 이러한 현상 진단에 대하여는 최근에 발표된 OECD의 각종 재정보고서와 행정자치부와 한국지방행정연구원이 공동으로 실시하는 지방재정 분석 결과가 객관적으로 지지한다.

우리나라의 지방채 발행은 기본적으로 중앙정부의 거시 규제를 받으면서 공공자금에 의존하는 구조를 갖고 있다. 이는 전적으로 자본시장에 의존하는 미국의 지방채 발행 시스템과 완전히 다르다. 따라서 우리나라의 지방재정은 글로벌 금융위기 이후에도 차입의 역량이나 재정건전성 면에서 큰 변동이 없었다. 거시적으로 보아 지방자치단체의 채무는 절대 규모에 있어서나 지방재정 규모 또는 GDP와 비교하더라도 비교적 건전한 상태에 있는 것으로 파악된다. 일반적으로 지방재정의 건전성 상태를 가장 쉽고 명확하게 알려 주는 것은 재정수지와 채무에 관한 정보이다. 이와 관련된 현행 지방재정 지표로는 (1) 재정수지의 경우 통합재정수지 비율, 실질수지 비율, 경상수지 비율, 그리고 (2) 지방채무의 경우 관리채무 비율, 실질채무 비율, 지방채무잔액지수, 지방채무

[표 2-4] 2016년도 재정건전성 분석 결과(주요 채무 관련 지표)

(단위: %)

재정분석지표	2009	2010	2011	2012	2013	2014	2015
관리채무 비율				13.35	13.32	12.59	10.98
실질채무 비율						11.19	9.98
지방채무잔액지수	19.78	22.23	21.13	19.20	19.05	25.44	22.48
지방채무 상환비 비율	2.53	2.96	3.06	3.18	3.06	5.77	3.85
공기업 부채 비율				160.65	74.09	70.93	65.07

자료: 한국지방행정연구원(2016).

상환비 비율 등이 있다. 이들은 기본적으로 이론과 실무에 바탕을 두고 개발된 것으로 그 중 일부는 국제적으로 통용이 가능하다.

[표 2-4]에는 글로벌 금융위기 직후인 2009년도부터 2015년까지의 최근 6년간 지방재정 결산 자료를 활용한 주요 재정건전성 지표분석 결과가 담겨 있다(2017년 1월 현재 이용이 가능한 가장 최근의 결산 자료는 2015년도 결산 통계이다). 여기서는 지방채무와 관련된 주요 지표분석 결과에 대해 살펴보고 재정수지와 관련된 내용은 조금 뒤에서 살펴보기로 한다.

지방재정의 채무는 글로벌 금융위기 이후 국가의 재정 확대 정책에 의해 약 2년간 잠시 증가하다가 곧바로 연간 발행 규모와 누적 잔고가 과거 수준으로 회귀하였다. 다만, 일부 지방자치단체와 지방공기업의 경우 정상 수준을 넘어 다소 과도한 양상을 드러내었다. 지방재정 전체를 두고 보면, 지방채와 관련된 재정건전성은 현재 비교적 양호한 것으로 평가된다. 무엇보다도 지방자치단체가 실질적으로 관리해야 할 채무의 수준을 보여 주는 관리채무 비율(채무상환 의무가 수반되는 채무현재액 수준을 나타내는 지표로서 일반채무에 BTL 지급액을 포

[표 2-5] 시 · 도별 관리채무 잔액 현황(2015 회계연도)

(단위: 억 원, %)

지역	관리채무 잔액	비중	일반채무	비중	BTL 잔액	비중
전국	344,322	100.0	311,120	100.0	33,203	100.0
서울	55,750	16.2	55,060	17.7	691	2.1
부산	27,961	8.1	27,743	8.9	217	0.7
대구	17,819	5.2	17,505	5.6	315	0.9
인천	34,354	10.0	32,973	10.6	1,380	4.2
광주	12,409	3.6	10,068	3.2	2,341	7.1
대전	9,412	2.7	6,929	2.2	2,484	7.5
울산	6,684	1.9	5,299	1.7	1,386	4.2
세종	893	0.3	893	0.3	–	0.0
경기	54,161	15.7	51,952	16.7	2,208	6.7
강원	16,157	4.7	15,376	4.9	781	2.4
충북	10,920	3.2	9,076	2.9	1,845	5.6
충남	17,387	5.0	13,207	4.2	4,180	12.6
전북	16,902	4.9	13,850	4.5	3,052	9.2
전남	15,728	4.6	13,302	4.3	2,425	7.3
경북	23,603	6.9	18,138	5.8	5,464	16.5
경남	16,516	4.8	14,013	4.5	2,502	7.5
제주	7,667	2.2	5,735	1.8	1,932	5.8

자료: 한국지방행정연구원(2016).

함함)이 10%대 초반으로 나타나 지방재정이 비교적 건전한 상태에 있음을 알 수 있다(관리채무 비율은 2013년 13.3%, 2014년 12.6%에서 2015년 11.0%로 뚜렷이 개선되는 모습이다). 지방채의 원리금 상환에 대한 부담을 측정하는 지방채무 상환비 비율(일반재원 대비 과거 4년 및 미래 4년의 지방채무 상환액 비율)과 지방채 누적 잔액의 크기를 측정해 주는 지방채무잔액지수(일반재원 대비 지방채무 현재 잔액의 비율)는 종전에 비해 2014년과 2015년에 조금 악화되었다. 하지만 이들 수치는 재정건

[표 2-6] 지방자치단체 유형별 관리채무 비율 추이

(단위: %)

구분	2011	2012	2013	2014	2015
전국 평균	-	13.35	13.32	12.59	10.98
특별 · 광역시 평균	-	24.89	23.56	22.79	20.31
도 평균	-	17.62	16.08	14.82	13.33
시 평균	-	10.99	9.75	9.34	7.47
군 평균	-	4.55	3.78	3.26	2.63
자치구 평균	-	1.38	1.12	1.06	0.78

자료: 한국지방행정연구원(2016).

전성 관점에서 평가하면 여전히 낮은 값(즉, 건전성이 양호함)으로 간주된다.

2015년도 결산분석 결과에 의하면 지방재정의 관리채무 잔액은 총 34조 4,322억 원이고, 이는 일반채무 31조 1,120억 원(90.4%), BTL 지급액 3조 3,203억 원(9.6%)으로 구성되어 있다. 관리채무 잔액의 시 · 도별 비중을 보면, 서울(16.2%), 경기(15.7%), 인천(10.0%)의 수도권 3개 자치단체가 전체의 42%를 차지하는 것으로 나타나 채무의 집중 현상이 매우 심한 것을 알 수 있다. 실제로 2000년대 이후 최근까지의 경향을 보면, 우리나라의 지방채 발행은 작게 보면 5개 내외의 광역자치단체, 크게 보면 15개 내외의 지방자치단체들이 독과점 체제를 형성하고 있는 현상이 뚜렷하다. 실제로 자치구의 경우 거의 대부분이 지방채를 발행하지 않고 있다. 다만, 일반채무와 달리 BTL 지급 채무의 경우 경북과 충남이 각각 16.5%, 12.6%로 큰 비중을 차지하고 있다. 현실적으로 지방채가 광역자치단체를 중심으로 발행되고 있기 때문에 관리채무 비율을 포함한 대부분의 채무관련 지표의 값이 기초자치단체(시 · 군 · 자치구)보다 광역자치단체(특별 · 광역시, 도 등)에 있어서 월등히 높게 나타나고 있다.

지방공기업 부문의 재정건전성은 2013년 이전에 크게 악화되었으나, 정부가 강한 부채 감축 정책을 추진하면서 2013년부터 상당히 개선되고 있다. 구체적으로, 지방공기업 부채 비율은 2012년의 160.65%에서 2013년 74.1%, 2014년 70.9%, 2015년 65.1%, 그리고 2016년에는 마침내 50%대(57.9%)로 낮아졌다. 영업이익은 그동안 적자를 기록해 오던 것이 2015년에 마침내 흑자 전환을 하였다(총자본 대비 영업이익률: 2013년 -0.60%, 2014년 -0.82%, 2015년 1.85%).

4) 일부 지방자치단체의 재정건전성 문제

앞서 살펴본 바와 같이, 우리나라의 지방자치단체 채무는 거시적으로는 상당히 건전하고 양호한 것으로 평가된다. 하지만 미시적으로 개별 자치단체와 지방공기업의 상태를 점검해 보면, 재정건전성이 훼손된 경우가 적지 않게 발견된다. 정부는 근년에 지방재정의 낭비와 부실 문제가 사회적으로 크게 부각되자 지방자치단체의 채무를 보다 종합적으로 관리하고, 혹 발생할지도 모르는 재정위기를 사전에 방지하는 조치를 서둘러 마련하였다. 구체적으로, 행정자치부는 2011년 9월 지방재정법 시행령을 개정하여 재정위기 사전 경보 시스템을 도입하고 2012년부터 가동하고 있다. 동 제도는 지방자치단체가 심각한 수준의 재정위험에 노출되기 전에 사전 모니터링을 실시하여 재정을 안정적으로 관리하는 데 목적이 있으며, 이를 위해 전국의 지방자치단체 재정을 분기별로 점검하는 운영 시스템을 갖고 있다(박스 참조).

최근에 행정자치부는 재정위기 사전 경보 시스템을 활용하여 채무 상태가 위험한 수준에 있다고 판단되는 자치단체에 대해 법적 · 행정적 경고 및 관련 조치를 취한 바 있다. 대표적인 예로 2015년에 예산 대비 채무 비율이 매우 높아서 '재정위기 주의 등급' 판정을 받은 인천시(당시 예산 대비 채무 비율 39.9%로 광

재정위기 사전 경보 시스템의 도입

지방재정 위기 사전 경보 시스템은 재정위기의 단계를 정상-주의-심각의 3단계로 구분하고 주의 단체와 심각 단체를 구분하여 관리한다. 이때 재정위기 사전 경보 시스템의 각 지표에 따른 기준은 "지방재정위기 사전 경보 시스템 운영규정"(행정자치부 훈령 제198호)에서 제시하고 있다. 현재 동 제도는 재정수지, 채무 관리, 세입 관리, 자금 관리, 지방공기업의 5개 영역에 총 7개 지표를 활용해서 지방재정을 모니터링하고 있다. 모니터링의 주기는 분기 단위이며, 지표의 특성에 따라 분기별 변동성을 갖는 것과 분기별(연도 중) 고정성을 갖는 것으로 구분된다. 예를 들어, 통합재정수지 적자 비율, 채무상환비 비율, 공기업 부채 비율의 3개 지표는 전년 말 결산 기준으로 지표값이 매 분기 고정된다. 반면에 예산 대비 채무 비율, 지방세 징수액 현황, 금고잔액 현황 지표는 지방세 징수, 지방채 발행, 추가경정예산 등으로 인해 분기별로 지표값이 변동된다.

[표 2-7] 지방재정 위기 사전 경보 시스템 지표 현황

관점	지표 및 공식	판단 기준
수지	통합재정수지 적자 비율=(세입-지출 및 순융자)/통합재정 규모×100(%)	주의(25% 초과) 심각(30% 초과)
채무 관리	예산 대비 채무 비율=(지방채무 잔액/총예산)×100(%) ※ 일반+기타+공기업+기금회계	주의(25% 초과) 심각(40% 초과)
	채무상환비 비율=(순지방비 상환액/일반재원 결산액)×100(%) ※ 과거 4년+미래 4년의 평균	주의(12% 초과) 심각(17% 초과)
세입 관리	지방세징수액 현황=(당해 연도 분기말 누적징수액/최근 3년 평균 분기말 누적징수액)×100(%) ※ 최근 3년 평균: 당해 연도 포함	주의(50% 미만) 심각(0% 미만)
자금 관리	금고 잔액 현황=(당해 연도 분기말 금고 잔고/최근 3년 평균 분기말 금고 잔고)×100(%) ※ 금고 잔액: 세입-지출액, 일반+기타+공기업+기금회계	주의(20% 미만) 심각(10% 미만)
공기업	공기업 부채 비율=(부채/순자산)×100(%) ※ 순자산: [자산-부채]+잉여금, 지방공사만 적용	주의(400% 초과) 심각(600% 초과)
	개별 공기업 부채 비율=(부채/순자산)×100(%) ※ 순자산: [자산-부채]+잉여금, 지방공사만 적용	주의(400% 초과) 심각(600% 초과)

자료: 행정안전부.

역단체 중 가장 높았음)를 비롯하여 부산시(28.1%), 대구시(28.8%), 태백시(34.4%)를 거론할 수 있다.

현재 지방재정법에 의한 재정위기 단체의 지정 요건 중 채무와 관련된 지표로는 예산 대비 채무 비율(지방채무 잔액/총예산 비율)과 채무상환비 비율(지방채무 상환액/일반재원 비율)이 있다. 예산 대비 채무 비율의 경우 특정 지방자치단체가 25%를 초과할 경우 '주의' 등급, 그리고 40%를 초과할 경우 '심각' 등급이 부여된다. 그리고 채무상환비 비율의 경우 특정 지방자치단체가 12%를 초과하면 '주의' 등급, 그리고 17%를 초과하면 '심각' 등급이 부여된다. 앞서 언급한 4개 지방자치단체는 2011년에 재정위기관리제도가 도입된 이래 처음으로 주의 등급 판정을 받는 수모를 겪었다. 2015년도 결산에 의한 재정분석 결과 예산 대비 채무 비율이 25% 이상인 지방자치단체로는 인천시(34.1%), 태백시(29.6%), 광주시(26.0%), 부산시(25.4%)가 있고, 채무상환비 비율이 10%를 초과하는 곳으로는 부산시(11.0%)가 유일하다.

인천시의 경우 2014년 말 기준으로 통합부채가 무려 13조 3,702억 원(본청 4조 7,657억 원, 공사 · 공단 8조 4,028억 원, 출자 · 출연기관 2,017억 원 등)이나 되었는데, 그 중에서 가장 큰 비중을 차지하는 것은 인천도시공사의 부채였다. 문제는 인천도시공사의 부채가 인천시와 별개의 것이 아니고, 인천시의 정책 및 사업과 밀접한 관련성을 갖고서 발생하였다는 점이다. 당시 인천시는 검단 신도시, 구월보금자리사업, 그리고 아시안게임 경기장 건설에 필요한 자금을 마련하기 위해 거액의 지방채를 발행하였다(아시안게임과 관련된 지방채 잔액은 당시 인천시 본청 채무 총액의 약 1/3에 달하였다). 이러한 조치는 자신의 재정 역량을 초과하거나 지역주민에게 재정 부담을 초래하는 과도한 국제 행사를 유치하지 않는 선진국의 일반적인 경향과는 크게 대비된다.

태백시는 인구와 재정 규모가 작은 도시인데, 시가 정책적으로 과욕을 부리고 오판을 한 나머지 재정위기의 사전 단계에 해당하는 주의 등급 판정을 받았다. 당시 태백시는 재정을 출자하여 공기업(태백관광개발공사)을 설립하였는데, 불행히도 핵심 사업(오투리조트 개발 사업)이 심각한 경영난을 겪다가 마침내 공사가 파산하는 사태를 맞이하였다. 이때 태백시는 졸지에 보증을 섰던 채무액을 고스란히 떠안게 되었고, 그로 인해 시의 채무 수준(예산 대비 채무 비율)이 한순간에 크게 치솟았다.

그 외에도 직접적인 위험 경고를 받지 않았지만, 전국적으로 약 10개 내외의 지방자치단체가 채무 문제를 깊이 고민하고 대응 방안을 마련해야 할 상황에 놓여 있다. 세계 각국의 경험을 볼 때, 국가와 지방자치단체를 불문하고 자신의 재정 역량과 지불 능력을 초과해서 채무를 지속적으로 보유할 경우 차츰 재정압박에 시달리다가 결국 재정위기나 파산에 빠지고 마는 것이 거의 불문율과도 같다. 그러므로 지방자치단체들은 재정의 건전성과 중장기 지속 가능성이 유지될 수 있도록 적정한 수준의 채무를 유지하고, 채무와 관련된 각종 재정위험을 사전에 예방할 수 있는 관리 방법을 철저히 강구해야 한다.

5) 이제는 재정적자 문제를 관리해야 할 때이다

2015년도 회계결산 결과, 국가재정은 소폭의 적자(0.2조 원)를 보인 반면 지방재정 전체로는 비교적 큰 폭의 흑자(12.6조 원)를 보였다. 국가재정의 경우 만일 사회보장성기금 수지를 제외할 경우 꽤 큰 규모의 재정적자(38.0조 원 적자, GDP 대비 2.4%)가 나타난다. 우리나라의 사회보장성기금은 선진국에 비해 아직은 연금 수요가 정상적인 상태에 이르지 못해서 큰 폭의 재정흑자(수입 > 지출)를 보이고 있지만, 머지않아 연금수지의 적자가 예상되는 사실을 감안하면 앞으로 재정수지 관리에 각별한 신경을 써야만 한다.

지방재정의 통합재정수지는 2009-2010년 재정적자를 기록한 이후 2011년부터는 전반적으로 개선되는 추세에 있다. 구체적으로, 통합재정수지는 2009년에 37.0조 원의 대규모 적자를 보였고, 2010년에는 2.4조 원의 소규모 적자를 나타내었다. 그 후 2011년부터 가장 최근(통합재정수지의 결산 데이터가 이용 가능한 2015년)까지 계속해서 크고 작은 흑자 기조가 유지되고 있다(2011년 3.2조 원, 2012년 0.01조 원, 2012년 0.01조 원 흑자, 2013년 0.01조 원, 2014년 23.7조 원, 2015년 12.6조 원 흑자). 지방재정의 수지 상태를 보여 주는 지표인 통합재정수지 비율은 2009-2010년에 수지 적자를 기록한 이후 전반적으로 개선되는 추세이다. 구체적으로, 2009년과 2010년에는 각각 -9.89%, -1.40%였으나, 2011년에 수지 균형을 회복하였고, 그 후 2012년 2.31%, 2013년 2.19%, 2014년 3.88%, 2015년 5.73%로 상당히 개선되었다([표 2-8] 참조). 최근에 통합재정수지가 개선된 주요 원인은 지방소비세의 대폭 인상과 2014년도 이후의 각종 지방세제 개편의 영향으로 지방세입이 크게 늘어난 것을 꼽을 수 있다(한국지방행정연구원, 2016).

지방재정 전체와 달리 개별 자치단체 중 상당수가 재정적자를 기록하고 있다. 우리는 이 사실을 결코 간단히 보아서는 안 된다. 대체로 말해, 전국의

[표 2-8] 지방재정 수지 관련 주요 지표분석 결과(2016년도 재정건전성 분석 결과)

(단위: %)

재정분석지표	2009	2010	2011	2012	2013	2014	2015
1. 통합재정수지 비율	-9.89	-1.40	1.84	2.31	2.19	3.88	5.73
2. 실질수지 비율	6.84	6.79	8.08	7.55	7.70	13.22	15.42
3. 경상수지 비율	74.82	70.73	68.78	70.11	71.51	69.76	68.34

자료: 한국지방행정연구원(2016).

243개 지방자치단체 가운데 매년 약 50개 내외의 자치단체가 적자재정을 운영하고 있다. 글로벌 금융위기의 충격이 심했던 2009년에는 사실상 대부분의 지방자치단체(219개)가 적자를 기록하였고, 2010년 또한 전체 자치단체의 약 3/5에 해당하는 152개 단체가 재정적자를 겪었다. 다행히도 그 후부터는 재정적자 단체의 수는 크게 줄어드는 추세이다(2011년 39개 단체, 2012년 52개 단체, 2013년 67개 단체, 2014년 35개 단체, 2015년 36개 단체). 2015년도의 적자 단체 분포를 살펴보면, 특별·광역시 1개, 도 1개, 시 8개, 군 24개, 구 2개로 파악된다. 특히, 적자 상태가 심한 곳(통합재정수지 비율 기준)으로는 기장군(-17.9%), 과천시(-9.6%) 등이 있다(한국지방행정연구원, 2016 참조).

2015 회계연도 지방재정 전체의 통합재정수지 비율(순세계잉여금 제외)은 5.73%이고, 통합재정수지(세입액-지출 및 순융자)는 12.6조 원의 흑자를 기록하였다. 통합재정수지 비율을 지방자치단체 수준별로 파악하면, 군의 평균이 3.63%로 가장 낮고, 그 다음이 도, 자치구, 특별·광역시, 시의 순이다([표 2-9] 참조).

통합재정수지와 관련하여 한 가지 지적하고자 하는 것은 우리나라의 지방재정이 예산 편성 단계에서 통합재정수지의 적자로 출발하고 있는 사실이다.

[표 2-9] 지방자치단체 유형별 통합재정수지 비율의 추이

(단위: %)

구분	2011	2012	2013	2014	2015
전국 평균	1.84	2.31	2.19	3.88	5.73
특별·광역시 평균	0.43	9.23	0.69	2.65	6.63
도 평균	-0.44	0.36	2.55	4.88	4.57
시 평균	5.54	5.44	2.95	4.28	7.23
군 평균	4.63	6.67	2.86	5.37	3.63
자치구 평균	4.84	2.28	2.33	3.39	6.32

자료: 한국지방행정연구원(2016).

행정자치부가 지방재정의 통합재정 규모와 수지에 대한 예산정보를 공개('지방자치단체 통합재정 개요' 책자 발간)하기 시작한 2012년 이후 2017년 현재까지 지방재정의 통합재정수지는 매년 적자로 출발하고 있다. 2017년을 예로 들면, 통합재정수지는 순세계잉여금을 포함할 경우 4조 8,297억 원의 흑자, 그리고 순세계잉여금을 제외할 경우 14조 3,692억 원의 적자를 예산에 계상하고 있다. 이는 예산 원칙에 비추어 적절하지 않다. 국제통화기금(IMF)이 제시하는 통합재정수지 산정지침에 의하면 지방채, 이월금, 순세계잉여금 등은 통합재정수지 산정시 제외되어야 하는 항목이다. 이에 따르면 우리나라의 지방재정은 예산 편성 시점에서 재정적자로 출발하는 셈이 된다. 이는 엄밀히 말해서 균형예산 원칙에 위배되는 예산 운영이다.

지방자치단체의 재정적자는 대체로 다음의 상황에서 발생한다. 먼저, 지출이 고정된 상태에서 재정 수입(특히, 지방세 수입)이 당초 예상보다 크게 부족하게 수납되었을 경우이다. 그 다음으로는 예산 편성 (당초)보다 많은 지출 수요가 발생하였을 경우이다. 하지만 세입 항목과 달리 예산 지출(항목)은 예산회계

법에 의해 구속을 받는 지출의 상한인 점을 감안하면 그와 같은 경우는 일반적으로 잘 발생하지 않는다. 다만, 예상치 못한 대규모 외부 충격에 의해 지출 수요가 발생하였을 경우(예: 자연재해, 대규모 소송 패소, 주력 산업 파산, 기타 예외적 상황)에는 지출이 수입을 크게 넘어서는 재정적자가 발생할 수 있다.

우리나라의 지방재정은 전통적으로 이월금과 세계잉여금을 과다하게 운영해 왔다.[4] 특히, 세계잉여금의 과다 현상은 재정 운영의 계획성과 예측성 부족을 의미한다. 재정사업의 특성상 한 회계연도를 넘어서서 추진되는 경우가 적지 않아서 이월금은 그렇다고 할지라도 세계잉여금의 상당 부분은 순전히 지방재정 운영의 계획성과 예측성 부족 때문에 발생한다(이월금 가운데 명시이월이 아닌 사고이월의 경우 재정계획성 부족 문제와 관련이 있다). 실제로 우리나라의 많은 지방자치단체들이 의도적으로 세입을 과소 추정한 다음 결산시 세계잉여금을 많이 확보하고, 또한 그것을 다음 연도에 편리하게 사용하고 있는 것은 공공연한 비밀이다. 이는 재정개혁 차원에서 반드시 개선되어야 한다.

역사적으로, 우리나라의 지방세수 추계는 일부 예외가 있지만, 전반적으로 과소 추계의 경향이 뚜렷하다. 이는 한편으로 세입을 보수적 · 안정적으로 추계한 것으로 평가될 수 있지만, 또 다른 한편으로 비효율적이고 무책임한 재정 운영이라는 비판을 면하기 어렵다. 일반적으로 예산의 운영 과정에서 지출

4 정부 예산회계에서는 결산시 세입에서 세출을 뺀 금액을 세계잉여금(결산상 잉여금)이라고 규정한다(이는 국가재정과 지방재정 모두 동일하다). 그리고 세계잉여금에서 각종 이월금(명시 · 계속비 · 사고 이월금)과 국 · 도비 보조금의 집행 잔액을 차감한 금액을 순세계잉여금(결산상 잉여금)으로 정의한다. 한마디로, 순세계잉여금은 결산 결과 최종적으로 남게 된 재정자원으로 다음 회계연도에 활용될 수 있는 재원이다. 현실적으로 우리나라의 지방재정은 선진국은 물론 국가재정과 비교해서 세계잉여금과 순세계잉여금이 과도한데, 이는 반드시 개선되어야 한다.

예산의 변동을 초래하는 요인으로는 예산절약, 입찰 · 계약 과정에서의 예산 이하 가격 확정, 사업 계획 변경, 공기변동 사유 발생, 물가 상승에 따른 비용 증가, 총사업비 증가, 이월 사업 발생, 불용, 보조 사업 집행 잔액 등이 있다. 이들 중 상당 부분은 국가나 지방자치단체의 임의적 · 정책적 판단과 노력에 의해 통제가 가능하고, 아울러 예산액보다 실제 지출액을 낮추는 효과를 유발한다.

끝으로, 우리나라의 지방재정이 적자와 흑자를 제대로 산정하고 그 요인을 명확히 하기 위해서는 자본예산제도를 도입할 필요가 있다. 현재는 지방재정 지출에 경상 지출(운영경비)과 자본투자 지출이 혼재되어 있어서 실제로 재정의 적 · 흑자가 발생하더라도 어떤 부문에서 무엇 때문에 발생하였는지를 알기가 어렵다. 기술적으로 말해서 만일 경상경비 부문에서 적자가 발생하였다면 이는 새로운 회계연도의 예산 조치 등을 통해 가능한 빨리 해소해 나가야 한다. 그렇지 않으면 지출을 축소하거나 수입을 확충해야 한다. 이에 비해 만일 적자의 발생이 자본 지출 부문에서 비롯되었다면 이는 예산 운영 원리 면에서 큰 문제가 되지 않는다. 자본예산 부문은 기본적으로 단년도 균형이 아닌 다년도 균형(중장기 예산균형)을 전제로 예산을 운영하기 때문이다. 그리고 자본예산 부문에서는 지방채가 중요한 재원으로 사용되고 있어서 재정적자를 지방채로 충당할 수 있다.

6) 지방자치단체의 과다한 추경예산 편성과 끼워넣기식 예산 운영

우리나라의 지방자치단체들은 빈번한 추경예산 편성으로 인해 결산시 재정적자를 보이는 지방자치단체의 수가 크게 줄어든다. 일반적으로 지방자치단체의 마지막 추경예산 편성(소위 '정리 추경' 편성)이 회계연도 말에 추진되는데, 이때 자치단체들은 상황을 보면서 적절히 세입과 세출을 조정(특히, 세출을 조정)하여 예산균형을 만든다. 일부 지방자치단체(인천시 등)는 예산 편성 단계에서 세입을 일부러 과다하게 계상하여 예산 규모를 부풀렸던 것(예산 편성시 세출과 세입의 균형을 맞추기 위함)을 마지막 정리 추경 때 정상적으로 축소 조정하는 전략 내지 기법을 사용한다. 이는 명백한 편법이자 예산 원칙을 무시하는 반칙 행위이다. 그 이유는 예산 편성 단계에서 사실상 재정적자를 인지하고 합리적 추정치 대신 세출과의 균형을 이루는 과다한 세입을 임의로 계상하였기 때문이다(이는 예산 편성 단계에서 법이 요구하는 균형예산을 실현하기 위한 편법적 행위이다).

일단 예산이 의회에서 통과되기만 하면 그 후 회계연도가 끝날 때까지는 재정적자 문제를 염려하지 않아도 된다. 그리고 연도 말에 발생하는 재정적자는 다음 연도에 회계 결산이 확정되기까지(6월 말 지방의회의 결산 승인)는 적어도 큰 문제가 되지 않는다. 만일 지방자치단체가 다음 회계연도의 회계 결산이 확정되기 이전에 전년도의 재정적자를 현년도 예산 등을 통해 메울 수 있다면 적어도 형식적으로는 재정적자 문제를 큰 무리 없이 넘길 수 있다.

지방재정의 재정수지와 관련된 실적을 보다 정확히 파악하고, 지방자치단체의 재정 관리에 대한 역량과 노력을 강화하려면 현재와 같은 추경예산 편성제도는 바뀌어야 한다. 그것은 현행 추경예산 편성제도가 재정 운영의 탄력성과 유연성을 보장하는 장점보다 주민과의 예산 약속을 쉽게 파기하고 정치적 담합을 통해 연도 중에 예산을 쉽게 끼워 넣는 부작용과 병폐를 낳는 주된 원인으로 작용하기 때문이다. 현재 지방자치단체들은 매년 적게는 2-3회, 많게는 4회 이상의 추경예산을 편성하고 있는데, 앞으로는 매우 예외적인 상황을 제외하면 그것을 1회에 국한시키는 방향으로 제도 개편을 하는 것이 바람직하다. 그리고 한 걸음 더 나아가 몇 가지 여건이 충족된다면 추경예산 편성제도를 원칙적으로 폐지하는 방안을 적극적으로 검토할 필요가 있다. 현실적으로 대부분의 지방자치단체들이 추경예산제도를 통해 '끼워넣기식' 예산 활동을 하고 있고, 일부 자치단체는 의도적으로 세입을 부풀리거나 사업을 무계획적으로 상정한 다음 추경예산제도를 통해 임의적으로 재조정하는 편법적이고 부실한 예산 관리를 하고 있다. 추경예산제도의 필요성과 장점도 없지 않지만, 현재의 상황은 그것보다 단점과 문제점이 훨씬 더 크게 부각되어 지방재정의 폐해를 유발하고 있다.

4. 증세 문제와 강력한 재정 지출 구조

1) 증세 드라이브는 가능한 것인가

향후 국가재정의 파이를 결정하는 가장 중요한 영향 변수는 경제 성장(GDP 성장)이고, 그 다음으로 정부의 조세 정책과 지출 정책(특히, 사회복지 지출)을 손꼽을 수 있다. 조세 정책은 공공 부문이 민간 부문으로부터 얼마만큼(어떤 수준)의 자원(세금)을 징발할 것인지를 확정하는 공권력에 의한 조치이다. 조세 정책이 과할 경우 국민의 불만과 조세저항이 생겨날 뿐 아니라 민간의 투자와 소비가 위축되는 문제가 발생한다. 앞으로 만일 조세 정책에 큰 변화가 있을 경우 단기적으로는 조세 정책의 영향이 경제 성장의 영향보다 더 클 수가 있다. 예컨대, 경제 성장률이 2-3%인 상태에서 소득과세(소득세, 법인세)와 소비과세(부가가치세 등) 중 일부 또는 양자 모두를 인상하는 증세 정책을 추진할 경우, 세수탄력성을 감안하면 단기적으로 조세 정책의 영향이 경제 성장의 영향을 능가하는 현상이 나타난다.

하지만 증세 드라이브가 경제가 침체 국면에 접어든 상태에서 추진된다면 증세 정책에 의한 세수확장 효과는 제한적이거나 중기적으로 오히려 줄어들 가능성이 크다. 무엇보다도 경기침체기에 증세 정책을 취하는 것은 정치적으로 위험부담이 매우 크기 때문에 그러한 선택은 결코 만만한 일이 아니다. 사실, 생각해 볼 수 있는 최악의 시나리오는 증세 정책으로 인해 납세자의 비판과 저항이 고조되고, 세수마저 '단기 반짝 현상'을 겪은 다음 점진적으로 위축되는 상황이 발생하는 것이다. 우리 경제의 중기 전망이 그다지 밝지 않은 현재 상황에서 판단할 때, 향후 정부가 대규모 증세 정책을 추진하기는 어려울 것으로 보인다.

혹자는 우리나라의 조세부담률(조세 총액/GDP: 2015년 기준 18.5%)이 OECD 평균에 비해 한참 낮기 때문에 증세의 필요성과 가능성이 충분하다고 주장하지만, 이는 시기와 상황에 따라 시비(是非)를 달리할 것이다. 어쨌든 지금은 그러한 시기와 상황이 아니다. OECD 국가들 중에서도 특히 우리가 자주 비교의 대상으로 삼는 미국과 일본의 조세부담률이 우리나라보다 약 1% 정도 높을 뿐이라는 점도 상기할 필요가 있다(미국 20.1%(2015), 일본 19.3%(2014)). 그리고 조세부담률 대신 국민부담률(조세 총액에 사회보장기여금을 합친 금액을 GDP로 나눈 수치)에 초점을 맞출 경우, 2000년대 초 · 중반에 비해 2010년대에는 국민부담률이 크게 상승하였다는 사실도 함께 인식되어야 한다(참고로 2015년 현재 국민부담률은 25.3%임). 이 또한 본격적인 증세 논쟁시 고려되어야 할 중요한 사실이다.

다만, 현재의 정치 · 재정적 상황을 보면 머지않아 증세에 대한 본격적인 논의와 시도가 있을 가능성을 배제하기 어렵다. 그 이유는 앞서 언급한 바와 같이 세입의 성장 공간은 제한된 반면 사회복지 지출을 필두로 하는 각종 세출 수요의 공간은 빠르게 확대되고 있기 때문이다. 여러 가지 여건을 고려할 때 쉽지는 않지만 소득과세와 소비과세를 중심으로 증세 가능성을 타진할 필요가 있다. 만일 정부가 부득이 증세 정책을 추진해야 하는 상황이 발생한다면 그 대상은 법인세일 가능성이 크다. 그 이유는 부가가치세와 같은 소비과세는 국민의 조세저항이 크고, 서민의 역진적 조세 부담이라는 강한 비판을 피하기 어렵기 때문이다. 이에 비해 법인세는 그와 같은 비판으로부터 다소 자유로울 뿐 아니라 부자와 기득권에 대한 조세 형평성의 구현 차원에서 비교적 대중적 지지와 설득력을 얻을 수 있다. 물론 여기에는 투자 위축, 국가경쟁력 약화, 경기 둔화, 조세전가에 의한 조세 형평성 실현의 한계 등 비판과 논쟁거리가 적지 않다. 그러나 무엇보다도 다수 국민의 조세저항으로부터 벗어날 수 있는 점에서 법인세 증세는 상대적으로 정치적 부담이 적은 선택지가 된다.

특히, 법인세 전체의 구조(명목세율 및 실효세율 포함)를 건드리는 전반적인 세율 인상 대신 실적(법인 소득)이 양호한 대기업 등 소수를 표적으로 하는 법인세 인상은 대다수의 국민과 기업이 직접적인 영향을 받지 않기 때문에 정치적 부담이 상대적으로 작을 수 있다. 같은 맥락에서 고소득층에 대한 개인소득세 세율을 인상하는 방안 또한 정치적 부담이 상대적으로 작다.[5] 하지만 전면적인 세율 인상이 아닌 부분적 · 제한적 세율 인상을 통해 확보할 수 있는 재원은 그다지 많지 않다.

대폭의 세출 구조조정이 없는 것을 가정할 때, 제한적 세율 인상을 통해 확보하는 재원은 현재 확대 중에 있는 기존 및 신규 사회복지 재정의 부족분을 메우기에는 턱없이 부족하다. 무엇보다도 우리나라가 과거에 없었던 적극적인 사회복지를 구현하려면 제한된 특정 납세자가 아니라 담세 역량을 구비한 전체 납세자를 대상으로 재원 확충을 도모하는 것이 합리적이다. 부연하면, 중 · 대기업 모두와 중산층을 포함한 사실상의 전체 납세자를 대상으로 재원 조달의 필요성에 대한 사회적 공감을 얻은 다음에 추가적 조세 부담의 틀을 체계적으로 재구축하는 것이 바람직하다.

그뿐 아니라 특정 대기업과 고소득층을 대상으로 세율 인상을 도모하는 경우에도 사회적 공론의 장을 펴서 사회적 합의를 도출하는 한편 조세의 공평성(tax equity) 원리를 객관적으로 적용해야 한다. 사회적 형평과 공정은 사회적 약자와 저소득층에게 우선적으로 실현되어야 하지만, 동일한 국민의 자격을 갖는 고소득층에 대하여도 그 원리에 맞게끔 적용되어야 한다. 2015년도 조사에 의하면 개인의 44%와 기업의 47%가 세금을 내지 않고 있는데, 이는 사회복

5 실제로 이러한 시도는 필자가 원고를 탈고할 무렵 정부 정책에 의해 현실화되었다.

지 강화를 추구하는 선진국의 조세 체계 모양은 결코 아니다.

우리나라의 소비과세(부가가치세 등) 세율이 OECD 국가 중에서 가장 낮은 부류에 속하기 때문에 일견 부가가치세의 세율 인상을 우선 목표로 삼기가 쉽다. 하지만 소비세 인상은 중산층과 서민의 생활에 부담을 가중시키고 계층 간 소득 불공평을 악화시키는 문제가 있다. 국가적 상황과 여건에 따라 다르지만, 소비세의 인상은 경제 성장에 부정적인 영향을 미칠 가능성이 높다. 예를 들어, 일본이 1990년대 후반에 경기가 불황인 상황에서 소비세 세율 인상을 단행한 결과 경제 상황이 나빠지고 정부에 대한 국민의 불신이 높아졌다. 최근에 일본 정부는 조세와 사회복지의 일치 연계라는 큰 정책 틀을 제시하면서 다시 소비세 세율 인상 정책을 추진하였다. 하지만 일부만 시행하고 일부는 정치 · 경제적 여건을 감안하여 인상 시기를 연기하였는데, 이 또한 비슷한 맥락에서이다(참고로 일본의 소비세 세율은 우리나라보다 낮다).

정치적으로는 소비과세보다 소득과세를 증세 대상으로 삼는 것이 조금 덜 위험할지 모르겠다. 하지만 이는 경제 성장에 대한 부작용과 함께 형평성 논란을 수반하는 문제가 뒤따른다. 예컨대, 법인세 인상의 경우 기업의 투자 위축과 국가경쟁력 약화 그리고 조세전가 문제가 중요한 걸림돌로 작용한다. 개인소득세의 경우 소위 '유리알 지갑'론과 조세 효율성 및 형평성 문제가 제기될 것으로 예상되는데, 이는 강한 조세저항을 불러일으킬 가능성이 높다. 실제로 어느 증세 수단 하나 만만한 것이 없다. 따라서 어느 수단을 선택하든(아니면 두 수단의 조합을 선택하든) 그 결과는 국가경제와 국민생활 그리고 정치적 파장 등 사회적으로 큰 파급 효과를 유발할 수밖에 없다. 따라서 정책의 선택에 앞서 정부가 재정의 사용에 최선을 다하고 있음을 국민에게 충분히 설명한 후에 사회적 합의를 유도하는 사전 노력이 반드시 필요하다. 이때 정부는 무엇보다도 향후 5-10년 기간 중에 사회복지 부문(일자리 포함)에서 확충되어야 할 기존 및 신규 재정 수요를 객관적으로 산출한 다음 그 내용과 소요 재원을 국민에게 충실히 설명하는 선행적 절차가 필요하다. 그리고 난 다음에 정책적으로 부득이 한 것으로 판단이 되면 그때 본격적인 증세 논의를 전개하는 것이 바람직하다.

증세 문제를 논외로 할 경우 정부가 세입을 확충할 수 있는 길은 기존 조세 제도의 틀(또는 부분적으로 개편된 틀) 속에서 과세 기반을 창의적으로 확대하고 징세율과 각종 조세 노력을 강화하는 것이다. 그리고 비과세 · 감면 대상을 대대적으로 정비하고, 과세 구간과 공제 대상 및 범위를 재조정하면서 탈루 세원을 적극적으로 환수하는 조치와 노력을 하는 것이다. 하지만 과세 기반을 적극적으로 확대하더라도 세율조정이 없으면 세수 확장의 범위와 규모는 제한적일 수밖에 없다. 일반적인 통설은 없지만, 전체 조세 체제(국세, 지방세)의 조세 효율성(tax efficiency)을 중기 시야에서 5-10% 이상 향상시키는 것은 매우 어려운 일이다. 쉽게 말해서, 우리나라의 2015년도 총조세 수입이 288.9조 원(국세 217.9조 원, 지방세 71.0조 원)인데, 특별한 경기 호전 변수가 없는 상황에서 과세 기반 확대나 조세행정 혁신 등 조세 효율성에 의해 약 20조 원 내외의 조세 수입을 추가적으로 확보하는 것은 매우 어렵다.

끝으로, 한 가지 강조하고자 하는 것은 정부가 증세 카드를 국민에게 제시하려면 그 이전에 먼저 정부는 국민의 공복 내지 집사로서 자신에게 주어진 책무를 제대로 수행하고 있고, 국민의 세금을 바르고 적절하게 사용하고 있는지를 올바로 점검해서 국민에게 입증해야 한다.

2) 한국의 실정에 맞는 적정 조세부담률 모색

앞서 언급한 바와 같이, 2015년 기준으로 우리나라의 조세부담률은 18.5%이고(국민부담률은 25.3%임), 내년(2018)에는 19%대에 진입할 것으로 전망된다. 이는 OECD 국가의 평균 조세부담률보다 낮으며, 복지국가로 유명한 스칸디나비아 국가들의 조세부담률에 비하면 한참 뒤처진다. 의료 서비스가 공립병원에 의해 주도되고 국민이 거의 무료 내지 저가로 치료를 받는 영국, 프랑스, 독일 등 다수 유럽 국가들은 대부분 35%를 웃도는 조세부담률을 유지한다. 반면에 세계의 경제 대국인 미국과 일본의 조세부담률은 그보다 훨씬 낮은 10%대 후반이다. 한마디로, 우리나라와 큰 차이가 없다. 이는 선진국들 중에서도 유럽 국가와 비유럽 국가의 국가 운영 체제와 방식에 차이가 있음을 보여 주는 단면이다.

유럽 국가들은 정도의 차이가 있지만, 제2차 세계대전 이후 강한 복지국가(welfare state) 드라이브 정책을 추진하였다. 이는 국가가 양질의 다양한 복지 서비스를 제공하는 동시에 국민의 높은 조세 부담을 요구한다. 실제로 그러했다. 그뿐 아니라 유럽 국가들은 주요 기간산업을 국가가 직접 관리하는 국가 운영 체제를 유지하였다. 이는 유럽이 자본주의 시장경제 체제를 추구하면서도 사회주의 색채를 보유하고 있음을 의미한다. 이러한 상황에서는 정부의 기능과 역할이 방대하고 국민경제에서 공공 부문이 차지하는 비중이 매우 크다. 예를 들면, 영국을 비롯한 많은 나라들은 의료 서비스를 공공 부문이 주도한다. 이것은 공립병원이 민간병원보다 훨씬 많고 공의(公醫)가 민간 의사보다 훨씬 많은 것을 의미하며, 우리나라와 크게 대비된다. 이는 조세부담률이나 GDP에서 공공 부문이 차지하는 비중이 매우 높은 통계가 단적으로 말해 준다.

이와 같은 국가 운영 시스템은 국가별로 차이가 있지만, 1980년대를 전후로 심각한 사회적 문제를 초래하였다. 문제의 핵심은 고세금 부담, 큰 정부, 과다한 복지 부담, 정부 비효율성으로 압축될 수 있다. 이들 이슈를 두고 다양한 이해 주체 간에 갑론을박이 있는 다음 대세는 정부의 기능과 역할을 축소하는 '작은 정부'(small government) 쪽으로 기울었다. 그 후 각 정부는 이를 구현하기 위해 주요 공기업과 자산을 민간에 매각하고 규제를 완화하는 민영화(privatization)를 적극적으로 추진하고, 사회복지의 일부 축소조정, 조세제도 개편, 정부 예산회계제도 개편, 정부 조직 개편 등 전 방위적인 공공 부문 개혁을 단행하였다.

이와 관련하여 유럽과 미국이 상당히 다른 사회적 가치 기준 위에 국가 발전을 추구한 사실에 대해 잠깐 언급할 필요가 있다. 20세기 전체를 두고 볼 때, 유럽 대륙 너머의 미국이 자본주의(capitalism)에 철저히 훈련 받고 그에 입각하여 국가의 운영과 민주주의를 발전시킨 반면 유럽은 사회주의(socialism)에 기반을 두고 민주주의를 발전시켜 왔다. 미국은 비록 완벽하지는 않지만, 전 세계에서 자유시장 가격 기구에 의한 시장 원리를 철저히 고수하는 나라의 최첨병이다. 두 지역 간에는 산업 구조(민간 주도 산업 구조, 주요 산업의 국유화), 경제 운영 원리(시장 중심, 시장 원리와 정부 관리 양립), 국가 기능(복지국가 주도의 큰 정부, 민간

기능 주도의 작은 정부) 등에서 큰 차이가 나타났다. 이러한 차이는 조세부담률에 있어서 유럽 국가의 대부분이 30%대 중반 이상의 높은 수준을 보이는 데 비해 미국은 20% 이하의 낮은 수준을 보이는 현상으로 나타나고 있다.

이러한 배경 하에서 전통적으로 사회복지가 잘 발달된 유럽 국가들은 국민과 기업의 높은 세금 부담에 의해 높은 수준의 사회복지가 구현되는 소위 '고부담 고복지'의 사회적 등식(원리)을 실천하고 있다. 이와 달리 민간 의료시설이 발달하고 국가의 사회복지 기능이 유럽의 복지국가에 비해 크게 제한된 미국과 일본에서는 '저부담 저복지' 내지 '중부담 중복지'의 국가 경영 시스템이 가동되고 있다. 미국과 일본의 조세부담률과 국민부담률은 각각 20.1%, 26.4%(2015년), 19.3%, 32.0%(2014년)인데,[6] 이는 "콩 심은 데 콩 나고 팥 심은 데 팥 난다"는 우리 속담 그대로이다.

재정의 비효율과 낭비가 없는 것을 전제로 할 때, 양질의 다양한 복지 서비스가 공급되기 위해서는 국가 내의 조세 자원이 총동원되어야만 한다. 이는 높은 조세부담률을 뜻한다. 만일 국가가 조세 자원을 느슨하게 동원할 경우(즉, 조세부담률을 낮게 책정할 경우) 사회복지 서비스는 제한된 범위에서 공급되고, 수혜자 또한 한정될 수밖에 없다. 국가는 콩을 심을 것인지 아니면 팥을 심을 것인지에 대해 국민에게 물어야 하고, 국민 또한 자신의 바람과 선택을 분명히 하고 상응하는 재정적 책임을 져야 한다. 물론 국가와 국민의 선택 여지는 국가의 경제 성장 단계와 현재 상태 그리고 경제 · 재정적 역량과 인구 구조에 의해 기본

6 조세부담률이 한 · 일 간에 비슷한 것과 달리 일본의 국민부담률은 우리나라에 비해 6-7% 높은데, 이것은 현재 일본이 '중부담 중복지' 국가를 구현하고 있음을 의미한다.

적으로 제약된다. 정부는 이러한 단·장기 제약조건을 객관적으로 분석한 다음 그것을 토대로 지속 가능한 미래(세대)를 담보하는 현재의 현명한 선택을 해 나가는 데 집중해야 할 것이다. 이 과정에서는 사회·경제적으로 취약한 인구 계층에 대한 생존과 인간다운 삶을 보장해 줄 수 있는 사회복지를 우선적으로 구축해야 하며, 여기에는 재정을 아끼지 말아야 할 것이다.

국가 간에 조세부담률을 비교할 때 주의해야 할 점은 각 나라마다 정부가 담당하는 기능과 역할에 차이가 있고, 경제 발전의 수준과 단계가 다르다는 사실이다. 경제이론은 적정한 조세 부담(률)에 대한 힌트는 주지만, 현실을 관통하는 정답은 제시하지 못한다. 사실상 조세 부담의 수준은 각국의 경제·사회·정치적 요인에 의해 결정되며, 무엇보다도 국민적 공감과 합의를 필요로 한다. 만일 특정 국가가 높은 수준의 복지국가를 추구한다면 당연히 국민의 조세부담률은 높아져야 한다. 반면에 국민의 다수가 사회복지를 포함하여 국가의 기능과 역할의 축소를 원한다면 조세부담률은 당연히 낮아져야 한다.

그러므로 현 단계에서 우리나라의 조세부담률이 높은지, 낮은지, 그리고 미래의 적정 수준이 무엇인지에 대해 판단하기를 원한다면 이는 정부의 기능과 역할을 어떤 상태로 상정할 것인지에 대한 문제와 결부시켜 접근해야 한다. OECD 선진국 등 국제적 비교치를 두고 비교하는 것은 하나의 판단 기준은 될 수 있지만, 그것이 우리 사회의 판단을 이끌어 내는 결정적인 준거가 될 수는 없다. 이웃집이 어떤 방식으로 행복을 가꾸고 있는지에 대해 알 필요는 있지만, 그렇다고 그 방식을 우리집에 그대로 적용할 수 없는 것과 마찬가지이다.

다만, 한 가지 분명한 사실은 앞으로 만일 우리 사회가 서구 사회가 먼저 걸었던 그러한 방향과 수준의 복지국가를 추구한다면, 현재보다 훨씬 높은 조세부담률을 선택해야만 한다는 것이다. 제2차 세계대전 이후 유럽이 선택한 복지국가는 시대적 욕구와 사명을 충분히 감당하였다. 하지만 많은 유럽 국가들이 20세기 후반의 변화무쌍한 시대 상황을 맞이하면서 과거의 장점이 단점으로, 혜택이 비용으로 바뀌는 역사적 전환을 경험하였다. 소위 "공짜 점심은 없다"는 경제적 명제처럼 풍성한 사회복지는 풍성한 재정 자원이 뒷받침되지 않고는 달성될 수가 없는 것이다. 한 단계 높은 사회복지가 구현되기 위해서는 기업이든, 소비자이든, 자산을 보유하는 국(주)민이든 결국은 납세자의 자원이 총동원되어야 함을 의미한다.

그러므로 우리 사회는 서구의 복지국가가 어떤 장 · 단점을 갖고 있고, 기간별로 얼마만큼의 사회적 혜택과 비용을 초래하였는지에 대해 종합적으로 검토한 다음 그것을 우리의 역량과 여건에 객관적으로 비추어 보는 '사회적 학습'이 필요하다. 그 다음으로는 학습 결과를 토대로 사회적 합의를 도출하면서 소위 '한국형 사회복지'를 다듬어 나가야 할 것이다. 만일 사회적 합의를 도출하는 과정에서 사회복지의 내용과 범위, 직 · 간접 수혜자, 그리고 현재와 미래의 사회적 혜택과 비용에 대한 정보가 낱낱이 공개되고 논의된다면, 향후 우리 사회가 감당해야 할 적정 조세부담률은 어느 정도 합리적으로 설정될 수 있다.

이상의 내용을 종합할 때, 우리나라는 우리의 역사적 환경과 미래의 국가 비전을 토대로 우리에게 적합한 중장기 적정 조세부담률을 설정하고 이를 목표로 재정 운영을 해나가야 한다. 이때 적정 조세부담률을 설정하는 원리로는 조세 부담 측면에서는 공평과세(fair tax)와 효율적 과세(efficient tax)이고, 지출 측면에서는 효율과 형평 그리고 책임성이 되어야 할 것이다.

3) 문제는 재정 지출: 사회복지 지출 대 비사회복지 지출의 조화 모색

문제는 재정 지출 부문이다. 재정 지출은 과거의 추세나 정책기조를 감안하여 미래 예측을 할 수 있는 부분도 있지만, 그보다는 정치권과 행정부의 현재 및 미래 정책 방향에 의해 새로운 영향을 받을 부분이 더 많다. 2017년 5월에 출범한 신정부의 정책 공약을 고려할 때, 앞으로 가장 큰 변화와 영향이 있을 것으로 예상되는 재정 지출 부문은 일자리 창출, 공공 부문 인력조정(공공 일자리 창출 포함), 연금 및 보험 정책, 사회복지 재정 지출의 규모와 수준(전체 및 주요 부문별 규모와 수준), 사회복지 재정과 비사회복지 재정의 역학관계 조정(사회복지 재정의 지속적 증가와 비사회복지 재정의 지속적 감소조정) 등으로 예상된다. 이들은 하나같이 정치적으로 매우 민감하고, 최고 정책결정권자의 가치 판단과 정치적 결단에 의해 크게 변동될 수 있는 것들이다. 한마디로, 신정부가 앞으로 이들에 대해 구체적으로 어떤 포지셔닝을 할지에 따라 국가와 지방의 재정 규모와 중점 및 우선순위에 큰 변화가 일어날 수 있다. 아마도 그 중에서 가장 중요한 이슈는 사회복지 재정과 비사회복지 재정 간의 구조와 역학관계 그리고 그와 관련된 시간 평면(time horizon)의 설정일 것으로 예상된다.

다소 아이러니컬한 것은 이론적으로는 세입 부문이 외적 요인에 의해 결정될 가능성이 커서 상대적으로 변동성이 더 심할 것 같지만, 실제로는 정치적 환경의 변화에 따라 세출 부문의 변동성이 더 클 가능성이 있다는 점이다. 예를 들어, 공무원 인력조정 문제가 그러하고, 급증하는 사회복지 재정 수요 문제가 그러하다. 남북이 대치하는 상황에서 국방비를 조절할 수 있는 범위는 극히 제한적이다. 전체적으로 보아 사회간접자본(SOC)은 과잉투자 상태(특히, 도로)라서 그에 대한 투자 축소의 여지는 충분한 것으로 보인다. 하지만 그것을 중기 시야에서 과도하게 축소조정하는 데는 문제와 한계가 있다. 그 이유는 재정 지출 가운데 국내 경기와 가장 밀접한 부문이 사회간접자본과 개발 투자이기 때문이다. 하지만 SOC 부문의 과잉투자 상태가 지속될 경우 미래의 막대한 유지관리 비용 부담이 국가재정의 발목을 잡게 되는 점은 반드시 유념해야 한다. 지금은 과거와 달리 대형 SOC 투자 사업을 실시할 경우 현재의 건설 비용보다 미래의 유지관리 비용에 더 많이 신경을 써야 할 때이다.

향후 우리나라의 중장기 재정건전성의 열쇠를 쥐고 있는 것은 세출 부문이다. 이는 정치적 지도자의 탁월한 리더십과 국민과의 신뢰 구축, 뚜렷한 미래의 비전 제시에 의해 조절될 수 있다. 정부와 국회는 세계 금융위기 이후 우리나라의 재정 지출이 과거와 달리 사회복지 지출 대 비사회복지 지출의 양대 구조[7] 하에서 새로운 정책의 점검 및 의사결정 틀이 형성되고 있음을 명심해야 한다. 그리고 국가재정의 건전과 효율 그리고 형평과 지속 가능성의 확보를 위해 최선을 다해야 한다.

향후 국가재정과 지방재정의 건전성을 결정하는 관건은 사회복지 지출 대

7 2010년과 2017년을 비교하면(예산 기준), 7년 사이에 사회복지 지출(보건 · 복지 · 고용)은 81.2조 원에서 129.5조 원으로 1.5배 이상 늘어났고, 사회복지 지출이 국가재정 지출에서 차지하는 비율은 28%에서 32%로 크게 증가하였다. 이에 비해 교육, 국방, 공공질서 · 안전, 일반 · 지방행정, 문화 · 체육 · 관광을 제외한 대부분의 비사회복지 지출 분야에서는 소폭의 증가 또는 감소 추세가 나타났다.

[그림 2-4] 주요 분야별 자원배분 추이 및 전망, 2011-2020

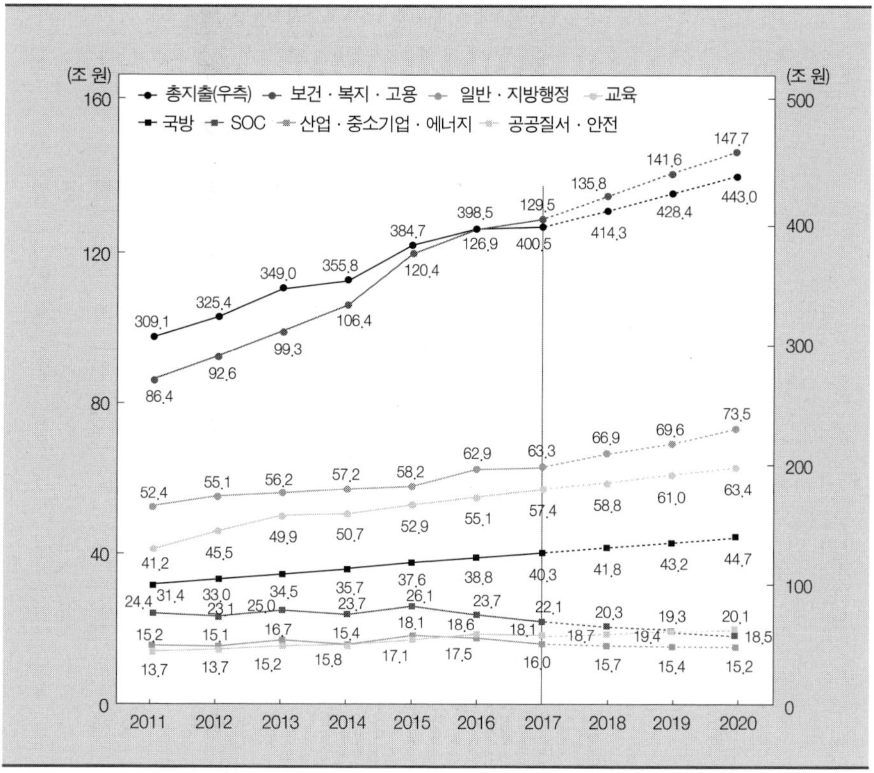

주: 2011-2017년은 예산(추경) 기준. 2018-2020년은 「2016-2020년 국가재정운용계획」 기준.
자료: 국회예산정책처, 기획재정부.

비사회복지 지출 간의 균형점을 중장기적으로 어떻게 설정하는지에 달려 있다. 중장기 균형은 일종의 바람직한 목표이자 재정의 지속 가능성을 유지하는 지렛대 역할을 한다. 아울러 그것은 단기의 예산 정책에도 직접적인 영향을 미친다. 균형점은 항구적인 것이 아니고 중기의 균형을 유지하는 무게추이며, 장기 시야를 토대로 매 3-5년 단위로 재조정되는 것이 합리적이다. 이때 중요한 것은 정치적 리더와 전문가 사회 그리고 국민들 간에 지속적으로 진솔한 대화와 소통이 이루어지고, 그것을 통해 국민적(국가적) 합의를 도출해 나가는 과정과 결과이다.

4) 증세 이전에 세출 구조조정부터: 비사회복지 지출의 파격적 조정

현 시점에서 냉정히 생각해 볼 때, 만일 앞으로도 최근 8년(2008-2016) 또는 최근 6년(2010-2016)간 있었던 사회복지 재정 지출의 범위 확대 경향과 평균 증가 속도를 줄이지 못한다면, 비사회복지 재정 부문에 대한 파격적인 구조조정은 불가피하다. 이때 만일 비사회복지 지출 예산 중 최대 5-10%를 줄일 수 있는 여지가 있다고 가정하면(즉, 기존 예산의 90-95%는 최소한 유지), 그것을 사회복지 재정 지출에 충당할 수 있다.[8] 그럼에도 불구하고 정치 · 사회적 판단 또는 행정적 결정에 의해 사회복지 재정 지출의 규모를 큰 폭으로 확대해야만 한다면 사실상 증세 외에는 대안이 없다. 그렇지 않을 경우 적자재정 충당용 국채 발행을 확대해야만 한다. 특히, 후자의 선택경로를 취할 경우 재정적자와 채무의 상호 상승작용을 통해 재정건전성이 급격히 훼손될 가능성이 크다. 이는 향후 우리나라의 재정이 절대 원하지 않는 선택지이다.

여기에서 한 가지 유념해야 할 사실은 재정 지출의 낭비와 비효율적 운용 상황에 대해 철저히 점검하는 작업을 반드시 실시해야 한다는 점이다. 국민에

8 2017년도 예산을 기준으로 하면 비사회복지 지출(271조 원)의 5%(10%)는 약 13.5조 원(27조 원)이 된다.

게 증세의 필요성을 설명하고 강요하기에 앞서 먼저 정부가 국민의 혈세를 진정 가장 효율적이고 효과적으로 사용하였는지, 그리고 현재도 그러하고 있는지에 대해 객관적으로 점검하고 그 과정과 결과를 국민과 소통해야 한다. 필자의 판단으로는 현재의 재정 지출 가운데 최소한 매년 10조 원 이상의 재정 지출을 축소해도 큰 문제가 없을 것으로 생각한다. 이들은 기본적으로 필요성이 낮은 지출, 낭비 · 중복 · 비효율적 지출, 역사적 관행과 타성에 젖은 지출들이다.

사회복지 재정의 상당 부분이 대인 서비스의 특성을 지니는 의무적 사업(entitlement program)과 연계되어 있어서 한번 제도가 도입되면 예산의 경직성과 팽창성을 고조시키는 경향이 있다. 이러한 사실은 국가예산의 의무적 지출과 재량적 지출의 최근 추이(2009-2017)를 보면 쉽게 이해할 수 있다. 의무적 지출과 재량적 지출의 상대 비중은 2009년에는 약 6 대 4(59.0% 대 41.0%)의 비율로 재량적 지출이 많았으나, 그 후 계속해서 의무적 지출의 비중이 증가하다가 마침내 2017년에는 양자가 약 5 대 5(50.9% 대 49.1%)의 대등한 구조로 바뀌었다. 재량적 지출이 줄고 의무적 지출이 크게 늘어난 근본 원인은 사회복지 지출의 급팽창에 있다.

특히, 대인 서비스와 관련된 사회복지 지출은 완전 경직성 예산으로 매년 실시되는 예산 심의 과정에서 국회와 지방의회는 단순히 기계적 점검만 할 뿐 예산 총액을 조금도 조정할 수가 없다. 그 이유는 관련 사업의 예산 총액이 법령이 명시하는 복지수급자의 수에 단가를 곱하여 결정되기 때문이다. 이때 복지수급자 수는 정부가 조정할 수 없는 변수이고 단가는 법률에 의해 이미 확정된 것이어서 이 예산에 관한 한 국회와 지방의회가 할 일이 없는 셈이다. 이러

> **OECD 한국경제 보고서 핵심(2016)**
>
> 2016년 중반에 발표된 OECD 한국경제 보고서에 의하면, 한국은 지난 25년간 OECD 국가 중에서 가장 빠르게 성장하여 세계 11위 경제대국으로 도약하였지만 최근에 고령화, 생산성 정체, 수출 부진 등 여러 가지 어려움에 직면하고 있는 것으로 진단되었다. 동 보고서는 이를 타개하기 위해서는 공공 부문의 효율성 개선, 중기 계획 준수, 재정건전성 확보 노력이 절실한 것으로 역설하고 있다. 아울러 동 보고서는 생산성 향상을 위해 규제개혁 가속화, R&D 투자 효율성 제고, 인적 자본 증대, 중소기업 금융 지원 개선의 필요성을 강조하고 있다.

한 현상과 문제로 인해 지난 몇 년 동안 사회복지 지출의 확대 실시를 두고 전국의 지방자치단체들이 중앙정부에 대해 강한 불만과 이견을 토해 내었다.

이러한 상황에도 불구하고 유권자의 표에 민감한 정치가들은 앞다투어 관련 사업과 예산을 확대하고자 기를 쓴다. 이와 같은 현상은 비단 우리나라뿐 아니라 세계의 많은 나라에서 관측되고 있다. 하지만 복지국가를 향해 이제 막 출범한 우리나라는 다른 나라의 쓰라린 경험과 전철을 온전한 교훈으로 삼고 우리 실정에 맞는 중장기 시야의 복지 정책을 전개해야 할 것이다.

우리보다 먼저 국가 발전을 이룬 선진국을 바라볼 때, 우리나라의 사회복지 서비스 수준은 어떤 형태든 지금보다 한 단계 향상되어야 한다. 다만, 그 과정과 전략의 선택에 있어서는 다양한 선택지가 있는데, 이를 지혜롭게 접근하는 것이 중요하다. 예컨대, 사회복지 서비스 중에서 어떤 서비스를 우선순위에 둘 것인지, 소위 보편적 복지와 선별적 복지의 적절한 조합을 어떻게 취할 것인지, 국가 사회복지의 시야(시계)를 어떻게 설정할 것인지, 그리고 점진적 방식과 급진적 방식 중 어느 것을 택할 것인지 등의 이슈가 그와 관련된다. 이때 국민의 부담을 어떤 수준으로 끌고 갈 것인지의 문제가 반드시 함께 고려되어야 하며, 정부는 항상 객관적 상황을 국민에게 충분히 설명하면서 국민의 이해와 공감을 바탕으로 하는 정책을 선택해야 한다.

어떤 선택지를 택하든 간에 그것이 지속 가능하기 위해서는 국민경제와 복지 지출이 조화를 이룰 수 있는 안정적 균형을 유지해야 한다. 그렇지 못할 경우 국민의 조세부담률을 높이는 증세 정책을 보완적으로 취하거나 극단적으로는 복지 분야 이외의 재정 지출을 과감하게 축소하는 선택을 해야만 한다.

Chapter 3

우리나라의 지방자치단체 파산제도 도입 논의

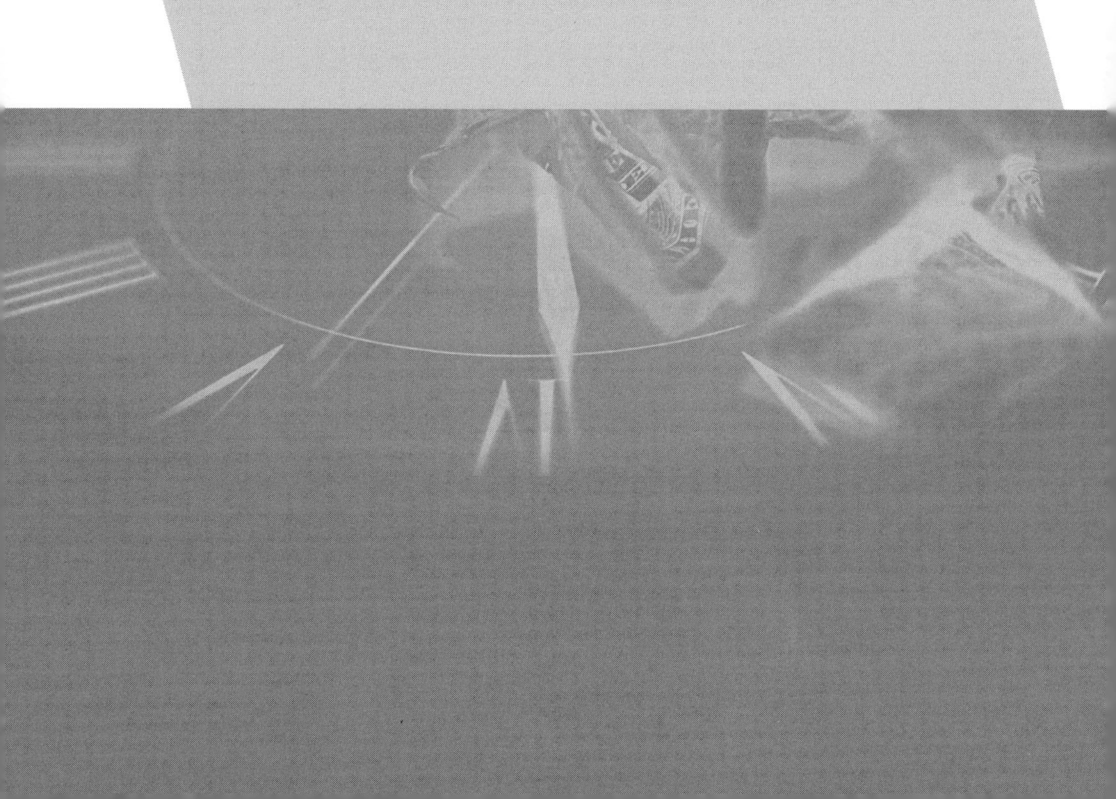

1. 우리나라의 지방자치단체, 재정위기의 무풍지대인가

1) 지방재정의 좋았던 환경은 사라지는데, 재정 낭비는 줄지 않는 현실

전통적으로 우리나라의 지방재정은 위기의 무풍지대였다. 따라서 지방재정 위기는 남의 나라 이야기로만 들렸다. 이는 지방자치단체가 재정 관리를 잘 해서라기보다 다른 나라에 비해 우리나라의 국가재정과 지방재정이 튼튼하고 각종 재정 관리 시스템이 지방재정을 종합적으로 통제해 왔기 때문이다.

하지만 이러한 재정 환경은 지난 몇 년간 급격히 바뀌었다. 현재 일부 지방자치단체의 재정 상태에는 빨간 불이 들어와 있다. 특히, 세금을 제대로 쓰고 있는지를 가늠해 주는 재정 운영의 효율성과 효과성을 두고 보면, 상당수의 지방자치단체 재정에는 꽤 오래전부터 빨간 불이 켜진 상태이다. 사실상 경고등을 보고도 모른 채 지나쳐 온 것이다. 시민단체와 언론, 전문가 사회와 시민들은 일부 지방자치단체의 재정 낭비와 비효율성 문제를 진작부터 알고 지적해 왔다. 과대 청사 신축을 비롯하여 과시적 · 낭비성 행사 개최, 잘못된 과잉 투자 사업, 과열 경쟁 양상을 보이는 국내외 행사 유치, 이해 주체들이 나눠먹는 일부 보조금(국고보조금 및 지방보조금), 일부 공무원의 부정과 부패 등 열거하자면 수없이 많다.

선진국 중에서 과연 어떤 나라가 우리나라처럼 지방보조금을 흥청망청 쓰고 있는지를 돌아보고 깊이 반성해야 한다. 그리고 이제는 고쳐야 한다. 지난 2014년에 정부가 지방보조금제도(지방자치단체가 민간 등에 대해 경상경비와 자본경비를 지원해 주는 제도)에 대해 개선 조치를 취한 다음 상황이 조금 나아지기는 했지만, 아직도 비효율적이고 낭비적인 보조 사업들이 도처에 산재해 있다. 그동안의 관행과 타성 그리고 한국의 정서를 반영하는 민간 보조 사업들을 보면 시대적 가치나 합리성 관점에서 이해가 되지 않는 것들이 부지기수이다. 전국적 조직을 갖는 민간 단체나 재단법인으로부터 지역의 이익 단체, 심지어 수십 명 남짓한 동우회에 이르기까지 지방자치단체가 각종 보조를 해준다는 것은 국민 세금의 정신과 원리에 전연 부합하지 않는다.

특히, 근년에 사회적으로 물의를 일으킨 일부 자치단체의 잘못된 대형 자본 투자 사업과 부실한 재정 관리(태백시의 오투리조트 건설, 인천시의 과도한 부동산 개발 사업과 아시안게임 주경기장 건설, 용인시 · 김해시 · 의정부시 경전철 사업, 시흥시 부동산 개발 사업 등)의 실태에 주목할 때, 자칫 정신을 차리지 않으면 우리나라에서도 재정파산 단체가 출현할 수 있다는 우려가 든다. 이러한 현상과 행태는 재정이 풍족할 때에도 용인될 수 없지만, 더구나 긴축재정 국면이 예상되는 현 시점에서는 더더욱 용인될 수가 없다. 다만, 그나마 다행인 것은 아직은 우리나라의 자치단체들 가운데 재정이 완전히 파탄날 만큼 극단적인 상황에 내몰린 곳이 없다는 점이다.

그러나 분명히 명심해야 할 사실은 최근에 드러난 일부 지방자치단체의 부실한 재정 관리가 해당 단체만의 문제가 아니고 지방재정 전체에 경종을 울리는 사전경보라는 것이다. 앞으로 우리나라의 재정 운영을 강하게 구속하게 될 '메가톤급 제약 요인' –본격적인 경제의 저성장 기조, 급팽창하는 사회복지 재정 수요, 인구 구조 변화(저출산, 고령화, 생산 가능 인구 감소), 사회간접자본 및 공공시설의 대규모 유지관리 비용, 국제경쟁력 구도 변화 등– 을 냉철하게 인식할 때, 국가재정과 지방재정의 체질과 관리 방식을 근본적으로 바꾸지 않으면 안 된다.

국가적으로 재정이 고도 경제 성장의 과실을 풍성히 따먹던 시대적 환경은 사라졌다. 그 대신 경제와 재정 그리고 사회적 이해 주체 간의 경합이 매우 팍팍한 새로운 시대 환경이 이미 우리 속에 들어와 있다. 이에 더해 사회복지 지출 분야에서의 확대 지향적 수요는 '보편적 · 선별적 복지 논쟁'을 떠나 일정 수준 정치 · 사회적으로 수용해야만 할 상황이다. 이제는 더 이상 재정의 낭비나 방만한 경영, 비효율성, 도덕적 해이와 같은 현상들이 우리 사회에 자리할 여지가 없다. '화불단행'(禍不單行)이라고 했다. 정신을 바짝 차리지 않으면 사회의 이곳저곳에서 문제가 동시에 폭발할 수 있다. 이에 대한 궁극적인 피해자는 국민이고 주민이며, 대한민국 역사이다.

2) 지방재정의 낭비와 비효율, 도처에 많다: 마이웨이식 재정 지출

근년에 지방재정 운영의 효율성과 효과성이 떨어지는 경향이 뚜렷하다. 무엇보다도 지방자치단체의 부실한 재정 운영과 낭비에 대한 언론 보도가 눈에 띄게 많아졌고, 언론의 지방재정에 대한 논조 또한 매우 비판적인 것이 그것을 말해 준다. 이는 언론이 특정 지방자치단체를 길들이거나 위협하는 차원이 아니고, 언론 나름대로 지방재정의 건전성과 효율성에 심각한 문제가 있음을 진단하는 것으로 보아야 한다. 지방자치단체는 언론과 시민사회의 지적과 비판을 겸허하게 수용해야 한다. 비록 재정 운용을 잘 하는 자치단체라 할지라도 미래 지향적 관점에서 반면교사의 교훈으로 받아들여야 한다. 지방재정의 건전성에 관한 논의는 앞의 장에서 하였기 때문에 여기서는 지방자치단체가 재정을 비효율적으로 사용하고 낭비하는 문제에 대해 언급하고자 한다.

일부 지방자치단체는 재정 사업의 타당성이나 효율성은 아랑곳없이 과거에 상상조차 할 수 없었던 사업들을 과감하게 추진하고 있다. 그 중 상당수는 지역의 진정한 중장기 발전이나 주민의 복지 증진보다 자치단체장의 정치적 이해관계와 주관적 정책 판단에 치우친 사업들이었다. 최근 몇 년간 언론 매체들이 끊임없이 보도해 온 지방자치단체의 재정 부실 사업들이 대부분 그러한 것이었다. 예를 들어, 성남시가 총사업비 3,471억 원을 들여 청사를 건립하거나, 용인시가 정부 서울청사보다 넓은 면적의 청사를 건립한 것은 사업의 타당성을 무시하고 재정 사업을 추진한 대표적 사례이다. 그 외 지방자치단체의 '호화 청사', '과다 청사' 등 청사 건립과 관련하여 과잉투자를 비판하는 언론과 여론의 질타 사례는 수없이 많다.

지방재정 관리의 부실 사례로는 강원도가 추진한 알펜시아 사업과 태백시가 추진한 오투리조트 사업을 빼놓을 수가 없다. 알펜시아 사업은 총사업비 1조 6,836억 원의 초대형 재정 사업인데, 완공 후 저조한 분양률과 경영적자(완공연도의 분양률 26.3%, 경영적자 223억 원)로 인해 만신창이가 되었다. 그 후 해를 거듭하면서 재정적자가 누적되자 알펜시아 사업은 강원도를 포함한 이해관계자의 골칫거리가 되었다. 오투리조트 사업은 태백시가 콘도, 스키장, 골프장 등을 갖춘 종합 개발 사업에 뛰어든 사례이다. 동 사업은 태백시가 태백관광공사를 설립하여 추진하였는데, 당시 태백시는 공사에 거액의 채무보증을 해 주었다. 당초 오투리조트는 2,885억 원 규모의 사업이었으나, 설계 변경 등을 거치면서 마침내 총사업비 4,403억 원의 대형 투자 사업으로 불어났다. 문제는 시의 계획과 달리 완공 후 분양률이 25.3%로 매우 저조하였고, 그 결과 초기에 152억 원의 적자를 기록하였다. 그 후 적자는 눈덩이처럼 커졌고, 이를 견디지 못한 태백관광공사는 결국 파산하였다. 이로 인해 태백시의 재정이 초토화되었음은 말할 필요도 없다. 2012년 당시 태백시의 예산이 2,450억 원인 데 비해 오투리조트 보증채무(원리금 포함 약 1,600억 원)를 포함한 채무가 2,060억 원이었던 사실을 상기하면 충분히 상상이 간다.

태백시는 그 후 몇 년간 우리나라의 지방자치단체 가운데 예산 대비 채무 비율이 가장 높은 도시라는 오명을 덮어써야 했다. 태백시 재정위기가 한참이던 2012년 기준으로 예산 대비 채무 비율이 30%를 넘는 도시는 태백시를 비롯하여 부산시, 인천시, 대구시, 시흥시(경기)의 5곳이다. 이론적으로나 실무적으로 예산 대비 채무 비율이 어떤 수준에 이르면 재정이 위험한지에 대한 객관적인 준거는 없다. 대체로 보아, 중앙정부(행정안전부)는 40% 이상을 위험한 수준으로 보는 경향이 있다. 이는 지방재정법에 의한 지방재정 위기 관리제도에서 예산 대비 채무 비율 40% 초과 자치단체를 '심각' 등급으로 구분하고 있는 사실을 통해 추측할 수 있다. 하지만 지방자치단체의 채무와 관련하여 재정의 압박과 위기 상태를 제대로 진단하기 위해서는 채무의 규모(양) 외에 질적 특성, 재정수지, 지방자치단체의 재정 역량, 자산 상태 등 여러 가지 요인을 종합적으로 살펴보아야 한다.

강원도의 재정 상태가 광역자치단체 중에서 가장 열악한 그룹에 속하고 태백시 또한 일반 시급 자치단체 중에서 열악한 그룹에 속한 사실을 인식하면, 두 지방자치단체가 얼마나 무모하고 대담하게 세금을 사용하였는지를 알 수 있다. 이들 사례를 통해 갖게 되는 교훈은 지방재정 분야에서 국(주)민 세금의 가치가 충실히 구현될 수 있는 안전 장치와 재정책임성을 담보하는 수단이 반드시 필요하다는 것이다.

비슷한 시기에 발생한 인천시의 재정 관리 부실 문제는 태백시나 강원도에 비해 훨씬 더 복합적이고 종합적이다. 인천시는 재정 역량에 비해 과도한 개발 사업을 추진하고, 아시안게임(2014년 개최)에 필요한 주경기장의 건설과 도시철도 2호선의 건설에 거액의 지방채를 발행한 결과 지난 수년간 심각한 재정압박을 받았다. 이들 사업에 비하면 규모는 훨씬 작지만, 꼭 언급할 필요가 있는 재정 부실 사업은 그동안 언론에 많이 보도된 월미은하레일 사업이다. 동 사업은 인천시가 관광 활성화를 목적으로 800억 원이 넘는 건설비를 투입(금융 비용을 감안하면 거의 1,000억 원 상당인 것으로 알려짐)하여 2010년에 준공되었지만, 준공 후 7년이 지난 현재도 부실공사 등의 문제로 인해 개통을 하지 못하고 있다. 실로 엄청난 국민의 세금 낭비라고 말하지 않을 수 없다. 그 외에 세계도시축전 개최를 비롯하여 크고 작은 재정 남용과 부실의 흔적은 여러 곳에서 발견되었다. 이 과정에서 인천시는 산하 기관(공사 등)으로 하여금 본연의 책무를 넘어 인천시의 정책과 사업을 직접 · 간접적으로 수행하게 만들어 과부하를 걸었고, 결국 이들의 부채 규모가 눈덩이처럼 불어났다.

다만, 인천시의 입장에서 다소 불행한 것은 인천도시개발공사가 송도 신도시 개발 사업을 추진하는 과정에서 글로벌 금융위기가 발생하였고, 그로 인해 국내 부동산 경기가 침체되면서 개발공사가 졸지에 엄청난 규모의 부채를 떠안게 된 점이다. 인천시의 총체적인 부실 재정 관리의 여파로 당시 인천시는 1년에 수천억 원의 예산을 지방채의 이자 부담으로 지불하였다. 2017년 현재 인천시의 재정 문제는 어느 정도 개선되기는 하였지만, 시는 여전히 각종 후유증과 재정 문제로부터 완전히 회복하지 못한 상태에 있다. 재정의 건전성을 판단할 수 있는 지표 중 하나인 예산 대비 채무 비율이 한때 약 40%에 육박했었으나, 2016년 말에는 30.4%로 떨어졌고, 현재로 볼 때 2017년 말에는 20%대 초 · 중반으로 떨어질 것으로 예상된다.

인천시는 예산의 세입을 의도적으로 과다 편성했다가 감사원에 적발되었다. 감사원이 발표한 '지방재정 건전성 진단 · 점검' 보고(2012. 1)에 의하면 인천시는 2007-2010년 기간 중에 예산을 미리 당겨쓰거나 임의로 예산 용도를 달리하는 방식으로 8,500억 원을 편법으로 사용하였다. 이는 명백한 분식예산회계 처리에 해당한다.[1] 그리고 예산 편성시 세입을 실제 예상치보다 높게 잡는 방식으로 과대 계상을 하여 세입과 세출을 일치시켰다가 회계연도 마지막에 세수실적을 낮추는 예산 기법을 사용하였다. 소위 '예산 부풀리기' 방식으로 일단 균형예산을 만든 다음 나중에 현실 상황에 대처하는 전략을 취한 것으로 보인다. 그 핵심은 예산 편성(2010년)을 하면서 당초 예산의 지방세 수입을 실제 추정되는 금액보다 높이 계상하였다가 연도 말에 크게 부족한 세수입 수천억

1 당시 감사원은 인천시 외에 화성시, 천안시가 1,000억 원대의 분식회계를 한 것을 밝혀내었고, 그 외에 성남시, 안양시, 광명시 등이 용도가 다른 자금을 전용해서 사용한 것을 간파하였다.

원을 결손 처리하는 방식으로 예산을 운영한 것이다. 이는 일반적으로 국가와 지방자치단체가 예산 편성시 조세 수입을 보수적으로 계상한 결과 연도 말에 세수실적이 당초 예산보다 상당 수준 늘어나는 현상과 크게 대비된다. 이에 대해 감사원은 인천시가 처음부터 실적 부진이 예상됨에도 불구하고 지방세수를 과다 산정한 것으로 보고 있다. 인천시가 이와 같은 행태를 보이게 된 배경에는 앞서 기술한 바와 같이, 무리한 대규모 사업 추진과 과도한 지방채 발행 등으로 인해 2000년대 후반부터 심각한 재정압박을 받았기 때문이다.

우리나라의 대다수 지방자치단체와 마찬가지로 인천시 또한 자금압박이 큰 상황에서 다른 자체 재원조달 수단을 갖지 못하였기 때문에 결국 채무재정에 크게 의존할 수밖에 없었다.[2] 당시 인천시는 자금 사정이 여의치 못하여 법에 의해 의무적으로 충당하도록 되어 있는 기금(재해구호기금, 1,200억 원)도 충당하지 못했었다. 이러한 상황에서 인천시는 급기야 알짜배기 자산을 매각하기로 결정하였다. 언론 보도에 의하면 2012년 말 당시 인천시는 시 소유의 송도 매립지, 버스종합터미널 부지, 북항 항만배후지, 소래포구 일대 토지 등을 매각하여 약 1조 원 가까운 재원을 조달할 계획을 확정한 것으로 알려졌다. 이와 함께 시 공무원의 수당 및 성과금 삭감, 산하 기관 중 일부 통합 등 소위 감축경영 전략에 중점을 두는 골육책을 추진하였다.

---

2 뒤에서 자세히 언급하고 있지만, 미국의 주정부는 과거의 도시재정 위기 경험으로부터 깨닫고 매년 일정한 수준의 재정 여유 자금(재정안정화기금(Fiscal Stabilization Fund))을 적립하여 확보하고 있다. 만일 인천시가 그와 같은 여유 자금을 보유하였다면 긴요하게 활용할 수 있지만, 그렇지 못한 상황에서는 채무 수단에 의존할 수밖에 없다. 만일 최근에 심각한 재정압박에 시달린 지방자치단체들이 이러한 재정안정화기금을 확보하였더라면 재정압박의 상당 부분은 완충되었을 것이다.

사실, 인천시의 재정 문제는 2000년대 초반부터 감지되었고, 이를 인식하고 문제를 제기한 재정 전문가가 적지 않았다. 그런데 인천시를 포함한 우리나라 전체가 2000년대 초 · 중반에 나타난 소위 세계적인 호경기(Goldilocks)의 덕을 잠깐 보고 착시현상에 빠지면서 인천시의 재정 문제는 사라지는 듯하였다. 하지만 현실은 그렇지 않았다. 2008년에 글로벌 금융위기가 발생하면서 인천시의 재정 상황은 급전지하로 바뀌었다. 인천시가 경기 변동 상황에 대해 유의하지 않은 채 과거 호황을 누렸던 부동산시장이 지속될 것으로 오판한 것이 화근이었다. 소위 기업에서 말하는 공격적 투자 방식을 부동산 개발 등 각종 개발사업에 적용한 것이 큰 문제를 유발한 것이다. 다소 아이러니컬한 것은 2005년 전후만 하더라도 인천시의 재정 관리가 모범 사례로 회자되어 전국의 많은 지방자치단체들이 인천시를 배우고자 탐방하였다는 사실이다.

돌이켜 보면, 시장을 비롯한 의사결정권자들이 잠시 잘못된 정책 판단을 한 결과 그에 따른 후유증은 향후 약 10년 정도 지속되는 고통으로 이어졌다. 이것은 마치 다소 경제적 여유를 가진 가정에서 가장이 과욕을 부린 나머지 자기 역량을 넘어서는 채무를 통해 또 다른 주택을 구입한 결과 소위 '하우스 푸어'(house poor)로 전락한 경우에 비유할 수 있다. 1990년대와 2000년대 초, 중반 부동산시장이 활황을 보일 때 개인, 기업, 지방자치단체 할 것 없이 재테크를 통해 부를 축적하던 공식이 이제는 더 이상 먹혀들지 않은 것이다. 한마디로, 부동산시장의 구조와 패러다임에 변화가 일어나는 것을 인천시를 비롯하여 많은 투자 주체들이 인지하지 못하였다.

전국의 많은 지방자치단체들이 욕심을 부려 대규모 개발 사업(산업단지 등

인천시의 세입 과다 편성

당시 인천시는 당초 예산을 균형예산으로 편성하기 위해 수입을 과대 편성하는 접근을 한 것으로 보인다. 법적 의무적 지출과 인천시가 선호하는 재량적 지출을 다 포함한 지출이 추정 세입보다 더 클 경우 균형예산을 편성하기 위해서는 세입을 더 늘이거나 채무를 확대하는 방법밖에 없다. 이때 만일 채무 확대에 애로가 있다면(채무한도액, 과다 채무에 대한 의회 및 시민의 비난 등), 기술적으로 세입을 실제 추정 금액보다 더 많이 계상하는 접근을 취할 수 있다. 하지만 분명한 것은 이러한 접근은 편법(분식예산)으로 예산회계의 규칙을 위반하는 행위에 속한다. 세입을 과다하게 계상하여 예산을 편성할 경우 회계연도 후반의 정리 추경 시점이나 연도 말의 결산 시점에서는 반드시 당초 예산에 편성된 수입보다 크게 줄어든 실제 수입을 확인하게 된다. 이때 만일 지출을 대폭 줄이지 못하였다면 수입과 지출 간 괴리, 즉 재정적자(지출>수입)가 확정된다.

부동산 개발 사업)에 뛰어 들었다가 국민의 세금을 낭비하는 경우가 허다하게 발생하고 있다. 그리고 민간자본을 유치한답시고 불합리하고 편법적인 방법으로 불리한 계약을 체결하여 사업을 수행하다가 엄청난 재정 부담을 떠안게 된 사례(경전철 사업, 교량 사업 등 최소수익 보장(MRG) 사업)도 결코 적지 않다. 각종 임대형 민자 사업(BTL)과 BTO 사업을 과다하게 추진한 결과 미래의 채무 부담이 늘어나고 그 결과 재정 공간이 구속되는 경우도 많이 발생하고 있다(이들에 대한 사례는 뒤에서 별도로 기술되고 있다). 그 외에 관람객이 거의 없거나 전시 유물이 부실한 박물관을 건립하는 경우, 전시성 · 과시형 축제와 행사 개최, 과도한 국제행사 유치 등은 지방자치단체가 국(주)민의 세금을 사실상 마음대로 사용한 잘못된 재정 운용 사례이다.

지역주민의 결속을 다짐하고 지역의 발전을 도모하는 점에서 지역축제는 그 나름대로 좋은 의미와 성과를 내포한다. 문제는 그것이 졸속으로 추진되거나 전시성 · 과시성으로 추진되는 사례가 너무 많다는 사실이다. 지방자치단체는 축제 개최에 소요되는 경비가 국(주)민의 세금으로 충당된다는 사실을 심각하게 인식하고 민감하게 반응해야 한다. 이것은 다시 말해서, 축제를 개최할 때 그것이 진정 세금의 경제적 가치(Value for Money: VFM)를 구현하는지에 대해 철저히 따져야 하고, 또한 사회적 가치와 주민 수요를 충분히 충족시키고 있음을 입증해야 함을 의미한다.

만일 지역축제가 경제 · 사회적 타당성을 갖고서 다수 주민의 공감을 얻는 것이라면 그에 대해 토를 달 필요가 없다. 그러나 만일 그렇지 않다면, 지역축제는 마땅히 폐지되거나 본질적으로 개편되어야 한다. 그 이유는 소비적이고 낭비적인 축제로 인해 지역이 필요로 하는 다른 중요한 사업이 희생되기 때문이다. 국민의 세금은 어느 때라도 국민이 선호하고 사회적 형평과 경제적 효율을 실현하는 사업에 사용되어야 한다. 다만, 그나마 다소 고무적인 것은 최근 들어 세간에 회자되는 훌륭한 지역축제들이 조금씩 확대되고 있다는 사실이다. 하지만 국민의 눈에는 여전히 많은 지역축제가 예산 낭비로 보이고 있다. 지금은 지역축제의 옥석을 가려야 할 시점이다.

3) 지방의 과도한 국제행사 유치, 전면적으로 돌아볼 때이다

실제로 OECD 국가들 가운데서 우리나라의 지방자치단체만큼 수많은 국제행사를 쉽게 개최하는 나라는 단연코 없다. 다른 나라들이 국제행사의 중요성이나 경제적 파급 효과를 몰라서 적극적으로 개최하지 않는 것이 아니다. 그것은 국제행사를 개최할 경우 그에 소요되는 재정 부담의 상당 부분을 해당 자치단체와 지역주민이 떠맡아야 하기 때문이다. 우리나라는 그동안 급격한 재정 팽창으로 인해 사실상 재정잉여가 많았기 때문에 수많은 국제행사와 국내행사를 큰 제약 없이 개최할 수 있었다. 그 중에는 사회적으로 순편익을 제공한 것도 있었지만, 정치적 리더의 야심과 욕망을 충족시키고서는 세금 낭비와 후대에 무책임한 재정 부담을 전가한 것이 더 많았다. 외형적으로 번지르한 행사를 즐기는 주체가 있었는가 하면, 행사가 남긴 유지관리 비용을 떠맡아야만 하는 억울한 주체도 있었다. 자치단체장 간, 세대 간, 현재 주민과 미래 주민 간의 형평성 문제가 복합적으로 얽힌 채 나타났지만, 결과적으로 누구도 책임지지 않았다.

현실적으로 국제행사의 유치에 따른 예산 낭비는 매우 심각한 수준이다. 지방자치 실시 이후 얼마나 많은 국제행사들이 경향 각지에서 개최되었는지를 돌이켜 볼 필요가 있다. 최근 몇 년 만해도 굵직굵직한 국제행사가 전국의 여러 곳에서 개최된 기억이 우리의 머릿속에 선하다. 1988년에 개최된 서울 하계올림픽을 필두로 월드컵(2002), 부산 아시아 경기대회(2002), 대구 하계 유니버시아드 대회(2003), 영암 F1코리아 그랑프리(2010-2016), 대구 세계육상선수권 대회(2011), 충주 세계조정선수권 대회(2013), 인천 아시안 경기대회(2014), 광주 하계 유니버시아드 대회(2015), 문경 세계군인체육대회(2015), 2017 FIFA U-20 월드컵(2017, 전주 등 6개 도시) 등이 대표적일 것이다. 동계 유니버시아드 대회(무주 · 전주, 1997), 강원 동계 아시안 경기대회(1999, 춘천 · 용평 · 강릉), 세계 펜싱선수권 대회(서울, 1999) 등도 빼놓을 수 없다. 그 외에도 각종 국제 박람회(여수 EXPO, 순천만 국제정원박람회 등)를 비롯한 다양한 국제행사들을 포함하면 실로 우리나라는 국제행사에 거액의 재정 자금을 투입하는 국가라고 말해도 무방하다.

모든 사람이 다 아는 것처럼 영암 F1코리아 그랑프리는 지방이 유치한 국제행사의 대실패작이다. 2014년에 개최된 인천 아시안게임은 주경기장 등 각종 시설 투자를 둘러싸고 중앙정부와 인천시 간에 갈등이 빚어졌을 뿐 아니라 인천시 재정에 큰 상처와 후유증을 남겼다. 이제 아주 가깝게는 2018년 평창 동계올림픽을 목전에 두고 있는데, 이 또한 올림픽 개최 비용과 함께 개최 후의 시설 유지관리 비용 문제를 염려하지 않을 수 없다. 개최 몇 달을 앞둔 지금에라도 향후의 재정건전성 문제를 위해 최선을 다하여 각종 방도를 강구해야 할 것이다.

우리나라는 인구 · 경제 · 사회 발전 측면에서 동급 국가들 가운데 지방자치단체 수준에서 국제행사를 가장 많이 개최하는 국가에 속한다. 이제 우리는 구미 선진국들이 왜 국제행사를 지방에서 빈번히 개최하지 않는지에 대해 곱씹어 보고 개선해야 한다. 선진국에서는 지방이 국제행사를 유치하더라도 국(주)민의 세금을 마음대로 사용할 수 없도록 하는 유 · 무형의 규제 시스템이 작동한다. 정말 특정 국제행사가 지역의 입장에서 필요하다고 판단되어 그것을 유치할 경우 개최 비용의 상당 부분을 지방재정이나 주민의 세금 인상을 통해 부담해야 한다. 특히, 국제행사와 관련해서 주민이 재원의 일부를 부담해야 하는 상황이 예상될 경우 지방자치단체가 선뜻 나서서 국제행사를 유치할 수가 없다. 그리고 중앙정부 또한 국가적 필요성과 정당성이 보장되지 않는 한 적극적으로 나서서 많은 비용을 부담하지 않는다. 한마디로, 우리나라와 같이 지역

주민이 돈 한 푼 내지 않으면서 그냥 국제행사를 유치하고 즐길 수 있는 행정·재정 시스템은 가동되지 않는다.

국제행사의 중요성과 등급에 따라 다르지만, 우리나라의 중앙정부는 너무나 손쉽게 지방자치단체를 지원하는 경향이 있다. 세계 최고급 행사라고 말할 수 있는 올림픽과 월드컵을 개최할 경우에도 선진국에서는 개최 도시가 막대한 비용을 부담한다. 멀리 갈 것 없이 2017년 6월 현재 이웃 일본에서는 2020년 하계 올림픽 개최와 관련하여 중앙정부(올림픽위원회)와 동경도 그리고 관련 지방자치단체 간에 비용 분담 문제를 두고 몇 달째 옥신각신하면서 협의조정을 하고 있다. 국제행사의 유치 문제를 두고 그것이 성사될 경우 주민의 세금(예산)이 행사 운영에 과다하게 사용되거나 아니면 행사 후에 세금 인상의 가능성이 있음을 간파하고 다수의 주민이 행사 유치를 강하게 반대하는 사례는 선진국에서 심심치 않게 발견된다.

우리는 누구의 돈인지, 어디에서 자금을 조달할지에 대하여는 사실상 크게 염려하지 않고 다소 무사태평하게 거의 행사 유치에만 몰두한다. 어떤 면에서는 지방 단위 국제행사의 현행 재원 조달 메커니즘이 그러한 행태를 사실상 부추기고 있다고 말할 수 있다. 국제행사의 개최 비용은 기본적으로 중앙정부 보조금, 지방자치단체 자체재원, 지방채, 그리고 민간자금(민자 유치)의 네 가지 형태를 통해 조달된다. 중요한 국제행사일수록 중앙정부 자금(보조금)이 가장 중요한 재원이 되고, 지방자치단체의 자체재원과 지방채는 부차적인 역할을 한다. 민간자금은 사업의 유형과 특성에 따라 그 역할과 중요성을 달리하는데, 통상 그 지분의 대부분이 민간투자자 자신의 수익성 사업과 관련된다.

중앙정부 보조금은 국제행사의 중요성, 사회적 파급 효과, 관계 부처의 자금 확보 수준 등에 따라 지원 비율과 금액을 달리한다. 정부예산을 살펴보면, 다수의 중앙 부처들이 국제행사를 지원하는 예산을 거의 매년 확보하고 있음을 알 수 있다. 이는 지방자치단체들로 하여금 관련 예산을 이용하고자 하는 유인을 제공하기에 충분하고, 어떤 면에서 중앙 부처들이 국제행사의 유치를 직접·간접적으로 부추기는 측면이 없지 않다. 각 중앙 부처들은 속성상 재정 확장을 통해 새로운 사업을 실시하고자 애를 쓰는데, 이것이 특정 지방의 수요 및 욕구와 맞물릴 경우 국고보조사업에 의한 국제행사가 유치되는 것이다. 요약하면, 지방자치단체의 국제행사는 중앙정부의 유인 제공(관계 부처의 관련 재원 확보 및 자치단체 공지), 재원 조달 체계의 맹점(지방채 발행의 용이성과 주민 부담 무관), 자치단체장 의욕, 재정 부담 없는 지역주민, 미래 세대 비용 부담 전가 등의 요인들이 복합적으로 작용해서 비교적 손쉽게 추진되고 있다. 이와 같은 과정과 행태는 선진국에서는 찾아보기 어렵다.

현행의 지방 국제행사 유치가 안고 있는 가장 큰 문제는 지방자치단체의 재정 부담(자체재원과 지방채 발행)에 대해 엄격한 재정책임성(fiscal accountability) 점검을 하지 않고서 사업을 추진하는 데 있다. 국제행사를 위해 자체재원을 사용할 경우 그 재원만큼 지역의 복지와 발전을 위해 사용할 수 있는 자금이 줄어든다. 이는 다시 말해서, 개최하려는 국제행사가 지역사회에 가져다줄 순편익(net benefit)이 그로 인해 희생되는 재정 사업의 순편익보다 더 클 때 비로소 국제행사의 유치 타당성이 인정된다. 하지만 지금까지는 이와 관련된 사전적 검증(비교분석)과 사후적 평가가 충실히 이루어지지 않은 채 지방 단위에서 많은 국제행사들이 개최되었다. 이 과정에서 자치단체장과 지역 정치세력의 주관적 정책 판단이 강하게 작용하였음은 두 말할 것 없다.

지방자치단체들이 국제행사를 개최하면서 쉽게 지방채를 발행하는 문제점도 지적되어야 한다. 지방채는 현재의 재정 부담을 미래로 넘기는 재정 기법이다. 이는 현재 주민에게 증세를 통해 자금을 조달하는 대신 미래 주민에게 세금 부담을 전가하는 세대 간 재정완충장치에 해당한다. 즉, 국제행사를 개최하는 데 소요되는 비용의 일부를 미래 세대에 떠넘기는 기법이다. 여기에는 보이지 않는 큰 정치적 전략이 움직인다.[3] 만일 국제행사를 개최하면서 지방채를 발행하지 않는다면 자체재원의 부담 비중을 높이는 수밖에 없다. 이 경우 재정이 풍부하지 못한 대다수 지방자치단체들(가용재원의 여유가 빠듯한 자치단체들)은 부득이 다수의 다른 사업들을 줄여야 한다. 그런데 이는 정치적, 행정적으로 선택하기 어려운 정책결정이다.

이러한 상황을 잘 알고 있는 지방자치단체들은 국제행사를 개최하면서 천편일률적으로 지방채 수단을 적극적으로 활용하고 있다. 물론 일부 사업에서는 지방채 발행의 합리성이 인정되지만, 많은 경우 지극히 행정편의적인 전략과 기법이 그 이면에 존재한다. 지방채를 발행할 경우 당장 주민에게 재정 부담이 주어지지 않을 뿐 아니라 일반주민들이 국제행사에 지방채 발행이 부수되

3 지방채를 발행하는 시점에서의 자치단체장은 자신의 업적은 크게 내세울 수 있는(만일 그것이 유용한 국제행사라면) 반면 지방채 발행에 따른 재정압박(원리금 부담)으로부터는 사실상 자유롭다. 참으로 편리한 제도이다. 일부 자치단체장들은 이러한 맹점을 적극적으로 활용하고 있다. 실제로 후임 자치단체장과 정책결정권자들은 지방채 발행에 따른 재정 부담과 정책 선택의 제약(원리금 부담으로 인해 다른 용도로 사용될 재원이 차단됨)을 받게 되는 큰 불이익과 모순에 직면한다. 지방 단위에서 잘못 실시되는 국제행사의 이면에는 공공 부문의 '불공평성 문제'가 큰 모순으로 잠재하고 있다.

는 사실을 알기가 어렵기 때문이다. 실제로 대다수 주민들은 국제행사가 지방채를 통해 추진되는 사실을 모르고 있고, 혹 알더라도 그것이 자신의 경제적 부담(조세 부담)과 무관하기 때문에 대수롭지 않게 생각하는 경향이 있다(특히, 주민들은 지방채 발행 결과가 수년 후 자신 또는 한참 후 자신의 후손에게 재정 부담을 줄 것이라는 사실을 모르고 있다). 이러한 상황에서는 특별한 사회적 갈등 쟁점이 없는 한 주민들이 국제행사의 개최를 반대할 이유가 없을 수밖에 없다. 아울러 많은 주민들은 국제행사를 개최하면 지역발전에 유익할 것이라는 막연한 생각을 갖고 있다.

지금까지 우리나라에서 국제행사의 개최로 인해 지방세가 인상되어 주민의 세금 부담이 늘어나거나 기타 직접적인 방식으로 주민에게 재정을 부담시킨 사례는 단 한 건도 없다. 이와 같이 금전적 부담이 전연 없는 상황에서 가만히 지역에 앉아서 세계적인 행사를 관람할 수 있는 국제행사를 개최하는 데 대해 주민들이 특별히 반대해야 할 이유나 유인은 사실상 없다. 다행히도 최근에 개최된 국제행사 중에는 과거에 비해 경비나 운영 면에서 진일보한 것들이 나타나 고무적이다. 예를 들면, 2015년에 개최된 세계군인체육대회(문경시)는 경비 면에서 상당히 알찬 국제행사로 평가되고 있다.

이제는 지역축제와 국제행사 모두 옥석을 가려서 개최해야 할 시점이다. 지방자치단체는 국제행사로 인해 지역에 주어지는 여러 가지 긍정적 효과뿐 아니라 향후 주민들이 부담해야 할 금전적 · 비금전적 요인에 대하여도 냉정하게 비교해서 제시해야 한다. 과대 청사, 운영 적자의 문화 · 체육시설, 관람객 없는 박물관 등 지방재정을 갉아먹는 잘못된 투자 사업들은 더 이상 지방재정에 발을 디딜 수 없도록 변화되어야 한다. 결론적으로, 지역과 주민의 추가적인 재원 부담 없이 공짜로 국제행사를 여는 방식, 즉 정치적 접근은 더 이상 자리를 잡을 수 없는 풍토가 조성되어야 한다.

2. 일부 지방자치단체의 부실 재정 운영

1) 개요: 지방자치단체의 민간자본 유치와 편법적 · 불합리한 재무 행위

글로벌 금융위기를 전후로 발생한 지방재정의 특징적 현상 중 하나는 재원 조달 과정에서 민간자본을 적극적으로 활용하는 것이다. 그런데 문제는 상당수의 지방자치단체들이 전에 사용해 보지 못했던 민간의 재무 기법에 현혹되어 편법과 비정상적인 방법으로 민간자본을 활용하는 데 있다. 안타깝게도 이러한 현상은 지금도 유행 중에 있다. 지방자치단체가 법과 제도의 테두리 안에서 민간자본을 적절히 활용하여 지역과 주민에게 유익한 결과를 가져다줄 수 있다면 그것은 크게 환영할 바이다. 하지만 근년의 사례들을 보면, 지방자치단체들이 무작정 민간자본을 유치하고자 불합리하고 무리한 채무보증(채무 인수, 매입 확약 등)을 하거나 최소수익을 보장해 준 결과 각종 부작용과 함께 막대한 손실을 겪었던 경우가 많았다. 그 배경에는 중앙정부의 관리 소홀, 채무보증 기법 다양화, 민자 유치 유인과 지방자치단체장의 개발 사업 욕망, 지방채 발행 정책 등이 복합적으로 작용하였다. 일부 자치단체장의 개발 사업에 대한 과욕과 오판은 과거나 현재를 막론하고 지방재정의 문제를 만드는 단골 메뉴이다.

민간자본을 유치하는 과정에서 지방자치단체가 채무보증을 하는 행위는 대규모 개발 사업을 추진하기 원하는 자치단체장이나 개발사업자 모두에게 매력적인 재원 조달 수단으로 환영을 받는다. 현실적으로 지방자치단체는 정부의 지방채 발행 총액한도제(중앙정부가 일정한 기준에 의해 지방자치단체의 지방채 발행 총액 한도를 설정하는 제도)로 인해 지금과 같은 저금리 기조의 우호적인 자본시장 환경에도 불구하고 외부 차입을 마음대로 할 수 없다. 이러한 상황에서 대형 개발 사업에 강한 의욕을 갖는 자치단체장은 지방채 규제나 예산 제약과 무관한 재원 조달 방안을 적극적으로 모색하게 된다. 이때 구세주처럼 등장하는 것이 다름 아닌 민간자본 활용 방안이다. 지방자치단체의 입장에서는 재원이 부족한 상태에서 상대적으로 느슨한 관리 · 감독의 대상인 민간자금을 행정 활동에 끌어들일 수 있는 채무보증이 매우 달콤한 재원 조달 기법으로 간주되기 십상이다. 사업의 빠른 완공을 원하는 자치단체장에게는 자금 조달이 원만해질수록 개발 사업이 정상적으로 수행될 가능성이 높아지기 때문에 사실상 채무보증도 불사한다. 이때 통상 채무보증이 내포하는 재무 위험성은 장밋빛으로 채색된 재무 수익성에 가려진다. 아울러 민간업체의 입장에서는 지방자치단체와 같이 공신력 있는 주체가 채무 지급을 보증해 준다면 적은 자본을 갖고서도 금융 기관으로부터 유리한 조건으로 많은 자금을 빌릴 수 있는 길이 열리기 때문에 대환영이다.

한마디로, 두 주체의 이해타산이 딱 맞아들어 간다. 이와 같은 상황에서 민간투자가와 금융 기관이 개발 사업을 강하게 부추기고 자치단체장이 그에 동조하면 민자 유치의 배는 곧바로 돛을 달고 출범한다. 공익을 최우선으로 하는 정부와 사익(이윤) 극대화를 목표로 하는 민간기업이 일단은 의기투합해서 위험한 항로를 마치 그렇지 않은 것처럼 여기고 출항하는 것이다.

민자 유치, 듣기는 좋지만 잘못하면 그 속에 독이 들어 있다(영어 속담에 "꿀은 달지만 벌이 쏜다"(honey is sweet but bee stings)라는 말이 있다). 민간자본은 속성상 철저히 이윤 극대화를 추구할 뿐 공익과 사회적 혜택에 대하여는 목매 달지 않는다. '공(公)도 좋고 사(私)도 좋은 윈-윈 게임(win-win game)'이면 좋겠지만, 이 세상에 그런 것은 매우 드물다. 실제로 지금까지의 민자 유치 성적은 많은 사례에서 자치단체장의 과욕과 조급한 마음이 민간의 이윤 전략에 휘말려 결국 국민의 세금을 낭비하고 마는 F학점을 보였다.

중요한 사실은 상당수의 민자 사업들이 민간사업자나 자치단체장의 입장에서는 매우 편리하고 유용하게 보일지 몰라도 국(주)민 세금의 효율성과 효과성 확보 차원에서 보면 크게 잘못된 구조와 내용을 포함하고 있다는 것이다. 대규모 단지 개발 사업을 민자 유치 방식으로 추진하는 지방자치단체들은 하나같이 지역경제 활성화와 고용 창출 그리고 그것을 통한 중장기 세수 확장을 주장한다. 하지만 그것은 객관적으로 입증되지 않았고, 설혹 그러한 주장이 옳다 하더라도 그것은 사업이 성공했을 때 타당하다. 지금부터는 지방자치단체가 잘못된 채무 행위로 인해 재정 문제에 휘말린 사례에 대해 살펴보기로 한다.

2) 급격히 늘어나는 지방자치단체의 채무보증[4]: 실태와 문제점

(1) 채무보증과 우발채무

지방재정법에서는 지방자치단체 채무를 "금전의 지급을 목적으로 하는 지방자치단체의 의무"로 규정하고 있다. 이에 해당하는 것으로는 지방채, 일시차입금, 채무 부담 행위, 보증채무 부담 행위 등이 있다. 지방채, 일시차입금, 채무 부담 행위는 지방자치단체가 예산을 편성할 때 채무액으로 확정해서 반영해야 하는 회계상 확정채무이다. 이에 비해 보증채무는 예산 편성시에는 채무액을 확정 반영하지 않고, 다만 회계상 우발채무(우발부채)로 분류한다. 현재 지방재정 분야에서 우발채무로 간주되는 것은 보증채무 부담 행위로 인하여 발생하는 보증채무와 지방자치법이 규정하는 '예산 외 의무 부담'에 의해 발생하는 지방자치단체의 금전채무 등이 있다.

우발채무는 미래에 발생 가능한 특정한 사건 또는 조건과 결부되어 그것이 현실화되었을 때 비로소 실제 채무로 확정되는 특성을 지닌다. 예를 들어, 지방자치단체가 민간기업과 합작하여 산업단지를 건설하면서 완공 후 3년 이후에 발생하는 미분양분에 대해 지방자치단체가 모두 매입을 하겠다는 확약을 할 경우 매입확약분은 우발채무가 된다. 이때 실제로 개발된 산업단지는 건설 후 3년 이내에 모두 분양될 수도 있고 그렇지 않을 수도 있다. 이는 그 시점에 가보아야 확실히 알 수 있는 '불확정적 미래 상태'를 내포한다. 만일 미래의 확

4 여기에서 다루는 내용의 상당 부분은 감사원의 감사결과보고서(지방자치단체 채무보증사업 관리실태, 2013. 11)에 의존하고 있음을 밝혀 둔다.

약 시점에서 미분양 물건이 실제로 존재할 경우 그동안 지방자치단체가 회계상 우발채무로 처리하였던 것은 확정채무로 전환된다. 보증채무 하에서는 지방자치단체가 실제로 비용을 부담해야 할지 아닐지의 여부는 상호 협약된 내용(시점, 부담 조건 등)의 미래 실현 상황에 의해 최종적으로 결정된다. 일반적으로 우발채무의 대상이 되는 사건이나 행위(예컨대, 지방자치단체가 계류된 소송사건의 승소 또는 패소, 미분양 사태, 최소 수준 경전철 이용객수 확보 등)가 미래의 시점에서 실제로 발생할 가능성(확률)이 매우 높을 경우 지방자치단체는 미리 예산으로 그에 대한 대비를 하는 것이 합리적이다.

(2) 부지 매입 확약, 채무인수 방식 채무보증, 특수목적법인(SPC) 설립 민자 유치 사업

근년에 지방자치단체나 지방공기업이 민간자본을 유치하는 과정에서 무리하게 채무보증을 서는 사례가 속출하였다. 채무보증은 지방자치단체가 실제로 외부에서 자금을 빌리는 행위는 아니다. 이는 지방공기업이나 민간사업자가 금융 기관으로부터 자금을 좋은 조건으로 잘 빌릴 수 있도록 지방자치단체가 자신의 공신력을 이용해서 뒤에서 지원해 주는 우발채무 행위이다. 이때 지원이란, 유사시 지방자치단체가 약정된 지불 의무, 즉 채무를 부담할 것을 약속하는 법적 보증을 뜻한다. 민간자본을 유치하는 과정에서 이루어지는 채무보증 행위가 전적으로 나쁘고 유용성이 없는 재무 활동은 아니다. 원론적으로 말하자면, 채무보증 행위는 어떤 재정적 상태와 환경에서 어떻게 사용하는지에 따라 그 유용성과 위험성이 극명하게 갈린다.

지방재정의 문제아로 등장한 채무보증 방식이 지방자치단체의 적극적인

[그림 3-1] 지방자치단체 채무보증 사업의 증가 추이, 2007-2012

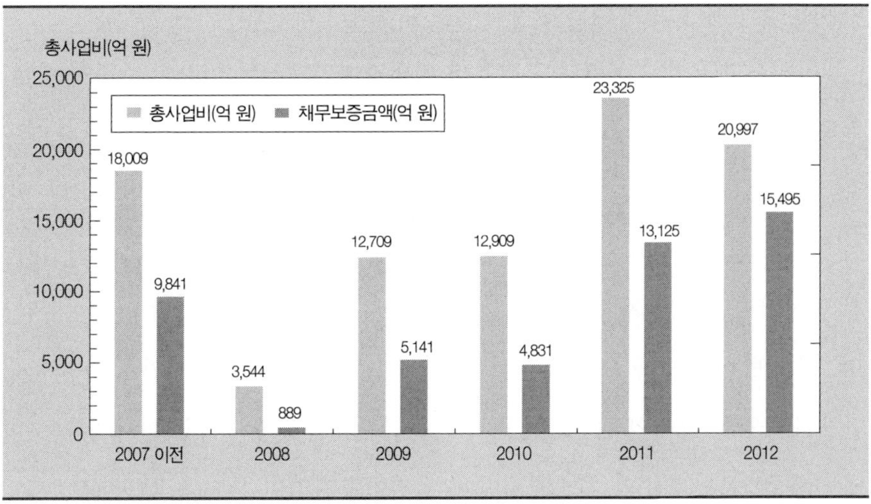

자료: 감사원(2013. 11) 자료를 토대로 작성한 것임.

재원 조달 기법으로 사용된 것은 2009년부터이다. [그림 3-1]에 나타난 바와 같이, 지방자치단체의 채무보증은 2008년에 889억 원에 불과하던 것이 2009년에는 5,141억 원, 그리고 2011년부터는 1조 원대를 훌쩍 넘었다. 2008년과 2012년을 비교하면 불과 4년 사이에 채무보증 금액이 무려 17배나 증가한 것이다. 채무보증이 물의를 일으킨 대부분의 문제 사례는 산업단지와 같은 대규모 개발 사업을 공격적으로 추진하는 과정에서 발생하였다.

감사원의 감사 결과에 의하면 2013년 4월 말 현재 지방자치단체들은 '미분양 부지 매입 확약', '분양자 지위 인수', '토지대금 반환채권 양도 승인' 등 여러 가지 방법으로 편법적인 채무보증을 한 것으로 파악되었다. 그 중에서 지방자치단체가 민간자본을 유치해서 대규모 개발 사업을 실시할 때 가장 많이 사용한 것은 채무 인수(민간사업 시행자의 금융 기관 대출에 대해 지급을 보증하는 방식)와 미분양 부지에 대해 매입을 확약하는 방식(매입 확약 방식)이다.[5)]

이러한 가운데 2000년대 후반부터 지방자치단체들이 민간이 주도하는 특수목적법인(Special Purpose Company: SPC)에 직접 · 간접적으로 참여한 다음 SPC의 자금 융자를 위해 직접 채무를 보증해 주는 기법이 일종의 유행처럼 번졌다. 이는 현재도 진행 중이다. 이것은 민간건설업 분야에서는 흔히 사용되는 사업 추진 방식이지만, 지방자치단체 차원에서는 일종의 신종 재원 조달 기법이었다. SPC 설립 방식은 크게 보아 민간업체가 전액 출자한 특수목적법인에 지방자치단체가 다양한 형태의 채무보증을 해주고 민간개발업자가 사업을 시행하는 형태(전액 민간지분 방식)와 지방자치단체나 지방공기업이 특수목적법인(사업시행자)에 자본금의 50% 미만을 출자하는 형태(지분 참여 방식)로 구분된다. 전자의 예로는 여수시 여수웅천지구 사업 등이 있다. 이들 사례에서는 지방자치단체 등이 민간 사업 시행자의 금융 기관 대출 금액 전액에 대해 채무보증을 해주는 조치를 취하였다. 후자의 사례로는 인천도시공사의 미단시티 사업, 목포시 대양산업단지 등 다수 사업이 있다. 이들 사례에서는 지방자치단체 또는 지방공기업(도시공사 등)이 특수목적법인에 자본금을 출자(20% 출자)하고, 이들이 특수목적법인 명의의 대출금액을 대부분 채무보증해 주는 방식이 행해졌다.[6)] 일부

5 2013년도 기준으로 총 39개 사업(총사업비 9조 1,493억 원)에 4조 9,322억 원의 채무보증이 있었는데, 그 중 부지 매입 확약이 21개 사업(2조 384억 원)으로 전체의 절반을 넘었다. 그 다음으로는 채무 인수가 14개 사업(1조 8,664억 원)이고, 수익권 인수(1개 사업, 2,130억 원)와 토지리턴제(3개 사업, 8,144억 원)의 비중은 상대적으로 작았다. 채무보증 사업(39개) 중에는 산업단지 개발 사업이 32개로 압도적으로 많았고, 그 외 도시개발 사업 5개, 관광지 조성 사업 2개로 나타났다(감사원, 감사결과보고서, 2013. 11).

[그림 3-2] 지방공공사업에 특수목적법인(SPC)과 채무보증을 활용하는 전형적 사례와 절차

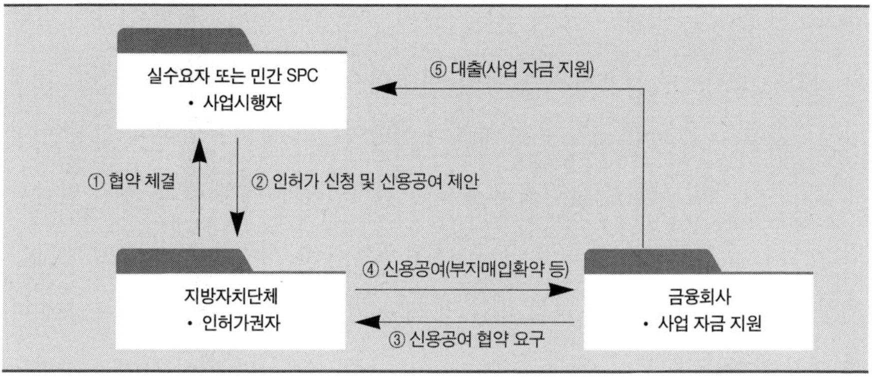

자료: 감사원(2013. 11).

지방자치단체는 특수목적법인을 위해 대출금액을 채무보증하는 방식 외에 산업단지의 미분양분에 대해 특정한 조건 아래 매입을 확약(예컨대, 특정 시점, 특정 미분양 물량(비율 등)과 관련되는 매입 확약)하는 방식을 적극적으로 추진하였다.

문제는 지방자치단체가 특수목적법인(SPC)과 연계되어 채무보증을 한 사례들 가운데 재정 문제에 빠진 경우가 적지 않다는 데 있다. 대표적인 문제 사례로는 나주시, 천안시, 함평군 등 여러 가지가 있지만, 여기서는 전남 나주시 산업단지 개발 사례에 대해 간단히 언급하고자 한다. 2011년 초 나주시는 산업단지(미래 일반산업단지) 개발을 추진하면서 산단 개발을 위해 설립된 특수목적법인(SPC) 미래산단 개발에 미분양시 금전적 책임을 지는 채무보증을 편법적으

6 이와 관련하여 감사원(2013. 11)은 다음의 사실을 지적한다. 지방공기업법(제77조의 5)에 따르면 지방자치단체는 원칙적으로 출자 지분의 비율을 초과하여 채무보증을 할 수가 없고, 출자 지분의 범위 내에서만 보증 선 채무의 상환 의무를 부담해야 한다. 하지만 감사 결과 점검 대상 사업(22개 민간개발 방식 채무보증 사업) 모두가 예외 없이 출자 지분을 초과하여 대출금 상환 의무를 부담하고 있었다.

로 합의해 주었다. 그 후 SPC 설립과 편법에 의한 채무보증은 산업단지의 시공에서부터 완공 그리고 그 후에 이르기까지 나주시의 행정 · 재정 전반에 압박을 가하는 요인으로 작용하였다. 사실, 나주시 사례는 여러 가지 복합적인 문제 덩어리를 몰고 온 나쁜 민자 유치 사례의 전형이라고 해도 무방하다. 그동안 미래산업단지 개발 사업을 둘러싸고 발생한 심각한 문제에 대해 몇 가지 언급하면, 부당한 수의계약 문제(분양 · 시공업체의 임의 선정), 사업비 부당 집행에 따른 재정 손실 문제, 관계 공무원의 해임 및 재판 연루 문제, 산업단지 미분양에 따른 재정 부담 문제 등이 있다. 그뿐 아니라 나주시는 산단 조성 사업과 관련된 용역비 문제를 두고 특수목적법인 미래산단개발과 분쟁을 겪다가 결국 소송까지 치러야 했다. 엎친 데 덮친 격으로 나주시는 SPC가 제기한 약정금 반환 1, 2심 소송에서 모두 패소하여 약 80억 원을 물어주게 되었다(연합뉴스, 2015. 7. 29).

지방자치단체가 민간주도의 특수목적법인을 위해 각종 채무보증을 하는 형태의 민자 유치 방식은 여러 면에서 문제와 한계가 있다. 그것은 무엇보다도 국(주)민의 세금으로 행정 서비스를 공급하는 지방자치단체가 재정에 대해 본질적으로 갖는 책임성은 주주와 기타 이해관계자에 대해 경영 성과 중심의 제한적 책임을 갖는 민간기업의 책임 성과는 비교할 수 없을 정도로 막중하고 대상이 광범위하기 때문이다. 그 외 특수목적법인과 관련된 여러 가지 문제와 한계에 대하여는 뒤에서 지방자치단체의 민자 유치와 관련된 문제점을 다루면서 구체적으로 기술하기로 한다.

3) 지방자치단체 채무보증의 문제점

지금까지 관측된 우리나라의 사례를 종합해 보면, 지방자치단체의 과도한 채무보증 행위가 재정에 도움과 유익을 주기보다는 오히려 여러 가지 심각한 문제를 안겨 주었다. 여기에서 지방자치단체의 채무보증이 안고 있는 전반적인 문제점에 대해 기술하면 다음과 같다.

첫째, 채무보증 행위는 기본적으로 위험을 수반하는 재무 기법으로 언제라도 우발채무가 확정채무로 전환될 수 있는 가능성을 안고 있다. 만일 대규모 우발채무가 확정채무로 전환될 경우 지방재정은 큰 충격에 빠지게 된다. 대형 부동산 개발 사업은 큰 수익을 몰고 오기도 하지만, 부동산 경기가 침체하거나 지역경제의 상황이 악화될 경우 막대한 손실을 초래한다. 이것은 다시 말해서, 개발 사업과 연계된 지방자치단체의 채무보증(우발채무)이 언제든지 자신이 갚아야 하는 실질적 채무로 바뀔 수 있음을 의미한다. 하지만 많은 지방자치단체들이 이러한 사실을 간과하거나 과소 평가한다. 지방자치단체의 편법적이고 무리한 채무보증 행위는 경기 호황시에도 최소한의 위험 요인을 안고 있다. 더구나 부동산 경기가 불황인 상황에서 이루어지는 채무보증 행위는 미래에 폭발할 폭탄을 등에 업고 사업에 뛰어드는 것과 마찬가지이다. 더욱 우려스러운 것은 재정이 양호한 자치단체보다 재정이 열악한 자치단체들이 편법적 채무보증 행위의 중심에 서 있다는 사실이다.

둘째, 신중성이 결여된 과도한 채무보증은 지방재정을 압박하는 요인이 되고, 극단적으로 재정위기를 유발한다. 이는 태백시 등 여러 사례에서 이미 입증되었다. 태백시는 산하의 태백관광개발공사가 추진한 개발 사업에 무리하게 채무보증을 해주었다가 큰 낭패를 보았다. 당시 태백시는 태백관광개발공사에 2008년도 예산(2,162억 원)의 76%에 달하는 1,640억 원의 채무보증을 해주었는데, 사업이 부실의 늪에 빠지자 거액의 우발채무가 실제채무로 확정되면서 엄청난 재정압박에 직면하였다. 평택시의 평택도시공사가 2011년도 예산의 237%에 달하는 2,130억 원을 채무보증한 후 큰 문제에 봉착한 것도 많이 회자되는 사례이다. 결과적으로 이들은 주민의 세금을 선량한 책임자로서 관리해야 하는 지방자치단체가 취할 조치는 아니었다. 채무보증이 잘못되어 발생할 수 있는 결정적인 패착은 채무보증을 해준 사업 주체가 사업에 실패할 경우 지방자치단체는 실제로 돈을 한 푼도 빌려 사용하지 않았으면서도 보증금액 전액을 변제해야 하는 낭패에 빠진다는 것이다. 이는 흔히 개인이 빚보증을 잘못섰다가 낭패에 빠지거나 극단적으로 패가망신(敗家亡身)하는 사례와 비교된다.

셋째, 민자 유치를 위한 채무보증은 경제이론에 비추어 문제가 있다. 지역주민이 필요로 하는 기본(필수) 공공 서비스가 아닌 대상을 위해 재무 위험성을 감수하면서까지 사업을 추진하는 것은 공공재 이론(public goods theory)에 비추어 적절하지 않다. 예를 들어, 지방자치단체가 추진하는 대규모 개발 사업(산업단지 등)은 주민이 원하고 필요로 하는 일반적인 지방공공재(local public goods)와 달리 수익성을 추구하는 면이 더 많다. 물론 지방자치단체는 채무보증을 하면서 항상 지역경제 성장, 부가가치와 고용 창출, 중장기 세수 확충 등 긍정적 효과를 강조한다. 하지만 그것은 객관적으로 입증되지 못하고 있다. 아니, 그 문제는 차치하고 우선은 해당 사업이 성공을 해야만 우발채무의 굴레로부터 벗어날 수가 있다. 그러나 그동안의 경험을 보면 지방의 산업단지 개발이 적기에 성공을 거둔 사례는 많지 않았다. 무엇보다도 중요한 것은 공공재 특성의 경중(輕重)이나 유무(有無)를 떠나 사업의 추진 과정에서 주민 세금이 큰 손실을 보았다면, 이는 잘못되어도 한참 잘못된 정책 오류인 것이다.

넷째, 채무보증 행위가 이루어지는 상당수의 민자 유치 사업들이 민간이 주도할 수 있는 사업 영역을 공공 부문이 침범하는 성격을 갖는데, 이는 공공-민간 부문 간의 균형을 훼손하는 문제를 내포한다. 특히, 심각한 문제는 민간의 자본을 공공 부문이 끌어당기는 구축 효과(crowding-out effect)를 유발하여 시장경제에 왜곡이 초래될 수 있는 점이다.

다섯째, 지방자치단체가 채무보증을 해준 민자 사업 가운데 일부가 정부로부터 사업의 추진 과정에 편의와 혜택을 부여받았는데, 그로 인해 사업의 추진 과정과 결과가 부실해지는 문제가 발생하고 있다. 그 원인은 대규모 민자 유치 사업에 대해 일반 재정 사업과 달리 주요 행정 절차상의 편의를 제공(타당성 조사, 중앙투자심사 등 중요한 행정 절차의 면제, 시공업체 등의 수의계약 선정 허용 등)해주고, 사업 수행과 관련된 관리 · 감독을 다소 느슨하게 해주는 혜택을 부여한 데 있다.

여섯째, 지방자치단체가 미분양 부지의 매입을 확약하는 편법적 재무 기법은 과도한 금융 조달 비용을 수반하여 주민 세금을 낭비하는 결과를 초래한다. 국민의 입장에서 상당히 아이러니컬한 것은 지방자치단체가 민간 개발 사업자의 대출금에 대해 전부 또는 일정 비율 이상을 채무보증을 하거나 미분양 부지의 매입을 확약할 경우, 사업수익은 모두 민간사업자에게 귀속되는 반면

민자 유치, 채무보증, 시장이자율

채권시장과 주식시장이 금리에 민감하게 반응하는 것은 이론과 실제가 입증하는 바이다. 근년에 시장이자율이 크게 떨어지면서 개인, 기업, 정부 할 것 없이 차입 비용이 과거에 비해 현저하게 줄어들었다. 이러한 상황에서는 모든 경제 주체가 차입에 대해 매력을 느끼게 된다. 그것은 지방자치단체의 경우도 예외가 아니다. 소위 저비용으로 고수익(또는 많은 세수입)을 올릴 수 있는 외부 차입의 매력이 유혹을 발산하기 때문이다. 일부 지방자치단체가 교묘한 방법(이는 민간 부문에서는 이미 잘 알려진 방법이지만 공공 부문에서는 그동안 잘 알려지지 않은 편법임)으로 민간자본을 끌어들여 대형 개발 사업을 추진하는 것도 따지고 보면 시장이자율이 매우 낮기 때문이다. 역설적으로, 고금리 시기에는 그와 같은 민자 유치 기법을 활용할 엄두를 낼 수가 없다. 대형 개발 사업이 잘못되었을 경우 차입에 따른 손실 부담이 너무 크기 때문이다.

사업 관련 손실은 전부 지방자치단체에 귀속된다는 사실이다. 이는 국(주)민의 세금을 가장 값있게 사용하고 공익을 대표해야 하는 지방자치단체의 공정하고 합당한 행위로 간주하기 어렵다.

종합적으로, 채무보증은 기본적으로 재무 위험성을 내포하는 재원 조달 기법이므로 국민의 세금을 사용하는 정부는 원칙적으로 채무보증 행위를 자제해야 한다. 만일 채무보증을 한다면 그에 앞서 사업 타당성 분석과 함께 재무 위험성 분석을 실시하여 위험 발생을 사전에 차단하는 한편 극단적으로 재무 위험이 현실화될 경우 그것을 최소화시킬 수 있는 헤지(hedge) 장치를 마련해야 할 것이다.

4) 최소수익 보장(MRG)에 의한 민간자본 유치

지방자치단체가 민간자본을 적극적으로 유치하기 위해 사용한 방식이 결과적으로 지방재정에 독이 된 경우가 적지 않다. 앞서 언급한 편법적 채무보증 행위가 그러했고, 또한 지방자치단체가 공공투자 사업에 참여한 민간기업에게 최소한의 안정적 수익을 보장해 주는 최소수익 보장(minimum revenue guarantee: MRG) 조치가 그러하였다. MRG 제도는 정부가 공공 사업에 민간자본을 끌어들이기 위한 일종의 인센티브 장치이다. 동 제도는 1994년에 '사회간접자본시설 민자 유치촉진법'이 제정되면서 SOC 분야(건설 및 운영)를 중심으로 활용되다가 특히, 2000년대에 들어서면서 활성화되었다. 간단히 말하면, MRG 제도는 민간기업이 참여한 공공투자 사업이 완공된 후 실제 수입이 정부와 계약할 당시의 예상 수입에 일정 수준 미치지 못할 경우 국가와 지방자치단체가 재정을 통해 메워 주는 제도이다.

지난 수년간 중앙정부와 일부 지방자치단체들이 MRG 방식을 적극적으로 활용한 결과 시설 완공 후 거액의 재정손실을 입었다. 대표적인 지방의 재정손실 사례로는 경상남도와 부산시가 공동으로 추진한 거가대교 사업과 그동안 언론을 통해 잘 알려진 경전철 사업(용인시, 의정부시, 부산시 · 김해시가 공동으로 추진한 경전철 사업)을 들 수 있다. 그 외에 서울 지하철 9호선, 마창대교 사업도 MRG 방식으로 추진되면서 재정손실을 보았다.

부산시와 거제도를 연결하는 거가대교 건설 사업은 총사업비 1조 9,831억 원(민간자본 1조 4,113억 원)의 대형 투자 사업이었는데, 그 중 70%가 넘는 재원을 민간자본으로 조달하였다. 당시 이 사업은 부산시와 경상남도가 MRG 방식을 사용하여 공동으로 추진하였으며, 두 자치단체는 미래 20년(2011. 1-2030. 1)간 경비를 분담하는 것으로 계약을 체결하였다. 그런데 사업 완공 후 거가대교의 통행량과 수익이 당초의 예상을 크게 밑도는 문제가 발생하였다. 그 결과 계약 조건에 따라 MRG 장치가 작동되었다. 즉, 부산시와 경상남도는 민간기업과 약속한 최소수익을 보장해 주어야 하는 상황에 직면한 것이다. 만일 미래에도 계속해서 통행 수익이 저조할 경우 MRG 계약 조항으로 인해 부산시와 경상남도는 장기간에 걸쳐 예상치 못한 수백억 원의 재정 자금을 매년 민간사업자에게 지급해야 할 판이었다.

당연히 언론과 여론의 질타가 빗발쳤다. 문제의 심각성을 뒤늦게 깨달은 두 자치단체는 부랴부랴 MRG 장치를 조정하는 사업 재구조화를 모색하였다. 당시 경상남도는 재정에 압박을 주었던 MRG 부담을 완화하고자 재정점검단을 구성하여 거가대교 사업의 재구조화를 추진하였다. 다행히 고생 끝에 결실을 보았고(2013년 11월에 사업 재구조화가 완료되었음), 그 결과 두 자치단체를 억눌러 왔던 재정 문제에 대한 해결의 실마리가 잡혔다. 하지만 사업 재구조화가 성사되기 전까지 부산시와 경상남도는 매년 600억 원의 세금을 허비해야만 했다. 국민의 입장에서는 분통이 터지는 일이었다.

거가대교 사업보다는 규모가 조금 작지만 부산-김해 경전철 사업(총사업비 1조 3,236억 원(민간자본 8,320억 원, 중앙정부와 지방자치단체의 예산 각 1,794억 원 등)이 투입된 대형 투자 사업으로 2011년 9월에 개통하였다)과 경상남도의 마창대교 사업(총사업비 2,648억 원, 민간자본 1,894억 원)에도 비슷한 MRG 방식이 적용되었다. 결과는 거가대교 사업의 판박이처럼 잘못된 수요 예측과 최소수익 보장 조건으로 인해 관련 자치단체들이 매우 큰 금액의 재정 부담을 떠안아야 했다. 당시 관련 자치단체들은 개통 후 교통 수요가 당초 예측 수요의 약 20% 수준에 머무는 현실의 벽을 절감하여야 했다. 당연히 MRG 계약 시스템이 작동하였고, 김해시와 부산시는 당초 계약대로 최소수익 부족분을 6 대 4로 분담하여야 했다. 그 후에도 이용객 수는 크게 늘지 않았고, 두 자치단체는 계속해서 MRG 계약 조건에 따라 비용을 물어주어야 했다. 답답한 나머지 김해시는 경전철의 MRG 분담 비율을 변경하고자 대한상사중재원에 중재신청을 하였는데, 이는 기각되었다(당시 김해시는 당초 설정된 김해시와 부산시의 6 대 4 분담을 5 대 5 분담으로 변경해 줄 것을 신청하였다). 이러한 가운데 재정 부담 문제의 해결을 위한 시민운동이 전개되기도 하였다.

재정 부담의 심각성과 여론의 지탄이 심해지자 부산시와 김해시는 수차례에 걸치는 이해당사자 간 협의를 통해 마침내 사업 재구조화에 성공하였다. 재구조화의 핵심은 종전 방식과 달리 경전철 사업의 수익이 총비용(사업투자 원금과 차입 이자, 운영 비용 등)에 미달할 경우 지방자치단체가 그 차액을 지불하는 데 있다. 사업 재구조화가 이루어지면서 김해시와 부산시가 미래에 부담하게 될 비용은 종전보다 상당 수준 줄어들었지만, 당분간 동 사업으로 인한 재정손실은 불가피해 보인다.

MRG 방식을 활용한 사업 중에서도 지방자치단체가 정책 판단을 잘못해서 예산을 크게 낭비한 대표적 사례로는 단연 경전철 사업이 손꼽힌다. 그동안 경전철 사업은 끊임없이 언론의 비판 대상으로 회자되었고, 특히 금년(2017년) 5월에 있었던 의정부 경전철 사업의 파산 소식은 가히 하이라이트라고 해도 무방하다(박스 내용 참조). 돌이켜 보면, 경전철 사업의 문제 발생 이면에는 해당 지방자치단체뿐 아니라 교통 수요 예측 기관, 투자자, 이해관계자 등이 복합적으로

[표 3-1] 경남 지역의 주요 최소수익 보장(MRG) 사업 개요

구분	거가대교	마창대교	김해 경전철
총사업비	1조 9,831억 원(민자 14,113억 원)	2,648억 원(민자 1,894억 원)	7,742억 원(민자 4,819억 원)
MRG 지급 기간	20년(2011.1-2030.1)	30년(2008.7-2038.7)	20년(2011.9-2031.9)
분담률	부산(50%) · 경남(50%)	경남(100%)	김해(60%) · 부산(40%)
MRG 예상액(총액, 년)	600억 원	150억 원	1,072억 원

주: 경남 지역만을 대상으로 조사된 것으로 2013년 4월 기준임(단, 김해 경전철은 2013년 7월 기준).
자료: 안전행정부(현 행정안전부).

연루되었다. 어찌된 연유인지 관련된 경전철 사업들은 하나같이 이용승객 수요를 과다하게 예측하였고, 경전철의 사회 · 경제적 기능을 과대 평가하였다. 그리고 사업의 추진에 혈안이 된 지방자치단체(장)들은 재정의 발목을 잡는 교통 수요 전망과 재정 환경 변화 및 미래의 재정 역량을 모두 장밋빛으로 바라보았다. 하지만 장밋빛 전망은 경전철 사업이 완공되자 보기 좋게 빗나갔고, 결국 지방자치단체와 주민에게 재정압박과 불필요한 고통을 안겨다주었다.

그 무엇보다도 결정적인 패착은 투자 사업자 유치 과정에서 참여 기업에 최소한의 수익을 보장해 주는 MRG 계약을 체결한 것이다. 지금까지의 사업 추진 과정과 결과를 보면서 한 가지 분명해진 사실은 경전철 사업의 추진에 경도된 지방자치단체(장)의 국(주)민에 대한 재정책임성(fiscal accountability: 예산회계 설명 책임성)이 그야말로 최악의 상태로 추락하였다는 것이다.

참고로 경기도 용인시의 경전철 문제 또한 오랫동안 언론을 통해 보도된 바이다. 한마디로, '세금 먹는 하마'의 대명사였다. 동 사업은 총사업비 1조 32억 원의 대형 사업으로 그 중 민간자본이 6,354억 원 투입되었다. 용인시 경전

의정부시 경전철 사업과 민간사업자 파산

의정부시 경전철 사업은 개통(2012년 7월 개통) 후 약 4년 10개월이 되는 2017년 5월에 법원의 파산 선고에 의해 파산했다. 이는 어떤 면에서 그동안 말도 많고 탈도 많았던 지방자치단체 민자 유치 사업의 정점을 보여 주는 듯하다. 의정부시 경전철 사업은 용인시 경전철 사업과 더불어 부실한 지방 경전철 사업의 대명사가 되었고, 소위 국민과 주민의 혈세를 낭비하는 상징이 되었다. 이번의 파산 선고로 인해 의정부시는 민간사업자에게 약 2,200억 원의 계약 해지금을 물어주어야 할 처지에 놓였다. 동 사업은 사업의 구상 단계에서부터 회의론이 적지 않았지만, 그것은 경전철 완공 후 실제 운영 단계에서 드러난 현실에 비하면 아무 것도 아니었다. 의정부시 경전철 사업은 총사업비 6,767억 원의 대형 사업으로 그 중 총 57%가 민간자본(3,852억 원)에 의해 조달되었다.

근년에 문제가 된 지방의 경전철 사업 모두가 부실화된 가장 근본적인 원인은 과도한 수요 예측에 있었는데, 이것은 의정부시 경전철 사업의 경우 특히 더 그러했다.

언론 보도(조선, 매경, 한경 등)에 의하면 전철 개통 첫해(2012년)의 승객은 당초 수요 예측의 15%에 불과하였고, 개통 후 몇 년이 지난 지금에도 그 수치가 약 30% 수준에 머무르고 있다. 경전철 사업의 재무 구조가 사실상 승객 수와 요금에 의해 결정되는 것을 이해한다면, 그와 같이 저조한 이용 수요로는 특단의 조치가 없는 한 심각한 경영적자로 사업의 지속 가능성이 담보될 수 없음을 누구나 추측할 수 있다. 의정부시 경전철이 개통된 후 심각한 승객 부족으로 운영적자가 누적되는 문제가 발생하자 언론과 시민사회의 비판이 빗발쳤다. 그러자 감사원은 동 사업에 대한 감사에 나섰다. 감사 결과 심각한 운영적자에 따른 경영 악화 문제가 간파되었고, 이에 대해 감사원은 경전철의 운행 중단 가능성과 의정부시의 과도한 재정 부담 가능성 그리고 경전철 사업의 파산 가능성 및 대비책 등의 이슈를 지적하고 권고하였다.

감사원의 지적과 권고에도 불구하고 의정부시는 속수무책 격으로 본질적인 대응을 하지 못하였다. 의정부시는 사업 재구조화(운영적자 보전 방식으로의 구조전환)를 추진하면서 중앙정부(국토부)의 국비 지원을 요구하는 등 사업 정상화 대책을 강구하였다. 그러나 문제의 본질을 꿰뚫는 보다 근본적인 문제의 해법은 강구하지 않았다. 상급 자치단체인 경기도는 경전철 관련 재정 문제의 심각성을 인지하고, 경전철 환승할인제를 도모하였지만(당시 환승할인제를 시행할 경우 의정부 경전철 이용률이 약 2배 정도 증가할 것으로 예상하였음), 이 또한 본질적인 대응 방안과는 한참 거리가 있었다.

이러는 동안 재정적자는 눈덩이처럼 커져 갔다. 그러자 민간사업자가 2015년 11월 의정부시에 재정 지원을 요청하였고, 경전철 사업 정상화를 위한 재구조화 방안이 다시 논의되었다. 하지만 민간사업자, 채권 금융 기관(대주단), 의정부시 간에 여러 가지 방안을 두고 협의와 검토가 있었으나 결국에는 이해관계의 합의를 이루어 내지 못하였다(2017. 6. 2 조선일보, A10). 이러한 상태에서 경영 악화를 견디지 못한 민간사업자는 법원에 파산 신청을 하였고, 이를 검토한 법원은 최종적으로 파산을 선고하였다. 이제 공공 입장에서의 초미의 관심은 의정부시가 얼마만큼의 재정손실을 떠안을 것이며, 이로 인해 얼마나 부정적인 파급 효과가 시의 행정과 주민복지에서 발생할 것인지에 관한 것이다.

철은 특이하게도 2010년 10월에 완공을 하고 나서 2년 6개월이 지난 2013년 4월에 개통을 하였다. 당초 민간사업자와 계약한 MRG 방식을 적용할 경우 재정 부담이 누적될 것을 예상한 용인시가 사업 구조를 비용보전 방식으로 바꾸고자 사업자와 협상을 벌였기 때문이다. 사업 재구조화에도 불구하고 용인시 경전철은 '텅 빈 경전철'이라는 오명을 벗지 못하고 있다. 2016년도의 1일 이용객은 당초 예측치의 15%에 불과하였고, 용인시는 2013년부터 2016년까지 총 1,068억 원의 예산을 사업 적자의 충당을 위해 지불하였다(한국경제, 2017. 5. 27, A 5). 동 사업 또한 크게 부풀어진 수요 추정에 근본 원인이 있다.

MRG 방식의 민자 유치 사업이 여기저기서 지방재정에 문제를 드러내고 압박을 가하는 현상이 언론을 통해 보도되자 사회적으로 큰 물의가 있어났다. 불만에 찬 여론이 비등하였고, 혈세 낭비 등에 대한 비판이 쉴 새 없이 날아 다녔다. 이러자 관련 지방자치단체는 부랴부랴 여러 가지 해소 방안을 모색하였고, 정부는 마침내 지방자치단체의 MRG 기법 사용을 금지시켰다.[7]

5) BTL 방식의 민간자본 유치

정부가 1990년대 후반부터 적극적으로 추진한 민자 유치 사업은 일정 부분

7 MRG 제도와 관련된 사업들이 속속 부실하게 진행되자 정부는 동 제도를 일부 수정한 '제한적 MRG 제도'를 도입하였다. 이의 적용을 받아 건설된 것으로는 의정부시의 경전철과 서울과 성남시를 잇는 신분당선 등이 있다. 제한적 MRG 제도 하에서는 실제 수입이 예상 수입의 일정 수준을 넘어야 재정 지원을 받을 수 있다. 따라서 사업자가 재정 지원을 많이 받기 위해 승객 수요를 과도하게 추정하는 행태는 어느 정도 통제될 수 있다. 하지만 정부가 민간사업자의 재무 위험성을 일정 수준 떠안는 본질적인 문제는 제한적 MRG 제도 하에서도 해소될 수 없다.

시대적 상황에 기여한 바가 없지 않다. 하지만 전체적으로 보면 그보다는 중장기적으로 재정에 부담을 주고 국민의 세금을 비효율적으로 사용하는 면모가 더 크게 부각된다. 초기에는 민자 유치 사업이 중앙정부를 중심으로 추진되었으나, 노무현 정부가 출범하면서 중앙정부는 물론 지방자치단체 차원에서도 적극적으로 활용되었다. 이를 촉진한 핵심 정책 조치는 임대형 민자 사업(Built-Transfer-Lease: BTL)이라는 민간재원 활용 기법이다(BTO 등 다른 기법도 활용되었지만, 상대적으로 소수에 소규모이다).

BTL 사업은 예산과 수익성 부족으로 투자순위에서 밀리는 공공성 사업(예컨대, 환경 시설, 군부대 시설, 교육 관련 시설 등)을 대상으로 민간자금을 활용하는 사업 추진 방식이다. 구체적으로, 민간기업이 공공시설을 완공한 다음 그것을 정부가 사용할 수 있도록 일정 기간 임대해 주고 최종적으로 정부에 사업의 소유권을 넘겨 주는 사업 운영 방식이다. 이때 지방자치단체는 시설을 활용(공공서비스 제공)하는 대가로 매년 민간기업에게 리스 대금을 지급하고, 약정한 리스 기간이 완료되면 해당 시설을 지방자치단체의 소유로 이전 받는다. 이러한 개념은 BTL이라는 약식 명칭, 즉 건설완공(built: B), 이양(transfer: T), 리스(lease: L)가 함축하고 있다.

임대형 민자 사업의 전성기였던 2000년대 중반에는 매년 10조 원 내외의 사업들이 철도, 초 · 중등학교, 하수관거, 군 주거 시설 등의 분야에서 추진되었다. BTL 사업의 연도별 한도액을 살펴보면, 2007년에 약 10조 원(9조 9,288억 원)을 기록하던 것이 그 후 급격히 줄어들었고(예: 2010년 3조 5,788억 원), 2012년(1조 2,065억 원)을 마지막으로 1조 원 시절을 마감하고 지금은 매년 5,000억 원 내외로 크게 축소되었다(국회예산정책처, 2017 경제 · 재정수첩 참조).

문제는 과거에 큰 민간투자가 이루어졌던 만큼 그에 따른 국가와 지방의 BTL 재정 부담이 시차를 두고 점점 늘어나고 있는 현상이다. 특히, 2010년 이후부터는 관련 비용 부담이 중앙재정과 지방재정을 조금씩 압박하는 형국이다. 이러한 현상은 도입시부터 사실상 예견된 바이지만, 아쉽게도 정부는 그동안 그에 대해 제대로 준비하지 않았다. 즉, 민간자본을 이용할 줄만 알았지 그로 인해 발생할 미래의 경제적 부담에 대한 대비책은 마련하지 않았던 것이다. 흔히 많은 사람들이 뒷일을 크게 염려하지 않고 신용카드로 값비싼 물건을 구입할 때의 행태와도 비슷하다. 이에 대하여는 조금 뒤에서 언급하기로 한다.

BTL 방식은 공공 사업에 민간자본을 활용하는 정부 조치(Private Fiance Initiatives: PFI)의 일환으로 1990년대 초부터 영국에서 활발히 추진되었다. 이웃 일본은 1990년대 후반에 그것을 수입해서 한동안 적극적으로 활용하다가 지금은 시들해졌다. 우리나라는 2000년대 중반 노무현 정부 때 민자 유치에 관한 법령을 개정하여 BTL 사업을 처음 도입하였고, 그 후 한동안 10조 원 규모의 시장으로 크게 활성화되었다.

BTL 방식은 얼핏 보아서는 매우 스마트한 접근 같지만, 중장기적으로 재정에 부하를 가하는 부작용을 많이 포함하고 있다. BTL 제도의 가장 큰 장점은 정부의 예산제약을 넘어 단기간에 보다 많은 공공재를 생산 · 공급할 수 있는 것이다. 예컨대, 정부예산이 300조 원인 상태에서 10조 원을 BTL 방식으로 사업을 추진하게 되면, 정부의 입장에서는 예산의 확장 없이 민간자본을 통해 10조 원 가치의 보건 · 복지, 교육, 환경 시설 혜택을 국민에게 추가로 제공할 수 있는 길이 열리는 셈이다. 즉, 정부의 현재 예산 역량과 예산제약을 넘어서서 예산 활동을 할 수 있는 새로운 통로가 마련되는 것이다.

그런데 이러한 장점은 그대로 BTL 제도의 단점이 되어 정부재정의 아킬레스건이 된다. 왜냐하면 BTL 사업의 시설 사용 비용은 정부가 매년 의무적으로 지급해야 하는 연단위 할부금이기 때문이다. BTL 재원 조달 기법은 어떤 면에서 장기 외상공사와 비슷하고, 지방채 발행과 여러 면에서 유사하다. 특히, BTL 재원 조달 기법과 지방채 재원 조달 기법은 지방자치단체의 타인 자본 활용, 미래 주민 부담, 세대 간 형평성 이슈 등을 포함하는 점에서 여러모로 비슷하다. 지방자치단체는 도로 건설 등 각종 투자 사업을 추진하면서 흔히 지방채 수단을 활용한다. 이때 지방채는 지방자치단체의 자기 재정 역량(예산제약)을 넘어서는 초과 재정 수단(타인 역량을 빌림)이 된다. 지방채의 원리금 상환은 중장기적으로 재정을 통해 갚아 나가는데, 이는 결국 국(주)민, 즉 미래 세대의 세금 부담으로 충당된다.

다만, 두 재원 조달 기법은 지방자치단체(장)의 예산제약 확장성 측면에서 결정적으로 차이가 난다. 지방채의 경우 발행 규모(금액)가 지방자치단체의 예산 편성 범위 내에 들어와야 함은 물론 지방의회의 의결을 거쳐야 한다. 그러나 BTL 사업은 순수하게 민간자본을 이용하는 것이기 때문에 해당 사업의 투자 금액은 예산 편성의 범위 내에 들어오지 않는다. 이는 다시 말해서, 지방채는 기존의 예산 공간(budget space)을 확장시키지 못하는 상태에서 세대 간 형평, 현 주민과 미래 주민 간의 형평을 반영하는 역할을 한다. 이에 비해 BTL 사업은 사실상 예산 공간을 확장시키는 위력을 갖고 있으며(물론 BTL 사업에 한도가 설정되

[그림 3-3] 지방자치단체 예산과 민간자본 유치

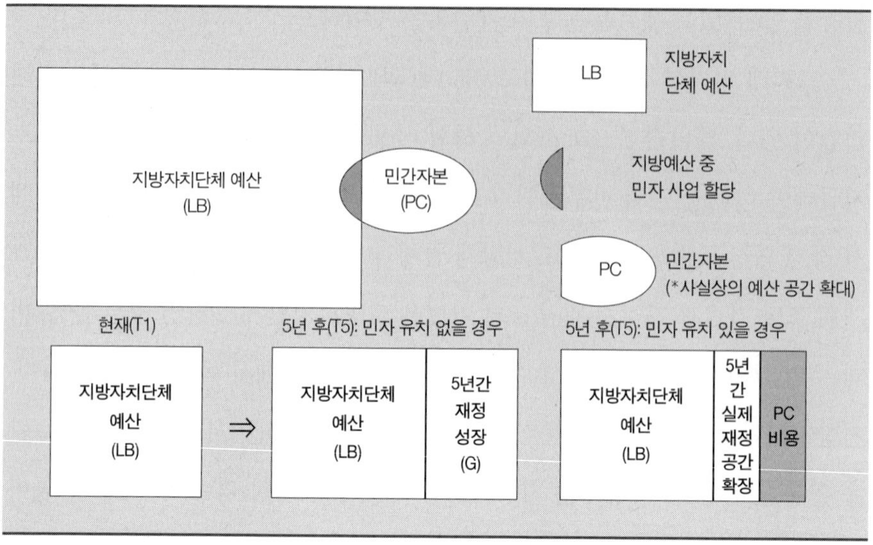

어 있어서 무한히 예산 공간을 확장시킬 수 있는 것은 아니다), 자치단체장의 입장에서 일종의 새로운 별도의 자금 주머니를 차는 것과 같은 '예산 증가 효과'를 유발한다. 그런데 이는 미래의 재정 자원을 미리 예약해서 현재의 자치단체장이 과도하게 활용하는 문제를 내포한다. BTL 사업이 실시되면 해당 자치단체에는 그만큼 공공 서비스가 확장되지만, 그에 대한 비용 부담과 행정 책임은 현재의 주민과 행정부가 갖지 않는다. 그 이유는 BTL 사업이 완공된 이후 리스 대금을 부담하게 되는 주체는 새로운 주민 구성원(과거부터 거주하는 주민과 새로 거주하게 된 주민)과 새로운 행정부(물론 연임 등을 통해 동일한 자치단체장이 수장이 될 수도 있음)이기 때문이다. 이 경우 새로운 행정부는 예산으로 리스 대금을 부담해야 하기 때문에 그만큼을 다른 지방공공재의 생산을 위해 사용할 수가 없다. 한마디로, BTL 사업을 실시하는 순간 이미 먼 미래의 재정 자원 중 일부에 구속성이 부여되는 것이다.

이러한 사실을 인식할 때, BTL 기법은 국가 통치자나 자치단체장의 입장에서 자신의 재임 기간 중에 예산 외 자금을 적극적으로 활용하여 치적을 쌓고 국(주)민으로부터 인기를 얻을 수 있는 매력적인 사업 추진 기법으로 간주될 수 있다. 하지만 이는 언젠가 지불 의무가 도래되는 시점에서 갚아 나가야 하는 부채와도 같다. 그것이 과도하면 과도할수록 후임 자치단체장과 미래 주민에게 크나큰 재정 부담을 떠넘기는 근시안적이고 이기적인 정책 결정 행태가 된다. 이는 BTL 사업 실시 후 몇 년이 지나자 전국의 여러 곳에서 관측되었고, 특히 지방선거가 있은 다음에 진상을 파악하고 대책을 세우는 등 실질적인 문제로 부각되었다.

이러한 문제점에도 불구하고 2010년 이전에는 정부가 BTL 사업을 크게 규제하지 않았고, 리스 대금 지불과 관련된 사항을 사실상 부채로 인식하거나 부각시키지 않았다. 하지만 근년에 BTL 사업이 차츰 예산에 부담을 주는 현상이 나타나자 뒤늦게 정부는 매년 지급하는 BTL 임대료를 국가와 지방자치단체의 채무로 간주하기 시작하였다. 지방재정의 경우 현재 지방채의 포괄 범위에 일반적인 지방채(지방채 증권 및 차입금, 채무 부담 행위, 보증채무 이행액) 외에 BTL 지급액(임대료)을 포함시키고 있다.

2017년도 국가예산에 의하면, BTL 사업 시설의 이용에 대한 반대급부로서 정부가 사업시행자에게 지급해야 하는 재정 부담(임대료 및 운영비 지급금)은 1조 2,470억 원(국가사업, 국고보조사업)이고, 이는 매년 지속적으로 늘어날 전망이다.

여기에 지방이 자체재원으로 지급해야 하는 시설이용 재정 부담을 추가하면 국가 전체의 BTL 사업 관련 채무는 더 크게 늘어난다.

6) 종합: 공공투자 사업에 민간자본 유치는 그만, 이제는 정통으로 접근

국가나 지방자치단체가 대규모 투자 사업을 하면서 민간자본을 유치하는 것 자체가 잘못되거나 나쁜 것은 아니다. 정부의 한정된 재원으로는 국(주)민이 필요로 하는 다양한 서비스를 조기에 많이 공급하기가 어려운 것이 현실이다. 이러한 상황에서 양질의 민간자본의 도움을 받는다면 그러한 문제는 크게 완화될 수 있다. 그러나 실제 현실은 그렇게 작동하지 않는다.

민간자본 유치라는 미명 하에 자치단체장은 자신의 정치적 욕심을 추구하고, 민간사업자는 지방자치단체의 권위와 권한에 편승하여 자금을 손쉽게 조달해서 사업을 수행하여 이권을 확보하는 이해관계자 간의 담합이 이루어지고 있다. 근년의 경험을 보면, 민자 사업이 잘못되어 지방재정에 무리가 생기고, 그 여파가 고스란히 지역사회에 전가되어 사회적 문제를 유발하는 경우가 더 많이 눈에 띈다. 무엇보다도 사업의 여건이 불투명한 상황에서 민간사업자에게 각종 우대 조치나 이면 합의를 제공하는 행위는 사실상 현재 국민의 세금을 낭비하고 미래 세대에 비용 부담을 전가하겠다고 작정하는 것이나 다름없다.

정부가 대규모 투자 사업에 민간의 자본을 끌어 당겨 활용하는 것은 말로는 합리적이지만, 실제로는 많은 문제와 한계를 노정한다. 역사적으로 공공 부문이 민간자본을 유치한 결과 긍정적인 효과가 나타난 것은 특정한 시기와 정책적 환경에서 한시적으로 관측되었다. 1980년대와 1990년대에 영국을 비롯하여 일부 선진국을 풍미하였던 민영화(privatization)도 경제적 효율성과 시장 원리를 뒤에 업고 한때 각광을 받았다. 하지만 그것은 결국 내재적인 문제와 한계를 드러내면서 10년 남짓한 수명을 안고 시들해졌다. 영국의 대처 행정부(Thatcher administration)가 강력한 민영화 드라이브를 걸면서 외형상 내건 명분은 공공 부문의 비효율에 대한 개혁이었다. 그러나 실질적인 명분은 재정적자를 전환시키는 정책 수단을 마련하는 것이었다. 실제로 영국 정부는 당시 국영기업의 매각 등을 통해 한꺼번에 거액의 재정 자금을 확보하였고, 그것으로 재정적자를 충당하고 새로운 재정 활동을 추진하는 크나큰 추동력을 얻었다.

하지만 공공자산의 민영화는 다음 세대가 활용할 수 있는 자산을 현재의 정부가 미리 당겨 소비하는 자원 사용의 세대 간 이전을 수반한다. 물론 논리적으로는 민영화를 통해 획득한 자금을 보다 효과적으로 사용하면 현재의 적자와 재정 수요를 충당하고, 나아가 경제 활성화를 통해 미래에 더 많은 자산을 남겨 줄 수 있다. 이는 매우 장밋빛 낙관론에 입각하는 시나리오이다. 그와 반대로 민영화를 통해 확보한 공적 자금을 현 세대가 잘못 사용하여 자산을 소진(소비)해 버리고, 미래 세대에 아무런 자산도 남기지 못할 수도 있다. 그러므로 정부가 채무 행위를 하거나 공공자산을 매각하는 정책을 결정할 때는 현재와 미래 세대 모두를 아우르는 균형적 · 조화적 관점에서 신중히 접근해야 한다. 마찬가지로, 현재의 수장(대통령, 지방자치단체장 등)은 자신의 재임 기간이라는 단기 시야를 충족하는 자산과 부채의 활용이 아니라 후임자의 중장기 시야까지 포괄하는 자산과 부채의 활용을 실천해야 한다. 이는 공공 부문의 재정 자원 활용시 처음부터 끝까지 유념해야 할 일종의 황금률에 해당한다.

이 책의 주제가 아니어서 긴 설명은 하지 않지만, 민영화가 안고 있는 가장 큰 문제 중 하나는 세대를 아우르는 공동의 자산을 특정 정부와 특정 세대가 미래 세대에 물어보지도 않고 임의로 매각하고 처분하는 데 있다. 비록 차원이 조금 다르지만, 지방의 공공투자 사업에 민간자본을 유치하는 접근도 이와 비슷한 본질적 문제를 내포한다. 여기에 더해 우리나라에서는 민자 유치 과정에서 지방자치단체의 각종 편법적이고 불합리한 행태가 가미되면서 많은 부작용과 재정적 손실이 발생하고 있다. 지금부터는 지방자치단체가 대규모 공공투자 사업에 민간자본을 끌어 당겨 활용하는 접근을 하지 말아야 하는 중요한 이유에 대해 기술하고자 한다.

첫째, 지방자치단체는 민간자본의 도입으로 인해 마치 자신의 예산 공간이 커지고 여유가 많아진 것처럼 착각하게 된다. 예를 들어, 지방자치단체가 산업단지 개발에 자신의 재정을 투입할 경우 그만큼의 자금을 다른 용도에 사용할 수가 없다. 이때 만일 그 자금이 민간자본으로 대치된다면, 지방자치단체는 그만큼 자금의 여유가 있는 것처럼 착각하기가 쉽다. 이는 지방자치단체에 대해 재정을 방만하고 낭비적으로 사용할 유인을 제공하고, 도덕적 해이를 유발하는 계기를 만들어 준다.

둘째, 민자 유치 사업은 재정책임성 문제를 노정한다. 민자 사업은 일반 재정 사업에 비해 사업의 관리 · 감독 체제는 물론 극단적으로 재무 위험성이 현실화되었을 때 책임을 지는 범위와 대상 및 내용에 있어서 크게 다르다. 보다 본질적인 문제는 민간 부문과 공공 부문은 철학과 기본 이념을 달리하고 그 운영 과정에서 책임을 져야 할 범위와 대상에서 큰 차이가 난다는 사실이다. 민간사업자는 극단적인 상황에서 기업 파산으로 모든 것을 종료하지만, 지방자치단체의 주민에 대한 재정책임은 파산을 넘어 다양한 행정 · 정책 · 정치적 책임을 걸머진다. 아울러 지방자치단체의 예산이 직접 투입되지 않거나 소액이 투자되는 민자 사업은 일반 재정 사업과 달리 지방의회를 비롯한 이해관계자(주민, 시민단체, 전문가 등)의 감시와 감독이 약화되어 사업의 운영과 관리가 부실해지는 문제를 드러낸다.

셋째, 민자 유치를 수반하는 대규모 지방투자 사업은 중장기적으로 변동성이 있는 주요 비용 요인(예컨대, 시장이자율)을 내포하고 있는데, 이들은 시간의 흐름과 더불어 지방재정에 손실을 끼칠 가능성이 크다. 예를 들어, 지방자치단체가 재정 사업으로 개발 사업을 추진할 경우 상대적으로 유리한 조건(예: 공적 자금에 의한 중장기 저금리)에서 지방채의 원리금을 부담할 수 있지만, 민간자본을 유치할 경우 상대적으로 높은 차입 비용을 부담해야 한다(통상 민간사업자는 금융 기관으로부터 차입을 하는데, 이때 이자율 등 채무 조건은 공적 자금에 비해 상당히 불리하다). 이는 고스란히 투자 사업의 총비용에 반영된다.

특히, 지금과 같은 저이자율 시기에도 공적 자금의 이자율과 시장이자율 간에 차이가 나는데, 고이자율 시기에는 그 격차가 매우 커져서 민간자본의 활용에 따르는 지방자치단체의 금융 비용이 막대하게 늘어난다. 단적인 예로 과거 1990년대에 시장이자율이 10%대 중반으로 높았을 때에도 지방자치단체가 이용 가능한 공공 자금(중앙정부의 공적 자금, 시 · 도의 지역개발기금 등)의 이자율은 그 절반 수준인 6-8% 내외를 유지하였다. 이러한 상황에서 만일 지방자치단체가 동일한 사업을 예산으로 추진하는 경우와 민간자본으로 추진하는 경우를 비교하면 어느 것이 더 주민에게 비용 효과적인 접근인지를 금방 알 수 있다. 때로 민자 유치를 주장하는 자치단체장이나 전문가들이 예산이 부족하여 민간자본을 끌어당긴다는 논리를 펴지만 이는 설득력이 없다. 지금 활용하는 민간자본은 결코 공짜가 아니고, 현재가 아닌 미래 세대가 톡톡히 지불해야 하는 마딘 비용이다. 민자 유치 결과 당장은 새로운 시설과 서비스가 생기지만, 그 대가는 두고두고 재정이 부담을 해야 한다.

넷째, 민자 사업은 언제나 크고 작은 재무적 위험성을 수반한다. 만일 그러한 위험성이 사업의 완료 때까지 발생하지 않았다면 그것은 매우 다행한 일이다. 하지만, 불행히도 위험이 발생한다면 자치단체는 최소수익 보장 등 다양한 민자 사업 우대 정책의 덫에 걸려 불필요한 재정 부담을 해야만 한다. 이는 국(주)민의 입장에서 볼 때 심각한 재정 낭비가 된다. 민간자본을 당겨서 재정의 여유 공간을 확장하고자 활용한 재무 기법들(채무보증, 최소수익 보장 등)이 결과적으로 예산 공간을 위축시켜 주민에게 공급될 공공 서비스의 질과 양을 축소시키는 문제를 초래하는 격이 된다. 실제로 적지 않은 자치단체들이 소탐대실(小貪大失)의 대가를 톡톡히 치렀다. 문제는 의사결정을 한 단체장이나 관계 공무원과 의회가 책임질 수 있는 수단과 방법이 사실상 부재한 상황에서 국민과 주민이 고스란히 그 대가를 치러야 하는 답답한 현실이다.

이윤극대화를 목적으로 하는 기업의 경제적 셈법과 경제적 셈법 외에 정치 · 사회적 셈법(통상 후자가 전자보다 우세함)을 감안하는 공공 부문의 의사결정 방식을 감안하면, 단 · 장기 관점에서 승자와 패자가 갈릴 수밖에 없다. 일각에서는 민자 유치를 참여자 모두가 이득을 보는 '윈-윈 게임'(win-win game)인 것처럼 포장하지만 실상은 그와 크게 다르다. 즉, 시점을 달리할 뿐 누군가는 '유리한 게임의 과실'을 쟁취해 가는 것이 현실이다. 일반론적으로 말해서, 정치적 셈법은 수장(대통령, 장관, 자치단체장 등)의 임기 제한으로 인해 '단기 승부'에 집착하는 경향이 강한 반면 재무 위험성을 최대한 줄이고 중장기 이윤을 염두에 두는 기업의 경제적 셈법은 '중장기 승부'에 중점을 두는 경향이 있다. 이와 같은 환경에서는 중장기적으로 결코 기업에게 불리하지 않는 조건들이 합의사항으로 설정될 가능성이 높다. 이는 그동안 있었던 우리나라의 수많은 민자 사업 경험이 말해 준다.

국가와 지방자치단체는 주어진 예산제약 하에서 합리적으로 편성하는 예산에 집중해야 한다. 자신의 예산 능력으로 감당할 수 없으면 예산제약 하에서 가장 중요하고 필요한 사업들을 우선적으로 수행하는 것이 예산의 정신이고 원리이다. 이러한 원리에 입각할 때 비로소 재정의 절약과 창의가 이루어질 수 있다. 만일 민자 사업이 그토록 중요하다면, 그것을 예산 사업에 편입시키고 다른 계획 사업을 제외하는 것이 합리적이다. 지방자치단체는 재정의 여력이 없으면 없는 상태에서 최선의 선택을 하고, 민간자본에 기대는 곁눈짓을 하지 말아야 할 것이다.

국가의 재정은 기업과 달리 단기의 경제성 · 효율성보다 세대 간 형평성, 중장기 지속 가능성, 대국민 책임성을 훨씬 중요시한다. 신중에 신중을 기하지 않을 경우 민자 유치 사업은 소탐대실 현상이나 '앞사람은 덕을 보고 뒷사람은 손해를 보는' 세대 간 불공평 현상을 유발하는 잘못된 재정 전략이 된다.

3. 지방자치단체 파산제도 도입 논의

최근 몇 년간 지방재정 위기에 대한 언론 보도가 잦아지면서 지방자치단체 파산제도를 도입해야 한다는 주장이 심심찮게 제기되고 있다. 혹자는 "미국이나 일본과 같이(또는 선진국에서 실시되고 있는 것과 같이) 우리나라도 지방자치단체 파산제도를 도입해야 한다"라고 주장한다. 이러한 주장은 올바르지 않다. 그 이유는 현재 선진국 가운데서 지방자치단체 파산제도를 도입하고 있는 나라는 미국 하나밖에 없기 때문이다. 일부 언론이나 전문가들이 마치 이웃 일본에서도 지방자치단체 파산제도가 실시되고 있는 것처럼 말하는데 이는 바른 전달이 아니다.

2017년 현재 일본에서는 재정이 극도로 부실한 지방자치단체에 대해 중앙정부가 재정 운영을 통제하는 제도적 장치가 마련되어 있다. 구체적으로, 지방공공단체의 재정건전화에 관한 법률("地方公共団体の財政の健全化に関する法律": 일본에서는 "자치체 재정건전화법(自治体財政健全化法)"으로 약칭 통용되고 있는데, 이하 이렇게 표현하기로 한다)이 그것을 담고 있다(이에 대한 자세한 내용은 뒤에서 기술된다). 하지만 이는 지방자치단체 파산제도와 근본적으로 다르다. 동법의 취지는 지방자치단체가 재정적 위험이나 파탄에 빠지지 않도록 사전에 예방하는 데 있다. 아울러 사전 예방 조치에도 불구하고 재정위기가 발생할 경우 해당 자치단체의 재정을 '재생'(일본에서는 회생이라는 용어 대신 재생이라는 용어를 보편적으로 사용하고 있음)시키는 것도 동법의 목적에 포함된다.

일본의 자치체 재정건전화법은 지방정부 파산제도를 다루는 미국의 연방파산법(Chapter 9)과 다음과 같은 측면에서 근본적으로 다르다.

첫째, 미국의 지방정부 파산제도는 재정위기에 대한 사전(ex ante) 예방적 조치가 아니고 위기 발생 이후의 사후(ex post) 대응 조치라는 점에서 일본의 자치체 재정건전화법 조치와 분명히 다르다. 물론 일본의 자치체 재정건전화법도 재정위기 단체의 재정을 회복시키는 사후 대응적 기능을 갖고 있다. 하지만 그 내용과 수단 및 효과 면에서 미국의 지방정부 파산제도와 크게 차이가 난다. 미국의 지방정부 파산제도는 사실상 재정위기 예방과는 관계가 없다. 재정위기에 빠진 단체를 사법적 차원에서 재정적으로 보호하고 구제하는 데 그 목적이 있다.

둘째, 재정위기 단체가 위기를 벗어날 수 있는 최후 수단의 선택권 면에서 두 나라의 제도 간에 큰 차이가 있다. 미국의 지방정부 파산제도는 재정회복을 모색할 수 있는 선택 권한(파산신청 권한)을 지방자치단체에 부여하고 있다. 이때 파산 신청의 유효성(적격성) 여부는 연방법원에 의해 결정된다. 일본에서는 그러한 권한이 지방자치단체에 부여되어 있지 않다. 일본에서는 재정위기가 발생하면 중앙정부가 주도권을 쥐고 자치체 재정건전화법이 규정하는 각종 재생 조치를 취한다. 이때 지방은 그에 상응하는 자구 노력과 재정규율을 준수하는 조치를 실행할 뿐이다. 무엇보다도 일본에서는 지방자치단체의 법적 파산을 허용하지 않는다.

셋째, 미국의 지방정부 파산제도에서는 파산 여부(재정파탄 상태)를 연방법원이 결정한다. 즉, 파산제도는 정부 간 관계나 행정 영역에 속하지 않고 법적 영역에 속한다. 이에 비해 일본의 자치체 재정건전화법에서는 중앙정부가 법적 기준을 토대로 행정적 조치를 통해 문제 해결을 모색한다. 관련 후속 조치에 있어서도 미국의 지방정부 파산제도는 연방법원이 주도해서 지방정부와 채권자 등 이해관계자 간의 협의조정을 통해 재정회복을 모색한다. 반면에 일본에서는 법원의 개입은 일체 없고, 중앙정부 주도의 재정 재생 조치가 핵심 역할을 한다.

넷째, 기존 채무에 대한 조치 면에서 미국과 일본 간에 뚜렷한 차이가 난다. 미국의 지방정부 파산제도는 파산선고를 받은 지방정부에 대해 재정 상황에 따라 채무 탕감이나 핵심 상환 조건(이자율 등)의 조정과 같은 파격적인 채무 구조조정 수단을 사용한다. 그러나 일본에서는 채무 탕감과 같은 파격적인 채무 구조조정 장치는 없다. 다만, 채무 상환 기간을 연장해 주거나 저리의 차환채 발행을 허용해 주는 정책적 혜택이 부여될 뿐이다.

일본에서는 2000년대 초에 고이즈미(小泉) 정부가 대대적인 공공 부문 개혁을 추진한 바 있다. 당시 정부는 지방재정의 건전성과 책임성을 확보할 목적으로 미국식 지방정부 파산제도(이를 일본에서는 '재생형(再生型) 파산제도'라고 함)를 도입하는 방안에 대해 다각도에서 검토하였다. 검토 결과 일본의 재정(운영) 시스템이 미국 체제와 근본적으로 달라서 미국식 지방정부 파산제도를 도입하는 것은 적절하지 않다는 결론을 내렸다. 이러한 일본의 결론은 우리나라에도 유효하다. 미국의 지방정부 파산제도는 도입의 역사적 배경, 진행 과정과 경험, 지방채제도의 시장 원리 적용 등 미국 고유의 정치 · 사회 · 경제적 요인이 복합된 것으로 다른 나라들이 그 실질을 충족하지 않는 한 결코 모방할 수 없다.

1) 지방재정에 대한 국회와 정부의 움직임, 국민의 비판적 인식

2014년 1월 당시 집권당인 새누리당의 황우여 대표는 국회 연설에서 지방자치단체 파산제도의 도입에 대해 적극적으로 검토할 것을 제안하였다. 이는 곧바로 정부와 언론의 관심을 불러일으켰다. 그리고 관계 부처는 지체 없이 지방자치단체 파산제도를 도입하는 방안에 대해 검토하기 시작하였다. 구체적으로, 지방재정을 관장하는 안전행정부(현 행정안전부)는 2014년도 대통령 업무보고(2014. 2. 14)에서 지방자치단체 파산제도의 도입을 추진할 것을 언급하였다. 안전행정부는 도입 추진의 배경으로 "책임재정을 확보하고 행정 서비스 중단 사태에 따른 주민 피해 예방"을 강조하였다. 그리고 파산 대상 자치단체에 대하여는 "조직 감축, 지방채 제한 등 강도 높은 회생 조치"가 실시될 것을 예고하였다(2014년도 대통령 업무보고 참고).

그 후 정부는 내부적으로 지방재정의 건전성과 책임성 확보 차원에서 극단적으로 파산제도를 도입하는 방안을 포함하여 기존의 지방재정 위기관리제도의 보강, 지방재정 운영 시스템의 구조 개편 등 다양한 방안을 광범위하게 검토한 것으로 알려졌다. 그 핵심은 지방재정의 건전성 및 책임성 확보 차원에서 종전보다 훨씬 강력하고 정교한 중앙정부의 지방재정 개입을 시도할지, 아니면 기존 제도를 보완하고 중앙 · 지방정부 간 관계를 보다 적극적으로 활용하는 정책을 추진할지에 집중되었다.

이에 대해 최근 정부는 파산제도 대신 고강도의 행정적 관리 방식을 재정위기 상황에 대응하는 대안으로 채택하였다. 대안의 핵심은 재정위기 단체에 대해 중앙정부가 긴급재무관을 파견하여 재정을 직접 관리하는 긴급 관리 체제를 가동하여 재정을 회복시키는 데 있으며, 관련 법안(지방재정법 개정안)이 2015년 말에 국회를 통과하였다. 긴급재정 관리제도는 한편으로 앞으로 발생할지도 모르는 심각한 재정건전성 위기 단체에 대해 중앙정부가 사전·사후적 조치 수단을 구비해야 하는 점에서 불가피한 면이 인정된다. 그러나 또 다른 한편으로 지방자치와 재정분권을 중시하는 관점에서 볼 때 중앙정부의 과도한 권한 행사로 간주될 수 있다. 이는 향후 중앙과 지방 간에 이견과 갈등을 유발할 가능성이 있고, 아울러 시행 과정에서 시대 상황을 반영하는 방향으로 재조정될 수 있다.

2) 새로운 지방재정 위기 관리 시스템의 도입

정부는 2015년 12월에 지방자치단체의 재정위기 상황을 신속히 해결하는 '긴급재정 관리제도'를 도입하는 내용을 담은 지방재정법 개정을 마쳤다. 그리고 동 제도는 2016년 6월 30일부터 유효하다. 제도의 도입 취지는 지방자치단체가 스스로 감당할 수 없는 재정위기 상황이 발생하여 행정 서비스가 중단되거나 축소되는 사태를 방지하기 위해 국가가 적극적으로 나서서 가능한 빨리 위기 상황을 진화시키는 데 있다. 이를 위해 중앙정부가 일정한 조건 하에 긴급재정 관리 단체를 지정하고 긴급재정 관리제도를 가동하는 방안이 강구되었다. 만일 지방자치단체가 긴급재정 관리 단체로 지정될 경우 해당 단체의 재정 활동은 크게 제약을 받게 된다. 이와 같은 새로운 지방재정 위기 관리 시스템 하에서는 중앙정부의 직접적인 개입이 중시되는 가운데 재정 지원 및 해당 자치단체와의 긴밀한 협조관계 형성이 중요한 역할을 할 것으로 예상된다.

지방재정법에 의하면 지방자치단체가 긴급재정 관리 단체로 지정되어 재정 활동에 제한을 받게 되는 상황(또는 조건)은, (1) 재정위기 단체로 지정된 지방자치단체가 재정건전화 계획을 3년간 이행하였음에도 불구하고 지방자치단체의 재정위험 수준이 재정위기 단체로 지정된 때보다 대통령령으로 정하는 수준 이하로 악화된 경우(통합재정수지 적자 비율, 지방채무, 지방세 누적 징수액, 금고 총잔액, 지방공사의 부채 및 순자산 관련 기준 등이 판단 준거로 사용됨), (2) 지방자치단체가 공무원 인건비를 30일 이상 지급하지 못한 경우, (3) 상환일이 도래한 채무의 원금 또는 이자에 대한 상환을 60일 이상 이행하지 못한 경우이다. 긴급재정 관리 단체의 지정은 지방자치단체의 신청 또는 중앙정부의 신청에 의해 지방재정 위기관리위원회의 심의를 거쳐 확정된다. 이때 행정자치부 장관은 긴급재정 관리 단체로 지정하려는 지방자치단체의 장과 지방의회의 의견을 미리 들어야 한다(지방재정법 제60조의3). 긴급재정 관리 단체에 대하여는 행정자치부 장관이 지방재정 위기관리위원회의 심의 · 의결을 거쳐 국가 기관 소속 공무원 또는 재정 관리에 관한 업무 지식과 경험이 풍부한 사람을 긴급재정 관리인으로 선임하여 파견한다. 긴급재정 관리인이 담당하는 주요 업무에는 (1) 긴급재정 관리 계획안의 작성 및 검토, (2) 긴급재정 관리 계획의 이행 상황에 대한 점검 및 보고 · 자료제출 요구, (3) 그 밖에 긴급재정 관리 단체의 재정위기 극복을 위하여 필요한 업무가 포함된다. 긴급재정 관리 계획안에는 채무 상환 및 감축 계획, 경상비 · 사업비 등의 세출 구조조정 계획, 수입 증대 계획, 기타 재정

위기 극복과 관련된 사항이 포함된다.

이번에 새로 도입된 조치는 지방자치단체 파산제도의 도입이 사실상 불가능한 현실 상황에서 골육지책(骨肉之策)으로 채택된 정책대안으로 생각된다. 그러나 이와 같은 조치는 지방의 입장에서 결코 탐탁하게 여기지 않을 것이 분명하다. 그럼에도 불구하고 금번의 조치는 실제로 지방재정 위기가 발생하였을 때 정부와 지방자치단체가 어떻게 대처해야 하는지에 대해 지금까지 준비되지 못한 사안을 해소하는 법적 · 제도적 장치를 마련한 점에서 그 의미가 있다. 동 제도가 원만하게 운영되기 위해서는 지방자치와 재정분권이 지금보다 한 단계 더 높아지고 강화되어야 한다. 그리고 지방재정의 상태를 측정하고 진단하는 수단과 장치(통계, 지표와 지수, 방법 등)가 보다 정교하게 개발되어 사회적 지지(공감)를 받을 수 있어야 한다. 그렇지 않으면 자칫 중앙정부가 지방자치단체를 임의로 통제하고 중앙정부의 책임을 지방으로 전가하는 상황이 발생할 수 있다.

3) 지방재정에 대한 언론과 국민의 불만 고조: 파산제도 도입 목소리

근년에 지방자치단체 파산제도 도입을 주장하는 목소리가 높아지고 관련 움직임이 활발해진 배경에는 상당수의 지방자치단체가 세금을 과도하게 낭비한다는 불만과 국(주)민의 비판적 인식이 자리한다. 이를 대변하듯이 다수의 전문가와 언론 매체들이 재정을 불건전하고 비효율적으로 관리하는 지방자치단체에 대해 경종을 울리고 페널티를 주는 차원에서 파산제도의 도입을 지지하고 있다. 한마디로, 세금을 남용하고 과도한 채무로 재정 상태가 극도로 부실해진 지방자치단체에 대하여는 자율권을 제한하고 각종 행정 · 재정 페널티를 부여해서 재정건전성을 회복시켜야 한다는 취지가 그 속에 담겨 있다.

이러한 배경과 취지는 충분히 이해가 된다. 그리고 많은 국민들이 지방자치단체의 예산 낭비와 소위 '선심성 · 전시성' 재정 활동에 대해 불만이 팽배해 있는 현실도 인정한다. 하지만 최근의 주장들은 파산제도라는 법적 개념과 그것이 사회 · 경제 · 정치에 미치는 엄청난 파급 효과를 종합적으로 검토하지 않은 채 단선적 시각에서 제기되고 있다. 시야를 단선에서 종합으로, 현재에서 미래로 크게 넓혀야 할 필요가 있다. 그동안 언론 매체들이 미국식 지방정부 파산제도의 도입 필요성에 대해 가끔 강변해 왔다. 하지만 그때마다 동 제도의 실시 배경과 운영 방식 및 파급 효과에 대한 내용은 항상 논외로 하였다. 즉, 필요할 때마다 원론적 주장만 하고 피상적으로 스쳐갈 뿐 더 이상 깊이 파고들지 않았다.

헌법이 보장하고 지역주민의 복지와 안녕을 담당하는 지방자치단체에 대해 어떤 상황에서, 누가, 어떤 방식으로 파산을 결정하고, 어떤 후속 조치를 취할 것인지를 다루는 사안은 결코 단순한 문제가 아니다. 여기에는 국가 운영 시스템, 중앙 · 지방 간 권한 및 업무와 책임 관계, 지방자치 시스템의 기본 구조와 같은 매우 굵고 거시적인 이슈가 관계된다.

재정 상태가 불건전하고 재정부실이 심각한 것은 사회적으로 매우 중대한 문제이고, 분명 바르게 고쳐지고 해결되어야 한다. 하지만 그렇다고 해서 그것을 파산제도의 형태로 접근해야 하는지에 대하여는 큰 의문이 든다. 이러한 문제는 국가 운영의 기본 가치와 원리, 헌법 정신, 분권에 대한 국민적 사고와 관점, 국민 세금의 경제적 가치와 사회적 형평성 등 보다 고차원적인 사고와 인식의 틀에서 접근되어야 한다. 특히, 우리나라의 재정 구조와 운영 시스템을 감안할 때, 행정적 처방과 합리적인 중앙 · 지방 정부 간 관계의 틀 속에서 해결이 가능한 문제를 파산제도라는 법적 틀에 얽어매는 것은 결코 바람직하지 않다. 아울러 한국적 문화와 상황 및 정서에도 부합하지 않는다. 만일 현 상황에서 억지로 지방자치단체 파산제도를 도입한다면, 이는 '긁어 부스럼' 격으로 불필요하게 크나큰 정치 · 사회적 문제를 만드는 셈이 된다.

4) 숱한 재정 낭비와 부실 관리, 파산제도로 다룰 성질이 아니다

재정위기 상황에 처한 지방자치단체에 대해 재정 권한을 제한하고, 중앙정부나 상위 정부(파견기구 포함)가 예산 활동을 관리하도록 조치하는 것을 지방자치단체 파산제도의 핵심처럼 다루는 것은 적절치 않다. 파산제도의 핵심은 재정위기에 빠진 지방자치단체의 채무를 누가 어떤 방식으로 유예하고 조정해서 재정위기로부터 구해 줄 것인지에 있다. 지방재정 권한을 어디까지 제한하고, 중앙정부 등 제3자가 재정 관리를 어떤 방식으로 할 것인지는 부차적인 문제이다. 기업의 청산에 무게를 두는 기업파산과 달리 지방자치단체 파산제도는 법적 보호망을 통해 지방채무를 재구조화해서 재정위기로부터 벗어나게 해주는 데 그 취지가 있다. 이는 약 80년 가까운 역사를 지니는 미국의 지방정부 파산제도가 지속적으로 견지해 온 기본 목적이자 존재 의의이다.

그런데 지금까지 주장된 많은 논의들은 파산제도의 핵심보다 부차적 문제에 집착하는 경향이 있다. 즉, 재정부실 단체의 재정 권한을 제한하고 통제하는 내용에 초점을 맞추고 있다. 이는 법과 제도의 목적과 수단을 적절히 연계시키지 못하는 잘못된 인식에서 비롯된다. 재정을 낭비하고 부실하게 관리한 결과에 대한 정책 대응과 인구 · 사회 · 경제적 구조 변화에 따른 재정건전성 위기에 대한 정책 대응을 하나의 동일한 제도나 정책 수단으로 접근하는 것은 바람직하지 않다. 다시 말해서, 행정 · 재정적 페널티를 부여하면서 재정을 통제해야 하는 상황과 재정 침몰 상태로부터 구해 내는 데 집중해야 하는 상황을 하나의 동일한 정책 틀 속에 두고 다루어서는 안 된다. 지금까지 우리나라에서 사회적 문제로 부각되었던 지방재정 이슈는 거의 대부분 전자와 관련이 있다. 후자와 관련된 경우는 사실상 없었다. 다만, 향후 예견되는 저성장 시대가 장기화될 경우 앞으로 조금씩 나타날 가능성이 있다.

우리나라와 같이 중앙정부가 지방재정에 대해 거시통제를 하고 있는 상황에서 지방자치단체가 극단적으로 재정파탄에 이를 가능성은 매우 낮다. 그 이유는 만일 지방자치단체가 일본의 유바리(夕張)시처럼 다년간 체계적으로 분식회계를 하거나 부정행위를 하지 않는 한 1, 2년 내에 재정건전성 지표(채무, 재정수지 관련 지표)를 통해 재정 상태가 반드시 겉으로 드러날 수밖에 없기 때문이다(단기에 재정 상태가 극도로 악화되는 경우는 거의 상상하기 힘들다). 그럼에도 불구하고 최악의 상황 – 대규모 재정은폐(분식회계 등), 대단위 개발 사업 부실화, 외부 충격 등 – 에 대비하여 발생 가능한 재정위기를 사전에 방지하고 사후에 적극적으로 대응할 수 있는 법적 · 제도적 조치를 미리 마련해 두는 것은 지혜로운 접근이다. 다만, 이 과정에서 중앙–지방 간에 불필요한 대립과 갈등을 유발시키는 제도적 설계는 지양되어야 한다.

주민이 낸 세금을 제 마음대로 낭비하고 잘못 사용한 지방자치단체(장)에 대해 그 책임을 묻고 행정 · 재정 권한을 제한하는 징벌적 조치가 필요하다는 사실은 온 국민이 공감하는 바이다. 하지만 지금까지 우리나라는 이러한 조치를 취하는 데 매우 소극적이었다. 심하게 말하면 방치에 가까운 행정을 해왔다. 부실한 재정 관리 문제나 재정 불건전 상황이 발생했을 때, 개인이나 조직, 지방자치단체가 제대로 된 사회적 책임을 지거나 그에 상응하는 행정 · 재정 · 사법적 조치의 대상이 된 경우는 극히 제한적이었다.

사실, 근년에 발생한 일부 자치단체의 심각한 재정부실 사태에 대하여는 비록 재정위기가 발생하지 않았더라도 중앙정부가 적절히 관여해서 매서운 통제 조치를 취했어야만 했다. 하지만 아쉽게도 중앙정부는 그러하지 못하였고, 관련 법제 또한 충실하게 구축되지 못하였다. 정확히 말해서, 관련 제도가 없었던 것은 아니지만, 국민을 납득시키고 잘못된 현상을 교정하기에는 제도와 정책 조치 모두 크게 미흡하였다. 평시에는 가능한 지방의 자율성을 최대한 보장해 주되, 중대한 재정부실이 발생할 경우에는 중앙정부가 국(주)민을 위해 적극적으로 나서서 지방재정을 정상화시키는 조치를 취해야 한다.

앞서 살펴본 수많은 지방재정의 부실 관리 사례들 – 예컨대, 인천시 재정 문제, 용인 · 김해 · 의정부시 경전철, 거가대교 등 각종 MRG(최소수익 보장) 조치에 따른 재정손실, 태백시 오투리조트 재정손실, 시흥시 채무 문제, 편법적 민간자본 유치와 세금을 낭비하는 무리한 채무보증 행위, 대규모 지방공기업 적자 등 – 과 국내외 행사 유치와 관련된 숱한 예산 낭비 사례들이 신문에 대문짝만하게 나고 국민의 분통을 자아냈지만, 그에 대한 처리는 너무나 초라하게 끝이 났다. 대부분의 문제 사안들이 자치단체장의 정책 판단이나 정무적 사안으로 귀결되었다. 한마디로, 책임지는 주체도 없이 그 수많은 세금이 남용된 것이다. 예컨대, 태백시의 재정 문제가 불거졌을 때, 사실상 누구도 책임지지 않은 채 문제는 한동안 속수무책으로 표류하였다.

종합적으로, 이와 같은 현상이 지속될 경우 지방자치와 지방재정에 대한 국민의 불신은 증폭된다. 이는 국가적으로 어렵게 선택한 지방자치제도가 자칫하면 제대로 그 꽃을 피우기도 전에 국민의 불신과 외면을 받으면서 역사의 뒤안길로 사라질 수도 있다는 우려를 자아낸다.

5) 지방재정의 낭비와 부실 관리는 한국형 지방자치의 문제

그동안 이루어진 정부의 조치는 그 속도가 느리고 칼날도 무디었다. 한마디로, 언론을 통해 전국을 떠들썩하게 만들었던 재정부실 사례에 대해 국회와 정부는 날카롭고 공정한 조치를 통해 전 국민이 납득하고 지지할 만한 선례와 본보기를 남기지 못하였다. 가장 큰 원인은 정부의 미온적 · 정치적 태도를 손꼽을 수 있다. 지방재정을 거시적으로 통제하고 모니터링할 책무를 지는 정부와 감사원의 국민에 대한 책임성이 크게 훼손되었음은 두 말할 필요도 없다. 예산을 심의하고 결산을 승인하는 국회와 지방의회 또한 책임성 문제로부터 결코 자유로울 수 없다. 그 다음으로는 재정부실 관리 단체에 대한 판단 기준과 중앙정부의 지방재정에 대한 직접적 관여를 뒷받침하는 법적 근거와 세부 내용을 담는 제도적 장치가 미비하였던 것도 문제점으로 지목된다. 사후적으로 현상과 문제점을 발견하는 것도 중요하지만, 그것을 사전에 선제적으로 예방하는 것은 더 중요하다.

지방자치단체의 재정 남용과 부실한 재정 관리가 점증하는 현상은 좁게 보면 자치단체장을 중심으로 한 이해관계자의 '과욕, 오판, 남용'과 결부된 미시적 사건으로 간주할 수도 있다. 하지만 그보다는 넓게 보아 한국형 지방자치 시스템의 결함과 한국 사회의 구조적 문제와 결부되어 발생하는 거시적 현상으로 인식하는 것이 보다 현명하다. 현상적으로는 양자가 뒤섞여 나타나고 있다. 하지만 냉정히 살펴보면 후자가 더 큰 무게를 갖고 부상된다. 그리고 이러한 현상은 그동안 국가재정과 지방재정이 고속성장을 해온 데 기인한다. 앞서 언급한 바와 같이, 우리나라의 재정 성장은 경제 성장을 줄곧 앞섰다. 이는 어떤 면에서 정부(중앙정부, 지방자치단체)가 국민과 기업으로부터 경제적 성과보다 더 많은 세금을 징수하였음을 의미한다. 정부의 곳간에 여유가 생기자 재정의 남용과 비효율이 여기저기서 생겨났다.

이제는 달라져야 한다. 재정을 크게 낭비하거나 부실하게 관리한 지방자치단체에 대하여는 국가 발전과 지방자치 발전 차원에서 합리적인 규제와 관여 시스템을 개발하여 적극적으로 적용해야 한다. 이는 지방자치단체의 재정 책임성 확보 차원에서 매우 중요할 뿐 아니라 국(주)민이 낸 세금이 진정한 가치를 나타낼 수 있도록 정상화시키는 차원에서도 그 의미가 크다.

그런데 이러한 목적을 달성하는 데 필요한 조치와 접근은 지방자치단체 파산제도와 근본적으로 성격을 달리한다. 이는 파산제도의 수단을 필요로 하지 않으며, 파산제도가 아닌 다른 법적, 행정 · 재정적 조치를 통해서 이루어지는 것이 합리적이다.

뒤에서 자세히 기술되지만, 우리는 지방자치단체 파산제도가 재정이 극도로 악화된 지방자치단체를 '징벌적 차원'에서 '파산시키는 것'이 아니고, '구제적 차원'에서 '파산되지 않도록 보호해 주는 것'임을 분명히 인식해야 한다. 미국의 지방정부 파산제도는 재정파탄의 원인을 두고 지방정부의 잘잘못을 따지지 않는다. 조금 쉽게 비유하자면, "물에 빠진 사람을 우선 구하고 본다"는 발상이 그 배경에 깔려 있다. 파산제도는 과도한 채무와 재정적자로 인해 도시의 존재와 기능에 중대한 결함이 생긴 지방정부를 채무와 각종 지불 의무의 늪으로부터 구제해 주는 데 근본 취지가 있다. 그 밑바탕에는 사회적 효율에 기초하는 사후의 징벌적 가치 기준보다 공법인인 지방자치단체를 재정위기로부터 보호하고 구제해 주는 사회 형평성 가치 기준이 더 중요하게 작용한다.

6) 우리나라에서 지방자치단체 파산이나 디폴트는 상상하기 어렵다

우리나라의 지방자치 시스템과 지방재정제도를 종합적으로 고려해 보면, 현실적으로 지방자치단체가 감당할 수 없을 만큼 과도한 채무나 재정적자로 인해 재정파산에 이르는 경우는 거의 상상하기 어렵다. 우리나라는 미국과 달리 중앙정부가 지방자치단체의 지방채 발행을 제한하고, 주요 투자 사업을 심사하는 등 사전적 거시재정 관리를 하고 있다. 그 외에도 다양한 지방재정 관리 시스템이 사전 · 사후적 조치로서 작동하고 있다. 따라서 특별한 외부 충격이 없는 한 사후적으로 재정파탄이 발생하기 어렵다. 지방채의 대부분이 민간 차입이 아닌 공공 차입으로 조달되고 있고, 수입과 지출을 일치시키는 균형재정 원칙이 철저히 적용되는 등 강력한 내부 통제 장치가 작동하고 있는 점도 지방 재정 파산이 현실화되기 어려운 요인이다(우리나라의 지방채는 대부분 중앙정부의 공공 자금과 시 · 도의 지역개발기금을 통해 조달되는 정부 간 거래의 특성을 지니고 있다). 이러한 재정 운영 시스템에서는 극단적인 상황이 발생할 경우 상위 정부(중앙정부와 시 · 도)가 사전적으로 채무조정 등 베일아웃(bailout)을 해줄 수 있다. 이는 미국의 지방채가 대부분 민간 부문 채무, 즉 증권(bond) 발행 채무인 것과는 구조적으로 완전히 다르다.

우리나라의 현행 재정 시스템 하에서는 극단적인 외부 충격이 없는 한 지방자치단체가 도래된 채무를 상환하지 못하는 채무 이행 불능(insolvency) 사태에 빠지는 경우는 거의 있을 수 없다. 아울러 극단적으로 지방자치단체가 재정위기에 처하더라도 해당 단체의 채무를 조정해 줄 수 있는 법적 장치나 사회적 공감대가 형성되어 있지 못하다. 그러므로 우리나라에서 지방자치단체 파산제도를 도입하는 것은 합리적이지 않다. 보다 합리적인 정책 접근은 파산제도 대신 재정을 심하게 남용하고 부실하게 관리한 지방자치단체에 대해 법제도에 기반을 둔 중앙정부의 행정 · 재정적 규제와 적극적 관여 정책을 추진하는 것이다.

Chapter 4

미국의 지방자치와 지방정부

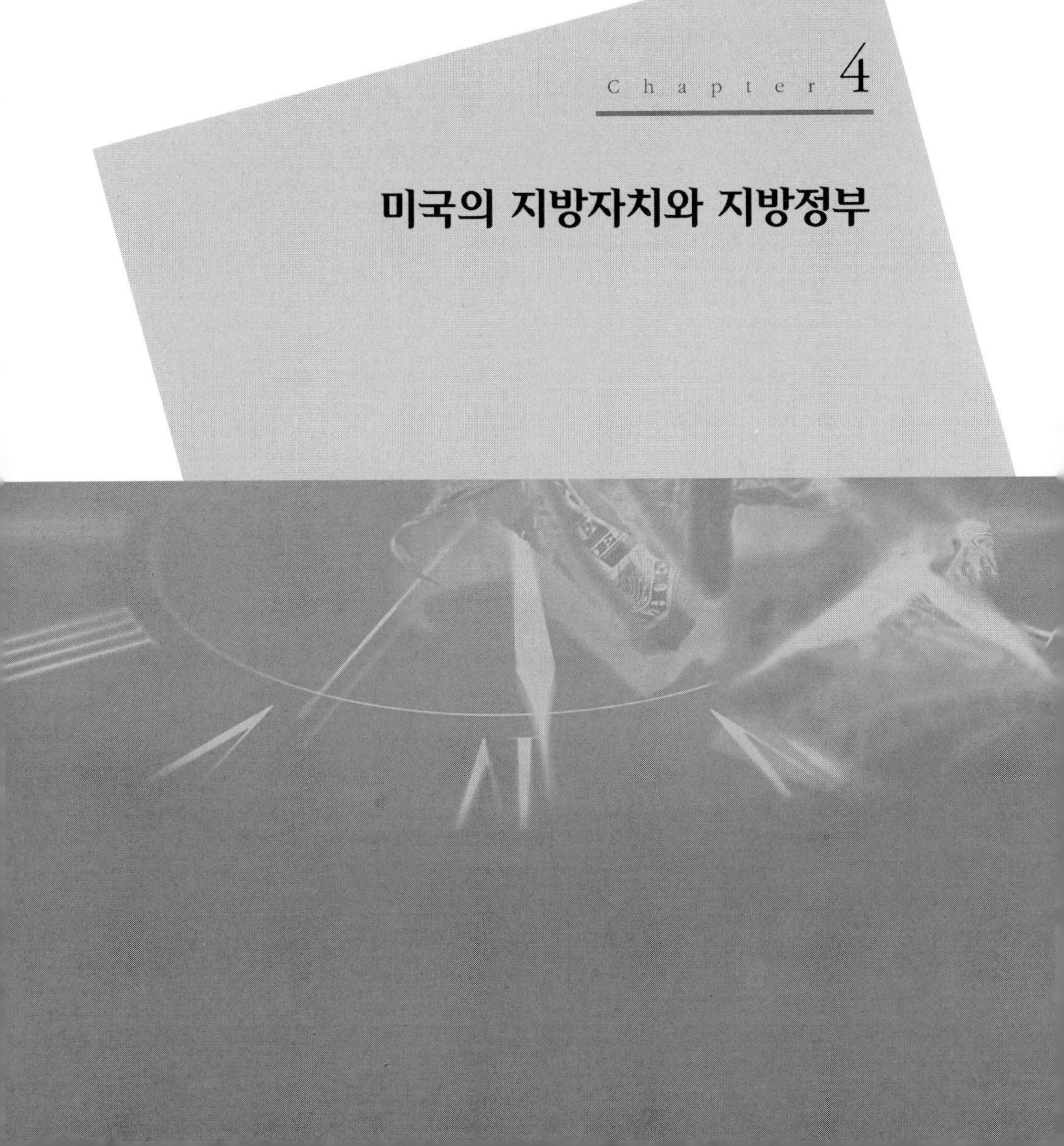

1. 서론

미국은 선진국 중에서(아마도 세계에서) 지방정부의 파산을 허용하는 유일한 나라이다. 미국이 지방정부 파산제도를 실시하게 된 배경에는 1929년에 발생한 세계 대공황(Great Depression)이 있다. 대공황 당시 수많은 지방정부가 재정파탄의 위기에 처하였다. 당시 문제의 심각성을 인식한 미국 의회가 이들을 구해 주기 위해 도입한 것이 지방정부 파산제도이다. 미국의 지방정부 파산제도는 재정위기 단체에 페널티나 불이익을 주기 위한 것이 아니고, 극심한 재정 궁핍 상태에 처한 지방정부를 채무압박으로부터 보호하고 구제하는 데 그 목적이 있다.

미국의 연방파산법은 1898년에 제정되었으며, 민간기업과 개인의 파산 문제를 다룰 뿐 공공 부문의 파산에 관한 사항은 일체 다루지 않았다. 그런데 대공황이 발생하면서 지방재정 문제가 중대한 국가 현안으로 대두되었다. 이때 갑론을박 끝에 급부상한 대안이 다름 아닌 지방정부의 파산을 제도적으로 허용하는 것이었다. 이는 곧 연방파산법의 중요한 쟁점으로 부상되었고, 입법화의 급물살을 탔다. 미국 의회는 마침내 1934년에 지방정부의 파산에 관한 절차와 내용을 연방파산법 제9장(통상 '챕터 나인'(Chapter 9)이라고 함)에 추가하는 형태로 지방정부 파산제도를 한시적 조치로서 입법화(잠정법)하였다.

그런데 동법은 지방정부에 대한 주의 권한을 침해한다는 이유로 1936년에 연방최고법원(Supreme Court: 미국 연방대법원을 의미함)으로부터 위헌 판결을 받았다. 이에 대해 연방의회는 1937년에 미합중국 헌법이 인정하는 주의 권한을 최대한 존중하는 방식으로 1934년도 법을 수정한 신법을 제정하였다. 1937년도 지방정부 파산법(Chapter 9)은 이듬해인 1938년에 연방최고법원으로부터 합헌 판정을 받았다. 동법은 1946년에 영구법으로 확정되었고, 그 후 몇 차례의 부분 개정을 거친 다음 현재의 형태로 존재한다. 과거 몇 차례 있었던 법 개정(1946, 1976, 1988, 1994년) 중에서도 특히 중요한 것은 1994년도 개정이다.

1994년도 법 개정은 지방정부의 파산 신청 조건을 강화한 데 목적이 있다. 개정의 핵심은 주의 권한을 강화하고 지방정부의 선택권을 약화시키는 데 있다. 법 개정 이전에는 지방정부가 연방법원에 파산을 신청할 경우 주로부터 '일반적 승인'(general authorization)을 받으면 되었으나, 개정법에서는 일반적 승인이 아닌 '구체적 승인'(specific authorization)을 받도록 신청 조건이 강화되었다. 이러한 법 개정은 미국의 동북부에 위치한 브리지포트(Bridgeport)시가 주(코네티컷주)의 반대에도 불구하고 연방법원에 파산을 신청해 파문을 일으킨 사례가 도화선이 되었다(이에 대한 내용은 본문에서 상세히 다룬다). 1994년도 법 개정은 2017년 현재도 유효하다. 참고로 1976년도 법 개정은 파산신청 지방정부의 범위를 중·소도시에서 뉴욕시와 같은 대도시를 포괄하는 모든 지방정부로 확대시키는 계기를 마련하였다.

1930년대 초에 도입된 지방정부 파산제도는 지금까지 약 80년 가깝게 장기간 존속하고 있다. 이처럼 장기 존속이 가능하였던 것은 지방자치 시스템의 철저한 자율과 책임 원칙 적용, 공공 부문에서의 시장 원리 작동, 명확한 정부 간 기능 및 업무 배분, 무수한 지방정부와 다양한 자치제도 운영, 지역 간 역동적 이동성과 경쟁 시스템, 지방의 과세권 보유와 상대적으로 높은 재정 자립 상태,

강력한 균형재정법 적용, 정치 · 행정 · 사법의 분권(공정한 사법 시스템의 작동)이라는 사회적 원리와 특성이 동태적인 원동력으로 작용하였기 때문이다.

이러한 요인들은 우리나라의 현행 지방자치 시스템의 작동 원리와 본질적으로 다르다. 따라서 미국의 지방정부 파산제도를 올바로 이해하고 정책적 시사를 얻기 위해서는 미국의 지방자치 시스템과 재정 운영 방식이 우리와 어떻게 다른지에 대해 분명히 알아야 한다. 이에 대한 충분한 이해가 없이 단순히 미국 제도의 장점과 합리성만을 보고 특정 제도를 도입하면 그것은 십중팔구 실패한다. 이는 우리나라가 지난 수십 년 동안 수많은 선진국 제도를 도입해 보았으나, 상당수가 행정과 사회적 비용의 낭비로 끝난 결과가 입증한다. 한마디로, 특정 국가의 제도적 환경, 경제 · 정치 · 사회 · 문화적 차이, 그리고 해당 제도를 도입하게 된 역사적 배경에 대한 깊은 이해가 없이 소위 '외국의 좋은 제도'(성공한 제도)를 외형만 본떠 도입할 경우 그것은 제대로 작동될 수 없다. 이는 마치 기후와 토양의 차이를 도외시한 채 식물을 이식하는 경우에 비유할 수 있다. 처음에는 잘 자라는 듯하나 결코 그 생명은 길지 않다.

이러한 사실을 인식하면서, 여기서는 먼저 한국과 미국 간에 존재하는 지방자치제도의 본질적 차이에 대해 알아보고, 이어지는 장들에서는 미국의 지방정부 파산제도에 대해 살펴보고자 한다(이 책에서는 주로 지방재정과 관련된 두 나라 간의 중요한 차이점에 대해 기술하기로 한다). 미국의 지방자치 시스템은 우리나라와 비교할 때 다른 점이 너무 많다. 이 장에서는 세부적 사항보다 큰 틀과 거시적 관점에서 우리에게 시사와 교훈을 주는 내용을 중심으로 기술하고자 한다.

2. 미국의 지방자치와 지방정부

1) 연방정부와 주정부의 권한 관계

우리나라가 단일국가(unitary state)인 것과 달리 미국은 연방국가(federal state)이다. 2017년 현재 미국의 정부 체제는 1개의 연방정부와 50개의 주정부 그리고 각 주에 속하는 수많은 지방정부로 구성되어 있다.

미국의 건국은 독특한데, 그것은 무엇보다도 국가 건립 과정에서 주가 큰 역할을 하고 막강한 권한을 행사한 점이다. 간단히 말해서, 18세기 후반에 영국으로부터 독립을 쟁취한 동북부의 13개 주가 다양한 논의와 우여곡절 끝에 1787년 미합중국 헌법을 제정하고 연방국가 체제를 탄생시켰다. 주의 합의에 의해 연방정부가 탄생한 역사적 배경으로 인해 미국의 주는 세계에서 가장 막강한 권한을 보유하는 정부 체제가 되었다. 이는 미합중국 헌법이 연방의 권한으로 열거(규정)하지 않은 모든 권한, 또는 헌법에서 주에 대해 금지하고 있지 않은 모든 권한이 주정부 또는 국민에게 유보되는 것을 천명한 미국 수정헌법 제10조(Tenth Amendment to the United States Constitution(1791))[1]에 의해 분명히 지지되고 확인된다. 다시 말해, 미합중국 헌법은 헌법이 연방정부의 권한으로 구체적으로 명시하는 권한 이외의 모든 권한을 주정부가 갖는 것으로 정부 간 권한 배분 체계를 천명하고 있다. 조금 과장하자면, 주정부는 국방 · 전쟁 · 외교 · 통화 ·

1 미국의 제헌헌법(1787년 헌법)을 수정한 것으로 1789년에 발의되고 1791년에 발효되었으며, 통상 '미국 수정헌법 제10조' 또는 '미국 헌법 수정 제10조'라고 말한다.

국가 안전 · 법률 제정 · 전국 표준, 국가복지 등의 기능을 제외한 거의 모든 공적 기능을 수행한다고 말할 수 있다.

미합중국 헌법 제1조 제8절(U.S. Constitution, Article 1, Section 8)은 연방정부의 권한을 구체적으로 명시하고 있다. 이에 따르면 조세 부과, 국방, 국채 발행, 외국 및 주 간(interstate) 상업 활동 규제, 통일된 파산법 수립, 화폐 제조 및 통화 가치 규제(통화 정책), 우정사업(우체국 및 우편도로 개설), 전쟁 선포 등이 연방정부의 권한에 속한다. 다만, 헌법에서 열거하고 있는 연방정부의 권한 중에는 범위가 매우 포괄적인 것도 있다. 예를 들면, 일반복지(general welfare)나 법률 제정권(필요 적절한 입법권: necessary and proper power to enact laws)이 그에 해당한다.

이와 같은 연방정부와 주정부 간의 권한 배분 시스템은 사실상 주에 지방정부를 창조하고 거시적으로 관리하는 권한을 부여하였다. 아울러 주별로 매우 다양한 지방자치 시스템을 창출하는 요인으로 작용하였다(이에 대하여는 바로 뒤에서 설명된다). 우리나라의 지방자치제도가 헌법에 의해 보장 받는 것과 달리 미국의 지방자치와 지방정부는 연방헌법이 아닌 주헌법에 의해 그 존재를 인정받는다. 이는 두 나라 간의 매우 큰 특성 차이이다. 이 점을 감안할 때, 단일국가 체제를 기준으로 설정된 중앙정부 · 지방정부의 이분법 틀을 가지고 미국의 주정부를 지방정부 범주에 포함시켜 분석하고 판단하는 접근에는 무리가 있다. 현실적으로 국가 간 비교 통계를 산출할 때 편의적으로 주정부를 지방정부에 포함시키는 경향이 있는데, 이에 대하여는 여러 면에서 신중히 접근할 필요가 있다. 특히, 미국의 경우가 그러하다.

2) 주와 지방정부의 관계: 지방정부는 주의 창조물(산물)

앞서 지적한 바와 같이, 미국 수정헌법 제10조에 의해 지방정부의 존재와 권한 등에 관한 사안은 연방정부가 아닌 주정부의 소관 업무로 규정된다(단, 영토 영역 또는 구역(territories)의 구분과 미국의 수도(the District of Columbia)와 관련된 사안은 예외이다). 현재 미합중국 헌법은 지방정부나 지방자치에 관한 사항은 일체 다루지 않고 있으며, 지방정부는 주헌법에 의해 존재양식이 규정된다. 한마디로, 지방정부는 주의 창조물 또는 산물(creatures of the States)이다. 미국에서 지방정부(local government)를 말할 때 통상 주는 포함되지 않고, 주에 속하는 정치적 하부구조(political subdivision)를 지칭하는 경향이 강하다. 일반적으로 지방정부의 권한, 조직, 운영, 각종 자치 권한에 관한 기본 사항은 각 주의 헌법과 법률에 의해 규정된다. 미국 내에 50개 주가 있음을 상기할 때, 이는 지역별로 매우 다양한 지방자치가 실시되고 있음을 시사한다.

우리나라와 달리 미국에서는 지방정부가 연방정부와 직접 관계되는 사안은 별로 많지 않다. 이에 비해 주정부는 각종 국가 단위 정책과 연방보조금을 중심으로 연방정부와 밀접한 관계를 유지한다. 따라서 한국과 미국을 비교할 때, 우리나라의 중앙정부와 지방정부 간에 형성되는 여러 가지 행정 · 재정 · 정책 측면의 정부 간 관계(intergovernmental relations)는 미국의 주정부와 지방정부 간에 형성되는 정부 간 관계와 비교되는 것이 합리적이다. 실제로 최근 우리나라의 중앙 · 지방 정부 간에 발생하고 있는 각종 정책 및 재정 현안의 대부분이 미국의 주정부와 지방정부 사이에서 생겨나는 것들임을 확인할 수 있다.

3) 미국의 지방정부 체제와 유형

(1) 개요: 미국의 지방정부 수는 놀랄 만큼 많다

미국의 지방정부 수는 대단히 많다. 대부분의 사람들은 그 수에 깜짝 놀란다. 2012년 기준(센서스 자료)으로 미국에는 약 8만 9,000개의 지방정부가 있다. 참고로 우리나라가 243개, 일본이 약 1,800개(2015년 10월 기준으로 도 · 도 · 부 · 현 47개, 시 · 정 · 촌 1,718개의 총 1,765개 지방자치단체가 있음; 『일본의 통계 2016』, 총무성 통계국, 2016 참조), 그리고 영국(잉글랜드 기준)이 약 400여 개의 지방자치단체를 보유하고 있다. 실로 미국의 지방정부 수가 얼마나 많은지 짐작할 수 있다. 미국 인구가 우리나라에 비해 약 6배 많은 점을 감안하더라도 지방정부 수가 엄청나게 많은 것은 분명하다. 이는 미국의 지방자치 시스템이 무엇인가 굉장히 다양하고 복잡할 것임을 암시한다.

미국의 지방정부 유형은 크게 보아 (1) 일반목적 또는 종합목적(general-purpose) 지방정부와 (2) 특별목적(special-purpose) 또는 단일목적(single-purpose) 지방정부로 구분된다. 전자는 우리나라의 시 · 군 · 구와 같이 여러 가지 종합 행정 서비스를 주민에게 제공하는 지방정부이다. 여기에는 county, municipality, township, borough 등 다양한 형태와 명칭이 있다. 후자는 특정한 기능의 단일 행정 서비스(예컨대, 학교 교육, 상수도, 하수도, 소방 등)를 효과적으로 제공할 목적으로 설립된 지방정부로 우리에게는 다소 생소하다. 이들은 다양한 크기와 형태로 존재하며, 전국적으로 약 6만 개 정도 있다. 특별목적 지방정부는 지역에 따라 서비스 공급 대상(관할 행정구역)을 일반목적 지방정부와 같이하기도 하고 달리하기도 한다.

단일목적 지방정부 가운데서 그 수가 가장 많고 중요한 것은 단연 학교구(school district)이다. 학교구는 초·중등 교육을 관장하는 지방정부로서 미국 국민의 관심도가 매우 높고 중요한 공적 기능을 담당한다. 2012년 현재 약 1만 4,000개 이상의 학교구가 5,000억 달러의 예산을 사용하고 있다.[2] 우리나라의 지방교육자치는 미국의 학교구 모형을 일부 모방하고 있지만, 자치 운영의 핵심인 재원 조달 시스템(과세권, 지방채 발행 등)과 의사결정 권한 구조는 미국과 크게 다르다. 단적인 예로 미국의 학교구는 재원을 조달할 수 있는 과세 권한을 보유한다(통상 재산세를 대상으로 한다). 그러나 우리나라의 교육청은 과세권이 없다.

미국의 지방정부는 우리나라의 시·도, 시·군·구와 같이 인구 규모나 기능 및 특성에 의해 표준화되거나 획일화되어 있지 않다. 지방정부로 분류되는 공적 실체의 유형과 명칭 그리고 권한·기능·업무는 주별로 천차만별이다. 따라서 우리나라에서 시·군·구 단위로 쉽게 파악되는 기본 통계와 정보가 미국에서는 결코 간단히 파악되지 않는다. 아울러 지역 단위나 국가 전체를 포괄하는 공식적인 거시통계(예컨대, 회계 결산 재정정보 등)는 우리나라에 비해 1년 이상 늦게 발표된다.

우리들이 무심코 범하는 오류 중 하나가 한국의 제도와 현실을 중심축에 두고 미국의 제도를 알고자 하고, 또한 그 내용을 우리 편의로 재단하고 판단하

---

2 미국의 2012년도 센서스 자료에 의하면, 2012년 현재 총 1만 4,178개의 공립학교 시스템(public school systems)이 있다. 그 중에서 독립학교구(independent school districts)로서 지방정부에 포함되는 것은 1만 2,880개이고(이는 센서스 통계에 지방정부로 포착됨), 나머지 1,298개는 주와 지방정부의 에이전시(agency)에 해당하는 비독립학교 체제(dependent public school systems)에 속한다.

는 관행이다. 다시 강조하지만, 미국의 지방자치제도와 재정 운영 방식은 우리나라와 같이 획일적이지 않고, 매우 다양하고 광범위하다. 이러한 사실을 명심하지 않으면 미국의 지방자치와 지방재정을 이해하는 과정에서 난관에 부딪히고 곡해하는 우를 범하기 십상이다.

(2) 지방정부의 체제와 유형

미국의 지방자치 시스템이 주마다 다양하기 때문에 그에 대해 일반적으로 기술하기가 어렵다. 이 점을 감안해서 여기서는 지방정부의 형태와 제도에 대해 그나마 잘 정리된 정보를 제공하는 미합중국 센서스국(The United States Census Bureau) 자료를 토대로 기술하고자 한다. 센서스 자료는 5년마다 실시 · 공표되는 정부 통계 자료로 가장 최근에 발표된 것은 2012년도 통계를 담고 있는 2013년도판이다(다음에 발표될 센서스 통계는 2018년에 이용 가능하다).

미국에서 지방정부(local government)는 통상 주 밑의 정부 단위를 의미한다. 현재 센서스에서는 지방정부를 크게 4개 유형 – County Governments, Town 또는 Township Governments, Municipal Governments, Special-purpose Local Governments – 으로 구분해서 관련 통계를 수집 · 공표하고 있다. 2012년 기준으로 미국의 지방정부는 총 8만 9,004개이고, 그 내역은 [표 4-1]과 같다.

일반적으로 주는 county(카운티)와 municipality(뮤니시팰러티: 흔히 city(시티)라고 말함)로 구분되는 2계층의 지방정부 체제를 갖고 있다. 그런데 카운티는 전체 주를 포괄하지만(즉, 카운티 행정구역을 다 합치면 주와 같다), 뮤니시팰러티는 전체 주를 포괄하지 못한다. 이는 카운티에 속하지 않는 시티나 뮤니시팰러티가 존

[표 4-1] 미국의 지방정부 유형과 수(2012년 기준)

지방정부 유형	단체 수
뮤니시팰러티	35,886
타운십	16,364
카운티	38,917
학교구	12,884
특별구	37,203
합계	89,004

주: 학교구는 특별지방정부의 한 유형이지만, 여기서는 구분하여 정리하고 있다.
자료: Harold Wolman and Diana Hincapie, "National Fiscal Policy and Local Government During the Economic Crisis," The German Marshall Fund of the United States(GMF), May 2014, p. 7.

재하는 것을 의미한다. 이 경우 해당 지방정부는 시티와 카운티의 기능을 동시에 수행한다. 예컨대, 대도시인 뉴욕(New York), 필라델피아(Philadelphia), 샌프란시스코(San Francisco), 세인트루이스(St. Louis), 덴버(Denver), 볼티모어(Baltimore) 등이 그에 해당한다. 일부 주에서는 카운티 밑에 타운십(township) 체제를 운영하기도 한다.[3]

카운티는 주민의 일상 행정 수요에 대응하는 지방정부가 아니고 주정부의 정책을 직접 수행하는 일선 행정 기관의 성격을 지닌다. 카운티는 경찰, 소방 등의 행정 기능을 담당한다. 카운티 의원(County Council)은 주민투표에 의해 선출되지만, 카운티의 수장은 주민투표에 의해 직접 선출되는 경우와 임명되는 경우로 나뉜다. 카운티와 뮤니시팰러티가 포괄하지 못하는 지역의 행정 서비스는 타운십이 담당한다.

3 이해를 돕기 위해 조금 단순히 표현하면, 카운티, 뮤니시팰러티, 타운십은 우리나라의 기초지방자치단체와 유사한 행정 서비스를 공급한다(다만, 소방 및 경찰 서비스는 예외임).

[그림 4-1] 미국의 정부 구조

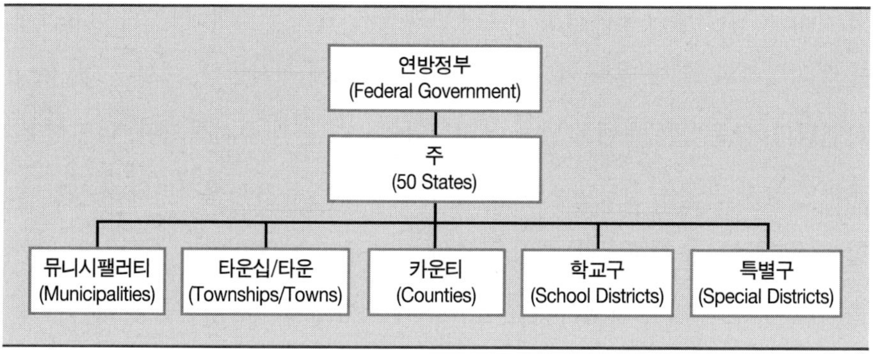

주: 학교구(School Districts)는 특별지방정부의 한 유형이지만, 여기서는 구분하여 정리하고 있다.
자료: Harold Wolman and Diana Hincapie, 앞의 논문, p. 7.

뮤니시팰러티(municipal corporation 또는 통상 municipality라고 함)는 주법에 의해 창설되며(즉, 법인격을 가지며), 지방정부 가운데 주로부터의 독립성과 자율성이 가장 강한 유형이다. 뮤니시팰러티는 우리의 시 · 군 · 구에 해당하는 지방자치단체로서 주민의 일상생활과 밀접한 종합 행정을 수행한다. 뮤니시팰러티는 카운티에 속하지만, 양자는 직할 관계나 상하의 수직적 대응 관계가 아니다. 뮤니시팰러티는 city, village, township보다 훨씬 강한 자치권을 행사한다. 뮤니시팰러티의 의원(Municipality Council member)은 주민투표에 의해 선출되며, 대부분의 지역에서 정당 배제(non-partisan) 방식으로 투표가 실시된다(즉, 투표용지에 정당 표시가 없다). 대부분의 대도시 지역은 하나가 아닌 다수의 뮤니시팰러티로 구성된다. 참고로 미국에서는 종합 행정 기능을 수행하는 단일의 대도시 정부(metropolitan government)는 존재하지 않는다.

뮤니시팰러티에도 여러 유형이 있는데, city, town, borough, village 등이 그것이다. 뮤니시팰러티의 유형과 성격, 권한과 기능, 운영 방식은 주마다 다르다. 이는 미국 지방자치의 다양성을 대변해 주는 한 단면이자, 미국의 지방자치를 우리나라와 일 대 일로 비교할 수 없음을 강하게 시사한다. 예를 들어, 뮤니시팰러티, 타운십은 대체로 말해 우리나라의 시 · 군과 유사하지만, 엄밀히 비교하면 양자 간에는 상당한 차이가 있다. 타운십은 뮤니시팰러티와 유사한 종합 행정 기능을 수행하지만, 통상 규모와 행정 수비 범위가 작고 제한적인 권한을 갖는다. 현재 미국 내에서 타운십이나 타운 형태의 지방정부를 운영하는 주는 전체의 절반이 안 된다.

미국 지방자치의 독특성을 잘 이해하려면 뮤니시팰러티와 타운십의 창설과 운영 시스템에 대해 알아둘 필요가 있다. 통상 뮤니시팰러티는 일군의 주민들이 합심하여 의사표현을 할 경우 주헌법에 의해 창설될 수 있다. 이에 비해 타운십은 주민 의사와 관계없이 주헌법에 의해 창설이 가능하다. 특히, 타운십의 경우 주민집회 또는 주민모임(township meeting)이라는 독특한 제도를 갖고 있다. 주민집회는 지역의 유권자들이 다함께 모여 중요한 의사결정을 하는 시스템이다. 일종의 유권자총회(또는 주민총회)인 셈이다. 이는 지방자치에 직접민주주의 방식을 가미한 것으로 그 의미와 시사하는 바가 크다. 우리나라의 경우 농촌형 지방자치단체를 중심으로 주민집회 형태를 차츰 발전시켜 나가는 것도 좋을 듯하다.

(3) 특별지방정부(단일목적 지방정부)

특별지방정부(단일목적 지방정부)는 기능과 역할, 행정 · 재정 권한, 조직, 재원 조달면에서 주와 실체에 따라 크게 다르다. 특별지방정부 중에서 기능과 역할 및 주민 관심 면에서 가장 중요한 것은 학교구(school district)이다. 학교구는 공립학교(초 · 중등학교)의 운영을 관장하는 행정 기관으로 주법에 의해 설치된다. 학교구는 독립성을 갖는 실체로서 일반목적 지방정부인 시티(city), 카운티(county)와 독립적 관계에 있다. 학교구는 이사회(board)를 중심으로 운영되며, 위원은 주민투표에 의해 선출된다. 매우 예외적이지만, 지방정부가 초 · 중등 교육을 관장하는 곳도 있다. 이 경우 지방정부가 학교구가 된다. 앞서 언급한 약 8만 9,000개의 지방정부 가운데 학교구는 약 1만 4,000개(비독립학교 체제 포함)로 전체의 16%를 차지한다.

학교구 외에 특정 구역을 대상으로 특정 서비스를 공급할 목적(단일의 특정한 행정 기능을 수행할 목적)으로 설치된 자치 기구가 있다. 이들을 통상 특별구(special districts)라고 한다. 여기에는 병원, 상수도, 하수도, 소방, 공원, 주택, 도서관, 공항, 각종 공익 서비스(utilities) 등 다양한 형태가 있다. 이 중에서 지출 규모가 가장 큰 것은 병원구(Hospital districts), 하수구(Sewer districts), 주택구(Housing districts), 공항구(Airport districts) 등이다.

이러한 지방행정 시스템은 우리나라와 완전히 다르다. 주지하다시피 우리나라에서는 이들 서비스의 대부분을 지방자치단체와 지방공기업이 담당한다. 단일목적 지방정부가 관할하는 구역의 범위는 뮤니시팰러티, 카운티의 구역 범위와 일치하기도 하지만, 그렇지 않은 경우도 많이 있다. 학교구를 제외한 대부분의 특별지방정부는 임명직 공무원에 의해 관리된다. 따라서 이들을 지방정부로 간주하는 데는 다소 무리가 있다.

4) 지방자치와 지방정부 운영 방식의 다양성

(1) 개요

미국의 지방자치제도를 우리나라와 비교할 때 가장 큰 차이는 다양성이다. 예를 들어, 주민 수가 수천 명에 불과한 지방정부가 있는가 하면 수백만 명의 큰 지방정부도 있다. 지방정부의 운영도 시장이 주도하는 경우가 있는가 하면 의회가 주도하는 경우도 있다. 많은 도시들이 시 매니저(city manager)를 고용하여 시정을 관리한다. 이 또한 다른 나라에서는 찾아보기 어렵다. 지방정부의 선출직이 단체장과 의원에 국한되지 않고 주요 직위로 확대되는 점이나, 지방선거 시기가 지역별로 상이한 것도 미국 특유의 면모이다.

중요한 지방자치 시스템이 전국적으로 획일화되지 않고 주마다(때로는 주 내의 지역마다) 다르게 운영되고 있는 것이 미국이다. 극단적으로, 주민이 특별지방정부의 서비스(예: 상수도, 소방)에 불만을 갖게 될 경우 다수가 단합해서 더 나은 서비스를 제공하는 새로운 특별지방정부를 설립할 수 있다. 이는 미국의 지방자치 시스템이 주민 주권과 시장 원리 그리고 지방정부와 주민의 상호 책임성이 강하게 작동하는 방식으로 운영되고 있음을 말해 준다.

지방세의 종목과 세율, 세외수입의 유형과 요율도 주마다 다르다. 때로는 주 내의 지방정부 간에도 차이가 난다. 예산의 편성 기간, 회계연도 등도 지역별로 차이가 있다. 예를 들어, 상대적으로 많은 주정부가 1년 단위로 예산을 편성하지만, 2년 단위 예산(biennial budget) 시스템을 운영하는 주도 적지 않다. 2016년 현재 30개 주가 단년도 예산을 편성하고 있고, 20개 주가 2년 단위 예산을 편성하고 있다. 하지만 실제에 있어서는 여러 주들이 필요에 의해 두 예산제도를 병행하여 사용하고 있다. 2년 단위 예산을 편성하는 주들은 통상 2차 연도에 추경예산(supplemental budget)을 적절히 활용하는 경향이 있다(NASBO, Budget Process in the States, 2016). 현재 캘리포니아(California) · 텍사스(Texas) · 위스콘신(Wisconsin) · 켄터키(Kentucky) · 버지니아(Virginia) 주 등이 2년 단위 예산을 편성하고 있다.

연방정부와 주정부 간에 회계연도가 다른 곳이 미국이다. 연방정부의 회계연도는 1년이며, 10월 1일부터 다음 연도 9월 30일까지이다. 주의 회계연도는 4월, 7월, 9월, 10월 등 개시 일정이 다양하다(다수의 주가 4월 1일에 시작하여 3월 31일에 회계연도를 마감하고 있다). 주의회의 예산 통과에 필요한 투표 요건은 다수결(majority voting) 방식이 보편적이지만, 캘리포니아 등에서는 승인 요건을 강화한 2/3 이상 찬성의 의결 방식, 즉 슈퍼 다수결 방식(super majority)을 채택하고 있다.

이러한 지방자치 시스템은 현재의 우리나라에서는 근본적으로 불가능하며, 미국 지방자치의 지향 가치와 운영 원리 그리고 재정 운영 시스템이 우리와 본질적으로 다름을 보여 주는 단면이다. 그러므로 미국에서 실시 중인 특정 제도가 좋다고 해서 그것을 단편적으로 모방하여 한국에 이식하는 시도는 삼가해야 한다. 겉모양만 모방하는 제도는 서로 다른 정치 · 사회 · 문화적 토양에서 성공할 확률이 높지 않음을 분명히 인식해야 한다.

(2) 지방정부 형태

미국의 지방정부 형태는 크게 시장-의회형(Mayor-Council form(type)), 의회-매

[표 4-2] 미국 주의 회계연도(일부 예시)

주명	의회 예산 확정	예산 통과 투표 요건	회계연도 시작(월)	예산순기(의회순기)
앨라배마	2월/5월	다수결(majority)	10월	1년
캘리포니아	6월 15일	2/3(super majority)	7월	1년(2년)
조지아	3월 말-4월 초	다수결	7월	1년
미시간	6월	다수결	10월	1년
뉴욕	3월	다수결	4월	1년
노스캐롤라이나	6월	다수결	7월	2년(Biennial)
펜실베이니아	6월 말까지	다수결	7월	1년
텍사스	5월	다수결	9월	2년
위스콘신	6월/7월	다수결	7월	2년

주: 미국의 연방정부는 단년도 예산제도를 운영하고 있고, 회계연도는 10월에 시작한다.
자료: National Association of State Budget Officers, *Budget Processes in the States*, 2008; 2016.

니저형(Council-Manager form), 커미션형(Commission form)의 세 가지로 구분된다. 시장-의회형은 집행 기관의 수장인 시장과 주민의 대표성을 갖는 입법 기관인 의회가 권한을 나누어 갖고 견제와 균형을 도모하는 형태이다. 그러나 일반적으로 시장과 의회 중 어느 한쪽이 권한의 우위를 갖는 현상이 나타난다. 이는 소위 '강(強)시장형', '약(弱)시장형' 지방정부로 지칭되는 구분이 말해 준다. 통상 강시장형은 대도시를 중심으로 실시되는 경향이 있고, 시장이 시정을 주도한다.

강시장형 체제에서는 주민투표에 의해 선출된 시장이 예산 편성권, 주요 간부의 임명권, 의회 거부권 행사 등 막강한 권한을 행사한다. 약시장형 체제는 대체로 소도시를 중심으로 실시되고 있다. 약시장형 체제가 운영되는 지방정부 중 상당수는 시장을 주민 직선으로 뽑지 않고 의회를 통해 간접적으로 선출한다. 이 경우 시장은 통상 예산 편성 권한을 갖지 않는다. 일부 지역에서는 시장이 단지 의전적 · 상징적 역할만을 수행한다(이는 영국의 대다수 지방자치단체의 운영 방식과 비슷하다). 그 밖의 다수 지방정부는 강시장형과 약시장형의 중간 형태를 유지한다.

의회-매니저형 체제는 형식적으로 집행 기관과 의회가 분리되어 운영되지만, 실제로는 의회가 시정의 중추적 역할을 하는 지방정부 형태이다. 동 체제에서는 통상 10인 이하의 의원으로 구성되는 의회(5인 내외로 구성되는 경우도 많음)가 시정을 통괄하는 전문경영인(행정가)인 시 매니저(city manager)를 임명한다. 시 매니저는 통상 풍부한 행정 · 경영 유경험자로서 의회가 전국을 대상으로 구인광고를 해서 고용한다. 시 매니저는 시정을 전반적으로 관리하는데, 여기에는 예산 편성, 인사와 조직, 각종 사업 결정 등에 관한 권한 행사가 포함된다. 의회-매니저형 체제에서 의회가 주도적 위치를 차지하는 근거는 집행 기관의 총책임자인 시 매니저를 의회가 임명하고 해임하는 데 있다. 다만, 의회-매니저형 체제에서도 시 매니저를 고용하는 대신 시장을 선출하는 예외적인 형태도 있다(이 경우에도 시장이 주민에 의해 직접 선출되는 유형과 의회에서 간접적으로 선출되는 유형으로 구분된다).

마지막으로, 커미션형은 집행 기관과 의결 기관이 통합된 형태이다. 이는 일반적으로 군소 지역에서 운영되며, 미국 전체를 통틀어 1% 내외에 불과하다. 커미션형 체제에서는 통상 주민에 의해 직선된 3-5인의 커미셔너(commissioner)가 의결 기관인 커미션(Commission)을 구성해서 심의 의결을 하는 동시에 집행 기관의 의사결정권자로서의 역할도 수행한다.

종합적으로, 미국의 지방자치 시스템은 기본 가치, 작동 원리, 기능 등 거시적 요소를 중심으로 전국적 공통성을 보일 뿐 지방정부의 업무, 거버넌스 체제, 운영 방식 등 미시적 요소들은 지역별로 매우 다양하다. 조금 과장해서 말하면, 미국의 지방자치제도를 논할 때 어느 지역을 집중적으로 관찰하는지에 따라 미국 지방자치에 대한 이해와 입장이 달라질 수 있다. 그러므로 미국의 지방자치를 올바로 설명하고 주장하기 위해서는 미국 전체를 대표하는 제도와 현상을 특정 지역의 상황을 반영하는 제도 및 현상과 명확히 구분할 줄 알아야 한다. 이러한 사실을 인식할 때, 만일 미국인이 한국의 지방자치 시스템을 관찰한다면 매우 표준화되고 획일화된 제도에 대해 크게 놀라고 아마도 의아해 할 것이다.

끝으로, 미국의 연방정부는 지방자치와 지방정부의 행정 · 재정 활동에 거의 개입하지 않는 점을 강조하고자 한다. 바로 뒤에서 기술되지만, 미국의 지방정부는 자신이 속한 주정부와의 관계에서 존재 의의를 갖고, 권한과 역할을 수행하며, 정치적 · 정책적 책임을 진다. 따라서 지방자치 시스템은 주와 지방정부, 의회, 지역주민을 중심으로 작동된다.

5) 딜런의 룰과 홈룰 원칙

미합중국 헌법이 지방정부의 존재와 운영에 관한 사항을 주가 결정하도록 명시하고 있음은 앞서 지적한 바이다. 이에 따라 각 주는 지방정부의 구체적인 조직과 권한에 관한 내용을 헌법과 법률로 규정하고 있다. 그 결과 각 주마다 매우 다양한 형태의 지방정부가 존재하고 지방자치가 실시되고 있다. 어떤 면에서 미국의 지방자치 시스템은 지역 간에 공통성보다 다양성이 더 많다고 해도 과언이 아니다. 주정부와 지방정부 간의 법적 권한 관계를 미루어 볼 때, 지방정부가 주정부의 권한 행사에 큰 영향을 받을 것이라는 추측이 가능하다. 이는 일면 타당하나 다른 면에서는 타당하지 않다. 그것은 현실적으로 많은 지방정부가 주로부터 높은 수준의 자율성을 보장 받고 지방자치를 실시하고 있기 때문이다.

지방정부의 존재와 권한에 대하여는 크게 두 가지 이론이 양립한다. 그 하나는 딜런의 룰 또는 법칙(Dillon's Rule)이고, 또 다른 하나는 홈룰 원칙(Home Rule Principle)이다. 딜런의 룰은 지방정부는 주가 부여한 권한의 범위 내에서만 활동할 수 있다는 것으로 소극적 지방자치를 함축한다. 이는 역사적으로 1868년에 아이오와(Iowa)주의 최고법원 판사(대법관)였던 존 딜런(John F. Dillon)이 내린 판결에 근거하여 명명되었다. 당시 판결의 핵심은 지방정부는 주에 의해 명시적으로 부여 받은 권한과 그에 필연적으로 수반되는 권한, 그리고 자신의 목적 달성을 위해 필요불가결한 권한만을 인정 받고 그 외의 모든 권한은 주에 귀속된다는 것이다. 이는 지방정부가 주의 창조물이고, 주를 대리하는 주체로서 자신에게 명시적으로 부여된 권한만을 행사할 수 있음을 강조하는 판결이었다. 이 판결은 그 후 상당 기간 다른 주에서도 통용되는 판례로 자리를 굳혔다. 그리고 1903년에는 미국 연방최고법원(연방대법원)의 판결에서도 지지되었다.

이러한 가운데 일부 주에서는 지방정부의 자치 권한을 적극적으로 확대하려는 움직임이 일어났다. 그 중 가장 유명한 사례로 회자되는 것이 1875년에 제정된 미주리(Missouri)주 헌법이다. 미주리주 헌법의 골자는 주의회가 보유해 왔던 세인트루이스시(City of St. Louis)의 시헌장 기초권을 시민에게 이양하는 것이었다(1875년도 미주리주 헌법은 인구 10만 명 이상의 주 내 모든 시에 대해 헌장(charter)을 부여할 것을 천명하였다). 이는 미국 지방자치의 새로운 원칙, 즉 홈룰 원칙의 지평을 여는 효시가 되었다. 미주리주의 뒤를 이어 캘리포니아(1879년)·미네소타(1896년)·워싱턴(1889년) 주 등이 홈룰 원칙을 채택하였고, 그 결과 주 내의 각 지방정부들이 홈룰에 의한 도시헌장(City Charter)을 제정하였다. 딜런의 룰과 달리 홈룰 원칙은 주의 통제 범위를 크게 제한하고 지방정부가 자기 규칙에 입각해서 자율적으로 지방자치를 수행할 수 있는 적극적 지방자치를 지지한다. 이는 주의 헌법이나 법률이 명백히 금지하지 않는 모든 활동을 지방정부가 수행할 수 있다는 적극적 해석을 가능하게 해주었다.

현재 미국에서는 일부 주(캔자스주 등)를 제외한 대다수 주가 홈룰 원칙을 채택하고 있다. 다만, 홈룰 원칙을 채택하는 주들 간에도 주헌법 형식으로 실시하는 곳과 주법률 형식으로 실시하는 곳으로 구분이 되고, 각 경우에도 인구나 지방정부 유형에 따라 적용 조건 등에 차이가 나는 등 실제 현실은 다소 복잡하다. 어쨌든 대다수의 주가 홈룰 원칙을 고수한다는 것은 지방정부의 자율성과 독립성이 크게 인정되고 자치 시스템의 다양성이 보장되고 있음을 의미한다. 실제로 미국의 지방정부들은 가장 적극적 해석의 홈룰 원칙(지방정부 권한 및 자율성 최대 보장)과 딜런의 원칙 사이의 그 어느 수준에 속하는 지방자치를 실시하고 있다.

일반적으로 주는 헌법이나 법률의 형식을 통해 홈룰 조항을 규정하고 지방정부에게 자치 권한을 부여한다. 이를 토대로 주정부와 지방정부의 관계가 정립되고, 지방정부는 자신에 맞는 지방자치를 실시한다. 현재 홈룰의 내용, 즉 지방정부의 권한 · 조직 · 운영 등에 관한 수준과 실태는 주마다 다르다. 홈룰 원칙을 채택하는 지방정부들은 내부 조직, 운영 방식, 권한과 책무 등을 규정하는 자치헌장을 제정하고, 그에 기초하여 지방자치를 실시한다.

요약하면, 미국의 대다수 지방정부는 자율성과 다양성에 기반을 두는 책임자치를 실시하고 있다. 이는 우리나라와 크게 대비되는 것으로, 한 단계 높은 지방자치와 재정분권을 지향하는 우리가 배워야 할 바이다. 하지만 다시 강조하건대, 미국과 우리나라의 제도와 행태를 미시적 차원에서 일 대 일로 비교하는 것은 바람직하지 않다. 또한 사실상 의미도 없다. 그것은 미국의 지방자치 환경이 현재의 우리나라 지방자치 환경과 근본적으로 다르기 때문이다. 거시적 토양과 환경이 다른 상황에서 국가 간의 제도와 행태를 비교한다는 것은 정보 획득과 시사 및 교훈 발견 이상의 의미를 부여하기 어렵다. 미국의 제도를 깊이 탐구하는 것은 좋으나, 특정 제도만을 떼어서 도입하는 시도는 매우 신중해야 한다.

6) 주정부와 지방정부의 주요 기능

미국에서는 정부 간(연방정부 · 주정부 · 지방정부, 지방정부 간)의 기능과 역할이 비교적 명확하게 구분되어 있다. 하지만 일부 영역과 지역에 따라서는 주정부와 지방정부 간의 재원 및 서비스 공급 역할이 중복되거나 모호한 경우도 있다. 극단적으로는 동일한 행정 서비스에 대해 연방 · 주 · 지방 정부 모두가 관여되는 경우도 있다. 일반적으로 구분되는 주정부와 지방정부의 기능은 다음과 같다.

주정부는 고속도로, 사회복지 기능 중 소득 지원(현금 또는 현물 지원, 특히 Medicaid 프로그램을 통한 빈곤층 대상의 건강 케어(health care)), 주 교도소, 주립공원, 천연자원, 주 경제 개발, 고등교육, 보험신탁 지출(insurance trust expenditure: 실업 및 고용자 보상, 피고용자 퇴직, 기타 보험신탁) 등의 기능을 담당한다. 지방정부가 담당하는 기능과 사무는 지방정부의 유형과 성격에 따라 다르다. 뮤니시팰러티는 경찰 및 소방 보호, 위생(하수도) 및 쓰레기 처리, 지방도로 건설 및 유지 관리, 대중교통, 공원 및 레크리에이션, 도서관, 지방토지 이용 및 도시계획구역(zoning) 관리, 도시계획구역 지정, 주택 및 커뮤니티 개발 등의 기능을 담당한다. 카운티는 소득 지원 및 사회 서비스, 공립병원, 교정(corrections), 카운티 도로 및 고속도로, 공항, 주차 시설, 카운티 경제 개발, 특정 지역(카운티 관할 지역 중에서 특정 뮤니시팰러티나 타운십에 속하지 않은 지역) 대상 일반 공공행정 서비스 제공 등의 역할을 담당한다. 학교구와 특별구에 대하여는 앞서 기술하였다.

Chapter 5

미국의 지방재정

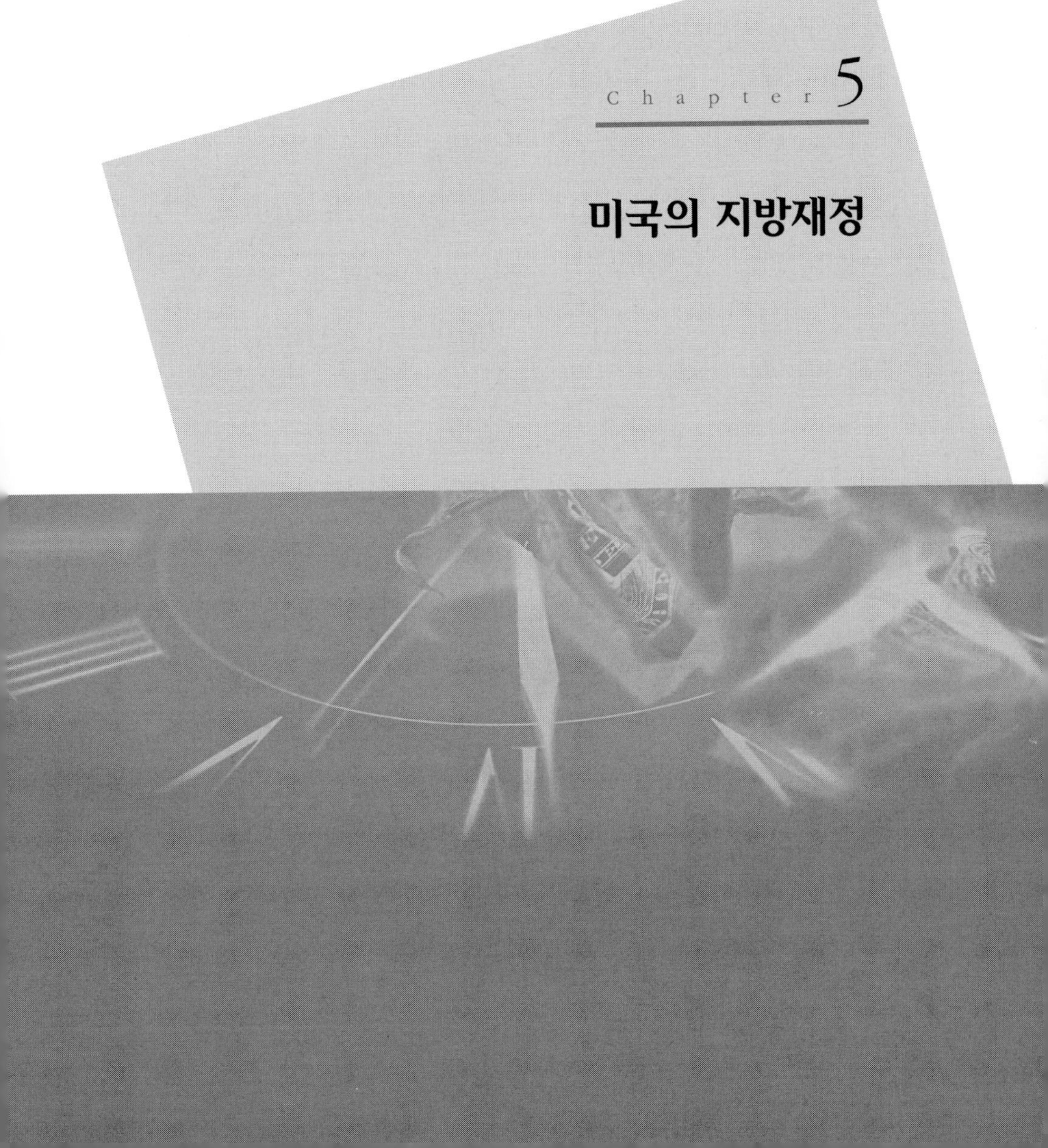

1. 정부 간 조세 배분

미국의 정부 간 조세할당(tax assignment)은 크게 보아 연방정부는 소득과세 중심, 주정부는 소비과세 중심, 그리고 지방정부는 재산과세 중심으로 배분되어 있다. 연방정부의 경우 전체 세입의 대부분을 조세 수입이 차지하는 재정 구조를 갖고 있다. 이에 비해 주의 경우 조세 수입이 가장 큰 비중을 차지하는 가운데 연방정부 보조금이 일정한 지원 역할을 하는 구조를 갖는다. 주의 조세제도는 소비과세를 중심으로 소득과세와 재산과세가 보완적 역할을 하는 구조를 취하고 있다. 지방정부의 조세 수입은 일반적으로 재산과세가 주도적인 역할을 하지만, 일부 지역에서는 소비과세와 소득과세가 상당한 수준의 보완적 역할을 하고 있다.

역사적으로 대부분의 지방정부는 재산세 중심으로 지방세를 운영해 왔다. 하지만 1990년대를 전후로 세원 확충 차원에서 과세 기반을 소비과세(판매세)와 소득과세로 확대하는 경향이 나타났다. 예를 들어, 앨라배마(Alabama)주와 미주리(Missouri)주는 대도시에 한해 재산세는 물론 소비세와 소득세의 부과를 허용하고 있다. 뉴욕시는 재산과세와 소득과세를 지방세로 사용하고 있고, 펜실베이니아(Pennsylvania)주는 주 내에서 가장 큰 도시인 필라델피아(Philadelphia)시에 한해 소비과세인 판매세를 허용하고 있다. 오하이오(Ohio)주, 켄터키(Kentucky)주, 워싱턴(Washington)주 또한 지방세의 과세 기반을 비교적 넓게 허용해 주고 있다. 반면에 메인(Maine)주, 매사추세츠(Massachusetts)주, 뉴저지(New Jersey)주, 노스캐롤라이나(North Carolina)주, 오리건(Oregon)주, 버지니아(Virginia)주는 지방세의 과세권과 세원 기반을 상대적으로 약하고 좁게 설정하고 있다(이들 주는 대체로 지방재정을 통제하는 체제를 운영하고 있다).

지방정부의 과세 권한 보유 수준은 주와 지방정부의 유형에 따라 차이가 난다. 일반적으로 지방세에 대한 입법권을 포함하여 징세권, 세수사용권(일반적 용도 사용 등)을 모두 확보하는 지방정부는 높은 과세 권한을 보유하는 것으로 간주된다. 통상 지방정부에 과세 권한과 세원을 많이 이양하는 주들은 주의 지방보조금을 축소하는 경향이 있다.

미국 지방재정의 자립 상태는 평균적으로 우리나라에 비해 상당히 높다. 지방정부를 대표하는 뮤니시팰러티의 경우 자체수입 의존도(municipal revenue reliance: 지방정부 일반회계 수입(general fund revenues) 중에서 자체수입이 차지하는 비율을 의미함)는 평균 71%로 상당히 높다. 뮤니시팰러티의 자체수입 구성 내역을 보면, 재산세 수입 24%, 판매세 수입 13%, 소득세 수입 3%, 세외수입(사용료 · 수수료 수입 등) 32%로 구성된다(National League of Cities, Cities and State Fiscal Structure, 2015). 주정부로부터의 이전재정 수입은 일반회계 수입의 17%를 차지한다.

2012년도 센서스 자료에 의하면 미국 전체의 주정부와 지방정부를 총망라한 세입은 자체재원 수입 61.6%, 정부 간 재정이전 수입(연방정부 · 주정부 보조금 등) 17.1%(이는 주정부 보조금 87.8%, 연방정부 보조금 12.2%로 구성됨), 보험신탁 수입(insurance trust revenue: 실업 · 근로자 보상, 공무원 퇴직, 기타 보험신탁 수입) 16.5%, 공익사업 수입(utility revenue: 상수도, 전기, 가스, 교통 등 공익 사업 수입) 4.6%로 구성된다.

센서스 자료를 토대로 주정부와 지방정부가 주민과 기업 등 납세자에게 부과하는 전체 지방세의 세원 배분 현황에 관하여 기술하면 다음과 같다([표 5-1] 참조).

[표 5-1] 미국의 지방정부 재정 수입(전체 및 뮤니시팰러티, 2010년 기준)

재원 조달 수단	점유 비율(%)	
	전체 지방정부	뮤니시팰러티
자체수입	61.1	73.9
- 지방세	40.6	45.6
- 사용료 · 부담금(user fees and charges)	17.1	18.2
- 기타 잡수입	3.4	10.1
이전재정 수입(grants)	38.9	26.1
합계	100.0	100.0

자료: U.S. Census of Governments, State and Local Government Finances by Levels of Government and by State: 2009-2010; Harold Wolman and Diana Hincapie에서 재인용.

(1) 전체 세원은 주정부와 지방정부 간에 약 6 대 4(58.2% 대 41.8%)로 배분되어 주가 조금 더 많은 세원을 보유한다.

(2) 조세 유형별로 보면, 재산과세 수입은 지방정부(주정부 2.9%, 지방정부 97.1%)가 압도적인 비중을 차지하는 반면 소비과세와 소득과세는 주가 전체 세원의 약 80-90%를 점유한다. 즉, 지방정부는 재산과세 중심, 주는 소비 · 소득과세 중심으로 재원을 확보하고 있다.

(3) 지방정부의 조세 수입은 총 6,080억 6,400만 달러(100%)이고, 이는 재산세 4,423억 8,800만 달러(72.8%), 소비세 등 1,023억 5,400만 달러(16.8%), 개인소득세 289억 4,700만 달러(4.8%), 법인소득세 80억 2,400만 달러(1.3%), 자동차면허세 18억 6,700만 달러(0.3%), 기타 지방세 244억 8,600만 달러(4.0%)로 구성된다.

(4) 주정부의 조세 수입은 총 8,474억 3,400만 달러(100%)이고, 이는 판매세

등 3,940억 8,600만 달러(46.5%), 개인소득세 3,095억 2,400만 달러(36.5%), 법인소득세 450억 1,600만 달러(5.3%), 자동차면허세 232억 1,300만 달러(2.7%), 재산세 130억 5,400만 달러(1.5%), 기타 지방세 625억 4,100만 달러(7.4%)로 구성된다.

(5) 소비과세(sales and gross receipts)의 내역을 살펴보면, 일반판매세(general sales tax) 수입과 선별적 판매세(selective sales tax) 수입의 각각 77.7%, 82.6%를 주정부가 차지하고, 나머지를 지방정부가 확보하고 있다(소비과세의 주정부 주도).

(6) 소득과세의 경우 개인소득세 수입과 법인소득세 수입의 각각 91.4%, 84.9%를 주정부가 차지하고, 나머지를 지방정부가 확보하고 있다(소득과세의 주정부 주도).

(7) 그 밖에 자동차면허세 수입의 92.6%, 기타 모든 지방세 수입의 71.9%를 주정부가 보유한다.

2012년도 센서스 자료에 의하면 전체 지방정부의 지방세 수입과 세외수입은 다음과 같이 구성된다.

(1) 주와 지방정부를 합친 전체 자체수입(지방세+세외수입)은 지방세 수입과 세외수입이 약 7 대 3(지방세 69.1%, 세외수입 30.9%)의 비율로 구성되어 있다(지방세의 자체재원 주도).

(2) 지방정부만을 보면, 지방세 수입과 세외수입의 비율은 약 64% 대 36%

[그림 5-1] 미국의 주정부와 지방정부의 조세 구조

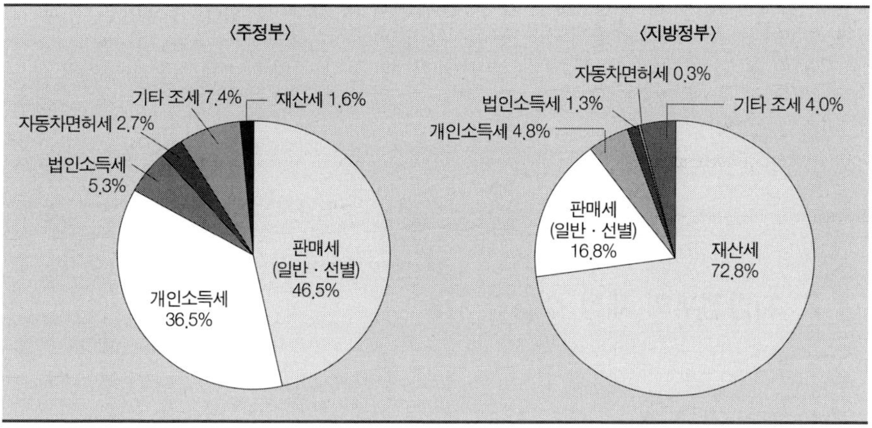

주: 미국 센서스 자료(2013 Census of Governments)를 토대로 필자가 산정하였음.

이다.

(3) 부담금 등 각종 세외수입 항목 중에서 가장 큰 비중을 차지하는 것은 공익 사업 서비스 수입(상수도, 전기 · 가스 등)과 보험신탁 수입이다.

(4) 부담금의 3/4 이상을 차지하는 경상부담금 중에서 수입 규모가 가장 큰 것은 병원 사업(765억 7,900만 달러)이고, 그 다음이 하수도(500억 6,700만 달러), 교육(234억 8,900만 달러), 항공수송(공항 포함. 191억 4,500만 달러), 고형폐기물 관리(164억 4,100만 달러) 등이다.

참고로 미국의 지방세는 1970년대와 1980년대에 거센 납세자의 조세저항에 부딪혔다. 그 결과 지방정부들은 지방세를 더 이상 과거와 같이 적극적인 재원 조달 수단으로 활용하기가 어려워졌다. 이러한 상황에서 지방정부가 취할 수 있는 방법은 상대적으로 손쉬운 각종 부담금 등 세외수입을 확충하는 것이었다. 이는 1980년대 이후 미국의 지방재정에서 세외수입이 차지하는 비중이 점진적으로 확대되어 온 통계가 분명히 말해 준다(이와 관련된 사항은 뒤에서 상세히 기술되고 있다).

2. 지방정부의 재정 수입과 지출

1) 재정 수입 개요

지방재정은 미국 전체의 경제와 재정 면에서 중요한 역할을 한다. 2010년 기준으로 지방재정 지출은 미국 GDP의 11.5%를 차지한다. 이는 OECD의 중위값(median) 10.1%보다 1.4% 높다. 지방정부의 조세 수입은 전체 공공 부문 조세 수입의 24.1%를 차지하는데, 이는 OECD 중위값보다 7.4% 높다. 일반적으로 파악되는 재정분권의 기준(통상 지방재정의 지출, 조세 수입 등을 GDP, 공공 부문 총지출과 비교하여 파악함)에 의하면 미국의 지방정부는 OECD 국가 중에서 분권화 수준이 높은 것으로 평가된다. 이는 미국의 지방정부가 재산세를 비롯한 지방세와 세외수입(사용료 · 수수료, 각종 부담금 등)에 대해 상당한 수준의 과세권을 보유하고 있기 때문이다(Wolman(GMF), Urban Paper Series 2014, pp. 6-8).

지방정부의 재정 수입은 지방세, 이전재정(연방정부 및 주정부 보조금), 세외수입(사용료 · 수수료 · 부담금 · 잡수입 등)을 통해 조달된다. 대체로, 도시형 지방정부에서는 지방세 수입이, 그리고 농촌형 지방정부에서는 보조금 수입이 주도하는 구조가 형성되어 있다. 지방세 중에서 핵심 기간 세목은 재산세이고, 지역에 따라 사용료 · 수수료 등 세외수입이 중요한 보완적 역할을 한다. 특히, 상수도구, 하수도구, 병원구와 같은 특별지방정부의 경우 각종 부담금과 수수료 수입이 핵심 재원으로서 기능을 한다.

2012년도 센서스 통계에 의하면 주정부의 세입은 자체재원(지방세, 세외수입, 기타) 82.9%, 연방보조금 17.1%로 구성된다. 이에 비해 지방정부의 총재정 수입은 자체재원 68.4%와 보조금(이전재원) 31.6%로 구성된다. 자체수입 중 지방세 수입과 세외수입의 비중은 64.2% 대 35.8%이다. 지방정부의 핵심 세원인 재산세 수입은 전체 지방세 수입의 72.8%를 차지하며, 그 다음이 판매세 수입 16.8%(그 중 일반판매세 수입이 71.2%를 차지하고 나머지 28.8%가 선별판매세 수입임), 개인소득세 수입 4.8%, 법인소득세 수입 1.3% 등의 순이다.

지방정부 가운데 중추적인 역할을 수행하는 뮤니시팰러티의 경우 재정 수입은 자체수입 73.9%와 보조금 26.1%로 구성된다([표 5-1] 참조). 이는 우리나라 기초자치단체(예컨대, 시 · 군)의 재정 상태와 비교할 때, 재정의 독립성이 매우 높은 것으로 간주된다.

(1) 지방세와 세외수입: 개요

지방세 중 기간 세목인 재산세는 지방정부의 유형과 관계없이 거의 모든 지방정부에서 활용되고 있다. 재산세는 통상 주민과 기업이 보유하는 재산을 대상으로 부과되며, 시장 가치를 기준으로 산정된다. 특별목적(단일목적) 지방정부와 달리 일반목적 지방정부는 재산세 외에 다른 지방세목을 보유하지만, 재산세의 비중이 가장 크다. 2010년 통계에 의하면 재산세는 전체 지방세수의 75.2%, 그리고 전체 일반회계 수입(general revenue)의 29.7%를 차지한다. 뮤니시팰러티의 경우 재산세 수입은 전체 지방세 수입의 48.0%를 차지한다.

상당수 지방정부는 판매세 또는 매상세(sales tax)를 부과한다.[1] 2010년 현재 37개 주에서 지방정부의 판매세 활용을 허용하고 있다. 판매세는 재산세 다음으로 중요한 재원이며, 뮤니시팰러티 조세 수입의 27.7%, 일반재정 수입의 12.6%를 차지한다. 지방정부 중에서 지방소득세(local income tax)를 부과하는 곳도 있다. 2010년 현재 13개 주가 지방정부의 지방소득세 활용을 허용하고 있다. 지방소득세는 판매세만큼 보편적이지 않으며, 대부분 대도시에서 사용된다. 개인과 법인의 소득을 과세 대상으로 하는 지방소득세는 뮤니시팰러티 조세 수입의 14.0%, 일반재정 수입의 6.4%를 차지한다. 그 밖에 매우 예외적이지만, 일부 주에서는 대도시를 중심으로 소위 '통근자 세금'(commuter tax)으로 불리는 임금세(wage tax)를 부과하고 있다. 임금세는 도시 외곽에 거주하는 근로자가 도시 내에서 소득을 얻는 경우에 부과된다.

---

1 소비세는 전 세계적으로 부가가치세(value added tax: VAT) 체제와 판매세(sales tax) 체제로 양분되어 운영된다. 미국은 OECD 국가 중에서 극히 예외적으로 부가가치세를 활용하지 않는 나라이다. 부가가치세와 판매세의 가장 큰 차이는, 간단히 말해서 소비자가 제품을 구입할 때 제품 가격에 소비세가 포함되어 있는지의 여부(부가가치세의 경우 포함, 판매세의 경우 불포함)에 달려 있다. 부연하면, 부가가치세와 달리 판매세의 경우 소비자가 제품을 구입할 때 제품 가격 외에 별도로 소비세를 부담해야 한다. 미국의 판매세 세율은 지역별로 상이하다.

세외수입의 역할 강화

지방정부의 주요 세원 중 하나는 사용료 · 수수료 · 부담금(fees and charges) 등으로 충당되는 세외수입(non-tax revenue)이다. 전통적으로 지방재정을 떠받쳐 오던 재산세가 1980년대부터 조세저항, 정치적 부담, 세율 인상 상한제 등으로 인해 세수 확장에 큰 제동이 걸리자 그 대안으로 세외수입이 급부상되었다. 실제로 지방정부들은 앞다투어 사용료 · 수수료 · 부담금을 적극적으로 확장하였다. 그 결과 과거 지방세입의 10% 내외이던 세외수입의 비중은 2000년대에는 15%를 넘어섰고, 2010년 이후 최근에는 17% 내외 수준으로 크게 증가하였다.

미국과 마찬가지로 다수의 OECD 국가들은 1990년대 이후 공공 서비스에 가격을 매겨 요금을 부과하는 사용자부담금(user charge)을 적극적으로 확대해 왔다. 사용자부담금은 통상 다음의 목적을 갖는다(OECD, Best Practice Guidelines for User Charging for Government Services, OECD, 1997, p. 3). 그것은 (1) 정부의 예산적자 감축, (2) 공공 서비스의 제공에 따른 비용과 혜택을 이용자와 공급자(정부 조직)에게 보다 가시적으로 부각, (3) 공공 서비스의 직접 이용자에게 서비스 사용 대가를 부담시켜 일반납세자의 재정 부담을 완화, (4) 공공 서비스 이용자의 서비스 수요에 대한 규율(discipline) 유도, (5) 기업과 같은 고객 지향 관리 방식의 강화를 통한 서비스 공급자의 재정 및 서비스 성과 향상 도모, (6) 시장 활성화 및 경쟁 진작이다. 이와 같은 장점과 유용성으로 인해 세외수입은 특히 도시형 지방정부에서 중요한 재원이 되고 있다.

일반적으로 조세를 활용하는 재정(조세 재정)과 사용자부담금을 활용하는 재정(사용자부담금 재정)이 다른 점을 정리하면 아래의 [표 5-2]와 같다.

[표 5-2] 조세 재정과 사용자부담금 재정

	조세 재정	사용자부담금 재정
법적 근거	법률에 의한 구체적 근거 필수 (조세법률주의)	법률 또는 조례에 의한 포괄적 근거 필요
기능	주민 대상의 포괄적 공공 서비스 공급 재원	구체적 이용자 대상의 특정 서비스 공급 재원
비용 정보	객관적 비용 정보 취약 기능 · 성질 · 조직별 예산 형태 정보	특정 서비스 대상 구체 비용 정보 산출(full cost; average cost 등)
비용 부담 주체	일반납세자	서비스 이용자, 특정 납부 대상자 서비스-비용 부담 완결 시스템
징수 행정 시스템	종합적 · 체계적 운영	분산적 · 비체계적 운영
가격 메커니즘	작동하지 않음	부분 작동(요금 · 부담금, 수요 · 공급) 서비스 혜택-비용 부담 직접 연계
사회적 형평 장치	누진 과세, 조세 감면 등 본질적 형평성 · 재분배 장치 확보	일부 대상에 국한된 국지적 형평성 장치(요율 차등, 부담 면제 등)

자료: 임성일(2014).

(2) 정부 간 재정이전(보조금)

지방정부는 자체수입 외에 연방정부와 주정부로부터 받는 이전재정 수입을 중요한 재원으로 사용하고 있다. 2010년 기준으로 이들 이전재정 수입은 전체 지방정부 일반재정 수입의 38.9%, 뮤니시팰러티 세입의 26.1%를 차지한다. 지금부터는 지방정부에 제공되는 연방정부 보조금과 주정부 보조금에 대해 개략적으로 살펴보고자 한다.

지방정부가 연방정부로부터 받는 보조금은 전체 지방정부 보조금의 12.6%, 전체 지방정부 일반세입의 4.8%를 차지한다. 이러한 통계는 연방정부가 지방정부의 행정 · 재정 활동에 관여하는 일이 많지 않음을 시사한다. 지방정부 중에서는 뮤니시팰러티가 상대적으로 연방보조금을 많이 받는데, 그 비중은 전체 보조금의 20.2%, 일반세입 총액의 5.3%이다. 연방정부 보조금은 모두 특정한 목적과 지출 용도를 지닌 조건부보조금 또는 특정보조금(categorical/specific grants)이다.[2] 연방정부 특정보조금은 크게 배분 공식에 의해 보조되는 것과 연방정부의 정책적 판단(재량)에 의해 보조되는 것으로 구분된다. 후자의 경우 통상 지역 간 경쟁 시스템이 적용된다. 일반적으로 다수의 지방정부들이 연방정부에 관련 보조 사업을 신청하면 보조금을 관장하는 연방 기관(federal agency)이 그 중에서 가장 적합한 대상을 선정하는 방식이 사용된다.

2 참고로 미국의 연방정부 보조금(연방정부가 주정부와 지방정부에 제공하는 보조금) 가운데 지방정부가 자기 마음대로 사용할 수 있는 일반보조금은 없다. 영국 등 많은 나라에서는 지역 간 재정력 격차를 교정해 줄 목적으로 형평화보조금(equalization grant)을 운영하고 있지만, 미국의 연방정부는 그러한 재정이전 시스템을 갖고 있지 않다(우리나라와 일본에서 운영 중인 지방교부세는 완전한 형평화보조금은 아니지만 일부 형평화보조금의 특성을 지니고 있다).

다만, 연방정부 보조금 가운데 일부는 특정보조금과 일반보조금의 중간적 성격을 지니는 포괄보조금(block grants) 방식으로 운영된다. 포괄보조금은 사용 용도를 매우 넓게 설정하고 그 범위 안에서 주정부와 지방정부가 자율적으로 사용하도록 허용하는 점에서 일반보조금(general grant)의 성격을 지닌다. 그러나 여전히 보조금의 사용 용도가 포괄적 범위 내에서 제한되는 점에서 특정보조금의 성격도 함께 지닌다. 통상 포괄보조금은 배분 공식에 의해 운영되며, 연방법에서 명시하는 수혜 조건(수혜 자격)을 충족하는 주와 지방정부에 배분된다.

지방정부를 대상으로 지급되는 포괄보조금 중에서 규모가 가장 큰 것은 지역사회 개발 포괄보조금(Community Development Block Grant: CDBG)이다. CDBG는 지방정부가 자금 운영에 상당한 유연성을 갖고 다양한 분야(지역 개발, 경제 개발, 주택 공급 등)에 재원을 활용할 수 있는 연방보조금이다. CDBG는 연방정부의 핵심 지역 개발 정책 수단으로 대도시권(metropolitan area)의 중심 도시(principal cities), 인구 5만 명 이상의 모든 뮤니시팰러티, 인구 2만 명 이상의 도시형 카운티(urban county)를 중심으로 배분된다.[3] 보조금은 기본적으로 공식에 의해 배분되는데, 배분 기준으로는 인구, 지역의 빈곤 상태(빈곤인구), 주택밀집도(과밀주택 수), 주택연수(노후주택 수), 인구 성장 둔화 등이 사용된다. CDBG 예산은 1990년대 중반에 최고조에 달한 후 2000년대에 들어서면서 급격히 감소하였다.

지방정부가 상위 정부로부터 받는 보조금은 대부분 주정부 보조금이다.

---

3 CDBG 예산의 대부분은 공식에 의해 배분되며, 그 중 70%는 법정의무 배분 지역(entitlement communities)에, 나머지 30%는 비법정의무 배분 지역(non-entitlement communities)에 할당된다. 통상 전자는 연방정부가 지방정부에 직접 보조금을 교부하고, 후자는 연방정부가 주정부에 보조금을 교부하는 방식을 지닌다. 따라서 후자의 경우 주정부가 CDBG에 대한 관리 책임을 진다.

2010년 기준으로 주정부 보조금은 전체 지방정부 보조금의 87.4%, 그리고 전체 지방정부 일반세입의 33.1%를 차지한다. 지방정부 가운데 뮤니시팰러티가 주정부로부터 받는 보조금은 전체 보조금의 71.7%, 일반세입 총액의 18.7%를 차지한다. 주정부 보조금 가운데는 매우 예외적으로 연방보조금이 주를 경유해서 지방으로 이전되는 것이 있다(이 경우 주는 사실상 연방보조금의 통로 역할을 한다). 하지만 현실적으로 그에 대한 구체적인 통계 정보는 포착되지 않고 있다. 그 이유는 연방정부가 주에 보조금을 주면서 그것이 구체적으로 지방정부에 어떤 경로와 방식과 규모로 지원되어야 하는지에 대해 명시하지 않기 때문이다.

주정부 보조금은 주마다 크게 달라서 일률적으로 말하기 어렵다. 하지만 분명한 사실은 대부분의 주정부 보조금이 목적과 사용 용도를 구체적으로 지정한 특정보조금이고, 일반보조금은 미미하다는 점이다. 주정부 보조금은 배분 공식에 의해 배분되는 것도 있고, 주의 정책적 재량에 의해 배분되는 것도 있다. 일부 주에서는 지역 간 재정형평성 제고를 목적으로 하는 형평화보조금 제도를 운영하기도 한다.

주정부가 운영하는 형평화보조금 중에서 가장 규모가 크고 대표적인 것은 주가 학교구에 지원하는 기초(기반)보조금(Foundation Aid 또는 Foundation Grants)이다. 기초보조금은 문자 그대로 학교구 재원의 기초(기반)가 되는 것으로, 여기에 자체재원이 더해져서 학교 재정이 운영된다. 기초보조금은 지역의 학생 수에 중점을 두고 산정되며, 학생 1인당 정액(학생 1인당 최소 비용) 기준으로 배분된다. 학교구별로 배분되는 학생 1인당 보조금은 학생 1인당 기준으로 산정된 기초보조금에 학교구별 비용지수를 적용한 다음 그 값에서 해당 지역의 재산세 수입을 차감하여 산정된다.

이와 성격은 다르지만 학교구 재정에 중요한 주정부 보조금으로 세원보장 보조금 또는 학교구형평화보조금(Guaranteed Tax Base Aid 또는 District Power Equalizing)이 있다. 이는 기본적으로 각 학교구의 학생 1인당 재산세 과표(property tax base)를 균등화시키는 방식으로 보조금을 배분한다(R. C. Fisher, *State and Local Public Finance*, 4th ed., 2014, pp. 505-507).

미국의 지방교육 재정은 거의 모든 주에서 재산세를 기본 재원으로 삼고 있다. 그 결과 세원이 풍부한 지방정부(재정력이 좋은 지방정부)는 낮은 재산세 세율을 적용하더라도 교육 재원을 충분히 조달할 수 있는 반면 세원이 빈곤한 지방정부(재정력이 나쁜 지방정부)는 높은 세율을 적용하더라도 교육 재원의 조달과 서비스 공급에 애로를 겪는다. 즉, 동일한 수준의 교육 서비스를 제공하는 데 있어서 지방정부 간에 주민의 금전적 부담 수준에 큰 차이가 나고, 동일한 재정 부담을 하더라도 교육 서비스의 질과 양에 격차가 발생하는 사회적 문제가 나타나고 있다. 바로 이러한 문제, 즉 학교구 재원의 빈부격차로 발생하는 사회적 형평성 문제를 해소할 목적으로 도입된 것이 지방교육 분야의 주정부 형평화 보조금이다. 역사적으로 미국 사회는 교육 재정의 재원 문제와 교육 서비스 격차 문제를 두고 헌법소원 등 많은 법적 분쟁을 경험하였고, 이는 오늘날에도 사회적으로 매우 민감한 이슈로 남아 있다.

(3) 세입 공유와 세원 공유

미국에서는 서로 다른 정부 간에 조세 수입 또는 세원을 공유하는 세입 공유(revenue sharing)제도와 세원 공유(tax sharing)제도가 운영되고 있다. 다만, 현재는 연방정부와 주정부 및 지방정부 간에 재정 수입(조세 수입)을 공유하는 제도는 운영되지 않고 있다(지방정부와 달리 연방정부의 재정 수입은 거의 대부분 조세 수입으로 구성되어 있다). 과거 1970년대와 1980년대(1972-1986년)에는 연방정부 조세 수입의 일부가 각 주와 지방정부에 배분되는 세입 공유(일종의 교부세) 시스템이 가동된 적이 있었다. 당시 그것은 지방에 매우 중요한 이전재정을 제공하는 기능을 하였지만, 레이건(Reagan) 정부가 들어서면서 폐지되었다. 폐지 당시 세입 공유제도는 기존 재원이 크게 축소된 상태에서 포괄보조금제도로 전환되었다.

주와 지방정부 간에는 세입과 세원을 공유하는 시스템이 비교적 보편적으로 활용되고 있으며, 특히 세원 공유가 그러하다. 일반적으로 세원 공유는 주정부가 부과하는 세목 중에서 특정 부분을 지방정부의 재정 몫으로 할당하는 것이다. 예를 들면, 소득세의 세원을 주정부와 지방정부가 공유하거나 판매세의 세원을 주정부와 지방정부가 공유하는 것이다. 다만, 같은 세원 공유라도 미시적으로 보면 운영의 형태와 방식, 대상 세목, 규모 등에 있어서 지역별로 상당히 다르다. 주정부와 지방정부 간의 세원 공유는 지방정부의 입장에서 세원과 세율 그 어느 것도 통제하지 못하는 기본 한계가 있다.

2) 재정 지출

지방재정 지출은 미국 전체 일반정부 지출(general government spending)의 1/4 이상을 차지한다. 미국 정부가 담당하는 주요 지출 기능을 연방 · 주 · 지방정부로 구분하여 살펴보면 어떤 수준의 정부가 어떤 기능과 업무를 주도적으로 수행하는지에 대해 알 수 있다. 구체적으로, 지방재정 지출의 점유 비중이 매우 높은 것은 소방(100.0%), 초 · 중등 교육(98.6%), 하수도(97.8%), 도서관(95.8%), 폐기물 처리 및 위생(90.3%), 공원 및 레크리에이션(87.8%), 경찰 보호(87.0%) 등이다. 이는 다시 말해서, 지방정부의 행정 서비스 기능이 이들을 중심으로 활성화되고 있음을 의미한다. 국제기구(UN, IMF)의 기능별 분류 기준에 따르면 미국의 지방정부는 공공질서 및 안전, 경제 문제, 환경 보호, 레크리에이션 및 문화, 교육(고등교육 제외) 등의 기능을 주도적으로 수행하는 것으로 파악된다. 참고로 미국에서는 경찰 사무를 지방정부가 수행하며, 관련 지출이 지방재정에서 차지하는 비율이 상당히 높다. 특히, 중 · 소도시의 경우 경찰 및 소방 관련 인건비가 전체 인건비의 절반을 넘어서는 사례가 흔하다. 이는 우리와 크게 다르다.

2012년도 센서스 자료를 토대로 지방정부의 재정 지출 내역을 구체적으로 살펴보면 다음과 같다.

재정 지출 가운데서 규모가 가장 큰 분야는 교육 서비스 부문(6,024억 1,000만 달러: 그 중 초 · 중등 교육이 5,633억 7,900만 달러임)이고, 그 다음으로 공익 서비스(전기, 가스, 대중교통 수단 등) 관련 투자 1,921억 6,200만 달러, 병원(944억 6,600만 달러), 치안(878억 1,200만 달러), 교통 · 수송(647억 2,900만 달러), 일반채무 이자(622억 4,600

[그림 5-2] 미국의 주정부와 지방정부의 주요 분야별 재정 지출(성질별 · 목적별)

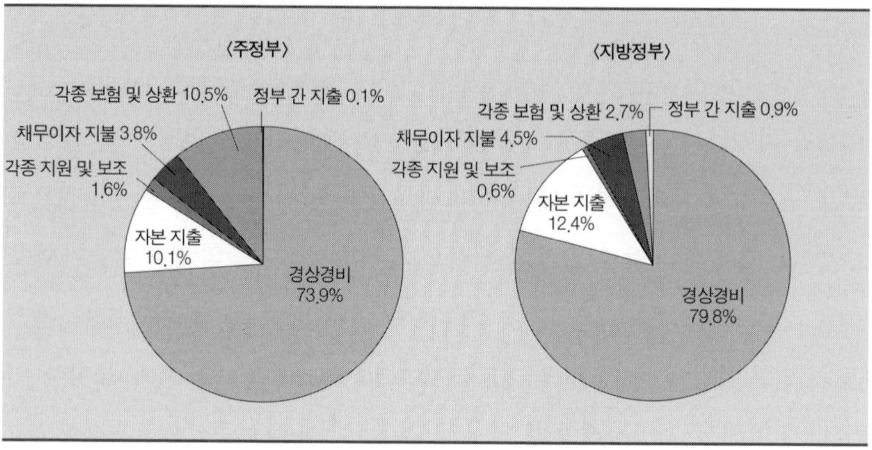

주: 미국 센서스 자료(2013 Census of Governments)를 토대로 필자가 산정하였음.

만 달러), 하수도(529억 5,300만 달러), 공공복지(527억 7,600만 달러), 보험신탁 지출(449억 7,100만 달러), 건강(440억 900만 달러), 소방(433억 7,300만 달러), 주택 및 커뮤니티 개발(425억 4,000만 달러) 등이다.

3) 지방세제도의 역할과 기능

미국과 유럽에서는 지방세가 예산의 세입과 세출을 조정하는 기능을 한다. 이는 우리나라와 크게 다르다. 구체적으로, 지방세는 지방자치단체가 계획하는 모든 지출 수요(세출액)와 지방세 외에 외부로부터 지원되는 수입(보조금 등) 간에 발생하는 간격을 조절하는 기능을 담당한다. 우리나라의 예산 편성 시스

[표 5-3] 미국의 주정부와 지방정부의 재정 수입, 2013년

(단위: 천 달러, %)

수입 내역	주 및 지방정부		주정부	주 · 지방 비율		지방정부	
	금액	비율		주	지방	금액	비율
수입 총계(Revenue)	3,419,868,195	100.0	2,193,443,291			1,709,268,981	100.0
일반수입(General revenue)	2,690,426,735		1,685,745,846			1,487,524,966	
1. 정부 간 이전수입 (Intergovernmental revenue)	584,651,830	17.1	527,066,355			540,429,552	31.6
연방정부 이전재정(From Federal)	584,651,830	100.0	513,478,951	87.8	12.2	71,172,879	100.0
2. 자체재원 수입 (General revenue from own sources)	2,105,774,905	61.6	1,158,679,491	55.0	45.0	947,095,414	55.4
1) 조세(Taxes)	1,455,498,630	69.1	847,434,611	58.2	41.8	608,064,019	64.2
① 재산세(Property)	455,441,810	31.3	13,053,517	2.9	97.1	442,388,293	72.8
② 판매세 등(Sales and gross receipts)	496,439,247	34.1	394,086,475	79.4	20.6	102,352,772	16.8
- 일반판매세(General sales)	327,065,751	65.9	254,154,294	77.7	22.3	72,911,457	71.2
- 선별판매세(Selective sales)	169,373,496	34.1	139,932,181	82.6	17.4	29,441,315	28.8
· 자동차 연료(Motor fuel)	41,410,555	24.4	40,089,067	96.8	3.2	1,321,488	4.5
· 알코올 등(Alcoholic beverage)	6,618,673	3.9	6,058,633	91.5	8.5	560,040	1.9
· 담배 제품(Tobacco products)	18,255,711	10.8	17,858,789	97.8	2.2	396,922	1.3
· 공공시설(전기 · 가스 등)(Public utilities)	28,640,895	16.9	14,356,400	50.1	49.9	14,284,495	48.5
· 기타 선별판매세(Other selective sales)	74,447,662	44.0	61,569,292	82.7	17.3	12,878,370	43.7
③ 개인소득세(Individual income)	338,471,471	23.3	309,524,489	91.4	8.6	28,946,982	4.8
④ 법인소득세(Corporate income)	53,039,469	3.6	45,015,768	84.9	15.1	8,023,701	1.3
⑤ 자동차면허세(Motor vehicle license)	25,080,048	1.7	23,213,282	92.6	7.4	1,866,766	0.3
⑥ 기타 조세(All other taxes)	87,026,585	6.0	62,541,080	71.9	28.1	24,485,505	4.0
2) 부담금 등 각종 세외수입 (Charges and miscellaneous general revenue)	650,276,275	30.9	311,244,880	47.9	52.1	339,031,395	35.8
① 경상부담금(Current charges)	444,152,589	68.3	183,433,664	41.3	58.7	260,718,925	76.9
- 교육(Education)	117,647,102	26.5	94,158,447	80.0	20.0	23,488,655	9.0
- 병원(Hospitals)	129,820,391	29.2	53,241,123	41.0	59.0	76,579,268	29.4
-고속도로(Highways)	15,171,179	3.4	8,527,369	56.2	43.8	6,643,810	2.5
- 항공수송(공항)(Air transportation (airports))	20,595,949	4.6	1,451,406	7.0	93.0	19,144,543	7.3
- 주차 시설(Parking facilities)	2,733,953	0.6	21,748	0.8	99.2	2,712,205	1.0
- 해양 및 내륙 항만 시설 (Sea and inland port facilities)	4,604,812	1.0	1,344,250	29.2	70.8	3,260,562	1.3

[표 5-3] 계속

(단위: 천 달러, %)

수입 내역	주 및 지방정부		주정부	주 · 지방 비율(%)		지방정부	
	금액	비율		주	지방	금액	비율
- 천연자원(Natural resources)	4,841,537	1.1	2,914,201	60.2	39.8	1,927,336	0.7
- 공원 및 레크리에이션(Parks and recreation)	9,916,241	2.2	1,389,680	14.0	86.0	8,526,561	3.3
- 주택 및 커뮤니티 개발 (Housing and community development)	6,195,146	1.4	602,630	9.7	90.3	5,592,516	2.1
- 하수도(Sewerage)	50,689,306	11.4	621,920	1.2	98.8	50,067,386	19.2
- 고형폐기물 관리 (Solid waste management)	16,842,617	3.8	401,840	2.4	97.6	16,440,777	6.3
- 기타 부담금(Other charges)	65,094,356	14.7	18,759,050	28.8	71.2	46,335,306	17.8
② 기타 각종 일반수입 (Miscellaneous general revenue)	206,123,686	31.7	127,811,216	62.0	38.0	78,312,470	23.1
- 이자수입(Interest earnings)	50,837,197	24.7	32,369,893	63.7	36.3	18,467,304	23.6
- 특별평가(감정)(Special assessments)	7,154,276	3.5	23,498	0.3	99.7	7,130,778	9.1
- 자산 매각(Sale of property)	3,685,061	1.8	1,159,296	31.5	68.5	2,525,765	3.2
- 기타 일반수입(Other general revenue)	144,447,152	70.1	94,258,529	65.3	34.7	50,188,623	64.1
3. 공익 서비스 수입(Utility revenue)	157,746,984	4.6	13,574,604	8.6	91.4	144,172,380	8.4
1) 상수도(Water supply)	58,733,826	37.2	274,806	0.5	99.5	58,459,020	40.5
2) 전기(Electric power)	77,256,746	49.0	9,831,559	12.7	87.3	67,425,187	46.8
3) 가스(Gas supply)	6,742,729	4.3	9,078	0.1	99.9	6,733,651	4.7
4) 교통(Transit)	15,013,683	9.5	3,459,161	23.0	77.0	11,554,522	8.0
4. 주류 판매점 수입(Liquor store revenue)	8,903,103	0.3	7,480,124	84.0	16.0	1,422,979	0.1
5. 보험신탁 수입(Insurance trust revenue)	562,791,373	16.5	486,642,717	86.5	13.5	76,148,656	4.5
1) 실업보상 (Unemployment compensation)	74,421,496	13.2	74,232,787	99.7	0.3	188,709	0.2
2) 고용자 퇴직(Employee retirement)	465,792,469	82.8	389,832,522	83.7	16.3	75,959,947	99.8
3) 고용자(공무원) 보상 (Workers' compensation)	15,295,670	2.7	15,295,670	100.0	0.0	0	0.0
4) 기타 보험신탁 수입 (Other insurance trust revenue)	7,281,738	1.3	7,281,738	100.0	0.0	0	0.0

자료: U.S. Census Bureau, 2013 Census of Governments: Finance – Surveys of State and Local Government Finances, 2013.

[표 5-4] 미국의 주정부와 지방정부 재정 지출(성질별 · 목적별, 2013년)

(단위: 천 달러, %)

지출 내역	주 및 지방정부		주정부	주 · 지방 비율		지방정부	
	금액	비율		주	지방	금액	비율
지출(Expenditure)	3,204,487,884	100.0	2,006,144,436			1,698,603,400	100.0
성질 및 목적별(By character and object):							
1. 정부 간 지출 (Intergovernmental expenditure)	3,392,576	0.1	488,782,863			14,869,665	0.9
2. 직접 지출(Direct expenditure)	3,201,095,308	99.9	1,517,361,573	47.4	52.6	1,683,733,735	99.1
1) 경상경비(Current operations)	2,364,655,977	73.9	1,020,376,950	43.2	56.8	1,344,279,027	79.8
2) 자본지출(Capital outlay)	323,060,021	10.1	114,980,312	35.6	64.4	208,079,709	12.4
3) 각종 지원 및 보조 (Assistance and subsidies)	50,991,439	1.6	40,795,280	80.0	20.0	10,196,159	0.6
4) 채무이자 지출(Interest on debt)	124,736,172	3.9	48,528,728	38.9	61.1	76,207,444	4.5
5) 각종 보험 및 상환 (Insurance benefits and repayments)	337,651,699	10.5	292,680,303	86.7	13.3	44,971,396	2.7
급여 및 임금(Salaries and wages)	857,248,541		246,019,624	28.7	71.3	611,228,917	

자료: U.S. Census Bureau, 2013 Census of Governments: Finance – Surveys of State and Local Government Finances, 2013.

템은 양입제출 방식(수입을 확정한 다음 지출을 확정하는 방식)인 데 비해, 영미의 예산 편성 방식은 양출제입 방식(지출을 확정한 다음 수입을 확정하는 방식)을 취하고 있다.

양출제입 방식에서는 지방자치단체가 먼저 예산 지출의 규모를 확정한 다음 그것을 충당하는 세입의 조달을 모색한다. 지방자치단체는 중앙정부의 보조금을 파악하고 세출예산과 보조금을 비교한 다음 모자라는 예산을 자체수입(지방세 수입과 세외수입)과 지방채를 통해 충당한다. 이때 만일 전년도와 비슷한 정도의 지방세 징수(동일한 세율 및 과표 적용)로서도 균형예산이 가능하다면 문

[표 5-5] 미국의 주정부와 지방정부 재정 지출(기능별, 2013년)

(단위: 천 달러, %)

지출 내역	주 및 지방정부		주정부	주 · 지방 비율(%)		지방정부	
	금액	비율		주	지방	금액	비율
기능별 직접 지출 (Direct expenditure by function)	3,201,095,308	100.0	1,517,361,573	47.4	52.6	1,683,733,735	100.0
1. 교육(Education services):							
1) 교육(Education)	876,566,216		274,156,200	31.3	68.7	602,410,016	
2) 고등교육(Higher education)	261,153,244		222,122,350	85.1	14.9	39,030,894	
3) 초 · 중등 교육(Elementary & secondary)	569,808,329		6,429,207	1.1	98.9	563,379,122	
4) 기타 교육(Other education)	45,604,643		45,604,643	100.0	0.0	0	
5) 도서관(Libraries)	11,646,915		395,195	3.4	96.6	11,251,720	
2. 사회 서비스 및 소득 지원(Social services and income maintenance):							
1) 공공복지(Public welfare)	516,389,152		463,613,039	89.8	10.2	52,776,113	
① 현금지원 지급(Cash assistance payments)	22,620,852	4.4	12,424,693	54.9	45.1	10,196,159	19.3
② 판매 관련 지급(Vendor payments)	417,148,542	80.8	409,802,620	98.2	1.8	7,345,922	13.9
③ 기타 공공복지(Other public welfare)	76,619,758	14.8	41,385,726	54.0	46.0	35,234,032	66.8
2) 병원(Hospitals)	160,773,223		66,307,111	41.2	58.8	94,466,112	
3) 건강(Health)	87,013,135		43,004,023	49.4	50.6	44,009,112	
4) 고용안전 행정 (Employment security administration)	4,900,837		4,846,304	98.9	1.1	54,533	
5) 퇴역자(재향군인) 서비스 (Veterans' services)	1,024,498		1,024,498	100.0	0.0	0	
3. 교통(Transportation):							
1) 고속도로(Highways)	158,744,976		94,015,529	59.2	40.8	64,729,447	
2) 항공(공항)(Air transportation (airports))	21,139,226		1,848,101	8.7	91.3	19,291,125	
3) 주차 시설(Parking facilities)	1,903,774		10,393	0.5	99.5	1,893,381	
4) 해양 및 내륙 항구 시설 (Sea and inland port facilities)	5,440,324		1,568,302	28.8	71.2	3,872,022	
4. 공공안전(Public safety):							
1) 치안(Police protection)	101,333,753		13,521,647	13.3	86.7	87,812,106	
2) 소방(Fire protection)	43,372,778		0	0.0	100.0	43,372,778	

[표 5-5] 계속

(단위: 천 달러, %)

지출 내역	주 및 지방정부		주정부	주·지방 비율		지방정부	
	금액	비율		주	지방	금액	비율
3) 교정(Correction)	73,323,954		45,892,881	62.6	37.4	27,431,073	
4) 보호감찰 및 규제 (Protective inspection and regulation)	14,146,005		9,281,780	65.6	34.4	4,864,225	
5. 환경 및 주택(Environment and housing):							
1) 천연자원(Natural resources)	28,938,990		19,076,940	65.9	34.1	9,862,050	
2) 공원 및 레크리에이션 (Parks and recreation)	37,756,248		4,704,663	12.5	87.5	33,051,585	
3) 주택 및 커뮤니티 개발 (Housing and community development)	51,539,193		8,999,624	17.5	82.5	42,539,569	
4) 하수도(Sewerage)	53,673,717		720,915	1.3	98.7	52,952,802	
5) 폐기물 관리(Solid waste management)	24,444,603		2,386,061	9.8	90.2	22,058,542	
6. 정부행정(Governmental administration):							
1) 재정(Financial administration)	39,769,020		22,575,986	56.8	43.2	17,193,034	
2) 사법 및 법률(Judicial and legal)	42,680,834		20,515,659	48.1	51.9	22,165,175	
3) 일반 공공건물(General public buildings)	13,638,001		3,028,902	22.2	77.8	10,609,099	
4) 기타 정부행정 (Other governmental administration)	28,780,770		4,482,959	15.6	84.4	24,297,811	
5) 일반채무 이자(Interest on general debt)	108,384,832		46,138,932	42.6	57.4	62,245,900	
7. 일반지출 등(General expenditure, n.e.c.):							
1) 각종 상업활동 (Miscellaneous commercial activities)	5,091,303		2,158,332	42.4	57.6	2,932,971	
2) 기타(Other and unallocable)	127,312,686		40,113,221	31.5	68.5	87,199,465	
전기·가스 등 지출(Utility expenditure)	216,823,894	6.8	24,661,698	11.4	88.6	192,162,196	11.4
1) 상수도(Water supply)	65,013,721	30.0	370,504	0.6	99.4	64,643,217	33.6
2) 전기(Electric supply)	79,189,695	36.5	10,571,987	13.4	86.6	68,617,708	35.7
3) 가스(Gas supply)	7,030,760	3.2	10,649	0.2	99.8	7,020,111	3.7
4) 교통(Transit)	65,589,718	30.3	13,708,558	20.9	79.1	51,881,160	27.0
주류 판매점 지출(Liquor store expenditure)	6,890,752	0.2	5,632,375	81.7	18.3	1,258,377	0.1

[표 5-5] 계속

(단위: 천 달러, %)

지출 내역	주 및 지방정부		주정부	주 · 지방 비율		지방정부	
	금액	비율		주	지방	금액	비율
보험신탁 지출(Insurance trust expenditure)	337,651,699	10.5	292,680,303	86.7	13.3	44,971,396	2.7
1) 실업보상(수당) (Unemployment compensation)	71,449,708	21.2	71,181,425	99.6	0.4	268,283	0.6
2) 고용자 퇴직(Employee retirement)	248,390,717	73.6	203,687,604	82.0	18.0	44,703,113	99.4
3) 고용자 보상(Workers' compensation)	10,894,581	3.2	10,894,581	100.0	0.0	0	0.0
4) 기타 보험신탁(Other insurance trust)	6,916,693	2.0	6,916,693	100.0	0.0	0	0.0

자료: U.S. Census Bureau, 2013 Census of Governments: Finance – Surveys of State and Local Government Finances, 2013.

제가 없으나, 그렇지 못할 경우 지방세 세율을 인상해야 한다. 통상 재산세 세율을 직접 인상하기보다 재산세 과표를 상향조정하는 방식을 취한다(과표 인상은 사실상 세율 인상과 비슷한 효과를 유발한다). 이와 반대로 정부의 보조금을 감안한 결과 기존의 지방세 수입으로 세출예산을 충당하고도 남는다면 재산세 세율을 인하할 수도 있다.

간단한 예를 들어 설명하면 다음과 같다. 어느 지방정부의 세출예산 총액이 5,000억 원이고, 상위 정부로부터 지원받는 보조금이 3,000억 원이라고 가정해 보자. 이러한 상황에서 미국의 지방재정 운영 시스템은 양자의 차액 2,000억 원을 지방정부가 자신의 노력, 즉 조세 수입과 세외수입으로 충당해야만 한다. 이때 만일 지난해 기준으로 지방세와 세외수입(과표)이 1,500억 원이라면, 금년도에는 지방세 수입을 500억 원만큼 더 확보해야 한다. 이 경우 통상 재산세의 세율 인상(과표 상향조정 포함)이나 세외수입 확충을 통해 추가 재원을 확보한다. 또 다른 가정으로 만일 지난해 기준으로 지방세 수입과 세외수입이 2,500억 원

[표 5-6] 미국의 주정부와 지방정부의 지출(채무와 보험신탁 등, 2013년)

(단위: 천 달러, %)

내역	주 및 지방정부		주정부	주 · 지방 비율		지방정부	
	금액	비율		주	지방	금액	비율
1. 채무 잔액(Debt outstanding)	2,954,722,052	100.0	1,137,388,671	38.5	61.5	1,817,333,381	100.0
1) 단기(Short-term)	32,418,942	1.1	5,668,029	17.5	82.5	26,750,913	1.5
2) 장기(Long-term)	2,922,303,110	98.9	1,131,720,642	38.7	61.3	1,790,582,468	98.5
민간 용도의 공적 채무 (Public debt for private purposes)	570,762,079		353,696,518	62.0	38.0	217,065,561	
장기채무 발행 (Long-term debt issued)	362,262,399		147,713,898	40.8	59.2	214,548,501	
장기채무 만기(Long-term debt retired)	357,913,519		149,999,331	41.9	58.1	207,914,188	
2. 현금 및 유가증권 보유 (Cash and security holdings)	5,588,528,355	100.0	3,920,918,491	70.2	29.8	1,667,609,864	100.0
1) 보험신탁 자금(Insurance trust funds)	3,273,927,398	58.6	2,728,341,554	83.3	16.7	545,585,844	32.7
① 실업자 보상(수당) (Unemployment compensation)	4,051,731	0.1	3,723,399	91.9	8.1	328,332	0.1
② 피고용자 퇴직(Employee retirement)	3,160,946,468	96.5	2,615,688,956	82.8	17.2	545,257,512	99.9
③ 고용자 보상(Workers' compensation)	100,857,668	3.1	100,857,668	100.0	0.0	0	0.0
④ 기타(Miscellaneous)	8,071,531	0.2	8,071,531	100.0	0.0	0	0.0
2) 보험신탁 자금 외 (Other than insurance trust funds)	2,314,600,957	41.4	1,192,576,937	51.5	48.5	1,122,024,020	67.3
목적별(By purpose):							
① 채무상계(Offsets to debt)	770,861,224	33.3	458,510,770	59.5	40.5	312,350,454	27.8
② 증권자금(Bond funds)	183,698,004	7.9	38,548,777	21.0	79.0	145,149,227	12.9
③ 기타(Other)	1,360,041,729	58.8	695,517,390	51.1	48.9	664,524,339	59.2

자료: U.S. Census Bureau, 2013 Census of Governments: Finance – Surveys of State and Local Government Finances, 2013.

이라면, 재산세의 과표 내지 세율의 인하가 가능하다.

이와 같은 시스템에서는 지방세(주로 재산세)가 예산의 세입과 세출을 균형

[표 5-7] 미국의 주정부와 지방정부 간 조세 수입 비교(2013년)

(단위: 천 달러, %)

수입 내역	주 및 지방정부		주정부	주 · 지방 비율		지방정부	
	금액	비율		주	지방	금액	비율
조세(Taxes)	1,455,498,630	69.1	847,434,611	58.2	41.8	608,064,019	64.2
1. 재산세(Property)	455,441,810	31.3	13,053,517	2.9	97.1	442,388,293	72.8
2. 판매세 및 총수입(Sales and gross receipts)	496,439,247	34.1	394,086,475	79.4	20.6	102,352,772	16.8
1) 일반판매세(General sales)	327,065,751	65.9	254,154,294	77.7	22.3	72,911,457	71.2
2) 선별적 판매세(Selective sales)	169,373,496	34.1	139,932,181	82.6	17.4	29,441,315	28.8
① 자동차 연료(Motor fuel)	41,410,555	24.4	40,089,067	96.8	3.2	1,321,488	4.5
② 주류(Alcoholic beverage)	6,618,673	3.9	6,058,633	91.5	8.5	560,040	1.9
③ 담배 생산(Tobacco products)	18,255,711	10.8	17,858,789	97.8	2.2	396,922	1.3
④ 공공요금(Public utilities)	28,640,895	16.9	14,356,400	50.1	49.9	14,284,495	48.5
⑤ 기타 선별적 판매(Other selective sales)	74,447,662	44.0	61,569,292	82.7	17.3	12,878,370	43.7
3. 개인소득세(Individual income)	338,471,471	23.3	309,524,489	91.4	8.6	28,946,982	4.8
4. 법인소득세(Corporate income)	53,039,469	3.6	45,015,768	84.9	15.1	8,023,701	1.3
5. 자동차면허세(Motor vehicle license)	25,080,048	1.7	23,213,282	92.6	7.4	1,866,766	0.3
6. 기타 제세(All other taxes)	87,026,585	6.0	62,541,080	71.9	28.1	24,485,505	4.0

자료: U.S. Census Bureau, 2013 Census of Governments: Finance – Surveys of State and Local Government Finances, 2013.

화하는 역할을 할 뿐 아니라 지방자치단체의 주민에 대한 재정책임성과 지역주민의 재정 부담 책임성을 강화하는 역할을 한다. 그 결과 지역주민은 자신이 부담하는 재산세의 과표가 왜 조정되고, 추가적인 재정 부담이 어디에 사용되는지에 대해 보다 분명한 인식을 하게 된다. 이는 향후 주민이 지역의 시장과 의원을 선출하는 과정에서 중요한 판단 요인으로 작용한다.

이러한 운영 방식은 우리나라의 지방세가 재원 조달 기능에 급급한 것과는 완전히 다르다. 우리나라의 지방세는 계획된 지출을 충당하는 하나의 주요 재원(재원 조달 수단)으로서 역할을 할 뿐 지출 상황(수요)의 변화에 탄력적으로 대응하는 재정책임성 기제로서의 역할은 하지 못하고 있다. 다시 말해서, 주민에게 부과되는 세금이 부동산 과표(가치)의 변동뿐 아니라 지역의 재정 상태나 재정 수요의 변동에 적극적으로 대응하는 재정책임성 수단으로 활용되지 못하고 있는 것이 우리의 현실이다. 이론적으로 말하면, 구미의 지방재정 시스템에서는 지방세의 가격 기능(price signalling)이 작동하는 반면 우리나라의 지방재정 시스템에서는 그것이 전연 작동되지 않고 있다.

이는 지방자치의 본질적 운영 시스템인 자기 책임성(지방자치단체와 지역주민이 재정에 대해 갖는 자기 책임성) 기제가 작동하지 못하는 중대한 제도적 여건불비라고 말할 수 있다. 이 문제는 곧이어 기술하는 지방채 발행제도와도 연관된다. 이러한 상태에서는 지방자치단체와 지역주민이 재정에 대한 기본적 책무를 갖고 자율적인 의사결정을 하는 지방자치의 본질을 구현하기가 어렵다.

지방세의 가격 기능이 작동하려면 지방자치단체의 과세권 강화가 필수적으로 요구되는데, 현재 우리나라는 그렇지 못하다. 과거에는 우리나라의 지방자치단체들이 재산세의 과표를 등급화해서 조절한 적이 있었는데, 1990년대 중반 이후 그 기능이 사라졌다. 앞으로 지방자치가 제대로 작동하기 위해서는 재산세를 비롯한 일부 지방세목의 과표를 지방자치단체가 지역의 실정과 재정 상태에 맞추어 조절할 수 있는 새로운 메커니즘을 가동시켜야 한다. 지역별 특성 차이와 다양성을 허용하지 않는 재정 운영 시스템을 재정분권이라고 말할 수 없고, 재정분권이 뒷받침되지 않은 지방자치를 제대로 된 지방자치로 간주할 수 없다.

4) 지방채 발행제도와 자본예산제도

(1) 지방채 발행제도

미국의 지방채 발행제도는 우리나라와 근본적으로 다르다. 미국은 자본시장을 중심으로 지방채 시장이 발달한 데 비해 우리나라는 주로 공공 자금에 의해 지방채가 소화되고 있다. 우리나라에서는 사실상 지방채를 적극적으로 거래하는 자본시장이 형성되어 있지 못하다. 지방채 발행이 자본시장 중심으로 작동된다는 것은 냉정한 시장 원리와 시장의 평가 · 감시 기능이 지방자치단체의 지방채 발행을 통제하고 지배하는 것을 의미한다. 이는 나아가 시장이 지방재정의 건전성 상태를 지속적으로 점검하고 규제하는 것을 뜻한다. 시장은 지방채를 발행하는 지방자치단체의 단 · 장기 재정 능력(채무 변제 능력)을 평가하고 그에 따라 지방채를 인수하기도 하고 외면하기도 한다. 극단적으로, 심각한 자금(유동성) 부족에 처한 재정위기 단체의 경우 자본시장에서 자금을 빌릴 수 없기 때문에 파산 보호를 신청한다.

2012년도 센서스 자료에 의하면 미국의 주와 지방정부가 안고 있는 지방채무의 규모(잔액)는 우리나라 GDP의 2배가 넘는 무려 2조 9,547억 2,200만 달러나 된다. 이는 주정부 1조 1,373억 8,900만 달러(38.5%), 지방정부 1조 8,173억 3,300만 달러(61.5%)로 구성되어 있다. 2015년 기준으로 우리나라의 총지방채무 잔액이 약 100조 원임을 감안하면,[4] 미국의 지방채 규모는 실로 우리와 비교될 수 없

4 이는 지방공기업 등 모든 지방공공 부문의 부채를 총망라한 것이다. 만일 일반 지방자치단체의 채무만을 기준으로 하면 2015년 말 현재 총 27조 9,457억 원의 채무 잔액이 있고, 이는 지방채 27조 6,915억 원, 채무 부담

다. 참고로 1990년대 이후 최근까지 우리나라의 지방채 규모는 대체로 GDP의 2% 미만 수준을 유지해 왔다.

역사적으로 미국의 지방채는 세계적인 민간 신용평가 회사(Moody's, S&P, Fitch 등)에 의해 신용평가를 받아 왔다. 그리고 신용평가 결과, 즉 신용 등급에 따라 지방채의 발행 조건이 결정되었다. 그 결과 재정을 잘 관리하고 양호한 재정 상태를 유지하는 지방정부들은 유리한 조건으로 지방채를 발행할 수가 있었다. 반면에 그렇지 못한 지방정부들은 많은 비용을 지급해야만 지방채를 발행할 수 있었다. 극단적으로는 지방채의 발행 자체가 아예 불가능하였다. 이는 자본시장의 평가와 신호에 의해 지방재정의 건전성이 자극을 받고 독려가 되는 효과가 있음을 의미한다. 아울러 지방정부가 추진하는 자본투자 사업의 질과 양이 자본시장에 의해 크게 영향을 받고 있음을 의미한다. 그 이유는 지방투자 사업의 중요한 재원 중 하나가 지방채이기 때문이다.

한마디로, 미국의 지방자본투자는 시장 원리와 시장의 힘에 의해 영향을 받고 결정된다. 이러한 시스템에서는 연방정부나 주정부가 규제와 통제를 통해 지방자치단체의 채무를 관리할 필요가 없어진다. 이는 시장 원리 대신 공공자금 중심으로 지방채가 발행되는 우리나라의 지방채 운영 시스템과 본질적으로 다르다. 우리나라에서는 지방채 발행 재원의 대부분이 중앙정부와 광역자치단체의 공공 자금이고, 미국과 같은 공채(bond) 발행 비중은 매우 낮다. 아울러 지방재정의 재원 독립성과 운영의 자율 및 자기 책임성이 취약한 것도 미국

1,395억 원, 보증채무 이행 책임 1,147억 원으로 구성된다(행정안전부 자료).

의 환경과 큰 차이가 난다. 따라서 우리나라에서는 중앙정부가 지방자치단체의 지방채 발행을 관리 · 감독해야 하는 상황이 발생한다.

현재 우리나라는 채무 능력을 점검하는 기준(지방자치단체의 재정 상황, 채무 규모 등과 관련된 기준)을 토대로 지방채 발행을 총량적으로 관리하는 시스템(지방채 발행 총액한도제도, 2006년 도입)을 운영하고 있다. 현행 체제에서는 어떤 지방자치단체가 지방채를 과도하게 발행하거나 지방채 발행 사업이 잘못될 경우 중앙정부는 적어도 관리 책임으로부터 자유로울 수 없다. 중앙정부가 기채의 총량을 통제하고 개별 단체의 지방채 발행을 허가 또는 관리하는 위치에 있기 때문이다. 극단적으로는, 특정 자치단체가 과도한 채무로 인해 심각한 재정 문제에 처할 경우 중앙정부가 직접 개입해서 문제를 해결해야 할 일종의 책무가 발생한다(물론 이에 대하여는 논란의 여지가 있다). 이러한 시스템에서는 지방자치단체가 채무 발행에 대해 크게 두려워하거나 책임의식을 갖지 못한다. 극단적인 상황이 발생하더라도 중앙정부가 어떤 형태로든 채무 문제에 개입하여 해결해 줄 것이라는 일종의 기대감이 잠재해 있기 때문이다. 이는 이론에서 말하는 연성예산제약(soft budget constraint)의 대표적인 사례이다. 그리고 현행 지방채 발행제도 하에서는 지방자치단체들이 지방채 발행 사업을 선정하고 추진하는 과정에서 신중하지 못하고 경영을 방만히 하는 행태, 즉 도덕적 해이(moral hazard) 현상이 나타날 가능성이 크다.

물론 지방채의 발행 규모나 자본시장의 발달 수준 면에서 미국의 지방채 시장을 우리나라와 비교할 수는 없다. 그리고 한미 간에 지방재정을 둘러싼 환경과 재정 운영 시스템 면에서 격차가 있는 점도 인정되어야 한다. 그럼에도 불구하고 우리나라의 지방채제도는 앞으로 각종 정부 자금, 지역개발기금 등 국가와 지방자치단체의 공적 자금에 절대적으로 의존하는 방식에서 벗어나 점진적으로 시장의 역할을 확대하는 방향으로 바꾸어 나가야 한다. 그것은 시장에 의한 자율적 통제가 중앙정부에 의한 공적 통제보다 훨씬 비용 효과적이고 지방자치단체의 재정책임성을 진작시킬 수 있기 때문이다.

한국과 미국 간에 존재하는 또 다른 큰 차이는 미국의 경우 주요 지방채 발행시 거의 모든 주에서 주민의 동의(주민투표 등)를 요구하고 있는 점이다. 이러한 주민 동의 시스템은 일반주민에게 지방채 발행 사업에 대한 자신의 선호(재정 수요)와 적절성에 관한 의사를 표명할 수 있는 기회를 제공하는 점에서 중요한 의미가 있다. 그리고 지방채 사업이 추진되는 과정에서 추가적 재정 부담(즉, 세금 부담)이 발생할 경우 다수의 주민이 재산세 인상 등을 통해 그것을 부담할 것을 동의하는 절차적 투명성과 합리성을 확보하는 차원에서 중요한 의미가 있다. 한마디로, 주민투표제도는 지방정부와 지역주민이 지방채 발행 사업의 추진 필요성과 실천 의지 그리고 재정책임성을 종합적으로 확인하고 담보하는 시스템으로서 역할을 한다.

이러한 제도 하에서는 자치단체장이 정치적 목적이나 자신의 임의적 정책 판단으로 대규모 지방채 발행을 시도할 수가 없다. 만일 정치적 결단에 의해 대규모 지방채 사업을 추진할 경우 때로 정치적 실패의 위험 부담을 안아야 한다. 지역주민의 입장에서는 때로 자신의 소득에서 추가적으로 세금을 더 내어야 하는 만큼 지방채 사업에 대해 더 많은 관심을 두고 감시하게 된다. 이는 지방자치단체로 하여금 투자 사업을 보다 투명하게 경영하고 양질의 정보를 공개하도록 촉진시켜, 궁극적으로 재정의 책임성, 투명성, 효율성을 높이는 데 기여한다.

우리나라는 이와 판이하게 다르다. 실제로 지역주민은 자기가 속한 지방자치단체가 어떤 사업에 얼마의 지방채를 발행하는지에 대해 아는 바가 없다. 더 적나라하게 표현하면, 사람들은 그에 대해 관심도 없고 알려고도 하지 않는다. 그것은 지방채 발행이 자신과 아무런 관계가 없다고 생각하기 때문이다. 근년에 인천시의 채무 문제가 신문에 대문짝만하게 났어도 그와 관련하여 인천시민의 세금 부담이 크게 늘어났다는 기사는 그 후 본적이 없다. 이는 재정건전성 문제를 겪었던 태백시, 용인시, 성남시, 대구시 등도 마찬가지이다. 지방자치단체의 과도한 채무는 누군가의 주머니(중앙정부, 지방자치단체, 불특정 다수의 세금, 기타 공적 자금 등)를 통해 변제될 것이고, 내 주머니와는 관계가 없다는 것이 현재의 대한민국 지방자치 시스템이고 주민의 인식이다.

미국에서는 학교 신축이나 박물관 건립, 도로 · 교량 건설 등 대부분의 자본투자 사업이 실시되는 과정에서 지방채가 필수적으로 활용된다. 따라서 지역주민은 이에 대해 관심을 가지고 민감하게 대응한다. 가끔 언론 기사를 보면 학교를 증 · 개축하거나 신설할 경우 주민들 간에 의견이 갈리는 경우가 적지 않다. 특히, 노인 세대와 젊은 세대 간에 학교 신축에 대한 재정 부담을 둘러싸고 찬반이 엇갈리는 경우가 곧잘 있다. 한참 자라는 학령아동을 가진 젊은 세대는 학교 신축을 위한 지방채 발행에 적극적인 지지 의사를 표명한다. 이에 비해 학령아동과 무관한 나이 많은 노인 세대는 자신의 재산세 부담 증가를 우려하여 지방채 발행에 반대표를 던진다. 결과는 민주주의와 다수결 원칙에 의해 결정이 난다.

한국에서는 지역에서 추진되는 각종 자본투자 사업에 대해 그것이 누구의 돈이고, 어떤 재원으로부터 조달되는지의 문제에는 관심이 없다. 다만, 도로가 더 많이 건설되고 각종 시설이 더 많이 생겨나면 좋겠다는 안이하고 무책임한 사고만 팽배해 있다. 이는 한마디로 양질의 더 많은 행정 서비스는 원하되 그것을 내 주머니에서는 지불하지 않겠다는 전형적인 무임승차자(free rider)의 사고방식이다. 지방채 발행 및 운영 시스템에 대한 새로운 변화가 절실히 요구되는 대목이다.

끝으로, 한 가지 지적하고자 하는 것은 지방채에 대한 공적 담보 문제이다. 미국에서는 자본시장에서 거래되는 지방채 증권의 상당수가 지방세를 담보로 발행된다. 대표적인 예로 일반보증채권(general obligation bond)이 그에 해당한다. 하지만 지방세 대신 사업수익이나 특정의 지방자치단체 자산을 담보로 발행되는 지방채도 많이 있다. 우리나라의 지방채는 실제로 무엇을 담보로 발행되는지가 불분명하다. 이는 앞으로 정부가 고민해 보아야 할 중요한 과제이다. 현재 지방채 원리금 상환에 대한 우선변제 조항이 있지만, 이는 채권자의 권리를 존중하는 의미일 뿐 지방채의 담보 사항을 다루는 것은 아니다.

추측컨대, 지방채의 담보가 되는 것은 지방세일 가능성이 크다(지방공기업의 지방채는 다름). 하지만 극단적으로는 지방재정의 높은 중앙재정 의존성과 지방자치단체의 일부 국가 사무 수행을 감안할 때, 국세의 일부도 지방채의 담보가 될 가능성을 완전히 배제할 수는 없을 것 같다(물론 이에 대하여는 논란의 여지가 있다). 예를 들면, 중앙정부와 지방자치단체가 비용을 분담해서 수행하는 국고보조사업의 상당수가 지방채를 발행하고 있다. 하지만 우리나라의 지방재정법에는 지방채 발행에 대한 채무 변제의 최종 담보에 대한 언급이 없다. 이는 다시 말해서, 투자 사업에 활용되는 모든 지방채가 동일한 변제 부담 수준(의무)을 지니고 있음을 암묵적으로 시사한다. 이는 극단적으로 지방자치단체가 재정위기나 재정파탄에 처할 경우 지방채의 특성과 종류에 따라 어디까지 공적 책임을 져야 할지에 대한 명시적 규정이 없다는 것을 의미한다.

미국에서는 지방정부가 지방채를 발행할 때, 해당 지방채의 담보가 지방세인지 아니면 특정 예산(특정 지방세 · 세외수입, 해당 사업 수입 등)인지에 대해 명확히 하고 있다. 그리고 담보의 중요성에 따라 지방채의 발행 조건이 달라진다. 일반적으로 지방세나 지방세입 전체를 담보로 발행되는 지방채 증권을 일반보증채권(General Obligation Bonds: 통상 'GO'라고 함)이라고 하고, 그 밖의 지방채 증권을 비일반보증채권(통상 'Non-GO'라고 함)이라고 한다. 전자는 채무 변제의 강도가 매우 높은 반면 후자는 지방재정의 상황(지방채 증권이 연계된 특정 사업의 수익 내지 특정 재원 사정)에 따라 채무 변제의 완결성이 영향을 받을 수 있다. 이와 달리 우리나라의 경우 지금까지의 관행을 보면 지방자치단체의 채무는 모두 일반회계 예산으로 변제되고 있다(지방공기업의 경우는 다르다). 역사적으로 보면, 매년 지방정부가 발행하는 지방채권에 대한 신용평가 건수는 1970년의 약 3,300건에서 2014년 말 기준으로 약 15,400건으로 크게 증가하였다(Moody's, 2015). 신용평가 건수에 대한 전체적 경향은 일반보증채권이 주도하는 가운데 비일반보증채권의 비중이 늘어나다가 글로벌 금융위기 이후 그 비중이 조금 위축되는 양상이다([그림 5-3] 참조).

[그림 5-3] 미국 지방채 유형(일반보증채권, 비일반보증채권)별 신용평가 대상 채권 수의 성장, 1970-2014

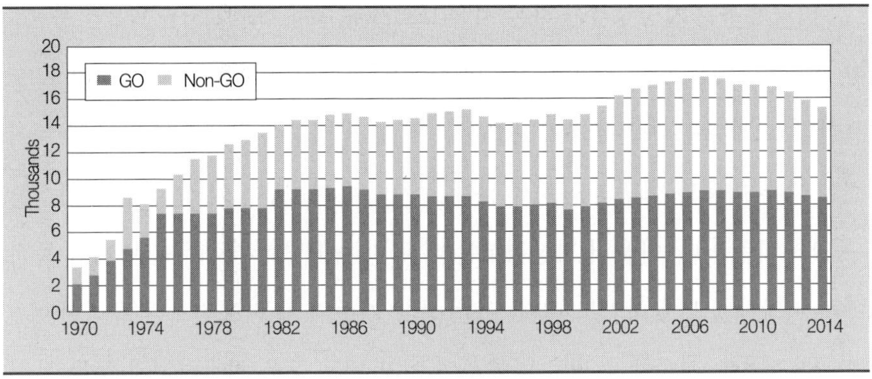

주: Go, Non-Go는 각각 일반보증채권, 비일반보증채권을 의미함.
자료: Moody's(2015).

미국의 연방정부는 주정부와 지방정부가 발행하는 채권에서 발생하는 이자소득에 대해 면세(tax-exempt)를 해주고 있다(참고로 미국에서 소득과세는 기본적으로 연방정부의 조세이며, 일부 주와 지방정부가 제한된 범위에서 소득과세를 사용하고 있다). 이와 같은 연방정부 정책은 지방정부의 지방채 발행에 대해 일종의 보조금을 제공해 주는 셈이고, 결과적으로 주정부와 지방정부의 자본 비용을 낮추어 주는 가격 효과(price effect)를 유발한다. 그리고 지방 채권에 대해 이자소득세를 면제해 주는 것은 채권 투자자에게 금전적 혜택을 주는 조치에 해당한다. 연방정부의 '면세채권 정책'은 무엇보다도 주와 지방정부로 하여금 주민에게 공공서비스(특히, 자본 시설 서비스)를 적절히 공급해 줄 것을 촉진하는 측면이 강하다. 만일 지방 채권에 대해 이자소득세를 물릴 경우 지방투자 시설의 공급 가격이 높아지고, 그 결과 공공 서비스가 과소 공급될 가능성이 있다. 요약하면, 연방정부의 지방채에 대한 이자소득세 면세 정책은 지방채 시장을 활성화하고,

주정부와 지방정부의 자본투자를 진작시키는 측면에서 중요한 의의가 있다.

미국에서는 지방정부가 자본 시설(도로, 교량, 공항, 학교, 도서관, 박물관, 공립병원, 각종 공익 시설 등)을 신규로 건설할 경우 대부분 지방채를 주된 재원으로 사용한다. 그 이유는 자본투자가 내포하는 세대 간 형평성 문제와 주민의 거주 이전에 따른 비용과 혜택의 공평성 문제를 지방채 파이낸싱이 상당 부분 해소할 수 있기 때문이다. 아울러 지방정부는 때로 기존에 발행된 채무를 변제할 목적에서 지방채를 발행하기도 한다. 이는 통상 기존의 채무 조건보다 유리한(예컨대, 낮은 이자율) 지방채를 새로 발행하여 이자 비용 등을 절감하고자 하는 목적에서 추진된다.

지방채의 유형과 안전성 및 위험성

미국에서 지방채는 통상 1년 이상의 상환 기간을 갖는 채권을 의미한다. 그 중에는 10년 내외의 중기채도 있고, 길게는 20년이 넘는 장기채도 있다. 이와 달리 지방정부가 단기의 현금 흐름을 원활히하기 위해 외부로부터 자금을 빌리는 단기채(통상 'note'라고 함)가 있는데, 이는 지방채의 개념에 포함되지 않는다. 일반적으로 단기채는 회계연도 중에 지방세 징수 시기와 재정 지출 시기가 상호 조화를 이루지 못하는 문제를 해소하는 현금 관리 수단으로 활용된다. 매우 예외적이지만, 자본투자를 위해 지방채를 발행해야 하는 시점에서 일시적으로 이자율이 매우 높을 경우(아울러 머지않아 이자율이 하향될 것으로 전망될 경우) 수개월의 이자 비용을 절감하기 위해 단기채가 활용되기도 한다.

지방채에는 여러 형태가 있지만, 가장 보편적으로 인식되고 있는 것은 일반(종합)보증채권(general obligation bond: GO bond)과 수익채권(revenue bond)이다.

일반보증채권은 일반 조세 수입에 의해 채권이 변제되는 것으로 채권 보유의 안정성(위험성)이 가장 높은(낮은) 지방채 유형이다. 일반보증채권의 담보가 되는 것은 사실상 지방세이다. 그러므로 GO 채권은 지방정부가 모든 과세권(taxing power)을 총동원해서 채권의 원금과 이자에 대한 부담 의무를 조건 없이 책임질 것을 채권 투자자에게 약속하는 지방채 유형이다. 지방정부가 존재하는 한 지방세가 징수되는 사실을 인식할 때, GO 채권은 극단적으로 표현해서 지방정부가 망하지 않는 한 채권의 원리금이 반드시 상환되는 지방채라고 말할 수 있다. 이러한 사실을 반영하여 GO 채권을 흔히 지방정부가 채권에 관한 모든 변제 의무를 완전히 확약하고 책임지는 '완전신용보증'(full faith and credit) 채권이라고도 말한다. 그러나 현실에 있어서는 매우 예외적이지만, 지방정부가 디폴트를 선언하거나 파산을 할 경우 아무리 GO 채권이라고 할지라도 원리금을 제대로 지불 받지 못하는 사태가 발생한다.

수익채권은 지방채 자금이 투입된 자본 시설에서 발생하는 일련의 수익을 통해 원리금이 상환되는 지방채를 말한다. 따라서 수익채권의 담보(또는 안정성을 결정하는 것은)는 특정 자본 시설의 수익이 된다. 수익채권은 지방세나 일반예산이 아닌 수익 창출 활동에 따른 수익에 영향을 받기 때문에 흔히 비보장성 채무(non-guaranteed debt)라고 말한다. 수익채권은 일반보증채권에 비해 상대적으로 안정성은 떨어지고 위험성은 높다. 특히, 수익채권의 안정성과 위험성은 지방채 자금이 투입되는 자본 시설의 유형 · 특성, 지역 환경 등에 의해 영향을 받는다. 예를 들면, 수익채권의 자금이 투입된 수익 창출 시설이 예상 수익을 크게 밑돌아 본래의 채권 변제 조건을 이행하기 어려울 경우 지방정부는 과세권을 사용해서 수익채권의 기본 수익을 충족시켜 주어야 할 의무는 없다. 채권수익의 손실은 채권 투자자가 감당해야 할 위험 부담이다. 그럼에도 불구하고 대다수 지방정부는 자신이 발행하는 채권의 중장기 신인도를 고려하여 수익 창출 부족에 따른 채권자의 손실을 가능한 최소화시키고자 노력한다. 때로는 지방정부가 투자자의 위험 부담을 줄여 주기 위해(수익 실적이 예상에 미치지 못하여 투자자의 손실이 발생하는 것을 예방하기 위해) 일부 수익채권의 경우 보험에 들거나 은행의 신용장 개설 등을 통해 신용을 보강하는 조치를 취한다. 일반적으로 투자자들은 안정성이 최대한 보장되면서 수익성이 높은 지방채권을 선호한다. 따라서 지방정부는 지방채를 발행할 때 이러한 사실을 염두에 두고 합리적 전략을 구사한다.

[그림 5-4]에는 1992-2013년 기간의 일반보증채권과 수익채권 간의 상대 비중이 나타나 있다. 중장기적으로 볼 때, 일반보증채권에 비해 수익채권이 훨씬 큰 비중을 차지하는 것으로 파악되고 있다. 전체적으로 수익채권의 점유 비중은 61-72%의 수준에서 연도별로 등락을 보이고 있다.[5)]

투자자의 입장에서 조세면제채권(면세채권)에 대한 선호도를 결정하는 요인은 많지만, 일반적으로 수익 스프레드(yield spread)와 수익률(yield ratio) 두 요인이 가장 중요한 것으로 간주된다. 수익 스프레드란, 일반과세 대상 채권(일반기업이나 미국 재무부가 발행하는 채권: corporate bonds, U.S. Treasury bonds)의 이자율과 동

5 Steven, Maguire and Jeffrey M. Stupak, "Tax-Exempt Bonds: A Description of State and Local Government Debt," Congressional Research Service Report, 2015.

[그림 5-4] 면세 장기지방채(Long-Term Tax-Exempt Debt)의 규모: 일반보증채권과 수익채권, 1992-2013

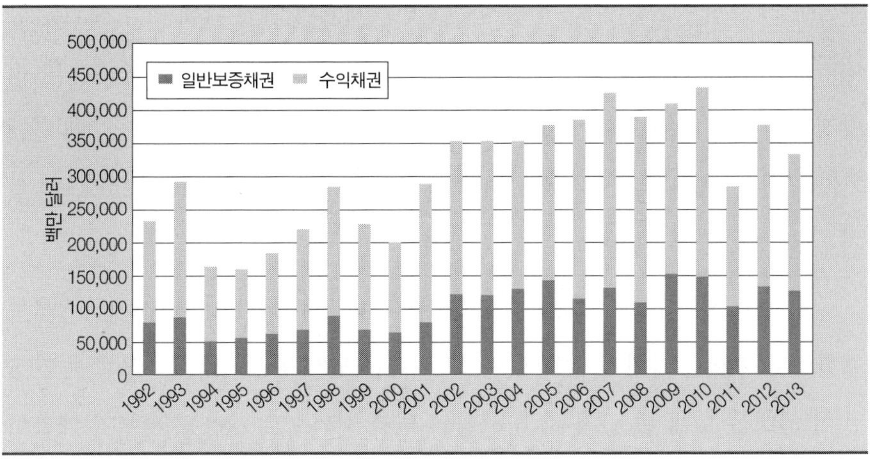

자료: *The Bond Buyer Yearbook*, 2014.

일한 위험성을 지니는 면세채권 간의 이자율 차이를 의미한다. 수익률은 면세채권의 평균율을 그와 유사한 조건과 위험성을 지니는 과세채권의 평균율로 나눈 것으로 정의된다. 이때 수익률이 낮다는 것은 주정부와 지방정부가 발행하는 면세채권이 과세채권보다 더 많은 재정 절약을 가져다주는 것을 뜻한다. 만일 수익률 값이 1에 근접한다면, 이는 사실상 주정부와 지방정부가 발행하는 면세채권과 일반과세채권 간에 별다른 차이가 없음을 의미한다.

미국의 대통령 경제자문기구(Council of Economic Advisors)의 보고서(Economic Report of the President, February 20014)에 의하면 1980-2013년 기간 중 수익 스프레드는 전반적으로 감소하는 추세를 보였다. 그 이유는 동 기간 중에 시장이자율이 하락 경향을 보였기 때문이다. 일반적으로 수익 스프레드가 클수록 지방정부의 이자율 부담은 많이 줄어들고, 수익 스프레드가 작을수록 지방정부의 이자율 부담은 크게 늘어난다. 이는 지방정부가 면세채권이 아닌 과세 대상 채권을 발행하는 경우와 비교해 보면 분명히 이해된다. 1980-2013년 기간의 주정부와 지방정부가 발행하는 면세채권과 과세채권 간의 수익률을 살펴보면, 1980년에 가장 낮았고, 재무부 채권은 2012년에 정점을, 그리고 기업 채권은 2103년에 정점을 친 것으로 관측되었다.

미국의 연방정부는 지방정부가 발행하는 '면세채권'에 대해 제도적으로 제한이나 통제를 가하지 않고 있다. 그 이유는 면세채권이 궁극적으로 주민(국민)이 혜택을 보게 될 공적 자본 시설의 투자 재원으로 사용될 것이기 때문이다. 다만, 지방정부가 발행하는 면세채권 중에서도 수익채권(특히, 지방정부가 수행하는 사업이지만, 사실상 민간 부문(개인 또는 기업)이 향유하게 되는 서비스와 관련된 수익채권의 경우)에 대하여는 연방정부가 매년 일정한 상한을 설정하고 있다. 그 이유는 민간 활동과 관련되는 채권에 대해 연방정부가 지방정부가 원하는 만큼의 보조금을 주는 셈이 되기 때문이다.

주정부와 지방정부가 안고 있는 채무는 일반적으로 다음의 몇 가지 기준에 의해 중요성과 안정성 그리고 위험성이 판단된다. 그것은 (1) 만기(maturity or term: 원금이 상환되는 기간), (2) 담보 내지 안정성 형태(type of security: 지방재정이 해당 채무에 대해 얼마나 확실하게 지지해 주는지의 정도), (3) 지방채의 용도(새로운 자본 시설 투자재원 또는 기존 채무의 차환 용도 등), (4) 채무가 사용되는 활동의 유형(type of activity: 지방채 자금이 사용되는 사업 내지 서비스가 공적 목적인지 아니면 일반 민간 활동(기업, 개인의 사업 활동)을 지원하는 목적인지의 형태)이다.

그 밖에 특히 중요한 것은 지방채가 안고 있는 위험성이다. 주정부와 지방정부가 발행하는 모든 채무는 정도를 달리할 뿐 항상 위험성을 수반한다. 이는 지방채권의 신용 등급을 결정하는 결정적 요인 중 하나인데, 통상 채무 불이행(default) 확률이 사용된다. 일반적으로 신용평가 기관들은 위에서 언급한 요소들을 토대로 주정부와 지방정부가 발행하는 채권의 등급을 결정한다(물론 이때 해당 주정부와 지방정부의 종합적인 재정 건강 상태도 중요한 등급 평가의 고려 요인으로 간주된다).

주정부와 지방정부의 단기채

주정부와 지방정부는 일반적인 지방채 외에 1년 이내의 단기에 필요한 자금을 조달하기 위해 단기채(어음: note)를 발행한다. 단기채 중에서 몇 달 안에 수납될 지방세 수입(전체 또는 특정 세수)을 가지고 채무 변제가 예정된 것을 조세예상단기채(tax anticipation notes: TANs), 그리고 상위 정부로부터의 이전재정 수입에 의해 채무 변제가 예정된 것을 수입(수익)예상단기채(revenue anticipation notes: RANs)라고 말한다. 이와 달리 장기채(예컨대, 채권 발행 등 일반지방채)에 의해 단기채에 대한 채무 변제가 예정된 것을 채권예상단기채(bond anticipation notes: BANs)라고 말한다. 조세와 이전재정 수입이 복합되어 지불될 예정인 단기채를 조세 및 수입예상단기채(tax and revenue anticipation notes: TRANs)라고 말한다.

[그림 5-5]에는 1992년 이후 최근까지의 주정부와 지방정부가 발행한 단기채와 장기채의 구성 등에 대한 사실이 담겨 있다. 전체적으로 보아, 모든 연도에 있어서 장기채의 비중이 압도적으로 크고, 단기채의 비중은 상대적으로 미

[그림 5-5] 주정부와 지방정부의 장·단기 채무 규모와 상대 비중, 1992-2013

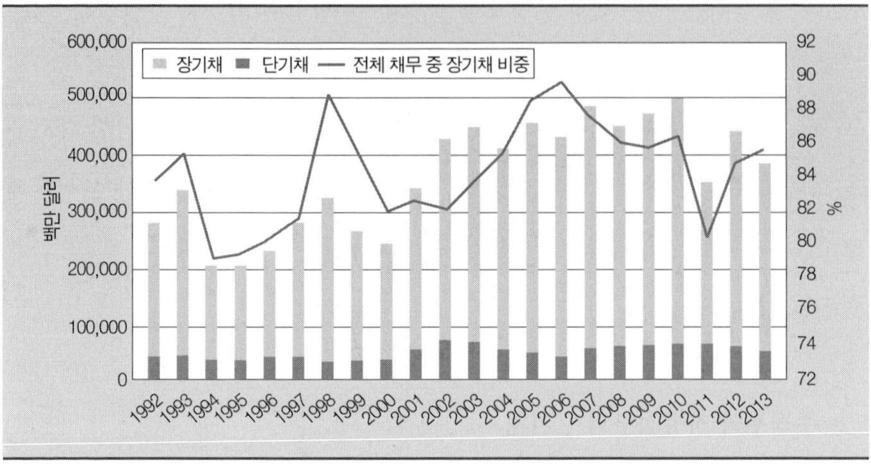

자료: *The Bond Buyer Yearbook*, 2014.

미한 것으로 나타나고 있다. 전체 지방채에서 장기채가 차지하는 비율은 낮게는 74%, 높게는 90%의 수준을 보이고 있다(장기채의 비중이 가장 많았던 연도는 2006년이며, 당시 89.8%를 보였다).

(2) 자본예산제도

미국의 지방정부 예산은 경상예산(current budget 또는 operating budget: 운영예산이라고도 함)과 자본예산(capital budget)으로 구분해서 운영된다. 이는 우리나라의 예산 운영 시스템과 완전히 다르다. 앞서 언급한 균형예산 원칙은 경상예산에만 적용되고, 그 세부 내용은 주마다 다르다(연방정부는 몇 가지 이유로 예산을 경상예산과 자본예산으로 구분하지 않고 있다).

경상예산과 자본예산은 제도의 목적과 기능 및 특성은 물론 수입의 내역과 지출의 대상(수행 사업)에 있어서 크게 다르다. 간단히 말해서, 경상예산은 매년 반복되는 활동(인력, 물품, 기본 유지 관리, 기본 서비스 공급 등)과 관련된 수입과 지출을 관리하는 예산 시스템이다. 따라서 경상예산은 중장기 투자 사업과 관련된 수입 항목과 지출 항목을 갖지 않는다. 이에 비해 자본예산은 도로, 터널, 항만, 공원, 학교, 도서관, 박물관, 문화회관 등 장기간에 걸쳐 경제적 혜택을 주는 자본투자 활동(사업)과 관련된 수입과 지출을 관리하는 예산 시스템이다. 그러므로 자본예산은 지방의 장기투자 사업에 관한 수입과 지출을 다루는 예산 제도이다.

경상예산은 조세와 세외수입 그리고 상위 정부 보조금을 주된 재원으로 한다. 그러나 자본예산은 자산 매각 수입, 상위 정부의 자본보조금, 지방채 발행 수입을 주된 재원으로 한다. 즉, 자본예산은 조세 수입을 사용하지 않는 점과 지방채 발행 수입을 매우 중요한 재원으로 활용하는 점에서 경상예산과 크게 다르다. 자본예산에서 지방채가 중요한 역할을 하는 이유는 주민의 이주 가능성 문제와 세대 간 형평성(inter-generational equity) 문제 때문이다. 특히, 장기간에 걸쳐 주민에게 서비스 혜택을 제공하는 자본투자 사업의 특성을 감안할 때, 사업 비용을 현재 세대와 미래 세대가 공유해야 할 당위성이 있다. 만일 자본투자 사업에 소요되는 비용을 지방세 수입으로만 충당한다면, 비용은 현재 세대가 부담하고 서비스 혜택은 미래 세대가 향유하는 현상이 나타난다. 이는 세대 간 불공평성 문제를 야기한다. 아울러 해당 투자 사업에 지방세가 사용된 만큼 다른 사업에 사용될 수 있는 현재 재원이 줄어드는 기회 비용(opportunity cost) 문제가 발생한다. 이때 만일 투자 사업 비용 전액을 지방세로 충당하지 않고 일부를 지방채로 충당한다면, 지출되지 않은 지방세는 현 시점에서 다른 용도(예컨대, 사회복지 지출, 주민밀착 사업 등)로 사용될 수 있다.

예를 들어, 500억 원이 소요되는 문화 시설을 건축하면서 비용 전액을 지방세 수입으로 충당하는 경우와 250억 원의 지방세 수입과 250억 원의 지방채를 혼합해서 투자하는 두 경우를 생각해 볼 수 있다. 전자는 현재 세대가 미래 세대의 혜택까지 모두 경제적으로 부담하는 세대 간 형평성 문제와 기회 비용 문제를 유발한다. 후자는 절약된 지방세 수입 250억 원만큼을 노인복지 시설에 사용할 수 있다. 한 걸음 더 나아가 지방세 수입을 전연 사용하지 않고 중앙정부의 자본보조금과 자산매각 대금을 지방채와 함께 사용한다면 현재 세대와 미래 세대가 비용을 분담하면서 자본투자 사업의 서비스 혜택을 향유할 수 있다. 즉, 세대 간 형평이 구현된다. 자산 매각은 미래 세대가 활용할 수 있는 자원을 미리 당겨 사용하는 것이고, 지방채는 현재의 자금 사용에 대한 금전적 부담을 미래 세대가 지는 것이므로 세대 간 형평성이 유지된다.

이러한 이유로 미국과 유럽의 대부분 국가들은 현 세대에 비용 부담이 집중되는 조세 수단 대신 장기간에 걸쳐 비용을 공평하게 분담하는 지방채를 지방투자 사업의 핵심 재원으로 활용하고 있다. 이는 이웃 일본의 경우도 마찬가지이다(다만, 일본도 우리나라와 같이 자본예산제도는 도입하지 않고 있다). 일본의 중앙정부와 지방자치단체가 발행하는 국채와 지방채는 기본적으로 '건설공채 원칙'에 입각해서 발행된다. 건설공채 원칙이란, 국가와 지방자치단체의 공채(직접차입 포함)는 경상적 지출이 아닌 자본적 지출, 즉 고정자산을 형성하는 용도에 한하여 발행이 허용되는 것을 의미한다. 건설공채 원칙은 재정 지출의 효과가 현재 세대와 미래 세대를 포괄하여 장기간 발생하는 자본투자 사업의 특성을 감안한 것으로 세대 간 형평성 구현에 중점을 둔다.

일본의 재정법은 우리나라와 마찬가지로 국가의 세출은 공채나 차입금 외의 세입으로 부담하도록 규정하고 있다(즉, 공채 발행을 원칙적으로 금하고 있다). 다만, 공공사업비, 출자금, 대부금의 재원에 대하여는 국회가 의결하는 범위 내에서 공채를 발행하거나 차입금을 사용할 수 있도록 허용한다(재정법 제4조 제1항). 재정법 제4조의 규정에 의해 발행되는 공채를 흔히 '건설공채' 또는 '4조 공채'라고 말한다. 하지만 1990년대 초반 이후 최근까지 경제와 재정 상황이 계속해서 악화되자 일본 정부는 건설공채 원칙의 예외를 점점 확대하였다. 즉, 경기불황으로 세수 부진에 재정적자가 넘쳐나자 일본 정부는 건설공채 원칙의 예외로 경상적 지출에 사용되는 재원의 조달을 위해서도 공채를 발행할 수 있도록 허용하였다. 이를 '특례공채'라고 하는데, 한마디로 재정적자를 충당하기 위한 적자공채를 뜻한다.

이상에서 언급한 내용을 이해한다면, 많은 언론이 지방채를 통째로 '빚'이라는 이름으로 부정적 낙인을 찍는 과오는 없어져야 한다. 항간에 '무(無)지방채(또는 채무 제로) 자치단체'라고 과도하게 자랑하는 곳도 있는데, 역설적으로 그것이 반드시 바람직한 것만은 아님을 인식할 필요가 있다. 실제로 재정역량이 부족하고 사실상 대형 투자 사업을 실시하지 않는 전국의 지방자치단체들(거의 모든 자치구와 일부 시와 군)은 대부분 지방채무를 갖고 있지 않다. 만일 지방자치단체가 고정자본을 형성하는 중요한 지역투자 사업을 한다면, 비록 재정 상태가 좋다 할지라도 자기 재원에 더해 일부 지방채를 발행하는 것이 합리적이다. 만일 지방채를 발행하지 않고 사업을 추진한다면 미래 세대가 향유할 혜택을 현 세대가 재정 부담을 하는 셈이 된다. 이는 현 세대를 위해 사용되어야 할 재정을 줄여서 미래 세대를 위해 지출하는 결과를 야기한다. 만일 지방채를 발행한다면 그 금액만큼 현 세대를 위한 사업(예컨대, 노년층을 위한 생활밀착 사업, 각종 교육 및 복지 사업)에 사용할 수 있고, 지방채 발행에 따른 경제적 부담(원리금 상환)은 앞으로 두고두고 사업의 혜택을 보게 될 미래 세대가 분담하게 된다. 이러한 비용 분담 구조는 세대 간 형평을 구현하는 합리적 시스템이다.

이와 같이 자본투자 사업에 지방채가 적극적으로 활용되고 있는 관계로 자본예산에는 균형예산 원칙이 적용되지 않는다. 우리가 익히 알고 있는 균형예산은 전체 예산의 회계연도 내 균형을 의미하지 않고, 경상예산의 균형을 의미한다. 그 이유는 크고 작은 공공자본투자를 다루는 자본예산은 기본적으로 자산 매각 수입과 자본보조금 및 지방채에 의존하기 때문에 단년도 균형예산을 달성할 수 없기 때문이다.

아쉽게도 우리나라의 지방재정은 자본예산제도를 실시하지 않고 있고, 일반회계 속에 경상예산과 자본예산이 뒤섞여 운영되고 있다. 예를 들어, 지방투자 사업 가운데 가장 보편적인 도로 사업은 일반회계에 편성되어 운영된다. 구체적으로, 도로 사업은 예산 체계상 '분야'와 '부문'의 코드번호 120(수송 및 교통)의 121(도로)에 편성되며, 세출예산 사업별 분류 체제에서는 정책 사업 하부의 단위 사업 · 세부 사업 · 편성목 등의 편제에 속한다. 도로 사업의 재원을 보면, 지방자치단체의 자체재원만으로 구성되는 것이 있는가 하면 자체재원에 국비(또는 시 · 도비)와 지방채 등 다양한 재원으로 구성되는 것이 있다. 이는 다시 말해서, 같은 도로 사업이라도 지방채를 포함하는 사업이 있는가 하면 그렇지 않은 사업이 있고, 지방채 사업이 일반회계의 다른 경상 사업과 혼재되어 운영되고 있음을 뜻한다.

이러한 지방예산 체제에서는 경상예산의 균형 상태에 대해 알기 어려울 뿐 아니라 재정 지출의 성과(예산 성과)를 객관적으로 파악하기가 어렵다. 한마디로, 현재의 지방예산 시스템은 재정의 수지, 즉 예산의 적자 · 흑자 상태에 대해 정확한 정보를 구체적으로 제공하지 못하는 심각한 문제를 노정하고 있다.

5) 균형예산 원칙 적용

균형예산 원칙은 전 세계적으로 통용되는 보편적 예산 원칙 중 하나이다. 이는 한 회계연도에 정부(국가와 지방자치단체)가 사용하고자 하는 모든 지출액의 합계가 모든 수입액의 합계와 같아야 함을 뜻한다. 우리나라도 기본적으로 국가와 지방자치단체의 재정 운영에 균형예산 원칙을 적용하고 있다. 균형예산 원칙을 지키지 못한다는 것은 기술적으로 재정수지가 흑자 또는 적자가 되는 것을 의미한다(통상은 적자재정을 말한다).

일반적으로 결산 단계에서 재정 수입이 재정 지출보다 많은 것(재정 수입 > 재정 지출)을 재정흑자(현금 여유), 그리고 재정 수입이 재정 지출보다 적은 것(재정 수입 < 재정 지출)을 재정적자(현금 부족)라고 말한다. 만일 예산 편성 단계에서 자체수입으로 계획된 지출을 충당하지 못하여 균형예산을 이루지 못하였다면

이는 적자예산의 편성을 의미한다. 이 경우 통상 국채나 지방채를 발행하여 예산적자 부분을 충당한다. 그런데 공채의 규모가 커지면 예산의 공채비 부담(원리금 상환 부담)이 늘어나고, 이것이 심해질 경우 재정적자 문제는 더욱 심각해진다. 이때 만일 재정적자의 고삐가 잡히지 않으면 재정적자와 공채의 악순환은 확대 재생산된다. 이러한 현상은 근년에 세계 금융위기의 희생양이 된 모든 국가와 재정위기와 파산을 겪은 미국의 지방정부들이 공통적으로 경험하였다.

미국은 다른 어느 나라보다 균형예산제도를 중요시하고 그것을 예산 운영에 철저히 적용하고 있다. 구체적으로, 연방정부와 주정부의 예산안은 편성 단계에서 반드시 수지균형을 이루어야만 의회를 통과할 수 있다. 그리고 결산 단계에서 수지 불균형이 발생할 경우 재정 적자·흑자의 원인과 내역 및 조치 사항에 대해 반드시 공표해야 한다. 특히, 재정적자에 대하여는 적자 현상이 개선될 수 있도록 관련법에 의한 재정계획을 수립하고 적자 해소를 위해 적극적으로 노력해야 한다(다만, 지방정부의 경우 주정부만큼 엄격한 균형예산을 준수하지 않는다).

다시 한번 강조하고자 하는 것은 미국의 지방재정에서 균형예산은 경상예산에만 적용되고 자본예산에는 적용되지 않는 점이다. 이는 매년 반복되는 경상적 경비를 다루는 경상예산의 경우 지방채를 통해 재원을 확보할 수 없음을 의미한다(경상예산은 중장기 투자 사업과 관련된 수입과 지출 항목을 갖지 않는다).

이와 같은 예산 운영 체제는 우리나라의 지방예산 체제와 크게 다르다. 우리나라는 일반회계와 특별회계(기타 특별회계, 공기업 특별회계)로 구성되는 예산회계 체제를 운영하고 있고, 자본예산제도는 사용하고 있지 않다. 문제는 우리나라의 예산제도에서는 일반회계 속에 경상적 지출과 자본적 지출이 혼재되어 있고, 재원의 일부가 지방채를 통해 조달되고 있는 점이다. 엄밀히 말해서, 현재의 우리나라 지방예산은 예산 편성 단계에서 수입과 지출을 일치시키는 형식적 균형은 유지하지만, 그 속에 지방채 수입이 포함되어 있어서 실질적 의미의 균형예산을 달성하는 것으로 간주하기가 어렵다. 이는 행정안전부가 매년 발행하는 「지방자치단체 통합재정 개요」 속에 지방재정의 통합재정수지가 세계잉여금을 포함시키지 않을 경우 사실상 매년 마이너스로 발표되는 것이 간접적으로 뒷받침해 준다.

전통적으로 미국의 주들은 대부분 주헌법이나 법률로서 균형재정법을 제정하고 그에 구속을 받는다. 현재 다수의 주에서는 재정적자가 발생할 경우 그것을 다음 연도로 이월할 수 없도록 금지하고 있다. 균형예산 원칙을 강력하게 실시하고 있다는 의미이다. 균형예산의 중요성은 미국의 균형예산 관련 이슈가 언론을 통해 자주 보도되고 있는 것을 통해 짐작할 수 있다. 하지만 우리나라에서는 균형예산 이슈(사전, 사후)가 언론의 조망을 받거나 국민의 관심을 끄는 경우가 거의 없다.

균형예산 원칙을 강력하게 적용할 경우 재정은 파산할 수 없다. 실제로 미국에서 균형예산 원칙을 강하고 엄격하게 적용하는 주정부와 지방정부가 재정위기나 재정파탄에 빠지는 경우는 없었다. 미국의 지방정부 파산 사례를 보면, 거의 대부분이 균형예산 원칙을 충실하게 준수하지 못하고 만성적인 재정적자로 허덕이다 마침내 고통스러운 최후의 말로를 겪게 되는 것으로 나타났다. 다만, 엄격한 균형예산 규율을 적용할 경우(예컨대, 전체 예산 대상, 단년도 예산 적용 등) 재정 운영의 탄력성과 유연성이 떨어지는 문제가 발생할 수 있다. 끝으로, 미국의 지방재정을 다루고 균형예산 이슈를 논할 경우 자본예산제도에 대한 이해가 반드시 필요한데, 이에 대하여는 앞에서 설명되었다.

6) 종합

미국은 연방제 국가이고 50개 주와 약 8만 9,000개의 무수한 지방정부로 구성되어 있다. 지방정부는 주에 의해 존재하며, 지역별로 매우 다른 정부 구조와 자치 형태를 이루고 있다. 지방정부는 일반목적 지방정부와 특별목적 지방정

지방재정 관련 한국 · 미국 간의 주요 차이

(1) 다양하고 복잡한 지방자치단체의 존재와 운영 방식
(2) 지방재정은 중앙정부(연방정부)와의 관계보다 주정부와 보다 밀접한 정부 간 관계 형성
(3) 우리나라에 비해 제한된 종합행정 서비스 공급과 다양한 특별자치단체 운영
(4) 주민의 재정 부담과 지방재정 운영의 직접적 연계
(5) 주민의 재정 부담은 일반지방자치단체 외에 각종 특별자치단체에도 기여
(6) 상대적으로 높은 재정 자립 상태(지방세 과세권과 비교적 튼튼한 지방세 · 세외수입 구조)
(7) 지방세 가격 기능 작동
(8) 재산세 중심의 지방세 구조
(9) 지방교육재정(학교구 재정)의 과세권 보유
(10) 조세제도 중심의 지방재정 운영, 형평화보조금(교육 분야 제외) 기능 미약, 특정보조금 기능 활성화
(11) 지방채 발행에 대한 주민투표 실시
(12) 자본예산제도의 운영
(13) 엄격한 균형예산 원칙 적용(주정부)
(14) 납세자 조세거부(tax revolt) 운동과 조세 및 지출제한제도(TELs) 작동
(15) 지방자치와 지방재정의 운영 과정에 주민의 의사와 결정 존중 시스템 내장

부로 구분된다. 지방정부의 구조, 권한, 자치권 수준은 주별로 크게 다르다. 다른 OECD 국가들과 비교할 때, 미국의 지방자치와 재정분권은 매우 높은 수준을 유지하며, 지방정부는 주민 생활에 필요한 다양한 사무와 역할을 수행한다. 특히, 미국 지방정부는 지방세의 과세권을 토대로 상대적으로 높은 재정 자주(자립) 상태를 유지하면서 '자율과 책임'에 입각한 지방자치를 실시하고 있다. 다만, 미국의 지방정부는 주헌법에 의해 탄생한 관계로 주의 헌법과 법률에 의해 거시 · 미시적으로 주정부의 규제와 통제를 받는다.

Chapter 6

주민의 조세저항과 지방재정에 대한 조세 및 지출 규제

1. 주민의 조세저항

1) 서론

미국에서 1970년대와 1980년대는 정부의 재정 활동에 대한 주민 납세자의 불만이 최고조에 달한 시기였다. 이 시기에는 미국 전역에서 주민의 조세저항(tax revolt)운동(또는 캠페인)이 요원의 불길처럼 번져 나갔다.

20세기에 영미권에서 있었던 대표적인 주(국)민 조세저항을 손에 꼽자면, 세계 대공황(Great Depression)이 한창 진행 중이었던 1930년대에 미국 각지에서 발생한 조세저항과 1970년대 후반에 캘리포니아주에서 전개된 「주민제안 13」(Proposition 13), 그리고 1980년대 후반에 영국에서 지방세 개혁(레이츠(Rates)제도의 폐지와 속칭 인두세(poll tax)로 불리는 주민부담금(Community Charge)제도의 도입)에 반발하여 발생한 납세거부운동을 지적할 수 있다.

세계 대공황 시기에 조세저항이 체계적으로 일어난 것은 사실상 모두가 경제적으로 어려운 상황에서 주와 지방정부가 행정 기능 유지를 명목으로 세금을 인상한 데 대한 국민의 반발에 기인한다. 당시 대량 실업과 부동산 가격이 폭락하는 상황에서 일반국민의 경제 사정은 피폐하고 정부의 재정 사정 또한 매우 어려웠다. 이러한 상황에서 많은 지방정부들이 행정 활동에 필요한 재원을 조달하기 위해 세금 인상 등 조세 정책을 강화하였다. 이에 불만을 품은 다수의 국민들이 각종 협회나 연맹(예컨대, 납세자연맹(taxpayers' league))을 결성하는 등 다양한 수단과 방법을 통해 정부의 세금 인하와 지출 감축을 촉구하는 조세저항 캠페인을 벌여 나갔다. 그 중에는 뒤에서 설명될 캘리포니아주의 「주민제안 13」 및 매사추세츠주의 「주민제안 $2\frac{1}{2}$」(Proposition $2\frac{1}{2}$)과 비슷한 재산세 제한 조치도 포함되었다.

1970년대와 1980년대에 주민의 강한 조세저항이 발생하고 그것이 빠르게 전국으로 확산된 원인은 당시 미국의 많은 도시들이 재정위기를 타개하고자 지방세와 세외수입(각종 사용료 · 부담금 등)을 적극적으로 인상하는 조치를 취했기 때문이다. 많은 지방정부들이 앞다투어 세율과 각종 공공요금을 인상하는 동시에 인력 구조조정, 공공 서비스 감축 · 폐지, 지방채를 통한 차입재정 운영 등 당시 만연한 '도시 재정 위기'를 극복하고자 몸부림쳤다. 대표적인 예로 도서관 · 박물관 서비스가 감축 · 폐지되고, 단기에 많은 투자 비용이 드는 인프라(건물, 교량, 폐기물 처리 시설 등)에 대한 재정 지출은 줄줄이 미래로 연기되었다. 그리고 다수의 지방정부들이 재정 부족을 충당하기 위해 민간 부문과 공공부문으로부터 적극적으로 자금을 빌리는 차입재정을 운영하였다.[1)]

그 중에서도 당시 지방정부들이 가장 효과적이라고 생각해서 적극적으로 밀어붙였던 것이 세금 인상 정책이었다. 그러나 지방세, 특히 재산세의 인상은 미국에서 역사상 유래를 찾기 힘든 강력한 주민 조세저항에 부딪혔다.[2)] 당시

---

1 당시 연방정부도 중 · 대도시의 재정위기 상황을 해소해 주기 위해 적극적으로 발 벗고 나섰다. 연방정부는 보조금제도의 강화, 개인소득세의 부분 감면, 일반보조금에 해당하는 연방공동세(Federal Revenue Sharing)제도의 보강 작업을 추진하였다. 그러나 이러한 조치가 추진되는 과정에서 연방정부의 재정적자 문제가 불거졌고, 그로 인해 연방정부의 적극적인 지원은 시들해지고 말았다.

2 재산세의 성장에 대한 제한은 역사적으로 '지방 홈룰'(local home rule)제도가 출현한 1880년대로 거슬러 올라간다(ACIR, 1995). 그 후 간헐적으로 지역별로 다양한 형태의 제산세 제한 조치들이 발전하였다. 이 과정에서 재산세에 국한되었던 각종 제한 조치들이 전체 수입과 지출을 포괄하는 제도적 확장이 있었다.

납세자와 유권자의 입장에서 볼 때 정부는 지나치게 크고 비만한 상태이고, 국민의 세금을 제 마음대로 사용하는 주체로 인식되었다. 이는 정부가 국(주)민의 혈세를 비효율적이고 낭비적으로 남용한다는 당시의 시대적 조류(넓게는 시장실패(market failure)에 대비되는 정부실패(government failure)론에 동조하는 시대적 조류)를 반영하는 것이기도 하다. 따라서 정부의 규모를 줄이고 활동을 조절해야 할 필요성과 당위성이 시대적 지지를 받았다. 그 수단과 방법의 일환으로 조세저항이 생겨났고, 또한 뒤에서 기술되는 다양한 조세 및 지출제한(TELs)이 전국적으로 제도화되었다. 이와 조금 다른 측면이지만, 돌이켜 보면 조세저항 현상은 어떤 의미에서 소비자 주민의 공공 서비스에 대한 수요와 선호가 뚜렷이 변화 중에 있음을 표출하는 사회적 현상의 면모도 내포하였다.

2)「주민제안 13」

(1) 기본 개념

조세저항 현상 중에서 일종의 원조 격이자 세계적으로 가장 많이 회자되는 것은 1978년 캘리포니아주에서 입법화된「주민제안 13」(Proposition 13)이다.「주민제안 13」의 공식 명칭은 '재산과세 제한에 대한 주민 발의(발안)'(People's Initiative to Limit Property Taxation)이다. 이는 다수의 주민이 발의해서 캘리포니아주 헌법(Constitution of the State of California)을 개정하는 법안으로 1978년 6월 6일 주민투표에 의해 채택되었다. 당시 캘리포니아주 유권자의 69%가 투표에 참여하였고, 투표 결과 과반을 훨씬 넘는 다수의 주민이 찬성 의사를 표시(찬성 65%, 반대

35%)하여 헌법 개정안을 통과시켰다. 「주민제안 13」은 캘리포니아주 헌법 제13조(Article 13A)에 반영되었고, 이후 미국의 연방대법원(the United Supreme Court)에 의해 합헌 판결을 받았다.

「주민제안 13」은 기본적으로 주정부와 지방정부가 부과하는 조세에 대해 상한 또는 한계(tax limitation)를 규정하고 있으며, 그 중에서도 일반주민이 가장 민감해 하는 재산(부동산)의 세율 부과를 엄격히 제한하는 데 방점을 두었다. 「주민제안 13」에 의한 캘리포니아주 헌법 개정은 주정부와 지방정부의 재정 운영에 큰 영향을 미친 동시에 정부의 행정 활동에 많은 변화를 불러일으켰다. 그러한 영향과 변화는 캘리포니아주를 넘어 미국 전역으로 급속히 확산되었고, 사실상 지금까지도 지속되고 있다. 이러한 「주민제안 13」의 주요 내용에 대해 압축적으로 기술하면 다음과 같다.

첫째, 재산에 부과되는 모든 종가세(ad valorem tax)의 최대 금액이 재산의 총 현금 가치(full cash value)의 1%를 초과할 수 없도록 제한한다(1% 상한 규정). 이때 재산세는 카운티(County)가 징수하고, 징수된 세금은 법에 의해 카운티 내의 각 디스트릭트(District)에 배분된다. 이는 한마디로 지방정부의 재산(특히, 부동산)에 대한 세율 부과를 엄격히 규제한 것으로, 지방정부의 기간 세수 확충에 급브레이크를 건 것이나 마찬가지이다.

둘째, 재산세의 부과 기준이 되는 재산 평가는 1975년도 평가 가치를 기준으로 한다. 이때 만일 재산의 소유권에 변화가 없다면 지방정부는 물가 상승(인플레이션) 요인을 반영하여 부동산 평가 가치(매년도 재평가(annual reassessment))를 인상하되, 연간 최대 2% 한도 내에서만 인상할 수 있다. 이는 다시 말해서, 해당 재산의 부동산 거래가 없는 한 지방정부가 재산세의 과표를 임의로 크게 상향 조정할 수 없음을 의미한다.

셋째, 과세 대상 부동산이 매매되었거나 건물의 신축이 있었을 경우에는 연간 2% 상한의 규제를 받지 않는다. 이 경우에는 시장거래가격 기준의 부동산 평가가 적용되고, 이를 토대로 재산세가 부과된다.

넷째, 향후 주정부나 지방정부가 세율 인상이나 세입 징수 금액을 증가시키고자 할 경우에는 보다 엄격해진 새로운 의사결정 절차를 통과해야 한다. 구체적으로, 주정부가 조세 인상을 하고자 할 경우에는 주의회의 2/3 다수결(two-thirds majority) 원칙, 그리고 지방정부가 지방세를 인상하고자 할 경우에는 주민에 의한 2/3 투표자 다수결(two-thirds vote majority) 원칙을 통과해야 한다.

캘리포니아주는 「주민제안 13」을 통과시키면서 재산세의 증가 폭을 제한하는 동시에 재산을 평가하는 방법(기준)도 바꾸었다. 당시 캘리포니아주가 새로 채택한 재산 평가 기준은 '최종판매평가기준'(last sale assessment criterion)이었다. 최종판매평가기준이란, 재산이 최종적으로 매각되기 전까지는 재산 가치가 특정한 기준연도(예컨대, 1975년)에 고정되어 평가되고, 재산이 매각된 후에는 실제 판매가격을 기준으로 평가되는 것을 의미한다. 이러한 접근 방법은 종전에 매년 실시하였던 방식, 즉 '시장가격의 1/4(assessment at one-quarter of market value) 기준' 관행과 완전히 달랐다. 새로운 평가 방식은 무엇보다도 재산을 소유하는 일반주민의 세금 부담을 크게 줄이는 한편 지방정부의 세수입을 크게 감소시켰다.

(2) 발생 원인

캘리포니아주에서 조세저항운동이 발생하게 된 주 원인은 무엇보다도 캘리포니아주 주민의 과도한 세금 부담에 있다. 오클랜드(Oakland)의 연구 결과에 의하면 당시 캘리포니아주 주민 1인당 조세 부담(주세 및 지방세 부담)은 미국 평균에 비해 32%나 높았고, 개인소득의 조세 부담 비율도 미국의 다른 어느 주보다 캘리포니아주가 높은 것으로 분석되었다(특히, 1975-1976년 중에는 무려 19%나 높았다). 캘리포니아주의 주민들이 다른 주에 비해 과도하게 세금을 부담하게 된 이유는 크게 다음의 세 가지 측면에서 파악된다.

첫째, 캘리포니아주는 소득세를 부과하였는데, 당시 소득세의 누진성이 다른 주에 비해 상당히 높았다. 이러한 상태에서 1970년대에 인플레이션이 확산되면서 대다수 주민의 명목소득을 증가시키자 자연히 주민의 소득세 부담이 증가하였다. 즉, 물가가 상승해서 소득이 높아졌을 뿐 물가 상승을 차감한 실질소득은 크게 오르지 않았음에도 불구하고 주민의 소득세 부담이 크게 늘어나는 현상이 나타난 것이다.

둘째, 1970년대를 전후로 캘리포니아주의 인구가 급증하면서 주택 공급이 수요를 따라가지 못하는 현상이 나타났다. 자연히 자산 가치가 급등하였다. 이러한 상황에서는 지방정부가 재산의 가치를 공정하게 재평가(fair reassessment)하더라도 주민의 재산세 부담이 늘어나고 그 결과 재산세 수입 또한 증가할 수밖에 없었다.

셋째, 지역의 인구와 소득이 증가하면서 캘리포니아주 정부와 대부분의 지방정부들이 상당한 수준의 재정흑자를 향유하는 일종의 재정호황을 누렸다.

예컨대, 1978년만 해도 약 71억 달러의 대규모 재정흑자가 발생하였다. 이렇게 축적된 흑자재정의 일부는 공공 서비스의 질과 양의 증가에 사용되기도 하였지만, 또 다른 일부는 공공 부문의 인건비 인상, 과도한 사업 추진, 선심성 행정에 사용되었다. 이를 목도한 주민들은 정부 지출의 상당 부분이 비효율적이고 낭비적으로 사용되는 것으로 인식하고 분노하였다. 마침내 성난 주민들은 자신들이 주도하여 주정부와 지방정부의 세금 인상에 제동을 걸고 재정 지출을 규제하기로 작정하고 입법화 운동을 도모하였다. 이때 그 결정체로 탄생한 것이 「주민제안 13」이다.

(3) 각종 영향 및 변화

「주민제안 13」이 법률로 확정되자 이는 캘리포니아주는 물론 미국 전체에 큰 영향과 파급 효과를 초래하였다. 이와 관련된 몇 가지 사실을 정리하면 다음과 같다. 첫째, 「주민제안 13」은 캘리포니아주의 재정 운용, 특히 재정 지출에 변화를 초래하였다. 대표적인 예로, (1) 주정부의 잉여예산 축적 금지, (2) 주내 공공 부문 임금 수준의 전국 평균 수준 유지(생활비지수(cost of living index)를 고려하여 전국 수준과 비슷하게 유지)를 지적할 수 있다.

둘째, 주민의 세금 부담이 크게 줄어든 반면 주정부와 지방정부의 재정 수입은 큰 타격을 입었다. 이에 대한 가장 큰 원인은 (1) 재산의 소유권에 특별한 변화가 없는 한 매년 지방정부가 인상할 수 있는 재산 평가 가치(과표 기준)를 2%로 제한한 것, (2) 새로운 평가 방식(최종판매 평가 기준)의 도입, 그리고 (3) 재산세의 최고세율을 당시 주 평균 세율보다 낮은 수준인 1%로 제한(재산의 총현금

「주민제안 13」

「주민제안 13」은 주민의 주도 하에 정부의 조세 정책과 재정 활동 및 행태에 큰 변화를 불러일으키고 경각심을 준 입법으로 미국 역사상 진정한 주민 조세저항운동의 효시로 간주된다. 「주민제안 13」은 지방정부가 부과할 수 있는 재산세의 상한을 재산의 총현금 가치의 1%로 정하고, 재산의 거래가 없는 한 매년 지방정부가 인상할 수 있는 재산 평가 가치(과표 기준)를 연간 2%로 묶었으며, 그리고 새로운 평가 방식(최종판매 평가 기준 방식)을 도입하였다. 「주민제안 13」은 주정부나 지방정부가 세금을 인상하려고 할 경우 과거보다 훨씬 어려운 통과 절차(2/3 (vote) majority rule)를 신설하여 정부의 과도한 재정 성장과 지출 남용을 억제하였다.

가치의 1%를 초과할 수 없도록 제한)한 것에 있다. 당시의 조사 결과에 의하면, 「주민제안 13」이 입법화된 후 주정부와 지방정부 총수입의 20%, 그리고 지방정부 자체수입의 37%가 감소하는 등 캘리포니아주는 엄청난 재정 문제에 직면하였다.

셋째, 재산의 거래 관행과 거래가액에 다양한 영향이 주어졌다. 연간 재산 평가 가치 2% 제한 규정에 따르면, 만일 재산의 시장 가치가 매년 2% 이상으로 증가할 경우 재산의 평가 가치는 실제 가치(시장 가치)보다 느린 속도로 증가하게 된다. 이러한 상황에서는 재산을 보유하는 행위보다 구입하는 행위에 대해 상대적으로 벌칙이 가해지는 현상이 나타나게 된다. 이는 실제로 자산의 거래 관행과 거래가액 등 여러 면에 걸쳐 영향을 미쳤다.

3) 「주민제안 $2\frac{1}{2}$」

(1) 주요 내용

캘리포니아주에서 시작된 주민 조세저항운동은 곧바로 매사추세츠(Massachusetts)주에 영향을 미쳤다. 그것은 다름 아닌 매사추세츠주의 「주민제안 $2\frac{1}{2}$」(Proposition $2\frac{1}{2}$)이다. 「주민제안 $2\frac{1}{2}$」은 다수 주민의 발의(청원)에 의해 주민 투표를 거쳐 1980년에 입법화되었으며, 1982년부터 효력을 발휘하였다.

「주민제안 $2\frac{1}{2}$」의 골자는 매사추세츠주 법에 의해 지방정부가 부과하는 재산세의 평가를 제한하고, 자동차세(automobile excise tax)의 세율을 제한하는 데 있다. 「주민제안 $2\frac{1}{2}$」이라고 명명되는 이유는 주민제안이 지방정부가 매년 부과할 수 있는 총재산세 규모와 재산세 증가의 상한을 각각 2.5%로 제한하고 있기 때문이다. 「주민제안 $2\frac{1}{2}$」의 대상이 되는 재산에는 부동산을 기본으로 개인이 소유하는 각종 재산이 포함된다. 여기에서 「주민제안 $2\frac{1}{2}$」의 주요 내용에 대해 간단히 기술하면 다음과 같다.

첫째, 지방정부가 매년 확보할 수 있는 재산세 수입의 총액을 모든 과세 대상 재산의 평가 가치(assessed value of all taxable property)의 2.5% 이하로 제한한다(재산세 수입의 연간 상한 규정). 이때 산정되는 재산은 과세 대상 부동산과 각종 개인 소유 재산이고, 2.5%의 산정 과정에서는 모든 과세 대상 재산의 '공정 현금 가치 총액'(full and fair cash value)이 기준으로 사용된다. 다만, 주택 신축 등 재산의 새로운 증가나 성장이 있을 경우, 이에 대하여는 2.5% 제한 대상의 예외로 간주한다.

둘째, 지방정부의 재산세 수입 증가율은 2.5%를 초과할 수 없다(첫째와 마찬가지로 주택 신축 등 재산의 새로운 증가 및 성장과 관련된 부분은 예외가 된다). 첫째와 둘째 제한은 궁극적으로 지방정부가 재산세를 통해 확보할 수 있는 재정 수입의 범위와 한계를 명확히 한 것으로, 지방정부의 재정 확충에 근본적인 제약을 가하는 요인이 되었다.

셋째, 「주민제안 2½」은 재산세뿐만 아니라 매사추세츠주에 등록된 모든 자동차에 부과되는 물품세(excise tax)에도 적용되었다. 구체적으로, 자동차세의 세율에도 '2.5% 룰'이 적용되었다. 「주민제안 2½」이 발효되기 이전의 매사추세츠주 자동차세 세율은 6.6%로 상당히 높았는데, 「주민제안 2½」이 발효되면서 세율은 2.5%로 크게 인하되었다. 당연히 주민의 자동차세 부담이 크게 줄어들고, 지방세수가 크게 감소하는 현상이 나타났다.

넷째, 지방정부별로 주민의 다수가 '2½(2.5%) 제한' 규정을 원하지 않을 경우 주민투표(총선 또는 특별주민투표)를 통해 그것을 번복(override)하고 다른 정책 대안을 모색할 수 있는 예외가 인정되었다(즉, 지역별로 「주민제안 2½」을 번복하는 것이 가능하다). 본래의 「주민제안 2½」에서는 위에서 언급한 법률의 주요 내용을 번복하고 다른 방식의 재산세제도를 운영하려면 2/3 다수결 원칙을 적용하도록 규정하였다(사실상 번복이 매우 어렵도록 만들었다). 하지만 이는 1981년 주법에 의해 단순다수결(simple majority) 원칙으로 완화되었다.

(2) 「주민제안 2½」의 파급 효과 등

「주민제안 2½」은 여러 면에서 변화와 영향을 초래하였는데, 그 중에서도 중요한 내용을 간단히 요약하면 다음과 같다.

첫째, 주민의 조세 부담이 줄어들고, 지방재정이 감소하는 현상이 나타났다(물론 이는 입법 단계에서부터 예상된 바이고, 주민의 입장에서는 기대한 바이기도 하다). 특히, 지방재정의 실질적 감소가 두드러졌다. 그 이유는 만일 물가가 2.5% 이상 상승할 경우 「주민제안 2$\frac{1}{2}$」에 의해 지방정부가 활용할 수 있는 재산세의 최대 한도(2.5% 제한)를 적용하더라도 실제 수입은 줄어들기 때문이다(명목수입은 증가하지만, 명목수입에서 물가 상승분을 차감한 실제 수입은 줄어든다). 미국에서 1970년대와 1980년대는 인플레이션이 득세한 시기였으므로 「주민제안 2$\frac{1}{2}$」의 실시는 자연히 지방정부의 재정력을 약화시키고 재정 상태를 어렵게 만드는 결과를 초래하였다. 실제로 상당수의 지방정부들이 만성적인 예산 부족에 시달리면서 적지 않은 문제와 애로를 겪어야 했다.

둘째, 지방정부의 재정 운영에 불안정성이 높아졌다. 「주민제안 2$\frac{1}{2}$」이 법률로 발효되면서 지방재정에 어려움이 생기자 주정부가 나서서 일반보조금 등 다양한 형태로 재정 지원을 해주었다. 하지만 이는 경기 변동이나 주의 재정 사정에 의해 변화와 부침을 겪는 재정 불안정성 문제를 내포하였다.

셋째, 「주민제안 2$\frac{1}{2}$」이 규정하는 조건의 대부분이 실질 기준이 아닌 명목 기준과 연계되어 작동하기 때문에 시간이 흐르면서 지방정부의 재정 운용이 점점 더 2.5% 제한에 구속을 받는 현상이 나타났다. 그 이유는 무엇보다도 대다수 행정 서비스 운영 비용이 물가 상승으로 인해 지속적으로 증가하는 데 비해 재산세 수입 제한은 물가 상승을 반영하지 않는 명목 가치 기준으로 작동하기 때문이다. 즉, 세수 증가가 행정 서비스 공급 비용의 상승을 따라잡지 못하는 현상이 나타나면서 지방재정에 애로가 발생한 것이다.

넷째, 이유와 배경은 지역별로 다르지만, 「주민제안 2½」이 주법으로 제정된 이후 적지 않은 지방정부들이 주민투표를 통해 「주민제안 2½」을 뒤엎는 결정을 하였다. 2009년 1월 현재까지 4,449개 지방정부에서 「주민제안 2½」을 번복하려는 주민투표가 이루어졌고, 그 중 1,798개 지역에서 다수의 찬성으로 번복이 결정되었다(Wikipedia, "Proposition 2½").

2. 지방재정 제한: 조세 및 지출 제한

1) 개요

캘리포니아주에서 시작된 주민의 조세저항운동은 채 몇 년이 되지 않아 미국 전역으로 확산되었는데, 이 과정에서 처음보다 훨씬 확대되고 다양한 형태의 그림이 그려졌다. 그것은 조세와 세입에 국한되지 않고, 정부의 지출을 포함한 재정 활동 전반을 규제하고 통제하려는 모양이었다. 이러한 움직임은 주정부와 지방정부의 재정 운영은 물론 재정 행태에도 큰 영향과 변화를 불러일으켰다.

미국 전역에서 정부의 역할과 과도한 조세 부담 및 재정 남용에 대한 국민의 불만이 정점을 이룬 것은 1980년대 초였다. 국민 여론에 매우 민감한 정치인들은 당시 앞다투어 정부의 역할을 축소하고 세금 인하와 지출 감축을 주장하는 대열에 동참하였다. 이러한 상황을 반영하여 미국의 많은 주들이 조세와 재정 지출 수준(총액 또는 성장률)에 대해 제한 내지 한계(Tax and Expenditure Limitations: TELs)를 두는 규제 조치를 쏟아내기 시작하였다. 예를 들면, 1981년에 이르자 29개 주가 재산세 증가에 대해 제한을 두는 규정을 신설하였고, 한 걸음 더 나아가 재정 지출에 대하여도 제한을 두는 주가 늘기 시작하였다. 1986년에는 매사추세츠주가 재산세는 물론 재정 수입 전체에 대해 한계를 두는 조치, 즉 세입제한(revenue limit)제도를 채택하였다.

이러한 가운데 미국의 많은 주들이 주민의 요구에 부응하여 지방재정의 핵심 재원인 재산세의 개혁에 나섰다. 대표적인 예는 앞서 설명한 캘리포니아주의 「주민제안 13」과 매사추세츠주의 「주민제안 $2\frac{1}{2}$」이고, 그 밖에 24개 주가 1978-1985년 기간 중에 비록 내용과 운영 방식은 조금씩 다르지만 지방정부의 과세권을 제한하는 각종 조치를 신설하였다. 대체로 관측할 때, TELs를 입법화한 주들은 가능하면 조세 부문을 규제(세율, 규모 등 제한)하기보다 지출 부문을 규제하는 데 상대적으로 더 많은 중점을 두는 경향을 보였다. 이는 주의 입장에서 시대적 조류에 불가피하게 따라가기는 하지만, 그래도 가능한 한 최대한 조세 자율성을 확보해서 주와 지방재정이 큰 타격을 입지 않으려는 전략적 판단에 기인하는 것으로 보인다.

2) 조세 및 지출 제한의 유형, 내용

미국의 연방정부는 특별한 경우가 아니면 통상 주정부와 지방정부에 대해 직접적으로 재정규율을 적용하거나 재정 운영에 제약을 가하지 않는다. 이와 달리 주정부는 지방정부의 재정 활동에 대해 다양한 형태의 규율과 각종 규제를 가한다. 그 형태와 내용을 소개하면, 지방세의 유형이나 세목 · 세율 설정의 재량권에 대한 제한, 조세 · 지출 · 지방채 상한 부여, 예산적자의 금지 또는 제한, 조세 인상과 지방채 발행에 대한 조건 부여(예컨대, 주민투표에 의한 승인 요건이나 상위 정부의 승인 요건 부여) 등 다양하다. 주정부가 지방정부에 대해 공적 재정규제와 권한을 행사할 경우 그것은 반드시 주의 헌법이나 법률에 근거를 두고 실시되어야 한다. 주가 지방재정을 규율하고 규제하는 목적은 지역주민의 권리와 복지를 보호하기 위해서이다.

이러한 사실을 인식하면서 지금부터는 주의 지방재정에 대한 규제(통제) 조치 가운데 가장 보편적이면서도 포괄적인 것으로 간주되는 '조세 및 지출 제한'(TELs)에 대해 기술하고자 한다. TELs의 구체적인 유형과 운영 방식은 주마다 다르지만, 크게 보아 수입(세입), 지출(세출) 또는 세출예산(appropriation)에 대해 제한을 두거나 상한을 설정하는 방식이 보편적이다. 주에 따라서는 지방정부의 지방세(혹은 세입)나 지출 각각에 대해 한 가지 형태의 제한을 가하는 곳도 있고, 또한 양자 모두에 대해 거시적으로 제한을 가하는 곳도 있다. 가장 보편적인 형태의 TELs는 지방의 기간 세목인 재산세의 인상(세율, 금액 등)을 제한하는 것과 지출의 증가를 제한하는 것이다. 제한제도의 일반적인 예외로는 특정 용도와 관련되는 지방세 부과(예컨대, 도로, 레크리에이션, 정신건강센터 등), 지방채 상환(일반보증채권(GO bond) 등), 연금채무, 기타 법원이 판정하는 경우가 있다.

TELs가 추구하는 목적은 크게 보아 (1) 지방정부가 부과하는 재산세의 수준에 대한 통제와 제한, (2) 정부의 성장 및 재정 지출에 대한 통제, (3) 재정책임성(fiscal accountability) 개선의 세 가지로 파악된다(ACIR, 1995). TELs가 실시되고 있다는 것은 미국의 지방정부가 상당한 수준의 과세권을 보유하고 있음에도 불구하고 세수의 확충이나 지출의 자율성 면에서 기본적인 통제를 받고 있음을 의미한다.

오늘날 미국의 대부분 지방정부들은 주의 헌법이나 법률에 의해 TELs의 규제를 받고 있다. 2016년 현재 40개 주가 소속 지방정부에 대해 다양한 형태의 TELs를 적용하고 있고, TELs를 실시하지 않고 있는 주는 몇 개에 불과하다. 예를 들면, 하와이(Hawaii) · 뉴햄프셔(New Hampshire) · 테네시(Tennessee) · 버몬트(Vermont) 주는 지방정부의 재산세 인상에 대해 그 어떤 제한이나 제약을 부여하지 않고 있다. 만일 TELs를 가장 넓게 정의한다면, 50개 주 가운데 4개 주를 제외한 미국 대부분의 지역에서 다양한 형태의 TELs 제도가 사용되고 있는 것으로 간주된다.

일반적으로 TELs는 주의 헌법이나 법률에 의해 규정되지만(제도와 형식은 주에 따라 다름), 주민투표나 지방의회의 표결(특히, 초다수결(super majority))에 의해 확정되는 경우도 있다. 대체로 말해서, TELs를 운영하는 주의 약 절반이 주헌법을 통해 제도를 규정하고 있고, 나머지는 법률 등에 의해 합법성을 확보하고 있다.

TELs는 1970년대 후반과 1990년대 초반에 미국 전역에서 하나의 유행처럼 급속히 퍼져 나갔다. 1970년대 후반에 TELs가 미국 전역을 강타한 배경에는 당시 전개되었던 미국의 심각한 경기 변동 상황과 캘리포니아주에서 점화되어 전국으로 확산된 조세저항 현상이 있었다. 그런데 1980년대에 전국적으로 왕성하였던 TELs는 1990년대 초반 이후 2000년대 초·중반까지는 다소 주춤한 모습을 보였다. 그 후 2008년에 글로벌 금융위기가 발생하자 다시 일부 주를 중심으로 TELs가 재활성화되는 조짐이 나타났다.

TELs는 거시적으로 크게 몇 개의 유형으로 구분될 수 있다. 하지만 세부적으로 들어가면 제도의 구조와 설계(재정규칙의 성격과 내용 등), 적용 범위, 엄격성, 주민의 역할 등에 있어서 주별로 차이가 나고, 제도별로 매우 복잡하여 객관적인 유형 구분이 쉽지 않다.

여기서는 주의회 전국협의회(National Conference of State Legislatures: NCSL)의 TELs 유형 구분에 따라 거시적이고 원론적인 관점에서 TELs의 중요한 내용과 골격에 대해 기술하고자 한다. NCSL은 TELs를 크게 (1) 수입(세입) 제한, (2) 지출(세출) 제한, (3) 세입 전망과 연계한 세출예산 제한, 그리고 (4) 수입과 지출을 동시에 고려하는(수입 및 지출 조합) 제한의 네 유형으로 구분하고 있다.

(1) 수입(세입) 제한

수입 제한(revenue limits)은 지방정부의 연간 수입 증가율을 개인소득이나 물가 상승(인플레이션) 및 인구 변수와 연계시켜 제한하는 것을 의미한다. 이때 만일 지방정부의 수입 증가율이 제한 수준을 넘어설 경우 지방정부는 초과된 수입을 납세자에게 돌려주어야 한다. 수입 제한 중에서 가장 보편적인 것은 특정 세목(통상 재산세)의 세수 증가 비율의 변화를 제한(지방세의 세율 인상 규제)하는 방식이다. 이 방식은 2011년 기준으로 42개 주에서 실시되고 있다. 예를 들어, 재산세 수입의 연평균 증가율을 2%로 규제하는 조치가 그에 해당한다. 미국 전체에서 재산세의 세율 인상에 대해 상한을 두는 주는 무려 45개나 된다. 이는 세율 인상이 정치 · 사회 · 경제적으로 중대한 파급 효과를 미치는 사실을 감안한 정책 조치로 이해된다. 일반적으로 재산세의 세율 인상이 과표 인상에 비해 납세자에게 더 큰 영향을 미치고 있는 사실은 잘 알려져 있다.

이와 유사한 것으로 지방정부가 연간 인상할 수 있는 재산세 과표(재산 평가 가치)의 상한을 규정하는 조치가 있다. 이는 15개 주에서 실시 중이며, 앞서 언급한 캘리포니아주의 「주민제안 13」이 원조이다. 「주민제안 13」에서는 지방정부가 1년간 인상할 수 있는 재산세 과표(재산 평가 가치)의 상한을 2%, 그리고 재산세의 최고세율을 재산의 총현금 가치의 1%로 제한하였다.

(2) 지출(세출) 제한

지출 제한(expenditure limits)은 지방정부의 연간 지출 금액 또는 성장률을 제한하는 조치를 의미한다. 지출 제한을 결정하는 변수(지수)로는 수입 제한과 비슷하게 개인소득 내지 주요 (경제)성장 변수가 일반적으로 활용된다. 통상 직전 연도 등 연도 간 비교를 통해 총지출 변화 비율의 상한이 설정된다. 이와 같이 지방정부의 재정 지출 규모에 규제가 가해진다는 것은 사실상 지방재정의 활동과 자율적 선택에 대해 강력한 거시적 · 포괄적 통제가 이루어지는 것을 뜻한다. 즉, 지방의 재정 지출 권한(spending power)의 약화를 의미한다.

(3) 세입 전망과 연계한 세출예산 제한

지출 제한의 한 유형으로 통상 세출예산을 세입 전망(추계)의 일정 비율과

[표 6-1] 지방세 인상과 관련된 재정규율(2010)

주	채택 연도	조치(I) 또는 주민투표(R)	입법부(의회) 초다수결 형태	적용 대상
애리조나	1992	I	2/3	모든 세목
아칸소	1934	R	3/4	판매세와 주세를 제외한 모든 세목
캘리포니아	1979	I	2/3	모든 세목
델라웨어	1980	R	3/5	모든 세목
플로리다	1971	R	3/5	법인소득세(Corporate income tax[1])
켄터키	2000	R	3/5	모든 세목[2]
루이지애나	1966	R	2/3	모든 세목
미시간	1994	R	3/4	주 재산세(State property tax)
미시시피	1970	R	3/5	모든 세목
미주리	1996	R	2/3	모든 세목[3]
네바다	1996	I	2/3	모든 세목
오클라호마	1992	I	3/4	모든 세목
오리건	1996	R	3/5	모든 세목
사우스다코타	1996	R	2/3	모든 세목
워싱턴	1993	I	2/3	모든 세목[4]

주: 1) 법인세율(corporate income tax rate)에 대한 주헌법상 한계(제한)는 5%이며, 만일 5% 한계를 넘어서는 법인세율 인상을 할 경우 의회의 3/5 찬성이 필요함; 만일 주민 유권자들이 세금 인상을 결정할 경우, 투표자의 60% 이상이 찬성해야만 사안이 통과될 수 있음.

2) 조세 및 사용료(tax and fee) 인상 건은 홀수 연도(odd-numbered years)에 의회에서 결정됨.

3) 만일 주지사가 긴급 상황(emergency)을 선포할 경우 의회는 2/3 찬성(2/3 legislative vote)에 의해 세금 인상을 결정할 수 있음; 그러나 약 7,000만 달러를 초과하는 세금 인상 건에 대하여는 반드시 주민투표를 통해 승인을 받아야 함.

4) 지출 한도(spending limit)를 초과하지 않는 조세에 의한 세입 확충은 반드시 의회의 2/3 찬성(2/3 legislative vote) 절차를 통과해야 함; 수입 한도(revenue limit)를 넘어서는 세금 인상은 반드시 의회의 2/3 찬성 절차와 주민투표의 두 과정을 통과해야 함; 세금 인상과 관련된 2/3 찬성 초다수결 원칙(The 2/3 tax increase super-majority)은 2005년 4월에 제정된 법률에 의해 한시적으로 2년간 유예(2007년 6월 30일까지 유예)하고, 그 기간 중에는 단순다수결(simple majority) 원칙을 적용함(이와 동일한 한시 조치는 2010년에 취해졌고, 유효 기간은 2011년도 6월 30일까지임).

자료: National Conference of State Legislatures, 2010.

연계시키는 TELs가 일부 주(델라웨어, 아이오와, 미시시피, 오클라호마)에서 실시되고 있다. 이들 주에서는 통상 객관적으로 추정되는 세입 추계와 세출예산을 연계시켜 세출을 통제하는데, 대부분 세입 추정치의 95-99% 범위 내에서 세출예산을 제한하고 있다. 이 경우 일반적으로 절대금액 한계를 설정하거나 특정 성장지수와 연계하는 접근은 취하지 않는다.

(4) 수입 및 지출 제한의 조합

수입 및 지출 제한의 조합이란, 앞서 언급한 여러 가지 제한 정책을 복합적으로 사용하는 TELs 형태를 말한다. 예를 들어, 오리건(Oregon)주는 지출 수준을 개인소득 성장과 연계시켜 제한하되, 만일 재정 수입이 세입 예측(추정치)의 2%를 넘어설 경우 초과 금액을 주민에게 환원하는 방식을 사용하고 있다. 콜로라도(Colorado)주에서도 비슷한 조치가 실시되고 있는데, 이에 대하여는 바로 다음 항에서 자세히 설명된다. 그리고 메인(Maine)주의 경우 평균 개인소득 성장과 주정부 예산 지출을 연계시키는 방식으로 재정 지출을 제한하고 있다.

(5) TELs 운영에 사용되는 주요 변수(지수)

조세 및 지출제한제도를 적용하는 과정에서 기준으로 가장 많이 사용되는 변수는 인구(인구 성장), 물가 상승(인플레이션), 개인소득 증가, 기타 경제 성장 변수이다. 각 변수의 선택은 주마다 다른데, 가장 보편적으로 사용되는 것은 인구 변수와 소비자물가지수, 공식 물가 상승 예측치이다. 이와 같은 변수를 사용하는 목적은 지방정부의 예산을 일반적인 경제 성장과 비슷한 범위에서 운용하려는 데 있다. 이와 관련된 자세한 내용은 [부록 6-1]에 수록되어 있다.

3) TELs 제도에 대한 찬성과 반대(긍정 · 부정적 효과)

TELs는 지방정부의 과도한 세금 인상이나 재정 남용을 방지할 목적으로 도입되었다. 돌이켜 보면, 제도의 긍정 · 부정적 효과가 병존하지만, 적어도 TELs가 지방재정의 과도한 성장을 상당 수준 제어하는 제도적 장치로서 중요한 역할을 수행한 데 대하여는 별다른 이견이 없다. TELs를 둘러싼 찬성과 반대 주장 그리고 제도의 긍정 · 부정적 효과에 대해 요약 정리하면 다음과 같다.

역사적으로 미국 내에서는 TELs의 적극적 사용에 대해 찬반의 양론이 대립해 왔다. 찬성 진영에서는 TELs가 지방재정의 과도한 남용과 성장을 방지하고 재정건전성을 도모하는 측면에서 크게 기여하고 있다고 주장한다. 반면에 반대 진영에서는 과도한 TELs로 인해 공공 서비스의 적정 공급과 질적 관리에 문제가 발생하고 있다고 주장한다. 예를 들어, 인문 · 사회 · 환경 변화로 인해 불가피하게 재정 수요가 늘어남에도 불구하고 TELs에 의해 재정의 수입 및 지출 활동이 제한될 경우 통상 교육, 건강 프로그램, 문화 시설 등 시민생활과 밀접한 예산이 우선적으로 삭감된다고 주장한다. TELs를 둘러싼 찬반 논리에 대해 요약 · 정리하면 다음과 같다.

(1) TELs의 적극적 사용에 대한 찬성 논리: 정부 책임성 강화, 예산 사용에 대한 엄격한 규율 적용, 재정효율성 증진, 징세 노력 향상, 재정 성장 총

량 통제, 시민 참여를 통한 주요 재정 의사결정, 정책 및 사업 평가와 그에 의한 공공 서비스 우선순위 결정 등.

(2) TELs의 적극적 사용에 대한 반대 논리: 선거직 공무원의 재정 의사결정 권한 약화, 비의무성(non-mandated) 재정 지출 및 일반회계 예산의 삭감, 특정 서비스의 증가를 요구하는 인구 계층(예: 노령인구, 학령인구 등)의 수요 반영 한계, 신세원 확충 제약, '재정하향 효과'[3](ratchet-down effect), 공공 서비스 수준의 장기 저하, 경제 불황시 지출 수요를 지속적으로 충당할 수 있는 세입 부족, 대중 인기영합 조세 정책 실시 가능(예: 주의 세원을 상대적으로 인기가 없는 소득세에서 상대적으로 인기가 있는 판매세로 전환), 세원의 폭넓은 활용(재산 · 소비 · 소득과세) 대신 복권 및 사용료 · 수수료 · 부담금 의존 경향 심화 등.

4) TELs의 운영과 주민투표

일부 주에서는 TELs를 신설하거나 기존의 내용에 중대한 변화를 가할 경우, 그리고 세금 인상을 시도할 경우 주민투표를 통해 최종적으로 의사결정을 하고 있다. 예를 들면, 2005년 11월 8일 캘리포니아에서는 기존의 TELs에 변화를 가하는 「제안 76」(Proposition 76)에 대한 주민투표가 있었다(투표 결과는 부결이었다). 「제안 76」의 핵심은 기존에 소득 성장 및 인구와 연계 운영되어 왔던 주의

3 재정 지출 제한으로 인해 지출 기반(spending base)이 감소하면서 최대허용성장(maximum growth)이 본래 수준으로 돌아갈 수 없는 현상을 말한다.

재정 지출 성장 제한 규정을 향후 3년간의 세입 성장 평균과 연계시키는 방식으로 바꾸고자 하는 데 있었다.

현재 미국의 주 가운데 지방세 인상시 주민투표를 의무화하고 있는 주는 소수이다. 구체적으로 언급하면, 콜로라도주는 모든 지방세 인상에 대해 주민투표를 의무화하고 있고, 미주리주와 워싱턴주는 특정 금액을 초과하는 지방세 인상에 한해 주민투표를 의무화하고 있다. 2010년 현재 15개 주는 지방세를 인상하거나 세목을 신설할 경우 반드시 지방의회에서 초다수결 투표 방식을 거칠 것을 요구하고 있다. 초다수결 방식(투표 원칙)이란, 일반적 의안에 적용되는 과반 기준의 다수결 투표와 달리 절대다수의 찬성을 요구하는 의사결정 방식을 의미한다. 현재 지역에 따라 3/5, 2/3, 3/4의 초다수 또는 절대다수 찬성제도가 운영되고 있다. 그 외에 지방정부의 수입 및 지출의 과도한 팽창을 억제하기 위해 지방의회의 엄격한 투표 방식을 적용하는 주들도 10여 곳 있다.

TELs의 운영에 주민투표 방식을 활용한다는 것은 매우 엄격한 재정규율을 적용하는 것으로 통상 TELs 제도 가운데서 가장 엄격한 형태로 간주된다. 이는 주의 헌법이나 법률로서 시행되는 전통적 TELs와 조금 다른 면모를 지닌다. 지방세를 인상하거나 재정 지출을 확대하는 과정에서 법적 요건이나 지방의회의 의결에 의해 제한을 받는 것과 주민투표에 의해 제한을 받는 것을 비교하면 후자가 훨씬 더 지방재정의 운용 폭과 유연성에 큰 제약을 가하는 조치로 간주된다. 그뿐 아니라 일부 주에서는 주민투표시 통상 적용되는 1/2 이상 다수결 방식 대신 3/5, 2/3 이상 찬성 등 통과가 매우 어려운 초다수결 방식을 취하고 있다. 이는 TELs의 운영이 주민과 지방정부를 비롯한 다수의 이해관계자에게 중

대한 영향을 미치고 있음을 시사하는 단면이다. 한편, 2006년부터는 일부 주를 중심으로 TELs 관련 주민투표에서 주민들이 제도의 운영을 다소 완화해 주는 경향이 나타났다.

5) 콜로라도주의 납세자 권리장전

TELs 중에서 가장 유명한 것의 하나로 콜로라도주가 제정한 납세자 권리장전(Taxpayers' Bill of Rights: TABOR)을 꼽을 수 있다. 이에 대해 간단히 언급하면 다음과 같다.

TABOR는 1992년도에 콜로라도주에서 주민투표에 의해 채택되었고, 곧이어 주헌법에 반영되었다. TABOR가 미국 내에서 매우 파격적인 제도로 평가를 받는 것은 무엇보다도 주정부와 지방정부가 어떤 세금이라도 인상하고자 할 경우 반드시 주민투표를 거쳐야 하는 강력한 시민 보호 장치를 갖고 있기 때문이다. 그리고 TABOR는 주민 납세자의 권한을 강화하고, 지방재정 운영에 대한 주민의 거시적 통제를 한 단계 높인 점에서 큰 의미가 있다. 반면에 TABOR는 주정부와 지방정부의 재정 권한을 약화시키고 재정의 중장기 안정성과 지속가능성에 제약을 가하는 문제와 한계를 내포한다.

TABOR는 기본적으로 주정부와 지방정부의 과도한 세입 성장을 제한하는 재정규율(세입 제한 조치)이다. TABOR의 골자는 주정부가 연방재정이전(보조금 등) 수입을 제외한 기타 모든 재원으로부터 확보할 수 있는 연간 수입(세입)의 규모를 제한하는 데 있다. 세입 한도액은 인구 성장률과 물가 상승률(인플레이션 비율)을 토대로 산정된다. 이때 만일 주가 확보하는 세입이 제한 범위를 넘어설 경우 초과 금액은 주민에게 되돌려주어야 한다. 이는 실로 매우 파격적이고 강력한 정부 활동 규제(재정 규제) 조치라고 말하지 않을 수 없다. 반면에 세입이 감소할 경우 그 다음 회계연도의 세입 한도액은 전년도 산출 금액을 기준으로 설정된다. 다만, TABOR는 주민투표를 거칠 경우 초과 수입이 발생하더라도 주가 주민에게 세금을 돌려주지 않고 자금을 활용할 수 있는 예외 장치를 갖고 있다. 하지만 이 또한 주민투표의 시기와 횟수 등에 제한을 받는다.

콜로라도주는 TABOR가 제정되기 이전인 1991년에 주의회의 주도 하에 연평균 지출 성장의 상한을 규정한 바 있다. 동 조치('Arveschoug-Bird'로 잘 알려져 있음)에 의하면 일반회계(general fund)의 연간 세입 제한은 전년 대비 6% 증가나 개인소득(personal income) 5% 이상 증가의 두 기준을 적용한 결과 작은 것을 기준으로 해서 설정된다. 콜로라도주의 1991년도 지출 제한 조치는 TABOR가 도입되자 직접적인 영향을 받았다. 대표적인 예로 TABOR의 제정 후 콜로라도주는 미국의 많은 주들이 보편적으로 활용하는 재정안정화기금(속칭 'rainy day fund')을 가동하지 않게 되었다. 그 이유는 세입 한도액을 초과한 세수를 다른 용도로 사용하지 못하고 유권자에게 되돌려주어야 하기 때문이다(일반적으로 재정안정화기금의 중요한 재원이 세계잉여금(간단히 말하면, 회계연도 마감 결과 남은 재정수입)인데, 만일 이를 사용하지 못하고 납세자에게 반환해 주어야 한다면 재정안정화기금은 정상적으로 작동될 수가 없다). 규정에 따르면 유보금은 일반회계의 3%까지 확보할 수 있지만, 유보금을 사용할 경우 그것은 반드시 다음 회계연도의 수입에 충당시켜야 한다. 그러므로 유보금은 재정안정화 용도로는 사용될 수 없고, 일종의 예산

미국의 지방세 세율 제한

역사적으로 미국에서 지방세의 세율을 제한한 사례는 1880년대 후반으로 거슬러 올라간다(이하 ACIR 참고). 세율 제한은 원래 지방정부가 민간기업 활동인 철도 확장에 재정을 지원하는 관행을 제재할 목적에서 비롯되었고, 당시 채무 제한(debt limit) 조치도 병행된 것으로 알려져 있다. 그리고 넓은 의미에서 주민들이 나서서 정부의 재정 지출 책임성을 강하게 요구한 것도 세율 제한이 실시된 배경의 하나이다. 1914-1939년 기간 중에는 7개 주가 전체 지방세 세율 제한(overall rate limits) 제도를, 그리고 10개 주가 특정의 구체적 세율 제한(specific rate limit) 제도를 채택하였다. 1970년대 이후부터는 각종 세율 제한은 물론 다양한 TELs가 미국 전역에서 봇물처럼 쏟아져 나왔다.

재산세 부과에 대한 제한(property tax levy limit)은 지방정부가 재산세를 통해 확보할 수 있는 총수입을 규제하는 조치이다. 이는 재산세의 세율과는 무관하고, 재산세의 과표(평가 가치)와 관련이 있다. 동 제도는 역사적으로 매우 드물게 사용되다가 1970년대 이후 적극적으로 활용되기 시작하였다(1970년 이전에 동 제도를 사용한 주는 애리조나, 콜로라도, 오리건 3개 주뿐이다). 재산세 부과 제한 제도는 통상 재산세 부과의 연간 증가율(annual percentage increase)을 제한하는 입법과 연계해서 운영된다. 이 경우 구체적인 재산세 부과의 제한 범위는 물가, 인구, 재산 가치 변동 등 인구 · 사회 · 경제적 변수와 연동되어 결정된다.

재산세의 가치 평가 증가에 대해 제한을 가하는 제도(limits on assessment increases)는 지방정부가 부동산의 가치 증가나 단순 재평가에 의해 손쉽게 이득을 보는 것을 제재할 목적으로 도입되었다. 동 제도는 1970년대 이전에는 메릴랜드주(1957년 도입, 6% 제한 조치)에서 유일하게 사용되었을 뿐 다른 지역에서는 거의 활용되지 않았다. 일반 수입과 지출에 대해 제한을 두는 조치 또한 사실상 1970년대 이후에 실시되었다(그 이전에는 애리조나주가 1921년에 도입하여 실시한 바 있다).

ACIR, *Tax and Expenditure Limits on Local Governments*, M-194, 1995.

의 현금 흐름을 원활히 해주는 용도로 활용될 수밖에 없다.

그런데 콜로라도주는 2000년대 초에 심각한 경기 불황을 겪었는데, 이때 여야가 나서서 재정회복과 예산 운용의 유연성 확보를 위해 세입 및 조세 지출 장치를 완화하기로 합의했다. 2005년 11월 1일, 콜로라도주 주민은 TABOR의 '허용 가능한 세입 기반'(allowable revenue base)에 관한 내용을 담은 안건을 주민

ACIR의 TELs 연구 결과

ACIR(Advisory Commission on Intergovernmental Relations, 1995)의 연구에 의하면 미국의 대부분 주는 지방정부의 수입 및 지출 활동과 관련하여 최소한 하나 이상을 제한하는 TELs를 실시하고 있다. ACIR은 TELs의 유형을 크게 (1) 전체 재산세 세율에 대한 제한(overall property tax rate limit), (2) 특정 재산세 세율에 대한 제한(specific property tax rate limit), (3) 재산세 부과에 대한 제한(property tax levy limit), (4) 일반세입 또는 재정 지출 증가에 대한 제한(general revenue or expenditure increases limit)의 네 가지로 구분하였다. 그리고 ACIR은 과세 대상의 평가 인상(assessment increase)에 대한 제한과 완전한 조세 정보 공개(full disclosure/truth-in-taxation)도 TELs에 포함시킬 수 있다고 지적한다.

(1) 전체 재산세 세율에 대한 제한: 세율의 한도(ceiling)를 설정하며, 통상 지방정부가 활용할 수 있는 총조세율(aggregate tax rate)을 기준으로 사용함.
(2) 특정 재산세 세율에 대한 제한: 세율의 한도를 설정하는 방식으로 가장 보편적인 TELs 유형에 해당하며, 특정 유형의 지방정부(예컨대, 학교구, 카운티 등) 또는 구체적으로 명시된 서비스 분야(특정 기능)에 적용됨.
(3) 재산세 부과에 대한 제한: 재산세를 통해 확보할 수 있는 총수입을 제한하는 조치(세율과는 무관함)이며, 재산세 부과의 연간 증가율(annual percentage increase)을 제한하는 입법과 연계되기도 함(특정 재산세 세율 제한 다음으로 많이 사용됨).
(4) 일반세입 및 지출 증가 제한: 연간 징수되는 세입에 대해 제한을 가하거나 지출 부문에 제약을 가하는 것으로 인구, 물가 변동 등과 연계되어 운영되는 경우가 많음.
(5) 과세 대상의 평가 인상에 대한 제한: 지방정부가 재산 재평가나 자연적 또는 행정적 조치에 의한 재산 가치 상승을 이용하여 세입을 확충하는 역량(여지)을 제한함.
(6) 완전한 조세 정보 공개: 지방정부가 세율 또는 과표를 인상하고자 할 경우 그에 앞서 공청회 등을 통해 세부 내역을 일반주민과 논의하고, 의회의 구체적인 의결을 거쳐 최종 확정함.

ACIR, *Tax and Expenditure Limits on Local Governments*, M-194, 1995.

투표로 통과시켰다. 투표 결과 투표 시점 이후 5년 동안 징수되는 모든 세입을 주가 보유하는 것으로 확정되었다. 하지만 이와 동시에 5년이 경과한 다음 해(즉, 2011년)부터는 다시 종전과 같이 인구 및 인플레이션 성장 상태와 결부된 세입 제한 조치를 적용하는 것도 확정되었다.

3. 조세저항 및 재정 운영 제한이 우리나라에 주는 시사

주(국)민의 조세저항은 어느 나라에서나 발생할 수 있는 현상으로 납세자의 정당한 권리 행사의 한 형태이다. 본문에서 살펴본 미국의 주민 조세저항은 지나치게 비대해진 정부가 세금을 자기 마음대로 사용하는 데 대한 주민 납세자의 체계적인 불만 표출이자 정당한 권리에 기반을 둔 대중의 힘에 의한 대정부 반격으로 인식된다. 이는 처음에는 미국의 지방자치와 지방재정의 엔진이라고 말할 수 있는 재산세의 확장에 제동을 거는 모습으로 출발하였다가 차츰 정부의 규모와 재정 활동을 거시적으로 통제하는 형태로까지 확대되었다.

이러한 변화의 원동력은 절대다수 주민의 힘에 있다. 그리고 그것이 강한 추진력을 갖게 된 배경에는 소위 '큰 정부'(big government)의 재정 확장 욕심과 통제되지 않은 재정 지출 관행이라는 시대적 교만에 대한 강한 불만이 있었다. 이는 그 당시 급부상한 시장실패(market failure)[4]의 반대적 개념인 정부실패(government failure) 이론의 핵심 단면이었다. 주민의 조세저항은 캘리포니아주의 「주민제안 13」, 매사추세츠주의 「주민제안 2$\frac{1}{2}$」을 필두로 전국 각지에서 지방정부의 임의적인 조세 인상에 제동을 걸었다. 그리고 이는 시간이 흐르면서 차츰 다양한 수단과 방법으로 지방정부의 거시적 재정 활동 전반(수입, 지출 등)에 제동을 걸고, 정부가 보다 효율적이고 효과적인 주체로 거듭날 것을 촉구하는

4 자유시장 가격기구(free market price mechanism)에 맡겨 두면 자원 배분이 효율적이고 형평성 있게 이루어지지 못한다는 것을 의미하는 개념으로 통상 공공재, 외부 효과, 자연독점 등이 시장실패를 초래하는 요인으로 간주된다. 시장실패 이론은 궁극적으로 자본주의 경제 체제에서 왜 정부가 필요하고, 어떤 영역에서 정부가 적극적으로 기능과 역할을 수행하는 것이 바람직한지에 대한 경제 이론적 논거를 제시해 주고 있다.

양상으로 확대되었다. 이러한 과정을 거치면서 마침내 미국 지방재정제도에 일대 획을 긋는 하나의 제도, 즉 '조세와 재정 지출 제한'(Tax and Expenditure Limitations: TELs)이라는 법적 제도가 탄생하였다.

지역별로 조금씩 차이가 있지만, TELs의 실시 목적은 지방재정의 수입(특히, 재산세 제한 제도를 통한 수입)과 과도한 재정 성장 및 지출을 합리적 수준에서 통제함으로써 지방재정의 책임성(fiscal accountability)을 제고시키는 데 있다. 이러한 목적은 TELs가 본격적으로 실시되면서 실제로 달성된 부분도 있지만 그렇지 못한 부분도 없지 않았다. 그에 대한 가장 중요한 원인은 TELs가 거의 일방적으로 주민의 입장에 치중하여 강한 정책 드라이브가 걸리면서 제도화되었기 때문이다. 이러한 상황에서는 각종 TELs가 내포하는 종합적 · 중장기적 파급효과와 재정자율성 및 조세형평성에 대한 영향이 충분히 점검되고 반영되기가 어렵다. 당시의 문헌과 조사 결과를 보면, 대다수 주민들은 세금 인하와 공공서비스의 효율성 향상을 요구한 반면에 자신들이 향유하는 기존 서비스의 감축은 원하지 않았던 것으로 파악된다. 이는 다시 말해서, 주민들이 공공 서비스의 가격 인하를 요구하는 것으로 이해될 수 있다(물론 정부가 공공 서비스의 공급 효율성을 높이면 가격 인하 효과가 나타날 수 있지만, 여기에는 한계가 있다). 그와 달리 주민들이 조세저항을 통해 기존 행정 서비스의 형태와 질 · 양 및 공급 방식을 자신들의 선호와 수요에 맞도록 변화시켜 달라는 신호를 직접 · 간접적으로 표출한 측면도 분명이 있다.

각 지역에서 다양한 형태의 TELs가 본격적으로 실시되자 긍정적 효과도 많았지만, 반면에 예상했거나 또는 예상치 못했던 부정적 효과도 적지 않았다. 가장 큰 긍정적 효과는 지방정부가 재원을 조달하고(세입 측면) 재정 사업을 수행(세출 측면)하는 과정에서 과거에 비해 훨씬 더 주민의 관점과 효율성 관점을 고려하는 재정 행태의 변화이다. 그 이면에는 TELs 제도가 형태와 내용(운영 방식)에 따라서 지방정부가 공급하는 공공 서비스의 범위와 내용 그리고 각종 재정 활동에 구속과 통제를 가하는 강력한 힘(예산 구속력)이 작용하였다. 이는 중장기적으로 지방재정의 과도한 팽창과 재정 남용을 제어하는 순기능 효과를 창출하였다.

이에 비해 TELs 제도는 부정적 파급 효과와 부작용도 유발하였는데, 그것은 다음과 같다.

첫째, 과도한 TELs는 시대 환경의 변화에 따라 늘어나는 새로운 재정 수요를 제대로 감당할 수 없게 만드는 불합리한 제약 요소로서 부작용을 초래하였다. 역사적으로, 공공 서비스의 수요는 소득 증가나 환경 변화 등 다양한 이유로 계속 확대되어 왔다. 그런데 TELs가 강력히 실시되면서 정부의 서비스 공급에 차질과 왜곡이 빚어지는 문제가 발생하였다. 예를 들면, 현실적으로 재정이 확대되지 않은 상태에서 기존의 재정 지출(일종의 기득권)을 과감히 조정해서 새로운 사회적 수요를 충족시켜 주는 지방정부는 많지 않은데, TELs는 이러한 현실 상황을 도외시한 것이다. 이 문제는 비록 일부 지역에 한정되지만, 정부 간(예컨대, 연방정부-주정부-지방정부 간)의 기능 및 재원 배분의 불균형과 왜곡을 초래하였다.

둘째, TELs가 실질 가치가 아닌 명목 가치 중심으로 운영되는 경우가 많아서 재정 지출 수요를 충족하는 데 어려움이 발생하였다. 이러한 현상은 특히 물가가 빠르게 상승할 경우 애로로 작용하였다. 그 이유는 공공 서비스 공급 가격의 증가로 인해 재정 수입이 정상적인 재정 지출을 제대로 감당하지 못하는 현상이 나타나기 때문이다.

셋째, TELs의 시행 결과 지방재정의 자율성과 안정성이 약화되었다. 재정 자율성 약화 현상은 주민에 의해 선출된 지방정부의 정치적 리더(시장, 의원 등)가 재정의 수입과 지출에 관한 중요한 의사결정을 하던 체제가 새로운 재정규율에 의해 큰 제약을 받게 되면서 나타났다. 재정안정성 약화 현상은 TELs로 인해 재정적 어려움을 겪게 된 지방정부들이 점점 주정부 재정에 의존하기 시작하면서 지방재정이 주정부의 경제 · 재정 사정에 의해 심각한 영향을 받게 되는 것을 의미한다. 이는 지방정부의 자율성(자치 권한) 약화 현상과도 맞물려 작동한다.

넷째, 지방정부가 핵심 재정 기반인 재산세를 재정 운영에 자유롭게 적극적으로 활용하지 못하고, 사용료 · 사용자부담금과 같은 세외수입 수단에 의존하는 부작용이 초래되었다. 전국적으로 그 비중은 크지 않지만, 지방소득세나 지방소비세를 실시하는 지방정부 가운데는 세금 인상이 어려운 재산세 대신 소득세나 기업에 부과되는 기업재산세(business property tax)를 적극적으로 활용하는 사례가 늘어났다. 그리고 전통적으로 지방정부가 담당하였던 기능 및 책무의 일부를 특별 지방정부를 설치하여 그에 맡기는 부작용도 생겨났다.

다섯째, 현실적으로 부각되지는 않았지만, 지방재정의 수입 체제가 과거에 비해 보다 역진적인 구조로 변화되었다. 그 이유는 지방정부가 TELs로 인해 지방세보다는 상대적으로 편리한 세외수입을 활용하는 방향으로 정책을 선회하였기 때문이다. 일반적으로 지방세에 비해 사용료, 부담금과 같은 세외수입은 납세자의 소득이나 자산의 보유와 관계없이 모두에게 동일한 요율이 적용된다. 따라서 부담 구조가 보다 역진적이다(물론 일부 세외수입 항목의 경우 차등요율제도나 감면 시스템이 작동하지만, 그 영향은 상대적으로 미미하다).

여섯째, 일부 지역에 국한되기는 하지만 납세자 간의 수평적 형평성(horizontal equity)이 훼손되는 현상이 나타났다. 예를 들어, 캘리포니아주의 「주민제안 13」에 대한 조세형평성 연구 결과에 의하면 동 제도로 인해 주민의 세금 부담은 분명히 줄어들었지만, 납세자 간의 수평적 형평성은 심화된 것으로 나타났다. 연구의 핵심 중 하나는 「주민제안 13」의 실시 결과 저소득층과 고소득층의 경우 큰 폭으로 세금 부담이 줄어들었으나, 중간 소득 계층의 경우 상대적으로 작은 폭의 세금 부담 감소가 있었다는 사실이다.

지방자치가 활성화되려면 무엇보다도 튼튼한 재원 기반과 건전한 재정 운영의 틀이 마련되어야 한다. 미국의 지방자치는 기본적으로 지방의 과세권과 함께 재산세라는 튼튼한 재원 기반을 구축하고 있고, 특히 지방세가 지방정부의 각종 재정 활동을 지원하고 조절하는 기능을 담당하면서 발전하고 있다. 역사적으로 새로운 재정 수요가 발생하거나 지역에 중요한 재정투자 사업을 할 경우 필요하다고 판단되면 법률에 근거하거나 주민투표를 통해 지방세를 인상하는 것이 관행이자 전통으로 자리 잡고 있다. 세금을 올리는 것에 대해 좋아하면서 찬성할 사람은 거의 없다. 하지만 그것이 지역사회를 위한 합리적 의사결정(학교 신설, 도로 건설, 양질의 상하수도 서비스 제공, 기타 지역의 많은 사람들에게 혜택을 주는 공익 시설의 건축이나 서비스의 신설 등)과 직접적으로 결부되어 주민들이 일정한 몫을 부담하는 세금 인상이라면 그에 대해 동의하고 실천할 수 있어야 한다. 미국 사회, 그리고 미국의 지방자치는 이러한 정신과 메커니즘을 기본적으로 갖고 있고, 또한 적절히 작동시키고 있다. 이는 다시 말해서, 미국 사회는 자기 지역의 추가적인 재정 수요에 대해 선출직 지방 리더와 주민의 다수가 합리적이라고 판단하면 지방세 부담을 늘릴 준비가 되어 있다. 마찬가지로 재정 사정이 좋아지고 재정 수요가 줄어들 경우 주민의 지방세 부담을 줄여 주는 합리적 정책 결정 시스템이 가동되고 있다.

하지만 우리나라에서는 이러한 제도적 틀과 운영 방식이 존재하지 않는다. 지방자치단체와 지역주민 모두가 왜 세금을 징수하고 납부해야 하는지에 대해 구체적으로 인식하고 있지 않을 뿐 아니라 조세 행위를 절차적 · 의례적으로 행하고 있다. 그것이 구체적으로 어떤 행정 활동과 결부(연계)되고, 그 과정과 결과에 대해 지방자치단체와 주민이 어떤 재정책임성을 가져야 하는지에 대한 인식과 제도적 운영 틀은 사실상 존재하지 않고 있다. 우리나라의 재산세는 매년 주어진 평가 방식에 의해 전국의 지방자치단체들이 공통적 · 획일적으로 산정해서 주민에게 부과하기에 급급하다. 현재 재산세는 지역의 재정 형편이나 재정 수요를 유연하게 반영하는 지방세의 재정 기능과 무관한 방식으로 운영되고 있다. 따라서 지방자치의 재정 근간이 되는 재산세가 지방자치나 지방자치단체의 재정책임성을 묻고 따지는 역할을 하거나 기제로서 작동할 수 없다. 게다가 재산세의 부담이 지역별로 조금이라도 차이가 나게 되면 언론과 시민단체 등이 나서서 조세 부담의 불공평성 문제를 대문짝만하게 내세운다.

앞서 언급한 바와 같이, 지역별로 재정의 능력과 여건 및 지출 수요가 다른 상황에서 전국적으로 획일적인 재산세제도를 운영한다는 것은 사실상 지방자치를 하지 않겠다는 것과 마찬가지이다. 거시적으로 조세의 형평과 효율은 적정한 수준에서 유지되어야 하지만, 일정한 범위 내에서 지방의 재정 능력과 재정 수요를 감안하여 조세제도를 탄력적으로 운영하는 것은 지방자치의 기본이다.

지방자치와 지방정부의 운영과 관련하여 적정 조세나 적정 지출은 사실상 존재하지 않는다. 다만, 지역의 구성원들이 역사적으로 존재해 온 관행과 기능 및 서비스를 기본적으로 인정하면서 새로운 재정 수요(시대적 요구, 인구 · 경제 · 계층적 요구, 사회 · 정치적 압력 등)에 대해 적절히 대응하는 수준의 조세 수입 확장과 현명한(적절한) 재정 지출을 해나가는 것이 합리적이다. 문제는 우리나라의 경우 과거부터 유지되어 온 행정 기능과 사무를 폐지하는 경우는 극히 드물고, 계속해서 새로운 기능과 사무(예컨대, 사회복지 분야 사무 확대)를 확대하고 있다는 점이다. 이는 다시 말해서, 정부의 기능과 재정 규모가 지속적으로 확대되고 있음을 시사하며, 공공 부문이 기득권을 결코 놓지 않는 단면이라고 말할 수 있다.

마지막으로, 미국의 주민 조세저항과 조세지출제한제도(TELs)는 기본적으로 우리나라와 여러 가지로 다른 환경에서 전개되었다. 하지만 그것들이 내포하고 지향하는 가치와 원리는 우리나라에도 그대로 적용되고, 또한 우리가 그것을 적극적으로 수용해야 할 만큼 큰 의미가 있다. 그것은 국민(주민) 납세자가 부담하는 세금이 국가와 지방자치단체의 존재 이유 구현, 운명 공동체의 복지와 공동 목표 추구, 그리고 보다 나은 사회의 진보를 위해서만 사용되어야 한다는 명백한 진리와 같은 사실이다.

앞서 기술한 바와 같이, 일부 자치단체들이 국민의 세금을 흥청망청 낭비하고, 단기에 가시적 효과를 나타내는 대형 개발 사업에 욕심을 내다가 그만 심각한 재정압박을 받는 현상들이 근년에 비일비재하고 있다. 그동안 시민사회가 문제를 제기하였거나, 언론에서 재정 낭비 사례를 대문짝만하게 보도했던 것만 해도 실로 부지기수이다. 이와 같은 현상을 목도할 때, 현재 우리의 지방재정이 세금을 적절한 수준에서 부과하고 있는지, 그리고 각종 재정 지출이 국민의 보편적 상식이 수용할 수 있는 정도로 제대로 집행되고 있는지에 대해 근본적으로 검토할 필요가 있다.

현실적으로 우리나라의 대부분 지방자치단체들은 매년 자연적으로 내려오는 중앙정부의 이전재정(지방교부세, 국고보조금 등)에 익숙해 있다. 그 결과 열심히 노력해서 재정을 확충하는 데는 소홀하고, 교부금과 보조금을 따오는 데는 혈안이 되어 있다. 내가 노력해서 번 돈이 아니면 누구나 쉽게 결정하고 헤프게 쓰기 마련이다. 인구 수만 명에 재정 규모 3,000억-5,000억 원의 군이 수백억 원이나 드는 산업단지의 개발에 나서고, 재정자립도가 30%도 되지 않는 자치단체가 이런저런 명목으로 개발 사업에 뛰어 들고, 많은 자치단체들이 가능하면 시설을 대형화하려는 것도 따지고 보면 든든한 외부의 이전재정이 뒷받침해 주기 때문이다. 이와 관련된 사항은 이 책의 범위를 넘어서므로 길게 설명하지 않기로 한다. 다만, 앞으로 우리나라의 지방재정이 반드시 해결해야 할 최우선 과제가 조세제도와 재정이전제도의 새로운 구조 정립 문제와 지방자치단체의 권한과 책임에 대한 조화와 그에 대한 담보 문제임을 강조하고자 한다.

현실적으로 지방의 과세 권한이 제한된 점을 감안하면, 과도한 재정 남용을 하는 지방자치단체에 대하여는 세입을 제한하기보다는 회계연도의 지출 수준을 제한하는 조치를 취할 필요가 있다. 만일 재정 운영의 낭비와 비효율 그리고 도덕적 해이가 심각할 경우에는 한걸음 더 나아가 지출 제한과 세입 제한 조치를 동시에 취하는 고강도 처방을 할 수 있을 것이다.

지방자치와 재정분권은 권한과 책임의 양식 있는 균형을 전제로 한다. 아울러 자신의 재정역량과 지역 및 주민의 필수 재정 수요 간의 균형을 전제로 한다. 만일 지방자치단체장이 재정역량을 넘어 사업을 과도하게 추진하거나 아니면 주민의 필수 재정 수요나 지방공공재와 무관한 재정 활동을 지나치게 많이 한다면, 이는 균형을 벗어나 위험한 경로에 진입하는 것이다. 이러한 행로는 짧게는 수년 이내, 길게는 5-10년 이내에 심각한 재정압박 내지 재정위기의 수렁에 빠지고 만다.

국가와 지방자치단체의 과도한 세금낭비 행위가 앞으로도 계속 관측된다면, 우리 사회에서도 조세저항운동이 전개되는 것은 지극히 당연하다. 만일 국(주)민의 세금을 책임 있게 사용해야 할 정부가 국민과의 약속과 신의를 저버리고, 또한 정부를 견제해야 할 국회와 지방의회가 침묵하거나 무능하게 대응하는 사태가 발생한다면, 정부에 대해 강력히 책임을 요구하고 개선을 촉구해야 할 주체는 당연히 국민과 주민이다. 이제는 중앙정부와 지방자치단체 모두가 국민의 세금으로 이루어지는 모든 재정 활동(수입, 지출, 채무, 각종 재정 관리 활동 등)이 효율과 책임 그리고 투명성에 입각해서 구현되고 있음을 국민이 신뢰할 수 있는 수준으로 개선해야 한다. 만일 그렇지 못할 경우 국민과 주민의 힘에 의해 미국에서 전개되었던 체계적인 조세저항운동과 더불어 정부의 수입과 지출 및 모든 재정 활동을 거시적으로 규제하는 다양한 조치들이 우리나라의 재정 부문에서도 일어나게 될 것이다. 그리고 비록 매우 극단적이기는 하지만, 만일 어떤 지방자치단체가 지속적으로 재정을 남용하는 것이 확실하다면, 미국의 콜로라도주에서 실시하고 있는 것처럼 남은 세금을 주민에게 돌려주는 강력한 제도를 추진할 필요가 있다. 이는 정부나 의회가 전향적인 자세로 추진할 수 있고, 주민 다수의 입법청원에 의해 시도될 수도 있다. 정부가 가장 무서워해야 하는 것은 성난 국민들이 잘못된 정부의 재정 관리에 대해 정당한 절차를 통해 납세를 거부하거나 세금환부를 요구하는 직접적인 행동에 나설 때이다.

결론적으로, 국가와 지방자치단체가 국(주)민에게 어떤 수준의 세금을 징수할 것인지, 그리고 징수된 세금을 어떤 분야에 얼마만큼을 할당할 것인지에 대한 문제는 더 이상 정부가 일방적으로 결정하고 때로 무책임하게 낭비하는 시대는 끝이 났다. 중앙정부와 지방자치단체는 세금의 금전적 가치를 무한히 존중하면서 재정 활동을 해야 한다. 만일 그렇지 못할 경우 우리 사회에서도 국민적인 조제저항의 움직임이 전개될 수도 있고, 국민과 주민이 나서서 중앙정부와 지방자치단체의 수입과 지출에 대해 거시적 제한을 가하는 사태가 발생할 수 있다. 개인이든, 조직이든, 아니면 국가와 지방자치단체이든 예상되는 중요한 문제점을 간파하였다면, 신속히 그에 대한 처방과 개선을 모색하는 것이 상책이다. 그렇지 못하면 개인과 사회의 비극이 발생한다.

[부록 6-1] 미국 주정부 조세지출제한제도(TELs)의 주요 내용(2010년 기준)

주	연도	헌법/법률	주요 특징
알래스카(AK)	1982	C	세출예산 제한: 인구와 인플레이션 변수에 의한 한계 적용
애리조나(AZ)	1978	C	세출예산 제한: 개인소득 성장률 7.4% 한도에 의한 세출예산 확대 제한
캘리포니아(CA)	1979	C	세출예산 성장 제한: 인구 및 1인당 개인소득 성장 기준
콜로라도(CO)	1991	S	일반회계 세출예산 성장 제한: 총개인소득 5% 또는 전년도 세출예산 6% 증가 중 적은 것 적용 제한
	1992	C	세입 제한: 인구와 인플레이션 변화에 의한 제한 설정, 지출제한의 변경이나 세금 인상시에는 반드시 주민투표 실시
	2005	주민투표	세입 제한 실시: 단, 주민투표에 의해 2005-2010년 기간 중 잠정 유보(2011년 실시 예정)
	2009	S	세출예산의 6% 성장 제한 대안 삭제
코네티컷(CT)	1991	S	지출성장 제한: 최근 5년간 개인소득 평균 성장률 또는 직전 연도 물가 상승률 중 큰 것 적용
델라웨어(DE)	1978	C	세출예산 제한: 세입 추계의 98% 적용에 의한 한계 설정
플로리다(FL)	1994	C	세입성장 제한: 지난 5년간 개인소득 평균 성장에 의한 제한
하와이(HI)	1978	C	일반회계 지출 성장 제한: 지난 3년간 개인소득 평균 성장 미만으로 제한
아이다호(ID)	1980	S	일반회계 지출 제한: 총개인소득 5.33% 기준에 의한 한계 설정
인디애나(IN)	2002	S	지출 상한: 매 2년(biennial period) 예산 책정시 지출 상한 확정
아이오와(IA)	1992	S	세출예산 제한: 세입 추계의 99%
루이지애나(LA)	1993	C	지출 제한: 1992년 기준 지출 제한에 연평균 1인당 개인소득 성장 상태 반영
메인(ME)	2005	S	지출 성장 제한: 10년간 개인소득 평균 성장률 또는 2.75% 중 작은 것 적용
매사추세츠(MA)	1986	S	수입 성장 제한: 임금 및 급여의 3년 평균 성장에 의한 제한
	2002	S	새로운 제한 정의 추가: 정부 구입 물가의 2% 이상 제한 신설
미시간(MI)	1978	C	수입 제한: 지난해 총개인소득의 10.49% 한계 적용
미시시피(MS)	1982	S	세출예산 제한: 세입 예측치 98% 한계 적용

[부록 6-1] 계속

주	연도	헌법/법률	주요 특징
미주리(MO)	1980	C	세입 제한: 지난해 총개인소득의 5.64% 한계 적용
	1996	C	주민투표 의무화: 세금 인상시 7,700만 달러나 주정부 수(세)입의 1% 중 작은 금액을 기준으로 주민투표 실시
몬태나(MT)	1981 2005	S	지출 제한: 주정부 검찰총장이 인정하는 총개인소득지수에 의한 한계 적용
네바다(NV)	1979	S	지출 제한: 2년 단위의 인구 증가율 및 물가 상승률 한계 적용
뉴저지(NJ)	1990	S	지출 성장 제한: 총개인소득 성장 기준의 한계 적용
노스캐롤라이나(NC)	1991	S	지출 제한: 총개인소득의 7% 한계 적용
오하이오(OH)	2006	S	지출 제한: 지출 성장률 3.5% 또는 물가 상승과 인구 성장을 고려하는 것 중 더 큰 것을 기준으로 한계 적용
오클라호마(OK)	1985	C	지출 제한: 지출 성장 12%와 물가 상승을 고려하여 한계 설정
	1985	C	지출 제한: 공인된 세입의 95%를 지출예산 한계로 설정
오리건(OR)	2000	C	납세자 상환: 세입 추계의 102%를 초과하는 일반회계수입은 납세자에게 상환
	2001	S	세출예산 성장 제한: 2년 단위 총개인소득 추정치의 8% 한계 기준 적용
로드아일랜드(RI)	1992	C	세출예산 제한: 추정 세입의 98% 기준 적용(2012. 7. 1부터는 97% 기준 적용)
사우스캐롤라이나(SC)	1980	C	지출 제한: 직전 연도 개인소득 평균 성장률 또는 총개인소득 9.5% 중 더 큰 것을 적용하여 한계 설정
테네시(TN)	1978	C	세출예산 제한: 총개인소득 성장에 의한 한계 설정
텍사스(TX)	1978	C	세출예산 제한: 총개인소득 성장에 의한 2년 단위 세출예산 한계 적용
유타(UT)	1989	S	지출 제한: 인구 성장 및 물가 상승 변수를 고려한 지출 한계 설정
워싱턴(WA)	1993	S	지출 성장 제한: 지난 3년간 물가 상승에 인구 성장률을 고려하여 한계 설정
위스콘신(WI)	2001	S	지출예산에 대한 지출 성장 제한: 총개인소득 성장 변수를 기준으로 하되, 일부 예외 적용

주: C, S는 각각 주의 헌법과 법률을 의미한다.
자료: National Conference of State Legislatures, "State Tax and Expenditure Limits," various years (www.ncsl.org/home/search-results.aspx?zoom_query=spending%20limits).

[부록 6-2] 미국 주정부의 예산 주기 예시

주요 예산 과정	7월	8월	9월	10월	11월	12월	1월	2월	3월	4월	5월	6월
예산 가이드라인의 각 기구/부서 시달	■	■										
기관별 예산요구안 주지사 제출			■	■								
예산 관리 부서의 검토 및 관련 예산 청문회			■	■	■							
주지사의 예산안 확정					■	■						
주지사의 예산안 의회 제출							■					
의회 예산 심의 청문회								■	■	■	■	
주의회 예산 확정									■	■	■	■

자료: NASBO, Budget Processes in the States, 2016.

Chapter 7

미국의 지방정부 파산제도

1. 세계에서 유일한 미국의 지방정부 파산제도

1) 미국의 지방정부 파산제도 개요

(1) 채무자 지방정부에 대한 보호 장치

현재 선진국 중에서 지방정부 파산제도를 실시하고 있는 나라는 미국 한 나라뿐이다. 미국에서는 과도한 채무로 재정파탄 상태에 처한 지방정부에 대해 법제도를 통해 숨통을 터주는 긴급 재정보호 및 구제 장치로서 지방정부 파산제도를 실시하고 있다.[1] 동 제도는 미합중국 연방파산법(정확히 말해서, 연방파산법의 "Chapter 9"(「챕터 나인」이라고 함)에서 지방정부 파산제도를 다루고 있음)에 근거해서 운영되며, 장구한 역사를 지니고 있다. 연방파산법의 「챕터 나인」은 특정 시점에서 채무 변제가 불가능하고 일상적 재정 운영조차 어려운 재정파탄 지방정부를 채권자로부터 보호해서 회생의 길로 인도하는 '채무 구원 또는 구제'(debt relief)에 그 목적과 기능이 있다.

미국의 지방정부 파산제도는 지방정부가 연방파산법이 요구하는 조건을 충족할 경우 '잠정적 재정구제'라는 피난처에 들어갈 수 있도록 해주는 공적 보호막이다. 잠정적 재정구제나 공적 보호막이라고 표현하는 이유는 막대한 채무로 인해 사실상 기능이 마비된 지방정부에 대해 연방법원이 채무의 변제

---

1 동 제도의 개념에 충실하려면, '파산 신청'보다 '파산 보호 신청'이 더 적절할 것 같다. 그 이유는 지방정부가 파산 신청을 하는 궁극적인 목적과 연방파산법 「챕터 나인」의 제도적 의의가 재정위기 단체에 대한 보호와 구제에 있기 때문이다.

를 유예해 주거나 일부 탕감해 주는 파격적인 채무조정을 해주고, 채권자의 권한을 일정 기간 정지시키는 강력한 보호 조치를 취해 주기 때문이다. 지방정부 파산제도는 상위 정부가 재정 운영을 잘못한 지방정부를 징벌적 차원에서 '파산시키는 것'이 아니고, 지방정부가 자청하여 파산제도의 법적 보호막 속에 들어가 '파산을 하는 것'이다. 즉, 지방정부가 자원해서 파산을 신청하고, 이를 연방파산법원이 승인하면 파산 보호의 특혜가 주어지는 것이 파산제도의 골자이다.

지방정부 파산제도는 채무자인 지방정부와 채권자 간에 성립된 채권 · 채무 관계를 재조정해 주는 채무자 보호 장치이다. 물론 연방법원에서 파산 선고가 이루어지면 지방정부는 채무압박으로부터 상당히 자유로워지는 대신 행정 · 재정 구조조정을 단행해야 한다. 따라서 파산제도가 재정 페널티와 완전히 무관하다고 말할 수는 없다. 하지만 파산제도의 핵심은 어디까지나 재정위기 단체를 재정적으로 보호하고 구제하는 데 있으며, 재정 페널티를 가하는 데 있지 않다. 「챕터 나인」은 지방재정에 대한 '보호와 구제'(protection and relief)에 방점을 둔다.

요약하면, 지방정부 파산제도는 그야 말로 재정 상황이 막다른 골목에 이른 지방정부가 기댈 수 있는 최후의 도피처이다. 막다른 골목이란, 지방정부가 채권 보유자에게 원금이나 이자를 지급하지 못하거나 각종 채권규약(bond agreement)상의 조건을 이행하지 못할 때, 즉 '채무 불이행'(본문에서는 '디폴트'(default)와 병행하여 사용함)인 상황을 말한다.

(2) 파산제도는 입법부와 사법부의 주된 영역, 정부 간 관계는 보조 역할

파산제도는 입법부와 사법부의 주된 영역이며, 지방정부의 파산 여부에 대한 판단은 궁극적으로 사법부가 한다. 즉, 언제, 누가, 어떻게 파산을 선고할지에 관한 결정은 행정부(중앙정부나 지방자치단체)가 아닌 사법부가 주도한다. 따라서 지방정부 파산제도는 중앙정부가 지방정부에 대해 여러 가지 제도적 수단을 통해 행정적으로 관리 · 감독하는 전통적 통제 시스템과는 근본적으로 다르다. 특히, 재정을 잘못 운영해서 파탄지경에 이른 지방정부에 대해 중앙정부가 나서서 일종의 강력한 징벌 조치로 파산을 선고한다는 인식(조금 거칠게 표현하면, 해당 지방정부에 대해 파산 선고를 통해 본때를 보여 준다는 인식)은 파산제도의 본질을 완전히 잘못 이해하는 것이다.

최근 우리나라의 정부와 정치권 그리고 언론을 뜨겁게 달구었던 지방자치단체 파산제도 도입 논의는 법적 쟁점을 행정과 정치의 영역으로 잘못 이해하고 접근하는 오류를 범하였다. 미국의 지방정부 파산제도를 논하면서 전연 미국적이지 않은 논의를 전개한 것이다. 파산제도의 도입 배경과 목적, 행정이 아닌 법원의 주도적 역할은 온데간데없고, 중앙정부의 권한 행사와 재정위기 단체에 대한 구속과 의무와 페널티만 강조되었다. 우리의 실정에 보다 적합한 것은 '파산제도'의 개념으로부터 벗어나 중앙 · 지방 정부 간 관계(intergovernmental relations)의 강화(정부 간 행정 규제 및 협력을 통한 재정 건전성 · 책임성 강화)를 통해 재정건전성 회복을 모색하는 접근이다.

미국식 법적 파산 경로를 채택한다면 지방자치단체 파산 문제는 법적 영역과 법원의 판단 사안으로 귀속되고, 행정 영역(중앙정부, 광역자치단체 등의 조치)은 후속 조치로서 개입하는 모습을 갖게 될 것이다. 이러한 접근을 하려면 지방자치법, 지방재정법, 지방세법, 파산 관련법의 개정 및 신설은 물론 경우에 따라서는 지방자치를 보장하는 헌법 개정도 검토해야 한다. 이 과정에서는 무엇보다도 지방재정 관리에 대한 중앙정부의 행정적 권한 및 역할과 법원의 사법적 권한 및 역할을 명확히 구분해 주는 조치가 이루어져야 한다. 아울러 지방자치단체의 지방채 발행 자율성을 비롯하여 각종 세입과 세출에 대한 역량 및 지출 권한을 지금보다 한 단계 높여 주는 변화가 있어야 한다. 한마디로, 지금과 본질적으로 다른 지방자치가 운영되어야 하며, 새로운 지방재정 관리 체제와 방법이 모색되어야 한다. 그리고 행정과 사법의 역할 분담이라는 새로운 공적 시스템이 강구되어야 한다. 이는 우리나라의 현재 환경에서는 사실상 기대하기가 어렵다.

파산제도의 개념으로부터 벗어나 정부 간 관계에 중점을 두는 방안은 중앙·지방 정부 간의 권한과 책임 관계를 다루고 있는 현행 시스템의 보완을 통해 충분히 가능하다. 이 경우 관련 법령의 기반을 강화하고 정책의 수단과 내용을 정교화하는 노력이 필요하다. 이와 더불어 지방자치단체에 대해 지금보다 더 많은 자율권을 보장하고, 중앙정부가 지방에 부당한 재정 부담을 부여하지 않는 거시적 정책 변화도 있어야 한다. 예를 들어, 지난 몇 년간 중앙정부와 지방자치단체 간에 갈등이 빚어졌던 사회복지 국고보조금(국가와 정치권이 일방적으로 지방에 불합리한 재정 부담을 지운 대표적 사례임)이나 지방재정의 상황을 고려하지 않은 채 각종 법적·의무적 경비를 신설·확장하는 조치는 없어져야 한다. 그 무엇보다도 중요한 것은 지방재정이 자립할 수 있는 여건과 정책 프로그램을 선행적으로 마련하는 일이다.

요약하면, 지방자치단체가 자율에 상응하여 자기책임을 구현하는 재정 시스템이 구축된 후에 중앙정부가 지방재정에 대해 적극적으로 관여하는 방식이 결정되는 것이 합리적이다. 이와 관련하여 현실적으로 지역 간에 경제 · 재정적 격차가 심한데도 불구하고 전국 획일적으로 적용되는 지방 행정 · 재정 시스템을 바꿀 필요가 있다. 예를 들면, 중장기 시야에서 재정 자원이 상대적으로 풍부한 지역과 상대적으로 빈약한 지역을 이원적으로 구분하는 '투 트랙(two-track) 지방자치'를 실시하는 발상의 전환을 과감하게 시도해 볼 필요가 있다. 이 경우 재정 자원 풍부 지역에 대하여는 지금보다 많은 재정자율성을 부여하는 동시에 지금보다 엄격한 재정책임성을 요구해야 할 것이다.

2) 지방정부 파산제도와 기업파산제도, 개인파산제도

미국의 지방정부 파산제도는 경제적 파탄에 처한 개인의 재무 상황을 보호하고 회생시켜 줄 목적으로 도입된 우리나라의 개인파산제도와 비슷한 점이 있다. 개인파산제도는 현재 상황에서 채무를 도저히 변제할 수 없고 앞으로도 갚을 능력이 없는 지급 불능 상태의 개인에 대해 법원이 파산을 선고하는 제도이다. 개인파산제도에서는 법원이 파산 신청자의 신청 자격을 인정해서 파산을 선고하면, 그 사람은 법이 허용하는 채무이행 면책 혜택(채무의 조정 · 탕감 혜택)을 받게 된다. 따라서 파산 신청자는 경제적으로 회생할 수 있는 기회와 희망을 가질 수 있다.

이러한 개인파산제도의 취지는 파산 신청의 적격성을 인정 받은 지방자치단체에 대해 법원이 채무조정(변제 시기 연기, 채무 규모 삭감, 기타 채무 조건 조정 등)을 허용하여 재정회생을 유도하는 미국의 지방정부 파산제도와 유사하다. 개인파산제도는 당장 채무를 갚을 경제적 여유가 없는 개인에 대해 법제도가 나서서 채무의 내용과 조건(금액, 이자율, 기간, 기타 채무 조건)을 조정해 줌으로써 채무자의 일상생활과 생존에 숨통을 터주고 중장기적으로 정상적인 생활을 영위할 수 있도록 회복시켜 주는 데 그 목적이 있다. 개인파산제도와 지방정부 파산제도는 개인이나 지방정부 모두 과도한 채무로 인해 극단적인 경제적 위기에 처하게 된 상황에서 마지막으로 의존할 수 있는 공적 장치라는 점에서 공통적이다. 하지만 각론에 들어가면, 개인과 지방자치단체가 여러 면에서 본질적으로 다른 것만큼이나 두 파산제도 간에는 차이가 있다(이에 대하여는 다루지 않기로 한다).

지방정부 파산제도는 경영에 실패한 기업에 적용되는 기업파산제도와 본질적으로 다르다. 기업파산제도는 채무 지급 불능 상태에 놓인 기업에 대해 법원이 파산 적격성을 인정하면, 법원이 지정한 파산관재인이 채무 기업의 보유자산을 모든 채권자에게 공평하게 분배 · 배당 · 변제하는 제도이다. 기업파산제도와 지방정부 파산제도의 본질적인 차이는 채권 · 채무의 조정 및 소멸 과정과 채무 주체의 존재가 사라지는 법적 청산(liquidation) 절차의 유 · 무 면에서 발견된다.

일반적으로 파산 기업이 청산 절차를 밟게 되면 법원이 선임하는 파산관재인이 채무자(파산 기업)의 자산을 매각하는 등 각종 청산 작업을 주도한다. 이 과정에서 파산관재인이 파산 기업의 자산을 모두 매각해서 채권자에게 채무를 변제해 주면(통상 빌린 금액을 다 갚아 주지 못함), 해당 기업은 시장에서 사라지고 채권 · 채무 관계는 소멸된다. 즉, 파산 기업은 더 줄 것도, 채권자는 더 받을 것도 없는 상태에서 양자의 법적 관계가 완전히 정리되는 것이다. 이와 같이 파산 기업의 존재를 소멸시켜 나가는 법적 과정(기업청산 절차)은 정부 부문에서는 도저히 상상할 수 없는 일이다.

청산제도와 달리 채무 기업의 소생을 도와주는 법적 장치로서 구조조정제도(restructuring)가 있다. 구조조정제도는 채무 기업과 채권자 간에 채무 변제와 관련된 각종 조건을 조정해 주는 동시에 채무 기업의 체질 강화를 위한 구조조정을 유도하는 역할을 한다. 이 경우 다액의 채무를 안고 있는 기업은 소유 자산을 계속 보유한 채(자산 매각을 통한 청산은 하지 않음) 정상적인 기업 활동을 하면서 법원이 결정하는 방식에 따라 채무를 변제하면 된다. 기업청산과 구조조정의 차이는 다음과 같다.

기업청산이 특정 시점에서 채무자의 모든 채무 의무와 함께 기업의 존재 자체를 소멸시키는 데 비해 기업 구조조정은 채무가 잠정적으로 유예되고 기업이 존속한다는 점에서 서로 다르다(구조조정 과정에서 일시 유예된 채무는 법원의 판결 내용과 절차에 따라 추후에 반드시 변제되어야 한다). 다시 말해서, 두 제도 간의 근본적인 차이는 청산이 기업의 존재와 채권 · 채무 관계를 종식시키는 반면 구조조정은 기업의 계속성을 보장하면서 채권 · 채무 관계의 조건과 상태(변제 시기 · 방법 · 내용 등)를 변화시키는 점에 있다.

미국 연방파산법에서 다루는 지방정부 파산제도는 위에서 기술한 기업파산제도나 구조조정제도와는 완전히 다르다. 동 제도의 목적은 재정파탄 단체가 재정 기능 불능이나 주요 행정 서비스 마비 등 극단적인 상황에 내몰리지 않도록 채무조정의 보호막을 쳐줌으로써 지방정부의 기능을 정상화시켜 주는 데 있다. 채무조정이란 지방정부가 안고 있는 채무의 규모, 지급 시기와 방법, 각종 상환 조건(기간, 이자율 등)을 조정하는 것을 의미한다. 그 외에도 기존의 각종 계약과 관련된 지불 의무를 조정하는 것도 채무조정에 포함된다. 채무자와 채권자 간에 채무조정이 이루어지는 과정에서는 세입 확충, 세출조정 등 지방정부의 각종 자구 노력을 담은 실천 계획이 반드시 마련되어야 한다. 채무조정은 연방법원이 임명하는 파산 전문 판사에 의해 주도되며, 채무조정을 포함한 각종 재정계획에 대한 최종 승인도 연방파산법원이 한다.

미국의 지방정부 채무조정은 정부 간(연방정부 · 주정부 · 지방정부 간) 관계에서 이루어지지 않고, 대부분 법원의 주도 하에 지방정부와 민간 부문 사이에서 이루어진다. 그 이유는 지방채무의 대부분이 민간투자자들이 구입하는 채권으로 구성되기 때문이다. 따라서 지방정부 파산제도를 연방정부나 주정부가 주도해서 구조화하고 운영할 수가 없다. 즉, 지방정부 파산제도에서는 행정 현안보다 법적 현안이 중심이 되고, 중앙–지방정부 간 관계보다 정부–민간 간 관계가 더 중요하게 다루어진다. 이러한 이유로 지방정부 파산제도는 행정부가 아닌 입법부와 사법부에 의해 주도된다. 그 중에서도 입법부는 파산제도의 법제화 과정과 법 개정 과정에서 주도적 역할을 할 뿐, 실제 제도의 집행 · 관리와 관련된 모든 사항은 사법부가 주도한다. 그러므로 지방정부 파산제도는 사법부가 주도하는 영역이라고 말해도 무방하다.

3) 파산제도가 없으면 채무조정은 없다: 공공 · 민간 부문 간 권한 및 책임 조정

만일 파산제도가 없다면 재정위기 상황에서 지방정부가 채무를 탕감 받거나 각종 지불 의무를 면제 받는 특혜는 있을 수 없다. 일본 정부가 재정위기(파탄) 상태에 처한 지방자치단체에 대해 재정재생(일본에서는 일반적으로 '재정회생' 대신 '재정재생'(財政再生)이라는 용어를 사용하고 있음)을 목적으로 실시하는 재정재건 조치에서도 채무 변제 기간을 연기해 주거나 중앙정부가 채무 변제에 도움을 주는 지원만 포함하고 있다. 그 외 지방자치단체의 채무 변제 의무(부채 규모)를 완화시켜 주는 파격적인 정책 조치는 담고 있지 않다.

그러나 미국의 지방정부 파산제도는 재정파산을 신청한 단체에 대해 연방법원이 파산을 승인할 경우 법적 권한에 의해 지방채무를 대대적으로 조정해 주는 구제 장치를 갖고 있다. 그 결과 지방정부 파산제도는 지방채 증권을 보유한 민간투자자의 소득과 자산에 큰 손실을 가하는 강력한 지방정부 보호 장치로 작동한다. 그리고 파산제도는 연방파산법원이 필요하다고 판단할 경우 지방정부에게 각종 계약(공무원의 복지 혜택과 관련된 계약 포함)을 철회하거나 관련 지불 의무를 조정할 수 있는 권한을 부여한다. 이는 이해당사자에게 상당한 금전적 · 비금전적 손실을 초래하는 실로 파격적인 재정구제 장치이다.

이러한 제도적 장치는 미국 사회의 독특한 정치 · 경제 · 역사적 산물로서 우리나라와 본질적으로 다른 환경에서 태동해서 유지되고 있다. 이는 국가와 지방자치단체의 '영속성'과 공적 · 사회적 안정성 확보를 중시하는 사회적 가치의 기반 위에서만 마련될 수 있는 특별한 제도적 장치이다. 부연하면, 공공 부문의 재정책임성에 사회적으로 중대한 문제가 발생하였을 때, 공공 부문과 민간 부문 간의 권한과 책임을 법제도가 나서서 조정하는 매우 특별한 제도이다. 미국 지방정부 파산제도의 실상을 제대로 이해하고 한 · 미 간에 재정 운영 시스템과 공공행정의 마인드와 행태가 다르다는 사실을 분명히 인식한다면, 현 상태에서 우리나라에 지방자치단체 파산제도를 도입하는 것은 무리이자 불합리한 접근임을 깨달을 수 있다.

이와 같은 인식을 하면서 지금부터는 현재 세계에서 유일하게 지방자치단체 파산을 허용하고 있는 미국의 지방정부 파산제도에 대해 구체적으로 살펴보고자 한다. 여기에서 다루는 내용들은 최근 우리 사회에서 제기되고 있는 지방자치단체 파산제도의 도입 논의에 대해 여러 면에서 곱씹어 보아야 할 중요한 이슈와 객관적인 판단 준거를 제공할 것으로 기대된다.

2. 지방정부 파산제도의 법적 근거와 도입 배경

1) 연방파산법 제9장(Chapter 9)

미국은 다른 나라와 달리 극단적인 상황에서 지방정부가 자발적으로 파산보호 신청을 할 수 있도록 허용하는 파산제도를 실시하고 있다. 파산제도는 주헌법이 아닌 미합중국 연방법, 구체적으로 연방파산법(Federal Bankruptcy Law

(Code)) 제9장(통상 'Chapter nine' 으로 불림; 이하 'Chapter 9'과 '챕터 나인'을 병행 사용함)에 근거한다. 2017년 현재 미국의 지방정부는 극단적인 재정위기 상황에 처할 경우 연방파산법이 적시하는 요건을 충족하면 연방파산법원에 파산 신청을 할 수 있다.

역사적으로 미합중국 헌법(이하 '미국 헌법'이라고 함)은 연방의회(우리나라의 국회에 해당함)에 개인이나 기업 그리고 지방정부가 뜻하지 않게 경제 · 재정적으로 파산 상태에 처할 경우 이들을 경제적으로 보호하고 정리 · 회생시키는 법적 장치를 만들 권한을 부여하였다. 구체적으로, 미국 의회에 대해 채무와 기타 금전적 부담 의무(obligations)를 재구조화하는 법적 안전 장치를 만들고 파산 절차를 수립할 수 있는 권한을 부여하였다. 이러한 권한을 부여 받은 미국 의회는 연방파산법을 제정하였다.

연방파산법은 누가, 언제, 어떻게 파산을 신청하고, 그에 대해 연방파산법원이 어떤 판단과 조치를 하는지 등에 관한 각종 파산 규정을 수록하고 있다. 이러한 규정은 개인, 기업, 지방정부 등 파산 주체 유형별로 별도의 분리된 '장'(Chapter) 형태로 구분되어 다루어진다. 지방정부의 파산과 관련된 사항은 그 유명한 'Chapter 9'에 수록되어 있고, 개인파산과 기업파산은 각각 Chapter 7, Chapter 11에서 다룬다. 부연하면, Chapter 9은 연방파산법의 한 부분이다. 통상 미국에서는 지방정부 파산을 '챕터 나인 파산'(Chapter 9 Bankruptcy), 그리고 지방정부가 연방파산법원에 파산을 신청하는 것을 'Chapter 9 Bankruptcy filling' 또는 'Chapter 9 filling'이라고 한다.

Chapter 9은 기업 등 민간 부문 파산을 다루는 Chapter 7(개인파산), Chapter

11(기업파산)과 공통점과 차이점을 지닌다. 공통점은 3개 파산제도 간에 적용되는 용어, 개념, 내용이 기본적으로 동일하다는 사실이다. 가장 큰 공통점은 세 제도 모두 경제적 파탄에 처한 채무자의 채무압박과 기본 생존권을 채권자로부터 보호하고 완화해 주는 데 중점을 두는 것이다. 그러나 본질적 사안에 들어가면, 지방정부의 파산을 다루는 Chapter 9과 민간파산을 다루는 Chapter 7, Chapter 11 사이에는 절차와 내용 및 조치 사항 등 여러 면에서 크게 다르다. 특히, Chapter 9은 지방정부라는 공공 부문과 공동체 영역을 다루는 만큼 경제·재정적 요소뿐 아니라 행정·정치·사회적 요소들을 복합적으로 반영하는 특성을 갖는다.

Chapter 9이 연방파산법상의 다른 파산제도와 뚜렷이 구분되는 몇 가지 중요한 특성을 지적하면 다음과 같다.

첫째, Chapter 9에 의한 파산 보호 신청을 할지 여부는 전적으로 채무자인 지방정부에 의해 결정된다. 즉, 채권자나 제3자가 지방정부에 대해 Chapter 9 파산 신청을 강요할 수 없다. 둘째, 연방법원은 채무 변제를 위해 지방정부에게 자산 매각이나 증세와 같은 재원 조달 조치를 강요할 수 없다. 이는 기업파산의 경우 법원이 자산 매각 등 청산 절차를 명령하는 것과 본질적으로 다르다. 셋째, 법원은 지방정부 조직의 해체나 거버넌스 구조의 재구조화를 강요할 수 없다.

연방파산법은 원칙적으로 모든 형태의 지방정부에 대해 파산 보호 신청의 문호를 개방하고 있다. 하지만 실제로는 각 주의 법률이 지방정부의 파산 신청을 허용하는 경우에만 그 문호가 개방된다. 그것은 연방파산법이 주의 구체적인 승인 없이는 지방정부가 독자적으로 파산 신청을 할 수 없도록 규정하고 있기 때문이다. 이는 연방파산법이 미국 수정헌법 제10조(10th Amendment of the U.S. Constitution; 또는 미국헌법 수정 제10조라고 표현할 수 있음)에 의해 지지되고 있는 주의 주권(state sovereignty)과 위상을 존중하여 지방정부에게 독자적 파산 신청 권한을 부여하지 않으려는 것으로 이해된다(이는 1994년도 법 개정의 결과이다). 그리고 이것은 미국의 지방정부가 주헌법에 의해 존재를 인정 받는 기본 원리와 맥을 같이한다.

실제로 각 주는 연방파산법의 기조와 별개로 소속 지방정부의 행정 · 재정 상태와 주민의 복지에 매우 큰 관심을 갖고 있기 때문에 그에 막대한 영향을 미치는 지방정부의 파산 신청에 대해 매우 민감하게 대처한다. 통상 주는 지방정부의 파산 신청에 대해 기본적으로 부정적인 시각에서 적극적으로 제지하려고 시도한다. 여기에는 법적 조치를 비롯하여 행정 · 재정 및 정치적 영향력이 총망라된다.

미국 전체로 보면, 지방정부의 파산 신청에 대해 큰 제한을 두지 않는 다소 관대한 주로부터 파산 신청을 허용하지 않는 극단적인 주에 이르기까지 다양한 스펙트럼이 존재한다. 현재 절반 이상의 주가 소속 지방정부의 파산 신청과 관련된 법률을 보유하고 있다. 이들 주에서는 법이 규정하는 구체적인 상황 판단 조건에 따라 지방정부의 파산 신청 허용 여부가 결정된다. 즉, 주법에서 파산제도를 허용하는 경우에도 지방정부의 파산 신청이 자동적으로 허용되는 것이 아니고, 재정파탄의 상황과 원인에 따라 그 허용 여부가 최종적으로 결정된다. 이러한 사실을 인식할 때, 지방정부의 파산 신청 여부를 실제로 결정하는 최종 권한은 주정부에 있다고 말할 수 있다. 다만, 주정부는 연방정부와 동일한 '주권 주체'(sovereign entities)로 간주되어 파산 신청을 할 수 없다. 이에 대하여는 뒤에서 상세히 기술된다.

2) 지방정부의 파산 접근 형태

일반적으로 지방정부가 파산을 강구하는 접근 방식은 크게 사전 패키지형(prepackaged), 사전협의형(prenegotiated), 자유추락형(free fall)의 세 유형으로 분류된다. 사전 패키지형은 지방정부가 파산 신청에 앞서 채권자들과 일련의 채무조정계획에 대해 합의를 본 다음 파산 신청을 하는 경우이다. 사전협의형은 지방정부가 주채권자 그룹과 사전에 기본적인 협의를 한 다음 파산 신청을 하는 유형이다. 이들 두 경우는 법원의 판결을 신속히 유도할 수 있고 파산 신청과 관련된 법률 비용을 크게 줄일 수 있는 장점이 있다. 자유추락형은 지방정부가 파산 신청에 앞서 채권자들과 구체적인 합의나 기본적인 협의 없이 임의로 연방법원에 파산을 신청하는 유형이다. 이는 지방정부 파산 형태 중 가장 많은 것으로 통상 법원의 파산 신청 적격성 승인(인정)과 최종 파산 승인까지 많은 시간과 비용을 수반한다.

현행 연방파산법에서는 지방정부가 파산 신청을 하려면 그에 앞서 관련 채권자와 신의성실한 자세로 협의할 것을 요구한다. 하지만 그것이 파산 신청 당시 소정의 합의가 이루어져 있어야 함을 의미하지는 않는다. 예컨대, 뒤에서 살펴보는 디트로이트시 파산 신청의 경우 연방파산법원은 시가 다수의 채권자들과 신의성실하게 협의한 것으로 간주하지 않았다. 다만, 연방파산법원은 디트로이트시의 경우 물리적으로 다수의 채권자들과 신의성실하게 협의하는 것이 사실상 불가능한 점을 인정하여 이 문제를 파산 보호 신청의 요건으로 간주하지 않았다.

3) Chapter 9의 도입 배경: 미국 고유의 역사적 배경

(1) 1929년도 세계 대공황과 지방재정 파산

Chapter 9은 세계 대공황(Great Depression)이 한창 진행 중이던 1934년에 도입되었다. 그런데 1934년에 도입된 지방정부 파산법은 미국 대법원으로부터 위헌 판결을 받았고, 그 후 일부 수정을 거친 다음 1937년에 정식으로 채택되었다. 당시 미국의 많은 지방정부들은 대공황의 여파로 매우 심각한 재정파탄 상태에 놓였다. 구체적으로, 캘리포니아 · 플로리다 · 텍사스 주정부를 포함하여 수많은 지방정부들이 급격한 수입 감소를 겪으면서 재정위기 상황에 내몰렸다. 세수가 급격히 감소하는 가운데 기존 채무에 대한 상환압박이 고조되면서 재정과 금융 시장에는 짙은 먹구름이 드리워졌다. 당시 지방재정의 상황이 얼마나 심각하였는지는 다음의 역사적 사실이 말해 준다. 1934년 기준으로 지방채 상환이 어려워 사실상 채무 불이행(default) 상태에 이른 지방정부가 약 1,000개나 되고, 대공황이 절정에 이르렀을 때에는 2,000개 이상의 지방정부가 지방채 증권에 대해 디폴트 내지 디폴트 직전 상태에 처한 것이 역사적 사실이다. 전체 대공황 기간(1929-1937년)을 두고 보면, 약 4,700개의 지방정부가 사실상 재정파탄 상태에 처하였다(Spiotto, 1993, p. 13).

이와 같은 재정위기 상황을 수습하기 위해서는 연방정부와 주정부 차원에서 특단의 조치가 필요하였다. 그렇지 못할 경우 수많은 지방정부가 '채무 변제 불능'(insolvency) 사태에 빠져들고, 행정 서비스 공급이 중단되는 등 심각한 사회 문제가 발생할 수 있었다. 그런데 문제는 당시 주정부와 연방정부 또한 대공황의 타격으로 재정적 여유가 없었다는 점이다. 이러한 상황에서는 전통적 대처 방안, 즉 주민과 기업에 대한 증세 정책은 근본적인 한계와 문제에 부딪힐 수밖에 없다. 그 이유는 일반적 불경기와 차원을 달리하는 대공황 상황에서는 민간 부문으로부터 징발할 수 있는 재정 자원 파이 자체가 크게 축소되어 있을 뿐 아니라 세금 인상시 강한 조세저항에 부딪힐 가능성이 크기 때문이다.

그런데 미국 헌법은 지방정부의 채무에 대해 주정부가 직접 개입해서 채무 상태를 개선시킬 수 있는 권한(채권자 권한 축소, 채무 기간 유예 등)을 부여하지 않았다. 마찬가지로 미국의 연방정부는 미국 수정헌법 제10조에 의해 지방정부의 권한이나 책무에 영향을 미치거나 침해할 수 없고, 채무 변제를 위해 지방정부로 하여금 증세나 지출 삭감을 강요할 수 없었다. 이는 연방파산법에 의한 지방정부 파산의 경우에도 파산 문제의 해결 과정에서 연방파산법원이 지방정부에 증세나 지출 삭감 또는 인력조정 등을 강제할 수 없는 것과 맥을 같이한다. 당시 상황은 지방채에 엄청난 자금을 투자한 민간투자자의 정당한 권리를 축소조정하지 않고서는 지방재정을 회복시킬 방법이 없었고, 상위 정부는 그러한 조치를 취할 수 있는 법적 장치와 제도적 수단을 갖지 못하였다. 한마디로, 연방정부와 주정부가 하위 정부의 심각한 재정위기를 근본적으로 타개할 수 있는 결정적인 제도적 장치와 수단을 갖지 못하였던 것이 시대적 상황이자 배경이다.

이러한 상황에서 현실 대안으로 떠오른 것이 지방정부의 파산을 법적으로 인정하는 지방정부 파산(local government Bankruptcy)제도의 도입이었다. 만일 그 당시 지방정부 파산제도가 도입되지 않았다면, 수많은 지방정부가 디폴트 상태에 내몰렸을 것이다. 이는 가뜩이나 어려웠던 미국의 경제와 자본시장에 대혼란을 초래하였을 것이 분명하다. 아울러 많은 지역에서 공공 서비스 감축 내지 중단 사태가 발생하고, 그로 인해 국민의 불편과 고통이 엄청나게 가중되었을 것이다. 미국의 지방정부 파산제도는 이와 같이 미국의 특수한 상황에서 특별히 고안된 시대적 창조물이다. 하지만 동 제도는 그 후 현재에 이르기까지 지방재정의 경종이자 구원투수 내지 최후의 피난처로서 역할을 하고 있다.

(2) 지방정부 파산제도 도입 당시의 고민과 난관

지방정부 파산과 관련된 권한은 미국 헌법의 계약 조항(Contract Clauses of the U.S. Constitution)에 의해 명백하게 미국 의회와 연방법원에 부여되었다. 당시 미국 의회는 지방정부 파산법, 즉 Chapter 9을 고안하고 도입하는 과정에서 몇 가지 어려운 문제에 직면하였다. 가장 큰 애로는 파산법원이 민간 부문을 대상으로 늘 다루어 왔던 접근 방식과 기법을 공공 부문, 즉 지방정부에 적용하기 어려운 문제였다. 전통적으로 민간파산(기업 · 개인 파산)은 연방판사가 채무자의 경제적 상황을 재구조화하여 파산 상태를 해소하는 절차와 내용에 중점을 두어 왔다. 하지만 지방정부 파산의 경우 주민과 공공 서비스에 직접적인 영향을 미치는 증세나 지출 구조조정이 반드시 필요한데, 파산법원은 이러한 조치를 주도할 수 없는 문제와 한계를 안고 있었다. 이와 관련해서는 역사적으로 파산절차가 진행 중인 상태에서도 연방파산법원이 지방정부에 대해 세금 인상이나 공무원 인력조정을 강요할 수 없도록 하는 방향으로 가닥이 잡혔다. 다만, 이에 대한 보완책으로 연방파산법원에 대해 전체 채무와 재정적자를 조절하는 재정조정계획을 통제하는 권한과 역할을 부여하기로 결정하였다.

민간기업 파산과 달리 지방정부 파산제도에서는 청산 개념이 적용되지 않는다는 것은 매우 큰 이슈이자 정부의 특성을 반영하는 본질적 사안이었다. 역사적으로, 연방파산법원은 정부 주체에 대한 청산(liquidation of a governmental entity)을 진행할 권한을 부여 받지 못하였다. 이는 기본적으로 민간 부문과 다른 지방정부의 존재 의의와 특성을 반영하는 데서 비롯된다. 청산이 없다는 것은 동일한 지방정부가 영속적으로 존재해야 함을 의미하고, 이는 지속적인 재원 조달이 뒤따라야 함을 뜻한다.

또 다른 중요한 문제는 지방정부의 파산과 관련하여 주정부가 어떤 권한과 역할 및 책임을 보유할 것인지에 대한 이슈였다. 이것은 앞서 언급한 이슈들보다 더 어려운 문제였다. 그 이유는 지방정부가 주정부의 창조물 또는 수단('creatures or instrumentalities' of the state government)이고, 주정부는 지방정부에 대해 주권(sovereign power)을 갖고 있기 때문이다. 이 문제는 제도 도입의 초기에는 지방정부의 상황론(외부 충격인 대공황에 따른 심각한 재정위기 상황) 등에 힘입어 지방정부의 독자적 파산 신청 권한을 상대적으로 더 존중하는 경향을 보였으나, 1990년대부터는 주정부의 권한과 역할을 강화하는 방향으로 전환되었다.

(3) 약 80년 역사를 자랑하는 전통적 미국 고유 시스템

1930년대 중반에 정립된 파산제도의 취지와 핵심 내용(채무 규모의 삭감조정, 상환 기간 및 방법, 이자율 등 각종 채무 조건의 재구조화 내용)은 약 80년에 가까운 오늘날에도 크게 바뀌지 않았다. 다만, 일부 절차적 사항과 내용에 대하여는 그동안 몇 차례 개정이 있었다. 도입 당시 파산제도는 인구 · 경제 · 재정 규모가 작은 지방정부(일반 및 단일 목적 지방정부)를 목표 대상으로 하였다. 실제로 파산 신청을 한 경우도 대부분 소규모 지방정부였다. 그러나 이러한 경향은 1970년대에 미국 각지에서 도시 재정위기가 발생하면서 파산 대상 단체가 중 · 대규모 도시로 확대되었다. 특히, 2010년대에 와서는 인구 30만 명이 넘는 도시가 파산 보호 신청을 하고 승인을 받는 사례가 속출하였다. 대표적인 사례로 스톡턴(Stockton)시와 디트로이트(Detroit)시의 파산 보호 신청 사례를 언급할 수 있다.

이러한 역사적 배경과 미국의 사회와 정부 운영 시스템이 지니는 독특한 구조를 인식한다면, 우리나라가 지방자치단체 파산제도의 도입 문제를 쉽게 생각하고 섣불리 접근해서는 결코 안 된다. 특히, 미국의 지방정부 파산제도가 단편적 제도로서 존재하는 것이 아니고 서로 다른 정부 간, 공공 부문과 민간 부문 간, 행정 · 입법 · 사법 간 관계에서 위치 매김을 하고 있음을 인식해야 한다. 그뿐 아니라 파산제도는 자율과 책임의 지방자치 원리, 자유시장 원리, 국민세금의 경제적 가치, 그리고 공익을 위한 사적 권한의 제한 등 매우 거시적이고 포괄적인 국가 운영 시스템의 틀 속에서 유지 · 작동되는 제도임을 유념해야 한다. 한마디로, 지방정부 파산제도는 그야말로 세계 어느 나라도 모방할 수 없는 '미국 특유의 제도'인 것이다.

3. 지방정부 파산제도의 주요 내용

1) 파산제도의 기본 단계와 내용

(1) 기본 3단계

지방정부 파산제도는 재정위기에 처한 지방정부를 채권자의 압박으로부터 보호해서 채무 문제를 조정하고 해결하는 제도적 장치이다. 동 제도와 관련된 모든 법적 사항(파산 신청 자격과 요건, 파산 선고 관련 절차와 내용 및 조치 등)은 연방파산법의 Chapter 9에 명시되어 있다. 지방정부 파산제도의 절차는 크게 보아 (1) 지방정부의 파산 신청, (2) 연방파산법원의 적격성 심리 판정, (3) 재정(채무) 조정계획 승인의 세 단계로 구분되는데, 이에 대해 설명하면 다음과 같다.

첫째 단계(지방정부의 파산 신청)는 지방정부가 주정부의 승인을 얻어 연방파산법원에 정식으로 파산 보호를 신청하는 과정이다. 이 단계에서는 지방정부가 연방파산법의 요구 절차와 내용을 충족하여 파산법원에 정식으로 파산 신청을 하는 활동들이 핵심을 이룬다. 지방정부는 파산 신청만 하더라도 채권자의 권한을 잠정적으로 중지시키는 자동중지(automatic stay)라는 법적 보호를 받게 된다.

둘째 단계(연방파산법원의 적격성 심리 판정)는 연방파산법원(통상 해당 지역을 관장하는 연방파산법원 지원)이 지방정부가 제출한 파산 신청의 적격성을 검토하고 그 결과를 선고하는 단계이다. 파산 신청 단체의 입장에서는 이 단계가 파산제도 전체를 통틀어서 가장 중요한 관문으로 간주된다. 이때 파산 신청 적격성 인정 여부(승인 여부)는 지방정부가 연방파산법에서 정하는 절차와 내용 요건을 충실히 준수하는지에 따라 결정된다. 역사적으로 적지 않은 사례에서 파산 신청 적격성이 부인되었다.

만일 지방정부가 이 관문을 무사히 통과한다면 적어도 절반의 성공을 거둔 것으로 평가된다. 그 이유는 법원이 파산 신청 적격성을 인정해 주면 그때부터 지방정부는 최소한 채무조정과 같은 기본적인 파산 보호를 받을 수 있기 때문이다. 구체적으로, 지방정부는 지방채 증권 등 각종 채무에 대한 변제 부담을 줄일 수 있고, 심지어 각종 계약 및 협약에 따른 지불 의무의 조정도 가능하다(극단적으로는 지불 의무를 거부할 수도 있다). 구체적인 파산 보호 혜택과 지방정부의 자구 노력 및 회생에 관한 세부 내용은 둘째 단계 이후 진행되는 지방정부와 이해관계자 간의 협상과 연방파산법원의 중재 및 최종 승인을 통해 확정된다.

셋째 단계(재정조정계획 승인)는 연방파산법원이 파산 신청 단체의 재정조정계획을 검토 조정하고 확정 승인하는 과정이다. 이 단계에서는 지방정부가 파산법원의 중재와 감독 하에 채무조정을 중심으로 합리적이고 실천 가능한 재정조정계획을 도출하는 것이 최대의 관건이다. 통상 재정조정계획은 지방정부와 채권자 등 이해관계자 간의 밀고 당기는 오랜 협상과 조정을 거쳐 도출된다(짧게는 수개월, 길게는 1년 내외의 시간이 소요된다). 이때 만일 지방정부와 채권자 간에 합의가 이루어지고, 이를 토대로 작성된 재정(채무)조정계획을 파산법원이 최종 승인을 하면 사실상 Chapter 9에 의한 지방정부 파산제도의 역할은 종료된다.

⑵ 지방정부의 파산 선언, 파산 신청, 자동중지

많은 지방정부들이 연방파산법원에 공식적으로 파산 신청을 하기에 앞서 언론 매체를 통해 파산을 선언하는 경향이 있다. 이는 일종의 전략적 수순이라고 말할 수 있다. 파산 선언은 한마디로 지방정부가 채무 변제 능력이 없음을 외부에 공표하여 자신을 보호하려는 공적 행위이자 전략이다. 그 이면에는 파산 신청에 앞서 자신의 현재 재정 상황을 외부에 알려 줌으로써 향후 예견되는 중요한 과제들과 이해관계자의 대응 문제(법적 과정과 이해관계자와의 갈등, 주민의 마음가짐 등)를 전략적으로 접근하겠다는 사고가 깔려 있다. 물론 여기에는 지역 주민, 채권자, 주정부, 의회, 공무원, 계약당사자, 기타 이해관계자에게 객관적인 재정 상황 정보를 공개하는 순수한 의미가 없는 것은 아니다. 이러한 자기방어 행위는 잘하면 강력한 자기보호가 되지만, 잘못하면 공신력을 추락시켜 자기파멸을 초래할 수도 있다.

지방정부가 파산을 선언했다고 해서 바로 파산제도의 피난처에 들어가는 것은 아니다. 파산 선언은 일종의 자기표현적 행위일 뿐 그 자체는 법적 효력이 없다. 파산 선언이 실제 목표인 파산 보호와 연계되기 위해서는 무엇보다도 지방정부가 연방파산법의 요구 조건을 충족해서 연방파산법원에 파산을 신청해야 한다. 그런데 연방파산법의 요구 조건 속에는 해당 지방정부가 소속된 주의 관련 법적 · 제도적 절차(주정부와의 협의, 승인 등)를 준수하는 것이 포함되어 있다. 이는 다시 말해서, 어떤 형태이든 주정부를 경유하지 않고서는 파산 신청이 불가능하다는 의미이다. 현재 파산 신청의 절차적 요건과 파산 신청 허용에 대한 유연성 등 파산 관련 정책 기조는 각 주마다 상당히 다른데, 이에 대하여는 뒤에서 상세히 기술된다.

지방정부가 주정부와의 협의 및 승인 과정을 끝내고 연방법원에 파산 신청을 한다고 해서 곧바로 파산 보호의 우산 속에 들어가는 것은 아니다. 하지만 파산 신청 단체는 파산 보호 신청 이전과 비교해 매우 파격적인 잠정적 혜택을 보게 된다. 구체적으로, 파산 신청 단체는 파산 신청 접수와 더불어 연방파산법에 의해 채권자의 권한 행사(채무 변제 요구)를 잠정적으로 중지시키는 '자동중지'(automatic stay)라는 보호 조치의 혜택을 본다. 자동중지란, 지방정부에 대한 모든 채권자의 변제 요구 권리와 활동이 잠정적으로 중지되고, 지방정부가 관련 소송으로부터 보호되는 것을 의미한다.

자동중지 조치는 지방정부로 하여금 자신이 안고 있는 각종 채무와 지불 의무를 객관적으로 평가해서 합리적으로 재구조화할 수 있는 시간을 제공하는 데 목적이 있다. 실제로 파산 신청 단체는 동 조치를 통해 일정 기간 채무 변제의 압박으로부터 숨을 돌릴 수 있는 시간적 여유와 함께 재정위기를 타개할 수 있는 새로운 전략과 수단을 모색할 수 있는 기회를 갖게 된다. 그리고 이 기간 중에 지방정부가 채권자와 다양한 협상을 할 수 있는 점도 중요한 혜택이다. 자동중지의 혜택은 지방정부가 연방파산법원에 파산 신청을 할 때부터 적격성(eligibility)을 심의 확정할 때까지 유효하다. 만일 연방법원이 파산 신청 적격성을 심의 검토한 다음 적격성을 부인(기각)할 경우 그 혜택은 사라진다.

일반적으로 파산 신청으로부터 연방파산법원이 파산 신청 적격성을 검토해서 최종 판결을 내리기까지는 수개월의 시간이 소요된다. 참고로 2013년 7월에 파산을 선언하고 파산 보호 신청을 한 디트로이트시의 경우 같은 해 12월에 연방파산법원으로부터 파산 신청 적격성 선고를 받았다(약 5개월 소요). 그리고 캘리포니아주 스톡턴시의 경우 다소 긴 9개월의 기간이 소요되었다. 이러한 사실을 인식할 때, 지방정부는 자동중지 조치 덕분에 파산 신청 자체만으로도 최소 몇 개월간(약 6개월 내외) 채권자의 채무 변제 압박으로부터 벗어나는 '혜택'을 입게 된다. 이와 같은 자동중지 보호 혜택이나 연방법원의 파산 신청 승인 후에 주어지는 채무조정 혜택을 감안할 때, 왜 지방정부가 기를 쓰고 Chapter 9 파산 보호 신청을 하려는지에 대해 이해할 수 있다.

역사적으로 보아 대부분의 파산 신청 단체들은 자동유예 조치의 혜택을 톡톡히 보았다. 한 예로 몇 년 전에 파산 보호 신청을 한 캘리포니아주의 매머드 레이크스(Mammoth Lakes) 타운의 사례가 그것을 말해 준다(제9장의 관련 사례 참조).

파산 신청 단체가 궁극적으로 바라는 채무조정은 파산 신청이 얼마나 빨리 이해관계자의 동의를 거쳐 법적 효력을 갖게 되는지에 달려 있다. 다행히 연방파산법원이 지방정부의 파산 신청 적격성을 빠른 시일 내에 신속히 판정해 준다면, 해당 지방정부는 재정 문제를 타개할 수 있는 유력한 통로를 갖게 된다. 유력한 통로란, 지방재정을 짓누르던 채무 부담으로부터 크게 자유로워지는 것을 뜻한다. 지방정부는 기존의 채무와 일부 지출 의무(각종 기존 계약(현직 및 퇴직 피고용자 관련 계약 사항 포함))를 조정할 수 있는 파격적인 혜택을 보게 된다.

이는 재정 운영에 숨통을 터주고 재정회복의 기회를 제공한다. 이러한 혜택은 연방법원이 파산 신청 적격성을 확정 선고한 다음 지방정부와 채권자 간에 본격적인 협상이 진행되면서 구체화된다. 지방정부가 파산 보호막 속에 들어간다고 해서 연방파산법이 부여하는 권한을 지방정부가 독단으로 행사하는 것은 아니다. 실제로는 연방파산법원의 감독 하에 채권자 등 이해관계자와의 협상 및 동의를 얻어 행사한다. 구체적인 채무 부담의 완화 정도는 지방정부 파산제도의 마지막 단계인 채무조정계획이 확정될 때 비로소 결정된다.

요약하면, 지방정부가 Chapter 9 파산 신청을 함으로써 얻을 수 있는 혜택은 크게 보아 자동중지에 따른 혜택(파산 신청과 더불어 유효)과 채무조정에 따른 혜택(법원이 파산 신청 적격성을 인정한 후 일정한 과정과 절차를 거친 다음에 유효)의 두 가지이다. 이에 대하여는 뒤에서 상세히 설명된다.

2) Chapter 9의 신청 요건과 절차

파산 보호 신청은 기본적으로 지방정부의 자율적 판단에 속하지만 그것이 실제로 성사되려면 반드시 주정부의 승인 내지 동의 절차를 거쳐야 한다. 그 이유는 연방파산법(Chapter 9의 Section 109)이 지방정부의 파산 신청 요건 중 하나로 파산 관련 주법의 절차와 요건을 충족할 것을 명시하고 있기 때문이다.

주법과의 관계를 모두 극복해서 주정부의 승인을 얻은 지방정부는 연방파산법원에 파산 신청을 할 수 있다. 이때 지방정부가 연방파산법의 파산 신청 요건을 객관적으로 충족해야 함은 두 말할 나위가 없다. 파산 신청 지방정부가 궁극적으로 파산 보호 선고를 받기 위해서는 몇 가지 넘어야 할 산이 있다. 그 중에서도 가장 큰 산은 파산 신청의 자격 또는 적격성을 판정 받는 법적 절차이다. 만일 파산 신청 단체가 이 관문을 통과하지 못한다면 파산 신청은 무의미해진다. 왜냐하면 더 이상 연방파산법의 파산 보호 혜택을 받을 수 없기 때문이다. 지방정부가 연방법원으로부터 파산 신청의 적격성을 인정 받는다는 것은 어떤 면에서 파산 보호 혜택의 절반을 향유하게 되는 것이라고 말할 수 있다.

2017년 현재 지방정부가 Chapter 9에 의한 파산 신청 적격성을 인정 받기 위해서는 파산 신청 시점에 반드시 다음의 기본 요건을 갖추어야 한다(Bankruptcy Code(Chapter 9), CBO, GAO, NASBO, Moody's 등 관련 문헌을 참조하였음).

첫째, 파산 신청 주체(연방파산법에서는 '채무자'(debtor(entity))로 규정함)는 지방정부(연방파산법에서는 'municipality'라고 명시하는데, 여기서는 이를 편의상 지방정부라고 부르기로 함)여야 한다. 파산법규(Bankruptcy Code)에서 의미하는 지방정부는 주정부의 정치적 하부 구조 내지 기관(political subdivision or instrumentality of the state government)으로서 여기에는 통상 cities, counties, 기타 주정부에 속하는 지방자치기관이 포함된다.

둘째, 지방정부가 Chapter 9에 의거하여 연방법원에 파산 신청을 하려면 반드시 사전에 관련 주법(State law)이 규정하는 적법한 절차를 거쳐 주정부의 승인을 받아야 한다. 2014년 현재 파산 관련법을 보유한 주는 전체 주의 절반이 넘는 27개 주이다(12개 주는 구체적 승인, 12개 주는 조건부 승인, 3개 주는 제한적 승인을 골자로 하는 법률을 각각 제정하고 있음). 이 가운데 15개 주는 지방정부가 자기보호를 위해 파산 신청을 할 수 있는 권한을 부여하고 있다. 하지만 나머지 23개 주 가운데 21개 주는 지방정부의 파산 신청에 관한 구체적인 법적 장치(구체적 승인 조건 포함)를 갖추고 있지 않다.[2] 이들 주는 지방정부의 Chapter 9 신청을 암묵적으로 허용하지 않는 것으로 간주된다. 만일 여기에 속하는 지방정부가 파산 신청을 하고자 할 경우 주법 신설 등 관련 법적 조치가 새롭게 취해져야 한다. 50개 주 가운데 조지아(Georgia)주는 유일하게 주법이 명시적으로 지방정부의 파산 신청을 금지하고 있다(미국의 50개 주에는 속하지 않지만 자치령인 푸에르토리코(Puerto Rico) 또한 지방정부 파산 신청을 허용하지 않는다).

셋째, 지방정부는 Chapter 9 신청 시점에서 파산법이 정의하는 '채무 변제 불능(insolvency) 상태'에 있음을 객관적으로 입증해야 한다. 구체적으로, 지방정부는 파산 신청 시점에서 만기가 돌아온 채무의 상환이 불가능함을 입증하거나, 아니면 가까운 장래에 채무 지급이 불가능함을 입증해야 한다. 전자는 '사실'에 입각하는 것이고, 후자는 객관적 예측에 근거한다. 일반적으로 전자는 채무 변제 불능을 입증하기에 충분한 것으로 간주되지만, 후자는 충분한 조건으로 간주되지 못한다. 아마도 파산 신청의 적격성을 판정하는 가장 핵심적인 기준은 지방정부가 지급 불능 상태여서 채무 변제 기간이 도래하였을 때 자신의 지불 의무를 수행하는 것이 불가능한 것이라고 생각한다.

넷째, 지방정부는 실천 가능한 재정(채무)조정계획(plan of adjustment)을 수립하고 이를 충실히 이행하고자 하는 정책적 의지를 보여야 한다. 이러한 계획과 의지는 적어도 이해관계자(상위 정부, 채권자, 연방법원 판사 등)의 의구심을 불식시

2 관련 문헌별로 통계에 조금 차이가 있는데, 미국 의회예산처(Congressional Budget Office: CBO, 2011)에 의하면 26개 주가 소속 지방정부의 파산 신청을 다루는 법률을 제정하고 있는 것으로 파악된다. 그 중 14개 주에서는 지방정부가 파산 신청을 하려면 반드시 사전에 주정부의 승인을 받아야 하고, 나머지 12개 주에서는 파산 신청에 대해 특별한 제한을 두고 있지 않다. 후자의 경우에도 현실적으로 지방정부가 파산 신청을 하려면 주정부와 협의 과정 내지 숙려 기간 등 일정한 절차적 요건을 반드시 거쳐야 한다. 신용평가 기관 무디스(Moody's Investor Service)에 따르면 2013년 현재 28개 주가 관할 지방정부에 대해 Chapter 9 파산 신청을 할 수 있는 권한을 부여하거나 조건부 또는 제한적 파산 신청을 허용하는 법적 기반을 구비하고 있다.

킬 수 있을 정도로 충실해야 한다. 특히, 재정 구조조정 실행 계획이 파산 상태를 타개할 수 있는 효과적 장치라는 인식과 확신을 불러일으켜야 함은 두 말할 필요도 없다. 만일 지방정부가 파산 신청과 더불어 향후의 재정 구조조정 실행 계획을 잘 만들어서 제시한다면 이는 파산 신청 적격성 판단은 물론 파산 절차 전반에 걸쳐 긍정적으로 작용한다. 따라서 채무조정을 핵심으로 하는 재정조정계획은 파산제도에 있어서 매우 중요한 위치를 차지한다.

다섯째, 지방정부는 파산 신청을 피하기 위해 백방으로 노력하였고, 현 상태에서 파산 신청 외에 다른 방법이 없다는 사실을 연방파산법원이 납득할 수 있도록 설명할 수 있어야 한다. 이 과정에서 지방정부는 다음 조건 중 최소한 한 가지 이상을 충족해야 한다(한 가지 사실을 연방법원에 입증할 수 있으면 통상 파산 신청은 수용된다). 그것은 (1) 채무조정계획에 의해 결정적인 손실을 보게 될 채권자(채권자 그룹별 또는 채무 유형별(each class))의 최소 과반 이상(채권 금액 기준) 동의를 얻는 경우, (2) '신의성실'(in good faith)에 입각하여 채권자와 협상을 하였지만 합의에 이르지 못한 경우, (3) 채권자와의 협상이 실질적으로 불가능하여 더 이상 협상할 수 없는 경우(불특정 다수의 채권자 존재, 대표자 선임 어려움 등), (4) 채권자 중에서 특혜를 보려는 시도(다른 채권자에게 불공정한 불이익 초래)나 파산 신청 지방정부의 자산 이전 시도가 있는 경우 등이다.

위에서 기술한 파산 신청 조건 가운데 처음 세 조건은 파산 신청 지방정부가 임의로 조절할 수 없는 외적 요인이고, 나머지 두 조건은 지방정부의 노력 여하에 따라 상당 부분 조절될 수 있는 일종의 내적 요인이다. 다른 말로 표현하면, 전자는 파산 신청 단체가 통제 불가능한 요인(uncontrollable factor)이고, 후자는 파산 신청 단체가 통제 가능한 요인(controllable factor)이다.

이 밖에도 지방정부는 자신이 채무를 감당할 역량의 한계를 넘어선 상태이고, 더 이상 지방세를 추가로 징수할 수 있는 여력과 가능성이 없음을 보여주어야 한다. 그리고 지방정부는 매우 구체적이고 실천 가능성 있는 재정(채무) 조정계획을 수립할 의지가 있음을 입증해야 한다.

3) 파산 보호 신청의 장점과 단점

(1) 일반적인 장점과 단점

지방정부의 파산 보호 신청은 몇 가지 측면에서 장점과 단점이 있다. 먼저, 가장 큰 장점은 자동중지 조치의 혜택을 볼 수 있는 점이다. 자동중지는 연방파산법원의 허락 없이는 채권자들이 채무자인 지방정부에 대해 어떤 조치도 취할 수 없도록 하는 강력한 채무자 보호 조치이다. 자동중지에 의한 보호는 지역주민을 비롯하여 모든 선출직, 관리자, 시 공무원으로 확대된다. 동 조치를 통해 지방정부는 시간을 벌 수 있고, 그동안 각종 협상과 다양한 수단과 해소 방안을 강구할 수 있다. 아마도 가장 중요한 혜택은 보호 조치가 유효한 기간 중에 시가 채권자에 대한 채무 부담을 재구조화(채무 삭감, 이자율 조정, 기간 연장 등)하고 다양한 대안을 채권자와 협상할 수 있는 것이다. 자동중지 조치가 적용되는 기간 중에는 지방정부가 원하기만 하면 모든 채무의 원리금 상환을 중지할 수 있다.

그 다음 장점으로는 지방정부가 노동조합과의 계약 등 각종 계약을 무효화하거나 재구조화할 수 있는 혜택을 들 수 있다. 이는 모든 파산 보호 신청이나 모든 주에서 적용되는 보편적 혜택은 아니지만, 극단적인 재정위기 상황에서 지방정부가 마음을 강하게 먹는다면 연방파산법원의 도움을 받아 혜택을 볼 수 있는 재정회생 장치이다. 뒤에서 구체적으로 살펴보지만, 파산제도가 아닌 주정부의 지방재정 감독 체제(예컨대, 미시간주의 비상재정관리관제도) 하에서는 지방정부가 노동조합과 체결한 계약을 철회할 수 없다.

지방정부가 노동조합과 체결한 계약 사항을 이행하지 않거나 재구조화하는 문제는 지방정부 파산 보호 신청에 있어서 뜨거운 감자이다. 1978년에 미국의회는 지방정부가 재정파산에 처할 경우 집행계약(노동조합과의 계약이나 미완료 리스(unexpired lease))을 거부할 수 있도록 허용하는 지방정부 파산법 개정을 하였다. 이는 심각한 재정위기를 겪고 있는 지방정부의 입장에서는 매우 큰 의미가 있는 법 개정이었다. 그 이유는 일반적으로 지방정부의 재정 지출에서 인력 관련 경비가 중요한 비중을 차지하고 있기 때문이다. 하지만 현실에 있어서는 1978년도 법 개정에도 불구하고 정치적, 행정 신뢰성 등의 이유로 노동계약을 파기하거나 재조정하는 조치는 지방정부 파산 과정에서 거의 활용되지 않았다. 그러나 2000년대 중반 이후 최근에 와서는 지방정부 파산 과정에서 공무원 노동계약의 재조정은 물론 과거에는 사실상 금기시되었던 공무원 연금 혜택에 대한 재조정 시도가 이루어지고 있다. 예를 들어, 2008년의 캘리포니아주 바예호시(City of Vallejo)나 2012년의 샌버나디노시(City of San Bernardino)의 파산 절차가 진행되는 과정에서 연방법원 판사는 필요할 경우 시가 노동조합과 맺은 계약을 파기할 수 있음을 판시하였다.[3] 실제로 샌버나디노시는 공무원 노동조합과의 계약을 재조정하였다.

지방정부의 파산 보호 신청에 따른 단점은 다음과 같다.

가장 큰 단점은 지방정부의 신인도 추락(지역의 명예와 자존심 추락 포함)에 따른 외부 자금 조달의 차단이다. 미국에서 지방정부가 자본투자 사업을 추진하려면 기본적으로 지방채를 발행해야 하는데, 이를 위해서는 자본시장에서 지방채가 소화될 수 있어야 한다. 그런데 자신의 재정위기 상황을 세상에 천명한 파산 보호 신청 단체가 발행하는 지방채를 구입할 투자자가 있을 리 만무하다. 이는 다시 말해서, 파산 신청 단체가 정상적인 재정 운영을 하는 것이 거의 불가능함을 뜻한다.

지방정부의 신용 등급은 투자 부적격으로 추락하고, 지방채 발행 등급은 소위 '정크본드'(junk bond) 수준으로 전락한다.[4)] 실제로 과거 캘리포니아주의 오렌지 카운티(Orange County)가 재정위기에 빠졌을 때, 신용 등급은 즉시 '정크 등급'(junk status)으로 추락하였다. 당시 월가(Wall Street)의 투자사들은 자신들이 보유한 수십억 달러의 관련 증권을 내다 팔기에 바빴다.

앞 장에서 기술한 바와 같이, 미국의 지방정부는 자본투자 사업과 관련된 예산을 별도로 관리하는 자본예산제도(capital budgeting)를 운영한다. 자본예산의

---

3 바예호시의 파산은 캘리포니아주 역사상 시(city)급 지방정부로서는 두 번째 파산 선언이었다. 바예호시의 재정 문제는 주로 주택 경기 거품과 2008년도 세계 금융위기에 기인하였다. 재정위기로 인해 시의 경찰관 수가 크게 줄어들었고(약 160명에서 100명으로 감축), 그 결과 범죄율이 급등하였다.

4 디폴트 가능성이 매우 높아 쓰레기처럼 가치가 추락한 최저 등급의 채권을 말한다. 통상 BB등급 이하의 투기적 또는 투자 부적격(non-investment) 채권을 지칭한다. 정상적인 투자 기관은 이러한 채권에 투자를 하지 않지만, 고위험-고수익을 겨냥하는 일부 투기 자본은 정크본드를 구입하기도 한다. 일반적으로 신용 등급이 높은 채권을 투자적격(등급) 채권(investment-grade bonds)이라고 한다.

[표 7-1] S&P의 장기채권 신용 등급

신용 등급	정의
AAA	S&P 신용 등급 중 최상급으로 채권 발행자의 지불 의무 부담 역량이 매우 강한 것(extremely strong)을 의미함
AA	최상위 신용 등급(AAA)과 근소한 차이의 등급으로 채권 발행자의 지불 의무 부담 역량이 매우 강한 것(very strong)을 의미함
A	AAA, AA등급에 비해 채권 발행자가 제반 여건 및 경제적 조건의 변화에 의해 다소 부정적으로 더 민감한 영향을 받는 것으로 평가됨; 하지만 채권 발행자의 지불 의무 부담 역량은 여전히 강한 것(still strong)으로 간주됨
BBB	채권 발행자가 불리한 경제적 조건 또는 여건의 변화에 의해 자신의 지불 의무 이행을 충족하는 역량이 약화될 가능성이 높은 것을 의미함; 지불 의무 이행과 관련된 적절한 보호 장치가 필요함
BB, B, CCC; CC; and C	BB, B, CCC, CC, C등급에 속하는 지불 의무는 모두 상당한 투기성 특성을 내포함; 이 중에서 BB등급은 투기성이 가장 낮은 것이고, C등급은 투기성이 가장 높은 것임; 이들 등급에 속하는 지불 의무는 일부 질적 · 보호적 특성을 갖고 있으나, 대규모 불확실성이나 불리한 여건에 직면할 경우 힘을 발휘하지 못함
BB	다른 투기성 등급의 채권에 비해 미지급(nonpayment)의 취약성은 상대적으로 나음; 그러나 진행 중인 중대한 불확실성이나 기업, 재무, 경제적으로 불리하게 작용하는 조건들에 노출될 경우 채권 발행자의 지불 의무 부담에 대한 역량과 지불의사가 크게 약화될 수 있음
B	투기성 등급 채권 BB에 비해 미지급(nonpayment)의 취약성이 상대적으로 크지만, 현재 상태에서는 지불 의무 이행을 충족할 역량을 갖고 있음; 그러나 기업, 재무, 경제적으로 불리하게 작용하는 조건들이 발생할 경우 채권 발행자의 지불 의무 부담에 대한 역량과 지불의사가 손상될 수 있음
CCC	현재 상태에서 지불 의무를 이행하지 못할 가능성이 높음(미지급 취약성); 채권 발행자가 지불 의무를 충족하기 위해서는 각종 기업, 재무, 경제적 조건들이 우호적으로 바뀌어야 함; 만일 기업, 재무, 경제적 조건들이 불리하게 작용할 경우 채권 발행자의 지불 의무 부담에 대한 역량과 지불의사를 상실할 수 있음
CC	현재 상태에서 지불 의무를 이행하지 못할 가능성이 높음; CC등급은 아직은 디폴트가 발생하지 않았으나 향후 어느 시점에서 디폴트가 발생할 것이 사실상 확실시(virtual certainty)되는 것을 의미함

[표 7-1] 계속

신용 등급	정의
C	현재 상태에서 지불 의무를 이행하지 못할 가능성이 높음; 상위 투기성 등급 채권에 비해 지불 의무의 우선순위가 낮고, 또한 지불 의무의 이행에 대한 회복 가능성이 매우 낮은 상태임
D	D등급은 디폴트 상태이거나 약정 사항의 위배 상태에 있는 것을 의미함; D등급은 파산 신청이나 그와 유사한 행위 또는 지불 의무에 대한 디폴트가 기정 사실화될 때 사용됨
NR	신용 등급을 요청하지 않거나 신용 등급에 필요한 정보가 충분하지 않을 경우, 또는 S&P의 정책 목적상 특정 지불 의무에 대해 평가를 하지 않을 경우 적용함

자료: Standard & Poor's Rating Services, *Ratings Direct*, February 2016.

주된 재원 중 하나는 자본시장(채권시장)에서 증권을 발행하여 자금을 조달하는 지방채이다. 이는 우리나라와 일본의 지방자치단체가 통상 각종 공공자금으로부터 직접 자금을 빌리는 지방채 활용 방식과는 본질적으로 다르다. 이러한 제도적 차이로 인해 우리나라의 지방자치단체 신용도는 기본적으로 국가 신용도와 비슷하고, 사실상 전국적으로 별 차이가 나지 않고 있다. 그러나 미국에서는 지방자치단체별로 신용평가 수준이 다르고, 지방정부별 신용평가 결과는 세계적인 신용평가 기관(예컨대, Moody's, S&P, Fitch 등)에 의해 공표된다.

일반적으로 파산 보호를 신청한 지방정부는 대외신인도가 추락해 공공 서비스의 공급에 필요한 재원을 외부로부터 조달할 수가 없다. 지방채 발행이 불가능할 경우 사실상 도시의 중추 기능이 마비된다. 이러한 상황에서는 주요 자산을 매각하고 인력과 각종 경비를 급진적으로 감축하는 긴급 경영 체제를 가동해야 한다. 아울러 기업과 주민에 대한 세금 인상도 불가피하다.

[표 7-2] S&P의 단기채권 신용 등급

신용 등급	정의
A-1	S&P의 단기 신용 등급 중 최상급으로 채권 발행자의 지불 의무 부담 역량이 아주 강한 것(strong)을 의미함(간혹 A-1등급에 플러스 사인(+)이 붙는 경우가 있는데, 이는 채권 발행자의 지불 의무 부담 역량이 아주 강한 것(extremely strong)을 의미함
A-2	A-1등급에 비해 채권 발행자가 제반 여건 및 경제적 조건의 불리한 변화에 보다 부정적으로 더 민감한 영향을 받는 것으로 평가됨; 하지만 채권 발행자의 지불 의무 부담 역량은 여전히 만족스러운(satisfactory) 상태임
A-3	경제적 조건과 제반 여건들이 불리하게 작용할 경우 채권 발행자의 지불 의무 부담 역량이 약화될 가능성이 높음; 기본적으로 적절한 보호 조치가 필요함
B	미지급(nonpayment)의 취약성이 크고 상당 수준의 투기적 특성을 내포함; 현재 상태에서는 채권 발행자가 지불 의무 이행을 충족할 역량을 갖고 있지만, 진행 중인 중대한 불확실성에 직면할 경우 채권 발행자의 지불 의무 부담 역량이 부실화될 수 있음
D	디폴트 상태이거나 약정 사항(imputed promise)의 위배 상태에 있는 것을 의미함; 이 등급은 파산 신청이나 그와 유사한 행위 또는 지불 의무에 대한 디폴트가 기정사실화될 때 사용됨(예컨대, 자동정지(automatic stay) 관련 활용)

주: 참고로 S&P에서는 신용 주의(Credit Watch)를 공표하는데, 이는 단기 또는 장기 신용 등급의 잠재적 방향성에 관한 신용평가 기관의 의견을 말한다. S&P의 경우 특정한 사건이나 단기의 새로운 경향(예컨대, 기업합병, 자본 재구조화, 유권자(주민) 투표, 새로운 규제, 담보자산의 실적 악화 등)이 발생하였거나, 채권 발행자의 상황이 기존의 예상 경로로부터 벗어날 것으로 예상되는 상황에서 기존의 신용 등급을 재평가하자면 추가적인 정보가 필요할 때 신용 주의를 첨부함(S&P, "*Ratings Direct*," February 2016, p. 8).
자료: Standard & Poor's Rating Services, *Ratings Direct*, February 2016.

지방정부가 장기적으로 재정건전성을 회복하고 재정 구조를 튼튼히 하기 위해서는 대외 신인도의 확보가 무엇보다도 중요하다. 그런데 파산 보호를 신청하거나 파산 경험이 있을 경우 해당 지방정부는 자본시장으로부터 신용을 회복하기까지 많은 시간과 노력을 필요로 한다. 그뿐 아니라 신용회복 이전에는 일반 지방정부에 비해 높은 이자 비용과 위험 비용을 지불해야 한다. 이와 같이 파산 보호 신청은 지방정부의 신용도 추락과 자본시장 접근성을 크게 제한하는 단점을 지닌다. 그리고 파산 단체라는 지역사회와 주민에 대한 낙인(stigma on the Community)은 지역(주민)의 자존심을 무너뜨리고 전반적인 기업 환경에 찬물을 끼얹는다(ORRICK, Municipal Bankruptcy, 2009, p. 12).

여기에 더해 파산 보호 신청은 때로 주정부와 주 내 다른 지방정부의 신용도에 부정적인 영향을 미치는 문제점을 안고 있다. 일반적으로 특정 지방정부의 파산 규모가 크고 공공 · 민간의 여러 이해 주체들과 채권 · 채무 관계가 복합적으로 얽혀 있을 경우, 신용평가 기관들은 주정부와 주에 속한 지방정부의 신용 상태를 전반적으로 재점검하고 필요시 등급을 하향조정하는 조치를 취한다. 이러한 가능성과 위험성으로 인해 주정부는 소속 지방정부의 파산 신청을 적극적으로 제지하고자 한다.

(2) 파산 신청은 양날의 칼이다

지방정부가 파산 신청 적격성을 인정받는다고 해서 모든 채무 변제 의무로부터 자유로워지는 것은 아니다. 지방정부의 채무는 통상 연방파산법원의 중재 · 감독 · 승인의 절차를 거쳐 확정된 구조조정계획의 틀 속에서 유예되고 탕감된다. 재정 구조조정계획은 지방정부가 수립해서 제출하지만, 최종안이 승인되기 전까지는 연방파산법원 판사의 중재와 감독, 주정부의 직접 · 간접적 관여 등 몇 가지 과정을 거쳐야 한다. 연방법원의 판결과 주의 법제도 및 파산의 정도에 따라 다르지만, 통상 파산 선고를 받은 지방정부에 대하여는 한동안 주정부가 직접 재정을 관리하는 조치(예컨대, 파산관재인 파견, 외부 관리 · 감독 기구

지정 등 외부에 의한 재정 관리 조치)가 뒤따른다.

종합적으로, 지방정부가 파산 보호제도의 우산 속에 들어가면 각종 채무와 지불 의무를 조정할 수 있는 재정적 보호와 구제의 혜택을 보는 한편 구조조정 단행, 재정 권한 구속, 서비스 감축, 세금 인상 등 여러 가지 재정자율성의 제약과 불이익도 감수해야 한다. 하지만 각종 제약과 불이익에도 불구하고 자구노력에 의해 멀지 않아 재정을 회복할 수 있다는 희망을 갖게 되는 것은 지방정부의 입장에서 무엇보다도 큰 의미가 있다.

파산 신청이 인정되면 지방정부는 재정회생의 기회와 희망을 갖게 된다. 그러나 파산 신청이 연방파산법원에 의해 부인되거나 절차적 과정이 장기화될 경우 지방정부는 많은 비용 부담을 감당해야 한다. 물론 파산 신청이 법원에 접수되면 앞서 언급한 '자동중지'라는 법적 장치가 작동하여 지방정부가 잠정적으로 채무압박으로부터 피할 수 있는 혜택을 본다. 반면에 파산 신청이 외부에 알려지면 지방정부는 외부로부터 자금을 빌리거나 지방채 증권을 발행하는 것을 사실상 포기해야 한다. 열악한 재정 상황을 스스로 외부에 공표한 지방정부에 대해 자금을 빌려주거나 발행되는 지방채 증권을 사려는 투자자가 없기 때문이다. 이와 같이 외부로부터의 자금 조달이 차단되는 상황에서는 정상적인 재정 운영을 할 수가 없다.

만일 연방법원이 파산 신청을 기각할 경우 파산 신청 단체의 재정 상태는 주체할 수 없는 나락으로 빠져든다. 그것은 지방정부의 신용이 이미 추락한 상태에서 당면한 재정 파탄 문제를 해소할 수 있는 돌파구가 없기 때문이다. 파산 신청이 기각된 지방정부는 이미 땅에 떨어진 신용도로 인해 외부 차입이 차단

지방정부의 사전준비, 노력, 투쟁

지방정부가 Chapter 9 파산 보호 신청을 하기 위해서는 사전에 많은 노력을 해야 하고, 때로는 주정부와의 투쟁도 불사해야 한다. 지방정부 입장에서 볼 때, 파산 신청을 포함한 Chapter 9의 전 과정은 법적 요건과 절차를 충족해 나가면서 채권자 등 이해관계자와 지난한 협상을 해나가는 여정이다. 따라서 지방정부가 자신의 목표를 달성하기 위해서는 기본적으로 법적 지식에 해박한 전문가를 동원하고 법원의 승인(파산 신청 적격성 승인, 채무조정계획 승인 등)을 받아 낼 수 있는 전략을 구사해야만 한다. 이 과정에서는 다양한 실증적 문서 작업과 함께 인력 및 재정 자원이 소요된다. 이때 소요되는 경비는 적게는 수백억 원에서 많게는 수천억 원에 이르는 천문학적 부담을 요구한다.

된 것은 물론 파산소송 관련 법적 비용 부담, 만성적 자금 부족, 제3자(주정부)에 의한 재정 관리와 강력한 구조조정, 그리고 각종 희생과 피나는 자구 노력 등 복잡하고 지난한 재정회복의 길을 걸어야 하는 최악의 상황에 내몰리게 된다. 이 경우 해당 지방정부는 사실상 장기간 재정 곤궁 상태를 벗어나기 어렵다.

이러한 사실을 인식할 때, 파산 신청 단체는 막대한 위험 부담을 안고 일종의 도박을 하는 셈이다. 물론 파산 신청 단체는 승산 있는 도박(연방법원의 중재 포함)이라고 판단하고 파산제도에 기댄다. 앞서 기술한 바와 같이, 연방파산법 Chapter 9이 파산 신청의 자격 조건을 구체적으로 명시하고 있기 때문에 파산 보호 신청 단체는 사전에 파산 승인 요건을 철저히 검토하고 준비해서 파산 신청을 하는 경향이 있다. 이는 실제로 일반목적 지방정부의 파산 신청 승인율이 기각률보다 높은 사실이 대변해 준다.

결론적으로, 지방정부 파산제도는 파산 신청 단체에 대해 파산 선고에 따른 재정적 혜택(채무조정을 통한 재정압박 완화 등)과 더불어 파산 신청 기각에 따른 재정적 위험이라는 '양날의 칼'과 같은 양면성을 지닌다. 그럼에도 불구하고 지방정부가 최종적으로 연방파산법에 기대어 파산을 신청하는 것은 파산법을 통해 구제 받을 수 있는 재정적 혜택이 매우 크고, 이 방법 외에는 다른 돌파구가 보이지 않는 최악의 상황에 봉착한 점 두 가지 때문이다. 지방정부의 파산 신청은 지방재정의 최소 현상 유지와 생존을 위한 최후의 수단이다.

(3) 지방정부 파산에 따른 피해자

지방정부가 파산 절차를 밟게 되면 이로 인해 큰 고통을 받는 것은 단연 주민이다. 일상생활과 직결되는 공공 서비스가 크게 축소되고 중단되기 때문이다. 이에 대하여는 최근의 디트로이트시 사례가 적나라하게 보여 주었다. 디트로이트시는 파산 선언을 전후로 가로등, 공원, 쓰레기 수거 및 처리, 도서관·박물관 이용, 공공주택, 사회복지 서비스 분야 등 각종 공공 서비스를 크게 감축시켰다(박스 참조).

주민보다 더 직접적이고 치명적인 피해를 보는 것은 지방채 증권 소유자, 즉 투자자들이다. 일반적으로 지방정부의 파산이 현실화되면 채권 투자자들은 채권 가격 추락이나 적시의 자금 회수 불능 등 직접적인 거액의 경제적 손실을 입게 된다. 지방채 투자자들의 경제적 손실은 연방파산법(Chapter 9)의 목적과 기능에서 어느 정도 예상되는 바이지만, 실제 상황에서 투자자들이 감내해야 하는 고통은 말할 수 없이 쓰라리다. 상황과 채권의 유형(성질)별로 다르지만, 극단적으로는 채권가액의 절반이나 심지어 1/4 이하 수준으로 변제 받는 경우도 발생한다.[5] 뒤의 디트로이트시 파산 사례에서 언급되지만, 당시 특정 기관 투

디트로이트시 파산에 따른 지역사회 및 주민의 고통과 어려움

디트로이트시는 약 60년 전만해도 미국 아니, 전 세계에서 가장 부유한 도시 중 하나였다. 그러던 도시가 2013년 7월 18일에 파산 선언을 한 것이다. 시의 파산으로 인해 지역사회와 주민이 얼마나 많은 고통과 어려움을 겪었을지에 대하여는 다음의 몇 가지 사실을 통해 엿볼 수 있다.

- 8만 채 이상의 폐가 존재
- 하루 평균 14건의 방화사건 발생
- 소방서의 1/3 감축, 소방공무원 급여 삭감(소방예산의 대폭 삭감)
- 미국 30대 도시 중 중위 가구소득(median household income) 최저(2011년 현재)
- 시의 전체 가로등 중 40% 미작동
- 시내버스의 2/3 이상이 정시 운영 미준수
- 종합적 주택 문제
- 살인사건 발생률 급등(지난 40년 중 최고 수준): 심각한 도시 안전 문제
- 경찰의 주민신고 응답(answer calls) 시간 평균 58분(*미국 전체 평균 11분)
- 시 앰블런스의 1/3 작동 불능

* 파산 이후 공공근로자 연금 대폭 삭감, 세금 인상, 각종 공공 서비스 감축 및 품질 저하 등의 현상 발생
* 차입 비용 상승, '채무 구덩이'(debt hold)에 더 깊게 함몰

주: *Time*(2013. 8. 5) 기사의 내용을 필자가 압축 정리한 것임.

자자는 원금의 약 90%를 잃어버리는 막대한 손실을 입었다.

5 하지만 NASBO에 의하면 디폴트를 선언하거나 파산을 한 지방정부의 대부분이 시간이 지나고 재정이 회복되면서 과거에 변제하지 못하였던 채무를 갚은 것으로 파악되었다.

4. 연방파산법원의 구체적 파산 절차와 주요 이슈

1) 연방파산법원의 파산 적격성 심리 및 판정

지방정부가 파산 조건을 충족해서 파산 신청을 하면 채권자의 권한을 한시적으로 제한하는 자동중지 조치가 작동하고 연방파산법원에 의한 파산 적격성 심리 절차가 진행된다. 연방파산법원의 파산 신청 적격성 점검 심리는 지방정부가 연방파산법의 파산 신청 기준을 제대로 충족하는지의 여부를 판단하는 데 초점을 둔다. 이에 대하여는 이미 앞에서 기술한 바이지만, 적격성 요건을 다시 요약하면 다음과 같다.

(1) 채무 주체의 자격(지방정부의 위상을 보유하는 채무자)

(2) Chapter 9 파산 보호 신청 관련 주법의 절차 및 요건 충족(주정부 승인 등)

(3) 채무 변제 불능 상태

(4) 재정(채무)조정계획 수립에 대한 실천 의지 입증

(5) 파산 신청 외의 실질적 대안 부재

일반적으로 연방파산법원은 파산 신청 적격성을 심리하는 과정에서 지방정부가 제출한 재정조정계획(plan of adjustment)도 함께 검토한다. 재정조정계획(재정회생 차원에서 자신의 채무와 기타 지불 의무를 조정하는 수입과 지출의 내역을 구체적으로 수록한 계획서)은 법원의 파산 신청 적격성 승인에 필요한 기초 자료이자

법원이 지방정부와 채권자 사이를 중재하는 자료로 사용된다. 하지만 이 단계에서의 재정조정계획은 어디까지나 참고 자료일 뿐 이해관계자를 구속하는 법적 효력은 없다. 재정조정계획이 법적 효력을 갖게 되는 것은 파산 신청 적격성이 인정된 다음, 지방정부와 채권자 간에 많은 협상을 거쳐 수정·보완된 최종 재정조정계획이 파산법원에 의해 승인되면서이다. 일반적으로 지방정부가 법원에 처음 제출한 재정조정계획은 파산 절차가 진행되는 동안 계속해서 수정·보완된다.

연방법원이 파산 신청 적격성을 심리하는 동안 지방정부는 법원 심리에 대응하고 관련 보충 자료를 준비하는 한편 채권자와의 협의, 채무조정계획 보완, 기타 재정회생 전략 및 방안 등을 강구하느라 바쁜 일정을 보낸다.

2) 재정(채무)조정계획 확정과 파산법원의 승인

지방정부가 Chapter 9 파산 신청을 하는 궁극적인 목적은 법원으로부터 재정회생 조치를 유도하여 재정안정성을 되찾는 데 있다. 이를 실제로 구현하는 제도적 수단은 지방정부가 계획을 수립해서 채무자와의 조정을 거친 다음 법원이 최종적으로 승인하는 재정조정계획이다.[6] 재정조정계획의 핵심은 재정위기 단체가 안고 있는 채무 등 각종 지불 의무의 이행에 관한 제반 규정과 조

6 통상 '조정계획'(a plan of adjustment) 또는 '파산회복계획'(bankruptcy recovery plan)이라고 하는데, 이 책에서는 '재정조정계획'으로 통일하기로 한다. 재정조정계획의 핵심이 채무조정에 있음을 감안하여 채무조정계획이라고 부를 수도 있다.

건(terms and conditions)을 일정한 수준과 방식으로 재조정하고, 세입과 세출을 적절히 재조정하는 실천 계획(내용)을 구체적으로 제시하는 데 있다. 조정의 관건은 채무 부담에 대한 실질적 조정에 달려 있다. 재정조정계획의 적정성과 실천 가능성 여부에 따라 향후 파산 단체가 얼마나 빠른 시간 내에 재정건전성을 회복하고 중 · 장기 지속 가능성을 확보할 수 있을지가 결정된다. 한마디로, 재정조정계획은 파산 단체의 단 · 장기 재정안정성 확보에 대한 선언이자 실천 패키지이다.

요약하면, 재정조정계획이 얼마나 원만하게 확정되고 실천성 있게 추진되는지에 따라 재정위기 단체의 재정건전성과 재정안정성의 회복 상태와 속도가 결정된다. 그러므로 지방정부는 대외적으로 설득력이 있는 재정조정계획을 수립하는 데 지혜를 총동원하고, 그것을 채권자 등 이해관계자와 소통하고 협상하는 정치력을 발휘해야 한다. 여기에 더해 객관적 사실을 토대로 법원을 설득하는 노력과 전략적 접근을 해야 한다.

재정조정계획은 통상 파산 신청 단계에서 지방정부가 의회의 승인을 얻어 제출하며, 제출 후에도 수정이 가능하다. 법적으로 재정조정계획의 수립 권한은 지방정부가 갖는다. 하지만 그것이 유효하기 위해서는 채권자의 동의와 파산법원의 최종 승인이 필요하다. 이때 지방정부는 모든 채권자로부터 승인을 받아야 하는 것은 아니다. 연방파산법에 의하면 채무조정계획에 의해 금전적 손해를 보는 일군의 채권자 그룹 가운데 하나(one class of creditors) 이상으로부터 동의를 받으면 된다. 이러한 사실을 인식하면 채무조정계획은 지방정부가 주도해서 수립하되, 이해당사자의 합의에 의해 완성되는 것이라고 말할 수 있다.

지방정부가 법원으로부터 파산 신청 적격성을 인정받는 등 본격적인 파산 절차에 들어가면, 지방정부는 기존 증권채무와 기타 지불 의무의 지불 조건을 재조정하고 각종 계약을 철회할 수 있는 권한과 수단을 확보하게 된다. 예컨대, 외부 전문가 또는 전문 기관과의 자문 계약이나 각종 조달과 관련된 판매자와의 계약을 철회할 수 있다. 물론 권한 행사에 앞서 채권자 등 일군의 이해관계자와의 협상을 통한 동의가 필요하다. 이와 같은 파격적인 조치는 파산제도가 파산 단체에 부여하는 가장 큰 혜택의 하나로 간주된다. 지방정부가 이러한 돌파구와 정책 수단을 확보할 때, 비로소 각종 채무와 지불 의무로 범벅된 파탄의 골짜기를 벗어나 '재생의 언덕'에 설 수 있는 가능성을 갖게 된다.

지방정부가 재정조정계획을 확정해 나가는 과정에서는 자신의 현재와 미래의 재정 상황(수입, 지출, 재정위상 등)을 투명하게 공개하고, 이해관계자와의 소통을 통해 합리적 희생을 유도해 내는 협상력을 발휘하는 것이 중요하다. 이때 지방정부는 채무의 성격과 유형에 따라 채무조정 협상을 달리할 수 있다. 일반적으로 채무 변제의 보장 또는 확약의 수준에 따라 채권자는 몇 개 유형으로 구분된다. 가장 전형적인 유형 구분은 지방정부가 디폴트할 경우 소유 자산에 대해 담보권을 행사할 수 있는(entitled claim(secured claim)이라고 함) 채권과 그렇지 못한 채권(unsecured claim이라고 함) 두 가지이다. 당연히 채무 변제 우선권은 전자에 부여된다. 재정조정계획은 상이한 유형의 채권자에 대하여는 상이하게, 그리고 동일 유형에 속하는 채권자에 대하여는 동일하게 다루는 것을 원칙으로 한다.

채권자 등으로부터 동의를 얻은 재정조정계획은 최종적으로 연방파산법원에 제출된다. 이에 대해 파산법원은 일정한 기간 내에 승인 여부를 결정해야 하는데, 이때 연방파산법원이 고려하는 주요 판단 기준은 다음과 같다.

(1) 재정(채무)조정계획의 주법 또는 지방정부법 위반 여부

(2) 지방정부의 법적 규제 기구 내지 주민 동의 등 관련 사항 및 절차 준수 여부(동의가 필요한 경우)

(3) Chapter 9에 따른 재정조정계획이 다른 대안적 접근 방식에 비해 수월성을 확보하는지의 여부(지방정부와 직접 이해관계자들의 상황이 더 나아졌는지의 여부)

(4) 지방정부가 새로 조정된 지불 의무를 충실히 이행할 수 있고, 향후 더 이상 새로운 채무조정을 하지 않아도 될 정도로 충실성을 확보하였는지의 여부

연방파산법원은 지방정부가 채권자 그룹과 협의하여 제시한 재정조정계획을 다각도에서 종합적으로 검토한 다음 수정 보완을 요구하거나 승인한다. 이 과정에서 파산법원은 필요하다고 판단할 경우 수시로 이해당사자를 상대로 중재에 나선다. 이와 같은 절차가 진행되는 과정에서 만일 파산 신청 지방정부와 일군의 채권자 그룹 간에 재정조정계획에 대한 합의가 이루어지고, 그것이 법적 합리성을 충족한다면 연방파산법원은 최종적으로 재정조정계획을 승인한다. 법원의 재정조정계획 승인이 이루어지면 기존의 지방정부와 채권자 간의 채무 변제 조건과 각종 계약에 의한 협약(contractual agreement)은 새롭게 경신

연방파산법원의 중재 노력

역사적으로, 연방파산법원은 파산 신청 정부와 채권자 간에 합의조정을 이끌어 내고자 많은 노력을 경주해 왔다. 이때 만일 연방파산법원의 중재가 성사되면 해당 지방정부와 이해관계자(채권자 등)는 법적 파산 선언 경로 대신 연방법원의 중재 내용을 준수하는 새로운 경로를 밟게 된다. 이 경우 채권자-채무자 쌍방이 중재 합의 사항을 충실히 이행하는 노력을 경주하는 것이 재정회생의 관건이 된다. 법원의 중재 노력이 실패할 경우 지방정부는 연방법원의 최종 판결을 기다려야 한다. 그것은 파산 신청이 수용되거나 기각되는 것인데, 적지 않은 사례에서 지방정부의 파산 신청이 기각되었다.

된다. 다시 말해서, Chapter 9 파산 신청 이전에 존재하였던 모든 채무 조건과 협약은 효력을 상실하고, 새로운 채무조정 내용과 협약이 법적 효력을 갖게 된다.

다음 항에서는 독자의 이해를 돕고자 캘리포니아주 스톡턴시의 재정조정계획 사례에 대해 간단히 기술하고 있다.

3) 재정조정계획 사례: 스톡턴시 사례

스톡턴(Stockton)시의 재정은 2012년에 들어서면서 사실상 파산 상태에 이르렀다(스톡턴시는 인구 약 30만 명의 미국 내 중견 도시로서 파산 신청 당시 파산 규모는 지방정부 파산 역사상 가장 큰 것으로 기록되었다). 파산의 원인은 유지 불가능한 피고용자 보상(employee compensation)과 퇴직자 관련 경비, 과도한 채무, 지역경제 쇠퇴 등에 있다. 재정 문제를 견디다 못한 스톡턴시는 마침내 연방파산법원에 파산 보호 신청을 하기로 결정하고, 캘리포니아주 법에 따라 관련 절차를 밟았다. 주정부 관문을 비교적 무난히 통과한 스톡턴시는 2012년 6월 연방파산법원에 파산 보호 신청을 하였다(캘리포니아주는 미국 내에서 지방정부의 파산 신청에 대해 관대한 주로 잘 알려져 있다). 이에 대해 연방파산법원은 스톡턴시의 파산 신청 내용을 검토한 다음 적격성 인정 판결을 내렸다.

스톡턴시 의회는 파산 신청 직전인 2012년 6월 26일에 재정위기 하에서의 종합재정 운영 계획이라고 말할 수 있는 긴급잠정계획(Pendency Plan)안을 승인하였다. 긴급잠정계획 속에는 재정 지출의 감축 및 유예 대상 등 전반적인 재정 구조조정 내용이 구체적으로 포함되었다. 다만, 긴급잠정계획의 전략목표 중 하나가 시민의 생활 안전과 복지와 관련된 필수 서비스는 최대한 보호하는 것이어서 공무원 급여를 비롯한 각종 구매 활동, 기본 행정 서비스의 제공과 관련된 지출은 기본 수준을 유지하기로 결정되었다.

파산 신청 적격성을 인정받은 스톡턴시는 채권자들과의 원만한 협의를 통해 시의 채무 부담을 크게 줄이는 재정조정계획을 확정하는 데 집중하였다. 시는 재정조정계획을 준비하면서 채권자 그룹으로부터 동의를 얻고자 백방으로 노력하였다. 그러한 노력은 차츰 소정의 결실을 맺기 시작하였다. 상황이 진전되면서 스톡턴시는 2013년 9월부터 연방파산법원에 제출할 재정조정계획을 확정하는 작업에 착수하였고, 그 후 작업 결과를 시의회에 정식 안건으로 제출하였다. 시의회는 2013년 10월 3일에 특별의회(임시의회)를 개최하여 연방파산법원에 제출할 재정(채무)조정계획 및 재무보고서(Plan of Adjustment and Disclosure Statement)를 승인하였다.

시의회를 통과한 계획안은 2013년 10월 10일에 연방법원에 정식으로 접수되었다. 이를 접수한 연방파산법원은 동 문건을 한 달 남짓 다각도에서 검토한 다음 수정 보완을 요청하였다. 그 후 스톡턴시는 법원의 요청을 수용한 일차 수정 재무보고 및 채무조정계획(the City's Modified Disclosure Statement and First Amended Plan of Adjustment of Debts)을 법원에 제출하였다. 이를 면밀히 검토한 연방파산법원은 2013년 11월 18일에 최종 승인을 하였다. 그리고 2013년 11월 22일 연방파산법원은 스톡턴시에 승인 내용의 이행에 필요한 각종 행정 조치와 관련 일정을 제시할 것을 요구하는 동시에 채무조정계획과 관련된 중요 사항을 다루는 차기 법정 모임(상황 점검 모임)의 개최 일정(2014년 3월)을 공지하였다. 이 모임은 채권자와 이해관계자들이 자유롭게 참석할 수 있도록 문호가 개방되었다. 돌이켜 보면, 스톡턴시가 채권자 그룹과의 협상을 거쳐 최종적으로 법원의 확정 판결을 받기까지는 1년 이상이 걸렸다.

4) 재정조정계획의 의의와 중요성

(1) 재정조정계획은 주와 지방의 관련 법률을 준수해서 수립해야 한다

연방파산법원은 지방정부가 제출한 재정조정계획이 주정부와 지방정부의 관련 법에 위배되는 조치를 수반할 경우 그것을 승인하지 않는다. 이때 만일 관련 법률이 지방정부의 파산 회복 역량이나 재정회생에 장애가 되는 내용을 포함하더라도 연방파산법원은 기존 법률을 존중하여 승인하지 않는다. 다만, '계약상의 협약'(contractual agreements)과 관련된 법률은 예외이다.

예를 들면, 지방정부가 재정조정계획 속에 주헌법이 규정하는 재산세 상한 조항을 위반해서 세율을 인상하는 내용을 담거나, 세율 인상시 반드시 주민투표를 거쳐야 함에도 불구하고 이를 무시할 경우 연방파산법원은 재정조정계획을 승인하지 않는다. 마찬가지로, 재정조정계획이 지방정부법에서 요구하는 최소지출 요건이나 지출 상한 요건을 무시하는 내용을 포함할 경우에도 파산법원은 재정조정계획을 승인하지 않는다. 구체적인 예로 캘리포니아주에 속한 샌버나디노(San Bernardino)시의 사례를 언급할 수 있다(샌버나디노시는 2015년 후반에 테러가 발생한 곳으로 잘 알려져 있다). 샌버나디노시 헌장은 공공 안전과 관련된 피고용자(공무원)의 임금 결정 절차에 대해 명확히 규정하고 있다. 그런데 시는 이러한 도시 헌장을 무시하고(예컨대, 피고용자 보상 비용의 일방적 삭감) 재정조정계획의 수립을 시도하였다. 하지만 이는 연방파산법원에 의해 부정되었다(이와 같은 조치가 취해질 경우 시의 재정위기 극복에는 큰 도움이 되었을 것이다). 이는 비록 긴급한 재정 상황이라 할지라도 시가 시 헌장을 무시하는 것은 위법이고, 또한 연방파산법 챕터 나인이 연방파산법원에 지방정부의 헌장을 수정하거나 조정하는 권한을 부여하지 않고 있기 때문이다.

(2) 채무조정 과정에서 채무의 성질과 중요성에 의한 차등 대우

앞서 몇 차례 지적한 바와 같이, 챕터 나인 하에서 지방정부는 자신이 발행한 지방채 증권이나 다른 지불 의무의 변제 조건을 조정해서 지불 부담을 낮출 수 있다. 일반적으로 지방정부가 채무 부담을 줄일 수 있는 방법으로는 채권자에 대한 지불 총액 감액(채무 탕감), 지불 이자율 인하, 채무 지불 기간 및 각종 지불 조건의 유예 · 연장 방법 등이 있다. 여기서는 앞서 언급한 캘리포니아주 스톡턴시의 파산 사례를 통해 실제로 채무조정이 어떻게 이루어졌는지에 대해 간단히 살펴보고자 한다.

스톡턴시는 Chapter 9 파산 신청과 더불어 다방면에 걸쳐 채무 감축을 위해 노력하였다. 특히, 재정조정계획을 수립하면서 기존 채무(지방채 증권과 기타 채무)에 대해 성질과 중요성에 따라 우선순위를 매겼다. 구체적으로, 채무를 담보채와 무담보채(secured and unsecured)로 구분하였고, 담보채무 중에서도 시 운영에 필수적인 자산을 담보로 하는 채무에 대해 변제의 최우선순위를 부여하였다. 당시 변제 우선순위가 높은 채무(high-priority debt)로는 시립도서관, 경찰, 소방과 관련된 채무가 선정되었다. 이들에 대하여는 시의 일반예산을 통해 지속적으로 갚아 나가되, 다만 그 지불 기간을 유예하기로 조치하였다. 이와 달리 채무 변제의 우선순위가 낮은 채무(low-priority debt), 예컨대 무담보 연금채무채권(unsecured pension obligation bonds)에 대하여는 더 이상 일반회계의 예산으로 갚지 않기로 하였다. 이러한 조치는 채무조정 과정에서 채권자가 자신의 채권 전액을 되돌려받지 못할 수 있음을 의미한다.[7]

(3) 채무조정과 노사협약

지방정부가 연방파산법의 파산 보호를 받게 되면 법원의 판단에 따라 지방정부가 피고용자 그룹(노조)과 체결한 단체협약(collective bargaining agreements)을 거부하거나 심지어 무효화시킬 수 있는 권한과 입지를 갖게 된다. 이는 지방정

7 미국의 예산회계 구조는 우리나라(일반회계, 특별회계 구조)보다 복잡하며, 지방정부가 발행한 지방채의 채무 변제 의무의 강도(구속성)는 채무의 유형과 종류에 따라 다르다. 예를 들어, 지방자치단체가 과세권을 담보로 발행하는 일반보증채권(general obligation bond)은 최우선 변제 대상이 된다. 즉, 지방정부가 존재하는 한 반드시 갚아야 하는 지방채이다.

부에게 노조와의 협상에 있어서 매우 유리한 입지와 전략적 여지(수단)를 부여하는 것으로 사실상 파격적인 우대 조치이다.

일반적으로 지방정부가 연방파산법의 파산 보호 조치에 의해 피고용자 그룹(노조)과의 단체협약을 거부하려면 적어도 다음의 조건을 충족해야 한다.

(1) 기존의 단체협약이 재정의 안정성 및 건전성 달성에 장애가 된다.
(2) 단체협약을 재조정하지 않을 경우 재정위기 극복 과정에서 피고용자 그룹(노조)의 재정회생 기여도가 현저하게 낮아진다(즉, 다른 부문과 비교하여 노조의 희생과 자구 노력이 크게 미흡하여 재정회복 기여도가 매우 낮다).
(3) 지방정부가 피고용자 그룹과 신의성실하게 협의했으나 합의에 이르지 못하였다.

현실적으로, 지방정부가 챕터 나인의 파산 보호 하에 들어간다 하더라도 단체협약을 무효화시키기는 매우 어렵다. 하지만 챕터 나인 보호 장치는 비록 단체협약의 무효화는 아니더라도 최소한 지방정부에게 상당한 수준의 노조 측 양보를 유도해 낼 수 있는 여지를 제공한다. 이는 지방정부의 인건비 부담을 완화시키는 차원에서 큰 의미가 있다. 이에 관한 구체적인 사례로 2008년에 파산 신청을 한 캘리포니아의 바예호시(the City of Vallejo)의 경우를 들어 간단히 언급하면 다음과 같다.

바예호시는 파산 신청 후 약 1개월 쯤 되었을 때 연방파산법원에 시 소속의 4개 피고용자 그룹과 체결한 단체협약에 대한 거부권을 요구하는 청원을 하였다. 청원 사실을 알게 된 피고용자 그룹들은 바예호시의 파산 신청 적격성 문제를 들고 나섰다. 이에 대해 파산법원은 파산 신청 적격성을 인정하는 판결을 내려 줌으로써 바예호시의 손을 들어 주었다. 판결에 불복한 피고용자 그룹은 곧바로 미국 디스트릭법원(the United States District Court)에 상고하였다. 디스트릭법원은 연방파산법원의 판결을 지지하였고, 그 후 연방파산법원은 바예호시의 챕터 나인 파산 보호 신청 적격성을 재확인해 주었다.

일련의 송사가 있은 후 연방파산법원은 시와 피고용자 그룹 간의 협상이 보다 원만히 진행될 수 있도록 배려해 주었다. 그것은 시가 주관하는 피고용자 그룹 단체협약 철폐 청문회의 개최 시점을 늦추어 준 것이었다. 이 기간 중에 4개 노조 중 3개 단체가 시와 합의를 이루는 데 성공하였다. 그 후 파산법원은 앞서 언급한 기준을 근거로 바예호시의 단체협약 철폐 건을 승인하였다. 이에 탄력을 받은 바예호시는 캘리포니아주에서는 처음으로 재정조정계획을 수립하면서 퇴직자 건강 혜택 비용을 상당 수준 조정하는 내용을 포함시켰다(구체적으로, 바예호시는 건강 혜택 비용을 매달 300달러 정액으로 조정하였다).

연방파산법 하에서는 지방정부가 퇴직 공무원과 체결한 협약(연금, 건강 혜택 제공 등 퇴직자 복지 프로그램 협약)을 거부하거나 조정 내지 재계약할 수 있다. 참고로 우리나라와 달리 미국에서는 지방정부에 근무한 퇴직자의 연금과 복지를 지방정부가 담당하고 있고, 또한 그 규모가 방대함을 유념할 필요가 있다. 그런데 역사적으로 챕터 나인의 파산 보호를 승인 받은 지방정부가 퇴직자 복지 혜택(retiree benefits) 문제를 실제로 채무조정의 대상으로 다룬 경우(퇴직 공무원과의 복지 혜택 계약을 조정한 사례)는 극히 드물다. 이는 무엇보다도 챕터 나인 사례 중 관련 판례가 거의 없는 사실이 말해 준다.

사실, 앞서 살펴본 바예호시의 조치는 매우 드문 사례에 해당한다. 역사적으로 지방정부 파산과 관련하여 현직 공무원의 연금 혜택을 재조정한 사례는 거의 없다. 그러나 매우 드물지만 퇴직 공무원의 연금을 조정한 사례는 가끔 발견된다. 그 예로 로드아일랜드(Rhode Island)주의 센트럴 폴즈(Central Falls)시가 파산 보호 신청을 하면서 퇴직 공무원의 연금 혜택(pension benefits)을 조정한 경우를 들 수 있다.

지방정부 파산제도의 역사적 경험과 최근 미국 재정의 구조적 문제를 고려할 때, 앞으로 재정파산과 관련하여 퇴직자 복지조정 문제가 중요한 이슈로 부상될 가능성이 매우 높다. 그 이유로는 연방파산법이 그와 관련된 상세한 기준을 구비하지 못하고 있는 점, 관련된 챕터 나인 판례법(case law)이 충분히 축적되지 못한 점, 그리고 다수의 지방정부가 퇴직자 복지 지출로 인해 재정압박을 받고 있는 점을 지적할 수 있다.

현재 상태에서는 파산 단체가 재정조정계획을 수립하는 과정에서 퇴직자 복지조정 문제가 불거질 경우 주에 따라서 법원의 조치가 다르게 나타날 가능성이 있다. 이러한 가운데 2013년에 파산을 한 디트로이트시는 법원에서 파산 신청 적격성이 인정된 후 현직 공무원과 퇴직 공무원의 복지 혜택 계약을 조정(삭감)하는 내용을 담은 재정조정계획을 수립하였다. 이에 대해 당시 미국의 전체 지방정부가 초미의 관심을 갖고 지켜보았다.

5) 연방파산법원의 세부 지침 부재에 따른 문제점

개인이나 기업의 파산을 다루는 연방파산법원과 달리 지방정부 파산을 다루는 연방파산법원은 다음의 두 가지 사항을 핵심 책무로 삼는다. 그 하나는 파산 신청 지방정부의 파산 적격성을 판단하는 것이고, 또 다른 하나는 지방정부의 재정조정계획을 승인하는 것이다.

이러한 책무를 공정하고 효율적으로 수행하기 위해서는 관련 사안과 절차를 객관적으로 처리할 수 있는 세부 지침이 필요하다. 그런데 현재 연방파산법은 이를 충실히 구비하지 못하고 있다. 예를 들면, 연방파산법은 지방정부가 진정으로 신의성실(in good faith) 원칙에 입각해서 파산 신청을 하였는지, 채무조정계획의 수립 의향이 올바른지, 채무조정계획의 수립 과정에서 채권자를 최대한 공정하게 상대하였는지 등에 대한 객관적 판단 기준(법적 · 절차적 기준)을 명확히 제시하지 않고 있다. 이로 인해 현실적으로 Chapter 9 파산 신청에 대한 파산법원의 결정 수준이 지역별 · 사례별로 상이하게 나타나는 문제가 발생하고 있다.

이와 같은 문제점에도 불구하고 연방파산법은 연방파산법원의 권한 행사에 대하여는 명확한 한계를 설정하고 있다. 구체적으로, 연방파산법은 파산법원이 파산법을 적용하는 기간 중에 지방정부가 자신의 재정 상황을 설명하고 전달하는 방법에 대해 관여하거나 지방정부의 조직과 운영, 그리고 지방정부의 법률에 대해 관여하는 것을 명백히 금지하고 있다. 이와 같이 연방파산법이 파산법원의 권한을 엄격히 제한하고 있기 때문에 지방정부는 파산 신청 기간 중에도 기본적인 행정 기능(일상적 운영, 징세 활동, 지출 활동, 각종 구입 및 판매 활동, 차입 등)을 계속해서 수행할 수 있다. 다만, 일부 주에서는 소속 지방정부가 심각한 재정 문제에 직면하거나 파산 신청 단계에 이를 경우 지방정부의 행정 및 재정 활동을 주정부가 직접 관리하는 조치가 취해지고 있다. 이는 연방파산법에 의한 법적 관여와는 별개의 조치인데, 이에 대하여는 뒤에서 따로 기술하고 있다.

6) 연방파산법과 주정부의 관계

지방정부 파산제도가 있다고 해서 모든 지방정부가 자기결단만으로 파산 신청을 할 수 없음은 앞서 지적한 바이다. 연방파산법이 지방정부의 파산을 허용하고 있음에도 불구하고 주에 따라 지방정부가 마음대로 파산 신청을 할 수 없는 것은 일견 모순처럼 보일 수 있다. 그런데 이는 연방정부와 주정부 간의 법적 권한과 행정 기능이 우리나라와 크게 다르기 때문에 가능하다. 앞서 지적한 바와 같이, 미국 헌법은 연방정부와 주정부 간에 권한과 기능을 명확히 구분하면서 주정부에게 지방정부를 관장할 수 있는 완전한 권한을 부여했다(지방정부는 주헌법에 의해 존재한다). 따라서 지방정부가 파산 보호 신청을 하고자 할 경우 주정부 승인 등 주법이 요구하는 법적 절차를 이행해야 하는 것은 당연한 논리적 귀결이다. 같은 맥락에서 연방파산법도 이러한 주의 주권(sovereignty)과 주정부와 지방정부 간의 존재 양식을 존중하여 Chapter 9 파산 신청의 중요한 조건으로 주정부의 승인(authorization)을 규정하고 있다.

일반적으로 지방정부는 주정부로부터 구제금융(bailout)과 같은 파격적인 위기 해결 대안을 보장 받을 수 없을 때 최후의 수단으로 파산제도에 기댄다. 통상 파산 보호 신청을 하려는 지방정부는 어떻게 해서든 원하는 바를 이루고자 몸부림친다. 하지만 주정부는 여러 가지 이유와 방법으로 파산 신청을 막고자 기를 쓴다. 이러한 상황에서 주정부는 당연히 파산 신청의 긍정 · 부정적 파급 효과를 다각도에서 검토한다.

파산 신청을 허용할 경우 일반적으로 예상되는 가장 큰 부정적 파급 효과는 해당 지방정부의 신용 추락과 함께 주 내의 다른 지방정부와 주정부의 신인도가 떨어질 수 있는 재정건전성 위험이다. 따라서 주정부가 파산 신청의 허용 여부를 두고 고민하는 과정에서는 그러한 악영향과 위험성에 대해 집중적으로 검토한다. 그러나 때로는 파산제도에 기대지 않고서는 지방정부가 재정을 회복할 수 있는 수단과 방법이 거의 없는 상황이 발생한다. 이때 만일 주정부가 파산 신청을 차단한다면, 이는 어떤 면에서 지방정부가 채무와 각종 의무적 부담금 문제를 해결할 수 있는 방법과 기회를 주정부가 박탈하는 셈이 된다.

미국의 지방정부 파산 사례를 살펴보면, 일차적으로 주정부가 파산 신청을 막아 보려고 다방면으로 노력을 하다가 돌파구가 거의 보이지 않을 때 하는 수 없이 주정부가 지방정부의 파산 보호 신청을 허용하는 경우가 대부분이다. 파산 신청을 허용한다는 것은 한편으로 주정부가 정치적 · 재정적으로 감내하기 어려운 상황을 감수하겠다는 것을 의미하고, 또 다른 한편으로 주정부가 지방재정의 회생 기회에 걸림돌이 되지 않겠다는 것을 의미한다.

한 가지 유념할 사실은 현재 절반이 조금 넘는 주들만 지방정부 파산 관련 법적 장치를 갖고 있고, 수도 워싱턴 D.C.(District of Columbia)를 비롯한 나머지 주들은 그러한 장치를 갖고 있지 못하는 점이다. 따라서 후자의 경우 지방정부가 채무 변제 불능 등 극단적인 재정위기 상황에 처하더라도 주가 특별한 조치를 취해 주지 않는 한 연방파산법의 보호 혜택을 받을 수가 없다. 이들 주는 암묵적으로 지방정부 파산제도를 지지하지 않는 것으로 해석된다. 이 경우 지방정부가 파산 기제를 활용하고자 할 경우 주의회 차원에서 관련 법적 장치를 새롭게 마련해야 한다. 조지아주와 푸에르토리코의 경우 법률로서 지방정부의 파산 신청을 원천적으로 금지하고 있음은 앞서 언급한 바이다.

지방정부의 파산 신청을 허용하는 주들 사이에서도 승인의 절차와 내용 그리고 용이성 정도는 지역별로 크게 다르다. 현재 캘리포니아주가 가장 유연하고 광범위하게 지방정부의 파산 신청을 허용하는 것으로 알려져 있다. 이와 달리 대부분의 주는 파산 신청에 대해 신청 가능 주체의 조건과 상황 등에 대해 까다로운 절차적 요건을 달고 있다. 한마디로, 파산 신청에 앞서 주정부와 협의하고 주의 승인을 받도록 법으로 명시하고 있다. 법적 절차를 논외로 하면, 주정부의 파산 신청 승인에 대한 관용도는 대체로 말해서 주지사와 지방정부 간의 정치적 관계(긴장 · 갈등 관계, 친밀 · 협조 관계 등)와 밀접한 관련이 있다. 이는 사실 모든 나라에서 비슷하게 관측되는 현상이기도 하다. 법과 제도의 기반 위에서 인적 · 정치적 네트워크가 활발히 작용하는 것은 자연적이다.

파산 관련 법률을 보유하는 주의 지방정부가 파산제도의 혜택을 받으려면 먼저 1차 관문인 '주법 테스터'를 통과해야 한다. 그리고 난 다음에는 파산제도의 본 관문(2차 관문)이라 할 수 있는 연방파산법 Chapter 9의 파산 신청 적격성

테스터를 통과해야 한다.

종합적으로, 현재 미국에서는 연방파산법이 존재함에도 불구하고 지방정부가 주정부의 관여 없이 독자적으로 연방법원에 파산을 신청하는 경우는 거의 없다. 재정위기에 처한 지방정부는 연방파산법이 허용하는 파산제도에 접근하기에 앞서 자신이 속한 주의 파산 관련 법적, 행정 · 정치적 테스터라는 1차 난관을 통과해야만 한다. 그리고 난 다음에 연방파산법에 의한 파산 신청 절차를 밟아야 한다.

5. 지방정부 파산에 관한 사실과 왜곡

1) 지방정부 파산은 희소하다

미국에서 지방정부가 파산하는 경우는 오랜 제도적 역사에도 불구하고 우리나라의 일부 언론이 잘못 과장해서 보도하는 것과 달리 매우 드물게 발생하고 있다. 역사적으로 보면 지방정부 파산은 매우 희소한 것으로 평가된다.

1937년에 지방정부 파산제도가 수립된 이후 최근(2012년)까지 챕터 나인에 의한 파산 보호 신청을 한 지방정부 수는 약 600개가 조금 넘는다(cities, towns, villages, counties 등 일반목적 지방정부와 기타 단일목적 지방정부(single-purpose districts)를 포함하여 총 629건이다(ABC News, Governing Analysis)). 그 중에서 전체의 80%가 넘는 500여 사례가 1930년대부터 1970년대 기간 중에 발생하였다. 이는 동 기간 중에 기업과 개인 파산이 수십만 건 이상 발생한 것과는 매우 대조적이다.

미국의 지방정부 가운데 실제로 파산 보호 신청을 한 단체는 대부분 상수도구 · 하수도구(water · sanitation districts), 각종 공익 시설(utilities)을 관장하는 소규모 단일목적 지방정부이다. 우리나라의 시 · 도, 시 · 군 · 구와 같은 일반목적 지방정부가 파산 보호 신청을 하거나 실제로 파산한 사례는 극히 드물다. 특히, 인구 5만 명 이상의 중형 도시가 재정파산을 한 경우는 손에 꼽을 정도이다.

구체적으로 살펴보면, 1980년 1월부터 2014년 6월까지 챕터 나인 파산 보호 신청을 한 지방정부는 약 3만 9,000개의 일반목적 지방정부 중 43개에 불과하다(GAO, 2015, p. 4). 이들 대부분은 인구가 적은 소규모 지방정부이고, 43개 지방정부 가운데 8개만 인구 5만 명 이상의 도시에 속한다. 후자에 속하는 도시로는 디트로이트(Detroit), 캠던(Camden), 바예호(Vallejo), 스톡턴(Stockton), 브리지포트(Bridgeport) 등 극히 소수가 있다. 일반지방정부만을 감안하면 1950년 이후 최근까지 파산을 한 곳은 약 60개 정도인데, 이는 수만 개의 지방정부 중 매년 하나의 지방정부가 파산하는 셈이다(다만, 특별목적 지방정부의 파산 사례는 상당수 된다).

미국 연방정부 통계에 의하면 지방정부 가운데 1980년에서 2010년 사이에 파산을 신청한 곳은 239개이며, 그 중 대부분이 상 · 하수도 등 공익 사업을 관장하는 소규모 특별목적 지방정부들이다. 이 기간 중에서는, 특히 글로벌 금융위기를 전후로 급증하는 재정적자와 채무를 견디다 못해 파산 신청을 한 지방정부 수가 두드러지게 많았다. 최근의 연방법원 기록에 의하면 2010년 이후 2012년 8월까지 파산 보호 신청을 한 지방정부는 27개이다(그 중 일곱 단체는 인구와 재정 규모가 매우 작은 지방정부이다). 미국의 지방정부 수가 약 8만 9,500개(미국 센스서국 발표, 2012년 기준)임을 감안하면 실제로 파산하는 지방정부의 수는 그야말로 극소수에 불과한 셈이다.

Governing Analysis에 의하면 2008-2012년 기간 중에 일반목적 지방정부가 연방법원에 파산 신청을 한 것은 1,688개 단체 중 한 개 단체, 즉 0.06%에 불과하다. 만일 지방정부의 파산 신청이 법원에서 기각된 사례(즉, 파산 신청의 적격성이 인정되지 못한 사례)를 감안한다면, 미국의 지방정부 중에서 실제로 파산 보호를 받게 된 곳은 2,710개 단체 중 한 개 단체, 즉 0.04%에 불과한 셈이다.

다만, 각종 통계상으로 잡히는 파산 신청 단체 수는 이보다 훨씬 많은데, 그 이유는 일반목적 지방정부가 아닌 각종 특별목적 지방정부가 파산 보호 신청을 하는 경우가 적지 않기 때문이다. 예를 들면, 네브래스카(Nebraska)주에 속한 오마하(Omaha)시의 경우 관내의 10여 개 하수도 관련 특별지방정부가 파산 신청을 하였다. 이는 2010-2012년 기간 중에 연방파산법 Chapter 9에 의해 파산 신청을 한 미국 전체 건수의 약 1/3을 차지한다.

요약하면, 역사적으로 수많은 지방정부들이 급증하는 재정의 수입과 지출의 불균형(즉, 재정적자 확대) 문제와 심각한 채무 확대 상황을 겪었지만, 그것을 타개하기 위해 최후의 보루인 파산 보호 수단을 채택한 경우는 매우 희소하다.

2) 지방채 디폴트 사례 또한 매우 희소하다

미국 역사상 지방정부가 파산하면서 자신이 발행한 지방채에 대해 디폴트를 선언하는 경우는 생각보다 많지 않다. 신용평가 기관인 무디스(Moody's

[그림 7-1] 지방정부 파산 건수, 1980-2010

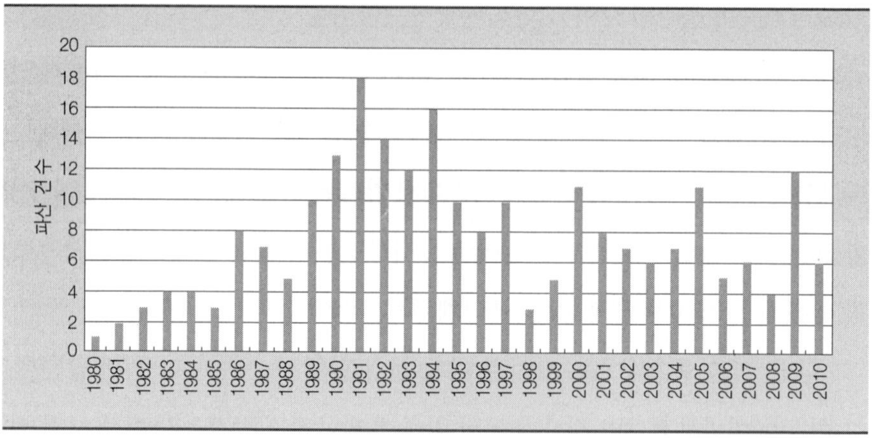

자료: NASBO, "Municipal Bankruptcy and the Role of the States," August 2012.

Investors Service)에 따르면 1970-2009년 기간 중에 평가된 1만 8,400건의 지방채 발행 사례 가운데 실제로 디폴트를 한 것은 54개에 불과하다.[8] 이는 전체 지방채 발행 건수의 0.29%로서(즉, 1,000건 중 약 3개에 불과함) 사실상 디폴트가 거의 발생하지 않고 있음을 시사한다. 디폴트 사례를 보면, 우리나라의 지방자치단체와 비슷한 일반목적 지방정부가 디폴트한 경우는 극히 소수이고(약 30년 기간 중 총 6개의 counties, cities, town이 디폴트하였음), 대부분의 디폴트가 특별목적 지방정부에서 발생하였다. 예컨대, 주택건설 사업을 추진하거나 비영리 병원을 운영하는 과정에서 디폴트 사태가 발생하는 경우이다.

---

8 1970년부터 2012년 기간 중에 등급화된 지방채 증권(rated municipal bond) 가운데 디폴트가 된 것은 총 71건이다. 그 중에서 신용평가 기관에 의해 신용이 등급화된 지방정부(city, county)가 디폴트를 한 것은 단지 5건에 불과하다(NASBO, *State and Local Fiscal Facts*, 2013).

[표 7-3] 부문별 디폴트, 1970-2014

부문/유형	단체 수	비율(%)	1년 디폴트 비율
주택	44	46.3	0.088
병원 및 건강 서비스(케어)	23	24.2	0.090
인프라(infrastructure)	9	9.5	0.010
교육	4	4.2	0.010
시(Cities)	4	4.2	0.017
카운티(Counties)	3	3.2	0.025
특별구(Special Districts)	0	0.0	0.000
주정부	0	0.0	0.000
기타	0	0.0	0.000
비일반보증(Non General Obligation)	87	91.6	0.034
일반보증(General Obligation)	8	8.4	0.002
총계	95	100	0.015

출처: Moody's(2015. 7), p. 11.

무디스 사는 기본적으로 디폴트를 다음과 같이 정의하고 있다(July 2015, p. 87). 첫째, 채무협약에서 규정하는 계약상 확정된 지불 의무(채무)에 대해 채무자가 원금과 이자를 제때에 지불하지 못하거나 지연하는 경우이다.

둘째, 채무자가 파산을 신청하거나 법정관리(legal receivership) 상태에 돌입하여 앞으로 확정된 지불 의무(채무)의 원금과 이자를 제때에 지불하지 못하거나 지연될 가능성이 있는 경우를 말한다.

셋째, (1) 채권 발행자가 채권자에게 새로운 채무나 채무 구조화 또는 새로운 패키지(증권, 현금, 자산 등)를 제시할 때, 그것이 본래의 지불 의무 금액보다 줄어드는 경우, (2) 교환의 결과 채권 발행자로 하여금 파산이나 지급 이행 불능을 허용하도록 만드는 경우이다.

[그림 7-2] 연도별 디폴트 수, 1970-2014

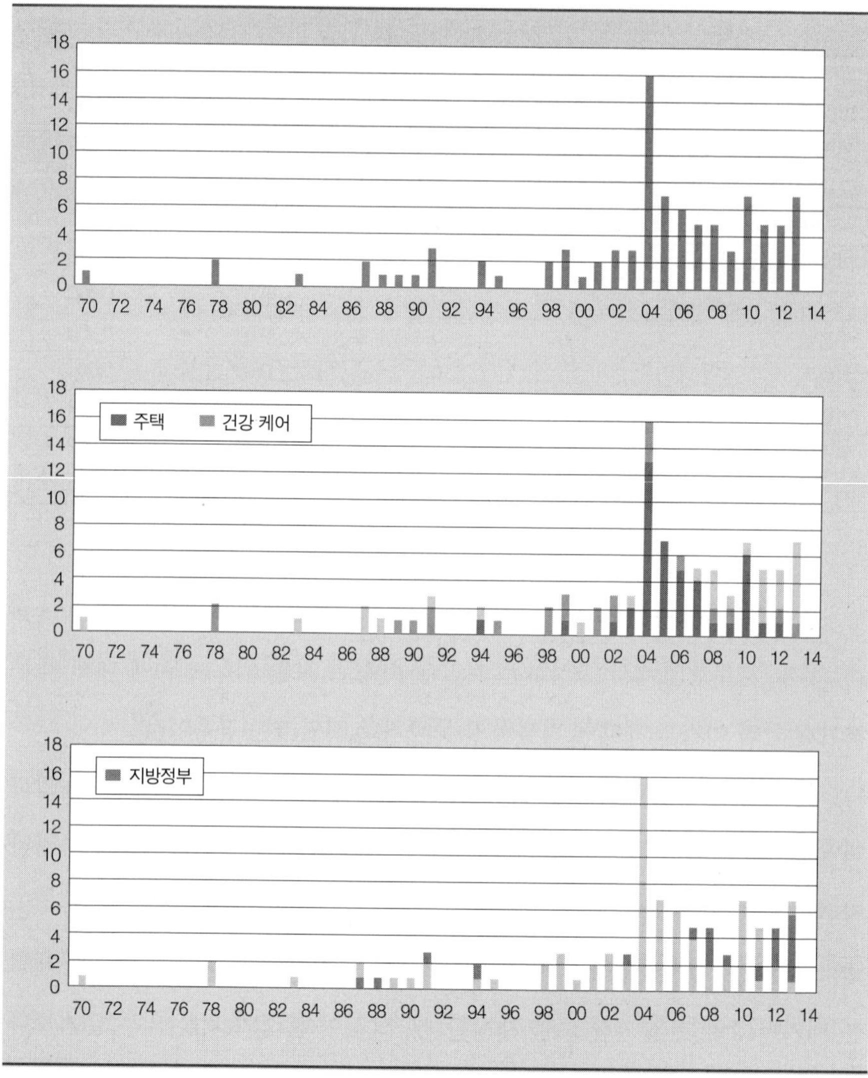

자료: Moody's(2015. 7), p. 12.

역사적으로 볼 때, 지방정부가 발행한 증권의 평균 누적 디폴트 비율(average cumulative default rates)은 동급 글로벌 기업의 평균 누적 디폴트 비율보다 낮았다. 1970-2012년 기간 중 무디스 사의 Aaa등급 지방채 증권의 10년 평균 디폴트 비율(average 10-year default rates)이 제로인 반면 같은 등급의 회사채(Moody's Aaa-rated corporate bonds)의 10년 평균 디폴트 비율은 0.48%로 조사되었다. 참고로 모든 지방채 증권을 대상으로 파악한 1년 평균 디폴트 비율은 0.01%인 데 비해 모든 회사채의 1년 평균 디폴트 비율은 1.61%로 나타나 양자 간에 현저한 격차가 있음이 확인되었다. 그리고 대다수 지방정부가 보유하는 신용평가 등급인 AA등급(double-A rating)을 기준으로 지방정부와 민간 기업의 증권 디폴트 비율을 비교하면, 항상 지방정부의 디폴트 비율이 크게 낮았다. 이는 지방정부 특히 일반목적 지방정부가 발행하는 채권이 부도 사태(채무 불이행 상태)에 처하는 경우가 극히 드물다는 것을 말해 준다. 그리고 같은 디폴트 상황에서도 지방정부의 채무 변제 회복률(recovery rate of payment)이 기업의 채무 변제 회복률보다 월등하게 높은 것으로 나타났다. 특히, 보증채무증권이나 특정 세목과 연계된 지방채 증권의 경우 채무 변제 회복률은 100%인 것으로 파악되었다.

현재 미국의 주정부와 지방정부는 지방채 원리금 상환을 재정 지출의 최우선에 두고 재정을 관리하고 있다. 실제로 많은 지방정부들이 채무 변제의 지출 우선순위를 법이나 조례로 정하고 있다. 이는 지방정부가 재정건전성에 중점을 두고 투자안전성을 보장해 줌으로써 지방채의 원활한 소화를 도모하는 데 그 의의가 있다. 이러한 사실을 종합해 볼 때, 지방정부는 여간해서 디폴트 상황에 빠져들지 않음을 확인할 수 있다.

[표 7-4] 누적 디폴트 비율: 미국의 기업과 도시의 비교

	미국 기업				미국 도시			
신용 등급	Year 1	Year 2	Year 3	Year 4	Year 1	Year 2	Year 3	Year 4
Aaa	0.00	0.00	0.00	0.00	0.00	0.00	0.00	0.00
Aa	0.00	0.00	0.00	0.00	0.00	0.00	0.00	0.00
A	0.00	0.00	0.00	0.00	0.00	0.02	0.02	0.02
Baa	0.03	0.05	0.05	0.05	0.04	0.06	0.12	0.12
Ba	0.00	0.04	0.18	0.83	0.04	0.56	1.47	1.53
B	0.36	1.35	2.38	3.77	2.77	5.92	10.36	11.31
Caa-C	8.17	15.96	22.21	27.02	11.93	17.80	19.58	19.58

주: Moody's가 2010년에 글로벌 신용 등급 기준을 재조정한 이후의 기간을 대상으로 분석한 결과임.
자료: Moody's(2015. 7).

한 가지 지적하고자 하는 사실은 디폴트가 선언되었던 지방채의 대부분이 일정한 기간이 경과한 후 투자자에게 전부 또는 일부 변제되었다는 점이다(NASBO 참조). 이는 디폴트를 선언한 지방정부가 항구적으로 존속하려면 지방채 발행이 반드시 필요한데, 과거의 불미스러운 사태를 어떤 형태로든 정리하지 않고서는 자본시장에서 신인도를 회복하기가 어렵기 때문인 것으로 풀이된다.

미국과 같은 신용사회에서 소위 '빚을 떼먹었다는 과거 전력'을 갖고서는 현재와 미래의 자본시장에서 자금을 융통하기 어렵다. 시장 원리가 통하는 냉정한 자본시장은 디폴트 경력이 있는 지방정부의 지방채에 대하여는 정상적인 시장채권 금리보다 크게 불리한 조건을 적용하거나 아예 도외시한다. 다시 말해서, 디폴트 경험이 있는 지방정부는 신용도가 양호한 지방정부에 비해 매우 높은 금융 비용을 부담하지 않고서는 자본시장에서 지방채를 소화시킬 수가 없다(이는 곧바로 지방재정의 예산 제약 요인으로 작용하고 재정 운용에 부담을 준다). 한

[표 7-5] 디폴트 지방채의 회복률, 1970-2014

번호	디폴트 채무자	디폴트 일자	지방정부 유형	채권 등급	최종 회복	디폴트 당시 등급 (3)	디폴트 1년 전 등급
5	Belfield (City), ND	1987. 4. 1	시(Cities)	GO(ULT)	원금 중 55%	Ba2	Baa2
6	Vanceburg (City), KY	1987. 12. 1	인프라(Infrastructure)	Revenue	100%	Caa2	Caa2
7	Baldwin County, AL	1988. 10. 1	카운티(Counties)	GO(LT)	100%	A1	A1
9	Choate (City) -Symmes Hospitals	1990. 1. 1	건강 보호(Health care)	Revenue	61%	Caa2	Baa1
12	Polk County, IA	1991. 12. 1	Counties	Lease Rental	100%	A2	A1
14	Orange County, CA	1994. 12. 6	Counties	Lease Rental	100%	A1	A1
29	Cicero Local Development Corporation	2003. 11. 1	Cities	Lease Rental	원금 중 10%	Ba2	Baa2
52	Jefferson (County) Sewer Enterprise, AL	2008. 4. 1	Infrastructure	Revenue	54%	Caa3	A3
53	Jefferson (County), AL	2008. 9. 15	Counties	GO(LT)	88%	Ba3	Aa2
56	Harrisburg (City)	2009. 6. 1	Cities	GO(ULT) and GO-guaranteed	75%	Baa2	Baa2
68	Southern California Logistics Airport Authority / the City of Victor Valley and Victorville Economic Development Authority	2011. 12. 1	Cities	Tax Allocation/ Increment	미정	B1	Ba2
70	Wenatchee (City), WA	2012. 6. 1	Cities	GO(LT)	100%	B2	A1
71	Stockton (City), CA(6)	2012. 6. 28	Cities	Lease Rental	50%	Caa3	Baa2
73	Oakdale (City) Sewer Enterprise	2012. 8. 31	Infrastructure	Revenue	93.5%	Baa1	A3
74	Jefferson (County), AL	2013. 1. 1	Counties	Lease Rental	100%	Ca	Caa2
76	Pontiac City School District, MI	2013. 5. 1	학교구(School District)	GO(LT)	100%	B2	B2
77	City of Detroit, MI	2013. 6. 14	Cities	Lease Rental	12%	Caa3	B2
78	City of Detroit, MI	2013. 7. 18	Cities	GO(ULT)	69%	Caa3	B3
79	City of Detroit, MI	2013. 7. 18	Cities	GO(LT)	41%	Ca	Caa1

주: 1) GO, Revenue, Lease Rental은 지방세를 담보로 하는 일반보증채권, 투자 사업 관련 수익을 담보로 하는 보증채권, 자산리스 수익 등을 담보로 하는 보증채권을 각각 의미한다; LT, ULT는 관련 담보 재원의 채무 변제 책임성이 '유한', '무한'한 것을 각각 의미한다.

2) 번호는 1970년 이후 발생한 지방채 디폴트 사례의 연도별 순서를 의미하며, 여기서는 필자가 생각할 때 중요한 의미가 있는 것을 주로 발췌하였다.

자료: Moody's(2015. 7).

번 떨어진 신용도는 디폴트 선언 지방정부가 재정 상태를 회복한다고 해서 곧바로 개선되지 않는다. 그 이유는 과거의 디폴트 경험과 연계된 위험도가 일종의 꼬리표로서 일정 기간 계속해서 지방채 발행 조건에 반영되기 때문이다. 그러므로 불가피하게 디폴트를 선언하였던 지방정부로서는 재정이 조금이라도 회복될 경우 어떻게 해서든 과거의 채무를 완전히 갚아 버리는 것이 자신의 영속성을 위한 최선의 전략적 선택이 된다.

참고로 미국의 주정부가 채무를 디폴트한 경우는 20세기 전체를 통틀어서 딱 한 번 있었다. 1933년에 아칸소(Arkansas)주에서 발생한 것이 유일한데, 아칸소주는 그 후 채권 소유자의 채무를 모두 변제하였다. 다시 말해서, 미국의 주정부가 디폴트하는 경우는 사실상 없다고 해도 무방하다.

이상에서 기술한 내용을 요약하면 다음과 같다.

(1) 미국의 지방정부 파산제도와 지방정부의 디폴트 선언은 다른 선진국에서는 찾아볼 수 없는 미국 고유의 시스템이다. 이는 매우 이례적이고 극단적인 상황에서만 활용되는 '최후의 정책선택 수단'이다.
(2) 지방정부가 재정 운영에 지방채를 적극적으로 활용하고 있는 상황에서 지방채 디폴트 사례가 극히 드물다는 사실은 미국의 지방채 시장이 매우 안전하고 튼튼한 자본시장(지방재정의 기간 재원 조달 수단)이면서 시장기구에 의해 자율적으로 관리 · 운영되고 있음을 의미한다.

[그림 7-3] 신용 등급 분포 비교: 2014년 말 기준 도시와 법인 발행

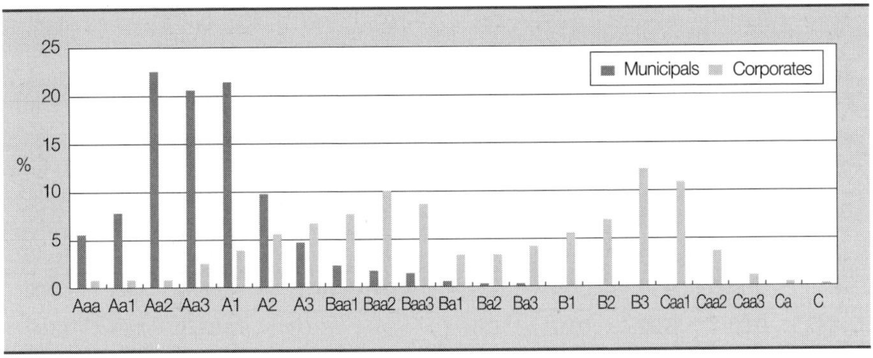

자료: Moody's(2015. 7).

[표 7-6] 1년 평균 신용 등급 전이 비율, 1970-2014: 도시 발행자

(단위: %)

전/후	Aaa	Aa	A	Baa	Ba	B	Caa-C	Default	Withdrawn
Aaa	94.71	1.59	0.15	0.04	0.01	0.00	0.00	0.00	3.50
Aa	0.42	95.58	1.46	0.04	0.01	0.00	0.00	0.00	2.48
A	0.03	1.73	92.95	0.68	0.07	0.01	0.00	0.00	4.52
Baa	0.02	0.04	1.61	91.16	0.58	0.06	0.01	0.01	6.51
Ba	0.05	0.07	0.47	4.45	82.23	3.01	0.55	0.27	8.89
B	0.00	0.12	0.63	1.73	4.00	79.05	4.70	2.83	6.94
Caa-C	0.00	0.00	0.27	0.77	1.51	2.34	74.70	7.40	13.01

자료: Moody's(2015. 7).

[표 7-7] 1년 신용 등급 전이 평균 비율, 1970-2014: 법인 발행자

(단위: %)

전/후	Aaa	Aa	A	Baa	Ba	B	Caa-C	Default	Withdrawn
Aaa	87.34	7.13	0.62	0.00	0.03	0.00	0.00	0.00	3.87
Aa	0.89	84.55	8.45	0.50	0.07	0.02	0.01	0.02	5.50
A	0.05	2.41	86.14	5.54	0.54	0.11	0.04	0.06	5.12
Baa	0.04	0.16	3.96	85.42	3.84	0.71	0.16	0.16	5.55
Ba	0.01	0.05	0.33	5.60	75.78	7.33	0.65	1.00	9.27
B	0.01	0.03	0.11	0.29	4.42	73.57	6.62	3.45	11.51
Caa-C	0.00	0.01	0.02	0.09	0.36	7.80	65.02	14.12	12.58

자료: Moody's(2015. 7).

[표 7-8] 1년 신용 등급 전이 평균 비율, 1970-2014: 지방정부의 일반보증채권 대 비일반보증채권

(단위: %)

전/후	Aaa	Aa	A	Baa	Ba	B	Caa-C	Default	Withdrawn
Non-General Obligation(비일반보증채권)									
Aaa	94.61	0.90	0.16	0.06	0.01	0.00	0.00	0.00	4.26
Aa	0.54	94.09	1.66	0.06	0.02	0.00	0.00	0.00	3.63
A	0.06	1.54	92.30	0.89	0.13	0.02	0.01	0.00	5.03
Baa	0.03	0.04	1.88	90.58	1.03	0.12	0.03	0.02	6.27
Ba	0.02	0.08	0.34	4.58	79.07	4.20	0.85	0.40	10.46
B	0.00	0.18	0.55	1.56	4.94	74.05	6.58	4.05	8.09
Caa-C	0.00	0.00	0.29	0.84	1.34	2.03	74.83	7.59	13.08
General Obligation(일반보증채권)									
Aaa	94.94	3.14	0.13	0.01	0.01	0.00	0.00	0.00	1.78
Aa	0.37	96.23	1.37	0.03	0.00	0.00	0.00	0.00	1.98
A	0.01	1.88	93.45	0.52	0.01	0.00	0.00	0.00	4.12
Baa	0.01	0.04	1.39	91.64	0.20	0.02	0.00	0.00	6.70
Ba	0.09	0.06	0.69	4.23	87.72	0.95	0.04	0.05	6.16
B	0.00	0.00	0.79	2.07	2.15	88.92	0.99	0.42	4.66
Caa-C	0.00	0.00	0.00	0.00	3.56	6.11	73.03	5.09	12.21

자료: Moody's(2015. 7).

3) 공무원 연금, 퇴직자 복지 지출과 지방재정 파산

(1) 공무원 연금과 퇴직자 복지 지출은 지방재정 위기의 화약고

디트로이트시를 포함하여 현재 미국의 많은 도시들이 직면하고 있는 재정 문제와 여건은 우리나라와 비교할 때 매우 다르다. 그 가운데 중요한 몇 가지를 거론하면, 지역경제의 장기 쇠퇴, 교외화(suburbanization) 현상과 도심 공동화(인구 · 세수 감소, 도심 시설 유지관리 비용 증가), 공무원 연금(pension), 공무원 노조의

영향력, 자본시장을 통한 지방채 자율 발행, 지방채 발행 관련 주민투표, 재산세의 기능 및 역할, 지방자치단체의 기능 및 사무 범위 등이다. 이 중에서 현재 주정부와 지방정부의 재정을 크게 위협하는 것은 단연 공무원 연금 및 퇴직자 복지 혜택과 관련된 재정 부담 문제이다.

미국 역사상 가장 큰 채무를 안고 재정파산을 한 디트로이트시의 경우 공무원 연금과 관련된 채무가 가장 큰 압박 요인 중 하나였다. 실제로 미국에서 채무 문제로 신음하거나 재정 운영상 큰 애로를 겪는 중대도시들 가운데 상당수가 공무원 연금 관련 채무에 발목이 잡혀 있는 형국이다(현재 눈덩이처럼 커져가는 공무원 연금 문제는 미국 지방재정의 핵폭탄과도 같다). 이러한 현상은 공무원 연금을 중앙정부가 전담하는 우리나라와 본질적으로 다르다.

우리나라와 달리 미국에서는 지방정부가 소속 공무원의 연금과 퇴직자 복지 혜택을 관장한다.[9] 미국의 주정부와 지방정부가 관리하는 공무원(고용자) 퇴직 시스템(state and local employee retirement system)은 연방정부의 자금 지원 없이 지방이 독자적으로 장기계획을 수립해서 관리하는 대규모 공공 자금이다. 공무원연금은 공무원이 재직시에 급여의 일부를 기여하고 지방정부가 그에 대해 일정 금액을 매칭해서 조성되는 신탁 자금이다. 공무원 퇴직연금은 퇴직 후 일시에 지불되지 않고 장기간에 걸쳐 분할 지급된다.

그런데 근년에 공무원의 연금 및 퇴직자 복지 혜택과 관련된 재정 문제가 지방재정을 압박하는 현상이 미국의 여러 곳에서 나타나고 있다. 실제로 지방

9 미국에서는 지방정부에 고용되어 근무하는 사람을 통칭하여 일반적으로 '피고용자'(employee)라고 표현한다. 피고용자의 성격은 다양한데, 이 책에서는 독자의 이해를 돕기 위해 편의상 우리 식의 '공무원'으로 표현하고 있다.

정부가 재정위기를 겪게 되는 배경에는 경기 변동이나 인구 · 사회 · 경제적 구조 변화와 같은 외부적 요인이 크게 작용하지만, 공무원 연금 · 복지와 관련된 채무와 적자의 누적과 같은 내부적 요인도 그 못지않게 크게 작용한다.

현재 미국의 많은 중 · 대도시들이 이러한 내부 요인으로 내홍을 겪고 있다. 하지만 평시에는 공무원 노조와 정치적 이유로 인해 사실상 그에 대한 과감한 해법을 마련하기가 어렵다. 그러나 파산이라는 극단적인 상황에 이르면 막대한 채무와 적자 문제를 해소하기 위해 과감한 개혁 조치를 단행해야만 한다. 이때 만일 연방파산법원이 지방정부의 파산 신청을 인정해 주고, 공무원 연금과 퇴직 공무원 복지 혜택에 대한 개혁 조치를 든든히 뒷받침해 준다면 이는 파산 신청 단체에 날개를 달아 주는 셈이 된다.

예를 들면, 2013년에 파산 보호 신청을 한 디트로이트시의 경우 일반채권자(지방채 증권 소유자)에 대한 채무도 막대하였지만, 공무원 연금 및 퇴직자 복지 혜택과 관련된 지불 의무(부채) 또한 어마어마하였다. 구체적으로 언급하면, 파산 신청 당시 디트로이트시는 퇴직 공무원 연금 관련 부채를 약 35억 달러(약 3조 6,000억 원)나 안고 있었다(퇴직 공무원 수는 현직 공무원 수에 비해 훨씬 많다). 이러한 상황에서 만일 디트로이트시가 내부적 요인인 공무원 연금과 복지 혜택 지출 부담을 줄일 수 있는 방안을 발견할 수 있다면 이는 시의 재정회생에 큰 원동력이 될 것이 분명하다.

이번에 디트로이트시는 공무원 연금 문제를 채무조정의 핵심 사안 중 하나로 부각시켰는데, 이는 미국 전역에 향후 공무원 연금 부담을 감축시킬 수 있는 중요한 단초를 제공하였다(이는 다른 (대)도시의 재정 부담 경감에 매우 중요한 선례로 작용할 가능성이 크다). 실제로 디트로이트시는 2013년에 연방법원에 파산을 신청하면서 공무원 연금과 퇴직자 복지 혜택 문제에 대해 대대적인 수술을 가하는 채무조정계획을 제시하였다.

당시 디트로이트시는 줄곧 공무원 연금 부담으로 인해 채무 문제가 심각한 상황에 이르렀다고 주장을 해온 반면 공무원 노동조합과 퇴직 공무원 등 이해당사자들은 법에 의해 보장된 공무원 연금은 결코 채무조정의 대상이 될 수 없다고 강하게 반발하였다. 아울러 공무원 노조 등은 재정위기 상황이라고 해서 연방파산법원이 법적 의무경비(entitlement)인 공무원 연금과 퇴직자 복지 혜택을 축소할 수 있도록 허용해 주는 것은 도저히 용납할 수 없는 처사라고 비난하였다.

실제로 재정파산 상태에서 공무원 연금과 퇴직자 복지 혜택을 조정하는 것이 과연 적법한 조치인지를 두고 사회 · 법리적 공방이 디트로이트 지역은 물론 미국 전역을 뜨겁게 달구었다. 이 문제는 앞으로 지방재정 위기가 발생할 때마다 계속해서 연방파산법원의 쟁점 사안이 될 가능성이 높다. 그리고 법원의 판단에 따라 도시재정 상태와 연금의 직접 수혜자인 퇴직 공무원의 노후생활이 막대한 영향을 받을 것으로 예상된다.

참고로 미국에서는 지방 공공단체(주정부, 지방정부 등)의 연금 지불 의무(pension obligation)에 대한 사항을 각 주가 헌법이나 법률로서 명확히 천명하고 있다. 주별로 차이가 있지만, 미국 전체로 볼 때 일부 연금 관련 지출(퇴직자 건강혜택 등)에 대하여는 통상 주정부가 경제 · 사회 · 재정 여건을 감안하여 일정한 범위에서 지원의 내용(지원 조건과 혜택)을 자유롭게 변경할 수 있도록 여지를 두고 있다. 디트로이트시가 속한 미시간주의 헌법은 공공 부문 근로자 연금(public-worker pensions)이 법적 보호 대상임을 명시하고 있다. 하지만 당시 디트로이트시의 재정 상태는 일부 법적 의무경비조차도 손을 대지 않으면 재정회생이 거의 불가능한 상태였다. 상황의 심각성을 인식한 디트로이트시는 부득이 공무원 연금과 퇴직자 복지 혜택 문제를 구조 개편의 대상에 포함시켰다.

2013년 12월 초에 발표된 연방파산법원의 판단은 디트로이트시의 손을 들어 주었다. 이는 연방파산법원이 디트로이트시에 재정회생을 도와주는 엄청난 선물을 준 것이다. 반면에 연금과 퇴직 복지 혜택을 받는 공무원들에게는 일종의 날벼락과 같은 충격이었다. 이는 한 걸음 더 나아가 심각한 재정압박이나 재정위기 상황에 내몰린 미국의 다른 지방정부에게도 재정회생의 새로운 물꼬를 터준 일종의 분수령적인 판시로 평가된다. 사실, 디트로이트시가 파산 신청을 하면서 채무조정계획 속에 공무원 연금 문제와 퇴직자 복지 수당을 조정하는 내용을 포함시켰다는 소식이 외부에 알려지자 이는 순식간에 미국 전체 지방정부의 최고 관심사로 떠올랐다.

현재 주정부와 지방정부의 연금재정 및 퇴직자 복지 혜택 재정 문제는 재정건전성을 위협하는 일종의 화약고이다. 이러한 현상이 나타난 가장 큰 원인은 세계적으로 저금리 시대가 도래하면서 연기금의 수익률이 크게 떨어진 점, 과다한 혜택, 그리고 일부 지방정부의 역량 부족 및 부실한 재정 관리에 있다.

(2) 공무원 연금의 재정 기능: 연금 기능, 재정수지 조절, 경기 완충 등

미국의 공무원 연금재정은 그 규모가 방대하여 연금의 본연적 기능 외에 재정의 수입과 지출을 조절하고 경기 변동을 완충하는 순기능을 담당해 왔다. 2013년 현재 지방의 퇴직 공무원 연금을 관리하는 연금신탁(pension trusts)의 규모는 약 3조 달러이며(우리 돈으로 3,000조 원을 넘어섬), 매년 약 2,000억 달러 정도의 지방공무원 연금 자금이 연금신탁을 통해 시중에 뿌려진다. 이는 연금 수혜자의 소비 행위를 통해 지역경제와 지방재정으로 흡수된다. 다시 말해서, 지방공무원 연금은 지역경제에 활력소가 될 뿐 아니라 경기 불황시 경제를 안정화시키는 중요한 역할을 한다(연금신탁 자금이 지역의 경제위기 극복에 큰 역할을 하는 것은 여러 차례 입증된 바이다). 그리고 공무원 연금은 지방정부의 세수 증가에도 적지 않게 기여한다. 한 연구 결과에 의하면 공무원 연금은 다양한 경로를 통해 연간 연방세수에 약 734억 달러, 그리고 지방세수(주정부, 지방정부)에 약 597억 달러를 기여하는 것으로 분석되고 있다. 요약하면, 지방공무원 연금은 본연의 연금 기능은 물론 지역경제 활성화, 경기안정화, 세수 및 재정 확충 분야에 걸쳐 중요한 역할을 담당한다.

그러나 지방공무원 연금이 재원 부족 현상(수지 불균형 현상)을 겪을 경우 이는 지방재정의 아킬레스건으로 작용한다. 그 이유는 공무원 연금재정과 일반재정 간에 자금 교류(전 · 출입)가 많기 때문이다. 예컨대, 연금재정이 투자 수익을 제대로 내지 못할 경우 두 재정 모두가 어려워지는 것이 현재의 구조이다. 이러한 구조적 특성으로 인해 지방정부는 공무원연금제도를 통해 덕을 보기도 하지만(연금 재원의 적정 활용을 통한 수익 창출 및 재원 조달 등) 때로 큰 부담을 갖게 된다. 그러므로 공무원 연금과 같은 대규모 펀드는 중장기적으로 수지 흑자와 적정 투자수익률을 지속적으로 확보하는 것이 무엇보다도 중요하다.

미국 지방정부의 연금재정: 아킬레스건인가?

미국 전체를 거시적으로 관망한다면, 현재의 연금 보유 자산으로 현재의 연금 부담을 충당하는 데는 큰 어려움이 없어 보인다. 하지만 지금과 같은 상황이 지속될 경우 중장기적으로 연금재정이 결코 순탄한 경로를 걷지 못할 것으로 전망된다. 이는 지방재정의 건전성을 훼손하는 아킬레스건으로 작용할 수 있다. 물론 미래 전망을 좌우하는 결정적인 영향요인은 미래의 경제 상황이다. 만일 미국의 경기가 중장기적으로 지속 가능한 성장 경로를 걷게 된다면, 연금재정 문제는 해결이 가능하고 연금재정 충격은 제한적이거나 일시적 현상에 머무를 것이다. 그러나 예컨대, 과거에 있었던 대공황(Great Depression)이나 증권시장 대폭락 사태와 같은 심각한 외부적 충격이 발생한다면, 연금재정은 투자손실에 재정적자가 겹치면서 최악의 재정 상황을 초래하는 화약고가 될 수도 있다.

미국 대도시의 연금부채 문제

미국의 주요 대도시들은 대부분 막대한 규모의 연금부채를 안고 있다. 그 중에서도 재정건전성 면에서 연금부채가 재정위기를 초래할 위험성이 가장 높은 도시로는 시카고(Chicago)가 손꼽힌다. 그 이유는 시카고시의 연금부채는 재정 수입의 무려 10배 이상이 되기 때문이다. 그 다음으로는 잭슨빌(Jacksonville: 연금부채 재정 수입의 7.3배)과 휴스턴(Houston: 연금부채 재정 수입의 7.1배)이 지적되고 있고, 그 외에 로스앤젤레스(Los Angeles), 애틀랜타(Atlanta), 샌프란시스코(San Francisco), 필라델피아(Philadelphia), 볼티모어(Baltimore) 등도 상당히 위험한 수위에 놓인 것으로 간주되고 있다. 연금 규모 면에서는 뉴욕시가 1,800억 달러(우리 돈으로 약 200조 원이며, 뉴욕시 예산의 약 3배에 해당함)로 단연 으뜸이지만, 뉴욕시는 재정 규모나 역량이 워낙 막강해서 큰 위험성이 없다는 것이 중론이다. 하지만 시카고시의 연금부채 722억 달러는 시 예산의 10배를 넘을 뿐 아니라 각종 재정역량 및 관리 시스템을 미루어 보아 많은 사람들이 위험한 것으로 평가하고 있다(Watchdog.org, 2015. 7. 22, “Houston’s debt passes Detroit’s”).

그런데 최근 몇 년 동안 미국의 지방공무원 연금 및 퇴직자 복지 혜택과 연관된 재원 조달 시스템에 상당한 변화가 일어났다. 그 중에서 특히 중요한 재정 문제로 부상되고 있는 것이 소위 ‘자금 없는 연금부채’(unfunded pension liabilities)와

'자금 없는 퇴직자 건강 혜택'(unfunded retiree health benefits), 그리고 자금 지원 부족 문제(under-funding problem)이다. 한마디로, 지방공무원의 연금 및 퇴직자 복지 전선에 이상이 생긴 것이다.

이러한 현상이 나타나면서 현재 미국의 상당수 지방정부들이 공무원 연금 및 퇴직자 복지 혜택과 관련된 지출로 심각한 재정압박을 받고 있다. 가장 큰 원인은 전무후무하게 낮은 저금리에 있다. 전에 없던 저금리 시대가 도래하면서 공무원 연금은 계속해서 수익을 창출하여 재정에 큰 도움을 주던 과거의 화려한 영광을 뒤로하고 재정에 부담을 주는 천덕꾸러기 존재로 전락하였다. 그뿐 아니라 연금 수익(률) 감소에 더해 글로벌 금융위기와 장기불황 여파에 따른 연금수지 적자 확대(이 경우 지방재정에서 연금수지의 일부를 보전해야 함), 지방세수 감소, 의료 및 복지재정 관련 비용 인상 등의 요인이 가세하면서 공무원 연금재정 자체는 물론 주정부와 지방정부의 재정이 크게 악화되는 현상이 나타났다.

현 시점에서 볼 때, 지방공무원 연금 문제와 퇴직자 복지 혜택 지출 문제는 미국 지방재정의 중장기 재정건전성과 지속 가능성에 중요한 영향을 미치는 요인이 될 것으로 전망된다. 이는 연금 운영의 압박을 받고 있는 다수의 주정부와 지방정부들이 근년에 관련 지출을 조정하는 정책을 추진한 사실이 뒷받침해 준다. 구체적으로, 2009-2011년 기간 중에 43개 주가 지방공무원의 연금 혜택 수준과 기여율 구조 등에 일부 조정을 가하였고(연금 계획을 수정하여 연금 계획 비용과 자금 지원 없는 부채 중 하나 또는 양자 모두를 삭감하는 조치를 취하였음), 이는 곧바로 지방정부에 비슷한 영향을 미쳤다.

그런데 이와 같은 비관적 예상과 달리 지방공무원 연금 및 퇴직자 복지 혜택과 관련된 재정 지출이 생각만큼 비관적이지 않다는 일부 견해도 있다. 그 핵심은 공무원 연금과 퇴직자 복지재정의 절대 규모는 매우 크지만, 그것이 주정부와 지방정부의 재정에서 차지하는 비중이 상대적으로 크지 않다는 사실에 근거한다. 대체로 추정해서 퇴직제도(retirement systems)에 들어가는 주정부와 지방정부의 재정 기여분(예산 지출)은 약 4% 정도인데, 이는 극단적 상황에서도 충분히 감당할 만하다는 것이 낙관론자의 주장이다. 하지만 이는 전국 평균 통계이고, 지역별 · 지방정부별로는 상황과 여건이 크게 다른 점을 상기할 필요가 있다. 비록 전국적으로는 관리가 가능한 수준일지 모르지만, 지역에 따라서는 공무원 연금 및 복지 관련 지출이 지방재정의 위기를 촉발할 수 있는 결정적인 내부 요인이 될 수 있다. 미국 전체적으로 공무원 연금 및 퇴직자 복지재정 문제가 해소되려면 무엇보다도 (1) 경기 회복(경제 성장)에 따른 재정 확충, (2) 연기금 수익 확대(이자율 상승, 양호한 국내외 투자 대상 확대 등), (3) 지속 가능한 적정 연금 혜택 패키지 구축이 이루어져야 한다.

4) 지방정부는 파산할 수 있으나 주정부는 파산할 수 없다

미합중국 연방법은 지방정부와 달리 주정부의 파산 신청은 허용하지 않는다. 즉, 주정부는 법적으로 파산할 수가 없다. 현재 지방정부의 파산을 다루는 연방파산법(Chapter 9)은 주정부에는 적용되지 않는다. 주정부가 파산 기제를 활용할 수 없는 이유는 주정부는 실질적으로 연방정부와 대등한 수준의 권한과 역할을 지니는 '주권 보유 주체'라는 인식에 근거한다. 논리적 연장선상에서 주정부는 주헌법에 의해 창조되는 지방정부 법인체와는 존재 양식이 근본적으로 다르다는 개념적 인식도 그 저변에 깔려 있다. 다시 말해서, 법인체는 파산이 가능하지만, 주권 주체인 연방정부와 주정부는 법적 선택 사양인 파산 기제의 적용이 불가능하다는 논리이다.

글로벌 금융위기 이후 캘리포니아주를 비롯한 일부 주의 재정 문제가 심각해지자 미국 의회를 중심으로 주정부도 파산 신청을 할 수 있도록 주에 선제적 권한(preemptive authority)을 부여하는 입법 조치를 취할 필요가 있다는 주장이 제기되었다. 하지만 이러한 주장은 법인체인 지방정부와 달리 주권 보유 주체인 주정부는 파산 대상이 될 수 없다는 강한 다수설에 의해 설 자리를 찾지 못하였다. 이를 실질적으로 뒷받침해 주는 논리적 · 현실적 근거로서 다음이 지적되고 있다.

(1) 주정부는 지방정부와 달리 주민에게 과세를 부과할 수 있는 막강한 과세권(taxing power)을 보유하고 있다.
(2) 주정부는 주헌법(또는 주법)에 의해 반드시 균형예산(balanced budget)을 준수해야 한다.

첫 번째 근거는 재정 문제가 심각할 경우 주정부는 언제든지 과감한 증세를 통해 재정 문제를 해결할 수 있는 수단적 장치, 즉 통로가 있음을 강조한다. 그리고 두 번째 근거는 매년(또는 주에 따라서는 격년 단위) 예산을 수립할 때 반드시 수입과 지출을 일치시켜야 하는 강력한 균형예산 기제가 작동하기 때문에 심각한 재정위기 상황이 발생할 수 없음을 강조한다. 한마디로, 외부로부터의 엄청난 경제적 충격이나 극단적인 정치 · 사회적 혼란 상황이 발생하지 않는 한 주정부가 재정위기나 재정파산에 빠지는 것은 사실상 불가능하다는 의미이다.

실제로 미국의 많은 주들이 글로벌 금융위기의 여파로 재정 문제가 심각해졌을 때, 각종 세금을 인상하는 세입 강화 조치와 지출을 삭감하는 감축경영 조치를 통해 재정 문제를 완화시켜 나갔다. 아울러 다수의 주들이 경기 불황을 대비해 장기간 비축해 온 재정안정화기금(fiscal stabilization fund)을 적극적으로 활용한 것도 글로벌 금융위기의 파고를 헤쳐 나가는 데 큰 도움이 되었다.

그 밖에도 주정부에 파산 보호 신청의 문호를 열어 줄 경우 그로 인한 사회 · 경제 · 정치적 파급 효과가 긍정적인 것보다 부정적인 것이 더 많이 나타날 것으로 예상되어 제도 도입의 실익이 없음을 강조한다(NASBO, 2014). 구체적으로, 이자율 상승, 투자자와 시장의 혼란 초래, 주정부 행정 비용 상승, 금융시장의 취약성과 불확실성 유발, 그리고 미국 수정헌법 제10조가 보장하는 '주의 주권'(state sovereignty) 침해 등 심각한 부작용이 초래될 수 있다는 것이 논지의 핵심이다. 이러한 이유를 근거로 2013년에 NGA를 중심으로 주정부의 파산 보호 신청을 허용하는 미국 의회의 어떠한 입법 조치에 대하여도 반대한다는 입장이 확고하게 천명되었다. 그 후 최근에 미국 경제가 견조한 회복세를 보이고 주의 재정 상태가 크게 개선되는 조짐을 보이자 주정부 파산제도에 대한 논의는 사실상 자취를 감추었다.

지방정부 파산과 연방파산법 제9장(Chapter 9) 요약

□ 미국의 지방정부 파산제도는 선진국 중에서 유일하며, 연방법에 의해 주정부는 파산을 선언(신청)할 수 없고 지방정부도 자신의 결단에 의해 임의로 파산을 선언할 수 없음.
- 일반적으로 지방정부는 주정부 등으로부터 구제금융(bailout)과 같은 파격적인 위기 해결 대안을 보장 받을 수 없을 때 최후의 수단으로 파산제도에 의존함.
- 지방정부가 주정부 협의를 거쳐 파산을 신청하더라도 연방파산법원이 이를 수용한다는 보장은 없음.

□ 지방정부가 극단적인 재정위기 상황(지급 불능 등 재정파탄 상황)에 놓일 경우 일정한 법적 요건(적격성)을 구비하면 해당 지방정부는 연방파산법(Federal Bankruptcy Law) 제9장('Chapter nine'이라고 함)에 근거하여 파산을 신청할 수 있음.
- Chapter 9은 연방파산법의 일부이며, 민간 부문 파산을 다루는 Chapter 7(기업), Chapter 11(개인)과 다름.

□ Chapter 9은 재정파탄에 이른 지방정부가 극단적 상황(지급 불능, 주요 행정 서비스 마비)에 내몰리지 않도록 채무 상황을 조정해 줌으로써 지방정부를 채무 변제의 압박으로부터 보호하고 재정건전성을 회복하는 재정구제(fiscal relief)에 그 목적이 있음.
- 채무조정이란 지방정부가 안고 있는 채무의 규모, 지급 시기와 방법, 각종 상환 조건(기간, 이자율 등)을 조정하는 것을 의미함.

□ 현재 26개 주정부가 지방정부의 Chapter 9 신청을 허용하는 주헌법을 제정하고 있고, 그 외의 주는 관련 법률을 제정하지 않고 있음.
- 매우 예외적으로 조지아주는 법률에 의해 명시적으로 지방정부의 파산신청제도를 인정하지 않고 있음 .

□ 역사적으로 지방정부가 파산제도를 활용한 경우는 매우 소수이며, 특히 일반 지방정부가 파산 신청을 하거나 파산한 사례는 극소수임(이는 미국의 지방정부가 약 8만 9,000개임을 감안할 때 그러함).
- 1937년에 지방정부 파산제도가 도입된 이후 약 700개 단체가 파산을 하였는데, 그 중 대다수가 일반지방정부가 아닌 특별지방정부임(2010년 이후 36개 단체가 파산하였음).

□ Chapter 9 신청은 지방정부가 자발적으로 신청할 수 있지만, 신청 시점에서 최소한 다음의 기본 요건을 갖추어야 신청이 가능함: (1) 신청 기관이 지방정부(municipalities), (2) 사전에 관련 주법(applicable State law)에 의한 절차의 이행과 승인 확보, (3) 신청 당시 연방파산법이 정의하는 지급 불능(insolvency) 상태 입증, (4) 채무조정계획을 효과적이고 충실히 이행하고자 하는 의지 표명(입증), (5) 채권자 관련 조건(세 가지) 이행.

□ 지방정부가 파산을 선언하고 연방파산법원에 파산 신청을 하였으나 그것이 연방법원에 의해 기각될 경우, 대외 신인도에 치명적인 손상을 안게 됨.
- 파산 신청 등 관련 절차를 진행하는 과정에서는 막대한 법적 비용과 희생이 뒤따름.
- 파산 신청은 막대한 위험성을 내포하는 정치적 결단임.

□ 파산 신청이 접수되면 연방파산법원은 채권자와 파산 신청 지방정부 간에 합의조정을 유도하며, 이때 연방판사는 파산 신청의 법적 조건과 상황 및 여건을 종합적으로 검토한 후 최종적으로 파산 신청의 수용 여부를 결정함(적격성 판단 선언).
- 적격성 인정 후 채무조정, 파산회복계획 승인, 파산 탈출 진행

Chapter 8

지방재정 위기에 대한 주정부의 대응: 직접 · 간접 규제와 개입

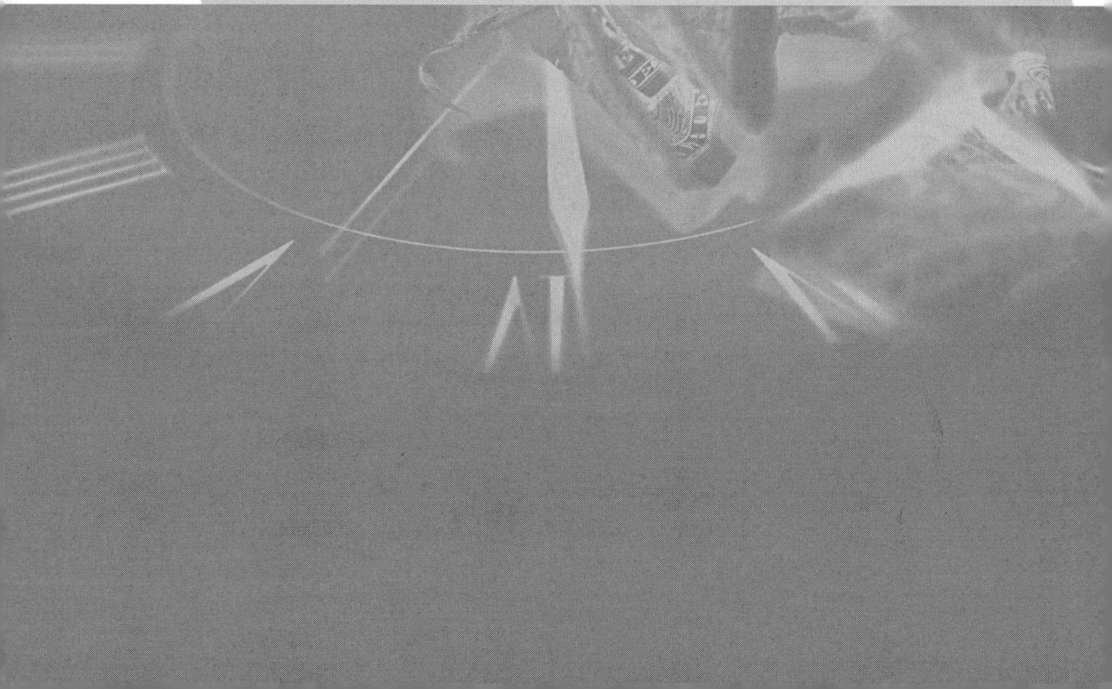

1. 서론

앞서 기술한 바와 같이, 미국의 지방정부는 대부분 지방세 과세권(taxing power)과 함께 기채자율권 및 지출 결정 권한(spending power)을 보유하고 있어서 상당한 수준의 재정적 자율성과 독립성을 향유한다. 이는 우리나라와 일본 그리고 다수 유럽의 지방정부가 과세권을 크게 제한 받고, 지방채를 임의로 발행할 수 없는 것(중앙정부의 지방채 발행 통제)과는 크게 다르다. 그럼에도 불구하고 미국의 지방정부는 주로부터 거시적이고 포괄적인 재정 관리와 감독을 받는 등 재정자율성에 기본 제약을 갖는다.

미국의 주정부는 지방재정을 거시적으로 관리 · 감독하는 것을 일종의 기본적 권한과 책무로 간주한다. 그것은 지방정부가 주헌법에 의해 존재하고 비록 높은 수준의 자치권을 향유하지만, 정부 간 관계(intergovernmental relations)에 있어서 주정부의 지원과 규제를 받는 대상이기 때문이다. 그 연장선상에서 주정부는 지방정부가 재정건전성에 심각한 문제를 보일 경우, 지나치게 과도한 수입을 확보하고 지출을 할 경우, 정상적인 공공 서비스 공급 기능에 큰 문제가 있을 경우, 그리고 파산 보호 신청을 할 경우 등 심각한 상황이 발생할 때마다 지방재정에 강력히 개입하고 규제한다. 다만, 주정부의 개입 수준과 역할은 상황과 지역에 따라 다르다.

주정부의 지방재정 관리 방식은 크게 두 형태로 구분될 수 있다. 하나는 각종 재정규율과 조세 지출 제한(TELs)에 의한 간접적 개입 방식이고(관련 법규 위반 시 직접 · 간접적 제약과 개입이 이루어짐), 또 다른 하나는 심각한 재정 문제나 재정

1994년도 연방파산법(Chapter 9) 개정

1994년 미국 의회는 지방정부의 파산 보호 신청에 관한 절차와 조건에 일대 변화를 가하는 입법 조치를 하였다. 그 발단은 코네티컷(Connecticut)주와 그에 속하는 브리지포트(Bridgeport)시 간의 파산 보호 신청을 둘러싼 첨예한 갈등과 대립이었다. 당시 코네티컷주는 브리지포트시의 파산 보호 신청을 강하게 제지하였지만, 브리지포트시는 끝내 그것을 뿌리치고 연방파산법원에 파산 보호 신청을 하였다. 파산 신청 당시 브리지포트시는 약 450건의 소송 사건에 연루되어 있었고, 노동조합과의 협약 이행을 거부한 상태였다. 브리지포트시의 파산 보호 신청에 대해 주정부는 브리지포트시가 주법에 의한 파산 보호 신청 권한을 적법하게 부여 받지 못했다고 주장하였다(즉, 주는 시가 주로부터 파산 보호 신청에 관한 '구체적 승인'을 받지 못했다고 주장하였다). 이에 대해 브리지포트시는 주법이 허용하는 '일반적 승인' 조건을 충실히 이행하였다고 반박하였다.

이 문제를 둘러싸고 크고 작은 논쟁이 있었지만, 결국 연방파산법원은 주정부가 시의 파산 보호 신청에 대해 '일반적 승인'을 해준 것으로 인정하였다. 하지만 연방파산법원은 브리지포트시가 채무이행불능 조건(insolvency conditions)을 충족하지 못한 것으로 판단하여 최종적으로 시의 파산 보호 신청을 기각하였다.

브리지포트시의 사례를 계기로 연방파산법에 중대한 변화가 생겨났다. 그 핵심은 지방정부가 연방법원에 파산 보호를 신청하고자 할 경우 관할 주정부로부터 그와 관련된 '구체적인 법적 승인'(a specific authorization in law)을 받도록 한 것이다(11U.S.C.§109(c)). 이는 그 후 각 주의 관련 법제도에 영향을 미쳤다. 예를 들어, 미시간주의 경우 1990년에 제정된 PA 72가 구체적인 법적 승인 권한 문제를 다루고 있고, 펜실베이니아주의 경우 Act 47이 그것을 명시하고 있다. 미시간주의 PA 72에 의하면 파산 보호 신청에 대한 승인 권한은 주지사가 임명하는 긴급재정관리관에게 주어진다(다만, 그 권한은 긴급지방재정지원대부(융자)위원회(Local Emergency Financial Assistance Loan Board)가 60일 이내에 승인을 거부할 수 있는 권한에 의해 제한을 받는다). 다시 말해서, 지방정부의 파산 보호 신청을 강하게 규제하는 미시간주에서는 이러한 법적 장치(구체적 조건에 대한 승인)를 경유하지 않고서는 지방정부가 직접 연방파산법원에 파산 보호 신청을 할 수 없다.

1994년도 연방파산법 개정과 견해를 달리하는 소수 의견도 적지 않다. 그 핵심은 주헌법에 의해 지역주민의 건강과 복지를 담당하는 일반적 기능과 권한이 지방정부에 부여되어 있음을 인식할 때, 재정위기 상황에서 파산 신청의 최종 판단을 주정부가 결정하는 것은 불합리하다는 주장이다.

위기 상황이 발생했을 때 재정 운영에 직접 개입하는 방식이다. 통상 지방정부가 재정을 부실하게 운영하거나 인구 · 사회 · 경제적 구조 변화로 인해 재정이 심각한 상황에 처할 경우(통상 파산 직전 단계임), 그리고 지방정부가 파산 보호 신청을 시도하는 경우 주가 직접 개입한다. 주의 지방재정에 대한 개입은 반드시 주의 헌법이나 법률에 의해 뒷받침되어야 한다. 주의 지방재정에 대한 간접적 관리에 대하여는 앞서 기술하였으므로 여기서는 직접적 관리를 중심으로 기술하고자 한다.

2. 주의 지방재정 개입: 개요

1) 소극적 개입과 적극적 개입

일반적으로 주정부는 평시에는 지방정부의 재정 활동에 개입하지 않고 법이 규정하는 자치권을 충실히 보장해 준다. 하지만 일단 지방재정에 심각한 문제가 발생하거나 위기 징후가 나타나면 주법에 의해 지방정부의 행정 · 재정에 적극적으로 관여한다. 여기에는 법적 · 경제적 · 정치적 접근 방식 등 여러 가지가 있다. 구체적인 관리 · 감독 방식은 주마다 다르고, 재정 문제의 특성과 유형 등 사안에 따라 차이가 난다. 대체로 말해서, 주정부의 지방재정 관여는 재정위기 이전 단계에서는 거시적이고 간접적인 형태의 감시 · 감독을 하는 경향이 있고, 재정위기 발생 단계부터는 미시적이고 직접적인 형태의 관여를 하는 경향이 있다.

지방정부의 재정 상황과 문제를 사전에 파악하고 사후에 대응하는 접근 방식도 주에 따라 다르다. 현재 상당수의 주들이 소속 지방정부의 재정 상황을 사전에 주기적으로 모니터링하면서 객관적 기준(지표, 지수 등)을 적용하여 재정 상태를 점검한다. 이 과정에서 문제가 발견될 경우 그에 대해 체계적으로 대응하는 사후 정책 조치를 갖고 있다. 하지만 일부 주는 지방재정에 대한 사전 모니터링 시스템이나 사후 대응 방안 등 체계적인 지방재정 관리 프로그램을 갖고 있지 않다. 현재 10여 개 주에서는 지방정부의 재정압박(fiscal stress)을 간파하고 관리하는 기법을 법으로 명시하고 있다. 그 밖의 주들은 재정 문제가 발생할 때마다 그 상황과 특성(ad hoc basis)에 따라 적절히 대응해 나가는 관리 체제를 운영하고 있다.

하지만 지방재정이 압박 상태를 넘어 심각한 재정위기 단계나 파산 보호 신청 상황에 이르면 지방재정에 대한 주정부의 개입은 완전히 다른 국면으로 전환된다. 이에 대하여는 뒤에서 자세히 설명되지만, 통상 파산 신청을 저지하려는 주정부와 파산 보호 신청을 하려는 지방정부 간에 팽팽한 갈등과 긴장 관계가 고조된다. 이때 상황의 강도는 재정위기의 특성과 주의 지방재정 파산제도에 대한 인식 및 법규에 따라 크게 다르다. 예를 들어, 주정부의 소극적 개입(주법의 조건 이행 추진)에서부터 법과 행정 · 재정 및 정치적 권한을 총동원하여 끝까지 파산 보호 신청을 저지하는 적극적 개입에 이르기까지 다양하다.

주정부의 직접적 지방재정 관여와 지방정부 파산제도의 상호 유용성에 대해 간단히 비교 설명하면 다음과 같다.

지방정부 파산제도는 지방정부의 채무 문제를 완전히 해결해 주는 제도적 장치나 처방은 아니다. 하지만 채무 규모가 워낙 커서 지방정부가 도저히 감당이 불가능한 것으로 판단될 경우 지방정부 파산제도는 사실상 유력한(아마도 유일한) 탈출구가 된다. 그러나 이보다 낮은 단계의 재정위기 상황에서는 주정부가 적극적으로 나서서 지방재정을 관리 · 감독하는 제도(state oversight)가 보다 효과적이고 실질적일 수 있다. 파산 경로를 채택할 경우 연방파산법원은 채무 탕감 등 파격적인 채무조정은 실시하지만, 지방정부의 서비스 공급이나 조직 재구조화 그리고 각종 정책의 의사결정에는 개입할 수 없다. 하지만 주정부가 지방자치단체의 재정을 직접 관리 · 감독하는 체제에서는 그것이 가능하다. 이는 다시 말해서, 주정부가 개입할 경우 연방파산법원의 개입에 비해 보다 지역 실정에 맞는 효과적인 구조조정이 이루어질 수 있는 장점이 있다. 다만, 주정부의 직접적 개입은 지방정부의 채무 문제를 본질적으로 타개해 줄 수 없는 기본 한계가 있다. 이는 특정 지방정부가 대규모 채무로 재정위기에 처했을 경우 주의 직접적 재정 개입이 사실상 큰 효과를 발휘할 수 없음을 시사한다.

대부분의 중 · 소도시들은 주정부의 직접적 관여를 통해 재정건전성을 회복하는 경향을 보인다. 그것은 주정부의 재정 지원과 함께 강력한 세입 · 세출 구조조정 및 자구 노력이 동시에 추진되면서 재정회복의 불씨가 살아나기 때문이다. 하지만 인구와 재정 규모가 큰 중 · 대도시들의 경우 주정부의 직접 개입에도 불구하고 재정 상황이 개선되지 않거나 오히려 악화되는 현상이 나타나기도 한다. 가장 큰 이유는 주정부가 지방정부의 채무 상황을 결정적으로 개선시켜 줄 수 있는 법적 수단과 제도적 장치를 보유하지 못하기 때문이다.

특히, 채무의 덩치가 워낙 큰 경우에는 주정부의 보조금 지원이나 지방정부의 자구 노력과 구조조정을 통해 채무 문제를 근본적으로 해소하는 것이 사실상 불가능하다. 이 경우 지방정부는 연방파산법 Chapter 9에 의한 파산 신청을 적극적으로 검토하고 시도한다. 이때 상황에 따라 주정부와 지방정부 간에 심각한 갈등과 마찰이 빚어진다. 앞서 언급한 바와 같이, 주정부는 가능한 소속 지방정부가 파산 신청을 하지 않도록 유도하지만 많은 경우 지방정부는 그와 입장을 달리한다.

2) 재정위기의 원인과 정도에 따라 주정부의 대응 방식도 다르다

지방재정 위기가 발생하는 원인은 크게 외부적 요인과 내부적 요인으로 구분된다. 전자는 경기 변동에 따른 충격, 글로벌 금융위기 · 오일 쇼크, 투자 손실, 장기 경제 쇠퇴, 지역의 인구 및 산업 구조 변화, 자연재해 등 지방정부가 통제할 수 없는 요인을 의미한다. 후자는 지방정부가 통제할 수 있는 것으로 구조적 재정적자, 부실한 재정 관리, 부정 · 부패, 내부 예산회계제도 낙후 문제 등이 포함된다. 외부적 요인에 의한 재정위기는 특정 지역에 국한되지 않고 보편적으로 발생하고, 내부적 요인에 의한 재정위기는 지역의 특수한 환경 내지 사정과 결부되어 발생한다. 현상적으로 관측할 때, 재정위기의 발생 원인이 보편적 · 구조적인 것인지 아니면 특수하고 비구조적인 것인지에 따라 주정부의 대응 방안과 강도가 달라진다. 역사적으로 보면, 재정위기는 두 요인이 분리되어 작용하기보다 복합적으로 작용해서 발생하는 경우가 더 많았다. 이에 대하여는 제10장에서 자세히 다루고 있다.

대체로 말해서, 지방정부의 행정 · 재정 활동에 큰 영향을 미치는 구조적 요인에 의한 재정위기에 대하여는 주정부가 직접적이고 강하게 개입하는 경향이 있다. 그 이유는 이러한 재정위기는 해당 단체뿐 아니라 다른 지방정부에서도 공통적으로 발생할 가능성이 있고, 또한 파급 효과가 커서 주 전체의 신용도 하락과 공채 발행 비용을 상승시킬 가능성이 있기 때문이다. 로드아일랜드(Rhode Island)주가 센트럴 폴즈(Central Falls)시의 재정위기에 신속히 개입했던 것도 다름 아닌 이러한 이유에서였다. 당시 센트럴 폴즈시는 오랜 경기 침체로 재정 상황이 피폐하였고(공무원 연금, 공무원 복지 혜택 및 퇴직자 혜택과 관련된 대규모 적자 누적), 사실상 파산 직전이었다. 문제의 심각성을 인지한 로드아일랜드주는 적극적으로 나서서 도시 재정의 회생을 도모하는 각종 조치를 취하였다.

3) 지역별로 상이한 긴급 재정 상황에 대한 주정부 접근

대부분의 주는 지방정부가 심각한 재정부실 상황을 노정하거나 재정위기를 유발할 가능성이 있다고 판단하면 신속히 지방 행정 · 재정 활동에 적극적으로 관여한다. 이때 주정부의 관여 방식과 수준은 지방재정 상황의 심각성과 주의 정책 기조에 따라 다르다. 통상 재정 상태와 관리 부실 정도가 심각할수록 주정부의 관여는 간접적 관여에서 직접적 관여 방식으로 바뀌고 강도가 높아진다. 어떤 방식을 취하든 지방정부의 재정자율성에 구속이 가해진다. 특히, 재정위기 상황이 명확할 경우 상당수의 주정부는 해당 지방정부의 재정 권한을 한시적으로 제한하거나 박탈하는 직접 관리 체제를 가동한다.

주정부가 지방정부의 경영에 직접적이고 구체적으로 관여할 경우, 관여의 시점, 수단과 방법 및 조치, 관여 기구의 명칭과 구성 · 역할 · 권한, 그리고 주정부의 역량(법적, 정치 · 재정적 역량)은 주마다 상당히 다르다. 일반적으로 주의 관여 수준과 방식은 재정위기의 원인과 상황 그리고 주정부의 정책적 의지와 관련 법률에 따라 주별로 상이하다. 경우에 따라서는 같은 주 내에서도 재정위기의 상황과 발생 원인에 따라 지방정부별로 대응 수위와 방법에 차이가 난다.

그러나 전국적으로 공통적인 것은 주정부가 재정위기 단체의 행정 · 재정에 개입해서 조속한 시일 내에 정부 기능을 정상화시키고자 관련 수단과 방법을 총동원한다는 점이다. 현재 많은 주들이 주법에 의해 주정부 감독 기구를 설치하여 재정위기 단체의 행정 · 재정을 사실상 직접 관리하는데, 내용면에서 주별로 차이가 난다.[1] 예를 들어, 지방재정의 극심한 압박이나 위기 상황에 대해 미시간주와 펜실베이니아주 및 뉴욕주를 비교해 보면 주정부의 관여 방법과 수준에서 차이가 난다. 미시간주의 경우 비상재정관리관(emergency financial manager)이라는 특정 주체가 임명되는 반면, 다른 주에서는 주정부가 임명하는 위원회(예컨대, Financial Control Board)가 설치 · 운영된다. 주가 설치하는 위원회는 주의 재정을 활용하여 문제 단체의 재정에 도움을 주기도 하지만, 해당 지방정부가 위원회의 관리 방식을 받아들이지 않을 경우 재정 지원을 차단하는 벌칙도 행사한다. 전체적으로 보아 미시간주의 비상재정관리관 체제가 다른 주의 감독 체제에 비해 보다 많은 권한을 행사하는 것으로 판단된다. 예를 들면, 미시간주의 비상재정관리관은 뉴욕주의 재정통제위원회(Financial Control Board)가

1 재정위기 단체에 대해 주정부가 직접 시정의 관리 권한을 행사하는 기구를 통상 'state overseers' 또는 'state-controlled oversight board'라고 한다. 기구의 명칭은 주마다 다르고(emergency financial manager, receiver, control board 등 다양함), 또한 그 기능과 역할 및 지명 방식도 주별로 차이가 난다.

갖지 못하는 시 직원의 고용 및 해임 권한을 보유한다. 3개 주의 감독 체제가 지니는 공통점은 주정부 감독 기구가 지방정부의 재정계획을 채택하는 점이다.

주정부의 직접적 개입 시스템은 주별로 조금씩 다르지만, 법이 부여하는 감독 기구의 기본 책무와 역할은 명확하고 대체로 전국 공통적이다. 그것은 재정위기에 처한 지방정부를 가능한 빨리 위기로부터 구해 내어 재정건전성을 회복시키는 데 있다. 이를 위해 주정부 감독 기구는 예산 삭감, 인력 감축 · 조정, 행정 서비스 감축 및 우선순위 조정, 각종 퇴직자 혜택 축소, 세금 인상 등의 과업을 원만히 해결해야만 한다. 한마디로, 주정부 감독 기구는 예산압박을 완화하고 각종 행정 및 사업의 구조조정을 단행해야 한다. 요약하면, 주정부의 지방정부에 대한 개입 방식은 다양하지만(수단적 다양성), 추구하는 목표는 대동소이하다(목적의 공통성).[2)]

주에 따라서는 주정부가 설치하는 감독 기구가 지방정부의 주요 의사결정을 거부하거나 승인하지 않을 수 있는 강력한 권한을 갖기도 한다. 이와 달리 어떤 주에서는 감독 기구가 다양한 정책을 제시하고 그것을 토대로 지방정부와 협의조정하는 역할을 하기도 한다. 일반적으로 주정부가 지방재정에 개입하는 수준과 권한의 강도는 다음의 세 가지 관점에서 판단된다. 그것은 (1) 주정부 감독 기구가 지방정부의 의사결정을 번복시킬 수 있는지의 여부, (2) 비상(긴급)재정 상황에 대한 주정부 조치의 유효 기간(단기, 중 · 장기 등), (3) 주정부 감

2 미국에서 주정부가 지방정부의 경영에 직접 개입해서 재정을 관리하는 사례는 수없이 많다(이에 대하여는 여기서 일일이 거론하지 않기로 한다). 다양한 사례를 종합해 보면, 주정부의 시정 개입은 통상 의사결정 통제, 구조조정, 세입 · 세출 자구 노력 조치, 각종 재정 지원 패키지(보조금 등) 제공의 형태로 나타난다. 이는 일종의 '채찍과 당근'의 혼합적 정책 접근이라고 말할 수 있다.

독 기구의 구성(단일의 개인 리더십 주도, 위원회 조직 등)이다.

주정부 감독 기구가 역할을 제대로 수행하기 위해서는 무엇보다도 이해관계자와의 모임과 협상(노조, 현직 및 퇴직 공무원, 주민 등 다양한 이해관계자와의 협상)을 적극적으로 주도해야 한다. 그리고 다양한 방식의 홍보와 교육 등을 통해 주민의 이해와 공감대를 형성할 수 있어야 한다. 이 과정에서 특히 중요한 것은 이해관계자와 투명성(정보 공개, 공유, 소통을 통한 투명성)을 확보하고 상호 신뢰를 구축하는 일이다.[3] 이러한 점을 인식할 때, 주정부 감독 기구가 본연의 역할을 충실히 수행한다는 것은 결코 만만치 않은 일이다.

미국 내에서도 주정부의 지방재정 개입이 가장 적극적이고 감독 기구의 권한이 강하기로 소문난 곳은 노스캐롤라이나주, 뉴저지주, 펜실베이니아주, 미시간주, 로드아일랜드주 등이다. 예컨대, 노스캐롤라이나주의 경우 지방정부위원회(Local Government Commission: LGC)를 설치하고, 이를 통해 모든 지방채 사업승인, 모든 재무보고서 모니터링(경고 및 정책 제언), 문제 지방정부의 일상 재정 운영 개입 등을 하고 있다(그 결과 3개 신용평가 기관으로부터 가장 높은 지방채 신용평가를 받고 있다). 미시간주의 경우 지방재정을 모니터링할 뿐 아니라 비상재정관리관은 지방재정과 관련된 의사결정을 직접하고 지방정부가 결정한 사항에 대해 번복을 할 수 있는 권한을 보유한다. 반면에 주정부의 지방재정에 대한 개입이 소극적이고 재정위기 상황에 대한 체계적인 지원 시스템이 결여된

3 이와 관련하여 센트럴 폴즈시의 사례는 좋은 선례로 간주되고 있다. 센트럴 폴즈시는 투명성에 입각한 대화와 소통을 통해 13개월의 빠른 시일 내에 파산이라는 최악의 상태에서 벗어났다. 그렇다고 해서 센트럴 폴즈시가 완전히 재정 문제로부터 자유로워진 것은 아니다. 시는 그 후 몇 년간 자구 노력과 예산 및 연금 축소, 지방세 인상 등 희생과 노력을 요구하는 시간과 싸워야 했다.

주로는 캘리포니아주, 앨라배마주 등이 있다. 이와 관련된 내용은 다음 항에서 보다 상세히 기술된다.

3. 지방재정 위기와 주정부의 지방재정 관여 사례

1) 개요

2008년에 발생한 글로벌 금융위기는 미국의 다수 지방정부에 재정 어려움을 초래하였고, 그 중 일부를 위기 상황으로 내몰았다. 문제의 심각성을 인식한 다수의 주는 재정 상황이 심각한 지방정부의 재정 운영에 대해 간접적으로 통제하거나 직접적으로 개입하였다. 이때 그 형식과 수준은 주마다 달랐다. 주의 지방정부에 대한 직접 · 간접적 관여는 글로벌 금융위기 이전에도 일종의 관행 내지 재정규율로서 이루어져 왔다. 일반적으로 주정부의 관여와 개입은 지방정부의 재정 상황이 매우 어렵고 부실한 것으로 판단되는 상황에서부터 파산 직전 및 그 후의 상황에 이르기까지 내용과 단계별로 상당히 다양하다.

다만, 주의 지방재정 관여는 파산 보호 신청과 관련하여 진행되는 것과 파산 보호 신청과 무관하게 진행되는 것 간에 상당한 차이가 있음을 이해할 필요가 있다. 이 절에서는 주로 파산 보호 신청 이전의 주정부 관여에 대해 중점적으로 기술하고 있다. 파산 보호 신청을 전후로 한 주정부의 지방재정 관여에 대한 보다 구체적인 내용은 다음 장에서 실제 사례를 두고 상세히 다루고 있다.

미시간주는 심각한 재정 문제에 직면한 디트로이트시 등을 대상으로 비상재정관리관[4]을 선임하여 파견하였다. 이와 비슷한 조치는 로드아일랜드주에서도 있었는데, 주정부는 센터럴 폴즈시 등을 재정 관리 단체로 지정하였다. 뉴욕주 또한 재정 문제에 시달리는 나소 카운티(Nassau County), 이리 카운티(Erie County), 버팔로(Buffalo)시 등을 대상으로 재정통제위원회(financial control boards)를 설치하여 지방재정을 직접 관리하기에 나섰다. 예컨대, 나소 카운티는 늘어나는 재정적자를 메우기 위해 지방채 발행을 시도하였는데, 이에 대해 뉴욕주의 감독 기구인 재정통제위원회가 제동을 걸었다. 마찬가지로 매사추세츠주도 스프링필드(Springfield)시의 재정 문제를 해결하기 위해 재정통제위원회 체제를 가동하였다.

펜실베이니아주는 1990년대 초에 심각한 재정 문제에 직면한 대도시 필라델피아(Philadelphia)시의 재정 상황을 타개할 목적으로 펜실베이니아 정부간협력청(Pennsylvania Intergovernmental Cooperation Authority)을 수립하여 시정에 직접 관여하였다(필라델피아시의 재정위기에 관한 내용은 뒤에서 다루어진다). 펜실베이니아주는 과거 1980년대에도 재정 문제에 시달리는 25개 시를 대상으로 재정을 총괄하는 조정관(coordinator)을 임명하여 시정을 직접 관리한 바 있다. 펜실베이니아주는 미시간주, 노스캐롤라이나주 등과 함께 미국 내에서 주정부의 지방재정 관여가 빈번하고 엄격한 주로 잘 알려져 있다. 그 밖에도 주정부가 재정 문제로

---

4 비상재무관, 긴급재무관, 긴급재정관리관, 긴급재무경영관, 비상경영관리관, 비상재정매니저, 비상재정관리관 등 여러 가지 명칭을 고려해 본 결과 비상재정관리관이 가장 적절한 것으로 판단되어 이 책에서는 이 용어로 통일해서 사용하기로 결정하였다.

신음하는 지방정부의 행정 및 재정에 관여한 사례는 수없이 많다(이는 미국의 지방정부가 약 8만 9,000개나 되는 사실을 상기하면 충분히 이해가 될 것이다).

일반적으로, 주정부의 지방재정 개입은 위기의 조짐이 보이거나 실제로 위기 상황이 발생하였을 때 가장 많이 이루어진다. 하지만 그 못지않게 위기 상황이 종료된 이후 재정이 정상화될 때까지 주의 감독 체제가 지속되는 경향이 있음을 간과해서는 안 된다. 이는 파산 신청 적격성을 승인 받은 이후에도 주정부 감독 기구의 재정 관리를 받은 디트로이트시 사례나 캘리포니아의 몇몇 지방정부 사례 등을 통해 알 수 있다. 뉴욕시의 경우 재정위기가 발생한 1970년대 중반부터 주정부 감독 기구의 직접 관리를 받기 시작하였고, 이는 1980년대 중반까지 지속되었다. 그 후 재정위기를 벗어난 다음에도 주정부 감독 기구는 명목적으로 존치되었다(뒤에서 설명되지만, 뉴욕시는 당시 사실상 재정파산 상태였지만, 몇 가지 이유로 챕터 나인에 의한 파산 보호 신청 경로는 채택하지 않았다).

이와 같이 심각한 재정 문제에 처한 지방정부에 대해 상위 정부가 중장기적으로 개입하여 문제의 해결을 도모하는 정책적 조치는 우리나라에 시사하는 바가 크다. 그 요체는 거시 · 구조적 요인에 의한 지방재정 위기는 결코 일시적 처방이나 개입에 의해 해결될 수가 없고, 중장기 차원의 지속적인 관리와 도움이 병행될 때 비로소 위기 탈출이 가능하다는 사실이다.

한 가지 흥미로운 것은 재정위기가 발생한 상황에서는 정치적 대응 방식이 매우 중요한 역할을 한다는 점이다. 예컨대, 주지사와 주의회 그리고 해당 지방정부의 시장을 포함한 고위 관료와 의원들 간에 정치적 협의 조율이 원만하게 이루어질 경우 재정위기의 돌파구가 상대적으로 쉽게 발견될 수 있다. 정치적 접근은 특히 주정부와 지방정부 간에 신뢰와 우호적 리더십 관계가 형성되었을 때 매우 효과적이다. 미국의 경우 재정 개입을 둘러싸고 발생하는 주정부와 지방정부 간의 긴장과 갈등은 자칫하면 엄청난 소송으로 비화되는데, 이보다는 정치적 협상을 통한 문제 해결이 사회적으로 훨씬 비용-효과적이다. 하지만 현실에 있어서는 정치적 협상이 항상 원만하게 이루어지고 문제 해결을 이끌어 내는 것은 아니다.

2) 주요 사례

(1) 미시간주 사례[5]

미시간주에 속하는 다수 지방정부들은 지방세 수입과 주정부로부터의 재정이전 수입을 중심으로 재정을 운영한다. 그런데 2000년대 중반 경에 주의 경제사정이 나빠지면서 지방정부의 주된 재원인 주정부 일반보조금(State revenue sharing: 주정부와 지방정부가 세수를 공유하는 것으로 주정부가 일반보조금 형태로 지원함)이 크게 줄어들었다. 그 결과 지방정부의 재정 운영이 갑자기 어려워졌다. 이러한 상태에서 2008년에 글로벌 금융위기가 발생하자 지방정부의 기간 재원인 재산세 수입 또한 크게 줄어들었다. 엎친 데 덮친 상황이 발생하자 일부 지방정부는 급기야 재정압박 내지 재정위기 상황에 내몰렸다. 이를 타개하기 위해 많은 지방정부들은 행정 서비스를 감축하고 일시 해고(layoffs)를 단행하였다. 아울

5 이 부분은 Eric Scorsone("Local Government Financial Emergencies and Municipal Bankruptcy, Senate Fiscal Agency," Issue Paper, May 2010; http://www.senate.michigan. gov/sfa)을 참고하고 있다.

러 각종 회계 및 기금(특히, 재정안정화기금(rainy day reserve funds))을 광범위하고 적극적으로 활용하였다. 일부 지방정부는 재정적자를 해소할 목적으로 공채를 발행하기도 하였다.

지방재정이 전반적으로 악화되는 가운데 일부 지방정부의 재정 상황이 매우 위급해지자 미시간주 정부는 지방정부를 직접 관리하기에 나섰다. 이러한 주정부의 선제적 조치는 그 나름대로 효과가 있어서 적어도 2010년 초까지는 주 내에서 재정파산을 선언하거나 파산을 신청한 지방정부는 없었다. 당시 미시간주는 지방정부의 비상재정(financial emergency) 또는 재정위기 상황을 규정하는 조건과 재정위기에 대응하는 절차와 과정에 관한 중요한 입법 장치를 확보하고 있었다. 그것은 구체적으로 통일예산회계법(Uniform Budgeting and Accounting Act: PA 2 of 1968), 개정 지방재정법(Revised Municipal Finance Act: PA 34 of 2001), 글렌 스테일 공동세법(일반보조금법, the Glenn Steil State Revenue Sharing Act: PA 140 of 1971), 지방정부 재정책임법(Local Government Fiscal Responsibility Act: PA 72 of 1990)이다.

이들 법적 장치는 재정위기가 발생하였을 때 주정부가 문제 해결을 위해 다양한 형태로 개입할 수 있는 일련의 조건을 구체적으로 명시하고 있을 뿐 아니라 지방재정 운영에 관한 일반적인 절차와 사항에 대하여도 규정하고 있다. 그 중에서도 특히, 1990년도 공공법률 72(Public Act(PA) 72 of 1990)는 지방재정의 건전성 및 건전채무(fiscal health and solvency) 이슈가 주정부의 중요한 관심 대상임을 천명하고 있다. 동법은 그에 대한 이유로 (1) 지방정부의 채무 변제 불능(insolvency)이 주요 공공 서비스의 손실과 결부되어 주민의 건강과 복지에 중대한 영향을 미치고, (2) 특정 지방정부의 채무 변제 불능 사태가 주와 다른 지방정부의 신인도(credit-worthiness)에 손상을 가할 수 있음을 지적하고 있다.

지금부터는 지방정부의 비상재정 상황과 관련된 PA 72 등 주요 법률의 골자에 대해 살펴보고자 한다.

Uniform Budgeting and Accounting Act(PA 2 of 1968)

이 법은 지방정부의 예산 편성과 관련된 기본 사항과 규칙을 명시하는 동시에 결산 보고에 관한 각종 회계 규칙과 회계 과목 및 회계 감사에 관한 사항을 다루고 있다. 동법은 지방재정의 비상 상황이나 위기에 대하여는 구체적으로 다루고 있지 않다. 하지만 동법이 지방재정에 관한 전반적인 사항을 다루는 점에서 비상재정 상황 문제와 간접적으로 연계되는 법률로 간주된다.

Revised Municipal Finance Act(PA 34 of 2001)

이 법은 지방정부의 지방채 발행에 관한 기본법으로, 특히 미시간주 재무국(Department of Treasury)이 주정부와 소속 지방정부의 신용을 보호해야 할 권한과 책무를 지니고 있음을 명시하고 있다. 그리고 동법은 주 재무국이 지방정부의 재정 건강 상태(건전성)를 평가하고, 지방채 디폴트(bond defaults) 등 잠재적 비상재정 상황이 발생하였을 때 주도적으로 대처하는 내용들을 담고 있다.

동법은 지방정부의 재정 상황(특히, 긴급 재정 상황)을 판단하는 데 있어서 결정적으로 중요한 것이 지방정부의 연례 재무감사(annual financial audit) 수행 의무임을 강조한다. 그 이유는 재무 보고 결과를 통해 지방정부의 재정 법규 준수 여부를 판단할 수 있고, 재정수지 상태에 대해 객관적인 정보를 입수할 수 있기 때문이다. 무엇보다도 중요한 것은 재무감사 보고 결과를 통해 지방재정의 상태가 '적격 상태인지, 아니면 부적격 상태인지'(qualified or unqualified status)를 파악할 수 있는 점이다. 통상 지방재정이 부적격 상태 판정을 피하려면 적어도 다음의 조건들을 충족해야 한다.

(1) 지방재정이 비상재정관리관(emergency financial manager)에 의해 관리되고 있지 않음.
(2) 지방세 징수와 관련된 법적 명령이 없음.
(3) 정시의 재무감사 보고를 이행함.
(4) 기존 채권 발행과 관련된 위법 및 부정행위가 없음.
(5) 고용자 관련 세금이나 다른 지방정부에 대한 세금 체납이 없음.

재무감사 결과 적격 상태 판정을 받은 지방정부는 주 재무국의 사전 승인 없이 자유롭게 지방채를 발행할 수 있다. 그러나 부적격 상태 판정을 받은 지방정부의 경우 지방채를 발행하려면 반드시 주의 재무국으로부터 사전 승인을 받아야 한다. 이와 같은 상태 구분(재무감사 결과에 의한 상태 구분)은 지방재정의 건전성을 종합적으로 평가하는 중요한 잣대가 된다.

The Glenn Steil State Revenue Sharing Act(PA 140 of 1971)

이 법은 기본적으로 주정부와 지방정부(cities, townships, villages) 간의 법적 재원(세수) 공유(statutory revenue sharing)에 관한 사항을 다룬다. 동법에 의하면 연례 재무감사 결과(재무감사보고서) 예산회계 중 그 어떤 하나의 회계에서 재정적자가 나타나면 해당 지방정부는 반드시 주의 재무국에 재정적자 해소 계획을 제출해야 한다. 이때 재정적자란, 회계연도 말 현재 총지출(지난해 적자 포함)이 총수입(모든 잉여금 포함)을 초과하는 재정 상황을 의미한다. 실제로 주의 재무국이 지방정부의 재정위기 발생 가능성(잠재성)을 진단하는 데 있어서 가장 중요한 판단 준거로 사용하는 것이 재정적자 정보이다.

그리고 동법은 지방정부가 법률상 요구되는 감사 결과를 충분히 제시하지 않을 경우 주정부가 법적 보조금인 일반보조금(revenue sharing)을 지원하지 않을 수 있음을 명문화하고 있다.

Emergency Municipal Loan Act(PA 243 of 1980)

동법은 지방정부가 재정적으로 심각한 압박을 받거나 긴급한 상황에 처할 경우 주정부가 신속히 나서서 재정을 지원해 주는 내용을 담고 있다. 예를 들면, 재정 운영 과정에서 긴급한 재정 상황이 발생할 경우 지방정부는 동법에 근거하여 주정부로부터 자금을 빌릴 수 있다. 이때 지방정부는 주정부의 지방재정 지원 기구인 '비상(긴급)지방재정지원대부위원회'(Local Emergency Financial Assistance Loan Board)와 채무 협약을 체결하고 자금을 빌린다. 아울러 동 위원회는 1990년도 PA 72가 규정하는 비상재정관리관을 지명하고 그것을 통해 재정위기 단체를 관리 · 감독하는 역할도 수행한다.

Local Government Fiscal Responsibility Act(PA 72 of 1990)

1990년도 PA 72는 지방재정 위기와 관련된 주정부의 역할을 다루는 중요한 법적 장치로서, 특히 주정부의 직접 개입(관리 · 감독)에 대한 정당성을 부여하고 있다. 아울러 동법은 지방정부가 어떤 재정 상황에서 비상재정 단체로 지정되고, 비상지방재정지원대부위원회로부터 자금을 지원 받게 되는지에 관한 내용과 과정을 다루고 있다.

현재 미시간주 법에서는 지방정부가 파산을 신청하려면 그에 앞서 반드시 1990년도 PA 72에서 명시하는 절차를 거쳐야만 한다. PA 72에 의하면 특정 지방정부가 파산 보호 신청을 하려면 먼저 자신이 비상재정 상황에 처했는지의 여부를 조사해야 한다. 통상 조사가 이루어지려면 지방정부 관리 기구(governing body), 지방정부의 수석행정관(chief administer officer), 채권자(10,000달러 또는 일반회계 수입(general fund revenue)의 1% 이상 보유 채권자), 시민청원(직전 주지사 선거시 등록된 유권자의 10% 이상 서명), 지방연금제도의 신탁자 또는 공증 보험계리인(actuary) 중 어느 한 주체가 주 재무국에 서면으로 조사를 요청해야 한다.

그 밖에도 다음의 요건 내지 상황이 발생하면 지방재정의 비상 상황 여부를 판단하는 조사가 신속히 이루어진다. 그것은 채무 변제 불능 또는 계약 조건 위반, 하원 또는 상원의 결의, 수익채권법(Revenue Bond Act), 지방(도시)재정법(Municipal Finance Act), 도시비상대부법(Municipal Emergency Loan Act) 위반, 적자 해소 계획의 준수 실패, 회계연도 회계 감사 결과 제시 실패, 타 지방정부에 대한 재산세 수입 배분 연체, 관련 지방정부 기구의 승인을 결한 법원 명령에 의한 징세 등이다.

앞서 기술한 각종 조건들에 근거하여 기초적인 재무 상태 점검이 이루어지면, 주정부 재무관(State Treasurer)은 30일 이내에 주지사에게 점검 결과를 보고해야 한다. 이때 보고되는 재정 상황 조사 결과에 따라 두 번째 과정이 전개된다. 구체적으로, 보고 결과 지방재정에 심각한 문제가 있거나, 또는 주지사가 해당 지방의회로부터 결의안을 받을 경우 주지사는 해당 지방정부에 재정점검반(financial review team)을 파송한다. 재정점검반은 지방재정의 진상을 구체적으로 파악한 다음(실제로 심각한 재정 문제가 있는지에 대해 중점적으로 파악함) 주지사에게 상황을 상세히 보고해야 한다. 이때 재정점검반은 반드시 다음의 세 가지 상황 판단 중 하나를 결론으로 제시해야 한다. 그것은 (1) 심각한 재정 문제 없음, (2) 심각한 재정 문제가 있으나 상호 협약(consent agreement) 등을 통해 문제의 해결이 가능함, (3) 비상 재정 상태가 존재함(심각한 재정 문제에 대처할 수 있는 만족할 만한 계획이 부재함)이다.

주지사는 재정점검반의 분석 결과와 권고안을 토대로 공식적인 상황 판단 결정을 하는데, 그것은 바로 위에서 제시한 세 가지 중 하나이다. 이때 만일 두 번째 결론(심각한 재정 문제가 있으나 상호 협약 등을 통해 해결이 가능함)을 제시할 경우 해당 지방정부는 그에 대한 결의안을 승인해야 하고, 재정점검반과 주의 재무국은 그 실천 여부를 확인해야 한다.

만일 주지사가 비상 재정 상태가 존재하는 것으로 공식적으로 판단할 경우 비상지방재정지원대부위원회(Local Emergency Financial Assistance Loan Board: LEFALB)와 비상재정관리관(Emergency financial manager: EFM)이 주도하는 후속 조치가 추진된다. 이 과정에서 만일 지방정부가 주지사의 공식 판단과 결정에 대해 이의나 불만이 있을 경우 정당한 절차를 통해 항의 의사를 표명할 수 있다. 하지만 주지사의 결정과 지방정부의 항의 과정이 완료되면, 역할의 주도권(그 후의 관련 절차 및 사항)은 비상지방재정지원대부위원회로 넘어간다. 동 위원회는 지방정부의 재정을 관장할 비상재정관리관에 대한 임명과 관리 · 감독 책임을 진다.

비상재정관리관은 비상지방재정지원대부위원회를 대신하여 재정위기 상황에 처한 지방정부의 재정 문제를 해결해 나가는 주도자로서 역할을 수행한다. 비상재정관리관은 여러 면에서 막강한 권한을 보유한다. 그 중에서도 가장 큰 권한은 비상지방재정지원대부위원회를 대신하여 지방정부의 모든 예산 지출을 결정하는 것이다. 긴급재정관리관의 예산 결정에 대하여는 시장이나 지방의회 의원 등 어떤 선출직 공무원도 제지하거나 부정하지 못한다. 비상재정관리관이 관장하는 주요 사항을 간단히 요약하면 다음과 같다.

(1) 지방예산 과정의 수정, 개정 및 기타 모든 활동 통괄
(2) 기존 채무에 대한 지불 계획 제시 요구, 수정, 개정, 승인
(3) 재무 담당 공무원에 대한 특별보고서 작성 요구 및 지시
(4) 모든 보고서와 기록에 대한 점검
(5) 예산 배정, 계약, 지출, 직무 신설, 인력 충원 등의 결정 또는 승인 · 불승인 조치
(6) 지방정부가 지불해야 할 급여 또는 청구에 대한 검토
(7) 다른 지방정부 및 민간기업과의 협약 체결

지방정부 파산 보호 신청제도와 미시간주의 비상재정관리관제도

연방파산법에 의한 지방정부 파산 보호 신청제도와 미시간주의 비상재정관리관제도를 간단히 비교하면 다음과 같다.

비상재정관리관제도는 지방정부의 운영 방식을 본질적으로 재구조화할 수 있는 여지와 가능성을 내포한다. 예를 들면, 지방정부의 자산을 매각하거나 각종 계약에 대한 재조정 협상, 민영화 등을 추진할 수 있다. 그러나 지방정부 파산제도 하에서는 그와 같은 조치가 불가능하다. 반면에 지방정부 파산제도는 비상재정관리관제도와 달리 지방정부의 채무를 구조적으로 재조정하고 재정회생(재정건전성 회복)에 결정적인 도움을 줄 수 있는 파격적인 채무조정 장치를 포함하고 있다. 따라서 지방정부 파산제도는 그 어떤 제도적 장치보다 강력하다.

(8) 제한된 범위(주법 또는 시 헌장(municipal charter)의 허용 범위)의 부서 통합

(9) 지방자치헌장이 규제(구속)하지 않는 자산의 매각

비상재정관리관은 지방정부에 근무하는 피고용자의 근로 조건을 교정하기 위해 노동조합과 협상을 할 수 있다. 하지만 기존의 노사 계약을 번복할 수 있는 권한을 자동적으로 부여 받은 것은 아니다. 비상재정관리관은 비상지방재정지원대부위원회의 권고에 의해 주지사가 특정 지방정부의 재정위기 상황이 종식되었음을 공식적으로 선언하기 전까지 주어진 임무를 수행한다.

1990년도 PA 72의 22항(section 22)은 연방파산법에 의한 지방정부 파산 보호 신청을 할 수 있는 권한을 비상재정관리관에게 부여하고 있다. 다만, 비상재정관리관이 확정한 파산 보호 신청 결정을 비상지방재정지원대부위원회가 신청 후 60일 이내에 투표를 통해 무효화시킬 수 있는 보완 장치가 마련되어 있다. 현재 미시간주법은 지방정부의 수장이나 의회가 연방파산법에 의한 파산 보호

신청을 임의로 결정할 수 있는 명백한 권한을 부여하지 않고 있다.

(2) 펜실베이니아주 사례

펜실베이니아주에서 주정부가 지방재정에 직접 개입하는 사안을 다루는 기본법은 Act 47이다. 동법은 재정 곤궁(피폐) 상태에 빠진 지방정부를 대상으로 주정부가 관리 기구(state receivership)를 설치하고 운영하는 절차와 내용을 담고 있다. Act 47이 통과된 1980년대 중반 이후 2010년까지 펜실베이니아주에서는 25개의 지방정부(피츠버그시 포함)가 이 법에 근거하여 재정 통제를 받았다. 그 중 11개 지방정부는 10년 이상 Act 47에 의한 재정 통제를 받았다. 예를 들면, 피츠버그시는 2004년에 동법에 의해 주정부의 재정 관리를 받게 되었고, 그것은 그 후 상당 기간 지속되었다.

Act 47 하에서 주정부는 해당 지방정부의 재정 문제를 감독하는 재정조정관 또는 재정조정자(financial coordinator)를 지명한다(재정조정자는 전문 기업일 수도 있다). 펜실베이니아주의 재정조정자제도는 미시간주에서 활용되는 비상재정관리관(EFM)과 비교해 기본적으로 유사하나 크게 다른 점도 있다. 재정조정자는 무엇보다도 시에 재정계획을 제출하는 권한을 갖는다. 이때 시는 재정계획을 승인하거나 승인하지 않거나 둘 중에 하나를 선택해야 한다. 만일 시가 재정계획을 승인하지 않을 경우 시는 직접 재정계획을 수립하여 주정부의 승인을 받아야 한다.

미시간주의 경우 비상재정관리관의 조치에 대해 사실상 시의 선택권이 없음을 상기하면, 펜실베이니아주의 재정조정자제도는 상대적으로 권한이 약한 것으로 평가된다. 하지만 미시간주의 비상재정관리관제도와 달리 펜실베이니아주의 재정조정자 체제에서는 주민의 동의 없이도 재정조정자가 지방세를 인상할 수 있는 선택적 권한을 보유한다. 아울러 재정조정자는 재정위기 상황의 종결을 선언할 수 있는 권한도 지닌다. 다만, 재정조정자가 그 권한을 행사하려면 반드시 '출구 검토 또는 출구 연구'(exit study)를 한 다음 주정부로부터 최종 승인을 받아야 한다.

펜실베이니아주에 속한 일반 지방정부 가운데 Act 47을 통해 주정부의 직접적인 개입을 받은 동시에 연방파산법원에 파산 보호 신청을 한 곳으로는 웨스트폴 타운(Westfall Township)이 있다.

(3) 캘리포니아주 사례

역사적으로 캘리포니아주는 미국의 다른 주에 비해 상대적으로 많은 재정 자율성을 소속 지방정부에 부여해 왔다. 캘리포니아주 헌법(State Constitution)은 기본적으로 주정부에 막강한 권한과 중요한 기능(책임)을 부여하고 있다. 그럼에도 불구하고 다른 주와 비교할 때 지방에 상당한 수준의 자치권을 보장해 주고, 재정 운영에 대해 상대적으로 느슨한 관여와 통제를 하는 경향이 있다. 이러한 경향에 대해 간단히 언급하면 다음과 같다(LAO, Local Government Bankruptcy in California: Q&A, 2012).

캘리포니아주의 지방정부들은 기본적으로 독자적 예산편성권을 보유하며, 지방세 세율 인상 등 다양한 과세권을 행사한다. 그리고 지방정부는 지방채를 자율적으로 발행할 수 있고, 피고용자(공무원)와의 단체협약(collective bargaining agreements)도 자율적으로 협상하고 체결할 수 있는 권한을 지닌다. 나아가 정부 주체(governmental entity)로서 거버넌스 구조를 변경하거나 행정 서비스의 공급 범위를 임의로 조정할 수 있는 독립성도 확보하고 있다. 특히, 캘리포니아주는 미국의 다른 많은 주들과 달리 소속 지방정부의 재정 상황이나 건전성 등을 적극적으로 모니터링하지 않는다. 다만, 일부 교육 분야(예컨대, K-12 education)에 한해서는 주정부가 지방정부를 강하게 통제하고 있다.

전통적으로 캘리포니아주는 지방정부의 파산 보호 신청에 대해 매우 관대하였고, 또한 그것을 광범위하게 허용해 왔다. 이러한 주의 정책적 입장은 2000년대 후반부터 조금씩 바뀌다가, 특히 글로벌 금융위기(미국에서는 '대불황 또는 대침체'(Great Recession)라고 표현하기도 함)가 발생하자 큰 폭으로 변화되었다.

글로벌 금융위기는 미국 내에서도 캘리포니아주에 상대적으로 더 큰 타격을 주었고, 그로 인해 다수의 지방정부가 심각한 재정적 어려움을 겪게 되었다. 이러한 상황에서 지방정부들은 전에 없이 파산 보호 신청에 적극적으로 나서는 경향을 보였다. 이상 현상이 나타나자 차츰 지방정부와 주정부 간에 긴장과 갈등이 표출되었다. 상황의 심각성을 인식한 주의회는 새로운 법(AB 506)을 신설하였다. AB 506의 요체는 과다한 채무를 안고 있는 지방정부가 연방법원에 파산 보호 신청을 하려면 그에 앞서 채권자와 더불어 상호 협의하고 고민하는 '숙의(숙려) 과정'(meditation process)을 의무적으로 거치도록 하는 데 있다.

현재 캘리포니아주 법(Chapter 675, Statutes of 2011(AB 506, Wieckowski))은 지방정부가 Chapter 9 파산 보호 신청을 하려면 그에 앞서 반드시 중립적 평가 과정(neutral evaluation process)을 거쳐야 할 것을 요구한다. 중립적 평가 과정이란, 지방정부(cities, counties, special districts)가 채권자, 피고용자 그룹, 기타 이해관계자와 더불어 재정위기를 해결할 수 있는 방안을 상호 협의 · 검토하고 조율하는 과정을 의미한다. 이때 주는 중립적 평가 과정이 보다 효율적으로 진행될 수 있도록 유도하는 일종의 촉진자 역할을 한다. 구체적으로, 주정부는 지방재정 상태를 객관적으로 검토할 수 있는 '중립적 평가자'가 선임될 수 있도록 지방정부와 이해관계자들을 독려하고 도와준다. 법에 의하면 중립적 평가자는 제한된 권한만을 보유하며, 이해관계자 어느 쪽에 대해 협약을 강요할 수 있는 권한은 갖지 못한다. 중립적 평가 과정을 진행하면서 만일 이해 주체 간에 합의가 이루어지지 않을 경우 지방정부는 Chapter 9에 의한 파산 보호 신청을 할 수 있다.

Chapter 675는 기본적으로 중립적 평가 과정을 요구하지만, 지방정부가 긴급한 비상 재정 상황에 처할 경우 그것을 생략할 수 있는 예외를 인정하고 있다. 예를 들어, 지방정부의 입장에서 마땅히 갚아야 할 채무를 60일 이내에 지불할 수 없는 상황 판단이 설 경우 다수결 투표에 의해 비상 재정 상황을 의결할 수 있다. 이 경우 해당 지방정부는 중립적 평가 과정을 생략하고 바로 Chapter 9에 의한 파산 보호 신청을 할 수 있다.

일반적으로 비상 재정 상황은 재정 상태가 채무 변제 불능에 근접했을 때 선언되지만, 특별한 사유가 있을 경우에도 선언될 수 있다. 예를 들면, 지방정부가 세금 인상 제안을 하고 주민투표를 실시하려는 상황에서 투표 일정 조정 등에 애로가 생길 경우 주헌법은 비상 재정 상황을 선언할 수 있도록 허용한다.

AB 506이 제정된 후 동법의 적용을 받게 된 첫 사례가 스톡턴시 재정위기이다. 당시 스톡턴시는 Chapter 9 파산 보호 신청을 하고자 하였으나 AB 506으로 인해 과거처럼 바로 연방파산법원에 파산 신청을 할 수가 없었다(사실상 주가 지방정부의 파산 신청에 제동을 건 셈이다). 스톡턴시는 법에 따라 숙려(숙의) 기간을 거쳤지만, 그 기간 중에 채권자와의 합의 도출에 실패하였다. 그 후 주법의 조건을 충족한 스톡턴시는 연방법원에 파산을 신청하였다. 이는 그 당시로는 미국 지방정부 파산 신청 사상 가장 큰 규모였다(그러나 이 기록은 머지않은 2013년에 디트로이트시에 의해 갱신되었다). 당시 주정부는 스톡턴시의 파산 보호 신청을 제지하고 싶은 마음이 간절했다. 하지만 그럴 수 있는 마땅한 수단을 갖고 있지 못하였다. 캘리포니아주는 지방정부의 파산 신청에 대해 매우 강경한 입장을 취하는 미시간주나 펜실베이니아주와 비교할 때, 법 · 제도적 장치나 정책 기조 등 여러 면에서 느슨하고 온건하였다.

스톡턴시와 마찬가지로 샌버나디노(San Bernardino)시 또한 재정위기를 맞자 일정 기간 숙려 과정을 거친 다음 최종적으로 파산 보호 신청에 돌입하였다. 두 도시 모두 파산 신청을 할 정도로 심각한 재정위기에 처하였지만, 상위 정부인 캘리포니아주 정부는 재정위기 사태에 적극적으로 개입하지 않았다. 다만, 주는 두 지방정부가 연방파산법원에 파산 신청을 하기에 앞서 조금 더 신중히 재검토하고 조정할 수 있는 숙려 기간을 의무화하는 새로운 법적 장치를 마련했을 뿐이다. 이 기간 중에 채권 · 채무자 간에 합의조정이 이루어지면 다행이지만, 그렇지 못할 경우 캘리포니아주는 지방정부의 파산 신청 선택을 저지하지 않는다. 이는 다시 말해서, 캘리포니아주는 종전에 비해 강화된 정책 기조를 취하였지만, 그것은 지방정부의 파산 신청을 본질적으로 제어할 만큼 강력한 정책 변화가 아니었음을 의미한다.

끝으로, 재정위기 상황에서 주정부의 개입이나 위기 관련 법적 · 행정적 조치가 얼마나 튼튼하게 잘 정비되어 있는지의 여부는 투자자와 자본시장의 입장에서 매우 중요한 판단 요인이 된다. 무엇보다도 신용평가 기관과 투자자들은 주의 입법 조치와 주정부가 지방재정 위기 상황에서 얼마나 투자자의 채권을 보호하려고 노력하는지에 대해 예의 주시한다. 그리고 그 노력과 과정을 신용평가와 지방채 구매에 반영한다. 아울러 일반투자자들은 주정부가 재정위기 상황에 처한 지방정부에 대해 얼마나 적극적으로 개입하는지에 대하여도 매우 민감하며, 그것을 자신의 투자 결정에 반영한다. 예컨대, 캘리포니아주와 같이 다소 미온적이고 소극적인 주정부의 대응 조치에 대하여는 통상 투자자와 자본시장이 실망하고 냉담해 한다. 반면에 앞서 기술한 로드아일랜드주와 같이 주정부가 적극적으로 나서서 지방채 투자자에 대해 채무 변제 우선순위를 부여하는 등 강력한 입법 조치나 행정 · 재정 조치를 취할 경우 자본시장은 적극적으로 반응하고 화답한다.

(4) 뉴저지주 사례

주의 지방재정 개입 역사

뉴저지주는 미국 내에서도 주가 적극적으로 지방재정을 관리하고 감독하는 곳으로 오랜 역사와 명성을 자랑한다. 역사적으로 뉴저지주가 지방정부의 재정을 감독하고 필요시 직접 개입하게 된 것은 대공황 시기로 거슬러 올라간다. 뉴저지주는 지방정부(일반목적 및 특별목적 지방정부)가 극단적으로 채무 지급 불능이나 파산 상태에 빠지는 것을 막기 위해 1931년에 지방재정 감독제도를 수립하였다(노스캐롤라이나주도 비슷한 시기에 유사한 조치를 취한 바 있다).

당시 주정부는 수년간 재정을 부실하게 운영해 온 결과 사실상 채무 지급 불능 사태에 직면한 노스 버겐(North Bergen) 타운십의 재정 문제를 타개하기 위해 위원회, 즉 커미션(commission)을 설치한 다음 타운 재정에 직접 개입하였다. 그때 주정부가 취한 조치의 핵심은 타운십의 재정이 정상화되기 전까지 주가 재정을 관리하고, 행정 서비스는 차질 없이 제공하며, 채무는 기본적으로 변제한다는 것이었다. 뉴저지주 정부는 이 사태를 계기로 지방정부가 원칙적으로 예산을 10% 이상 증가하는 것을 금지하는 사실상 지출제한제도를 선포하였다.

뉴저지주에서는 1931-1940년 기간 중에 16개 지방정부가 주정부의 재정 감독을 받았다. 이들은 대부분 대공황의 여파로 기간 재원인 재산세를 비롯하여 세수 확보에 심각한 애로를 겪은 지방정부였다. 하지만 시간이 흐르면서 거의 모두가 주정부의 재정 지원과 각종 구조조정 조치에 힘입어 점차 재정 정상화를 되찾았다. 다만, 노스 버겐 타운십만은 예외적으로 자신이 발행한 채권에 대해 디폴트하는 동시에 1934년에 제정된 연방파산법에 의한 파산 보호 신청을 하였다(노스 버겐은 1941년 이후 주의 감독 체제로부터 벗어났다). 그 후 포트 리(Fort Lee)가 세계 대공황 이후에는 처음으로 1938년에 연방파산법에 의한 파산 보호 신청을 하였다. 노스 버겐과 포트 리는 파산 신청 전후로 주의 직접적인 재정 감독을 받았지만, 결과적으로 주정부 또한 해결책을 마련할 수 없었기에 마침내 연방파산제도에 하소를 한 것이다.

세계 대공황이 끝난 다음 뉴저지주는 그동안 지방재정 감독 기구로서 역할을 해왔던 커미션의 명칭을 지방재정위원회(Local Finance Board: LFB)로 바꾸고 기능과 권한을 확대하였다. 이러한 배경에는 당시 소속 지방정부가 파산 신청을 하였던 뼈아픈 경험을 더 이상 반복하지 않겠다는 정책적 의지와 목적이 있었다. 즉, 과거를 교훈 삼아 더 이상 뉴저지주에서는 파산정부가 발생하지 않도록 사전에 지방재정을 보다 철저히 감시·감독하고자 하는 전략적 선택이 있었다. 뉴저지주가 실시하는 주정부(지방재정위원회 포함)의 지방재정 개입은 크게 재정 모니터링(monitoring), 감독(oversight), 직접 통제(control)로 구분된다.

지방재정위원회는 독립 위원회로서 8명의 위원으로 구성되며, 그 중 7명은 주지사에 의해 임명된다. 지방재정위원회는 설립 이후 엄격한 관리·감독 체제와 운영 프로그램을 가동하였고, 기본적으로 지방정부의 파산 보호 신청을 허용하지 않는 정책 기조를 취하였다. 그 결과 뉴저지주에서는 지방재정위원회가 창설된 이후 소속 도시 가운데 연방파산법 챕터 나인에 의해 파산 보호 신청을 한 곳은 1938년의 포트 리 단 한 곳뿐이었다. 그 후 반세기가 조금 지난 1999년에 다음 장(제9장)에서 살펴보는 캠던(Camden)시가 파산에 근접하는 재정 위기를 맞이하였다. 하지만 당시 주정부가 적극적으로 개입해서 재정 지원과 함께 세출 삭감 및 구조조정을 실시한 결과 가까스로 파산은 면하였다.

역사적으로 보면, 뉴저지주의 도시들 가운데 주정부의 직접 통제를 받게 된 곳은 미국의 일반적인 주는 물론 지방재정을 엄격히 통제하는 미시간주나 펜실베이니아주에 비해 크게 적다. 이는 2000년대 이후 최근까지 주가 지명한 재정 감독자의 통제를 받게 된 뉴저지주의 도시가 캠던시(2000년 이후 사실상 최근까지 계속됨), 뉴웍(Newark)시(2014년), 그리고 본문에서 다루고 있는 애틀랜틱 시티(Atlantic City) 세 도시뿐이라는 사실이 말해 준다. 이러한 사실은 앞서 살펴본 미시간주와 펜실베이니아주에서 주의 재정 감독을 받는 지방정부의 수가 10개 이상 되는 것과 대비된다.

주의 지방재정 개입 상황 및 조건

뉴저지주의 법률은 주정부가 지방정부의 재정 활동에 직접 개입하게 되는 상황 및 조건을 크게 다음의 두 경우로 규정하고 있다.

첫째는 지방정부가 주정부에 대해 '잠정적 지원'(transitional aid)을 요청하는 경우이다. 이는 통상 지방정부의 재정 상황이 크게 악화되어 주정부의 특별한 자금 지원이나 개입 없이는 각종 채무 지불이나 재정 활동을 수행하기가 어려울 때 지방정부가 주정부에 요청하는 제도이다(이는 사실상 지방정부의 SOS 신호이자 지방정부가 '잠정적 지원'을 요청할 수 있는 신청 조건이다).

둘째는 특정 도시의 재정 상황이 주정부가 설정한 주요 재정 기준(또는 요건)을 충족하지 못할 경우이다. 여기에는 (1) 지방세 징수 실적 최소 70% 수준 미달, (2) 채무 지급 불능, (3) 규정된 최소 금액 이상의 현금 적자 발생, (4) 각종 청구서 등의 미지불, (5) 주법이 명시하는 각종 재정규율(지방채권, 예산회계, 기타 재정 관련 규율)을 충실히 이행하지 못하는 경우 등이 포함된다.

특히, 두 번째 조건에 해당될 경우 지방정부의 예산은 선출된 시장이나 의회가 아닌 주정부가 임명하는 지방재정위원회(LFB)에 의해 승인된다. 지방재정위원회는 일반지방정부는 물론 특별지방정부에 대하여도 지속적으로 모니터링하고 필요시 직접 개입한다. 제9장에서 기술되는 캠던시와 애틀랜틱 시티는 위에서 언급한 두 가지 경우 모두에 해당되어 사실상 재정위기 도시로 간주되었다.

주정부 재정 감독 체제

1) 지방재정위원회 등

뉴저지주에서는 앞서 기술한 바와 같이 지방재정이 심각한 상황에 처하면 지방재정위원회가 직접 개입해서 재정을 관리한다. 주의 법률에 의하면 지방재정위원회(또는 주 임명 감독자(state-appointed monitor))는 기본적으로 시 직원의 임용·해임과 승급·승진, 서비스 재협상 및 노동조합 계약, 채무 재구조화 및 지불, 예산 승인, 시의 행정 서비스 공급 방식 전환 등 주요 거시적 관리 승인에 대해 포괄적인 권한을 보유한다. 아울러 경우에 따라서는 수천만 원에 불과한 장비의 구입과 같은 미시적 사안에 대하여도 간섭하고 승인한다. 이는 실로 감독기구가 막강한 권한을 행사하는 것을 의미하며, 동시에 지방정부의 자율성이 크게 구속되는 것을 의미한다.

주가 설치하는 감독 체제 중에서도 가장 강력하고 마지막에 사용할 수 있는 수단은 비상관리관(emergency manager) 체제이다. 이는 지방재정위원회보다 한 단계 더 높은 감독 체제인데, 2015년에 주지사 크리스티(Christie)가 애틀랜틱시티를 대상으로 처음 적용한 바 있다. 뉴저지주가 지방재정 문제에 대해 비상관리관 체제를 가동한다는 것은 사실상 해당 지방정부가 위기일발의 재정 상황에 처했음을 뜻한다. 그리고 만일 비상관리 체제가 작동하지 않을 경우 지방정부는 주의 재정구제(bailout)를 간절히 기다리거나 아니면 연방파산법에 의해 파산 보호 신청을 하는 길 외에 선택지가 없음을 의미한다.

뉴저지주에서 주정부가 재정 문제 단체에 대해 감독 기구(지방재정위원회)를 설치할 경우 주는 다음과 같은 지방정부의 조치나 요청은 허용하고 있다.

(1) 지방정부가 기존의 조건과 다른 상환 또는 청산 계획을 수립해서 채무를 갚아 나가고자 할 경우 기본적으로 그것을 존중해 준다.
(2) 지방정부가 자신의 채무에 대해 새로운 방식으로 변제를 하거나 재구조화하는 제안을 할 경우 주정부는 이를 검토해서 승인해 줄 수 있다(예컨대, 매년 동일한 금액의 원금을 상환하는 방식 대신 상환 기간을 연장하거나, 상환 금액의 비중을 후반으로 미루는 방식을 승인해 주는 것이다).
(3) 지방정부가 조세와 세외수입을 인상하고자 할 경우 그와 관련된 권한을 보다 폭넓게 허용한다(다만, 이 경우에는 통상 주가 불요불급한 예산의 삭감 및 폐지를 요구한다).

실제로 재정 문제를 겪었던 해리선 타운(Town of Harrison)에 대하여는 10년 만기 지방채가 20년 만기로 연장되어 분할 납부되는 혜택이 주어졌고, 다른 지역에서는 원리금 부담을 완화시켜 주는 조치(원금은 예정대로 지불하되 이자 비용은 재정회복이 예상되는 수년 뒤에 지불하는 조치)가 취해졌다. 지방정부의 입장에서 무엇보다도 큰 힘이 되는 것은 주 보조금의 일부를 지방채 변제에 사용할 수 있도록 주와 위원회가 예산전용을 허용해 주는 조치이다. 이러한 조치는 애틀랜틱 시티의 재정 문제를 타결하는 데 사용되었다. 당시 지방재정위원회는 애틀랜틱 시티가 주로부터 빌린 융자금을 상환하기 위해 위원회에 요청한 주 보조금의 예산전용 조치(4,300만 달러의 채권 발행)를 승인해 주었다.

지방정부의 입장에서 맨 마지막으로 의지할 수 있는 수단은 앞서 언급한 주의 특별자금, 즉 '잠정적 보조금'(transitional aid)을 지원 받는 것이다(지방재정이 매우 긴급한 상황에 처했을 때 지방정부가 요청하면 주정부가 상황을 판단해서 특별보조금을 지원해 주는 제도이다). 다만, 이 자금은 2010년에 크리스티가 새로운 지사로 부임하면서 지방정부의 주정부 의존성이 높아지는 문제가 있다는 정책 판단을 함에 따라 과거에 비해 예산과 대상이 크게 줄었다. 예를 들면, 잠정적 보조금(지원금)을 받는 지방정부의 수가 75개에서 11개로 급감하였다. 그 중에서도 가장 많은 지원금을 받았던 도시는 패터슨(Paterson)시와 트렌턴(Trenton)시로 각각 2,500만 달러를 받았다. 잠정적 보조금을 받기 위해서는 주정부의 엄격한 심사를 거쳐야 함은 물론 주정부가 요구하는 여러 가지 조건들을 수용하는 동의 사인을 해야 한다.

2) 지방재정 감독의 주무부서

뉴저지주에서 지방재정을 관리하고 감독하는 기구는 주정부 내의 커뮤니티업무국(Department of Community Affairs) 소속 지방정부 서비스과(Division of Local Government Services)이다. 이는 미시간주 등 상당수의 주들이 재정 감독의 주무부서로 재무국(재정국)을 선정하고 있는 것과는 매우 대조적이다. 예컨대, 미시간주의 비상관리관은 주정부의 재무국에 의해 통제를 받는다. 참고로 펜실베이니아주의 경우 뉴저지주의 커뮤니티업무국과 비슷한 지역경제개발국

(community economic development agency)에 의해 통제를 받는다. 일반적으로 재무국은 재정 전문 공무원으로 구성되며, 커뮤니티업무국은 지방과 지역경제에 정통한 다양한 전문 공무원으로 구성된다. 따라서 양자는 재정위기 상황에 대처하는 인식과 방법에 차이를 보인다.

지방재정의 감독 기구가 재무국이 아닌 커뮤니티업무국인 점은 장점과 단점을 지닌다. 가장 큰 장점은 재정위기 단체의 상황을 지역 관점에서 종합적으로 판단하고 보다 광범위한 처방을 모색할 수 있는 점이다. 반면에 가장 큰 단점은 주의 재정 자원을 총괄하는 부서(재무국)가 아니어서 추진력에 다소 한계가 있는 점이다.

지방정부 서비스과의 직원은 약 40명이고, 이들이 주 내의 약 1,000개나 되는 일반 및 특별 지방정부의 재정 상황을 종합적으로 점검 · 관리한다. 한 가지 흥미로운 사실은 동 부서가 모든 지방정부의 주요 재정 책임자(재정담당관(chief financial officer)을 비롯한 주요 예산 · 세제 · 회계 · 계약 및 조달 관리 책임자)의 업무 역량과 적격성을 점검하고, 적임자(테스트를 통과한 사람)를 선정하여 업무 수행 자격(license)을 부여하는 점이다. 통상 주정부에 재정 관련 보직을 신청한 사람 가운데 약 절반 정도만 주정부가 요구하는 업무 역량 기준을 통과하는 것으로 알려져 있다. 이는 뉴저지주가 지방행정 서비스를 전담하는 지방정부의 재정 중요성을 깊이 인식하고 있음을 보여 주는 제도적 장치로 간주된다.

이러한 제도는 우리나라의 재정 운영에 시사하는 바가 크다. 앞으로 우리나라도 이에 대해 면밀히 검토한 다음 중앙정부와 지방자치단체가 상호 협력적 관계를 유지하는 가운데 적절히 활용해 볼 필요가 있다.

주정부 개입의 한계, 채찍과 당근 정책

뉴저지주가 미국의 다른 어느 주보다 더 적극적으로 지방재정을 관리 · 감독하고 있음에도 불구하고 현실적으로 일부 지방정부는 주정부의 직접적인 통제를 받고 있다. 그 가장 큰 원인 중 하나는 주정부와 지방정부가 통제할 수 없는 외부적 요인과 관련이 있다. 구체적으로 말하면, 심각한 경기 불황이나 외부로부터의 강한 경쟁압력 그리고 인구 구성 변화와 이동이 그에 해당한다. 대표적인 사례로는 다음 장에서 상세히 기술하고 있는 캠던시와 애틀랜틱 시티의 경우를 지적할 수 있다. 애틀랜틱 시티는 1978년에 카지노 도박 산업을 출범시킨 이후 경제 · 재정적으로 승승장구하는 활황을 맞이하였다. 당시에는 미국 동부의 라스베이거스(Las Vegas)를 목표로 기대가 충만하였고, 실제로 한동안은 그러하였다. 하지만 2000년대 중반에 인접한 펜실베이니아주 등에서 다수의 카지노가 신설되면서 경쟁압력에 시달리기 시작하였고, 그 와중에 미국 경제에 충격을 준 세계 금융위기(2008년)가 닥치면서 애틀랜틱 시티의 카지노 산업은 사실상 초토화되었다.

뉴저지주의 지방재정에 대한 직접 개입은 미국 내 많은 주들이 '채찍 정책'에 치중하는 것과 달리 '채찍과 당근 정책'을 병행하는 점에서 뚜렷한 차별성을 보인다. 구체적으로, 뉴저지주는 재정 감독 체제 속에 들어온 지방정부에 대해 한편으로 다양한 구조조정을 강행하면서 또 다른 한편으로 적극적인 재정 지원(보조금 · 융자금 등)을 해주어 문제 단체의 재정이 가능한 빨리 수지 균형을 회복할 수 있도록 도와 준다.

그리고 뉴저지주가 지방재정에 대해 이중의 감독 장치를 갖추고 있는 점도 다른 주와 차이가 난다. 구체적으로, 주의 커뮤니티업무국이 일반 지방정부의 재정을 감독하고, 교육국(Department of Education)이 학교구의 재정 상태를 이원적으로 감독하면서 문제가 발생하면 직접 개입한다.

보수적 지방재정 관리

뉴저지주는 미국 내 다른 주와 비교할 때 여러 면에서 보수적인 재정 관리를 하고 있다. 이와 관련된 주요 내용을 소개하면 다음과 같다.

첫째, 주정부는 모든 지방정부들이 주의 법령과 규칙에 따라 예산을 편성하고, 적법한 회계 원칙을 준수하며, 의무적으로 감사를 실시할 것을 요구하고 있다(물론 이는 기본적으로 다른 주에서도 시행되고 있지만, 그 내용과 강도 면에서 차이가 난다).

둘째, 지방정부는 매년 자신의 예산과 함께 주요 재정 활동 및 채무에 관한 정보를 주에 제출해야 하며, 주정부는 이를 검토한 다음 법령 등에 따라 적절히 대응해야 한다.

셋째, 세계잉여금이나 유보자금의 산출에 있어서 일반적 회계 원칙(GAPP)보다 훨씬 엄격한 원칙을 적용하는 한편 유보 자금의 사용을 보다 엄격히 규제한다.

넷째, 지방정부가 심각한 재정 문제를 일으킨 경력이 있을 경우 해당 지방정부는 매년 예산 확정에 앞서 주정부로부터 사전 승인을 받아야 한다. 재정이 양호한 지방정부의 경우에도 최소 3년에 한 번은 주정부로부터 사전 승인을 받아야 한다. 이 과정에서 주정부는 특히, 지방예산의 주요 내용과 지방채에 대해 면밀히 검토한다. 이때 만일 지방정부가 각종 지불 의무(지방채, 연금 및 퇴직자 복지 지출 등)를 이행할 수 있는 자금을 충분히 확보하지 못한 것으로 판단되면, 주정부는 지방정부로 하여금 그에 대한 대책을 마련해서 예산에 반영할 것을 지시한다.

다섯째, 지방정부는 법에 의해 홈페이지에 최근 3년간의 예산 정보를 공개해야 한다. 공개 과정에서는 주요 비용 항목과 관련 부서 및 직원에 관한 정보를 충분히 제공해야 하며, 세입 관련 정보의 경우 일반주민이 쉽게 알 수 있는 방법과 내용으로 공개해야 한다.

종합 및 결론

뉴저지주는 주의 지방재정에 대한 감시 · 감독과 개입에 관한 한 미국에서 가장 오랜 역사와 엄격성 및 적극성을 견지하는 주로 정평이 나 있다. 주정부는 소속 부서를 통해 평소 약 1,000개나 되는 지방정부(일반목적 및 특별목적)의 재정 상태를 심층적으로 모니터링하며, 이 과정에서 심각한 재정 문제가 발견되면 다양한 형태의 재정 개입에 나선다. 주정부의 지방재정 개입은 크게 모니터링, 감독, 직접 통제의 형태로 구분된다. 직접 통제는 통상 주가 설치하는 지방재정위원회에 의해 실시되지만, 매우 예외적으로 지방재정위원회보다 강력한 비상관리관 체제에 의해 실시되기도 한다.

뉴저지주의 지방재정 개입이 지니는 가장 큰 장점은 엄격한 재정규율을 지속적으로 적용하는 점, 그리고 재정 상황이 심각한 지방정부에 대해 주가 다양한 구조조정과 적극적인 재정 지원(보조금 · 융자금 등)을 병행해서 빠른 재정 정상화를 도모하는 점이다(주정부의 '채찍과 당근' 정책은 채찍 정책에 치중하는 다른 많은 주와 차별성을 보인다).

뉴저지주가 다른 주보다 재정규율을 엄격하게 적용하는 데 대해 일부 불만과 비판의 목소리가 없는 것은 아니다. 하지만 전체적으로 보아 뉴저지주의 지방재정 관리 정책은 지방정부로 하여금 주민의 세금을 제대로 사용하고 재정을 보다 건전하고 효율적으로 운영하도록 유도하는 순기능을 발휘하는 것으로 평가되고 있다. 앞서 살펴본 바와 같이, 1980년대 이후의 지방재정 파산 사례 가운데 뉴저지주에 속한 지방정부의 파산이 단 한 건도 없었다는 것은 이러한 사실을 뒷받침해 준다.[6] 그리고 주요 신용평가 기관들(Moody's Investors Service나 Standard & Poor's 등)이 뉴저지주 소속 지방정부의 재정 상태를 미국 내 다른 주의 지방정부에 비해 일반적으로 양호하게 평가하는 것도 같은 맥락에서 이해된다.

이러한 현상은 지방재정의 자율성을 존중해 주는 캘리포니아주의 현실과 크게 대비된다. 캘리포니아주에서는 2010년을 전후로 적어도 3개 도시가 파산 신청을 하였고, 9개의 지방정부가 재정위기를 선언하는 심각한 지방재정 문제가 발생하였다. 하지만 이러한 상황에서 주의 지방재정에 대한 지원이나 개입은 매우 미미하였다. 캘리포니아주에서는 재정위기 단체에 대해 뉴저지주와 같이 당근(보조금, 융자금 등 적극적인 재정 지원)을 주거나 강한 채찍(예산 삭감, 인력

6 이와 비슷한 현상은 노스캐롤라이나주에서도 관측되고 있다. 노스캐롤라이나주는 미국 내에서 지방정부의 재정을 모니터링하고 감독하는 문제에 관한 한 가장 중앙집권적인 체제를 유지하는 주로 간주된다. 그 결과 노스캐롤라이나주는 지역경제가 높은 실업률과 불황을 겪고 있는 상황에서도 소속 지방정부 가운데 과도한 예산 팽창이나 재정 남용 문제 나아가 재정위기에 처하는 사례가 거의 발생하지 않고 있다.

및 시설 구조조정, 자산 매각, 민영화 등)을 가하는 경우는 거의 없고, 특히 지방재정 위원회나 비상관리관 파견제도와 같은 것은 존재하지 않는다.

종합적으로, 지방정부가 외부의 간섭과 개입 없이 순전히 자율과 자기책임 시스템에 의해 주민의 세금을 값있게 사용할 수 있다면 그것은 이상적이다. 하지만 현실은 여러 가지 이유로 그러하지 못하다. 상위 정부의 과도한 규제나 개입은 결코 바람직하지 않지만, 정부와 조직과 기구는 최소한의 감시 · 점검 · 감독 시스템을 필요로 하는 것이 엄연한 현실이다. 이와 같은 시스템이 없거나 있더라도 취약할 경우 혹 지방정부의 자율성은 높아질지 모르지만, 주민의 세금이 낭비되고 재정의 책임성이 해태되는 현상이 도처에서 나타난다. 뉴저지 등 미국의 일부 주들이 지방정부의 재정 활동과 재정 상태를 합리적 틀과 기준에 의해 지속적으로 모니터링하고, 필요시 직접 개입하여 재정의 건전성과 책임성을 강화하는 정책은 매우 의미 있고 중요할 뿐 아니라 우리에게 시사하는 바가 크다.

3) 주의 지방재정 관리, 주정부와 지방정부 간 갈등 사례

주정부가 재정위기 단체의 행정 · 재정 활동(시정 활동)에 직접 개입할 때 지방정부 중에는 개입에 순응하는 곳도 있지만, 적지 않은 지방정부가 주와 갈등을 빚거나 대립각을 세운다. 통상 주정부 감독 기구가 구조조정을 단행하고 지역의 희생과 자구 노력을 요구하기 때문에 대다수 주민과 이해관계자들은 주의 개입을 싫어하는 경향이 있다. 예를 들어, 주정부 감독 기구는 흔히 공무원의 인건비를 삭감하고 주민 생활과 밀접한 공공 서비스를 감축하는 일에 착수한다. 이는 공무원과 지역주민이 싫어하는 일이다. 때로는 주요 정책의 변경으로 인해 다수의 이해 주체들이 경제적 희생과 손실을 감수해야 하는 상황도 발생한다. 이 또한 많은 사람들이 원하지 않는 일이다. 따라서 주정부 감독 기구는 업무 수행 과정에서 지역의 저항에 부딪히기가 일쑤이다.

역사적으로 파산 보호 신청을 하려는 지방정부와 그것을 제지하려는 주정부 간에 정치적 · 행정적 갈등과 법적 투쟁이 있었던 사례가 적지 않았다. 여기서는 지방재정 위기가 발생하면서 주정부가 지방재정에 적극적으로 개입한 경우와 또한 그 과정에서 지방정부가 크게 저항한 사례에 대해 살펴보고자 한다.

(1) 로드아일랜드주 사례

로드아일랜드(Rhode Island)주 사례는 재정위기 발생 이후 주가 관련 입법을 신속히 조치하면서 지방재정에 개입한 사례인데, 개입 과정에서 주정부와 지방정부 간에 심한 갈등이 빚어졌다. 로드아일랜드주는 2010년에 센트럴 폴즈시(인구 약 1만 8,000명의 소도시임)가 재정위기에 처하자 시정에 직접 관여하였다. 당시 센트럴 폴즈시는 주정부의 도움(관리와 재정 지원)을 받기 위해 법정관리자(judicial receiver: 법정재무관, 관선관리인 등으로 번역할 수도 있음)를 지명해 줄 것을 주에 청원하였는데, 관련 법 부재 문제에 부딪혔다. 이를 알게 된 로드아일랜드주 의회는 신속하게 새로운 「재정안정화지원법률」(Act Relating to Cities and Towns - Providing Financial Stability)을 제정하였다. 법률의 핵심은 재정 상황이 어려운 지방정부를 위해 주정부가 취할 수 있는 각종 조치(상황 및 단계별 직접 · 간접적 관여 조치)를 예측 가능하도록 명문화하고, 로드아일랜드주 신용시장(채권시장)을 안정시키는 데 있었다. 동법을 제정한 다음 로드아일랜드주는 센트럴 폴즈시의 재정에 직접 개입해서 지원과 관리를 병행하였다.

센트럴 폴즈시의 재정위기를 해소하기 위해 로드아일랜드주 정부가 직접 개입을 하였을 때, 시의 집행부와 의회가 연대하여 강하게 반발하였다. 구체적으로, 시의회 의원(총 5명 중 4명)과 시장이 합세하여 주가 제정한 「재정안정법」(Fiscal Stability Act)의 합법성에 대해 법적으로 도전하였다. 소송은 고등법원(Superior Court)을 거쳐 대법원(Supreme Court)까지 갔었는데, 두 소송 모두 주정부가 승소하였다. 앞서 기술한 바와 같이, 미국에서 주정부가 지방정부의 행정 · 재정 활동에 개입하려면 무엇보다도 확고한 법적 근거를 갖고 있어야 한다. 이는 특히, 주정부가 지방정부에 대해 채권자의 지지를 받고(채권자 권한 보호 등 조치) 법원에서 인정을 받을 수 있는 채무조정계획을 요구할 경우 더욱 그러하다.

주정부가 소송에서 이기면서 주정부가 개입하여 수립한 재정조정계획은 실효성을 갖게 되었다. 재정조정계획은 6년에 걸치는 구조적 균형재정 달성을 목표로 수립되었으며, 그 속에는 공무원의 희생을 요구하는 내용이 포함되었다. 당시 퇴직 공무원과 현직 공무원은 오랜 협의 끝에 일정 부분을 상호 희생하기로 합의하였다.

이와 같은 주정부의 노력에도 불구하고 센트럴 폴즈시는 끝내 연방파산법원에 파산 신청을 하였다. 당시 새로 제정된 법에 의하면 파산 신청을 할 수 있는 주체는 주정부가 임명한 법정관리자였다. 법정관리자는 모든 상황을 종합적으로 검토한 다음 파산 신청을 통한 채무조정만이 센트럴 폴즈시의 재정을 회생시킬 수 있는 최선의 방법이라고 판단하였다. 다행히 센트럴 폴즈시는 파산 신청 1년 만에 해묵은 재정 문제를 상당히 정리하고 한 단계 높은 재정회복단계(경제 개발, 재무 관리에 초점을 두는 회복 단계)를 향해 전진할 수 있었다.

끝으로, 한 가지 강조할 점은 주가 임명한 법정관리자가 재정을 관리하는 동안 센트럴 폴즈시의 자치재정 권한이 크게 위축되었다는 사실이다. 단적인 예로 시장과 의회의 위상이 일종의 자문 기구 성격으로 전락한 점을 들 수 있다. 당시 주정부는 재정조정계획이 법원에서 최종 승인이 나면 시장을 포함한 선거직 공무원의 권한과 위상을 원상 복귀시킬 계획을 갖고 있었다. 주정부가 임명한 법정관리자의 임무는 2013년 1월 말에 사실상 완료되었다. 하지만 그 후에도 주정부는 수년 동안(약 5년 동안) 센트럴 폴즈시의 행정 · 재정을 계속해서 감독하기로 결정하였다.

(2) 펜실베이니아주 사례

펜실베이니아주는 미국 내에서 주가 지방재정에 적극적으로 관여하고 개입하는 주로 잘 알려져 있다. 최근(2012년)에도 주정부는 주의 수도인 해리스버그시(City of Harrisburg: 2010년 현재 인구 4만 9,528명)가 심각한 재정 상황에 처하자 시정에 직접 개입하는 동시에 위기 타개를 위해 새로운 입법 조치를 하였다. 하지만 불행히도 그 과정에서 주정부와 지방정부 간에 심각한 갈등이 빚어졌다(이에 관한 내용은 뒤에서 비교적 상세히 다루어진다).

펜실베이니아주는 1980년대에 지역경제의 근간인 철강 산업이 쇠퇴하면서 지방재정에 큰 문제가 발생하였다. 문제의 심각성을 인식한 주는 그것을 완화하기 위해 「1987년도 재정곤궁 지방정부법」(Financially Distressed Municipalities Act of 1987: 통상 "Act 47"로 일컬어짐)을 제정하였다(그 후 다수의 정책 프로그램들이 이 법에 근거해서 여러 해 동안 운영되었다). 동법은 주정부가 지방정부의 재정 곤궁 상태를 조기에 간파해서 채무를 재구조화해 주는 동시에 재정 곤궁 상태로부터 벗어날 수 있는 각종 변화를 이끌어 내는 데 핵심이 있다.

Act 47 제정 이후 펜실베이니아주 정부는 주기적으로 주 내의 지방재정 상태를 점검하였다. 이 과정에서 적지 않은 지방정부들이 문제 단체로 적발되어 주의 직접 · 간접적인 재정 관리를 받게 되었다. 특히, 글로벌 금융위기가 발생하자 펜실베이니아주 정부는 Act 47에 근거하여 지방재정을 일제히 점검하였다. 이때 해리스버그시의 재정 상태가 매우 취약한 사실이 밝혀진 것이다. 당시 펜실베이니아주 정부는 해리스버그시가 부족한 세입을 충당하고 고가의 쓰레기 소각장 개선에 필요한 자금을 조달하기 위해 수년간 3억 달러 이상의 보증채무를 지고 있었다는 사실을 알아내었다. 펜실베이니아주 정부는 2010년 12월에 해리스버그시를 재정 곤궁 상태 지역으로 지명하는 한편 문제의 해소를 위해 법적 후속 조치를 강구하였다.

몇 개월 뒤 주정부는 법률에 의거하여 해리스버그시의 재정건전성 회복을 목표로 하는 재정계획을 제시하였다. 하지만 주의회는 해리스버그시가 이를 수용하지 않을 가능성이 크다고 보고 펜실베이니아주가 시 재정을 직접 관리하는 관련법 개정안을 신속히 통과시켰다. 실제로 해리스버그시는 주의회의 예상대로 주정부의 구제계획(state's rescue plan)을 거절하였다. 그러자 주정부는 새로 개정된 법에 의해 곧바로 해리스버그 시정에 개입하였다.

이러한 과정에서 주정부는 해리스버그시가 연방파산법을 이용해 파산 보호 신청을 할 수도 있다는 판단을 하게 되었다. 이러한 판단이 서자마자 이번에는 펜실베이니아주 지사가 나서서 해리스버그시의 파산 신청을 금지하는 법안에 서명하였다. 당시 주지사가 서명한 법안의 핵심은 2011년 7월 기준으로 모든 3등급 도시(third class cities: 인구 25만 명 이하 도시로 사실상 대부분의 펜실베이니아주 소속 지방정부가 여기에 해당함)에 한 해 1년간(2012년 7월 한) 파산 신청을 금지하는 내용이었다. 이로서 해리스버그시의 파산 신청 통로는 사실상 차단되었다. 그 후 주의회는 2012-2013 회계연도 예산안을 통과시키면서 해리스버그시의 파산 신청 금지 조치를 몇 개월 연장하는 안건을 첨부하였다.

2012년 6월 해리스버그시의 고위 공직자들과 다수의 지방의원들이 합심하여 펜실베이니아주 정부의 시 재정 관리에 대한 위법성을 연방법원에 제소하였다. 이러한 가운데 해리스버그시에 파견된 주정부 법정관리자가 법원 명령을 통해 시의 세금 인상을 추진하는 사건이 발생하였다. 펜실베이니아주 법에 의하면 주지사는 법정관리자를 임명할 수 있으나, 그에게 세금을 부과하는 권한은 부여할 수 없었다. 이 문제(법정관리자의 세금 인상 요청) 또한 법원에 제소되었다. 이러한 상황에서 해리스버그시 공무원들은 주정부가 시의 파산 보호 신청을 적극적으로 가로막는 데 대해 강하게 반발하고 나섰다.

해리스버그시의 재정위기 사례는 재정위기를 타개하는 과정에서 주정부와 지방정부가 해결 방안을 두고 서로가 얼마나 고심하는지, 그리고 주정부와 지방정부 간에 얼마나 팽팽한 긴장과 갈등 관계가 고조되는지에 대해 잘 보여준다.

(3) 미시간주 사례

미시간주는 1990년대에 관내 여러 도시를 주정부 감독 기구 하에 두고 사실상 직접 관리한 바가 있다. 그리고 최근(2007-2013년)에도 총 10개나 되는 지방정부(도시 7개, 학교구(school districts) 3개)를 주정부의 직접 관리 체제에 포함시켰다. 그 중에는 미국 내에서 꽤 잘 알려진 도시인 폰티악(Pontiac)시(2009년), 플린트(Flint)시(2011년), 알렌 파크(Allen Park)시(2012년)를 비롯하여 Benton Harbor, Ecorse 등이 포함되어 있다. 아울러 미시간주는 2014년과 2015년에 미국 내에서 주정부가 직접 재정을 관리하는 지방정부 가운데 가장 큰 대도시인 디트로이트시를 관리하였다. 디트로이트시는 2013년 7월에 미국 역사상 가장 큰 채무(약 180억 달러)를 안고 연방파산법원에 파산 신청을 한 대도시이다. 아마도 미시간주는 미국 내에서 지방재정 문제에 대해 가장 민감하고 적극적으로 대응하는 주 가운데 하나일 것이다. 주가 지방재정에 적극적으로 개입하고 관리하는 만큼 그 과정에서 주와 지방정부 간의 갈등도 적지 않게 발생하였다.

재정위기 상황에서 미시간주와 디트로이트시 간에 벌어진 정부 간 대립 현상은 대표적인 재정위기 갈등 사례로 손꼽힌다. 당시 주정부가 「미시간 비상관리자법」(Michigan Emergency Manager Law: Public Act 4)에 의거하여 디트로이트의 시정관리권을 인수하고자 나섰을 때(소위 'consent agreement' (합의 동의, 상호 협약)라고 일컬어짐) 디트로이트 시장과 미시간주 지사 간에 한동안 팽팽한 긴장이 고조되었다. 결국 이 문제는 시의회에서 간신히 승인되었지만, 그 후유증은 한동안 지속되었다.

그 후 2012년 6월 디트로이트공사협의회(Detroit's Corporation Counsel)가 미시간

주를 상대로 소송을 제기하였다. 소송의 핵심은 합의 동의가 무효이고, 주정부가 디트로이트시에 대해 채무를 지고 있다는 것이다. 이에 대해 주정부는 소송을 취하하지 않을 경우 주정부 보조금(revenue sharing)의 지급을 중단하겠다고 응수하였다. 소송은 카운티 법원(County Circuit Court)이 신속히 나서서 기각 판결을 내림으로써 일단락되었다. 하지만 곧이어 또 다른 소송이 제기되었다. 이번에는 세 명의 디트로이트 시민과 노조 지도자들이 소송을 주도하였는데, 이 또한 법원에서 기각되었다. 각종 소송과 별개로 다양한 이해 주체들이 연대해서 미시간주가 디트로이트시의 재정 권한을 박탈할 수 있는 근거 법(미시간 비상관리자법)을 주민투표에 부쳐 폐지시켰다.

미시간주와 디트로이트시 간에 벌어진 이러한 일련의 사태는 재정위기 상황에서 주정부, 지방정부, 주민, 노동조합, 각종 이익 집단 등 이해관계자 간에 얼마나 심한 긴장과 갈등이 고조되는지를 적나라하게 보여 주었다.

디트로이트시가 파산 보호 신청을 한 후 연방파산법원이 파산 신청 적격성을 심의하는 기간 중에 공교롭게도 시장 선거가 있었다(2013년 11월 5일에 개최되었음). 선거 결과 마이크 듀건(Mike Duggan) 후보자가 시장으로 당선되었다(그는 40년 만에 처음 당선된 백인 시장으로 2014년 1월에 시장으로 취임하였다). 하지만 아이러니컬하게도 새로운 시장은 사실상 시 경영에 관여할 수가 없었다. 그 이유는 시장 선출과 관계없이 주법에 의해 비상재정관리관이 디트로이트 시정을 관리하는 비상 체제가 가동되고 있었기 때문이다. 이에 관한 내용은 다음 장에서 자세히 다루고 있다.

4. 주정부의 지방재정 통제 · 관리에 대한 비판과 지방의 저항

앞서 언급한 것과 유사한 사례는 역사적으로 미국의 여러 곳에서 관측되었다. 일반적으로 주정부의 시정 관여에 대해 지역의 저항과 비판이 드센데, 그 이유는 크게 보아 다음의 두 가지 측면에서 파악된다. 그 하나는 주정부의 관여는 주민이 선출한 시장과 시의회의 권한 및 기능을 본질적으로 제한하는 것으로 민주주의의 원리와 지방자치의 가치에 배치된다는 측면이다(가치, 이념적 요인). 또 다른 하나는 지역주민과 다수의 이해관계자들이 주정부 감독 기구 하에서 감수해야 할 희생과 노력을 원치 않고 달갑지 않게 받아들이는 측면이다(현실적 이해관계 요인). 전자와 관련하여 한 가지 분명한 사실은 지방정부의 리더십 입장에서는 상위 정부에게 시정 관리 권한을 내어 주게 된 것은 천추의 한이 될 만큼 뼈아프고 씁쓸한 경험이라는 점이다. 이를 반영하는 지방자치단체장(시장)의 통렬한 비판 두 개를 간단히 소개하면 다음과 같다.

1990년대 중반에 미국의 수도인 Washington D.C.가 재정위기에 직면했을 때(Washington D.C.는 파산하지 않았음) 미국 의회는 재정통제위원회(financial control board)를 설치하여 수도의 시정을 연방정부가 직접 관장하도록 조치하였다. 이를 두고 당시 Washington D.C. 시장은 '민주주의의 강간'(the rape of democracy)이라고 통렬히 비판하였다(Bouker, J., *The D.C. Revitalization ACT*, 2008, p. 97). 이와 비슷한 지방의 저항과 비판은 2011년에 로드아일랜드주 정부가 센트럴 폴즈시의 재정운영에 직접 개입하였을 때도 표출되었다. 당시 시장은 이를 제2차 세계대전 중 독일이 프랑스를 점거한 것에 비유하였다.

역사적으로, 재정 문제 단체에 대해 주가 직접 경영에 개입해서 재정을 지원하고 관리하는 제도를 두고 찬반의 논란이 적지 않았다. 논란은 크게 보아 지방정부의 자치권을 본질적으로 훼손한다는 관점(비판론)과 심각한 공공책임성 해태를 교정하는 것은 정당한 관여라는 관점(옹호론)으로 대비된다. 이러한 논란과 이견에 대해 미국 헌법의 입장(강력한 주의 주권 인정과 주에 의한 지방정부의 창조 등)과 미국 특유의 정부 간 관계는 특수한 상황에서의 지방정부 경영에 대한 주정부 개입을 용인하고 있다. 그리고 주정부의 지방정부에 대한 후견자 내지 가부장적 역할론(paternalism)을 강조하는 이념 또는 이론도 옹호론을 뒷받침한다.

유권자가 뽑은 시장과 시의원이 각종 의사결정 과정에서 배제되고, 상위정부가 임명하는 감독 기구(비상재정관리관 등)가 주요 정책을 결정하는 현상(디트로이트, Washington D.C., 필라델피아 사례 등)은 민주주의와 지방자치의 기본 가치와 배치되는 측면이 있다. 하지만 미국 사회는 원칙적으로 민주주의와 지방자치의 가치를 존중하여 지방에 자율성과 책임성을 부여하지만, 만일 그것이 제대로 구현되지 못하였을 경우 그에 대한 책임과 대가를 철저히 요구하는 또 다른 가치와 원칙을 견지하고 있다. 그리고 균형재정 원칙 등 재정건전성 유지를 기본적 재정규율로 준수해야 하는 지방정부가 그것을 심각히 위반하였을 때 그에 상응하여 자율성에 구속이 주어질 수 있음을 적어도 미국 사회의 다수는 용인하고 있다. 마지막으로, 앞서 언급한 바와 같이, 미국의 지방정부가 주헌법에 의해 존재하는 점(지방정부는 주의 창조물)도 법률 체계 면에서 그러한 주정부의 개입을 용인한다.

5. 주정부가 지방재정에 관여하기 위해서는 확고한 법적 장치가 필요

주정부가 지방정부의 경영에 직접 개입해서 관여하기 위해서는 반드시 확고한 법적 근거(주헌법 또는 주법의 제정)가 있어야 한다. 그 이유는 주정부가 지방재정을 직접 관리(또는 제3자를 통한 간접 관리)하게 될 경우 지방자치와 지방재정 권한에 본질적인 타격이 주어지기 때문이다. 주정부의 지방재정 개입은 양자 간에 권한과 역할 및 책임에 변화를 야기할 뿐 아니라 다양한 사회 · 정치 · 경제적 파장을 불러일으키는 중대한 사안이다. 따라서 주정부의 지방재정에 대한 직접적 관여는 확고한 법적 토대 위에서 최소한의 적정 수준을 유지하는 것이 바람직하다. 그렇지 못할 경우 주정부와 지방정부 간에 심각한 갈등과 불화가 생겨난다.

주정부가 지방재정에 관여할 경우 관련 법령은 관여의 상황과 시점, 범위와 내용, 방법, 기간, 기타 주정부의 핵심 권한과 역할에 대한 사항들을 분명히 명시해야 한다. 그리고 주정부의 개입은 그 범위 내에서 이루어져야 한다. 특별히 지방정부가 재정위기를 타개할 목적으로 파산 보호 신청을 시도할 경우 주법은 그와 관련된 각종 절차와 조건 및 주요 쟁점 사안을 포괄하는 내용을 명확히 기술하고 있어야 한다. 그렇지 못할 경우 주정부는 지방정부의 활동에 적극적으로 관여하기가 어렵고(개입해서 취할 수 있는 조치 권한과 수단에 제약이 있음), 관여하더라도 지방의 거센 반발과 소송에 휘말릴 가능성이 크다.

과거의 사례를 보면, 재정위기 상황에서도 일부 지역에서는 주정부의 직접적인 개입(주정부의 예산 및 재정 관리 실시, 모니터링 및 감독 강화, 구조조정 실시, 기타 지방재정 권한의 구속 등)에 대해 강하게 저항하는 경우가 적지 않았다. 저항과 반발은 시장, 의회, 시민단체, 노동조합, 주민, 기업 등 다양한 주체로부터 발생한다. 때로는 지역주민이 주정부의 개입에 대해 거부감을 표출하기도 한다. 지역의 저항과 반발이 심할 경우 두 정부 간에 정치적 갈등이 빚어지고, 때로는 소송도 불사하는 파국적 양상이 나타난다. 이와 같은 불행한 사태를 막기 위해서는 관련 법적 장치가 완벽하게 구축되어야 한다.

미국은 우리나라와 달리 서로 다른 정부 수준 간에 행정 갈등이 발생할 경우 정치적으로 해결하기도 하지만, 많은 경우 법적 소송을 통해 문제를 해결한다. 그러므로 주가 지방정부의 파산 신청을 허용하든 허용하지 않든 간에 지방재정 위기 상황에 적극적으로 대처하려면 반드시 그와 관련된 법적 근거와 수단을 확고히 구축해야 한다.

미국의 주 가운데서는 지방재정 위기 상황이 발생했을 때 주가 어떻게 대응해야 하는지에 대해 법적 장치를 체계적으로 구비한 곳이 있는가 하면 그렇지 못한 곳이 있다. 전자에 속하는 주는 상황에 따라 즉각적으로 대응 조치를 취할 수 있지만, 후자에 속하는 주는 위기 발생 후에 관련 법안을 신속히 제정해야 하는 등 긴박한 상황과 복잡한 문제에 부딪힌다. 이 경우 법안 통과 과정에서 주정부와 의회가 좌충우돌할 수가 있고, 지방의 거센 반발이나 상호 갈등 사태에 휘말릴 수 있다. 2014년 현재 이러한 법률적 장치를 확보한 주는 19개이다. 그 중에서도 일부 주는 매우 강하고 적극적으로 지방정부의 시정에 개입하는데, 대표적으로 펜실베이니아주와 미시간주를 거명할 수 있다.

끝으로, 재정위기와 관련하여 주의 법률이 얼마나 잘 정비되고 주정부의 조치가 얼마나 효과적으로 잘 작동하는지, 그리고 주정부가 채권자의 권리 보호를 위해 얼마나 적극적으로 개입하고 지원해 주는지에 따라 주와 지방정부의 신용평가가 큰 영향을 받는 사실을 강조하고자 한다. 현실적으로 지방재정이 파산지경에 이르는 재정위기는 매우 드물게 발생한다. 하지만, 일단 재정위기가 발생하면 해당 지방정부의 신인도와 공채 발행은 치명타를 입게 되고, 경우에 따라서는 주와 그에 속하는 다른 지방정부의 신용도에도 부정적인 영향이 주어진다.

따라서 재정위기가 발생하였을 때 해당 지방정부의 전략적 대처도 중요하지만, 그 못지않게 중요한 것은 재정위기에 대응하는 확고한 법적 장치와 위기타개를 위한 주정부의 강한 의지와 노력을 외부에 보여 주는 일이다. 무엇보다도 주정부가 신속히 나서서 자본시장과 신용평가 기관을 안심시키는 조치를 취하여 주와 지방정부의 신용평가가 불리하게 작용하지 않도록 노력하는 것이 중요하다. 과거의 경험 사례를 볼 때, 주정부의 대처 방식에 따라 재정위기의 파급 효과, 회복 가능성과 기간에 괄목할 만한 차이가 나타났던 것은 분명한 사실이다(NASBO brief(Municipal Bankruptcy & the Role of the States, August 21, 2012) 참조).

종합적으로, 주정부의 지방재정에 대한 감시 · 감독 장치, 확고한 재정위기 관련 법령 구축, 채권자(투자자) 보호를 위한 주정부의 노력과 조치 등은 재정위기 상황에서 투자자와 신용평가 기관들이 재정위기 단체는 물론 주정부와 주 전체 지방재정을 평가하는 중요한 요인이 된다.

6. 주의 적극적 대응 조치가 중요하나, 주의 개입은 때로 주에도 부담

재정위기가 발생하면 주정부와 지방정부는 그것이 주민 복지에 어떤 영향을 미칠지에 대해 촉각을 세우지만, 그 못지않게 시장의 반응(투자자, 신용평가 기관 등)에 대해 매우 민감하게 대응한다. 그 이유는 지방투자 재원의 상당 부분이 자본시장(지방채 증권 발행)을 통해 조달되기 때문이다. 만일 지방정부가 자본시장에서 신용을 잃어버리면 재정 건전 단체에 비해 높은 이자 비용을 무는 등 여러 가지 불리한 조건에서 지방채를 발행해야 한다. 극단적으로는 지방채 발행을 포기해야 하는 상황에까지 내몰린다.

앞서 언급한 바와 같이, 재정위기는 해당 지방정부의 신용도를 급전직하로 추락시킬 뿐 아니라 경우에 따라서는 주와 그에 속하는 전체 지방정부의 신용도에도 부정적인 영향을 미친다. 그러므로 주정부는 일단 지방재정 위기가 발생하면 모든 법적 장치와 행정 조치를 총동원하여 자본시장과 신용평가 기관의 신용도 하락을 막기 위해 최대한 노력한다. 예를 들어, 센트럴 폴즈시의 재정위기가 발생했을 때 로드아일랜드주가 투자자 보호를 위해(투자자에게 확신을 줄 수 있도록) 관련 법을 신속히 제정한 것이 그에 해당한다. 당시 로드아일랜드주는 센트럴 폴즈시가 파산 보호 신청을 하기 직전에 일반보증채권을 보유하는 채권자의 권리가 최대한 보호될 수 있도록 법률을 개정하였다. 구체적으로, 개정 법률은 일반보증채권의 경우 시의 다른 어떤 의무적 부담(채무, 퇴직자 혜택(retirement benefits) 포함)에 우선하여 변제시켜 주는 내용을 담았다. 이는 자본시장과 투자자를 조금이라도 더 보호하고 안심시키고자 하는 주정부 차원의 적극적 대응 조치였다. 이러한 주정부의 노력에 힘입어 2012년 6월 센트럴 폴즈시의 지방채 등급은 '상향조정 검토 대상'으로 격상되었다.

주정부가 재정위기 단체의 행정·재정에 깊숙이 관여할 경우 때로는 주의 재정에도 상당한 부하가 걸린다. 그 이유는 주정부가 지방정부의 파산을 막고자 시도할 경우 주는 해당 지방정부의 예산 및 재정 활동을 규제(예컨대, 시의 재정 권한 제한 또는 박탈, 파산관재기구에 의한 예산 관리 시스템 가동)하는 동시에 소정의 재정 지원도 해주어야 하기 때문이다. 특히, 주의 재정 지원 규모가 너무 클 경우 주 재정에 무리가 가해지며, 극단적으로는 주정부도 하는 수 없이 포기해야 하는 상황이 발생한다. 대표적으로, 2013년에 파산 신청을 한 디트로이트시와 미시간주(디트로이트시가 속한 주) 간에 파산 신청을 전후로 긴박하게 전개되었던 여러 가지 조치와 현상 및 갈등, 그리고 최종적으로 미시간주가 파산 신청을 허용하게 된 상황이 그것을 말해 준다. 당시 미시간주는 파산 보호를 원했던 디트로이트시의 파산 신청 시도를 막으려고 다방면의 노력과 묘책을 강구했지만, 주가 도저히 감당할 수 없는 채무의 규모와 구조를 보고 결국에는 파산 신청을 승인하고 말았다.

7. 종합 및 결론

지방재정 위기에 대한 주정부의 대응 방식과 강도는 기본적으로 주마다 차이가 있고, 또한 재정위기의 원인과 상황에 따라 주별로 다르다. 이러한 현상이 나타나는 이유는 우리나라와 달리 미국의 지방자치 시스템이 다양성에 기반을 두고 있고, 또한 주의 지방재정 위기 대응이 법·경제 및 사회·정치적 요인들을 복합적으로 내포하기 때문이다.

앞서 살펴본 바와 같이, 재정위기에 관한 법적 장치가 잘 구비된 주에서조차도 막상 위기가 발생하면 법령 개정과 새로운 입법 조치를 추가로 보강해야 하는 상황이 전개된다. 이것은 주정부가 지방정부를 직접 관리·감독하는 과정에서 예상치 못한 지방의 저항(단체장, 의회, 주민, 노동조합, 공무원 등)에 직면하거나 법령이 미처 포착하지 못한 상황들이 새롭게 발생하기 때문이다. 미국은 우리나라와 달리 정부 간 관계에 있어서 상호간에 심각한 이견과 갈등이 생길 경우 소송을 통해 법원의 판결을 받아내는 경향이 강하다. 앞서 살펴본 바와 같이, 센트럴 폴즈 파산 사례에서 로드아일랜드주는 몇 차례의 끈질긴 소송에 시달렸다(하지만 로드아일랜드주 정부는 이에 굴하지 않고 튼튼한 입법 조치를 바탕으로 센트럴 폴즈 시정에 개입해서 재정위기를 극복하였다). 그 외에 디트로이트시와 미시간주, 해리스버그시와 펜실베이니아주 등 지방정부와 주정부 간의 소송 사례는 수없이 많다.

주정부가 지방재정 위기에 대해 직접 개입할 것인지, 그리고 개입할 경우 어떤 방식으로 개입하는 것이 바람직한지의 이슈는 매우 어렵고 민감하다. 대체로 말해서, 개입의 여부와 수준 및 방식을 결정하는 가장 중요한 판단 기준 중 하나는 재정위기의 발생 원인이다. 구체적으로, 재정위기가 외부적 요인(금융위기, 경기 불황, 자연재해 등)에 의해 발생한 것인지, 아니면 내부적 요인(부실한 재정 관리, 공무원 부정·부패, 노조 문제 등)에 의해 발생한 것인지, 그리고 재정위

미국의 정부 간 재정 관계

미국에서는 특정 지방정부가 재정위기나 파산 상태에 처했다고 해서 연방정부가 직접 나서서 문제를 해결하거나 규제와 벌칙을 가하는 경우는 거의 없다. 매우 예외적으로 뉴욕시(1975년)와 수도 워싱턴 D.C.(1995년)가 재정위기를 겪었을 때 연방정부가 미국 의회의 지원 하에 재정 자금을 지원해 주었을 뿐, 그 외의 지방재정 위기에 대해 연방정부가 직접 개입한 경우는 없다. 우리나라와 달리 미국에서는 연방정부와 주정부 간에 권한과 기능이 명확히 구분되어 있을 뿐 아니라 많은 경우 양자는 대등한 수평적 관계를 유지한다. 실제로 50개 주는 막강한 권한과 재원을 보유하면서 지방정부에 대해 기본적으로 수직적 관계(vertical relations)를 형성하고 있다. 지방정부의 실질적인 후견자는 주정부이고, 정부 간 재정 관계(intergovernmental fiscal relations)는 사실상 연방정부와 주정부 그리고 주정부와 지방정부의 재정 관계로 구분된다.

미국의 정부 간 재정 관계는 우리나라가 중앙정부-광역자치단체-기초자치단체의 전체적 연계성을 갖는 것과는 크게 다르다. 지방정부와 밀접한 정부 간 재정 관계는 연방정부-주정부-지방정부의 위계적 관계가 아니라, 주정부-지방정부의 위계를 둘러싼 수직적 · 수평적 재정 관계를 중심으로 형성된다(이 점은 한국과 미국의 지방재정을 비교할 때, 반드시 유념해야 할 중요한 사안이다). 따라서 지방재정 문제가 불거졌을 때 연방정부는 가만히 있고, 주정부가 직접 개입해서 재정 문제를 정상화시키는 것이 일반적이다.

주정부의 사전 · 사후적 개입에도 불구하고 문제의 수습이 어려울 경우 지방정부는 주정부의 승인 하에 극단적으로 파산제도를 이용해서 재정위기를 타개하려는 정책적 선택을 한다. 이때 주정부는 지방정부의 파산 신청에 대해 원하든 원하지 않든 암묵적으로 동의하는 셈이 된다. 이러한 정책 선택은 매우 이례적이고 극단적인 것으로 위험을 감수하면서 위기 상황을 탈출하고자 하는 지방정부의 절박함이 담겨 있다.

미국의 지방정부는 기본적으로 주에 의해 창조된 주체로서 한편으로 독립성을 지니면서 또 다른 한편으로 주정부의 정치적 하부 기구(political subdivision), 공공 기관, 집행 기관으로서의 위상을 갖는다. 이러한 사실을 인식할 때, 지방정부의 존재와 운영에 막대한 영향을 미치는 재정위기 상황이나 파산 신청에 대해 주정부가 정치 · 행정적으로 관여하는 것은 충분한 합리성을 지닌다. 특히, 지방정부가 극단적으로 연방파산법이 허용하는 파산 보호 신청을 하고자 할 경우 주정부가 그 길을 열어 줄지의 여부를 결정하는 열쇠를 쥐게 된 것은 사회적 설득력을 지닌다.

기 현상이 다른 도시에서도 반복적으로 발생하는 요인에 기인하는지, 아니면 지역 고유의 특수한 요인에 기인하는지 등에 대한 정보가 주정부의 직접 개입 여부와 개입 수준을 결정하는 중요한 판단 기준이 된다.

비상재정관리관제도(미시간주)나 그와 유사한 주정부 관리 · 감독제도(뉴욕 · 뉴저지 · 노스캐롤라이나 · 펜실베이니아주 등)의 실시 경험을 보면, 주정부 개입제도는 적어도 지방정부의 단기재정 불균형 문제를 일정 수준 완화시킨 것으로 평가된다. 하지만 동 제도가 진정 재정의 중 · 장기 지속 가능성(financial sustainability)을 향상시켜 주었는지에 대하여는 다소 확신이 서지 않는다. 그것을 뒷받침해 주는 사례로 미시간주에 속하는 에콜스시(City of Ecorse)의 경우를 거론할 수 있다. 에콜스시는 과거 약 20년 동안에 두 차례나 비상재정관리관 체제 하에 들어가 재정을 운영하면서도 재정건전성을 온전히 되찾지 못하였다.

극단적이지만, 일부 지방재정 위기의 경우 지방정부의 통합, 해산, 합병 등 보다 근본적인 처방을 통해서만 본질적인 문제 해결이 가능하다. 하지만 이러한 조치는 지방정부 파산법과 다른 별개의 법률에 의해서만 추진될 수 있다. 따라서 이러한 상황에서는 연방파산법을 통해 지방재정의 본질적인 문제를 해소하는 데 한계가 있다. 이와 같은 사실을 인식하고 일각에서는 앞으로 재정위기에 대응하는 각종 법적 장치와 지방정부의 체제 및 구조 조정(통합, 합병 등)을 다루는 관련 법률을 종합적으로 연계하는 제도적 장치를 마련할 것을 제안하고 있다.

Chapter 9

미국의 지방재정 위기와 주요 지방정부 파산 보호 신청 사례

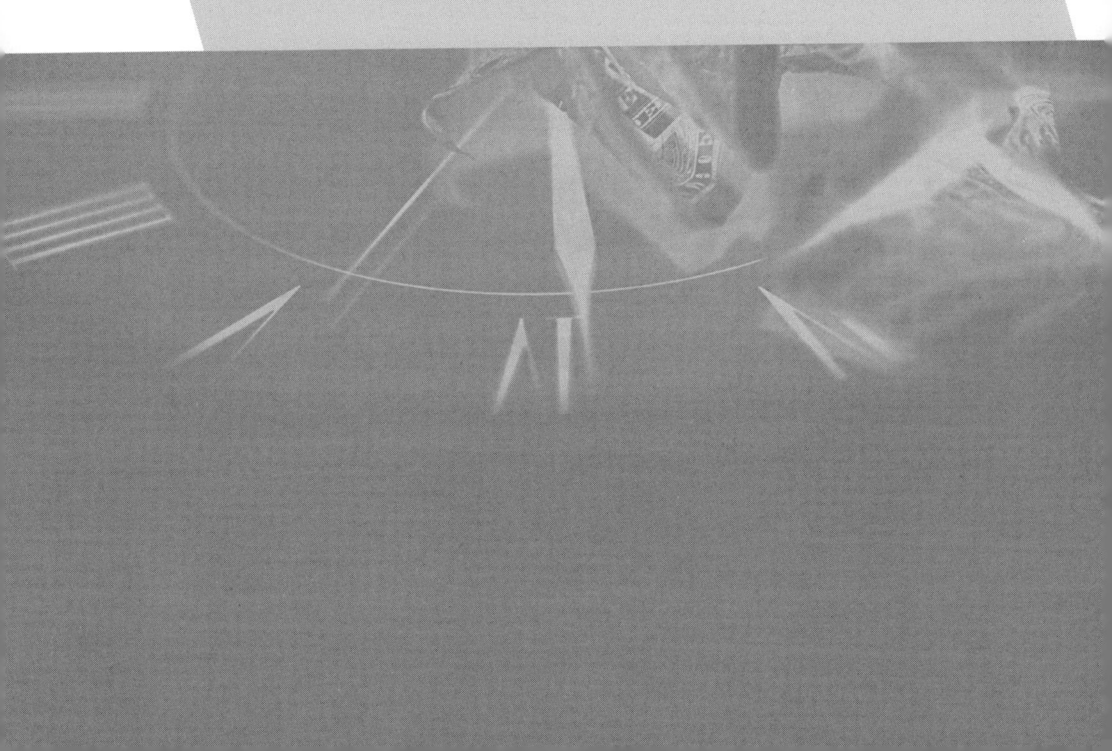

이 장에서는 미국에서 발생하였던 주요 지방재정 위기와 파산 보호 신청 사례에 대해 기술하고자 한다. 특히, 가장 최근에 발생한 지방재정 파산 사례로서 미국 역사상 파산 규모가 가장 큰 디트로이트(Detroit)시의 재정위기를 비롯하여 스톡턴(Stockton)시 사례, 제퍼슨 카운티(Jefferson County) 사례, 그리고 연방파산법 Chapter 9의 주요 개정을 유발한 브리지포트(Bridgeport)시와 첼시(Chelsea)시의 재정위기, 독특한 재정파산 사례인 오렌지 카운티(Orange County) 재정위기 등에 대해 중점적으로 다루고자 한다. 그리고 실제로 파산을 한 것은 아니지만 사실상 파산에 가까운 재정위기를 겪었던 대도시 사례(뉴욕, 필라델피아, 클리블랜드, 수도 워싱턴 D.C.)와 재정위기 상황에서 주정부와 지방정부 간에 심각한 갈등을 빚었거나 독자의 관심을 유발할 수 있는 몇 가지 사례에 대하여도 다루고 있다.

1. 최근의 지방정부 파산 보호 신청 사례

1990년부터 최근(2014년)까지 연방파산법원에 파산 보호 신청을 한 일반목적 지방정부는 총 45개이다.[1] 그 중에는 연방파산법원에 의해 파산 신청이 기각된 사례도 포함되어 있다([표 9-1] 참조). 파산 보호 신청을 한 일반목적 지방정부 중에는 프리차드(Prichard)시(앨라배마주), 웨스트민스터(Westminster)시(텍사스주)와 같이 두 번씩이나 파산 신청을 한 도시들도 몇몇 있다. 이러한 현상은 주로

1 2010년 1월 이후 2013년 12월 31일까지 파산 보호 신청을 한 지방정부는 모두 38개이다. 대부분은 특별목적 지방정부(학교구, 상수도공사 등)이고, 일반목적 지방정부는 8개에 불과하다(Governing.com).

[표 9-1] 일반 지방정부의 파산 보호 신청 사례, 1990-2014

파산 신청 지방정부	파산 신청 일자 등
City of Lipscomb (Alabama)	1991년 4월
City of Bridgeport (Connecticut)	1991년 6월
City of North Bonneville (Washington)	1991년 10월
Town of North Courtland (Alabama)	1992년 12월
City of Kinloch (Missouri)	1994년 6월
County of Orange (California)	1994년 12월
Town of Ozan (Arkansas)	1995년 6월
Greene County (Alabama)	1996년 9월
Town of Winstonville (Mississippi)	1997년 4월
City of Macks Creek (Missouri)	1998년 9월
City of Camden (New Jersey)	1999년 7월
City of Prichard (Alabama)	1999년 10월
City of Westminster (Texas)	2000년 4월
Town of Tyrone (Oklahoma)	2000년 9월
City of Macks Creek (Missouri)	2000년 11월
City of Kendleton (Texas)	2001년 6월
Village of Hillsdale (Missouri)	2001년 11월
City of Desert Hot Springs (California)	2001년 12월
City of Rio Bravo (Texas)	2002년 6월
City of Reeds Spring (Missouri)	2002년 11월
Village of Brooklyn (Illinois)	2003년 10월
City of Iron Mountain Lake (Missouri)	2003년 10월
City of Westminster (Texas)	2004년 4월
Village of Washington Park (Illinois)	2004년 5월
Town of Millport (Alabama)	2004년 12월
Village of Alorton (Illinois)	2005년 1월
Town of Muldrow (Oklahoma)	2005년 4월
City of Camp Wood (Texas)	2005년 8월
Town of Marshall Creek (Texas)	2006년 1월

[표 9-1] 계속

파산 신청 지방정부	파산 신청 일자 등
Town of Moffett (Oklahoma)	2006년 12월
Town of Marion (Mississippi)	2007년 2월
City of Gould (Arkansas)	2008년 4월
City of Vallejo (California)	2008년 5월
Westfall Township (Pennsylvania)	2009년 4월
Village of Washington Park (Illinois)	2009년 7월
Town of Moffett (Oklahoma)	2009년 10월
City of Prichard (Alabama)	2009년 10월
Boise County (Idaho)	2011년 3월, 기각
City of Central Falls (Rhode Island)	2011년 8월
City of Harrisburg (Pennsylvania)	2011년 10월, 기각
Jefferson County (Alabama)	2011년 11월 파산 보호 신청
City of Stockton (California)	2012년 6월 파산 보호 신청 승인
City of Mammoth Lakes (California)	2012년 6월, 기각
City of San Bernardino (California)	2012년 8월 파산 보호 신청 승인
City of Detroit (Michigan)	2013년 7월 파산 신청, 동년 12월 승인
City of Hillview (Kentucky)	2014년 8월 파산 신청

주: ( ) 안의 표시는 각 지방정부가 소속된 주의 명칭이다; 2010년 이전의 자료는 파산 보호 신청을 중심으로 정리된 것이며, 그 중 일부는 연방파산법원에 의해 신청이 기각되었다.

자료: http://taxfoundation.org/blog/municipal-bankruptcies-1988 참조(2013년 7월 23일 현재, 2016-01-26 접속); 2010년 이후는 필자가 다양한 자료를 토대로 정리하였다.

중소도시에서 나타나고 있다. 이는 중소도시들이 심각한 재정파탄을 겪게 될 경우 근본적으로 부족한 재정 자원으로 인해 재정회복이 결코 쉽지 않음을 시사한다. 2010년 이후에 발생한 비교적 최근 사례 중에서 보이스 카운티(Boise County, 아이다호주), 해리스버그시(Harrisburg City, 펜실베이니아주), 매머드 레이크스시(Mammoth Lakes City, 캘리포니아주)는 파산 보호 신청을 하였지만, 연방파산법원에 의해 기각되었다.

최근 사례에는 미국의 역대 지방정부 파산 기록이 밀집되어 있다고 해도 과언이 아니다. 특히, 디트로이트시, 제퍼슨 카운티, 스톡턴시의 파산 신청 규모는 가히 천문학적 수치이다(이들은 2017년 현재 미국 역대 지방정부 파산 가운데 규모면에서 각각 1, 2, 4위를 기록하고 있다. 순위 3위는 1994년에 있었던 캘리포니아주의 오렌지 카운티 파산 사례가 차지한다).

2. 미국의 대도시 재정위기 사례

1980년대를 전후로 미국의 많은 도시들이 동시다발적으로 심각한 재정위기를 겪었다. 이를 흔히 도시재정 위기(urban fiscal crisis)라고 말하는데, 그에 휘말렸던 대표적인 예로는 본문에서 설명되고 있는 뉴욕시, 필라델피아시, 클리블랜드시, 워싱턴 D.C. 등이 있다. 재정위기의 발생 원인은 미시적으로는 도시별로 차이가 나지만, 거시적으로는 중 · 장기의 구조적 문제와 부실한 재정 운영 그리고 외부 충격(오일쇼크(oil shock), 미국 내 산업 구조 개편과 지역 간 인구 이동, 교외화(suburbanization), 인플레이션 등)이 기폭제로 작용한 점에서 공통적이다.

1) 뉴욕시 재정위기

1975년 봄 세계 최대 도시인 뉴욕시는 자신의 채무를 변제할 수 없는 재정

위기 상황에 휘말렸다(뉴욕시 재정위기는 후일 연방파산법에 큰 영향을 미쳤다). 1970년대 초 뉴욕시는 천문학적 규모의 누적 채무(약 140억 달러)와 함께 매년 약 5억 달러 규모의 재정적자로 신음하였다. 뉴욕시의 재정을 결정적으로 마비시킨 것은 시가 재정적자를 메우기 위해 장기간 과도하게 차입한 단기채무였다. 뉴욕시는 재정위기가 발생하기 오래전부터 재정적자를 해소하기 위해 편법으로 회계를 관리하고 과도하게 지방채에 의존해 왔다.

뉴욕시가 재정위기에 빠지게 된 원인은 여러 가지 있지만, 가장 큰 원인은 장기간 누적되어 온 구조적 문제에 있다. 여기에 더해 1973년에 발생한 오일쇼크와 부실한 재정 관리가 뉴욕시의 재정위기를 가속화시켰다. 뉴욕시 재정위기를 몇 가지 관점에서 구분하여 살펴보면, 크게 (1) 인구 · 사회 · 경제적 특성 변화, (2) 미국 경제의 전반적 어려움, (3) 주정부 및 연방정부의 조치, (4) 정치체제의 무력함과 취약성(유권자의 환심과 표를 얻기 위한 사회적 갈등 이슈의 회피나 선심성 복지 확대)이라는 네 가지 기본 원인에 의해 발생한 것으로 진단된다. 이에 대해 조금 상세히 기술하면 다음과 같다.[2)]

(1) 사회 · 경제적 요인

뉴욕시는 미국의 동북부 지역과 중서부 지역에 속하는 대부분의 도시들이 오랫동안(당시 약 30년) 경험하였던 인구 및 경제적 특성의 구조 변화를 겪었다. 대표적으로 중산층이 도심을 벗어나 교외로 이주하는 교외화 현상과 함께 저

---

2 D. E. Shalala and Carol Bellamy의 글("A State Saves A City: The New York Case," *Duke Law Journal*, 1976)을 상당 부분 참고하고 있다.

소득층이 도시에 머무는 현상을 겪었다. 이는 지속적으로 도시 재정의 수입과 지출의 괴리를 유발하였다. 같은 맥락에서 중요한 제조업체들이 교외로 이전하는 산업교외화 현상이 나타났는데, 이 또한 재정 수입을 악화시키는 요인이 되었다. 교외화 현상이 나타나면서 뉴욕시를 비롯한 다수의 대도시들은 전에 없었던 빈곤인구 비율의 증가를 경험하였다. 이는 예상치 못한 재정압박 요인으로 급부상하였다. 예를 들어, 뉴욕시의 빈곤인구 비율(총인구 대비 빈곤인구 비율)은 1960년에는 전국에서 가장 낮은 수준이었던 것이 1970년에는 전국 평균을 웃도는 수준으로 크게 높아졌다. 이와 같은 인구 · 경제적 요인의 변화는 민간부문의 고용을 크게 감소시켰다. 그리고 이는 다시 뉴욕시의 재정 수입을 감소시키는 요인으로 작용하였다. 한마디로, 인구 · 산업 · 고용 · 재정의 상호 악순환이 시작된 것이다.

(2) 국가경제의 어려움

1973년에 오일쇼크가 발생하면서 미국 경제 전체가 어려움에 처하였다. 이는 곧바로 뉴욕시 재정에 부정적인 영향을 미쳤다. 도시의 재정 수입은 줄어드는 데 비해 각종 공공 서비스의 공급 비용이 급등하고(인플레이션이 발생하면서 공무원 인건비를 비롯하여 에너지 관련 경비, 각종 물자의 구입 비용 등이 크게 인상되었음) 사회복지 지출이 크게 늘어나는 현상이 나타났다. 지출압박이 시를 억누르기 시작한 것이다.

뉴욕시는 재산세에 의존하는 중소도시와 달리 소비과세(판매세(sales tax))와 소득과세에 크게 의존하는 세입 구조를 지녔다. 이러한 조세 구조는 경기 변동에 보다 민감하게 반응한다. 이는 다시 말해서, 뉴욕시가 다른 도시에 비해 경기 불황에 따른 세수 감소의 영향을 더 크게 받는 것을 의미한다. 그러나 국가적 경기 불황이 뉴욕시의 재정에 어려움을 초래하기는 하였지만, 그것이 재정위기를 초래한 결정적인 원인은 아니었다. 앞서 언급한 바와 같이, 뉴욕시 재정위기의 본질은 장기간 누적된 구조적 문제에 있다. 다만, 오일쇼크에 따른 경기침체와 물가 상승이 뉴욕시 재정의 구조적 문제를 한층 더 심화시킨 것은 분명하다.

(3) 주정부와 연방정부의 정책 변화

뉴욕시는 주정부와 연방정부의 법률과 정책에 의해 미국 내 다른 어떤 도시보다 많은 기본 행정 업무를 수행하고 있었다. 다른 도시들과 마찬가지로 경찰, 소방, 위생 서비스를 수행하는 것은 물론 공립병원 운영, 초 · 중 · 고등학교 및 대학 시설 운영, 대중교통, 사회복지 및 건강 관련 서비스 등 일반 도시들이 수행하지 않는 광범위한 행정 업무를 담당하였다. 무엇보다도 뉴욕시는 다른 도시들에 비해 사회복지 부문에서 막대한 재정 부담을 안고 있었다. 구체적으로, 주법에 의해 뉴욕시는 사회복지 비용의 25%, 주거복지(home relief) 관련 경비의 50%를 의무적으로 부담해야만 하였다. 이는 주정부가 뉴욕시에 대해 막대한 예산이 수반되는 특정 분야의 기능과 사업을 떠넘긴 셈이다(이는 어떤 면에서 뉴욕시 재정위기의 중요한 요인을 주정부가 제공했다고 말할 수 있다).

주정부 외에 연방정부도 뉴욕시의 재정위기에 일조한 면이 없지 않다. 미국의 연방정부는 1960년대에 각종 재정 프로그램(사회복지, 교육, 건강 분야 프로그램)과 관련된 업무와 재원을 뉴욕시와 같은 대도시에 분담시켰다. 이러한 의무부담(mandates)은 도시 재정에 큰 부담을 주었다. 아울러 연방정부의 정책 또한 의도하지는 않았지만 결과적으로 대도시 재정을 어렵게 만든 점이 없지 않다. 예컨대, 고속도로 기능 확대 정책, 각종 융자 정책 등은 결과적으로 중산층과 고소득층의 교외화를 촉진하였는데, 이는 뉴욕시 등 다수 대도시의 재정을 어렵게 만드는 요인이 되었다.

(4) 정치적 요인

뉴욕시를 실질적으로 운영하는 선거직 정치인들이 시의 재정 여건을 감안하지 않고 다양한 이해 주체의 요구를 들어준 것도 뉴욕시의 재정위기를 초래한 요인 중 하나이다. 선거에 민감한 정치적 과정의 속성상 정치인들은 흔히 재정 상태와 사업 성과를 고려하지 않고 예산을 결정하는 경향이 있다. 뉴욕시의 경우 특히 그러하였다. 그 증거로 예산점증주의 행태가 뉴욕시에서 만연되었던 사실을 지적할 수 있다. 특히, 유권자의 환심을 사기 위해 사회적으로 민감한 이슈와 과제는 가능한 회피하고 선심성 사회복지 지출은 적극적으로 확대하는 근시안적인 정치 행위가 만연하였다. 아울러 시민단체, 언론, 학계 등 시민사회가 뉴욕시 재정을 보다 면밀히 감시 · 감독하고 비판하지 않았던 것도 뉴욕시의 재정이 제대로 통제되지 못한 요인 중 하나로 지목된다.

이상에서 언급한 거시적 요인 외에 부적절한 예산회계 운영과 관련된 미시적 요인들도 장기적으로 뉴욕시의 재정을 갉아먹고 나아가 재정위기를 가속화시키는 데 일조하였다. 구체적으로 지적하면, (1) 예산회계 관리 책임(권한 위임)의 모호, (2) 부적절한 재정 견제 균형 시스템 및 재정 보고 체계, (3) 내 · 외부 예산회계 감사 체제 및 관행 취약, (4) 의무적 예비기금 등 적립 미흡, (5) 재정적자 및 채무 관리 체제 미비, (6) 종합적 현금 흐름 분석 · 관리 체제 미비, (7) 예산 집행 부서의 부적절한 사용 관행 등이 그에 해당한다.

뉴욕시는 재정위기가 발생하기 한참 전부터 재정 능력에 비해 지나치게 많은 재정 사업(특히, 사회복지 분야 사업)을 실시하면서 만성적인 재정적자에 시달렸다. 시는 재정적자를 메우기 위해 매년 단 · 장기 채무를 발행하였는데, 그것은 1975년 초에 이르자 사실상 한계점에 달했다. 재정 역량(세입 역량)을 초월하는 과다 지출에 따른 재정적자의 누적과 재정적자를 메우기 위해 지속적으로 활용된 채무의 누적이 거대한 악순환을 하면서 재정 상태가 폭발 직전에 이른 것이다. 악순환 현상이 마지막 단계에 이르자 뉴욕시는 일상 운영에 필요한 현금의 부족에 시달렸다. 급기야는 유동성 문제(현금 흐름이 매끄럽지 못한 문제)가 걷잡을 수 없는 상태로 확대되었다. 뉴욕시의 재정은 거의 질식 상태였고, 사실상 채무 지급 불능 상태였다.

이러한 과정에서 예상치 못했던 오일쇼크가 발생하면서 뉴욕시의 경제와 재정을 강타하였다. 이는 사실상 뉴욕시의 재정위기를 가속화시키는 촉진제 역할을 하였다. 재정위기가 발생하기 직전 몇 년간 뉴욕시는 금융권으로부터 막대한 단기차입을 하였는데, 이는 뉴욕시 재정을 가장 크게 위협하는 위험 요인이 되었다. 설상가상으로 뉴욕시는 오랫동안 내부적으로 부실한 재정 관리를 해왔다. 신용평가 기관 무디스(Moody's, 2015, p. 82)에 의하면 뉴욕시의 고질적인 과다 지출과 예산적자 문제는 1961년까지 거슬러 올라간다. 그때부터 뉴욕시는 경상 지출 수요를 충당하기 위해 빈번히 단기 현금차입을 하였다. 그 결과 채무 잔고는 계속해서 높이 쌓였다. 여기에 불투명하고 부적절한 예산회계 관행이 더해졌다. 이는 실제로 재정적자 상태인 뉴욕시 재정을 마치 균형재정을 유지하는 것처럼 포장해 주었다.

뉴욕시는 뉴욕주 헌법에 의해 의무적으로 균형예산 원칙을 준수해야만 한다. 하지만 뉴욕시는 외형적으로 균형예산을 포장하였을 뿐 실제로(내부적으로)는 균형예산 대신 적자예산을 운영하였다. 그 이면에는 뉴욕시가 분식회계 등 회계 기법을 교묘하게 이용하여 균형예산을 유지하는 것처럼 가장하는 부정직과 불공정이 감추어져 있었다. 뉴욕시는 미래 수입을 과다하게 추정하거나 자본 지출 용도의 자금회계를 경상적 경비(운영경비)로 전용하는 등 편법과 부정직한 방법을 사용하여 외형상 균형재정을 유지하였다. 사실상 편법 · 위법의 예산 활동과 분식회계를 다반사처럼 해온 것이다. 하지만 재정의 수입과 지출의 미스매치(mismatch)가 점점 심해지자 재정적자와 단기채무가 눈덩이처럼 불어났고, 이제는 더 이상 편법 · 위법 행위를 하는 것이 불가능해졌다. 이미 위기와 위험의 판세가 너무 커진 것이다. 뉴욕시의 예산회계는 마침내 한계와 파국에 도달하고 말았다.

재정위기 당시 뉴욕시는 정상적인 재정 운영은 물론 일상적인 운영 경비조차 지불하기 힘든 상황이었다(GAO, *Municipalities in Fiscal Crisis*, 2015, p. 6). 1975년에 이르자 뉴욕시 재정 문제의 심각성을 눈치챈 금융 기관들은 뉴욕시에 더 이상 자금을 빌려주기를 꺼려하였다. 1975년 초 뉴욕시의 단기채 TAN 판매가 자본시장에서 거부(연기)되자 뉴욕시가 자본시장에서 자금을 조달하는 것은 불가능해졌다. 동년 4월 단기 운영 자금 부족의 유동성 경색에 처한 뉴욕시는 다급히 은행과 연기금(pension fund) 융자에 기대려고 했다. 하지만 이 또한 여의치 않았다. 사실상 뉴욕시 재정의 부도 사태를 예견하는 징조였다. 당시 월가(Wall Street)의 주요 은행들이 보유한 채권의 약 20%가 뉴욕시가 발행한 것이었다. 따라서 뉴욕시가 파산할 경우 금융시장이 요동칠 것은 눈에 불 보듯 뻔하였다.

뉴욕시가 가장 다급해진 상황은 그동안 단기차입을 통해 돌려막기 식으로 경상 비용을 메워 왔던 방식이 금융권에서 거부되었을 때이다. 1975년 중반 금융권은 뉴욕시의 단기채무에 대한 연장(roll-over)을 거부하였다. 이는 사실상 뉴욕시의 현금 자금줄을 차단하는 조치였다. 머지않아 뉴욕시의 자금이 고갈되었다. 더 이상 기댈 수단이 없는 궁지에 몰리자 뉴욕시는 할 수 없이 두 손을 들었다. 그러자 주정부가 신속히 뉴욕시 재정 문제에 개입하였다.

뉴욕주는 사태 수습을 위해 1975년 11월 서둘러 모라토리엄법(Moratorium Act)을 제정하였다. 동법의 핵심은 뉴욕시가 안고 있는 단기채무에 대한 채권자의 변제 요구 소송 권한을 3년간 유예하는 것이다(Moody's, 2015, p. 83). 이는 당시에 뉴욕시의 단기채 문제가 얼마나 심각하였는지를 상상하게 해준다. 모라토리엄법에 의해 뉴욕시는 각종 채무 변제를 유예하는 동시에 특정 채무의 변제 기간이 도래하였을 때 해당 채무에 대해 디폴트하였다. 즉, 해당 채무를 변제하지 않았다. 1976년 현재 뉴욕시의 현금 부족은 일반예산 지출의 –8.1%로 타의 추종을 불허하였다.

당시 뉴욕시의 대차대조표를 살펴보면, 1970년대 초부터 재정파탄에 처한 1975년 기간 중에 뉴욕시의 단 · 장기 채무가 얼마나 빠른 속도로 증가하였는

[표 9-2] 뉴욕시의 재정상태표(대차대조표, 1970-1975, 채무(부채) 중심)

	New York City Balance Sheet Items (회계연도 종료 6월 30일, 백만 달러)						
	1970	1971	1972	1973	1974	1975	1970-75 변화
Short-term Debt(단기채무)							
Budget Notes	–	308	461	308	308	–	–
Tax Anticipation Notes	170	206	232	265	317	380	+210
Revenue Anticipation Notes	537	1,096	1,180	887	1,798	2,560	2,023
Bond Anticipation Notes (Including Notes for Limited Profit Housing)	468	587	688	957	909	1,570	+1,103
Urban Renewal Notes	55	94	86	94	84	30	-25
Total Short-term(총단기채무)	1,229	2,291	2,647	2,511	3,416	4,540	+3,311
Long-term Debt(장기채무)							
(Net of Sinking Fund Assets)	4,361	4,714	5,515	6,007	6,734	6,798	2,437
Grand Total(총계)	5,590	7,005	8,162	8,519	10,150	11,338	+5,748

자료: D. Shalala 외, "A STATE SAVES A CITY: THE NEW YORK CASE," *Duke Law Journal*, 1976, p. 1125.

지를 알 수 있다([표 9-2] 참조). 1970년에 55억 9,000만 달러이던 채무 총액이 1975년에는 113억 3,800만 달러로 2배가 되었다. 무엇보다도 주목해야 할 사실은 동 기간 중에 단기채무가 무려 3.7배나 급증(1970년의 12억 2,900만 달러에서 1975년의 45억 4,000만 달러로 급증)한 사실이다. 이는 뉴욕시가 극심한 유동성(현금) 부족에 시달렸고 재정이 심각한 압박 상태에 처하였음을 의미한다. 뉴욕시의 누적 채무액은 1967년에 223억 달러였던 것이 1971년에는 그 두 배가 넘는 512억 6,500만 달러, 그리고 재정파탄이 일어난 1975년에는 약 세 배에 가까운 640억 5,600만 달러로 급증하였다(8년 만에 채무 잔고가 약 3배 늘어난 것이다).

재정위기 발생 전후에 뉴욕시를 이끌었던 시장들(John Lindsay, Abraham Beame)

은 연방정부와 주정부가 적극적으로 나서서 각종 자금을 지원해 줄 것을 간절히 요청하였다. 하지만 그에 대한 상위 정부의 반응은 시큰둥하였다. 이러한 상황에서 불행히도 지역경제 상황이 계속 나빠지는 등 뉴욕시를 둘러싼 환경은 전반적으로 시에 불리한 방향으로 전개되었다. 하지만 이러한 상황적 · 환경적 어려움을 감안하더라도 뉴욕시 스스로가 취한 패착은 전적으로 뉴욕시정의 정치 · 행정적 리더십이 책임을 져야 할 사안이다. 가장 큰 패착 중 하나는 계속되는 재정 상태 악화(적자와 채무 급증)를 막기 위해 시정의 리더십이 적극적인 지출 구조조정을 단행하지 못한 정치적 결단 부족이다. 당시 뉴욕시를 운영했던 정치적 구조와 역량은 각종 이해관계자와 이익집단의 요구와 기득권을 물리칠 수 있을 만큼 견고하지 못하였고, 또한 미래의 비전을 제시하지도 못하였다. 이와 같은 리더십의 취약성은 결국 재정위기가 터지자 부랴부랴 세금을 인상하고 큰 폭의 예산 삭감과 대대적인 구조조정을 단행해야 하는 큰 매를 맞고 말았다. 이는 사실상 모든 국가와 지방정부에 주는 교훈이다.

한 가지 흥미로운 것은 미국, 아니 전 세계에서 가장 큰 도시가 재정위기에 빠졌음에도 불구하고 연방정부가 뉴욕시에 대해 공적 자금을 지원(직접 지원 또는 자금 융자 등)하지 않았다는 사실이다. 당시 행정부 수반인 포드(G. Ford) 대통령은 뉴욕시에 대한 자금 지원 거부 의사를 분명히 했다. 하지만 뉴욕시는 심각한 재정위기를 겪었지만, 결코 파산하지 않았다. 보다 정확히 표현하면, 뉴욕시는 실질적으로는 파산 상태였지만, 기술적 · 형식적으로는 파산하지 않았다. 뉴욕시의 채무 상태가 소위 대마불사(大馬不死)의 형국이었던 것이다.

뉴욕시의 재정위기를 타개하는 방안으로는 연방파산법에 의한 접근보다

[표 9-3] 뉴욕시의 채무 잔고, 1967-1975

(단위: 백만 달러)

연도	장기	단기	합계
1967	14,300	8,000	22,300
1968	16,300	8,600	24,900
1969	11,700	11,700	23,400
1970	18,888	17,811	35,999
1971	25,006	26,259	51,265
1972	23,748	24,705	49,018
1973	23,957	24,705	48,662
1974	24,317	29,543	53,860
1975*	30,124	33,932	64,056

주: 1-6월 물량(volume)에 기초한 연율(annual rate)임.
자료: D. Shalala 외(앞의 논문), p. 1126.

각종 협상을 활용하는 방식이 추진되었다. 그 과정에서 주정부의 도움과 역할이 매우 컸다. 수많은 협상과 우여곡절 끝에 뉴욕시 채권단(금융 기관)은 단기채무(약 23억 달러)의 원금 지불을 유예(moratorium)하기로 합의하였다. 이에 부응하여 뉴욕시는 약 6만 명의 시 고용자를 해고하고 임금을 3년간 동결하는 과감한 조치를 취하였다. 그리고 뉴욕시는 세입 확충을 위해 지방세를 인상하고(소득세 25% 인상 등), 뉴욕시립대학의 등록금도 인상하였다. 아울러 뉴욕시는 공무원의 합의를 얻어 공무원 연금기금으로부터 25억 달러를 차입하였다. 이러한 일련의 조치가 취해지자 연방정부와 미국 의회도 도움의 손길을 뻗쳤다. 재정위기 타개를 위해 뉴욕시에 15억 달러의 단기융자를 해주기로 결정한 것이다. 이에 발맞추어 금융 기관 또한 뉴욕시의 단 · 장기 채무에 대해 재지원해 줄 것을 약속하였다.

이 모든 조치들은 사실상 파산 상태에서 취해지는 것들이었다. 즉, 뉴욕시는 실질적으로 재정파산 상태였지만, 연방파산법원에 파산 보호 신청을 하지 않았기 때문에 적어도 형식적으로는 파산하지 않았다. 아마도 가장 큰 이유는 뉴욕시와 같은 거대도시가 재정파산을 선언할 경우 그 파장이 미국은 물론 전 세계로 확산될 가능성이 크기 때문이다. 아울러 연방파산법에 의한 파산이 진행될 경우 협상 조치(원금 지불 유예 조치 등) 결과에 비해 채권자의 손실이 눈덩이처럼 불어나고 그로 인해 금융시장에 일대 충격이 주어질 가능성이 컸던 점도 연방파산법에 의한 접근을 비켜간 주요 요인으로 간주된다.

뉴욕시의 재정위기를 타개하는 데 결정적으로 중요한 역할을 한 것은 도시지원공사(Municipal Assistance Corporation: MAC)의 창설이다. MAC는 뉴욕시 재정에 깊숙이 개입하였다. 그 중에서도 특히 뉴욕주의 신용 등급을 갖고서 재정위기에 처한 뉴욕시를 대신하여 지방채를 발행하는 것이 가장 중요한 개입이자 역할이었다. 재정위기가 발생하자 뉴욕시의 신용 등급은 곤두박질쳤다. 따라서 뉴욕시가 발행하는 채권은 자본시장에서 거래될 수가 없었다. 그러나 MAC가 본격적으로 활동을 개시하면서 뉴욕시는 마침내 수십억 달러의 지방채를 발행하는 데 성공하였다. MAC의 적극적인 재정 활동 결과 뉴욕시 재정은 채무 변제 불능 상태(insolvent)에서 채무 변제 가능 상태(solvent)로 전환되었다. 그리고 한 걸음 더 나아가 조금씩 재정건전성을 회복하기 시작하였다.

MAC가 뉴욕시가 안고 있는 대부분의 단기채무를 장기채무로 전환하고 지불 이자율을 낮추어 준 것도 뉴욕시의 재정위기 탈출에 큰 도움이 되었다. 이와 같은 파격적인 채무 조건 전환 조치는 뉴욕시로 하여금 채무 변제에 사용될 자금을 시의 재정적자 충당에 사용할 수 있도록 물꼬를 터주었다. 그리고 이는 시의 재정위기 탈출과 재정건전성 회복의 원동력이 되었다. 그 후 뉴욕시 재정이 완전히 정상화되자 임무를 완수한 MAC는 2008년에 해체되었다.

MAC와 더불어 위기에 빠진 뉴욕시를 구해 내는 데 크게 기여한 것은 뉴욕주 재정통제위원회(New York State Financial Control Board: 이하 재정통제위원회라고 함)의 창설이다. 재정통제위원회는 뉴욕주 헌법과 뉴욕주 비상재정법(New York State Financial Emergency Act, 1975)에 근거하여 설치되었으며, 창설 이후 수십 년간 가동되었다. 동 위원회는 뉴욕시 재정위기를 타개하는 실질적인 비상관리 기구로서 뉴욕시의 모든 재정 관련 사항을 관리·감독하는 권한을 부여 받았다. 재정통제위원회의 가장 중요한 미션은 뉴욕시 재정의 균형예산 달성과 재정건전성 확보에 있었다. 따라서 동 위원회는 재정적자의 완화와 채무 감소에 주력하였고, 그에 필요한 각종 행정 및 재정 조치들을 취하였다.

뉴욕시는 뉴욕주 비상재정법에 의해 매년 4개년 재정계획을 수립해서 비상관리위원회로부터 승인을 받아야 했다. 당시 뉴욕시는 1979년 6월 13일부터 1981년 6월 13일까지의 2년 기간 중에 반드시 균형예산을 달성하도록 요구받았다(다만, 자본예산은 제외됨). 1975년에서 1986년 기간 동안 재정통제위원회는 뉴욕시의 예산을 비롯하여 각종 계약과 지방채 발행 관련 사항을 결정(승인, 불승인 등)하였다. 재정통제위원회는 창설된 지 약 40년이 지난 2017년 현재도 존재하고 있으며, 법에 의해 2033년까지 존속하는 것으로 되어 있다.

이와 같이 엄격한 재정 통제가 이루어지면서 뉴욕시에 대한 자본시장의 반응은 차츰 긍정적으로 돌아섰고, 뉴욕시의 신용 등급은 점진적으로 상향조정되었다. 재정위기 발생 후 10년이 되는 1985년을 끝으로(1986년부터 재정위기 상황이 해제됨) 뉴욕시의 재정위기 상황은 사실상 종식되었다. 하지만 재정통제위원회는 계속 존속하는 것으로 결정되었다. 다만, 과거와 달리 위원회는 재정 의사결정에 관한 권한은 행사하지 않고 감독 기능(oversight function)만 담당하는 것으로 조정되었다. 이와 같이 미국에서는 심각한 재정 문제가 발생하면 장기간에 걸쳐 해당 지방정부를 감시 · 감독하고 있다. 이는 향후 우리나라의 지방재정 위기 관리에 시사하는 바가 크다.

뉴욕시의 재정건전성은 1990년대 후반 내지 2000년대 초반에 이르러서야 완전히 회복되었다. 2005년 뉴욕시는 주민투표를 통해 시 헌장(city charter)을 대폭 개정하였다. 개정 내용의 상당 부분은 그동안 재정통제위원회가 주도하였던 각종 변화를 제도화하는 것이었다. 그 중 몇 가지 중요한 사항을 지적하면, 회계연도 말 기준의 운영예산 적자(operating deficit) 금지, 4년 단위 재정계획 수립 의무화, 매 회계연도의 회계 감사 의무화, 단기채무 발행 제한 등이 있다. 이와 같이 엄격한 재정 조치가 취해진 것은 뉴욕시가 1975년도 재정위기와 같은 상황을 다시금 겪지 않도록 방지하는 데 그 목적이 있다.

2) 클리블랜드시 재정위기

오하이오주에서 가장 큰 도시인 클리블랜드시는 1978년 12월에 1,400만 달러의 단기채(short term notes)를 감당하지 못하고 디폴트하였다. 단기채는 6개의 지역은행에 대한 금융 부채였는데, 디폴트 상황이 해소되기까지 약 2년이 걸렸다(이 문제는 1980년 11월에 해결되었음). 클리블랜드시는 디폴트 사태가 있기 한참 전인 1971년부터 매년 일반회계(general fund)의 지출이 수입을 크게 초과하는 재정적자를 보였다. 이를 메우기 위해 시는 조금씩 차입재정을 확대해 나갔다.

당시 시장은 계속 늘어나는 재정적자를 우려하여 증세 계획을 세우고 주민투표에 나섰다. 계획의 핵심은 소득세 세율의 인상(1%에서 1.8%로 약 2배 인상)에 있었다. 하지만 시장은 인상안의 원만한 통과를 위해 주민 환심용으로 재산세 부담을 경감시켜 주는 안도 동시에 주민투표에 부쳤다. 그런데 문제가 꼬여 버렸다. 주민투표 결과 클리블랜드시가 원하는 소득세 세율 인상안은 부결되고, 사실상 클리블랜드시가 원하지 않는 재산세 부담 경감안은 통과된 것이다. 그 후 클리블랜드시는 두 차례에 걸쳐 소득세 세율을 인상하고자 주민투표를 실시하였지만, 다수의 주민들은 그에 대해 동의하지 않았다.

이러한 상황이 전개되자 클리블랜드시는 당면한 재정 부족 문제(일반회계 적자)를 타개하기 위해 지방채 발행에 나서는 한편 보유 자산의 매각에 착수하였다. 대표적인 예로 클리블랜드시는 1972년에 하수종말처리장을 3,200만 달러에 팔았다. 그리고 그 돈으로 일부는 채무 변제에, 일부는 경상예산의 충당에 사용하였다. 또한 1975년에는 도시 교통 시스템(transit system)을 광역 기구(regional authority)에 800만 달러를 받고 매각하였다.

이와 같은 일련의 조치에도 불구하고 재정적자 문제는 해결되지 않았다. 그러자 클리블랜드시는 급기야 일반경상 비용을 충당하기 위해 자금의 사용이 제약된 구속성 채권자금(restricted bond fund monies)을 상수도국으로부터 차입하였다. 그런데 이것이 해를 거듭하면서 해결의 실마리를 잡을 수 없는 큰 골칫거리가 되었다. 이러한 가운데 계속 쌓여만 가는 재정적자 현상은 완전히 구조적 문제로 고착되었다.

클리블랜드시의 디폴트는 근본적으로 매우 부실한 재정 관리에 뿌리를 두고 있지만, 시의 전기 서비스 공급을 둘러싼 정치 · 행정적 문제 또한 디폴트에 일조하였다. 당시 클리블랜드시가 소유하고 운영하는 전력 시스템(Municipal Light and Power Company(MUNY))과 시에 전력을 도매로 공급하는 전력회사 CEI (Cleveland Electric Illuminating Company) 사이에는 오랜 갈등과 분쟁이 존재하였다. 이는 시간이 흐르면서 시의 고질적인 정치 · 행정 문제로 고착되었고, 급기야는 클리블랜드시의 재정을 치명적으로 악화시키는 요인이 되었다. 클리블랜드시의 재정이 극도로 악화되자 채권자인 금융 기관을 비롯하여 시장과 일부 정치 · 행정 지도자들이 클리블랜드시 소유의 전력 시스템(MUNY)을 민간 전력회사(CEI)에 매각하려고 했다. 하지만 이 안은 시민의 강한 반대에 부딪혔다. 1979년 2월에 거행된 특별선거의 일환으로 실시된 주민투표에서 클리블랜드 시민들은 0.5센트의 소득세 신설 제안에는 찬성을 한 반면 전력 시스템의 매각 제안에 대하여는 분명한 반대 의사를 표하였다.

이와 같은 우여곡절을 겪은 다음 사실상 수년간 거의 방치되다시피한 전력 시스템 MUNY의 전력 생산 플랜트는 폐쇄되었다. 이로 인해 클리블랜드시는 CEI로부터 전력을 구입하게 되었다. 이 과정에서 법원은 클리블랜드시가 과거 CEI로부터 구입한 전력 사용 대금 1,390만 달러를 지급할 것을 판결하였다.

이와 같은 상황이 전개되자 시의 세수는 감소하고 각종 비용은 급증하여 클리블랜드시의 재정은 압박 상태를 넘어 위기 상황으로 치달았다. 급기야 1977년에 이르자 클리블랜드시의 재정은 파산 일보 직전의 위기에 처하였다. 새로 선출된 시장(1977년에 당선되었음)의 앞에는 1978년 말까지 지불해야 하는 총 3,300만 달러의 대규모 단기채무가 기다리고 있었다. 그 중 1,500만 달러는 지역의 금융 기관에 진 채무였다. 당시 6개 금융 기관 중 5개 기관은 만일 신임 시장이 소득세 인상을 약속해 줄 경우 클리블랜드시가 안고 있는 단기채무를 재조정 내지 연장해 주기로 상호 합의하였다. 그런데 나머지 한 은행이 나서서 소득세 인상안과 달리 시가 소유하는 전력회사 MUNY를 민간 기업인 CEI에 매각할 것을 강하게 요구하였다. 이에 대해 시장은 두 방안 모두를 수용해서 주민투표에 부치기로 금융 기관들과 합의하였다(MUNY 매각, 소득세 세율의 기존 1%에서 1.5%로 인상하는 방안). 이러한 시장의 결정을 확인한 금융 기관들은 주민투표가 있기 전까지는 클리블랜드시의 재정파산을 막을 수 있는 조치를 취하기로 하였다.

이러한 가운데 클리블랜드시의 재정이 최악의 상황으로 치닫는 것을 간파한 신용평가 기관 Moody's는 클리블랜드시의 신용 등급을 A에서 Baa로 낮추었고, 급기야 1978년 중반에는 Ba로 떨어뜨렸다. 이와 같은 신용 등급으로는 클리블랜드시가 자본시장에서 채권 발행을 통해 자금을 모집하는 것이 사실상 불가능하였고, 기존 채무의 연장 및 갱신 또한 매우 어려웠다. 클리블랜드시의 신용 등급은 1978년 11월에 B등급으로 추락한 다음 바로 뒤 12월에 디폴트하였다(Moody's, 2015, pp. 83-84).

1978년 12월 클리블랜드시는 총 3,300만 달러의 단기채무 가운데 1,500만 달러에 대한 변제 시기를 맞이하였다. 당시 시의 재정 상황을 꿰뚫고 있었던 금융기관들은 더 이상 클리블랜드시의 단기채와 재정을 보호하기를 거부하였다. 그러자 클리블랜드시는 1978년 12월 15일에 해당 채무에 대해 디폴트하였다. 디폴트 사태가 발생하자 클리블랜드시가 금융시장과 자본시장에서 단기 · 장기채를 발행하는 길은 완전히 차단되었다.

재정위기가 진행되는 가운데 클리블랜드시는 새로운 시장을 선출하였다. 1979년 11월에 새로 출범한 행정부(Voinovich administration)는 채무 변제에 필요한 재원을 마련하기 위해 세금을 인상하기로 결정하고, 이를 주민투표에 부쳐 통과시켰다. 이와 동시에 클리블랜드시는 주정부에 재정적 도움과 개입을 요청하였다. 이에 대해 1980년 1월 오하이오주는 비상지방재정법(Local Fiscal Emergencies)을 통과시켰고, 이에 근거하여 클리블랜드시에 자금을 융자해 주는 동시에 시 재정의 관리 · 감독에 나섰다. 오하이오주 정부는 클리블랜드시의 재정위기를 타개하기 위해 재정계획 및 감독위원회(Financial Planning and Supervision Commission)를 수립하고, 이를 중심으로 클리블랜드시의 재정회복계획을 체계적으로 지원하였다.

주정부의 재정 관리 하에 들어 간 클리블랜드시는 3개년 재정재건계획을 수립하였다. 그 속에는 비상지방재정법에 의한 주정부 융자(1,500만 달러)가 포함되었다. 주정부의 융자 자금은 시의 재정에 큰 도움이 되었다. 무엇보다도 이를 통해 클리블랜드시가 디폴트하였던 채무를 갚아 나갈 수 있었기 때문이다. 그리고 주정부(재정계획 및 감독위원회)가 클리블랜드시의 채권 발행을 적극적으로 도와준 것도 클리블랜드시의 재정회복에 기여하는 발판이 되었다. 그 결과

시의 신용평가 등급도 조금씩 회복되었다. 구체적으로, 사실상 투자 불가에 해당하는 B등급의 클리블랜드시 신용 등급은 1981년 8월 Ba1으로 상향조정되었다. 그리고 한참 뒤인 1985년 초반에는 Baa등급으로 향상되었다(Moody's, 2015, pp. 83-84).

오하이오주 정부의 지원에 부응하여 클리블랜드시는 그동안 부실했던 재정 관리를 쇄신해 나갔다. 그 요체는 수입과 지출을 포함한 재정 운영 전반에 대한 재정 관리 체제를 새롭게 구축해서 실천해 나가는 것이었다. 그리고 과거 재정위기 이전에 주민투표에서 주민의 동의를 얻지 못하였던 소득세 인상안을 다시 주민투표에 부쳐 통과시키는 것이었다. 당시 재정위기의 심각성을 인식한 다수의 주민들이 세금 인상안에 찬성을 하였는데, 이는 사태의 해결에 큰 도움이 되었다.[3] 그 후 클리블랜드시의 소득세는 재산세수를 추월하면서 시 재정의 핵심 재원으로 자리잡았다.

클리블랜드시가 재정위기를 극복하는 과정에서는 주정부의 재정 지원과 함께 새로 당선된 시장을 중심으로 하는 리더십과 자구 노력이 결정적으로 중요한 역할을 하였다. 새 시장은 재정위기를 극복하는 과정에서 시와 민간 부문의 적극적 협력적 관계 구축을 매우 중요시하였으며, 특히 시와 지역 내 기업 커뮤니티 간의 관계 강화에 역점을 두었다. 그 결과 시와 지역 기업을 연계하는 다양한 관민 파트너십(public private partnership) 프로그램들이 활성화되었고, 이는

3 오하이오주 법에 의하면 지방정부가 소득세(기업 등 법인과 개인의 임금 및 각종 보상에 대한 소득과세)를 인상하고자 할 경우 세율 1%까지는 주민투표를 거치지 않고 실시할 수가 있지만, 그 이상의 세율 부과(인상)에 대하여는 반드시 주민투표를 거쳐야 한다. 당시 소득세 인상 결과 소득세 총액의 76%가 비주민(non-resident)에 의해 부담되는 것으로 파악되었다.

클리블랜드시의 재정위기 극복 과정에서 중요한 역할을 하였다(GAO, *Cleveland's Financial Crisis*, 1996, pp. 16-18).

요약하면, 클리블랜드시가 재정위기를 극복할 수 있었던 요인은 크게 보아 오하이오주 정부의 적극적 지원 정책(재정계획 및 감독위원회 설치 등), 시장을 중심으로 한 강한 리더십, 관민 파트너십 활성화 등으로 압축될 수 있다.

클리블랜드시의 재정위기 원인은 거시적으로 보아 뉴욕시 재정위기와 유사한 면이 많다(미시적으로는 상당한 차이가 있다). 무엇보다도 클리블랜드시의 재정위기가 경상예산(운영예산)의 만성적 적자 운영과 의문시되는 각종 예산회계 운영 관행(부실한 재정 관리)과 깊은 관련이 있는 점에서 뉴욕시 경우와 유사하다. 클리블랜드시는 당시 다수의 중대도시들이 경험한 것처럼 직장 및 고용 감소와 중산층의 교외 이주(교외화) 현상으로 인해 재정이 심각한 타격을 받았다. 예컨대, 클리블랜드시는 경제 · 사회적으로 크게 번성하였던 1950년대에는 인구 90만 명의 대도시였지만, 그 후 지역 쇠퇴 현상을 겪으면서 인구가 계속 감소하여 1990년에는 인구 50만 명(50만 5,616명) 도시로 거의 반 토막이 났다. 그 기간 중에 다수의 주민과 기업들이 도시 외곽으로 이주하는 교외화 현상(도시 외곽의 주택 개발, 쇼핑센터 활성화, 도로 교통망 확충 등에 의한 교외화 현상)이 발생하였다. 이 과정에서 도시 내에는 상대적으로 빈곤한 계층이 잔류하는 현상이 나타났고(빈곤 계층 비율 증가), 아울러 기업이 도시 밖으로 떠나면서 도시 내의 고용기회가 크게 줄어드는 현상이 수반되었다. 이러한 현상은 도시 재정의 세수를 감소시키고, 과거에는 불필요하였던 다양한 재정 수요를 증가시켰다. 예컨대, 지역사회의 침체와 환경 악화, 공가 증가, 상업지역 침체(백화점, 상점 등 폐점 및 축소), 범죄율 증가, 교육의 질 감소, 기타 사회복지 지출 증가 등 각종 부정적 현상과 관련된 재정 지출 수요가 크게 늘어났다.

3) 필라델피아시 재정위기

펜실베이니아주에서 가장 큰 도시인 필라델피아(Philadelphia)시는 1990년대 초에 심각한 재정위기로 일대 홍역을 겪었다. 재정위기가 발생한 원인은 몇 가지 있지만, 일반적으로 장기간 누적되어 온 구조적 예산 문제와 부실한 재정 관리(과도한 적자재정 운영) 그리고 경기 불황 및 단기 유동성 경색 문제가 주된 원인으로 손꼽힌다. 구체적으로, 필라델피아시는 1980년대에 특정 부문을 중심으로 크게 늘어나는 지출 확대를 재정 수입이 충분히 따라잡지 못하다가 마침내 1991년에 재정위기를 맞이하였다. 그 중에는 재분배 성격의 사회복지 지출도 포함된다.

필라델피아 연방준비은행(Federal Bank of Philadelphia)의 보고서(Philadelphia's Fiscal Crisis, 1990, p. 12)에 의하면 필라델피아시 재정위기는 크게 다음의 두 요인에 의해 발생하였다. 첫째 요인은 시 재정이 안고 있는 근본적이고 장기적인 구조적 문제이고, 둘째 요인은 단기 현금 흐름 부족이다. 물론 이들 두 요인은 상호 밀접하게 연관되어 작용하였다. 전자, 즉 구조적 문제는 특정 지출 항목(교도소, 대인 서비스, 가로 및 위생, 건강 · 복지, 각종 부대복지(fringe benefits))이 주도하는 총지출 증가가 물가 상승 및 수입 증가 속도보다 빠르게 진행되면서 재정적자가 차츰 확대된 것을 말한다(1980년대 전체를 통해 조세 수입은 대체로 일정 수준 증가하였지

[그림 9-1] 필라델피아시의 1인당 지출 상대 비교 현황, 1987

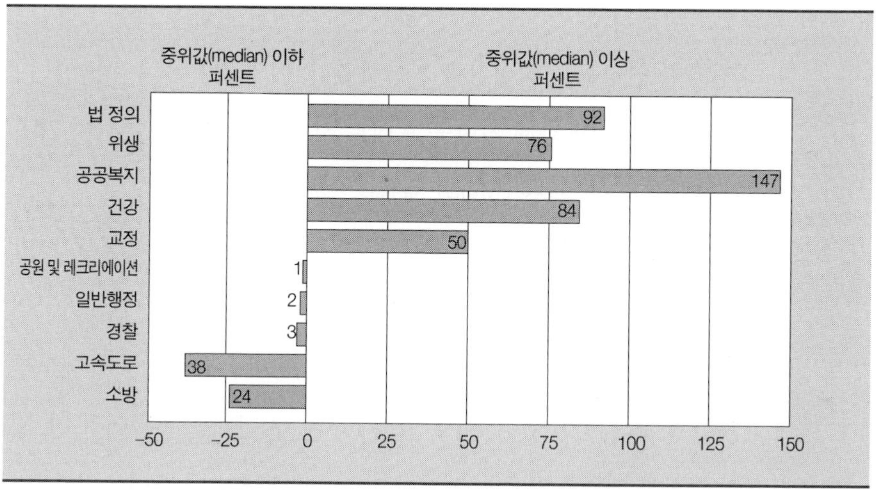

자료: Pennsylvania Economy League(Federal Bank of Philadelphia(1990)에서 재인용).

만, 지출 증가 속도가 워낙 빨라서 세입이 세출을 따라잡지 못하였다). 특히, 필라델피아시의 1인당 재정 지출은 미국 내 주요 대도시에 비해 월등히 높았는데, 이는 [그림 9-1]에 잘 나타나 있다. 예를 들면, 공공복지, 법 정의, 건강, 위생 분야의 경우 필라델피아시의 1인당 지출은 주요 대도시의 1인당 지출 중위값(median)을 크게 상회하고 있다(특히, 공공복지의 경우 압도적으로 높다).

수입 측면에서 재정위기의 단초를 제공한 요인은 다음과 같다. 통상 필라델피아시의 재정 수입은 약 80%의 조세 수입과 나머지 약 20%의 재정이전(연방정부와 주정부) 및 세외수입으로 구성되어 왔다(재정이전 수입과 사용료 · 부담금 등 세외수입을 비교하면 약 6 대 4로 재정이전 수입의 비중이 크다). 조세 수입의 핵심은 소득과세인 임금세(wage tax)인데, 전체 세수의 약 60%를 차지한다. 필라델피아시가 재정위기를 맞기 이전 약 10년(1981-1990) 동안의 조세 수입을 살펴보면, 경기 침체가 있었던 1981년, 1982년, 1990년을 제외하면 조세 수입은 낮게는 1.6%, 높게는 7.9%의 견조한 연평균 실질성장을 기록하였다. 이와 같은 세수 성장이 가능했던 것은 비교적 튼튼한 과세 기반을 토대로 시가 임금세를 비롯하여 각종 기업 활동과 관련된 조세(business taxes)의 세율을 인상했기 때문이다. 문제는 조세 수입에 있지 않고, 필라델피아시 재정에서 꽤 중요한 위치를 차지해 온 연방정부 보조금이 1980년대 중반 이후 크게 줄어든 데 있었다. 그 배경에는 미국의 연방정부가 장기간 운영해 왔던 일반보조금인 세입공유(Revenue Sharing)제도를 1987년에 폐지한 정책 결정이 있다. 이로 인해 1980년대 전체를 통틀어 보면, 필라델피아시의 연방보조금 수입은 실질가치 기준으로 약 30%나 줄어들었다.

이와 같은 세출과 세입 상황을 종합해 볼 때, 세입이 세출을 따라잡지 못하는 재정 불균형, 즉 재정적자 현상이 발생하는 것은 불가피하였다. 재정적자 문제는 특히 재정위기 발생 직전 3년 동안 급격히 악화되었다. 사실, 필라델피아시는 적어도 1980년대 후반에는 당시 점점 심각해지고 있는 재정적자 문제를 해소하기 위해 단 · 장기 재정계획을 수립하고 실천성 있는 노력을 했어야만 했다. 하지만 그렇지 못했고, 또한 기회를 놓쳤다(어떤 면에서는 당시 마땅한 대안을 발견하기가 쉽지 않았던 측면도 없지 않았다).

필라델피아시 일반회계의 재정수지를 보면, 파산 직전 3년 이외에는 대부분(단, 1983년은 예외) 소규모의 재정흑자를 달성하였다([그림 9-2] 참조). 이는 앞서 언급한 바와 같이, 시의 지역경제와 역량을 기본 바탕으로 필라델피아시가 주력 세금을 적절히 인상한 데에 크게 힘입었다. 하지만, 연방보조금이 크게 삭감

[그림 9-2] 필라델피아시 일반회계(General Fund)의 누적 흑 · 적자, 1980-1991

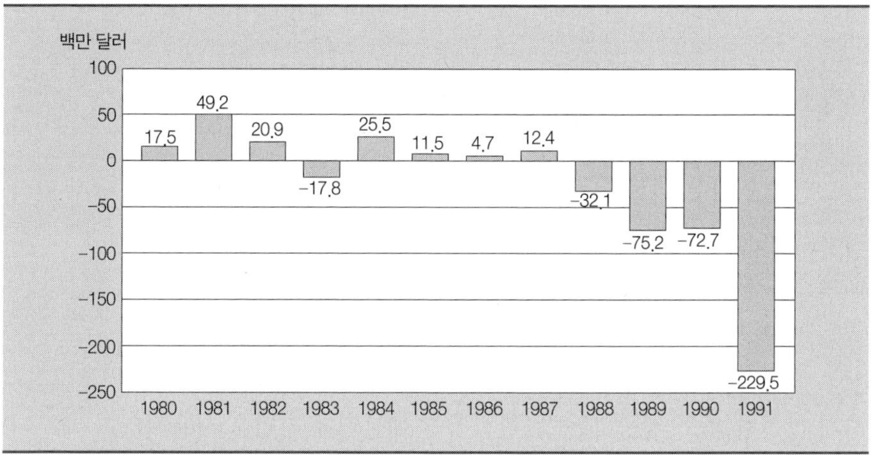

주: 1990년은 추정치이고, 19991년은 전망치임.
자료: Federal Bank of Philadelphia, Philadelphia's Fiscal Crisis, 1990.

[그림 9-3] 필라델피아시 재정의 월간 현금 흐름, 1989. 6-1990. 6

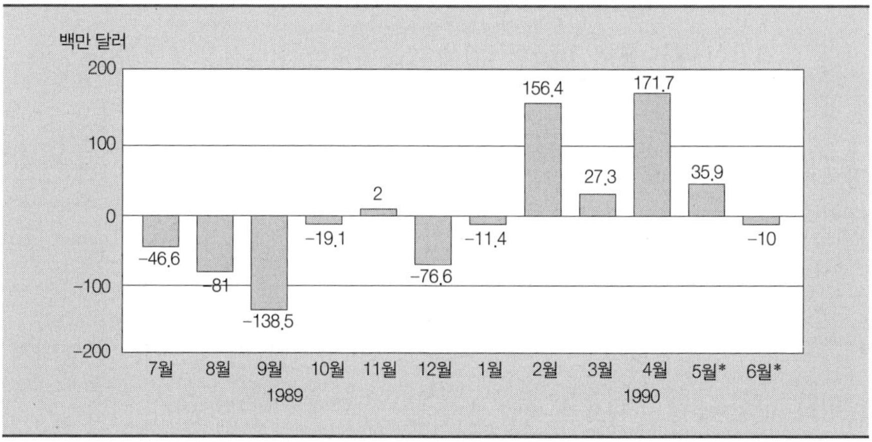

주: *추정치임.
자료: Federal Bank of Philadelphia, Philadelphia's Fiscal Crisis, 1990.

된 1987년 이후부터는 재정의 누적적자가 순식간에 눈덩이처럼 불어났다. 구체적으로 언급하면, 1987년에 1,240만 달러였던 재정흑자는 1988년에 3,210만 달러의 재정적자로 바뀌었고, 그 후 계속해서 1989년 7,520만 달러, 1990년 7,270만 달러의 적자를 나타내었다. 그리고 재정위기가 발생한 1991년에는 무려 2억 2,950만 달러라는 대규모 누적적자 위에 시가 드러눕고 말았다. 이는 당시 필라델피아시 예산의 10%가 넘는 큰 부담이었다.

1991년에 누적적자가 갑자기 큰 폭으로 늘어난 원인은 그동안 시가 균형예산을 형식적으로 맞추기 위해 세수는 과대 추정하고 지출 요인 중 일부는 계상하지 않거나 과소 계상하는 등 편법적인 예산회계 기법을 사용하였기 때문이다. 필라델피아시 헌장은 일반회계의 균형예산을 의무화하고 있다. 따라서 시는 지출이 급증하더라도 예산상의 수입과 지출을 일치시켜야만 한다. 그런데 사정이 여의치 않자 필라델피아시는 균형예산을 수립하기 위해 세입을 과대 계상하거나 세출예산을 과소 계상 내지 감추는 교묘한 예산 기법을 동원한 것이다. 구체적인 예를 들면, 1991년 5월에 필라델피아시 의회를 통과한 1991-1992 회계연도 예산 속에는 공무원 계약이나 법적 쟁송과 연루되어 시가 몇 달 안에 반드시 지출해야 하는 사실상의 의무적 경비들이 전연 계상되지 않았다. 경찰 및 소방 인력의 급여 인상에 대한 경비와 부동산 이전 세금(Real Estate Transfer Tax) 문제와 관련된 합의금 지급 그리고 법원 행정경비 등도 마찬가지였다. 이들은 대규모 예산을 필요로 하는 구속성 지출 항목이었지만, 시 예산에는 반영되지 않았다. 엎친 데 덮친 격으로 세입 부문에서도 문제가 발생하였다. 지역경제의 침체로 세수가 예상보다 저조하게 징수되었고(특히, 주력 세금인 임금세가 경기 변동에 매우 민감하여 큰 영향을 받았음), 주정부 재정 지원 또한 당초 예산보다 감소한 것이다. 이러한 상황은 급기야 필라델피아시 재정에 심한 유동성 문제를 촉발하였다. 요약하면, 세수 감소로 수입이 크게 줄어드는 상황에서 지출 항목 가운데 감추어지거나 과소 편성된 것들이 하나둘 드러나면서 필라델피아시 재정은 심각한 현금 부족과 함께 사실상 위기 상태에 빠져들었다.

필라델피아시는 1991 회계연도를 앞두고 2억 달러 이상의 재정적자(일반회계(general fund) 예산 총계는 21억 달러임)로 신음하였다. 이를 감지한 신용평가 기관 Moody's는 1991년 6월 필라델피아시의 일반보증채권(GO bond) 등급을 비투자 등급(non-investment grade)으로 떨어뜨렸고, 곧이어 Standard & Poor's도 같은 조치를 취하였다. 여기에 더해 필라델피아시의 재정에 결정타를 날린 것은 시가 지난 약 20년 동안 현금 흐름을 원활히 하기 위해 관행적으로 사용해 왔던 단기차입(customary tax anticipation note: 세수예상 단기어음) 시도가 금융 기관(당시 스위스 금융 기관)에 의해 거부된 사태이다.[4] 당시 필라델피아시는 4억 달러의 단기채 발행을 시도하였는데, 자본시장의 반응은 싸늘하였다. 어떤 투자 기관도 단기채의 구매에 응찰하지 않은 것이다. 사실상 필라델피아시의 자본시장 접근이 완전히 차단되고 말았다. 이는 곧바로 필라델피아시의 재정위기를 점화시켰다.

다급해진 필라델피아시는 내부의 각종 기금과 여유 자금 그리고 주가 보

4 참고로 세계의 많은 도시들(우리나라의 도시 포함)은 세금의 징수 시기와 재정 지출 시기 간에 일시적 미스매치가 발생하는 문제를 해결하기 위해 종종 단기차입(일시차입)을 하고 있다. 단기차입은 몇 달 이내에 징수되는 조세 수입을 통해 변제된다. 따라서 단기차입은 세금을 담보로 짧은 기간 동안 자금을 빌리는 재정 행위로 규정되어 지방채에는 포함되지 않는다. 일반적으로 말하는 지방채는 1년 이상의 기간을 변제 기간으로 자금을 직접 빌리거나(loan) 채권(bond)을 발행하는 것을 의미한다.

유하는 연금(예컨대, 교사연금)을 비롯하여 지역은행에 SOS를 보냈는데, 다행히 이들로부터 도움을 받을 수 있었다. 한마디로, 필라델피아시는 동원할 수 있는 모든 수단과 방법을 최대한 활용해서 파산과 같은 극한 상황은 면할 수 있었다. 하지만 디폴트라는 급한 불만 껐을 뿐, 필라델피아시가 안고 있는 구조적 재정 불균형 문제와 심각한 재정 불건전성 문제를 해소하는 데는 아직 그 근처에도 가지 못하였다.

그 후 시는 각종 행정 서비스의 감축 및 중단, 직원 해고, 세금 인상, 지출 구조조정 등 재정위기 탈출을 위해 다방면으로 대책을 강구하였다. 당시 필라델피아시는 부족한 재원을 충당하고자 공무원 연금기금으로부터 자금을 빌렸다. 이때 연금기금을 관장하는 필라델피아 연금신탁(Philadelphia Pension Trustees)은 연리 27.0%의 초고율 이자를 필라델피아시에 적용하였다. 공적 자금이지만 사실상 엄청난 위험 프리미엄(risk premium)을 부과한 것이다.

1991년 펜실베이니아주 정부는 필라델피아시의 재정을 종합적으로 관리할 목적으로 펜실베이니아 정부간협력청(Pennsylvania Intergovernmental Cooperation Authority: PICA)을 창설하였다. 이는 일종의 재정 통제 기구로서 주지사와 주의회의 리더가 지명하는 5명의 위원으로 구성되었다. 펜실베이니아 정부간협력청은 지방채 발행 권한을 비롯하여 모든 시 재정 현안에 대한 검토 권한 그리고 5개년 재정계획에 대한 승인 권한을 보유하였다. 그러나 동 기구는 지방세를 신설할 수 있는 권한은 보유하지 못하였다. 필라델피아시는 이러한 새로운 의사결정 체제 하에서 5개년 재정계획을 수립하여야 했다. 이때 시는 그 속에 자본투자 계획과 채무 재상환 계획 그리고 관련 수입 및 지출 추정치를 담아야 한다. 한편, 매년 시장이 제안하는 예산은 5개년 재정계획에 부합해야 하며, 시의 재정을 통괄하는 재정관리관(city controller)은 '일반적으로 인정되는 회계원리'(Generally Accepted Accounting Principles: GAAP)에 따라 예산회계를 처리해야 한다. 만일 시가 재정계획을 준수하지 않을 경우 펜실베이니아 정부간협력청은 위원의 다수결 투표에 의해 필라델피아시에 지원하는 주 재정자금의 일부를 철회할 수 있다.

1991년 후반에 주와 필라델피아시를 중심으로 재정개혁안이 제시되었다. 그 속에는 안정화자금 마련, 시 보유 자산 매각, 일부 행정 기능의 민영화, 주정부 지원 확대(대인 서비스 부문), 판매세(sales tax) 세율 인상, 경상적자 해소용 장기채권 발행, 독립적 통제위원회 설치(미래에 시가 균형예산을 유지하지 못할 경우) 등이다. 당시 펜실베이니아 정부간협력청은 재정 운영의 효율성에 관한 각종 벤치마킹 사례와 필라델피아시와 다른 주요 도시를 비교하는 보고서를 다수 출간하였다. 특히, 이 과정에서 시민의 시 재정 이해도 향상을 위해 많은 노력을 기울인 점은 주목할 만하다. 이와 같은 주와 필라델피아시의 개혁 조치 그리고 경기회복에 힘입어 필라델피아시의 재정은 조금씩 회복을 해나갔다.

필라델피아시의 재정위기를 통해 많은 교훈과 시사점을 발견할 수 있다. 그 중에서도, 특히 하나를 지적하자면 지방정부가 소득재분배 기능을 담당해서는 안 된다는 점이다. 사회복지를 명분으로 지방정부가 소득재분배 기능을 적극적으로 수행할 경우 결국 재정에 부하가 걸리고 나아가 재정압박 내지 재정위기가 초래될 수 있다는 교훈은 우리가 새겨야 할 대목이다.

4) 수도 워싱턴 D.C. 재정위기

1995년에는 미국의 수도인 Washington D.C.(District of Columbia: 이하 '워싱턴 D.C.'라고 함)가 재정위기에 빠졌다. 워싱턴 D.C.는 재정위기가 발생하기 직전 연도인 1994년에 3억 3,500만 달러의 심각한 예산적자를 기록하면서 채무 상환에 큰 어려움을 겪었다. 워싱턴 D.C.의 재정위기는 지방정부 기능과 재원 조달 시스템의 불균형(부조화)에 의한 구조적 문제가 장기간 지속되는 가운데 부실한 재정 관리, 교외화 현상, 연방정부 규제 등 몇 가지 요인이 복합적으로 가세하면서 발생하였다. 이에 대하여는 본문에서 자세히 언급하고 있다.

미국 의회는 1973년에 수도 워싱턴 D.C.에 홈룰(home rule)을 부여하였다. 이는 기본적으로 워싱턴 D.C.의 자치 권한 강화를 의미하지만(홈룰 부여 이전에 워싱턴 D.C.는 커미션(commission) 체제를 유지하였음), 세부적으로는 여러 가지 문제를 안고 있었다. 새로운 홈룰 체제에 입각해서 워싱턴 D.C.는 선출직 시장과 의회를 구성하고 각종 행정 · 재정 기능을 수행하였다.

워싱턴 D.C.는 미국의 다른 도시들과 달리 시 기능과 일부 주 기능을 동시에 담당하는 독특한 '혼합형 정부 주체'(hybrid entity)의 특성을 지녔다. 문제는 워싱턴 D.C.의 자치 권한이 미국의 다른 주요 도시에 비해 상대적으로 제한적이라는 점이다. 예를 들면, 워싱턴 D.C.는 예산의 운영과 각종 법률의 제정에 있어서 주에 비해 상당히 제한된 권한과 위상을 지녔다. 이와 같이 독특한 지방정부 체제는 시간이 흐르면서 워싱턴 D.C.의 재정위기를 초래하는 근본 원인으로 작용하였다(J. Bouker, *The D.C. Revitalization ACT: History, Provisions and Promises*, 2008,

Appendix One).

워싱턴 D.C.의 재정은 1980년대에는 다소 안정세를 유지하였으나, 1990년대에 들어서면서 조금씩 불안정해졌다. 특히, 1994년에 이르자 운영예산(경상예산)에 적자가 났고, 이듬해 1995년에는 누적적자가 7억 2,200만 달러로 급증하였다. 그러자 신용평가 기관들은 워싱턴 D.C.의 채권 등급을 위험성이 매우 높은 정크(junk) 등급으로 급락시켰다. 그 결과 워싱턴 D.C.는 더 이상 자본시장을 통해 자금을 조달할 수 없게 되었다. 당시 워싱턴 D.C.의 재정은 극심한 유동성 경색으로 사경을 헤매었고, 사실상 파탄지경이었다.

각종 구매 대금을 지급하지 못하는 사태가 발생하였고, 주민의 일상생활에 필요한 기본 행정 서비스의 공급에 차질이 빚어졌다. 당연히 주민의 불평과 불만이 고조되었다. 무엇보다도 심각한 문제는 학교 교육 서비스가 부실해지고 범죄율이 급등하면서 많은 주민들이 인접 지역(메릴랜드주, 버지니아주 근교 등)으로 이주하는 현상이 나타난 것이다(1990-1995년 기간 중에 2만 2,000가구의 5만 3,000명이 역외로 이주하였음). 이와 같은 대규모 인구 이동은 워싱턴 D.C.의 세원을 침식하면서 예산 부족을 초래하였고, 나아가 재정위기를 불러일으키는 데 일조하였다.

당시 워싱턴 D.C.의 재정 심각성은 시가 발행하는 지방채 증권의 신용평가 등급이 잘 말해 준다. [표 9-4]에서 나타난 바와 같이, 워싱턴 D.C.의 신용 등급은 사실상 재정파탄에 이른 1995년보다 크게 앞선 1984년부터 줄곧 취약한 수준이었다(즉, 약 10년 전부터 시의 재정건전성에 문제가 있었다). 워싱턴 D.C.의 재정이 사실상 파탄이 난 1995년에는 지방채 등급이 투기성 등급(Ba/Ba2(Moody's), B(Standard

[표 9-4] 워싱턴 D.C.의 역사적 지방채 등급

Historic Bond Rating for D.C.			
기간	Moody's	Standard's & Poor's	Fitch
2007. 05 - 현재	A1	A+	A+
2004. 04 - 2007. 05	A2	A+ / A	A- / A
2003. 06 - 2004. 04	Baa1	A-	A-
2001. 03 - 2003. 06	Baa1	BBB+	BBB+
1999. 06 - 2001. 03	Baa3	BBB / BBB+	BBB
1998. 03 - 1999. 06	Ba1	BB / BBB	BB+
1995. 04 - 1998. 06	Ba / Ba2	B	BB
1994. 12 - 1995. 04	Baa	A-	BBB+
1984. 11 - 1994. 12	Baa	A / A-	No rating / A-

자료: J. Bouker, *The D.C. Revitalization ACT: History, Provisions and promises*, 2008, p. 116.

& Poor's), BB(Fitch))로 곤두박질쳤다.

워싱턴 D.C.가 심각한 재정적자를 안고 재정파탄에 이른 데는 시의 부실한 재정 관리가 일조하였다. 하지만 그보다 더 본질적인 문제는 워싱턴 D.C.의 세입 확충을 기본적으로 제한하는 연방정부의 규제와 함께 시가 통제할 수 없는 외부(연방정부, 미국 의회)의 힘에 의한 과도한 재정 지출 수요(법적 · 의무적 재정 기능 및 지출 부담)에 있었다. 이에 대해 조금 상세하게 기술하면 다음과 같다.

기본적으로 워싱턴 D.C.의 세입을 지탱하는 것은 조세 수입과 연방보조금이다. 그런데 시는 일반 주와 같은 폭넓은 과세권을 갖지 못하여 조세를 통해 수입을 확충하는 데 근본적인 제약을 갖고 있었다. 워싱턴 D.C.는 지역 외부의 통근 인구가 매우 많아 비주민이 각종 도시 서비스(인프라 포함)를 빈번하게 활용하는 도시이다. 이들 통근 계층은 공공 서비스는 이용하지만, 사실상 그에 대한 비용은 부담하지 않았다. 실제로 이들은 워싱턴 D.C.의 재정 지출을 유발하는 중요한 비용 증가 요인이었다. 이러한 현실에도 불구하고 연방정부는 일부 주와 지방정부에서 흔히 활용되고 있는 비주민 소득세(non-resident income tax)를 워싱턴 D.C.에는 허용하지 않았다(예컨대, 필라델피아시의 경우 근무지가 시내이면서 시 외곽에서 통근하는 사람들을 대상으로 소득세를 부과하고 있다).

여기에 더해 연방정부는 워싱턴 D.C.에 대해 과도한 재산세 감면 요구, 건축물 고도 제한(재산세 수입 감소 요인) 등 다양한 규제를 가하였는데, 이는 시의 재정 수입 확충에 제약 요인으로 작용하였다. 예를 들면, 당시 워싱턴 D.C.의 재산세 평가 대상 중 약 42%가 조세 감면 대상이었다. 이는 다른 도시에 비해 월등히 높은 것으로 시의 세원을 잠식하는 주요 요인이었다. 조세 감면 대상 비율이 높은 이유는 워싱턴 D.C.가 미국의 수도인 관계로 연방정부 자산을 비롯하여 각종 국제기구와 각국 대사관, 기타 주요 공공시설 및 단체 등이 수없이 산재해 있기 때문이다.

지출면에서 워싱턴 D.C.는 주가 아닌 도시임에도 불구하고 막대한 예산이 소요되는 주정부 기능(예컨대, 과도한 Medicaid 비용 분담, 연금 부담에 따른 부채(pension liability) 등)을 담당해야 하는 애로를 겪었다. Medicaid 재정은 기본적으로 연방정부가 재정 부담을 많이 하고 나머지를 주정부가 부담(비연방 분담 부분)하는 방식으로 운영된다. 그런데 미국에서 뉴욕시와 워싱턴 D.C. 두 도시만은 주가 아님에도 불구하고 법에 의해 예외적으로 관련 재정을 부담하도록 조치가 되어 있다. 그것도 뉴욕시는 Medicaid 관련 비용의 25%를 부담하는 데 비해 워싱턴 D.C.는 무려 50%나 되는 높은 비용을 분담하였다. 이는 실로 워싱턴 D.C.

의 재정에 큰 부담과 하중을 가하는 구조적 요인이었다. 한 예를 들면, 워싱턴 D.C.가 민간공급자에게 지급한 Medicaid 지출 비용은 1991-1995년 기간 중에 4억 2,700만 달러에서 7억 4,400만 달러로 급증하였다.

사회복지 지출의 경우에도 워싱턴 D.C.는 미국 내 일반도시들이 주정부로부터 보조금을 지원 받는 것과 달리 자체재원으로 경비를 충당해야 하는 애로를 겪었다. 비슷한 사례는 교육, 도시기반시설, 법원, 공공병원, 교도소, 대학 등 기타 많은 재정 지출 분야에서도 나타났다.

Medicaid 비용 부담 외에 워싱턴 D.C.의 재정에 큰 부담을 준 것은 공무원 연금 부담이다. 여기에는 역사적 배경이 있는데, 그것을 간단히 요약하면 다음과 같다. 워싱턴 D.C.는 1974년에 홈룰 자치권을 부여 받으면서 연방정부의 인력을 인수 받았다. 그런데 불행히도 그 과정에서 연방정부의 재정 지원은 받지 못하고 관련 공무원의 연금 지불 의무만을 떠안게 되었다. 그때 떠안은 소위 '자금 지원 없는 연금부채'(unfunded pension liability)는 무려 20억 달러나 되었다. 이는 1997년에 이르자 약 50억 달러 규모로 급증하였고, 2004년에는 약 70억 달러에 육박하였다.

이러한 수입 · 지출 구조는 경기가 활황이고 재정 수입이 고성장 추세를 보일 경우에는 그런대로 버틸 수 있지만, 그렇지 않은 상황에서는 구조적 문제로 고착된다. 수입과 지출의 미스매치가 계속 확대되면, 결국 어느 시점에서는 폭발할 수밖에 없다. 이러한 폭발 현상이 마침내 1995년에 나타났다. 당시 워싱턴 D.C.의 재정은 심각한 재정적자와 부채 문제로 파탄지경이었고, 이를 현장에서 직접 목도하고 체험한 미국 의회는 본격적인 사태 수습에 나섰다.

당시 미국 의회는 크게 두 가지 선택 방안을 두고 고민하였다. 하나는 워싱턴 D.C.를 연방정부의 직접 관리 하에 두는 방안(federal receivership)이고, 또 다른 하나는 연방정부가 창설하는 통제위원회(control board)를 통해 운영하는 방안이었다. 후자는 과거 재정위기를 겪었던 뉴욕시, 클리블랜드시, 필라델피아시에 적용되었던 주정부 재정통제위원회(state financial control boards)와 거의 같은 방식이다. 앞서 기술한 바와 같이, 뉴욕시 등에서 재정통제위원회 체제가 가동되는 동안 도시의 자치권은 크게 위축되었다.

미국 의회는 과거 대도시의 성공 사례를 검토한 다음 워싱턴 D.C. 재정위기의 대처 방안으로 재정통제위원회 방식을 채택하기로 결정하였다. 그리고 곧바로 1995년에 관련 법을 제정하였고, 그에 근거하여 '워싱턴 D.C. 재정책임 및 관리지원청'(District of Columbia Financial Responsibility and Management Assistance Authority), 즉 속칭 통제위원회(Control Board)가 설치되었다.

통제위원회는 대통령이 임명하는 5인으로 구성되며, 역할은 크게 (1) 주민서비스의 효율적 · 효과적 공급, (2) 적기의 채무 변제와 자본시장 접근성 제고, (3) 장기 경제적 활력 및 운영 효율성 담보, (4) 워싱턴 D.C.와 연방정부의 관계 회복 및 향상 네 가지로 집약된다. 하지만 실질적으로 가장 큰 역할과 임무는 시의 재정건전성을 확보하고 균형재정을 달성하는 데 있다.

통제위원회 창설 당시 미국 의회는 위원회에 4년의 미션 기간을 부여하면서 그동안 균형재정을 달성하고, 또한 목표 달성 후 기구를 해산하는 계획을 가지고 있었다. 이를 위해 미국 의회는 통제위원회에 워싱턴 D.C.의 예산 승인권(거부권 포함)과 함께 재정계획, 채무 발행, 모든 외부 계획에 대한 검토 권한을 부여하였다. 아울러 시장이 임명하는 주요 인사(특히, 신설된 수석재무관(Chief Financial Officer: CFO) 인사)에 대한 승인권도 통제위원회에 부여하였다. 여기에 더해 통제위원회는 매우 극단적인 상황에서 일정한 조건을 전제로 시의회가 통과한 조례를 승인하지 않을 수 있는 권한도 부여 받았다. 한마디로, 통제위원회는 재정회복이라는 목표 아래 매우 막강하고도 광범위한 권한을 부여 받은 것이다(이는 다시 말해서, 워싱턴 D.C.의 자치권이 크게 제약을 받게 되었음을 의미한다).

강력한 권한을 부여 받은 통제위원회는 먼저 워싱턴 D.C.가 체결하는 각종 계약에 관한 절차와 관련 현안을 개선하고 타개하는 작업에 착수하였다. 진행 과정에서 시장(당시 Barry 시장)이 임명한 주요 보직자(일종의 내각)들이 사퇴하고 교육청장이 해임되는 긴박한 사태가 발생하였다. 아울러 정치적 의문이 있거나 불요불급한 수많은 계약들을 취소하는 등 파격적인 조치들이 취해졌다. 비록 우여곡절은 있었지만, 결과적으로 상당한 금액의 예산 절감 효과가 있었다.

이와 더불어 통제위원회는 구급차량 문제의 해소와 서비스 개선, 일부 행정 기능 및 시설의 민영화, 시의회 승인 지출의 재조정 등 매우 파격적인 행보를 보이면서 워싱턴 D.C.의 재정 건전성과 효율성을 회복하고자 노력하였다. 통제위원회의 전방위적 개혁 조치가 추진되자 시장과 시의회 또한 재정건전성 회복과 재정 관리 권한의 조기 회복을 위해 전에 없었던 조치를 취하였다. 대표적으로, 다양한 복지 프로그램의 감축과 다방면에 걸치는 인력 구조조정이 그에 해당한다.

통제위원회의 많은 조치와 노력에도 불구하고 그것은 단기 구제 조치에 불과하였다. 한마디로, 워싱턴 D.C.가 안고 있는 근본적이고 구조적인 재정 문제를 해소하기에는 역부족이었다. 그 이유는 앞서 언급한 바와 같이, 워싱턴 D.C.의 재정위기가 세입과 세출의 미스매치(연방정부 등에 의한 세입 확충의 기본 제약, 과도한 의무적 재정 지출 부담에 의한 세입 · 세출의 불균형)에 따른 구조적 재정적자 요인에 의해 발생하였기 때문이다. 아울러 워싱턴 D.C.가 재정 문제로 신음하면서 공공 서비스의 질과 양에 문제가 발생하자 상당수 주민이 비교적 생활 여건이 좋은 인근 지방정부로 이주를 한 것도 시 재정에 부담을 가중시키는 요인이 되었다. 종합적으로, 세입과 세출 두 부문에서 획기적이고 본질적인 대응책이 마련되지 않는 한 문제의 해결이 어려웠던 것이 당시의 상황이었다.

통제위원회는 1996년 12월에 전략 계획(Strategic Plan)을 제시하면서 워싱턴 D.C.와 연방정부 간의 재정 관계를 워싱턴 D.C.에 유리한 방향으로 개선하고자 시도하였다. 계획의 핵심 중 하나는 그동안 워싱턴 D.C.에 과도하게 부여된 주정부 수준의 의무적 기능과 재정 부담을 완화하는 것이었다. 이는 워싱턴 D.C., 연방정부, 연방의회(미국 국회)의 3자 간 협력과 조정을 필요로 하였으며, 그 중에서도 특히 연방정부의 의지와 역할이 중요하였다. 다행히 때마침 새로 출범한 클린턴 행정부(Clinton Administration)가 워싱턴 D.C.의 재정 문제를 근본적으로 점검해서 개선해야 한다는 인식과 필요성을 강하게 가지고 있었다. 실제로 클린턴 행정부는 워싱턴 D.C.와 연방정부 간의 관계를 전면적으로 재검토하는 한편 깊은 수렁에 빠진 워싱턴 D.C.의 구조적 재정 문제를 해결할 수 있는 보다 근본적인 정책 대안을 마련하기 위해 발 벗고 나섰다. 그것은 1997년 1월에 클린턴 행정부가 공식적으로 발표한 '재활성화(재생) 계획'(Revitalization Plan)에 집약되어 있다.

재활성화 계획이 최종적으로 법률(Revitalization Act)로 확정되기까지는 연방정부와 워싱턴 D.C. 그리고 미국 의회 간에 수많은 협상이 추진되었고, 그 과정에서 갈등 양상도 표출되었다. 하지만 결국에는 그 모든 것들이 극복되었고, 마침내 1997년 여름에는 모든 이해 주체들이 거시적으로 수용하는 확정안이 도출되었다. 그것은 클린턴 행정부가 처음에 제시한 기본 골격과 주요 내용을 유지하면서 일부 내용에 변화를 주는 형태로 구체화되었다. 그 핵심은 워싱턴 D.C.가 담당해 왔던 주정부 유사 기능(의무)을 상당 부분 덜어 내고 각종 연방정부 지원 프로그램을 활성화시켜 가능한 빨리 재정건전성을 회복하고 중장기 지속 가능성을 확보하는 데 있다.

재활성화(재생) 계획은 크게 보아 국가 수도로서의 워싱턴 D.C. 재활성화와 홈룰의 미래 발전적 개선 두 가지 핵심 사항에 중점을 두었다. 연방정부는 이들을 구체화하는 방안 내지 전략으로 다음의 네 가지 사항을 강조하였다(Bouker의 앞의 책 참조).

(1) 1974년 이후 워싱턴 D.C.가 담당해 왔던 도시, 카운티, 주의 혼합적 기능 및 책무에 대한 구조 개편
(2) 워싱턴 D.C.의 자본투자(인프라) 개선을 위한 대규모 예산 투입
(3) 워싱턴 D.C.의 경제적 기반 강화를 위한 다양한 메커니즘 수립
(4) 워싱턴 D.C.의 행정 효율성 및 대응성 향상에 필요한 각종 전문가 및 재정의 최대 지원

이와 같은 정책 구상을 토대로 그동안 워싱턴 D.C.가 안고 있었던 주요 재정 부담(법원 운영 비용, 교도소 및 수감자 관련 비용, Medicaid 비용 분담, 연금 채무 등)을 대폭 줄이는 대신 연방정부의 부담은 크게 늘리는 구체적인 조치가 이루어졌다. 대표적인 예로, 워싱턴 D.C.의 Medicaid 비용 분담을 과거 50% 수준에서 30% 수준으로 대폭 인하하고, 막대한 공무원 연금 부채에 대해 연방정부가 50억 달러(이는 당시 워싱턴 D.C.의 1년 예산과 맞먹는 규모임)를 떠안는 조치가 취해졌다. 특히, 공무원 연금과 관련하여 그동안 워싱턴 D.C.가 부담해 왔던 경찰공무원, 소방공무원, 교사, 판사 등에 대한 행정 · 재정 책임이 연방정부로 이양되었다.

그러나 통제위원회가 제시하였던 워싱턴 D.C. 채무의 연방정부 인수 문제는 연방정부가 끝끝내 받아들이지 않았다. 그 대신 연방정부는 워싱턴 D.C.가 채무를 갚아나갈 수 있도록 4억-5억 달러의 국고 융자를 해주기로 결정하였다. 융자 조건은 15년 상환을 기본 전제로 워싱턴 D.C.의 신용도 개선 여부에 따라 재지원하는 옵션을 첨부하였다.

워싱턴 D.C. 재활성화 계획이 현실화되면서 워싱턴 D.C.는 유동성 경색 문제(현금 흐름 문제)로부터 벗어날 수 있었고, 나아가 다양한 방식으로 재정건전성 회복을 모색할 수 있었다. 그것은 무엇보다도 재활성화 계획이 실천에 옮겨지자 워싱턴 D.C.의 신용 등급이 소위 쓰레기 등급(투자 불가 상태)에서 차츰 투자 가능 등급으로 전환되었기 때문이다.

재활성화(재생) 계획에는 워싱턴 D.C.의 도로, 교량, 대중교통 등의 유지 관리 및 건설 비용을 연방정부가 지원해 주는 내용이 포함되었다. 당시 워싱턴 D.C.는 동 계획을 토대로 총 14억 달러의 막대한 연방자금을 확보하였다.

워싱턴 D.C.의 경제 기반 강화 분야에서는 도심 지역의 투자 활성화를 위한 조세유인(tax incentives) 제공과 빈곤 지역 개발이 중심을 이루었다. 아울러 워싱턴 D.C.는 연방정부와 민간 자원을 끌어들여 민관 합작 공기업인 경제개발공사(Economic Development Corporation: EDC)를 설립하였고, 이를 통해 워싱턴 D.C.의 지역경제 활성화를 도모하였다. 특히, 이 과정에서 지역의 기업 커뮤니티가 적극적인 역할을 하였다. 당시 연방정부는 총 3억 달러의 보조금과 조세유인을 워싱턴 D.C.에 제공하였다. 그 중 2억 5,000만 달러는 워싱턴 D.C.의 경제 기반 강화를 위한 고용 창출 관련 자본투자 조세유인이고, 나머지 5,000만 달러는 경제개발공사의 자본화(capitalization) 지원 자금이다. 그리고 연방정부는 워싱턴 D.C.의 조세 행정을 개선하기 위해 다각도에서 기술 지원을 하는 한편 국세청(IRS)을 통해 워싱턴 D.C.의 연간 소득세 징세 비용을 크게 줄여 주었다.

이와 같은 연방정부의 전방위 대규모 지원 프로그램이 진행되는 과정에서 워싱턴 D.C.는 일부 영역에서 연방정부와 미국 의회에 양보를 하고 손해를 보기도 했다. 그 중에서도 시가 오랜 고민 끝에 양보하기로 결정한 것은 연방정부 지원금(Federal Payment), 즉 보조금의 포기 문제이다. 연방정부 지원금이란, 연방정부가 워싱턴 D.C.의 과도한 행정 · 재정 기능을 감안하여 그동안 매년 시에 포괄적으로 재정 지원을 해주던 것으로 일종의 일반보조금이다. 연방정부 지원금 문제를 둘러싸고 워싱턴 D.C. 내부에서 여러 가지 의견이 분분하였지만, 연방정부가 제시한 각종 우혜 조치를 감안할 때 궁극적으로 그것을 거부하기가 어렵다는 결론에 도달하였다.

재활성화 계획이 실천에 옮겨지자 미국 의회는 마침내 워싱턴 D.C.의 행정

워싱턴 D.C. 재정위기: 기능 배분과 재원 배분의 부조화

워싱턴 D.C.(Washington D.C.)는 지방정부(도시정부)이면서 주와 연방정부의 기능을 일부 담당하는 소위 하이브리드(티기) 지방정부(hybrid municipal entity)로서 근본적이고 구조적인 재정 문제를 안고 있었다. 워싱턴 D.C.의 재정위기에 대해 정곡을 찌르면서 문제 해결에 나선 것은 클린턴 행정부(Clinton Administration)이다. 당시 클린턴(B. Clinton) 대통령은 워싱턴 D.C.에 대해 "주정부라고 말하기도 그렇고 그렇다고 지방정부(도시)도 아니고, 또한 상당히 독립적인 것도 아니면서 그렇다고 상당히 의존적이라고 말하기도 어렵다"(not quite a State, not quite a City, not quite independent, not quite dependent)라고 말하였는데, 이는 워싱턴 D.C.의 '혼합적 위상'(hybrid status)을 정확히 간파한 것이다.

워싱턴 D.C.는 일반적인 지방정부와 구별되는 미국의 수도적 지위와 상징성 때문에 미국 의회와 연방정부가 적극적으로 나서서 재정위기를 진화시켰다. 대표적으로, 재정통제위원회(financial control board)를 설치하였고, 재정건전화(회생)에 필요한 핵심 법안을 제정하였으며, 각종 재정 지원 패키지를 제공하였다. 하지만 이 과정에서 워싱턴 D.C.는 속수무책으로 자치권을 크게 양보해야 하는 매우 굴욕적이고 불편한 현실과 맞닥뜨려야 했다.

처음에는 미국 의회와 연방정부가 워싱턴 D.C.를 직접 관할하는 방안이 유력한 대안으로 검토되었다(이는 사실상 워싱턴 D.C.의 자치권을 박탈하는 방안이다). 하지만 이러한 미국 의회의 방안에 대해 워싱턴 D.C.가 매우 강하게 반발하고 나섰다. 이를 의식한 미국 의회는 다각도에서 고민하였고, 그 결과 처음보다 다소 완화된 재정통제위원회를 설치하기로 결정하였다(1995년). 재정통제위원회는 설치 후 1990년대 후반 내내 수도 워싱턴 D.C.의 재정을 직접 관리하였으며, 무엇보다도 시의 재정회생(채무 변제와 재정 관리 효과 증진)을 통한 재정건전성 향상에 중점을 두었다.

워싱턴 D.C.에 대한 외부의 재정 관리는 2001년에 워싱턴 D.C.가 4년 연속으로 예산수지 균형을 달성하면서 마침내 종료되었다(이는 미국의 연방회계 기준이 요구하는 요건이다; GAO, 2015, p. 6). 워싱턴 D.C.의 재정위기는 여러 가지 복합적 요인에 의해 발생하였지만, 거시적으로 보면 구조적 문제에서 비롯된 것이라고 진단할 수 있다. 하지만 그것은 인구와 산업 및 지역경제의 중장기 쇠퇴로 말미암아 재정위기를 겪었던 미국 내 대다수 도시의 구조적 문제와는 성격을 달리한다. 워싱턴 D.C.의 구조적 문제는 도시의 기능과 재원 시스템의 미스매치 그리고 자율과 책임의 부조화에서 비롯되었다.

을 장악하게 되었다. 미국 의회 내에 설치된 워싱턴 D.C. 소위원회(D.C. Subcommittee)는 워싱턴 D.C.를 직접 감독하는 기능과 권한을 가졌고, 예산결산위원회는 워싱턴 D.C. 관련 예산을 배정하는 막강한 통제·관리자의 위상을 지녔다. 이와 별개로 미국 의회가 워싱턴 D.C.의 재정회복을 목적으로 수립한 통제위원회는 그대로 가동되었다.

재활성화 계획을 중심으로 연방정부와 의회의 적극적인 지원과 통제가 이루어지자 워싱턴 D.C.의 재정은 애초 통제위원회가 제시한 시기보다 앞서 균형재정을 달성하였다. 워싱턴 D.C.의 재정회복에 결정적인 도움을 준 것은 재활성화 계획을 창의적으로 고안하고 그것을 충실히 실행한 것이라고 평할 수 있다. 하지만 재활성화 계획을 두고 일각에서는 연방정부와 미국 의회가 재정을 잘못 관리한 워싱턴 D.C.를 구제(bail-out)해 준 것이라고 혹평하였다. 아울러 워싱턴 D.C.가 재정회복을 위해 지나치게 많은 자치권을 포기하였다고 비판하는 사람들도 적지 않았다. 어쨌든 워싱턴 D.C.는 원치 않았던 심각한 재정위기를 겪었고, 우여곡절 끝에 차츰 재정건전성을 회복해 나갔다.

3. 미국의 4대 지방정부 파산 사례: 디트로이트시, 제퍼슨 카운티, 오렌지 카운티, 스톡턴시

미국의 지방정부 파산 역사상 가장 규모가 큰 것들은 우연히도 글로벌 금융위기(미국에서는 흔히 1929년에 발생한 대공황에 비유하여 2008년에 발생한 글로벌 금융위기를 대불황(Great Recession)이라고 말한다) 이후에 발생하였다. 구체적으로, 최근 몇 년 사이에 발생한 디트로이트시, 제퍼슨 카운티, 스톡턴시 파산 사례가 그것이다(다만, 미국 지방정부 파산사상 세 번째로 기록되고 있는 오렌지 카운티의 파산은 1990

년대 중반에 발생하였다).

역대 파산 신청 지방정부 가운데 부채 규모가 가장 큰 것은 디트로이트시(2013년, 약 185억 달러(약 21조 원)로 압도적인 1위임)이고, 그 다음으로 제퍼슨 카운티(2011년, 약 42억 달러), 오렌지 카운티(1994년, 약 20억 달러), 스톡턴시(2012년, 약 10억 달러)의 순이다. 오렌지 카운티를 제외하면 역사상 가장 큰 지방재정파산들은 최근 2010년대에 발생하였다. 이 중에서 제퍼슨 카운티와 오렌지 카운티의 재정파산은 단일의 특수한 사건에 의해 발생된 것으로 매우 이례적인 경우이다. 이에 비해 디트로이트시와 스톡턴시의 재정파산은 구조적 문제와 외부 충격이 복합적으로 작용한 전통적 사례에 해당한다.

이러한 사실을 인식하면서 이 절에서는 중장기 구조적 요인과 외부 충격 등 복합적 요인에 의해 재정파산을 겪은 디트로이트시와 스톡턴시의 사례에 대해 기술하고 있다. 그리고 이어서 특수한 요인에 의해 재정파산을 겪은 오렌지 카운티와 제퍼슨 카운티의 사례에 대하여 기술하고 있다.

1) 디트로이트시 사례: 역사상 가장 큰 규모의 지방정부 파산

(1) 개요

미국 중북부의 미시간주에 속하는 디트로이트시는 2013년 7월에 연방파산법원에 파산 보호 신청을 하였다. 디트로이트시의 파산 신청은 미국의 도시 재정파산(municipal bankruptcy) 역사상 가장 큰 규모를 기록하였다. 디트로이트시는 한때 미국 산업 발전의 원동력이었고(자동차 산업 메카), 미국에서 네 번째로 인구가 많았던 도시였다. 도시 발전이 전성기를 구가하였던 1950년대와 1960년대에는 1인당 개인소득이 미국에서 가장 높은 도시 중 하나였고, 도시 기반 시설은 끊임없이 확장되었다. 하지만 1950년대에 약 180만 명이나 되던 대도시는 1970년대와 1980년대에 지역 산업의 쇠퇴를 겪으면서 급격한 인구 감소 현상을 경험하였다(1990년 인구 1.03백만 명). 급기야 파산 신청 당시 디트로이트시의 인구는 약 70만 명으로 크게 축소된 상태였다. 지역경제가 쇠퇴하면서 수십만 채의 공가와 폐가가 속출하였다. 공공 서비스 수준은 크게 열악해졌는데, 그것은 가로등에 불이 켜지지 않는 도로들이 즐비한 사실이 단적으로 말해 준다.

디트로이트시의 경제와 재정에 암운이 드리우기 시작한 것은 일본 자동차 산업이 미국과 세계를 휩쓸면서부터이다. 당시 디트로이트시에 본사를 둔 GM이 휘청거렸고, 이는 시 재정에 치명타를 날렸다. 자동차 산업이 침체하자 도시의 인구가 감소하기 시작하였고, 이는 곧바로 세수 감소로 이어졌다. 이러한 상황에서 거의 모든 재정위기 단체들이 공통으로 경험하는 부실한 재정 관리가 겹쳤다. 그 결과 디트로이트시는 점증하는 재정압박에 시달리게 되었다.

한마디로, 디트로이트시의 재정파산은 미국 자동차 산업의 몰락(구체적으로, GM 사의 파산)에서 비롯되었다고 해도 과언이 아니다. 여기에 디트로이트 도시 재정이 안고 있는 구조적 문제 – 공무원 노조의 지속적인 임금 및 연금 인상, 시 재정이 감내하기 어려운 과도한 연금 부채 축적(경찰관, 소방관, 퇴직 공무원 연금 및 건강보험 관련 부채 95억 달러), 부실 재정 관리 등 – 가 가세하면서 시는 감당 역량을 소진하고 마침내 재정파산을 선언하였다. 아이러니컬하게도 디트로이트시가 역사적 규모의 도시 부채를 안고 재정파산을 선언하게 된 가장 큰 원인 중 하나로 과도한 연금 부채가 지적되고 있다. 이는 디트로이트시의 연간 일반회계 예산(general fund budget)이 11억 달러인 데 비해 공적 연금채 채무(public pension bond debt)가 무려 180억 달러나 되는 사실이 말해 준다(즉, 연금 채무가 일반회계 예산의 16.4배나 된다). 미국의 지방정부 가운데 재정압박을 받는 단체의 상당수가 공무원 연금 부채 문제로 신음하고 있음은 앞서 설명한 바 있다.

디트로이트시의 재정파탄은 한두 해에 이루어진 현상이 아니고, 중장기에 걸쳐 누적되어 온 환부가 마침내 곪아 터진 결과이다. 마치 만성 성인병 환자가 질병 관리를 제대로 하지 않다가 마침내 뇌경색이나 심장마비를 겪는 것에 비유할 수 있다. 디트로이트시가 지난 20-30년간 경험한 경제 · 사회 · 재정적 악순환을 간단히 표현하면, 경제 불황, 인구 감소 → 도시 재정 악화(채무 증가, 재정수지 악화) → 공공 서비스 수준 저하와 복지 재정 수요(높은 실업률과 빈곤층 비율) 증가 → 지역경제 침체 심화와 인구 · 자본 유출 → 세수 급감 · 채무 및 재정수지 급증으로 이어지는 확대지향적 악순환 고리였다. 한마디로, 재정 환경에 심각한 구조 변화가 전개되는 상황에서 공무원의 생산성 향상 노력과 지출 구조 조정을 제대로 하지 않다가 재정의 지속 가능성을 상실한 것이다.

미국의 타임(*Times*) 지는 디트로이트시의 파산 신청 기사를 다루면서 다음과 같은 주요 특징적 현상을 기술하고 있다(*Times*, 2013. 8. 5).

(1) 지난 반세기 동안 과세 기반(tax base)이 절반으로 축소됨.

(2) 지방 인프라 기능이 노후화되고 약화됨(유지 관리 능력 저하 상태).

(3) 이해관계자(시정부, 공무원(노조), 파산 관련 채권자(주요 은행과 수십만 미국 내

투자자)) 간의 재정 재구조화(채무 내용 및 기간 조절 포함)에 대한 의사 수렴이 재정회복의 관건임; 무엇보다도 시의 현직 및 퇴직 공무원(임금, 연금, 각종 복지 혜택), 채권 소유자 두 그룹을 대상으로 하는 시의 협상 조절이 결정적으로 중요함.

(4) 재정파산의 최대 피해자인 지역주민과 디트로이트시 간에 새로운 관계(행정 서비스 질 · 양 저하, 세금 인상 등)를 정립하는 문제가 첨예한 이슈로 대두될 것임.

(5) 연방파산법정에서 신의성실 원칙에 입각하여 시가 채무 변제 불능 상태에 있음을 입증하고, 법원의 재정(채무)조정계획 승인을 거쳐 최종적으로 파산 선고 판결을 받아야 함.

(6) 재정파산 단체, 재정위기 단체의 오명(stigma of bankruptcy)을 벗기 위해 필사적으로 노력해야 함.

(2) 파산 신청 이전의 주정부 개입: 비상재정관리관 체제 가동

2012년 4월 디트로이트시장(Dave Bing)과 9인의 시의회(City Council) 의원이 함께 모여 미시간주 지사(Rick Snyder)와 일련의 협약을 맺었다. 협약의 핵심은 주정부가 디트로이트시의 재정 문제 해소에 도움을 주는 대신 주가 디트로이트시의 재정을 직접 감독하는 것이었다. 협약에 따라 2012년 12월에 주의 재정점검팀이 발족하였고, 이들은 약 두 달간 디트로이트시의 재정 상태를 총체적으로 점검하였다. 재정점검팀은 미시간주 재무관, 미시간 수석재정담당관 및 감사총장(Michigan Chief Financial Office, Auditor General) 등 내부 인사와 외부 재정 전문가로 구성되었다. 2013년 2월 주지사 스나이더는 미시간주가 디트로이트시 재정을 관리할 것을 선포하였다(당시 디트로이트시는 주정부가 설정한 마감 기한까지 주정부의 요구 조건을 충족하지 못하였다). 이어 2013년 3월에는 미시간주 지사가 디트로이트시를 재정위기 단체로 선포하고, 법에 따라 곧바로 비상재정관리관(Emergency Financial Manager)을 디트로이트시로 파송하였다.[5)]

당시 비상재정관리관으로는 수도 워싱턴에서 변호사 활동을 하였던 케빈 오어(Kevyn Orr)가 선임되었다. 그에게는 미시간주 법에 의해 사실상 시장과 의회를 대신하여 디트로이트시의 재정을 총괄하는 권한과 책임이 부여되었다. 비상재정관리관은 디트로이트시가 체결한 각종 계약을 철회하거나 재협상을 하고, 시 소유의 재산을 매각 또는 청산할 수 있는 막강한 권한을 보유하였다. 그리고 선거직 공무원에게도 일정한 과업을 부여할 수 있는 권한도 가지고 있었다. 비상재정관리관이 수행해야 하는 지상과제는 오직 위기에 빠진 도시 재정을 정상적으로 회복시키는 것이다.

2013년 5월 디트로이트시는 비상재정관리관 체제 하에서 시의 재정 상태에 대한 재무 보고를 공시하였다. 그에 따르면 디트로이트시는 현금 흐름상 명백한 부도 상태(채무 지불 불능 상태)였고, 당해 회계연도에 1억 6,200만 달러의 현금 부족이 예상되었다. 그보다 더 심각하고 충격적인 사실은 시의 재정적자 규모가 2개월 이내에 3억 8,600만 달러로 늘어나고, 시 예산의 약 1/3이 퇴직자 관

5 재정위기 단체 선포나 비상재정관리관 선임에 대한 실질적 권한은 주지사에게 있지만, 미시간주 법상 형식적(절차적) 권한은 비상지방재정지원융자위원회(Local Emergency Financial Assistance Loan Board)에 부여되어 있다. 미시간주의 공공법 72(Public Act 72 of 1990)에 의하면, 주정부 산하의 비상지방재정지원융자위원회가 지방정부의 재정위기 상황을 판단해서 선포하고, 아울러 비상재정관리관을 선임하도록 되어 있다.

련 경비(연금, 건강보험 등)에 지출될 것이라는 재정 예측이었다. 2013년 6월 디트로이트시는 연금 지급 의무를 포함한 무담보 채권(unsecured debts)에 대한 채무를 갚지 못하였다. 상황이 너무나 다급해지자 비상재정관리관 오어는 재정파산을 막기 위해 일부 채권자 그룹에게 보유 채권 가액의 10%만을 수용해 줄 것을 요청하였다. 하지만 그것은 일언지하에 거절되었다.

그 와중인 2013년 7월 17일(연방파산법원에 파산 보호 신청을 하기 바로 전날임)에 디트로이트시의 가장 큰 연금기금(municipal pension funds)이 주법원에 소송을 제기하였다. 소송의 목적은 비상재정관리관이 디트로이트시의 재정적자 감축을 위해 시의 퇴직 공무원에게 지급되는 연금과 건강보험을 삭감하지 못하도록 하는 데 있다.

디트로이트시는 비상관리관 체제 하에서 2013년 7월 18일 연방파산법원에 파산 보호 신청을 하였다. 당시 디트로이트시는 약 180억-200억 달러(우리 돈으로 약 20조 원 내외)로 추정되는 천문학적 규모의 채무를 안고 있었다. 이는 미국 역사상 타의 추종을 불허하는 최고 기록이다. 디트로이트시는 파산 채무의 규모뿐 아니라 파산 도시의 인구 규모면에서도 미국 역사상 최고를 기록하였다. 디트로이트시 이전에 파산한 도시들 가운데 인구가 가장 많았던 곳은 캘리포니아의 스톡턴시인데, 당시 스톡턴시의 인구는 약 30만 명이었다. 한마디로, 스톡턴시의 재정파산은 인구나 미국 내 저명도와 도시 역사면에서 결코 디트로이트시의 재정파산과 비교될 수 없다.

(3) 자본시장의 반응

디트로이트시의 재정 상태가 파탄지경에 이르자 자본시장이 크게 요동쳤다. 먼저, 2013년 7월에 디트로이트시가 발행한 채권의 수익률이 급등하였다. 5월 중순에 8.39%이던 수익률이 불과 한 달 만인 6월 중순에 16%로 급등한 것이다. 신용평가 기관 Moody's 등은 디트로이트시가 파산 보호 신청을 할 경우 신용 등급이 급락할 것이라고 경고하였다. 이는 그 후 파산 신청이 현실화되자 실제로 그렇게 되었다.

정치권 일각에서는 대도시인 디트로이트시의 재정파산이 몰고 올 파급 효과를 고려해 연방정부나 주정부의 구제금융(bail out)이 필요하다고 역설하였다. 당시 오바마(B. Obama) 대통령도 디트로이트시 사태에 대해 깊은 관심과 우려를 표명한 바 있다. 하지만 디트로이트시에 대한 구제금융은 여러 가지 이유에서 실현되지 않았다. 가장 큰 이유 중 하나는 지방정부의 재정책임성(fiscal accountability) 원칙을 고수하는 데 있다. 그리고 비록 디트로이트의 파산이 지역과 자본시장에 미치는 영향이 매우 클 것으로 예상되었지만, 1975년도 뉴욕시 재정위기와 비교할 때 그 파급 효과가 상대적으로 작게 전망된 점도 연방정부가 재정 지원을 하지 않았던 이유 중 하나이다.

디트로이트시의 채무 중 상당한 금액이 지방세를 담보로 하는 무한일반보증채권(unlimited general obligation bonds)이었던 것은 사실상 큰 부담이었다. 당시 3억 6,900만 달러로 추정된 대규모 부채를 두고 비상재정관리관 오어는 채권자들에게 액면가의 20% 미만을 변제하는 협상안을 제시하였다. 미국에서 일반보증채는 사실상 지방정부가 붕괴되지 않는 한 변제해야 할 강한 구속성 채무로 지방정부의 신뢰와 자존심을 상징하는 것이다. 그럼에도 불구하고 비상재정관리관은 고육지책으로 일반보증채의 전액을 지급하지 못하는 초강수를 둘 수밖에 없었다.

(4) 파산 관련 법적 과정의 진행

디트로이트시가 파산 신청을 한 다음날인 7월 19일 미시간주 법원(Thirtieth Judicial Circuit Court(Ingham County Circuit Court) of Michigan; Rosemarie Aquilina 판사)은 디트로이트시의 파산 보호 신청이 미시간주 헌법에 위배(특히, 연금 지급에 손상을 가하는 문제가 그러함)된다고 판결하고 주지사에게 파산 신청 철회를 명령하였다. 이에 대해 주지사 스나이더는 불복하고 즉각 상고하였다.

법원의 판결은 주정부나 주의 정치적 하부 기관(political subdivision)이 관련 공무원(고용자)의 연금 계획이나 퇴직제도와 관련된 재정 복지 혜택 문제를 채무불이행과 연계시켜 조정하는 것을 허용하지 않는 미시간주 헌법에 근거를 두었다. 이는 연방파산법원이 심각한 재정위기(재정파산) 상황에서는 매우 예외적으로 공무원 연금과 퇴직자 복지 혜택 문제를 재협상 내지 조정의 대상으로 삼을 수 있도록 허용한 것과 대조된다. 실제로 미국의 많은 정치 지도자들과 지방정부는 공무원 연금 혜택과 관련된 제도를 조정하는 것을 사실상 금기시해 왔다. 당시의 상황은 미시간주 헌법이 보장하는 공무원 연금 관련 기득권의 보장 문제와 재정위기 상황에서의 채무 부담 완화 대책(공무원 연금 관련 계약 사항 조정 등) 간에 첨예한 대립이 전개되는 형국이었다.

그 후 지방법원, 상고법원, 연방파산법원 등 다소 복잡한 법적 판단 절차와 서로 다른 소송(공무원, 퇴직 공무원, 연금기금 등의 주 및 시 상대 소송 포함)이 진행되었는데, 종국에는 연방법원(U.S. District Court for the Eastern District of Michigan)과 연방파산법원이 주도권을 쥐고 문제 해결에 나섰다. 우여곡절 끝에 2013년 8월 2일 연방파산법원은 그동안 진행되었던 일부 사안에 대해 판결을 내리는 동시에 향후 있을 주요 사안에 대한 일정 및 핵심 쟁점을 제시하였다. 당시 제시된 주요 내용으로는, (1) 디트로이트시의 파산 보호 신청을 반대하는 모든 주체의 의견 접수 완료(8월 19일을 기한으로 접수 완료), (2) 반대 의사와 관련된 법정 심리 실시(8월 23일), 그리고 (3) 디트로이트시 채무에 대한 조정계획 제시 마감 기간(2014년 3월 1일) 설정 등이 있다.

디트로이트시의 파산 신청 적격성을 심리한 연방파산법원은 2013년 12월 초에 파산 보호 신청을 인정하는 선고를 하였다. 이러한 법원의 선고가 나자 디트로이트시는 마침내 자동중지(automatic stay)와 채무조정의 혜택을 향유하면서 파산 탈출의 최종 관문인 재정조정계획의 승인을 향해 질주할 수 있게 되었다. 이제 디트로이트시가 주력해야 할 것은 이해관계자(채권자 등)와 채무조정 협상을 성공적으로 끝내고, 각종 자구 노력을 담은 재정조정계획을 잘 수립하는 일이다. 만일 이러한 과정이 연방파산법원과의 상호 조율 속에 순조롭게 진행되고, 그 결과를 연방파산법원이 최종적으로 수용한다면 디트로이트시의 파산 절차는 종료되는 것이다(실제로 디트로이트시는 이듬해 말 이러한 과정을 완수하고 파산 절차를 종료하였다).

2013년 8월 13일, 다양한 이해 주체로부터 각종 의견과 정보를 수집한 연방파산법원 판사(Steven Rhodes)는 디트로이트 파산 보호 신청과 관련된 제반 사안을 법적으로 중재할 중재자(mediator)를 임명하였다. 당시 중재자로는 미시간주 법원 판사인 로젠(Rosen)이 임명되었는데, 그는 중재 업무를 효과적으로 수행하기 위해 다수의 전문가(연방법원 판사, 지방법원 판사, 법학 교수 등 중진 전문가)로 구성되는 중재 팀을 만들었다.

한편, 연방파산법원이 정한 디트로이트시 파산 보호 신청 반대 의견 접수 마감일(8월 19일)까지 총 109건의 반대 건수가 법원에 접수되었다. 그 중 몇몇 굵직한 반대 주체를 언급하자면, 디트로이트시 퇴직 공무원협회(Retired City Employees Association), 디트로이트 퇴직 경찰관 및 소방관 연합협회(Joint Retired Detroit Police and Fire Fighters Association), 디트로이트 소방관협회 및 경찰관협회(Detroit Fire Fighters Association and the Detroit Police Officers Association), 자동차노조(UAW) 등이 있다. 그 외에 많은 개인이 반대 의견과 소송을 제기하였다.

미시간주 검찰총장 Schuette는 디트로이트시의 파산 보호 신청에 대해 공식적으로 이견을 제시하지는 않았다. 하지만 디트로이트시가 파산 절차를 진행하면서 퇴직 공무원의 연금과 각종 혜택에 손상을 가하는 조치를 취할 경우 미시간주 헌법 사수 차원에서 그에 대해 강하게 대응할 것임을 분명히 하였다.

이와 달리 디트로이트시의 공채를 보유하는 채권자 대표와 도시채권 보험회사들은 파산 보호 신청에 대해 반대 의견을 표명하지 않았다. 당시 비상재정관리관이 약 20억 달러에 해당하는 일반보증증권 채무에 대한 변제를 보증해 줄 수 없음을 천명하였음에도 불구하고 파산 보호 신청에 대해 반대하지 않았다(이는 투자자의 입장에서 막대한 손실이 발생할 수 있음을 의미한다). 그 이유는 투자자(채권자)들이 여러 면에서 고심한 끝에 최악의 상황을 면하고자 판단하였기 때문인 것으로 이해된다. 아마도 디트로이트시 재정파산 사태가 발생하기 전에 진행된 캘리포니아주 스톡턴시 등의 사례를 통해 일종의 교훈을 얻은 것으로 보인다. 스톡턴시의 경우 당시 채권 소유자와 보험회사가 합심하여 스톡턴시의 파산 보호 신청 자격 미달을 주장(시의 연방 파산 보호 신청 적격성에 대한 반대)하면서 몇 달에 걸치는 지루하면서도 팽팽한 법적 투쟁을 하였다. 하지만 결과는 아무런 소득 없이 끝이 났다.

연방파산법원은 우선 연방파산법에 근거한 파산 보호 신청에 관한 법적 사항만을 집중적으로 심리하였다. 그 다음으로 연방파산법원은 디트로이트시가 파산 보호 신청 전에 신의성실 원칙에 입각하여 채권자들과 협의하였는지 등 각종 사실을 확인하는 데 중점을 두는 심리를 진행하였다.

이와 같은 일련의 심리 절차를 거친 다음(9일간에 걸쳐 디트로이트시의 파산 신청이 법적으로 타당한지에 대한 적격성 심리(eligibility trial)를 마친 다음) 2013년 12월 3일 연방파산법원은 디트로이트시의 파산 신청 적격성을 인정하는 판결을 내렸다. 판결문에 의하면 디트로이트시의 채무 변제 불능(insolvent) 상태는 분명히 확인되고 인정되었다. 하지만 디트로이트시가 파산 보호 신청 전에 채권자들과 신의성실 원칙에 입각해서 협의하고 노력하였는지에 대하여는 그렇지 못한 것으로 판정하였다. 다만, 연방파산법원은 디트로이트시의 여건상 파산 보호 신청 이전에 수천 명에 이르는 주요 채권자들과 신의성실한 채무조정 협상을 진행하는 것이 사실상 불가능한 현실을 인정하였다.

Rhodes 판사는 공개법정에서 판결의 근거가 되는 134쪽 분량의 법적 소견서(memorandum opinion)와 함께 최종 판결을 하였다. 소견서 속에는 디트로이트시의 재정 상태, 파산 보호 신청 적격성에 대한 법적 판단 기준, 파산 보호 신청에 대한 주요 반대 의견 등에 대한 내용이 상세하게 기술되었다. 특히, 파산 보호 신청 적격성 이슈에 대해 법리적으로 명확히 기술하면서 디트로이트시가 법적 최소요건을 충족하였음을 적시하였다. 그리고 파산 보호 신청 적격성을 둘러싼 다양한 주체의 반대 의견에 대하여는 법적 요건을 심층적으로 분석한 내용을 피력하면서 최종적으로 반대 주장의 법적 근거 부재 내지 사실성 부족을 들어 그것을 인정하지 않았다.

Rhodes 판사는 자신의 파산 보호 신청 적격성 판결이 Chapter 9 파산 진행 절차의 첫 관문에 불과하고, 무엇보다도 중요한 것은 재정(채무)조정계획을 확정짓는 것임을 모든 이해당사자에게 강조하였다. 아울러 채무조정계획이 확정되기 위해서는 이해 주체들 간에 원만한 협상이 진행되어 공감대 있는 합의가 도출되어야 함을 강조하였다.

(5) 자산 매각 등

비상재정관리관 오어는 고가의 시 자산을 매각하고자 하였다. 하지만 일부 자산의 경우 다양한 규정과 규제에 묶여 매각이 여의치 않았다. 대표적인 예로 디트로이트 예술관(Detroit Institute of Arts)에 소장된 예술품들이 그러하였다. 재원 조달에 큰 도움이 되는 고가의 작품들 중 상당수가 주법이나 개인과 시 간의 협약 등에 묶여 매각을 하기가 어려웠다(예술관은 약 6만 6,000점의 고가 작품들을 보유하고 있었는데, 그 중 5%만이 디트로이트시의 재정으로 구입되었다).

이와 관련하여 시가 본격적인 채무조정계획을 수립하는 등 파산 작업이 진행될 때 연방파산법원이 나머지 95%의 예술품에 대해 어떤 입장을 취할지가 초미의 관심사였다. 소장 예술품과 달리 디트로이트시가 소유하는 자산들 중에는 국제공항이나 일부 공원(Belle Isle Park)과 같이 자산의 규모가 크면서 매각이 가능한 것들도 적지 않았다. 그 중 일부는 후일 디트로이트시의 재정건전성 회복을 위해 시장에 매각되었다.

(6) 디트로이트시 채무조정계획 수립과 승인

2014년에 들어서면서 미시간주 의회의 입장은 예전과 달리 디트로이트시에 대해 다소 우호적으로 바뀌었다. 구체적으로, 2014년 5월 미시간주 의회는 디트로이트시의 파산 보호 절차가 원만히 진행될 수 있도록 재정 지원을 포함하는 주요 입법 조치를 해주었다. 여기에는 디트로이트시의 퇴직 공무원제도에 1억 9,480만 달러를 정액으로 지원하는 법률과 함께 디트로이트시의 재정회복을 지원해 줄 감독위원회를 창설하는 법률의 제정이 포함되었다. 그리고 2014년 6월 3일 미시간주 의회는 디트로이트시가 더 이상 파산 절차와 관련된 문제로 시달리지 않도록 일련의 추가적인 입법 조치를 해주었다. 주의회를 통과한 각종 법안에 주지사가 서명을 하면서 문제 해결의 새로운 지평이 열렸다. 이와 같은 미시간주의 전향적인 조치에 탄력을 받은 디트로이트시는 그 후 파산 절차를 종료하고 실질적인 재정회생을 목표로 채권자 및 파산법원과의 협상에 매진하였다.

2014년 10월에는 그동안 연방파산법원의 입장에서 디트로이트시의 채무조정계획(Plan of Adjustment of debts)을 승인하고 파산 탈출(bankruptcy exit)을 허용하는 데 가장 큰 걸림돌이 되었던 문제의 돌파구가 마련되었다. 그것은 다름 아닌 디트로이트시와 인접 3개 카운티(Oakland, Wayne, Macomb Counties)를 포괄하는 광역 상수도 서비스 문제였다. 오랫동안 질질 끌어오던 디트로이트시와 3개 카운티 간의 협상이 타결되고 이들 지역을 연계하는 새로운 광역 상수도 기구(Great Lakes Water Authority)가 탄생하자 한동안 교착 상태에 빠졌던 디트로이트시의 채무조정계획은 마침내 최종 조율 단계를 맞이하였다. 드디어 디트로이트시가 안고 있었던 천문학적 수치의 채무(총 180억 달러)가 조정되고, 미국 역사상 가장 큰 규모의 도시 재정파산이 마침내 긴 터널을 벗어나 광명을 볼 수 있는 새로운 장이 펼쳐지게 된 것이다.

이와 같은 일련의 노력과 과정을 거친 디트로이트시는 2014년 11월 7일 마침내 파산 탈출을 하였다. 연방파산법원이 두 달에 걸치는 법원심리를 마치고 디트로이트시의 재정(채무)조정계획을 최종적으로 승인한 것이다. Moody's (2015)에 의하면 디트로이트시가 지방채 증권 보유자와 합의를 본 결과 최종적으로 지방세 담보의 무한보증 일반채권(GO Unlimited Tax Bonds)과 유한보증 일반채권(GO Limited Bonds)이 각각 원래 가치의 69%와 41%를 회복한 것으로 파악되었다.

(7) 디트로이트시 재정조정계획의 주요 내용과 관련 조치

디트로이트시가 2014년 2월 21일에 연방파산법원(U.S. Bankruptcy Court for the Eastern District of Michigan)에 제출한 조정계획의 주요 내용을 소개하면 다음과 같다(이는 연방파산법원이 2014년 말에 최종적으로 승인한 내용과는 차이가 있으며, 관련 내용이 디트로이트시 홈페이지에 게시되어 있다).

첫째, 시는 향후 10년 이상에 걸쳐 다음의 사업을 중심으로 약 15억 달러 이상을 투자한다. 그것은 (1) 주민을 위한 핵심 공공 서비스의 개선 및 공급(경찰, 소방, 긴급 의료 서비스, 쓰레기 처리 및 가로등 포함), (2) 지역의 성장 및 재개발 강화를 위한 지역주민과 기업의 유지와 유치, (3) 시의 정보 기술 시스템 개선을 통한 효율성 제고 및 비용 절감 등이다.

둘째, 공무원 연금 시스템은 시가 감당할 수 있는 수준으로 유지하고, 시의 퇴직자들이 계속해서 자신의 수요를 충족하고 현재의 삶의 질을 유지할 수 있도록 연금제도를 개선해 나간다.

셋째, 주어진 자원과 수단 내에서 시 재정을 운영하고, 건전한 디트로이트 재정의 기초를 수립하여 실현 가능한 재정 부담을 구현한다. 이때 기본적으로 모든 채권자는 재정조정계획 하에서 원상회복의 권리를 확보하는 것으로 한다. 다만, 무담보(unsecured), 비퇴직자 채권자(non-retiree creditors)에 대하여는 (1) 시가 발행하는 새로운 증권 형식으로 기존 채권의 약 20% 권리 회복, (2) 시 재정 회복과 더불어 세입 증가가 이루어질 경우 그 수혜를 일부 공유하는 권리를 부여한다.

넷째, 인접 지방정부와 광역상수도청 신설에 대해 지속적으로 협의하여 완수한다(이는 2014년 10월에 협의 완료되었다).

다섯째, 채권자의 채권을 최대한 회복하는 협상 방안을 지속적으로 강구(연방파산법원의 중재 포함)하는 동시에 시가 재정 및 채무 부담을 충족하면서 미래 회생을 도모할 수 있는 방안을 강구한다. 이를 위하여 (1) 디트로이트 예술

센터(DIA)의 자산과 연계한 시의 2개 연금기금 자산 확충, (2) 주정부와 일정한 조건 하에 약 3억 5,000만 달러의 연금 관련 자금 지원 확보, (3) 막대한 비용이 소요되는 이자율 스왑(interest-rate swaps)의 해결 방안 강구 등을 추진한다.

(8) 막대한 법률 비용

디트로이트시는 파산 신청으로부터 파산 탈출에 이르기까지 우리 돈으로 2,000억 원이 넘는 상상하기 힘든 막대한 법률 비용을 부담하였다. 각종 법적 절차가 복잡하게 진행되면서 그와 관련된 법률자문 비용과 전문가 활용 비용이 눈덩이처럼 불어났기 때문이다. 이는 미국이 소위 '법률가 사회'(lawyers' society)라고 일컬어지는 한 단면이다. 우리나라의 일반상식으로는 상상조차 하

디트로이트시의 파산 관련 법률 비용 지출

디트로이트시의 공식 자료에 의하면 2013년 10월 현재(파산 신청 적격성 심리 절차가 진행되는 시기임) 디트로이트시는 2,300만 달러의 파산소송 관련 비용을 법률회사, 재정 전문가 등에게 지불하였다. 구체적인 내역을 살펴보면, 법무법인인 Jones Day에 가장 많은 1,100만 달러가 지불되었고, 나머지 금액이 회계 및 투자 관련 컨설팅 회사(Conway Mackenzie 459만 달러(디트로이트 지역 기업 구조조정 전문 기업), Ernst & Young 417만 달러(회계법인), Plante Moran 150만 달러(회계법인), Miller Buckfire 120만 달러(투자은행))에 지불되었다(Wikipedia, "Detroit Bankruptcy," 2016, p. 8).

2013년 12월 31일 현재 디트로이트시의 회계 결산에 따르면 시가 파산 보호 신청과 관련하여 지불한 총전문가 그룹 수수료는 1억 6,491만 달러인 것으로 밝혀졌다. 아울러 디트로이트시는 향후 파산 보호와 재정회복에 있어서 결정적으로 중요한 채무조정계획을 최대한 시에 유리하게 유도하는 데 필요한 각종 자문 비용으로 1억 7,700만 달러를 책정하였다. 그 주요 내역을 보면, Jones Day 법무법인 5,790만 달러, 구조조정 기업 Conway Mackenzie 1,728만 달러, 회계법인 Ernst & Young 2,022만 달러(재무 구조조정), 투자은행 Miller Buckfire 2,282만 달러 등이다(Wikipedia, p. 9).

[표 9-5] 디트로이트시 파산 관련 주요 일지(절차와 사건)

파산 관련 주요 일자	파산 관련 주요 사건
2011년 3월	공공법 4(Public Act 4: PA 4) 제정: 지방재정위기 상황에서의 주정부(주 임명 기구)의 지방재정 관리 권한 대폭 강화(입법 전후 논란 발생)
2011년 11월	디트로이트시장(D. Bing)의 시 재정 상황 경고(현금 부족, 예산 적자 확대)와 주의 비상관리관(emergency manager) 필요성 언급
2011년 12월	미시간주 지사(R. Snyder) 디트로이트시 재정 상태 종합 점검 지시(실무팀 구성)
2012년 3월	미시간주 정부(재무국 주도)의 디트로이트시에 대한 상호 동의협약(consent agreement) 촉구: PA 4에 의한 주의 시정 개입에 대해 시가 동의하도록 종용
2012년 4월	PA 4에 의한 주의 직접적 시정 개입(비상관리관 체제)을 피하기 어렵다는 판단 하에 디트로이트시 시장과 의회가 동의협약을 수용(Bing 시장 협약문 사인) - 주의 완전한 재정 장악 대신 자문위원회(advisory board)의 신설을 통한 주요 재정 의사결정 실시 합의 - 시민사회 중심의 반대 운동 전개(PA 4 폐지 포함)
2012년 8월	미시간 최고법원(대법원)(Michigan Supreme Court)이 PA 4의 적법성 여부를 주민투표(2012년 11월)에 의해 결정할 것을 판결; 미시간주 검찰총장(Schuette)이 주민투표 이전에는 PA 4 제정 이전에 존재하였던 PA 72가 유효함을 선언 - 신법 PA 4 하에서 운영되는 비상관리관은 구법 PA 72 하에서 운영되었던 비상재정관리관(emergency financial manager)에 비해 훨씬 많은 권한을 보유하였으나, 이번 조치로 권한이 축소
2012년 11월	미시간주의 주민투표 결과(52% 대 48%) 문제가 된 PA 4 폐지; PA 4 제도인 비상관리관 대신 구법 PA 72 하의 비상재정관리관 체제 유지
2012년 12월	미시간주는 다시 디트로이트시 재정을 장악하기 위해 새로운 법률 PA 436을 의회를 통해 제정 - PA 436은 PA 4의 내용을 상당 부분 포함하여 주의 재정 관리 권한을 크게 강화한 동시에 주민투표 대상에서 이탈
2013년 2월	주지사 지명 재정점검팀은 시 재정이 '운영 기능 부전'(operational dysfunction) 상태에 있고, 문제 해결을 위한 계획이 사실상 부재함을 천명 - 주지사의 비상관리관 지명 검토 - 시장이 비상재정관리관과의 권력 분할(power sharing)을 제안
2013년 3월	주지사가 파산 전문가 케빈 오어(Kevyn Orr)를 비상재정관으로 지명(PA 436 규정 유효)
2013년 7월	디트로이트시의 파산 신청 방지 소송(주헌법 위반 이유로 주법원에 소송) 제기, 디트로이트시의 연방파산법원 파산 보호 신청(7월 18일)
2013년 12월	연방파산법원의 파산 보호 신청 적격성 인정 판정(Rhodes 판사)
2013년 4월	디트로이트시의 조정계획(plan of adjustment)에 대한 채권자 그룹의 소송 제기
2013년 8월-2014년 9월	관련 소송 진행 및 완결, 자산 매각, 채권자 협의 진행 및 완료
2014년 10월	광역 상수도 기구(Great Lakes Water Authority) 탄생

[표 9-5] 계속

파산 관련 주요 일자	파산 관련 주요 사건
2014년 11월, 12월	연방파산법원의 디트로이트시 파산회복계획(bankruptcy recovery plan) 승인, 디트로이트시의 파산 탈출 공식 선언

주: 디트로이트시 관련 자료를 토대로 필자가 재정리한 것임.
자료: "Detroit bankruptcy timeline of events," *Detroit Metro Times*, 2014. 4. 1(http://www.metrotimes.com/detroit/detroit-bankruptcy-timeline-of-events/Content(2017/01/26)).

기 어려운 일이다. 이러한 사실은 우리가 지방정부 파산제도를 논할 때 외형적 제도의 취지와 절차는 물론 실질적 운영 내용에 대해 면밀히 알아야 함을 시사한다.

수많은 법적 절차, 때로 예상치 못하게 수반되는 수십 건의 관련 소송 진행, 그리고 각종 중재 과정 등에 많은 시간과 거액의 예산이 소요되는 것이 미국 지방정부 파산제도의 현실이다. 특히, 파산 신청을 한 도시가 파산 신청의 적격성을 확보하고, 각종 파산 관련 소송에 승소하고, 시에 유리한 채무조정계획 등을 유도하기 위해서는 거물급 변호사와 쟁쟁한 법률 법인(law firm)을 활용해야 한다. 이로 인해 파산 보호 관련 비용은 급증한다.

예를 들면, 시간당 500-600달러(시급 약 60만-70만 원으로 이틀 수고에 1,000만 원 이상을 지급 받음)의 고급 변호사가 고용되는 것이 한 단면이다. 디트로이트시 자료에 의하면, 유명 법률 법인인 Jones Day에 소속된 3명의 임원(partner)은 최고액을 지불받았는데, 이들에게는 시간당 1,000달러의 보수와 기타 금전적 혜택이 제공되었다(일당 약 1,000만 원의 보수가 지급된 것이다). 하지만 일각에서는 총채무 약 180억 달러(약 20조 원)가 걸린 사안임을 감안하면 그 정도 법률 비용은 충분히 부담할 만한 가치가 있다고 말하기도 한다. 이러한 사실을 인식할 때, 만일 우리나라에서도 지방자치단체 파산제도가 도입된다면 그와 관련된 법률 비용이 크게 소요될 것으로 예상된다.

2) 스톡턴시 사례

(1) 개요

캘리포니아주에 속한 스톡턴(Stockton)시는 2012년 6월 28일 주 수도인 세크라멘토(Sacramento)에 소재한 연방파산법원(Eastern District of California, Sacramento)에 Chapter 9 파산 보호 신청을 하였다. 스톡턴시는 연방파산법원에 파산 보호 신청을 하기에 앞서 캘리포니아주 법이 요구하는 각종 절차를 적법하게 거쳤다. 이 과정에서 캘리포니아주는 가능한 스톡턴시가 파산 보호 신청을 하지 않기를 원했고, 일부 저지하기도 하였다. 하지만 합법적으로 진행되는 파산 보호 신청에 대해 주가 막을 방법이 없었다.

파산 보호 신청을 접수한 법원은 곧바로 스톡턴시의 파산 보호 신청 적격성 심리(Chapter 9 Eligibility Trial)에 착수하였다. 적격성 심리는 여러 차례에 걸쳐 진행되었고, 2013년 3월 27일을 마지막으로 종료되었다. 심리 종료 후 며칠이 되지 않은 2013년 4월 1일(파산 신청 후 약 9개월 경과) 연방파산법원(Christopher M. Klein 연방판사 주도)은 스톡턴시의 파산 신청 청원을 공식적으로 승인하였다. 당시 파산 신청과 관련된 채무 규모는 36억 달러였다(환율 변동에 따라 다르지만 우리 돈으로 약 4조 원이 넘는 천문학적 수치이다).

스톡턴시는 인구 30만 명의 중급 도시로 1990년대 이후 급성장하였다. 1980년에 인구 약 15만 명이었던 시의 인구는 1990년 21만 명, 2000년 24만 명, 그리고 2010년 29만 명의 중견 도시로 빠르게 성장하였다. 스톡턴시의 재정위기는 오래된 재정 관리 부실과 부동산 거품의 합작품인데, 결정적인 계기는 부동산 거품의 소멸에 있다. 지역경제와 부동산 경기가 급랭하는 등 거시경제 환경이 부정적으로 바뀌면서 스톡턴시의 재정 상황은 급격히 악화되었다. 이는 당시 캘리포니아주에서 재정위기를 겪었던 다수의 지방정부들(Vallejo, San Berdinando 등)이 공통적으로 경험한 현상이다.

스톡턴시의 지역경제는 특히 글로벌 금융위기를 전후로 상당히 침체되었다. 당시 통계에 의하면 스톡턴시의 경제는 미국의 일반도시에 비해 상대적으로 성장이 더 침체된 것으로 나타났다. 스톡턴시의 주택 경기는 단기에 급랭하였는데, 일부 지역에서는 주택 가격이 고점 대비 무려 60-70%나 추락하였다. 대규모 주택 가격 하락은 스톡턴시의 기간 재원인 재산세수를 크게 위축시켰다. 그리고 이는 다시 재정수지와 채무 변제 조건을 급격히 악화시켰다. 당시 시의 재정적자는 무려 10억 달러에 달하였다(여기에는 퇴직 공무원 연금 및 건강 보호, 주요 자본투자 관련 채무가 포함되어 있다).

2007년 미국에서 서브프라임 모기지 재정위기(sub-prime mortgage financial crisis)가 발생한 이후 스톡턴시는 부동산 압류처분(foreclosure: 담보권 실행)이 가장 많은 도시 중 하나로 부상하였다. 스톡턴시의 주택 30채 중 한 채가 압류처분 대상이었으니 당시 지역의 부동산 경기가 얼마나 악화되었는지를 짐작할 수 있다. 2006년 가을부터 2007년 가을 기간 중 스톡턴시의 중위 주택 가격은 무려 44%나 떨어졌다. 스톡턴시의 부동산 가치는 1998-2005년 기간 중에 세 배 이상 급상승하는 거품경제의 양상을 보였다. 하지만 그러한 거품은 마침내 2007년에 꺼졌다. 2008년 한 해 동안 스톡턴시의 주택 가격은 39% 떨어졌고, 압류처분 비율은 9.5%로 미국 내 최고 수준이었다. 주택 가격이 폭락하면서 경기가 급랭하였고, 이는 지역경제와 재정 모두를 엉망으로 만들었다. 실업률은 치솟았고(2008년 13.3%), 범죄율도 급증하였다. 포브(*Forbe*) 지는 2009년 스톡턴시를 미국에서 다섯 번째로 위험한 도시로 지목하였다.

스톡턴시의 재정위기는 어쩌면 거품경제와 경제 호황시 재정을 남용하고 미래를 위해 여유 자금을 비축하지 않는 부실한 재정 관리의 전형적인 말로라고 말할 수 있다. 소위 잘 나가던 주택 경기가 급랭하자 경제와 재정에 적신호가 켜졌다. 무엇보다도 시의 기간 재원인 재산세수가 감소하였다. 여기에 더해 캘리포니아 경제의 침체로 주 재정에 빨간 불이 켜지면서 주로부터의 각종 재정 지원이 크게 줄어들었다. 그리고 이는 그동안 방만하게 운영해 왔던 재정 관리의 부작용(과다 지출, 비효율적 재정 관리)과 상호작용을 하면서 시의 재정 상태를 급격히 악화시켰다.

스톡턴시의 재정 상태는 파산 보호 신청 이전에 이미 늘어나는 지출을 수입이 감당하지 못하는 지속 불가능한 적자재정 구조를 형성하고 있었다. 연방파산법원에 파산 보호 신청을 한 2012년 스톡턴시는 2,600만 달러의 예산적자를 안고 있었다. 스톡턴시의 예산적자는 글로벌 금융위기에 의해 직접적인 영향을 받기도 했지만, 그보다는 시의 해묵은 재정 관리 부실에 근본 원인이 있었다. 그 중에서도, 특히 스톡턴시의 재정을 채무 변제 불능 상태로 내몰아친 결

[표 9-6] 스톡턴시의 주요 디폴트 채권

(단위: 백만 달러)

채권 종류	채무 영향
2007 과세 대상 연금의무 채권 Taxable Pension Obligation bonds	$124.28
2004 재정기구리스수입채권 Public Financing Authority Lease Revenue Bonds(주차장)	$31.64
2007 A&B Public Financing Authority Variable Rate Demand Lease Revenue Bonds	$40.36
2009 재정기구리스수입채권 A Public Financing Authority Lease Revenue Bonds	$35.08
2004 재개발청 Redevelopment Agency (Stockton Events Center)	$45.59
2006 재정기구리스수입채권 A Public Financing Authority Lease Revenue Bonds	$12.09
2003 A&B Certificates of Participation(재개발 주택)	$12.97

주: 1) 무디스(Moody's)에 의한 디폴트 정의를 반영하고 있으며, 시는 위에 포함된 7개 시리즈 중 5개의 지원을 유예하였음.
2) 디폴트의 원인으로는 주택 가치와 고용의 심각한 손실, 재산세 수입 상한(제한)제도 하에서의 손실 충당 재원 확보 애로, 충분한 재정 관리 역량 부족 등이 지적되고 있음.
3) 7개 채권 모두의 잔액에 대해 평균 약 50%의 회복률을 기록하였음.

자료: Moody's, 앞의 책(2015. 7), p. 71.

정적인 요인은 실제로 감당이 불가능한 '자금 없는 연금 지불 의무'(unfunded pension obligations)와 퇴직자 관련 지불 의무, 즉 부채 문제였다(이는 향후에도 재정위기의 불씨가 될 가능성이 있다). 파산 보호 신청 당시 스톡턴시가 안고 있었던 연금 및 퇴직 관련 부채는, (1) CALPERS에 대한 자금 없는 연금 비용 부담(unfunded pension costs) 1억 4,750만 달러, (2) 연금부담채권(pension obligation bonds) 1억 2,430만 달러, (3) 변동성 이자율 지불 의무(variable rate demand obligations) 4,040만 달러, (4) 공공시설 사용료 담보 채권(public facilities fees bonds) 3,510만 달러, (4) 도시주차시설채무(parking garage debt) 3,160만 달러로 구성되어 있다. 이러한 사실을 인식할 때, 스톡턴시의 파산 보호 신청을 통한 재정회생의 관건은 대규모 연금 부채를 어떻게 처리하느냐에 달려 있다고 해도 과언이 아니다.

이와 같은 사회 · 경제 · 재정적 상황이 전개되자 스톡턴시는 결국 과중한 채무를 견디지 못하고 2012년 6월 28일 연방파산법원에 파산 보호 신청을 하였다. 스톡턴시의 파산 신청은 당시로서는 미국 역사상 인구가 가장 많은 도시의 가장 큰 채무파산이었다(만일 시가 아닌 카운티까지를 포함한다면 2011년의 제퍼슨 카운티 파산 신청과 1994년의 오렌지 카운티 파산 신청이 스톡턴시의 파산 규모를 능가한다). 그런데 그 기록은 2013년 7월 디트로이트시에 의해 갱신되었다.

스톡턴시의 재정파산을 검토하면서 연금 부채 문제의 심각성을 인식한 연방파산법원(Christopher Klein 판사)은 필요할 경우 스톡턴시가 연금 부담 의무를 삭감할 수 있는 권한, 즉 시가 CALPERS와의 관계를 끊을 수 있는 권한을 파격적으로 부여하였다(CALPERS는 캘리포니아주의 공무원 퇴직금을 관리하는 기구로 미국에서 가장 큰 공적 연금이다). 클라인 판사는 구체적으로 미국의 연방파산법은 재정이 극도로 피폐한 도시(distressed cities)와 존립의 위기에 처한 기업의 희생을 위해 기존의 계약을 파기할 수 있도록 허용하는 조항을 담고 있다고 지적하였다. 그리고 그는 "연금은 조정될 수 있다"(Pensions could be adjusted)라고 말하였다. 그런데 이와 같이 파격적인 권한을 부여하는 판결에도 불구하고 스톡턴시는 실제로 연금 부채 문제에 대해 적극적으로 공략하지 않았다(이는 뒤에서 기술되는 샌버나디노시의 대응 조치와는 크게 차이가 난다).

(2) 파산 신청 내용

스톡턴시에 대한 연방파산법원의 판결은 조금 독특한 측면이 있다. 그것은 전체 재정(예산회계)을 대상으로 파산구제(bankruptcy relief)를 승인하는 일반적인 도시 재정파산과 달리 법원이 시 재정의 일부에 한정하여 파산을 선언한 것이다. 구체적으로, 일반회계(General Fund)에 국한된 파산 승인이 이루어졌다. 이와 같은 법원의 결정은 파산 보호 신청 당시 스톡턴시의 일반회계를 제외한 다른 예산회계(전체 예산 중 2/3 이상을 차지함)는 재정위기로부터 안전한 상태였기 때문이다.

당시 스톡턴시의 총예산 6억 3,300만 달러 속에는 사용 용도가 제한된 자금, 즉 구속성 자금(restricted funds) 4억 5,000만 달러가 포함되어 있었다. 그런데 이들 구속성 자금은 법률에 의해 일반회계의 재정위기를 타개하는 용도로 사용될 수 없는 자금이다. 문제가 된 일반회계는 경찰, 소방, 도서관, 공원 유지·보수, 일반행정, 기타 행정 서비스 등 주로 주민의 생활 안전 및 복지와 직결되는 필수 서비스를 다루는 예산회계이다.

그 후 파산 절차가 진행되면서 스톡턴시와 채권자, 공무원 노조와 퇴직자 그룹, 파산법원 간에 수많은 협상과 조정이 진행되었다. 그 과정에서 행정 서비스가 축소·폐지되고, 공무원의 임금과 경상경비에 대한 조정이 있었다. 파산 소송이 진행되는 동안 연방파산법원은 다른 지방정부 파산 사례와 마찬가지로 수시로 스톡턴시와 채권자 등 이해 주체에게 각종 청문회와 진행 상황 등에 관한 주요 정보를 제공하였다.

이러한 가운데 2013년 10월 4일 스톡턴시 의회는 파산출구(회복)계획(bankruptcy exit plan, bankruptcy recovery plan)을 만장일치로 통과시켰다. 이는 다름 아닌 스톡턴시의 재정조정계획인데, 연방파산법원은 그것을 본격적으로 검토한 다음 이듬해 2014년 10월 30일에 최종 승인을 하였다. 재정조정계획 속에는 지

[표 9-7] 스톡턴시 파산 관련 주요 일지(절차와 사건)

주요 일자	주요 사건
2012년 6월 28일	연방파산법원에 Chapter 9 파산 보호 신청
2013년 4월 1일	연방파산법원(C. M. Klein 판사)의 파산 보호 신청 수용(적격성 인정)
2013년 10월 4일	시 의회의 파산출구계획(bankruptcy exit plan) 승인 지역주민의 3/4센트(cent) 판매세(sales tax) 승인
2013년 11월 18일	파산법원의 스톡턴시 수정 재무제표 및 제1차 채무조정수정계획 승인 (관련 사항의 시의회 승인: 2013년 10월 3일 임시의회)
2014년 4월 15일	시의회가 파산(채무)조정계획에 의한 채권자와의 협약을 승인
2014년 5월 12-14일, 6월 4일	스톡턴시가 제시한 수정 채무조정계획(속칭 'Exit Plan')에 대한 연방파산법원 청문회 진행
2014년 10월 1일	연방파산법원이 파산 상태에서는 기존의 계약 관련 사항을 재조정할 수 있음을 판시; 클라인 판사는 구체적으로 CalPERS(캘리포니아주 공무원 퇴직금 관리 기구) 계약이 반드시 철회되어야 하는 것으로 판결하지 않았고, 스톡턴시는 채무조정계획에 계약 철회를 포함시키지 않았음(시는 공무원 연금 관련 사항은 조정하지 않기로 결정함)
2014년 10월 30일	연방파산법원의 스톡턴시 파산회복계획(bankruptcy recovery plan) 승인(퇴직 공무원 연금 지급 지속)
2015년 1월 20일	유력 채권자(Franklin Templeton Investments)의 스톡턴시 채무조정계획 불복 소송에 대해 연방파산법원이 최종적으로 패소를 확정
2015년 2월 25일	파산 종료(재정조정계획(Plan of Adjustment) 유효) 연방파산법원 판사 클라인의 확정승인명령(Confirmation Order) 서명(2015년 2월 4일): 스톡턴시에 대해 재정(채무)조정계획의 이행 준비를 허용

주: 스톡턴시의 자료를 토대로 필자가 재정리한 것임.
자료: http://www.stocktongov.com/government/departments/manager/bankruptcy 참조.

방소비세인 판매세(sales tax)의 세율 인상, 채권자 권리(스톡턴시의 채무 변제 의무)의 50% 이상 삭감, 퇴직자 건강보험 혜택의 일부 삭감 · 조정 등이 주요 정책 방안으로 포함되었다.

스톡턴시와 디트로이트시의 재정 파산과 지방공무원 연금 및 퇴직 복지 혜택

스톡턴시 이전에도 부동산 경기의 급랭이나 과도한 자본투자 사업으로 인해 재정이 파산 지경에 이른 지방정부가 적지 않았다. 그런데 스톡턴시와 디트로이트시의 파산 사례가 특별히 전국적으로 주목을 끌게 된 것은 역사상 최대의 파산 규모라는 점과 함께 재정위기(파산) 상황에서 과연 연방파산법원이 주법(State law)을 초월하여 공무원 연금을 과감히 손볼 수 있도록 허용할 것인지가 초미의 관심사로 떠올랐기 때문이다. 스톡턴시의 경우 구체적으로 캘리포니아주에 속한 모든 시가 주헌법에 의해 특별보호를 받고 있는 CalPERS에 대한 계약 의무(contractual obligation)를 조정할 수 있는지의 여부가 관건이었다. 결과적으로 연방파산법원은 스톡턴시에 CalPERS와의 계약을 일부 조정할 수 있는 권한과 여지는 부여하였지만, CalPERS에 대한 계약 의무 철회를 적극적으로 판결하지 않았다.

공무원 연금과 헬스케어 혜택(health care benefits)과 관련된 재정 부담 문제는 정도에 차이가 있을 뿐 현재 미국의 대부분 지방정부가 직면하는 골칫거리이다. 한마디로, 이는 지방재정의 뜨거운 감자이자 화약고이다.

이러한 연방파산법원의 결정(재정조정계획 승인)이 이루어지면서 스톡턴시는 마침내 거액의 채무 부담에서 벗어날 수 있게 되었다. 동시에 오랫동안 끌어온 파산 진행 과정에 종지부를 찍고 재정회생의 경로에 진입할 수 있었다. 스톡턴시의 파산 과정은 파산 보호 신청에서부터 파산 종료까지 약 2년 반(28개월)의 긴 기간이 소요되었다(2012년 6월 28일 파산 보호 신청, 2014년 10월 30일 파산 종료).

한 가지 흥미로운 사실은 법원의 파산 승인이 나기 한참 전인 2013년 초부터 자본시장이 채무조정계획의 승인 가능성을 높이 보고 스톡턴시의 신용 등급을 올리기 시작한 점이다. 그리고 연방파산법원의 최종 승인이 떨어지기 전까지 한 유력 기관투자자(Franklin Templeton Investments)가 스톡턴시의 채무조정계획에 불만을 품고 법적 다툼을 포기하지 않은 점도 흥미롭다(이는 다른 대다수 채권자와 전 · 현직 공무원 조직이 스톡턴시와 채권 · 채무에 관하여 합의를 이룬 것과 대조적이다). 하지만 연방파산법원은 최종적으로 스톡턴시의 손을 들어 주었다. 그 결과 투자회사 Franklin Templeton Investments는 2009년에 스톡턴시에 빌려준 무담보 채무(unsecured debt) 3,200만 달러 중 10%에도 못 미치는 30만 달러만 지급 받게 되어 막대한 손실을 보았다. 이 투자회사가 실제로 스톡턴시에 빌려준 총자금은 3,500만 달러인데, 그 중 담보 채무(secured by collateral)에 해당하는 몫은 소송을 통해 회수해 갔다. 전체를 다 합치더라도 투자회사는 스톡턴시의 재정파산으로 인해 빌려준 자금의 불과 12%만 회수하는 대손실을 본 것이다.

클라인 판사는 판결문에서 스톡턴시의 퇴직 공무원들이 시의 재정회복을 위해 파산 진행 기간 중에 감수해 온 고통(건강보험과 관련하여 약 5억 5,000만 달러가 삭감됨)을 감안하여 연금은 지급하도록 결정하였다(건강보험 혜택은 축소하되, 연금은 유지하는 절충안이 채택되었다). 클라인 판사는 조정계획을 승인하면서 노동조합과의 계약이나 공무원 연금을 삭감하는 문제는 미합중국 대법원 판결이나 캘리포니아주 헌법을 감안하여 금번 채무조정계획에서 다루지 않았음을 분명히 했다. 아울러 이들 이슈는 매우 극단적인 상황에서 맨 마지막으로 다루어야 할 사안임을 강조하였다. 채무조정계획은 장기간 진행되는 실천 계획인데, 그에 따르면 최후의 채권 소유자에 대한 지급 의무가 종료되는 것은 2052년으로 예정되어 있다.

파산 절차를 밟으면서 스톡턴시가 지불한 법률 자문 비용은 약 1,400만 달러(환율 변동에 따라 다르지만, 우리 돈으로 약 1,500억 원)나 되는 어마어마한 액수이다. 이는 중소도시들이 연방파산보호제도에 접근하기 어려운 일종의 장애 요인이자 파산 신청에 앞서 매우 신중히 고려해야 할 실질적인 검토 요인 중 하나이다. 제도와 환경이 다른 우리나라로서는 공적 문제의 타결을 위해 법률 자문비로 거액의 예산을 투자하는 데 대해 도저히 이해하기 어려운 면이 있다.

4. 단일의 특수한 사건으로 인한 재정위기 발생: 재정 부실 관리

미국의 재정파산 사례 중에는 재정위기가 구조적 요인이 아닌 지역 특수의 단일 사건(또는 상황)에 의해 발생하는 경우가 적지 않다. 이 경우 통상 주정부는 지방정부의 경영에 직접 개입하지 않는다. 대표적인 사례로 앨라배마주의 제퍼슨 카운티(Jefferson County) 파산 사례, 캘리포니아주의 오렌지 카운티(Orange County) 및 매머드 레이크스 타운(Mammoth Lakes town) 파산 사례를 들 수 있다.

이들 세 파산 사례는 재정위기의 발생 원인과 특성 그리고 위기 해결의 과정 등에서 서로 다르다. 하지만 세 사례는 구조적 요인이 아닌 단일의 고립된 독립적 요인에 의해 재정위기가 초래되었다는 점에서 공통적이다. 그리고 세 사례 모두 재정을 체계적이고 계획적으로 관리하지 못한 점에서 비슷하다. 지금부터는 이들에 관해 기술하고자 한다.

1) 오렌지 카운티: 잘못된 투자가 촉발한 재정위기

캘리포니아주에 속한 오렌지 카운티는 1994년 12월 6일 연방파산법원에 파산 보호 신청을 하였다. 당시 기준으로는 미국의 도시 재정파산 역사상 가장 큰 규모였다. 따라서 미국 사회에 주는 충격도 컸다. 오렌지 카운티의 재정파산은 과거 미국의 일부 중대도시들이 재정위기나 파산 상황에 몰렸던 경험과는 완전히 다른 새로운 것이었다. 오렌지 카운티는 경제 사정이 매우 좋은 교외 지역을 관장하는 지방정부로 재정 구조가 튼튼하고 재정 상태가 매우 양호하였다(당시 미국의 카운티 중 인구 면에서 5위였음).

오렌지 카운티 파산 사례는 미국 역사상 매우 독특하고 거의 유일한 사례로 손꼽힌다. 그것은 재정 담당 책임자가 재정 확충에 과욕을 부린 나머지 막대한 재정 여유 자금을 위험성이 있는 고수익 상품(파생상품, inverse floaters, 장기채권 등)에 잘못 투자하여 천문학적인 금액의 손실이 발생하면서 촉발되었다. 이는 곧바로 카운티를 주체할 수 없는 재정파탄의 수렁으로 몰고 들어갔다. 당시 오렌지 카운티가 입은 손실과 지불해야 하는 채무의 규모가 너무 커서 사실상 파산제도 외에는 구제를 해줄 수단이 없었다. 대안 부재 상태에서 오렌지 카운티는 연방파산법원에 파산 보호 신청을 하였고, 법원은 이를 받아들였다. 이 과정에서 오렌지 카운티의 신용 등급은 투자 부적격 상태, 소위 '정크 수준'(junk status)으로 곤두박질쳤다.[6)]

오렌지 카운티의 재정파탄은 재정 운영과 서비스 공급 등 여러 면에서 카

6 증권은 크게 투자 적격성을 확보하는 고신용 등급(high credit rating) 증권과 디폴트 가능성이 높은 투기적 또는 투자 부적격 등급(speculative or non-investment grade) 증권으로 구분될 수 있다. 'junk bonds'는 후자에 속한다. 대부분의 정상적인 투자 기관들은 junk bonds에 투자를 하지 않지만, 고위험-고수익을 즐기는 극단적 투자가들(위험선호자(risk lover(taker))라고 함)은 junk bonds를 구입하기도 한다. 이로 인해 junk bonds를 '고수익 증권'(high-yield bonds)이라고 말하기도 한다.

운티 자신에게 큰 고통을 준 것은 물론 오렌지 카운티와 연루된 수십 개의 인접 지방정부와 지역주민들에게도 악영향을 미쳤다. 오렌지 카운티가 운영한 투자 자금 속에는 주변의 지방정부로부터 모집한 재정 자금이 대거 포함되었기 때문이다.

오렌지 카운티의 재정위기는 미국 내에서 경제적으로 풍요하고 재정적으로 여유가 있는 지방정부가 파산에 빠진 전례가 없는 사례이다. 카운티의 자금 관리 책임자(시스템)가 결정적인 오판을 해서 카운티 재정이 파탄 나는 사실상 꿈에서도 상상하기 어려운 일이 실제로 벌어진 것이었다. 이러한 전후 사정을 잘 알고 있었던 자본시장은 파산 당시에는 지방채 구매를 기피하였지만, 재정이 빠르게 정상화되자 곧 오렌지 카운티의 지방채 등급을 예전 수준으로 상향 조정하였다. 오렌지 카운티는 파산 후 2년 내에 종전의 신용 등급을 회복하였다. 이는 미국의 지방정부 파산 역사상 가장 예외적인 사례에 해당한다. 그것은 오렌지 카운티의 파산이 전통적인 지방정부 파산과 전혀 다른 특수한 단일 요인에 의해 촉발되었기 때문에 그러하다.

파산 신청 당시 오렌지 카운티는 지방채에 대한 디폴트(채무 불이행)를 선언하지 않았다. 그것은 아마도 오렌지 카운티의 경제와 재정의 기초 체력이 튼튼한 상태에서 일시적 판단 미스로 재정위기가 발생하였고, 시간이 지나면 재정 건전성이 충분히 회복될 수 있을 것이라고 믿었기 때문인 것으로 풀이된다.

오렌지 카운티의 재정파산은 잘못된 자금투자에서 촉발되었다는 점에서 기존의 재정위기 요인(인구 · 사회 · 경제적 구조 변화 요인)과 본질적으로 다르다. 오렌지 카운티의 재정파산은 몇 가지 측면에서 의미 있는 교훈을 남겼는데, 그 중에서 특히 다음의 두 가지를 명심할 필요가 있다. 그것은, 첫째 공공자금에 대한 투자 관리는 민간 자금과 달리 수익률에 집착하거나 위험성을 과소평가해서는 안 된다는 점, 둘째 공공 자금의 투자 관리를 객관적이고 효과적으로 감독할 수 있는 기구나 제도적 장치가 반드시 필요하다는 점이다.

2) 제퍼슨 카운티

앨라배마주에 속한 제퍼슨 카운티의 재정위기는 총체적 재정 관리 부실에서 비롯되었다. 제퍼슨 카운티는 앨라배마주 내에서 인구가 가장 많은 카운티이다. 1996년 제퍼슨 카운티는 낡고 오래된 하수도 시설을 대대적으로 정비하기로 결정하였다. 그런데 이것이 재정위기의 단초가 되었다. 카운티의 재정위기는 단일의 대형 투자 사업을 두고 비용 부풀리기, 각종 낭비와 비효율, 공무원 부정 · 부패 등이 잡화점처럼 뒤섞여 단기간에 폭발적으로 상호 상승적 부작용을 일으키면서 발생하였다. 문제의 핵심은 하수도 시스템을 개량하기 위해 재원을 조달하는 과정에서 고위험성 채권이 거래되고, 관계 공무원들이 부정과 뇌물수수(21명 기소, 뇌물수수 확정 판결)에 연루되는 부실한 재정 관리와 공무원 부패에 있었다.

당시 제퍼슨 카운티는 31억 4,000만 달러의 하수도 관련 채무 문제를 채권자와 합의하려다 실패하자 극심한 유동성 위기에 처하였다. 이때 카운티는 급한 나머지 재무 위험성이 매우 높은 채권스왑협정(bond-swap agreements)을 체결하였다. 그런데 이것이 이미 과다 채무로 자본시장의 불신을 받고 있었던 카운티의 신용 상태를 순식간에 급락시켰다. 당시 세계적 신용평가 회사인 Standard & Poor's는 제퍼슨 카운티의 신용 등급을 투자 부적격 내지 투기 등급으로 급격히 하향조정하였다.

심각한 유동성 부족과 채무압박을 도저히 견딜 수 없는 상황이 전개되자 제퍼슨 카운티는 2011년 11월에 42억 달러의 채무를 안고 연방파산법원에 파산 신청을 하였다. 당시 카운티 채무 총액의 약 3/4에 해당하는 31억 4,000만 달러가 하수도 사업과 관련되었다.

제퍼슨 카운티의 파산 신청 규모는 당시 기준으로는 미국 역사상 가장 컸다. 이러한 상황에서도 앨라배마주 정부는 제퍼슨 카운티의 재정 운영에 큰 개입을 하지 않았다. 그 이유는 제퍼슨 카운티의 재정위기가 구조적 · 복합적 요인이 아닌 단일의 특수한 사건에 의해 비교적 단기에 발생했기 때문이다.[7] 당시 앨라배마주 정부는 파산 문제에 직접 개입해서 카운티 재정을 관리하지 않더라도 자체의 재정 관리 개혁과 사법적 조치를 통해 문제의 해결이 가능하다고 판단하였다. 파산 신청을 한 제퍼슨 카운티는 한동안 공채 발행에 애로를 겪어야 했다. 하지만 제퍼슨 카운티의 재정위기가 장기에 걸치는 구조적 요인에 의해 발생한 것이 아닌 만큼 카운티 재정은 비교적 빠르게 회복되었고, 신용도 또한 점진적으로 회복되었다.

7 단일의 특수한 사건이란, 하수도 시스템을 개량하기 위해 재원을 조달하는 과정에서 고위험성 채권이 거래되고, 관계 공무원들이 부정과 뇌물수수에 연루된 것을 말한다.

3) 매머드 레이크스 타운

캘리포니아주에 속한 매머드 레이크스 타운은 대규모 소송 사건에 패소하면서 재정위기에 휩싸였는데, 이 또한 파산 신청의 특수한 사례에 해당한다. 매머드 레이크스는 캘리포니아주에 속한 타운(town)으로 인구와 재정 규모가 크지 않은 곳이다. 매머드 레이크스 타운은 매우 아름다운 산악 지역에 위치하며, 특히 경치와 스키 명소로 이름나 있다.

매머드 레이크스 타운은 지역의 관광 산업 개발을 위해 개발업자와 대규모의 자산 거래를 하였는데, 그 진행이 잘못되어 거액의 소송 사건에 휘말리게 되었다. 그런데 불행히도 매머드 레이크스 타운은 패소하였다. 법원은 매머드 레이크스 타운으로 하여금 토지 개발업자에게 4,300만 달러를 지불할 것을 판결하였다. 배상 금액은 타운 일반회계(General Fund) 1년 예산(약 2,000만 달러)의 두 배가 넘는 것으로 타운의 형편으로는 도저히 감당할 수 없는 거금이었다. 한마디로, 매머드 레이크스 타운은 자기 힘으로는 도저히 헤어날 수 없는 재정 문제의 늪에 빠졌다. 당시 소도시 재정으로는 감당 불가능한 배상 판결에 대해 매머드 레이크스 타운은 몇 차례에 걸쳐 채권자와 합의를 시도했지만 끝내 실패하였다. 마침내 외통수에 처한 매머드 레이크스 타운은 최후의 수단으로 연방파산법에 기대어 파산 보호 신청을 하기로 결정하였다.

사실, 매머드 레이크스 타운은 파산 신청 이전에 토지 개발업자와 배상 금액을 두고 여러 차례 협상을 벌였다. 하지만 번번히 합의 도출에 실패하였다. 이러한 상태에서 토지 개발업자는 2012년 2월 법원으로부터 매머드 레이크스 타운이 법원의 판결대로 전액을 지불하라는 강제집행명령을 받아 내었다. 매머드 레이크스 타운은 내심 배상 금액 축소를 간절히 원했지만, 민간 개발업자는 그것을 수용하지 않았다. 이와 같은 상황 전개에 위기감을 느낀 매머드 레이크스 타운은 최후의 수단으로 Chapter 9 파산 신청 카드를 끄집어내었고, 2012년 7월 지역 관할 연방파산법원에 Chapter 9 파산 신청을 하였다(이는 지방정부 파산 신청의 다소 독특한 사례에 해당한다).

파산 보호 신청이 접수되자 연방파산법원은 매머드 레이크스 타운에 자동중지 조치를 적용하였다. 그 결과 토지개발업체는 타운에 대한 채무 환수 활동을 잠정적으로 중지해야만 했다. 이는 매머드 레이크스 타운으로 하여금 판결 배상 금액을 줄일 수 있는 대안을 모색하고 재정회생계획을 준비할 수 있는 시간적 여유를 제공하였다. 매머드 레이크스 타운은 최소한 배상금 지불압박을 일정 기간 연기할 수 있는 특혜를 누리게 될 뿐 아니라(자동중지 조치 혜택) 향후 파산 보호 신청 적격성 승인, 채무조정계획 승인 등이 순조롭게 진행될 경우 배상 금액을 크게 탕감 받을 수 있는 가능성도 갖게 되었다(이 경우 개발업자는 큰 손해를 보게 된다).

매머드 레이크스 타운 사례가 주는 교훈은 소규모 지방정부가 과도하게 민간자본에 의존해서 지역 개발을 도모하는 데 대해 경종을 울리는 것이다.

5. 기타 주요 지방재정 위기

1) 브리지포트시(코네티컷주)

코네티컷(Connecticut)주에 속한 브리지포트(Bridgeport)시는 약 2백만 달러의 채무를 안고 1991년 연방파산법원에 파산 보호 신청을 하였다. 브리지포트시는 인구 약 14만 명의 도시로 당시 역대 파산 신청 도시들 가운데 규모가 가장 컸다. 브리지포트시가 재정위기를 겪게 된 원인과 진행 과정은 미국 중북부의 많은 산업 도시들이 1970년대와 1980년대에 탈산업화(de-industralization) 과정을 거치면서 재정압박 내지 재정위기를 경험한 사례와 유사하다. 한때 산업 발전과 경제적 호황을 누렸던 지역이 급격한 산업의 쇠태와 더불어 고용 감소와 실업 증가, 도심 공동화와 교외화, 도시 인프라의 질 · 양적 쇠퇴를 겪으면서 재정 상태가 구조적으로 악화되다가 어느 순간 함몰하는 것이 재정위기의 전형적인 패턴이었다.

브리지포트시는 재정이 악화되는 상황에서 교사의 장기 파업 등 몇 가지 굵직한 지역사회 문제를 겪었고, 이로 인해 지역 전체가 매우 어수선하였다. 이러한 사회 · 경제적 상황에서 더 이상 재정 문제를 감당할 수 없었던 브리지포트시는 1991년 연방파산법원에 파산 보호 신청을 하였다. 하지만 코네티컷주는 브리지포트시의 파산 보호 신청을 강하게 반대하고 나섰다. 당시 주정부는 브리지포트시가 주법이 요구하는 '구체적 승인' 절차를 적법하게 이행하지 않았다고 주장하면서 파산 신청을 강력히 저지하였다. 한동안 이 문제를 둘러싸고 주정부와 지방정부 간에 첨예한 갈등과 대립이 있었다.

우여곡절 끝에 결국 연방파산법원은 주정부가 시의 파산 보호 신청에 대해 '일반적 승인'을 해준 것으로 인정하여 브리지포트시의 손을 들어 주었다. 하지만 브리지포트시는 그 후 연방파산법원으로부터 파산 신청의 적격성을 인정받지 못하였다. 당시 연방파산법원은 브리지포트시의 재정이 '채무지불 가능'(solvent)한 것으로 판단하였기 때문이다. 이는 파산 신청 조건(즉, 채무 이행 불능 조건(insolvency conditions))에 대한 중대한 결격사유에 해당한다. 앞에서 기술한 바와 같이, 브리지포트시의 재정위기 상황에서 전개된 주정부와 지방정부 간의 심각한 갈등(특히, '일반적 승인'과 '구체적 승인'을 둘러싼 갈등) 문제는 마침내 주의 주권을 보다 명시적으로 강화하는 연방파산법 개정('구체적 승인' 조건 명시, 1994년)을 촉진하였다.

2) 첼시시의 재정위기

미국의 북동부에 위치한 매사추세츠(Massachusetts)주의 첼시(Chelsea)시는 1990년대에 들어서면서 지역의 경제 · 사회 문제가 심각해지는 가운데 재정이 거의 파탄지경에 이르렀다. 재정파탄의 원인은 장기간 진행되어 온 도시의 인구 구조 변화와 세수 기반 위축이었다. 세수가 크게 위축되는 상황에서도 도시 기반 유지 등 각종 재정 수요가 지속적으로 늘어나면서 수입과 지출의 갭이 구조적으로 벌어졌다. 자연히 재정적자와 채무가 눈덩이처럼 불어났다. 이러한 구조적 문제는 1990년대 초에 이르자 더 이상 견딜 수 없는 상황이 되었다. 부

등이 첼시시는 주정부의 재정 관리를 받는 신세가 되었다.

재정위기 사태가 발생하자 매사추세츠주는 특별법을 제정하고 첼시 시정에 직접 관여하였다. 구체적으로, 매사추세츠주는 첼시시의 시정을 관장하는 재정 관리 기구(receivership)를 설치하였고, 이를 통해 시의 모든 중요한 의사결정을 하였다. 당시 웰드(William Weld) 주지사는 카림(James Carlim)을 첫 번째 주 선임의 재정담당관으로 임명하였다(그 후 다른 후임으로 교체되었음). 재정 관리 기구가 가동되자 첼시시의 시정 운영 권한은 사실상 주정부로 넘어갔고, 시장과 시의회를 대신하여 재정 관리 기구가 경영권을 행사하였다. 이 과정에서 경찰, 소방 등 각종 행정 기능이 재편되었고, 공립학교의 경영은 보스턴 대학교(Boston University)로 이관되었다. 그리고 당시 시장과 전임 시장들 그리고 고위 공무원 등이 줄줄이 법원에 기소되었다. 나중에 당시 시장(John 'Butchie' Brennan)과 전임 두 시장은 연방법 위반 혐의로 유죄 판결을 받았다.

이러한 주정부의 단도직입적 조치는 당시 미국 사회를 크게 놀라게 했다. 그것은 미국의 지방정부 가운데 홈룰(home rule) 원리에 의해 자치권을 확보하고 있는 중견 도시가 주의 관리 · 감독 기구에 의해 도시 경영권을 상실한 것은 사실상 1930년대의 세계 대공황 이후 처음 있는 일이었기 때문이다. 물론 주의 시정 관여가 순탄하게 진행된 것만은 아니었다. 특히, 시의 예산 편성과 운영을 두고 매사추세츠주와 첼시시 간에 정치적 교착 상태가 빚어졌다. 그리고 이로 인해 한동안 지역사회가 정치 · 경제적 곤란과 사회적 위기를 겪는 우여곡절이 있었다. 이러한 진통의 과정을 겪은 첼시시는 1990년대 중반 이후 차츰 안정을 되찾기 시작하였다.

1995년 여름 매사추세츠주는 첼시시의 시정 운영 권한을 원상회복시켜 주었다. 당시 첼시시는 새로운 도시헌장을 제정하고 새로운 거버넌스 시스템을 구축하였다. 그 핵심은 종전의 강시장(strong mayor) 형태의 지방자치 시스템을 탈피하고, 의회–매니저(council-manager) 형태의 정부 체제로 전환하는 것이었다. 시 매니저(city manager)는 시의 경영을 총괄하는 직책으로 시의회가 선임 권한을 확보하였다. 이와 같은 변화와 노력이 더해지면서 첼시시는 차츰 고질적인 인구 감소와 경제 쇠퇴의 문제로부터 벗어날 수 있었다.

3) 프리차드시

앨라배마주에 속한 프리차드(Prichard)시는 인구 약 2만 명(2010년 센스서 기준 2만 2,659명)의 소도시로 1999년과 2009년 두 차례에 걸쳐 파산 보호 신청을 하였다. 프리차드시의 재정위기는 오랜 기간 인구 · 경제 · 사회적 조건이 악화되는 상황에서 재정의 수입과 지출을 비효율적이고 비계획적으로 관리한 결과 위기가 발생한 전형적인 사례이다. 특히, 1차 재정위기는 심각한 수준의 인구 유출에 따른 사회 · 재정 현상(경제 위축, 세원 감소, 도시 기반 쇠퇴, 빈곤 · 저소득층 비율 증가, 사회 서비스 비용 증가)에 무능한 시정 리더십이 더해 만들어진 일종의 인재(人災)에 가까왔다(Watson 외, 2015, p. 148). 여기서는 2009년도 재정위기를 중심으로 간단히 기술하고자 한다(Wikipedia, Prichard, "Alabama," 2016 참조).

프리차드시는 시 공무원에 대한 연금 재정 문제로 2009년 8월 연방파산법원에 파산 보호 신청을 하였다. 사실, 이 문제는 과거부터 예견되고 강조된 바임에도 불구하고 시는 충분한 대비책을 마련하지 않은 채 매년 재정을 무계획적으로 운영해 왔다. 2000년대 초에 시가 정식으로 연금 전문 기관에 의뢰하여 시 연금 재정의 장래 수지를 추계한 결과 2009년에 자금이 고갈되는 것으로 예측되었다. 실제로 이 예측은 현실화되었고, 준비와 노력을 게을리한 프리차드시는 속수무책으로 재정위기를 맞이하였다.

파산 신청 후 시의 퇴직 공무원들은 연금을 제대로 지급 받지 못하였다. 그 결과 생계 유지에 큰 어려움과 고통을 겪어야 했다. 그리고 지방공무원의 급여와 경상경비가 줄어들고 각종 행정 서비스가 감축되는 사태가 뒤따랐다.

4) 해리스버그시

펜실베이니아주의 수도인 해리스버그시(City of Harrisburg)는 2011년 10월 11일에 연방파산법 챕터 나인에 의한 파산 보호 신청을 하였다. 해리스버그시는 인구 4만 9,500명의 정치 중심의 중소도시였다. 해리스버그시의 파산 신청은 당시 사상 최대 규모를 기록한 제퍼슨 카운티의 파산 신청이 있은 지 채 한 달이 안 되는 시점에서 발생하여 다시 한 번 세인의 관심을 끌었다. 역사적으로 미국의 주 수도가 파산 신청을 한 경우는 극히 드문 일이다. 해리스버그시의 파산 신청은 적어도 1980년대 이후 처음 있는 일이었다.

해리스버그시가 재정위기에 처한 결정적인 원인은 쓰레기 열병합 소각 시설을 확장하면서 안게 된 약 3억 1,000만 달러의 막대한 채무였고, 그 외에 크고 작은 재정 관리 요인들이 부차적으로 합세하였다. 열병합 소각 시설 확장 사업은 2004년으로 거슬러 올라가며, 추진 과정에서 사업부실, 사업자 교체, 총사업비 2배 이상 증가 등 총체적 사업 관리 실패작이었다. 동 사업과 관련된 채무는 시 일반회계 예산의 약 5배에 해당하는 큰 금액으로 결국 해리스버그시의 재정을 무너뜨렸다.

해리스버그시의 재정 문제에 대하여는 시 자신이 너무나 잘 알고 있는 바였지만, 그것을 세간에 부각시킨 것은 다름 아닌 주정부였다. 역사적으로 펜실베이니아주는 자신이 개발한 재정 분석 시스템을 통해 주기적으로 지방정부의 재정 상태를 종합 점검하고, 그 결과를 토대로 적절한 행정 · 재정 조치를 취해왔다. 해리스버그시의 재정압박 문제가 구체적으로 밝혀진 것도 그 일환이었다. 특히, 당시는 리먼 브라더스 금융위기 이후 산하 지방정부의 재정 상태를 점검하는 참이어서 과거 어느 때보다 강도 높은 종합 점검이 이루어졌다.

해리스버그시의 재정 문제 심각성을 인식한 주정부는 2010년 10월 펜실베이니아주 법(P.L. 246, No. 47; 일반적으로 "Municipalities Financial Recovery Act"(Act 47)로 알려짐)에 의해 해리스버그시를 재정적으로 매우 피폐한 도시, 즉 '재정 궁핍 지역'(financially distressed city)으로 지정하였다. 그리고는 곧바로 조정관(coordinator)을 임명하여 해리스버그시에 파견하였다. 조정관의 임무는 해리스버그시와 협력하여 재정 전반을 관리 · 감독하고, 시의 재정회복계획을 주도하는 데 있었다.[8)]

당시 해리스버그시의 재정 문제를 둘러싼 지방정치 상황은 다소 복잡하였

8 조정관은 일반적인 주정부 감독 기구(state overseers: 지방재정에 심각한 문제가 있을 때 주가 직접 개입하여 재정을 관리 · 감독하는 비상재정관리관(emergency fiscal manager), 감독관(receiver) 등)와 역할 및 권한 면에서 차이가 있다.

다. 시장을 포함한 집행부는 주정부의 재정 궁핍 지역 지정과 주의 재정 관리 정책을 수용하는 입장이었지만, 시의회는 그와 입장을 달리하였다. 대표적인 예로, 시의회는 주가 임명한 조정관이 시장과 협의하여 의회에 제출한 재정조정계획을 정면으로 거부하였다. 당시 펜실베이니아주 의회는 해리스버그시 의회가 재정조정계획을 통과시키지 않을 경우 해리스버그시를 주정부가 임명하는 감독관(state-appointed receiver)의 관리 하에 두는 방안을 추진할 예정이었다.

이러한 상황을 감지한 시의회는 시장과의 상의 없이 독단적으로 연방파산법의 챕터 나인 파산 보호 신청을 하기로 결정하였다. 이 과정에서 시의회와 시장(Linda Thompson) 및 주정부(주의회 포함) 간에 매우 심한 갈등과 대립이 표출되었다. 시장과 주정부는 파산 보호 신청에 대해 강하게 반대하였지만, 시의회는 끝내 파산 보호 신청을 가결하였다.

우여곡절 끝에 연방파산법원에 제출된 해리스버그시의 챕터 나인 파산 보호 신청은 2011년 11월 연방파산법원(US Bankruptcy Court for the Middle District of Pennsylvania)에 의해 기각되었다. 그 이유는 해리스버그시가 파산 보호 신청의 적격성 요건(eligibility requirements), 즉 연방파산법 챕터 나인이 규정하는 채무자(debtor) 적격성을 충족하지 못한 데 있다. 그 핵심은 해리스버그시가 주법이 요구하는 '구체적 승인'(specific authorization) 조건을 충족하지 못한 채 파산 보호 신청을 하였다는 것이다. 당시 펜실베이니아주 법에서는 '3등급 시'(Cities of the third Class: 해리스버그시는 이 유형에 속함)의 파산 보호 신청을 금하고 있었다. 하지만 시의회는 해리스버그시의 재정 상태가 매우 심각하여 이를 타개할 수 있는 유일한 방법이 연방파산법에 의해 파산을 하는 것이라고 판단하였다. 그리고 파산 보호 신청 당시의 주법을 검토한 결과 시가 주의 승인 조건을 충족하고 있는 것으로 판단하였다.

그런데 '구체적 승인' 문제와 관련하여 사태가 꼬인 부분이 있는데, 이에 대해 조금 상세히 기술하면 다음과 같다. 해리스버그시가 펜실베이니아주 법(Act 47)에 의해 재정 궁핍 지역으로 지정되어 주의 개입을 받았을 때만해도 시는 주정부의 승인 요건을 포함하여 파산 보호 신청의 자격 요건을 대부분 충족하는 것으로 파악되었다. 그러나 당시의 상황과 해리스버그시가 실제로 챕터 나인 파산 보호 신청을 한 2011년 10월의 상황은 한 가지 면에서 크게 달랐다. 그것은 주가 해리스버그시를 재정 궁핍 지역으로 선포한 시점과 그 후 시가 연방파산법원에 파산 보호 신청을 한 시점 사이에 펜실베이니아주 의회가 해리스버그시의 파산 보호 신청을 원천적으로 제한하는 새로운 법률을 제정한 것이다.

새로운 법률, 즉 Act 26은 주 재정법을 수정한 것으로 2011년 6월 30일에 펜실베이니아주 의회를 통과하고 주지사의 사인을 거쳐 효력이 발생되었다. 동 법은 주 내의 지방정부 가운데 해리스버그시와 같은 '3등급 시'의 경우 최소한 2012년 7월 1일까지는 연방파산법에 의한 파산 보호 신청을 할 수 없도록 하는 금지 조항을 포함하였다.

시의회는 Act 26의 소급적용이 부당한 것이라고 강하게 주장하였다. 하지만 연방파산법원은 그러한 주장을 받아들이지 않았다. 앞서 언급한 바와 같이, 미국의 연방파산법 챕터 나인은 1994년도 법 개정(1994 Bankruptcy Reform Act) 이전에는 일반적 승인(general authorization) 원칙을 준수해 왔으나, 1994년도 법 개정 이후부터는 구체적 승인(specific authorization) 원칙으로 파산제도의 운영 기조를 바꾸었다. 이에 따르면 해리스버그시는 사실상 주정부의 구체적 승인을 얻지 못한 채 연방파산법원에 파산 보호 신청을 한 셈이 된다.

주정부가 해리스버그시(시의회 주도)의 파산 신청을 적극적으로 말린 이유는 몇 가지 있다. 그 중에서 가장 큰 이유는 해리스버그시가 실제로 파산 승인을 받게 될 경우 시는 물론 주와 그에 속한 다수 도시의 신용가치가 떨어질 가능성이 높다는 데 있다(그런데 해리스버그시의 파산 보호 신청은 결과적으로 펜실베이니아주와 기타 도시들의 신용평가에 별다른 영향을 주지 않은 것으로 나타났다). 그리고 펜실베이니아주에 속한 지방정부가 연방법원에 파산 보호 신청을 한 경우가 매우 드문 것도 주가 파산 보호 신청을 저지하게 된 요인의 하나이다. 실제로 펜실베이니아주에 속한 지방정부 가운데 1980년대 중반 이후 파산 신청을 한 곳은 2011년의 해리스버그시를 제외하면 Carroll Township Authority(1990)와 Westfall Township(2010) 두 지방정부뿐이었다.

해리스버그시는 2011년에 연방파산법에 의한 파산 보호 대신 펜실베이니아주의 관리 · 감독 체제 하에 들어갔다. 당시 공화당이 주도하는 시의회는 시 재정이 채무를 지급하지 못할 정도로 악화되지 않았다고 강변하면서 시가 쓰레기 소각장 재생 관련 채무를 분할 지불할 것을 요구하였다. 이러한 주장에 대해 시장(Linda Thompson)은 2013년도 예산안(5,430만 달러 예산안)을 "뼈만 앙상히 남은 것"(bare-bonded)이라고 항변했다.

해리스버그시의 재정위기 상황을 종합해 보면, 부실한 재정 관리와 잘못된 사업 판단 및 관리가 근본적인 원인이지만 동시에 지방정치 요인(정당 차이,

정치적 불화 및 갈등) 또한 적지 않은 위기 요인이었던 것으로 판단된다.

5) 바예호시 재정위기[9)]

캘리포니아주에 속한 바예호시(City of Vallejo)는 인구 약 12만 명의 중소도시로 2008년 5월 연방파산법원에 파산 보호 신청을 하였다. 파산 보호 신청이 있기 전부터 심각한 유동성 경색을 겪은 바예호시는 도서관, 박물관, 시니어 센터(senior center), 도로 수선 등 각종 공공 서비스를 감축하는 조치를 취했다. 그럼에도 불구하고 시는 불어나는 재정적자로 인해 매일 지불해야 하는 현금 흐름을 제대로 통제하기가 어려웠다. 그러다가 상황 통제가 불가능해지자 바예호시는 결국 파산 보호 신청을 하였다.

파산 보호 신청 당시 바예호시는 시 재정이 도저히 감당할 수 없는 막대한 채무(약 1,660만 달러)와 재정적자로 허덕였다. 무엇보다도 당장 시를 운영해야 할 유동성(현금 흐름)이 한계 상황에 도달한 것이다.

파산 보호 신청 후 약 4개월이 경과한 2008년 9월 바예호시는 연방파산법원으로부터 파산 신청 적격성을 인정받았다. 그 후 약 3년의 파산 과정을 거친 다음 바예호시는 2011년 8월에 파산 절차를 완전히 이행하고 파산 시스템으로부터 탈출하였다. 이는 지방정부 파산 사례 가운데 비교적 빠르게 파산 과정을 완료한 편에 속한다.

---

9 바예호 사례는 W. H. Winegarden의 글("The Finances of American Cities: Lessons from Vallejo, Stockton, and San Bernardino," 2014)을 많이 참고하고 있다.

바예호시의 재정파산은 중장기적으로 재정건전성이 심각하게 손상된 상태에서 외부 충격(급격한 경기 불황, 지역경제 쇠퇴 등)에 의해 재정이 한순간에 무너지는 전형적인 사례이다. 적나라하게 말하면, 그동안 취약할 대로 취약해진 바예호시의 재정이 2008년에 엄습한 '대불황'의 한 방에 날아간 것이다.

바예호시의 지역경제는 파산 이전에도 여러 해 동안 미국의 평균 수준을 밑돌았다. 예를 들면, 2004-2008년 기간 중 시의 연평균 개인소득(personal income) 성장률은 전국 평균 성장률에 비해 0.67% 낮았다. 그리고 바예호시의 인구 성장 또한 거의 정체 상태를 보였으며, 특히 2004-2008년 기간 중에는 조금 감소(연평균 0.03% 감소)하였다. 이러한 상황에서 시의 재정 관리 또한 부실하였다. 세수가 지속적으로 감소하는데도 불구하고 바예호시는 지출에 대한 구조조정을 하지 않았다. 이는 '중장기 수입-지출 불균형(미스매치)'을 초래하는 중요한 원인이 되었다.

그뿐 아니라 바예호시는 시 재정의 가장 큰 구조적 문제인 연금 채무 부담에 대한 대책도 강구하지 않았다. 특히, 막대한 연금 채무 비용이 통제되지 않는 상황에서 강성 노조에 의해 책정된 과도한 인건비(경찰, 소방 및 기타 인건비) 부담은 바예호시의 재정을 위기 상황으로 내몰기에 충분하였다.

바예호시의 경찰관, 소방관 등 각종 피고용자의 임금 및 수당과 혜택은 노조의 위세에 편승하여 매우 과다하게 책정되었다. 이는 재정의 큰 낭비 요인이자 추후 재정위기를 자초하는 중요한 원인으로 작용하였다. 바예호시의 재정에서 인건비가 차지하는 비중이 얼마나 높은지는 경찰관 · 소방관 등이 지급받는 급여, 연금, 초과수당 등을 합친 금액이 시 일반예산(general budget, 8,000만 달러)의 74%나 되는 사실이 말해 준다(캘리포니아주 평균은 60%임). 그뿐 아니라 소방관의 평균 임금이 171,000-200,000달러(우리 돈으로 약 2억 원 내외)이고, 경찰관과 소방관이 매년 사용하지 않고 남겨둔 누적 휴가에 대한 보상금이 우리 돈으로 1억 원 이상 되는 경우가 심심치 않게 많았다. 극단적으로, 퇴직자 중에는 재직 시 사용하지 않은 누적 휴가의 현금 보상을 37만 달러(우리 돈으로 약 4억 원)나 받은 사람도 있었다. 그리고 바예호시에서는 5년 경력 이상의 모든 소방관과 경찰관들이 종신 건강 혜택(lifetime health benefits)을 누릴 수 있는 파격적인 제도도 실시되었다.

바예호시의 사례는 재정위기가 발생하였을 때 그에 대한 근본적인 대응 방안을 강구하지 않은 채 미봉책으로 위기를 모면한 경우이다. 이는 바로 뒤에서 기술되는 샌버나디노(San Bernardino)시와 비교할 때 상당히 대조적이다. 두 도시의 재정 상황과 재정위기의 발생 원인은 여러 면에서 유사하지만, 위기에 대한 본질적 처방과 대응에 있어서 양자는 크게 달랐다. 두 도시 모두 심각한 연금 재정 문제를 안고 있었다. 그런데 샌버나디노시는 파산 진행 과정에서 연금 부채를 중요한 이슈로 부각시켜 문제 해결을 적극적으로 모색한 반면 바예호시는 그것을 의도적으로 외면하였다. 재정위기의 핵심에 해당하는 연금 부채 문제를 도외시한 채 챕터 나인 파산제도를 통해 재정건전성을 회복하는 데는 근본적인 한계가 있을 수밖에 없다. 그 이유는 챕터 나인 파산제도를 통해 재정위기의 급한 불은 끌 수 있지만, 중장기적으로 파괴력을 지니는 구조적 문제는 고스란히 남아 있기 때문이다. 이는 언제라도 재정위기의 불씨가 되살아날 수 있음을 의미한다.

사실, 2009년 3월 연방파산법원 판사(Michael McManus)는 재정회복에 필요하다면 시가 노조와의 기존 계약을 파기할 수 있다고 판시하였다. 하지만 바예호시는 그것을 적극적으로 활용하는 조치를 취하지 않았다. 노동조합 중 2개 단체는 바예호시와 재협상 의사를 표명하였지만, 거대 조직인 캘리포니아 공무원 퇴직제도(California Public Employees' Retirement System: CalPERS)와 또 다른 한 단체는 재협상을 단호히 거부하였다. 이러한 상황에서 바예호시는 적극적 조치 대신 소극적 방식으로 파산 과정을 졸업하는 정책 노선을 채택하였다. 이는 향후 재정회복이 매우 더디게 진행될 수 있음을 시사하고, 잘못하면 미래에 또 다른 재정위기를 맞이할 수 있음을 암시하는 것이다.

이와 같은 바예호시의 소극적 대응은 결국 파산 탈출 후 채 2년이 되지 않은 2014년 봄에 다시 파산 보호 신청을 해야 할지를 심각하게 고민하는 상황을 맞이하였다. 구조적으로 연금 재정 부담의 증가 속도가 일반예산의 증가 속도를 크게 웃도는 상황에서 연금 재정은 결코 '지속 가능한' 존재가 될 수 없기 때문이다. 이는 지역경제와 재정이 빠른 속도로 활성화되지 않는 한 언제라도 재정을 압박하고 위기 상황으로 몰아낼 수 있는 잠재적 폭발력을 지니고 있다. 그러므로 이 문제를 근본적으로 짚고 넘어가지 않을 경우 언제라도 재정위기의 불똥이 바예호시를 엄습할 수 있다.

바예호시에서는 파산 절차가 진행되는 기간 중에도 퇴직 공무원의 연간 연금 수령액이 10만 달러가 넘는 사례가 비일비재하였다. 그뿐 아니라 CalPERS 협약을 등에 업고 경찰관과 소방관은 나이 50세에 은퇴를 할 경우 자신의 최종 근무 연도 급여의 최고 90%까지를 평생 수령하는 혜택을 누렸다. 그 결과 바예호시가 챕터 나인 파산제도를 탈출한 2011년에 CalPERS에 지불해야 하는 연금 부담 비용은 1,100만 달러를 넘어섰고, 이는 시 연간 예산의 약 14%를 차지하였다. 그 후 연금 부담 비용은 2013년에 1,500만 달러(시 예산의 18%)로 늘어났는데, 그 비중은 앞으로 점점 증가할 추세이다.

재정파산 후 바예호시는 재정 감축을 추진하는 한편 지역경제 활성화를 위해 시내 중심지와 수변 지역 등에 대한 개발에 나섰다. 바예호시는 규모가 가장 크고 본질적인 연금 재정 문제를 뒤로 한 채 상대적으로 덜 중요한 재정 감축 정책(경찰서 규모 조정, 일부 소방서 폐쇄, 경찰 · 소방관 수 감축 및 인건비 삭감, 도로 유지 등 일부 공공 서비스 및 시설 감축, 시니어 센터, 청소년 및 예술 단체 관련 자금 지원 축소 등)에 매달렸다. 각종 재정 감축 정책의 결과 도로 파손이 심해지고 절도와 강도 · 살인 사건이 늘어났다. 자연히 시민의 행정 서비스에 대한 불만이 크게 고조되었다. 그 결과 지역을 떠나는 주민이 점점 늘어났다. 이와 같은 상황이 전개되자 시는 뒤늦게 퇴직자 건강 혜택 삭감, 채권자에 대한 채무 변제 금액 삭감 등의 조치를 취하였다. 이는 만시지탄(晩時之歎)의 조치였다.

요약하면, 바예호시는 규모가 가장 크고 본질적인 연금 재정 문제를 뒤로 한 채 상대적으로 덜 중요한 각종 재정 감축에 전념하였는데, 이는 중장기 시야에서의 재정건전성 회복을 위한 적절한 전략과 접근이 될 수가 없었다.

바예호시를 비롯한 여러 지방정부의 파산 사례를 종합해 보면 다음과 같은 교훈을 얻을 수 있다. 그것은 지방정부가 연방파산법에 의한 파산 보호 절차를 밟을 경우 비록 그 과정이 힘들고 지난할지라도 시 재정을 파탄시킨 근본적인 문제를 모두 드러내 놓고 핵심 환부를 도려내는 과감한 결단과 조치를 취하

2008년 이후 지방정부 파산 신청이 가장 많았던 곳은 캘리포니아, 그 원인은 다양함

2000년대 후반 이후 일반 지방정부의 파산 신청이 가장 많았던 지역은 캘리포니아주이다. 예를 들면, 스톡턴시, 샌버나디노시, 매머드 레이크스시가 챕터 나인(Chapter 9) 파산 보호 신청을 하였고, 그 몇 달 전에 바예호시는 3년의 파산 과정을 마무리했다.

바예호시는 2008년 5월에 파산 보호 신청을 하였고, 2008년 9월에 파산 신청 적격성을 인정받았다. 그 후 시의 재정회복계획(recovery plan)이 연방파산법원에 의해 2011년 8월에 승인되면서 파산 상태는 종료되었다. 사실상 3년 이상의 긴 기간이 소요된 것이다. 스톡턴시와 매머드 레이크스시는 각각 2012년 3월과 4월에 중립평가 과정(Neutral Evaluation Process)을 거쳤다. 이와 달리 바예호시와 샌버나디노시는 중립평가 과정을 거치지 않았다. 그 이유는 바예호시의 경우 중립평가과정제도가 도입되기 이전에 파산 신청을 하였기 때문이다. 그리고 샌버나디노시의 경우 중립평가과정제도가 도입된 이후에 파산 신청을 하였지만, 주법이 허용하는 특별한 예외 사유(예컨대, 긴급 재정 상태 선언)에 해당하여 그 절차를 거치지 않았다.

지방정부의 파산 신청에 대한 원인과 배경은 천차만별이다. 샌버나디노시와 스톡턴시의 파산 신청은 여러 면에서 유사하다. 두 지역 모두 장기 수지 불균형, 지역경제의 쇠퇴에 따른 세수 감소, 단기 재정 지출 감축의 한계, 퇴직 공무원 혜택 관련 비용 상승이 파산 신청을 촉발한 주요 원인인 점에서 유사성이 있다. 다만, 스톡턴시의 경우 여기에 더해 오랜 기간 누적되어 온 과다 채무가 결정적인 재정위기 요인으로 작용하였다. 그리고 샌버나디노시는 일종의 예산 관행이 되어 온 내부 자금 간 차입 관행이 재정위기에 일조하였다. 그런데 샌버나디노시는 다른 도시와 달리 파산 절차가 진행되는 과정에서 연금 부채 문제에 대해 보다 전향적으로 대처한 점에서 돋보였다.

이와 달리 매머드 레이크스시는 대규모 소송 사건에서 결정적으로 패소한 것이 재정위기를 촉발한 단일의 결정적인 원인으로 작용하였다(물론 소송의 빌미가 된 과도한 관광 개발 사업 추진이 재정위기의 단초였다). 이런 의미에서 볼 때, 매머드 레이크스시 사례는 오렌지 카운티, 제퍼슨 카운티의 재정위기와 같은 특수한 파산 신청 사례로 분류된다.

는 것이 바람직하다는 교훈이다.

6) 샌버나디노시 재정위기

캘리포니아주에 속한 샌버나디노시(City of San Bernardino)는 2012년에 연방법원에 파산 보호 신청을 하였다. 샌버나디노시의 재정위기 또한 기존의 부실한 재정 관리에 갑작스런 외부 충격(글로벌 금융위기)이 덮치면서 재정이 순식간에 무너진 전형적인 사례에 해당한다. 샌버나디노시는 파산 보호 신청 당시 4,600만 달러(약 500억 원)의 재정적자와 함께 사실상 재정 운영 자금이 바닥난 상태였다.

샌버나디노시 사례는 앞서 언급한 바예호시, 스톡턴시의 경우와 유사한 점이 매우 많다. 기본적으로 재정 지출 수요가 늘어나는 상황에서 지역경제 위축으로 수입이 정체 내지 감소하고, 그 결과 채무와 재정적자가 눈덩이처럼 불어난 점이 그러하다. 즉, 시의 재정 능력이 지출 수요를 조금씩 감당하지 못하다가 마침내 감당 불능 상태에 이르는 과정과 경로가 유사하다. 이러한 상황에서 뜻하지 않은 외부 충격이 가해지자 재정 한계 상황, 즉 파산 상황이 발생한 점도 세 도시 사례 모두 비슷하다. 그리고 지역경제가 불황에 접어들기 이전에 샌버나디노, 바예호, 스톡턴 세 도시 모두 급성장을 경험한 점도 공통적이다.

샌버나디노시 재정에 결정적으로 걸림돌이 된 것은 소위 '자금 없는 연금'과 관련된 부채 문제였다. 이는 샌버나디노시가 파산 보호 신청을 할 당시 제시된 채무 중에서 가장 컸던 것이 자금 없는 연금 부채(약 1억 4,300만 달러)와 그와 관련된 지방채(연금 부채 부담을 해소하기 위해 2005년에 발행한 채권으로 5,040만 달러임)이다.

그런데 샌버나디노시는 바예호시나 스톡턴시, 그리고 캘리포니아주의 다른 도시들과 달리 연금 관련 부채의 구조 개편 방안을 챕터 나인 파산 과정에 포함시켜 접근하는 차별성을 보였다. 실제로 샌버나디노시는 파산 보호 신청을 한 2012년 8월부터 2013년 7월 기간 중에 연금 관련 비용의 지급을 중단하였다. 이는 당연히 공무원 노조와의 대립과 갈등을 유발하였다.

CalPERS의 자료에 의하면 샌버나디노시가 CalPERS에 지고 있는 부채는 파산 보호 신청 직후 크게 증가하였다. 그 이유는 파산 보호 신청으로 인해 이자율이 상승하고, 지불 지연 등에 따른 각종 페널티 비용이 크게 증가하였기 때문이다. 어쨌든 샌버나디노시는 가능하면 연금 비용 부담을 줄여서 재정위기를 벗어나고자 노력하고 발버둥쳤다. 이에 비해 바예호시나 스톡턴시는 파산 과정에서도 CalPERS에 대한 지불 의무를 꼬박꼬박 이행하였다. 예를 들어, 스톡턴시의 경우 채무조정계획을 수립하면서 채권자 그룹에 대한 원리금 지불은 상당 수준 감축하였지만, CalPERS에 대한 지불 의무는 충실히 이행하였다.

그 후 파산 절차가 진행되는 가운데 2014년 6월에는 시 집행부와 CalPERS 간에 잠정 타협안이 성사되었다. 당시 타협안에 대한 구체적인 내용은 알 수 없지만, 적어도 재정회복의 최대 걸림돌이 일부 해소되고 향후 재정건전성 회복에 청신호가 켜진 것만은 틀림이 없다. 샌버나디노시의 사례는 미국 내에서 연금 부채로 신음하는 많은 지방정부에 중요한 선례로 자리를 잡을 것이 분명하다.

7) 뉴저지주 소속 지방정부 사례

(1) 캠던시

캠던시(City of Camden)는 대도시 필라델피아시에 인접한 인구 약 7만 명의 중소도시이다. 캠던시는 20세기 초·중반까지만 해도 막강한 제조업체를 기반으로 경제력이 왕성했던 도시였다. 그 결과 자체재원이 튼튼하였고, 여기에 더해 주정부로부터 다양한 재정 지원을 받아서 재정 문제는 없는 도시였다. 하지만 제2차 세계대전이 끝나고 1950년대에 접어들자 지역경제가 급격히 쇠퇴하면서 차츰 재정 문제가 불거지기 시작하였다. 지역경제 쇠퇴의 본질은 많은 제조업체들이 이런저런 이유로 다른 지역으로 이전을 하면서 시의 실업률이 높아지고 인구가 감소하는 현상에 있었다.

캠던시의 재정 문제는 미국의 다른 북동부 지역과 중서부 지역의 산업도시들이 지난 수십 년간 겪었던 전형적인 패턴이었다. 단지 캠던시가 다른 도시들보다 그것을 조금 일찍 경험하였을 뿐이다. 대도시 중에서 그러한 경험을 한 대표적인 곳은 앞서 살펴본 디트로이트시이다. 전형적인 패턴을 압축적으로 표현하면, 인구와 산업의 교외 이전(또는 남부 등 권역 탈출), 중산층의 지역 외 이탈과 빈곤층의 지역 내 잔류(빈곤층 비율 급증), 인구 및 산업의 구조조정에 따른 지역경제 악화와 세수 기반 침식(세수 감소), 대인 서비스와 빈곤층 보호를 위한 사회복지 비용 증가, 수지 불균형에 따른 재정적자와 채무 증가 등이다. 한마디로, 지역경제와 재정을 떠받쳐 주던 산업 기반과 인구가 쇠퇴하면서 세입과 세출의 미스매치(세입 확충 능력은 줄어드는 반면 지출 수요는 오히려 늘어나는 미스매치)가 발생하고, 그로 인해 재정적자와 채무가 확대 재생산을 해나가는 것이 전형적인 재정위기의 전개 모습이다.

역사적으로 캠던시의 경제와 재정 사정이 급격히 악화된 것은 1970년대 전후이다. 캠던시는 한때(예컨대, 1980년대 중반) 지역경제와 재정을 부흥시키기 위해 주민의 강한 반대에도 불구하고 주 교도소와 쓰레기 소각장을 유치하는 등 나름대로 몸부림을 쳤다. 하지만 시의 재정자립도가 워낙 낮은데다 인구·산업 환경이 열악할 대로 열악해진 상태여서 자체 힘으로 늘어나는 재정 지출 수요를 감당하기에는 역부족이었다. 그 후 캠던시의 재정 상태는 계속 나빠졌다. 특히, 1990년대 후반에 이르자 최악의 상황, 즉 재정위기 상황에 처하였다. 캠던시의 1999년도 재정 상황은 사실상 파산에 버금하였다. 하지만 뉴저지주 정부가 개입하여 간신히 파산은 모면할 수 있었다. 당시 주정부는 재정 지원과 함께 과감한 세출 삭감 및 구조조정을 실시하였다. 그 후 캠던시는 2002년부터 7년간 주정부의 직접적인 재정 통제 하에서 재정을 운영하였다. 하지만 주정부의 재정 관리 체제 하에서도 재정 상태가 크게 개선되지 못하자 급기야 경찰관과 소방관의 상당수를 일시해고(lay-off)하는 상황에 내몰리기도 하였다. 그 후 캠던시는 2010년을 전후로 몇 년간 재정 상태가 조금 개선되면서 주의 직접 감독 체제에서 벗어났다. 하지만 이는 오래가지 않았다.

캠던시의 재정 문제가 주의 직접 개입과 자구 노력 등에도 불구하고 좀처럼 정상화되지 못하는 이유는 지역이 근본적으로 안고 있는 인구·경제·사회적 구조 문제 때문이다. 우선, 지역경제 기반이 취약하여 자체세입을 확보할 수 있는 공간과 역량이 크게 부족하였다. 여기에 더해 지역 특성으로 인해 주력 세원인 재산세의 감면 비율이 지나치게 높아 세수 확충에 애로가 있었다. 예를 들면, 2000-2008년 기간 중에 재정 지출은 20% 증가하였지만(시 직원 급여 및 각종 복지 혜택 관련 지출 증가가 주된 요인임), 그것을 뒷받침해야 할 시의 조세 수입은 전체의 1/6 수준에 불과하였다. 그 원인 중 하나는 법률 등에 의해 시의 재산세 과세 대상 중 약 절반이 조세 감면 혜택을 받고 있기 때문이다. 특히, 재산의 평가 가치가 높은 수변 지역에 각종 병원 · 교육 시설과 정부 및 비영리 기관 시설들이 즐비하게 들어서서 재산세의 감면 혜택을 보는 문제가 있었다. 참고로 캠던 시의 인구 · 사회 구성을 보면, 교육 및 병원 종사자들이 지역 내 총고용의 약 45%를 점유하고 있는 가운데 지역주민의 약 40%가 국가가 정하는 빈곤선(poverty line) 이하의 가난한 상태에 처해 있다(미국 내에서 빈곤층 비율이 가장 높은 지역에 속한다). 그뿐 아니라 캠던시는 미국 내에서 범죄율이 가장 높은 지역으로 악명이 높다. 미국의 평균 범죄율에 비해 무려 6.6배나 높은 사실은 캠던시의 열악한 사회 현실을 한마디로 대변해 준다(Wikipedia, "City of Camden," 2016).

주정부의 직접 통제에서 벗어난 지 채 몇 년이 되지 않아 캠던시의 재정은 또 다시 재정위기를 맞이하였다. 이번에도 뉴저지주 정부는 곧바로 시정에 개입하였다. 주는 한편으로 재정 지원 프로그램을 가동하면서 또 다른 한편으로 수백 명의 직원을 해고하고 각종 지출 삭감 프로그램을 추진하였다. 그리고 부진한 세수를 확충하기 위해 과거 수십 년간 실시하지 않았던 재산세 과세 대상에 대한 재산 재평가(property revaluation)를 실시하였다. 그뿐 아니라 아주 급진적 조치로서 시가 관장해 온 경찰서(즉, 경찰 기능)를 통째로 캠던 카운티(Camden County)로 이양하였다.

이와 같은 조치에도 불구하고 캠던시의 재정은 최근까지 쉽사리 안정을 되찾지 못하고 있다. 가장 큰 이유는 캠던시와 같이 지역의 산업과 인구 및 재정 기반이 구조적으로 취약해진 중소도시의 경우 오랜 기간 허물어진 체력을 회복시키고 활력을 다시 불어넣는 것이 사실상 매우 어렵기 때문이다. 2017년 현재 캠던시의 재정 문제는 지역은 물론 뉴저지주 정부가 안고 있는 골칫덩어리 중 하나이다.

종합적으로, 캠던시의 재정 문제는 한두 해에 쌓인 것이 아니고 수십 년 해묵은 고질적 구조 문제로 점철되어 있다. 하지만 간과하지 말아야 할 사실은 캠던시의 재정위기가 근본적으로 지역경제의 기반 상실에 있지만, 그 못지않게 미시적 차원에서 시가 재정을 충실히 관리하지 못한 점도 재정위기의 부수적 원인 내지 책임이라는 것이다. 즉, 구조적 문제 상황에서도 지방정부가 미시적인 노력과 개선을 지속적으로 해 나갈 경우 문제의 돌파구가 마련될 가능성이 있고, 적어도 최악의 상황은 피할 수 있다.

(2) 애틀랜틱 시티[10)]

뉴저지주의 애틀랜틱 시티(Atlantic City)는 2010년에 막대한 채무를 안고 주의 재정 감독 체제 하에 들어갔다. 당시 주정부는 애틀랜틱 시티의 가장 큰 골칫거리였던 채무(950만 달러)를 5년에 걸쳐 분할 상환하도록 허용해 주는 동시에 일부 지출에 대해 재정 지원을 해주는 조치를 취하였다. 이러한 주의 정책적 조치에 부응하여 애틀랜틱 시티 또한 재산세를 큰 폭으로 인상하는 등 징세 노력을 강화하여 채무와 재정적자를 해소하고자 애를 썼다.

애틀랜틱 시티는 인구 약 4만 명의 카지노 산업에 기반을 둔 휴양관광 도시이다. 시는 비록 세계적으로 유명한 미국 서부의 라스베이거스(Las Vegas)와는 비

---

10 여기에 수록된 내용 중 상당 부분은 Atlantic City's Watchdogs의 자료(Issue Brief)를 참고로 하고 있다(How strong state oversight helps New Jersey municipalities avoid bankruptcy, 2015(8. 26, 11. 20).

교될 수 없지만, 미국 동부 지역에서는 가장 유명한 카지노 도시이다. 실제로 애틀랜틱 시티는 1990년대에 카지노 산업을 출범시키면서 향후 명실상부한 동부의 라스베이거스로 발전시키는 비전과 전략을 구축하였다. 그런데 이 도시가 근년에 경기 침체와 미국 내 다른 유사도시의 경쟁 체제 강화로 인해 경제 기반(카지노 산업)이 크게 흔들렸다. 그 결과 도시의 경제와 재정이 큰 타격을 입었다.

애틀랜틱 시티 재정의 심각성을 인식한 뉴저지주 정부는 시 재정에 직접 개입하였다. 주정부의 재정 개입은 뉴저지 법률에 근거하는 것으로 초기에는 상대적으로 약하게 접근하다가 최근에는 고강도의 개입을 하는 양상으로 바뀌었다. 구체적으로, 뉴저지주 정부는 2010년부터 지방재정위원회(Local Finance Board)를 설치하여 애틀랜틱 시티의 재정을 관리 · 감독해 오다가 2015년에는 한 단계 강화된 비상관리관(emergency manager) 체제로 전환하였다(애틀랜틱 시티는 2010년 이전부터 주의 감시 대상이었다). 당시 뉴저지주 지사 크리스티(Chris Christie: 2016년도 미국 공화당 대선후보)는 애틀랜틱 시티의 재정 문제가 거의 최악의 상태로 치닫자 주의 개입 중 가장 강력한 조치에 해당하는 비상관리관 체제를 도입한 것이다.

뉴저지주에서는 지방정부가 심각한 예산 문제를 겪게 되면 법에 의해 주의 감시 · 감독을 받도록 되어 있다. 뉴저지주의 법률에 의하면 재정 문제를 안고 있는 지방정부를 감독하는 지방재정위원회나 주가 임명하는 감독자(state-appointed monitor)는 기본적으로 다음의 권한을 보유한다. 그것은 시 직원에 대한 임용 · 해임과 승급 · 승진, 서비스 재협상 및 노동조합 계약, 채무 재구조화 및 지불, 예산 승인, 시의 행정 서비스 공급 방식 전환 등이다. 사실상 시정 전반을 관장하는 막강한 권한에 해당한다.

크리스티 주지사는 취임 후 애틀랜틱 시티의 재정 문제 타개를 위해 백방으로 노력하였다. 앞서 언급한 주정부 모니터링 시스템(지방재정위원회)을 가동하면서 주의 적극적인 재정 지원 프로그램(보조금, 융자 등)을 실시하였고, 또한 다양한 세출 구조조정도 단행하였다. 그럼에도 불구하고 지역의 주력 산업이자 재정의 원동력인 카지노가 워낙 큰 외부 요인에 의해 주눅이 들어 쉽사리 재정회복을 이룰 수 없었다. 그러자 주지사는 차츰 비상관리관 체제 쪽으로 정책의 방향을 돌렸다.

주지사는 비상관리관을 임명하기 전에 일군의 전문가 자문단을 선정한 다음 이들에게 애틀랜틱 시티의 재정 상태를 종합적으로 점검해 줄 것을 요청하였다. 점검 결과 시의 세수 기반이 급격히 침하하고 있어서 특단의 조치가 필요하다는 건의가 있었고, 주지사는 이를 받아들였다. 시의 세수 기반이 크게 침하된 원인은 지역경제의 원동력인 카지노 게임 산업이 외부 경쟁에 밀리는 가운데 2008년에 대불황(Great Recession)이 덮치면서 산업 기반이 통째로 흔들렸기 때문이다. 단적인 예로, 2014년만 하더라도 지역 내의 카지노 12개 중 4개가 문을 닫았고, 3개가 파산 상태였다. 사실, 애틀랜틱 시티는 2010-2015년 기간 중에 지방세의 세율을 약 두 배 가까이 인상하였지만, 주력 산업인 카지노가 계속 사양길을 걷고 있어서 재정을 회복하기가 어려웠다.

카지노 관련 수입이 급감하자 재산세 부과 대상 자산의 가치가 급락하였다. 그러자 이는 곧바로 큰 폭의 재산세 수입 감소로 이어졌다. 예를 들면, 애틀랜틱 시티의 재산세 과세 대상 재산의 총평가가치는 2010년에 205억 달러였었는데, 2015년에는 그것이 75억 달러로 급감하였다. 불과 5년 사이에 평가가치가 64%나 추락한 것이다. 이는 미국의 도시 재정 역사상 유례가 없는 단기 급락 사례에 해당한다. 미국의 대부분 중소도시들이 재산세를 기간 세목으로 활용하고 있고, 특히 애틀랜틱 시티의 경우 재산세 수입의 약 절반이 카지노에서 발생하고 있음을 인식할 때, 시의 재정이 얼마나 큰 타격을 입었는지 충분히 상상할 수 있다.

앞서 기술한 바와 같이, 뉴저지주 법률에 의하면 주정부가 지방정부의 재정 활동에 직접 개입하는 경우는 (1) 지방정부의 재정 상태가 크게 악화되어 주정부에 '잠정적 보조금'(transitional aid)을 요청하거나, (2) 지방정부가 주가 설정한 주요 재정 기준(또는 조건)을 충족하지 못할 때이다. 애틀랜틱 시티는 2010년대에 들어서면서 이들 두 조건 모두에 해당하여 주정부의 강력한 개입이 불가피하였다. 특히, 2013년, 2014년에 이르자 기록적인 재산세수 감소 현상(재산세 과세 기반의 급격한 침식)이 나타났고, 각종 상황 지표들이 주의 재정 기준에 크게 못 미치는 사태가 발생하였다. 그야말로 누가 보아도 애틀랜틱 시티의 재정 상황은 위기일발 상태였다.

이러한 상황에서도 주지사를 포함한 주와 시의 정치 지도자들은 어떠한 일이 있더라도 애틀랜틱 시티가 연방파산법에 기대는 최악의 사태는 막아야 한다는 강한 의지를 갖고 있었다. 특히, 크리스티 주지사는 지방공무원들에게 모든 이해관계자(공무원, 노조, 주민, 투자자, 카지노 산업, 기타 기업 및 자영업자, 금융기관 등)를 최대한 잘 설득하여 재정회복을 위한 조치(예산 삭감, 인력 구조조정, 채무 지불 연기, 조세 인상, 세입 및 세출 재조정 등)를 긍정적으로 수용해 줄 것을 당부하였다. 아울러 주지사는 이러한 협조가 잘 이루어질 경우 애틀랜틱 시티는 절대 재정파산에 이르지 않을 것이라고 수없이 강조하였다.

하지만 상황은 예상 밖으로 긴박하게 돌아갔다. 그러자 주지사를 비롯한 일군의 정치 지도자들은 애틀랜틱 시티가 채무 지급 불능 상태에 빠지지 않도록 주의 개입 강도를 한 단계 더 높이기로 결정하였다. 이는 곧바로 실천에 옮겨졌다. 크리스티 주지사는 기존의 지방재정위원회 체제보다 한 단계 강화된 비상관리관 체제를 가동하였고, 주의 재정 지원을 포함한 구조조정 조치를 재정렬할 태세를 갖추었다. 주지사는 2015년 1월 행정명령(executive order)을 통해 애틀랜틱 시티의 재정을 보호하고 시정을 통괄하는 비상관리관으로 법인 재정 자문가이자 구조조정 전문가인 케빈 라빈(Kevin Lavin)을 임명하였다. 그리고 디트로이트시의 재정위기 타개에 큰 공을 세운 케빈 오어(Kevyn Orr)를 특별자문위원으로 선임하였다.

주지사가 비상관리관 체제를 출범시켰을 때의 상황은 만일 그와 같은 조치가 없었다면 애틀랜틱 시티의 재정이 조만간에 파산할 지경이었다. 역사적으로, 뉴저지주에서 소속 지방정부에 비상관리관이 지명되어 파견된 것은 처음 있는 일이었다. 이는 미국 내에서 주가 지방재정을 적극적으로 관리 · 감독하는 오랜 역사와 노하우를 지니는 뉴저지주로서는 매우 이례적인 조치라고 말하지 않을 수 없다.

지방재정위원회 체제와 달리 이제 애틀랜틱 시티는 매일 매일의 재정 상황은 물론 각종 계약 업무, 직원의 고용 · 해임 및 인사이동 등 각종 미시 · 거시적 행정 활동 전체를 외부에 의해 점검을 받고 승인을 받아야 하는 처지가 되었다. 경우에 따라서는 수천만 원에 불과한 장비의 구입에 대하여도 일일이 비상관리관의 승인을 받아야 하는 엄격한 통제 상황에 직면하였다. 사실상 '도시 자율권 상실'의 시대를 맞이한 것이다. 비상관리관은 지방재정위원회가 보유하는 권한은 물론 추가적인 미시·거시적 감독 권한을 보유하였다. 비상관리관이 지니는 중요한 권한과 역할은 다음과 같다.

(1) 시의 재정 조건(fiscal condition) 및 상태를 분석하고 평가한다.
(2) 모든 적법한 수단을 동원하여 시 재정에 대한 중장기 안정화 계획을 60일 이내에 수립한다(여기에는 도시 운영 전반에 대한 재구조화와 채무조정이 중요한 사안으로 포함된다).
(3) 시의 채무조정 및 구조조정계획과 관련되는 모든 이해당사자들과 협상을 진행하고, 협상 결과를 반영하는 수정 계획을 수립해서 제시한다.
(4) 모든 이해관계자들과 시의 재정건전성 회복 문제를 두고 지속적으로 협의하고 논의한다(모든 이해관계자에는 시장, 의회, 주정부, 카운티 정부, 채권자 대표, 노조, 채권 소유자, 지역 경제 및 산업 대표, 주민 등이 총망라된다).
(5) 비상관리관이 갖는 직접적 권한은 아니지만, 주와 지방정부의 모든 관계자들은 비상관리관이 추진하는 업무에 대해 적극적으로 협력해야 한다.

2015년 3월에는 비상관리관 라빈의 첫 번째 보고가 있었다. 한마디로, 그 내용은 매우 어둡고 묵직하였다. 보고의 요점은 약 1억 100만 달러의 예산적자와 현금 부족이 심각한 상태라는 사실에 집중되었다. 그리고 이 문제를 해결하기 위해서는 인력 해고와 일부 행정 서비스의 중단, 세금 인상, 주정부로부터의 추가 재정 지원, 채무 상환, 그리고 공무원 연금 및 퇴직자 복지 혜택(건강 보호 등) 지불의 일부 연기 조치가 필수적으로 요구된다는 사실을 강조하였다. 보고 결과는 전격적으로 수용되었고, 그 후 그것을 토대로 하는 각종 후속 조치와 자구 노력이 이루어졌다. 그 속에는 시가 고심 끝에 결정한 향후 몇 년 동안의 예산 삭감과 인력 구조조정에 대한 세부 사항들이 포함되었다. 구체적으로, 2015년 기준으로 향후 3년간 약 4,000만 달러의 예산 삭감과 250-300명 규모의 인력 조정이 계획되었다(*USA Today*).

종합

애틀랜틱 시티가 재정위기에 빠지게 된 가장 큰 원인은 주력 산업인 카지노 산업의 쇠퇴에 있지만, 미시적으로 재정을 충실히 관리하지 못한 점도 결코 간과되어서는 안 된다. 2016년 현재 애틀랜틱 시티는 연방파산법 챕터 나인에 의한 파산을 하지 않았고, 여전히 비상관리관 체제 하에서 각종 구조조정과 자구 노력을 진행중에 있다. 뉴저지주가 비상관리관 체제를 출범시킨 것은 주가 지방재정을 적극적으로 관리 · 감독하는 오랜 역사와 노하우를 지니는 뉴저지주로서는 매우 이례적인 조치였다. 하지만 그렇게 하지 않을 경우 애틀랜틱 시티의 재정이 선택할 수 있는 길은 오로지 하나, 즉 연방파산법에 의한 파산 보호 신청을 하는 것뿐이었다.

비상관리관 체제가 가동된 지 일 년이 넘은 2016년 현재 애틀랜틱 시티의 재정 상황은 조금 나아졌다. 하지만 크게 호전되었다고 보기는 어렵다. 2015년 8월 신용평가 기관 Standard & Poor's가 애틀랜틱 시티의 일반보증채권의 등급을 무려 3단계나 떨어뜨린 사건이 전체 상황을 말해 준다. 이는 주를 중심으로 아틀랜틱 시티의 재정회생을 도모해 온 각종 노력과 희망에 사실상 찬물을 끼얹는 것과 마찬가지였다.

이러한 상황을 두고 일각에서는 애틀랜틱 시티의 재정 문제가 구조적으로 심각해서 결국은 연방파산법에 의한 파산 절차를 밟을 수밖에 없을 것이라는 비관적 예측을 하고 있다. 시 재정의 기간 재원인 재산세 수입이 카지노 산업의 불황으로 인해 무려 60% 이상 뚝 떨어진 상황에서는 세입과 세출을 본격적으로 재조정한다고 해도 근본적인 한계가 있다는 논리에 근거를 두고 있다. 애틀랜틱 시티의 재정위기가 앞으로 어떤 방향으로 전개될지는 더 두고 보아야 할 것이다. 하지만 현재로서는 최악의 경우에도 연방파산법에 의한 파산 보호 신청 경로를 밟을 것 같지는 않아 보인다. 그것은 주지사와 주정부의 의지가 워낙 강하고, 만일 애틀랜틱 시티의 재정 상황이 지금보다 더 나빠진다면 주정부가 지방재정을 구제(bailout)해 줄 가능성이 마지막 수단으로 남아 있기 때문이다.

8) 마이애미시

플로리다주의 마이애미시(City of Miami, 인구 35만 8,000명)도 1996년 가을에 재정이 거의 지급 불능 상태에 가까운 위기를 맞이하였다. 당시 시 지배인(city manager)이었던 Cesar Odio와 예산재정국장(budget and finance director)인 Manohar Surana가 부정 · 부패 문제로 연방정부의 조사를 받았는데, 이 과정에서 마이애미시 재정 문제의 실상이 밝혀진 것이다. 뒤늦게 문제의 심각성을 알아챈 마이애미시는 시 지배인 대리(Merrett Stierheim)를 책임자로 하는 실사팀을 꾸려 시의 재정 상태에 대해 심층조사를 하였다. 약 한 달 동안의 조사를 마친 후 실사팀은 시장과 주지사에게 다음의 사실을 종합 보고하였다. 그것은 시 예산의 20%가 넘는 6,800만 달러의 재정 부족이 그동안 감추어져 왔다는 사실과 마이애미시가 사실상 재정위기 상황에 처해 있다는 사실이었다.

그 후 마이애미시는 1996년 12월 2일 플로리다주 지사에게 플로리다주 법률(section 218.503)에 의해 마이애미시가 긴급재정 상태(state of financial emergency)에 처해 있음을 인정해 주고 또한 도와 줄 것을 요청하였다. 이에 대해 주지사는 바로 다음 날(12월 3일) 그것을 공식적으로 인정했다. 곧이어 플로리다주는 주 재정감독위원회(State Financial Oversight Board)를 설치하고, 마이애미시의 재정에 직접 개입하였다. 그리고 마이애미시 또한 빠른 시일 내에 잃어버린 재정건전성을 회복하기 위해 다양한 조치와 자구 노력을 강구하였다. 그 결과 마이애미시의 재정은 2000년대에 들어서면서 상당 수준 회복되었다.

마이애미시의 지역 특성과 세입 구조는 미국의 일반도시에 비해 독특한 면모가 많다. 예를 들어, 인구 구성 면에서 남미 출신의 히스패닉(Hispanics)이 전체의 60% 이상을 차지하고, 아프리칸-아메리칸(African Americans)이 약 30% 가까이 되는 점이 그러하다. 그리고 지역 내 소득 격차가 심하고, 미국의 중대도시들 가운데 가구소득이 가장 낮은 도시 그룹에 속하며, 주민의 교육 수준과 직업 역량이 매우 취약한 점도 미국의 일반도시와 차이가 난다. 조세 구조면에서 기간 세목인 재산세의 비과세 대상이 전체 과세 대상의 약 1/3이나 되고, 지방소득세의 과세가 주법에 의해 금지되고 있는 등 세수 기반이 다른 도시에 비해 취약한 점도 지역 특성에 해당한다.

이와 같이 불리한 지역적 여건과 상황에서 마이애미시는 재정 지출의 개선이나 운영 효율성 향상을 위한 노력을 게을리하였다. 사실, 마이애미시에서는 재정위기 발생 약 10년 전부터 재정 문제가 조금씩 쌓이면서 염증 현상이 나타났다. 그럼에도 불구하고 시는 세금이나 사용료 · 부담금을 인상하거나 지출 삭감 등 구조조정을 단행하지 않았다. 예컨대, 쓰레기 수거 · 처리 비용이 실제로 크게 증가하는 상황에서도 시장은 비용을 주민에게 부담지우는 대신 일반회계 자금으로 충당하는 선심성 행정을 운영하였다. 그 결과 해가 거듭하면서 재정적자가 차곡차곡 쌓였고, 미래의 재정위기가 조금씩 커 나갔다. 그런데 불행히도 이러한 위기의 조짐은 관계 공무원의 예산회계 조작과 비리에 의해 감추어졌다. 돌이켜 보면, 당시에 만일 연방정부의 조사가 없었더라면 마이애미시는 후일 더 큰 재정위기에 직면하였을 것으로 추측된다.

9) 플린트시

2014년 플린트시(City of Flint)는 미시간주가 임명한 비상관리관(emergency manager)에 의해 재정 운영을 통제 받고 있었다. 당시 비상관리관은 플린트시의 현금 부족 문제를 해소할 목적으로 시의 상수도 공급수원을 플린트강(Flint River)

으로 전환하였다. 그런데 불행히도 그 물이 시의 수도관을 부식시키면서 대규모 수돗물 오염 사건이 발생하였다. 이 사건은 주민의 분노를 불러일으킨 것은 물론 주정부의 시정 개입에 대해 불만을 품고 있었던 각종 이해관계자들이 비상관리관 체제의 문제점을 통렬히 비판할 수 있는 계기를 제공하였다.

앞서 언급한 바와 같이, 미시간주는 미국 내에서 노스캐롤라이나, 뉴저지, 펜실베이니아 등과 함께 지방재정을 가장 엄격히 관리하는 주로 정평이 나 있다. 플린트시의 상수도 오염 사건은 플린트 지역은 물론 미시간주, 나아가 미국 전역에 걸쳐 중요한 뉴스이자 관심 사안으로 급부상하였다. 이를 틈타 주정부의 시정 개입을 처음부터 못마땅하게 여겨 왔던 플린트시 내외의 비판 세력들이 마침내 반격의 동력을 갖게 되었다. 반격의 핵심은 미시간주의 재정위기 관리 시스템이 비상관리관 한 사람의 주도 하에 과격한 조치를 통해 단기 예산균형에 급급하는 전형적인 '찬탈 모델'(takeover model)이라는 것이다. 이는 단기에 수면 위에 나타난 문제를 효율적으로 해결할지는 모르지만, 수면 밑에 잠복해 있는 구조적 문제에 대하여는 거의 손을 대지 못한다는 비판적 시각을 직설적으로 대변하고 있다. 그리고 비상관리관의 대부분이 재정(예산회계) 또는 법인파산 및 법률 전문가들이어서 위기 지역이 안고 있는 다양한 문제들을 깊이 이해하는 포괄적 접근을 하지 못하고 있다는 점도 중요한 비판의 대목이다. 하지만 여기저기서 쏟아져 나오는 다양한 비판의 목소리에도 불구하고 미시간주의 법률과 정책은 결과적으로 바뀌지 않았다.

6. 지방정부 파산 사례의 종합: 교훈과 시사

지금까지 살펴본 미국의 지방정부 파산 사례를 종합적으로 정리하면서 우리에게 의미가 있는 교훈과 시사점을 도출하면 다음과 같다.

첫째, 지방정부 파산제도는 지방정부가 맨 마지막 자구책으로 사용하는 법적 수단이다. 제도의 목적은 재정 운용을 잘못한 데 대한 페널티 부여에 있지 않고, 재정의 소생과 회복을 위한 기회와 공간을 제공하는 데 있다. 일단 지방정부가 연방파산법원에 파산 보호 신청을 하면 해당 지방정부는 채권자의 권한 행사를 잠정적으로 중지시키는 자동중지(automatic stay)의 혜택을 볼 수 있다. 한걸음 더 나아가 연방파산법원이 파산 신청 적격성을 인정하여 본격적인 파산 과정이 진행될 경우, 지방정부는 각종 채무와 지불 의무(계약 포함)를 큰 폭으로 줄일 수 있는 기회를 맞이하게 된다. 물론 이 과정에서 지방정부 또한 살을 깎는 구조조정의 고통을 겪어야만 한다. 이는 지역주민의 입장에서 상당한 불편과 애로가 된다. 하지만 중요한 것은 고통의 이면에 자신을 억누르는 채무와 재정적자의 중압을 벗겨 줄 수 있는 기회와 가능성이 기다리고 있다는 사실이다.

둘째, 지방정부가 파산제도의 보호를 받기 위해서는 주의 법(헌법 또는 법률)이 규정하는 모든 절차와 내용을 이해하여 '구체적 승인'(specific authorization)을 받아야 한다. 이 과정에서 통상 주정부는 지방정부의 파산 신청을 제지하고자 권고하거나 회유를 한다. 그리고 그것이 여의치 않을 경우 다양한 압박과 강력한 권한 행사에 나선다. 이러한 주정부의 행동은 지방정부 파산이 주와 주 내의 다른 지방정부에 미칠 여러 가지 부정적 파급 효과를 우려해서이다. 많은 경우 주의 선량한 관리·감독자의 행위와 지방의 고유한 자치·자율권 간에 충돌과 지배 현상이 발생하는데 이는 지방정부 파산제도가 안고 있는 중요한 과제이다.

셋째, 지방정부의 파산 원인은 크게 보아 구조적 요인과 일시적 외부 충격 요인으로 구분되는데, 전자가 주도적이다. 구조적 요인에 의한 재정파산은 중장기에 걸쳐 전개되는 인구·사회·경제적 변화에 대해 지방정부가 중장기 재정 시야를 갖고 그때 그때 적절히 대처하지 못한 데서 비롯된다. 일시적 요인에 의한 재정파산은 대규모 부정·부패, 중대한 의사결정 착오, 외부 충격(글로벌 금융위기, 지역 주력 산업 도산, 자연재해) 등에 의해 발생하며, 사실상 지방정부가 속수무책으로 당하는 것이다(재정위기에 발생 원인에 관하여는 다음 장에서 자세히 다루고 있다).

넷째, 지방정부가 파산 당시에 직면하는 실질적인 문제는 자신의 재정 감당 능력(fiscal affordability)을 훨씬 초과하는 채무이고, 통상 그 주위에는 만성적 재정적자와 유동성 경색 문제가 자리한다. 대부분의 파산 지방정부들은 수년간 누적된 재정적자와 채무의 상승적 악순환을 경험해 왔다. 그리고 파산 직전 단계에서는 자본시장에서의 신뢰 추락과 신용 등급 하락으로 인해 사실상 외부 차입을 할 수 없는 극한 상황에 처한다. 이때는 통상의 행정 활동과 일상적인 경상경비의 지급에 애로가 생길 만큼 급격한 유동성 경색(현금 흐름 막힘) 현상이 나타난다. 그 후 소위 급한 돌려막기 방식의 자금 공급과 자산 급매조차 어려운 상황에 이르면, 지방정부는 그것이 주정부이든 아니면 연방파산제도이든 어느 한 쪽에 백기투항을 하고 구원을 요청할 수밖에 없다. 지방정부가 최종적으로 파산제도에 기대는 것은 한두 해의 자금 부족(재정적자)이나 일시적 유동성 경색 때문이 아니고 감당할 수 없는 과도한 누적 채무 때문이다.

다섯째, 지방정부가 파산제도의 보호 아래 들어가게 되더라도 지방정부와 지역주민은 상당 기간 동안 고통과 애로를 면할 수 없다. 비록 지방정부의 채무가 큰 폭으로 경감되고 조정되는 큰 혜택이 주어지기는 하지만, 행정 서비스의 감축과 인력 및 시설에 대한 구조조정 그리고 세금 인상 조치가 불가피하기 때문이다. 무엇보다도 지방정부의 재정 운영이 주정부(주정부 감독 기구)의 관리 하에 넘어가면서 자치권과 자율성에 큰 제약이 주어지는 것이 지방정부와 주민의 입장에서 매우 난감하고 힘든 일이다.

여섯째, 지방정부가 한번 재정파산에 이르면 그것을 정상 수준으로 회복시키기까지는 꽤 오랜 시간이 걸린다. 이때 자칫 처방과 노력을 잘못하게 되면 머지않은 장래에 또 다시 재정위기를 겪을 수 있다. 대체로 말해서, 재정위기가 중장기에 걸치는 구조적 요인 때문에 발생하였다면, 지방정부가 재정건전성을 완전히 회복하기까지는 그와 비슷한 오랜 기간이 소요된다. 이는 며칠 동안 금식을 한 사람이 정상으로 회복하기까지 비슷한 기간의 음식 조절을 해야 하는 것에 비유할 수 있다. 재정위기를 겪었던 뉴욕시나 워싱턴 D.C., 그리고 파산 절차를 밟았던 디트로이트시 등 모든 재정위기 단체들은 하나 같이 10년 이상의 오랜 기간 동안 주정부(워싱턴 D.C.의 경우 연방정부와 미국 의회)의 관리 · 감독 체제 하에서 재정을 운영해야 하는 수모와 고통을 겪었다(아마도 디트로이트시는 앞으로 상당한 기간 미시간주의 관리 · 감독을 받게 될 것이다). 이는 우리나라의 경우 심각한 재정 문제가 있는 지방자치단체에 대해 중앙정부가 단기 대응 방식으로 접근하는 것과는 본질적으로 다르다.

일곱째, 지방재정 운영에 철저한 '자율과 책임' 원리가 적용되고 있다. 사실, 연방파산법에 의한 지방정부 파산제도나 주정부의 지방재정 개입제도는 재정분권의 기본 틀이 갖추어지고, 자율과 책임의 원리가 작동하는 순수한 미국식 재정 관리 방식이다. 지방정부가 자신에게 주어진 기능과 사무에 대응할 수 있는 기본 재정 수단(과세 권한, 지방채 발행 권한, 지출 조절 권한, 기타 예산회계 활용 수단 등)을 부여 받았음에도 불구하고 그것을 적절히 활용하지 못해 심각한 재정압박이나 극단적인 재정위기 상황에 처하였을 경우, 주정부가 직접 개입해서 지방자치 권한을 제한하고 후견자로서 재정을 관리하는 것은 정당성과 합리성을 지닌다. 그리고 심각한 재정위기 상태에서 처한 지방정부를 보호하고 구해 주기 위해 최후의 돌파구 내지 희망의 기회로서 지방정부 파산제도가 마련된 것도 미국식 경제 · 재정 운영 시스템 하에서는 충분히 설득력이 있고 합리적인 접근이다.

여덟째, 지방자치의 구현에 있어서 지방정부와 주민 등 지방자치의 이해관계자(stakeholder)들이 각자에게 주어진 재정 책임을 적절히 수행하고 있다. 지방정부는 필요시 과세권을 행사하여 세금을 인상하고, 재정 지출을 가능한 한 주민의 수요와 의사에 맞추어 합리적으로 행하고자 한다. 또한 주민은 지방채의 발행 과정에서 투표 등을 통해 정확히 의사를 표현하고, 필요하다면 추가적 재정 부담도 감내하는 마음가짐을 갖고 있다. 이와 같은 재정 책임의 구심적 역할을 하는 수단은 미국 지방자치의 기간 재원이라 할 수 있는 재산세와 지방채

제도이다. 재산세는 지방재정의 수입과 지출을 조율하고 견인해 나가는 역할을 하고, 지방채는 주민의 의사와 수요를 반영하는 지방의 자본투자 사업을 견인하는 핵심 재정 수단으로서 기능을 한다. 특히, 지방채 발행에 주민의 참여(주민투표)가 이루어지는 점은 자치단체장의 재정 남용을 통제하고, 필요시 주민 스스로에 의한 추가적 재정 부담을 유도하는 유용성이 있다.

아홉째, 시장 원리의 의한 지방재정의 거시적 조절 · 통제이다. 지방정부의 재정 상태에 대하여는 기본적으로 지역 내부(집행부, 지방의회, 시민사회, 감사기구, 투자자, 주민 등)와 주정부가 다양한 방식으로 점검하고 조치를 한다. 하지만 이것 못지않게 중요하고, 특히 미국의 지방정부가 매우 민감하게 반응하는 것은 자본시장의 지방재정 평가이다. 이는 구체적으로 주요 신용평가 기관의 지방채 등급(bond rating)으로 대표되는데, 이는 사실상 지방정부의 거시적 재정 상태를 압축적으로 진단하는 잣대이다.

신용 등급은 무엇보다도 지방정부의 재정 능력(fiscal capacity)과 재정건전성 및 지속 가능성에 중점을 두고 평가가 되기 때문에 지방정부가 좋은 등급을 유지하기 위해서는 특별히 재정 관리를 잘해야 한다. 현실적으로 여건과 환경의 차이가 있어서 우리나라가 당장에 이러한 시스템을 채택할 수는 없다. 그러나 적어도 점진적으로 지방자치단체의 재정 활동과 재정 상태가 시장 메커니즘에 의해 자율적으로 제어되고 개선될 수 있는 방향으로 변화해 나가는 것이 바람직하다.

끝으로, 지방정부 파산제도는 순수한 미국식 재정 운영 시스템으로 우리나라에서의 작동 가능성은 거의 희박하다. 그러나 지방정부가 재정파산에 이르게 되는 원인과 과정 그리고 파산 전 · 후에 이루어지는 각종 조치와 노력(주정부 개입, 지방세 인상 등 세입 강화, 인력 및 재정 지출 구조조정, 재정(채무)조정계획 수립, 노조 관계 및 각종 계약 등의 재협상, 지방정부 자구 노력 등)에 관한 부분은 우리가 많은 시사와 교훈을 받아야 할 필요가 있다. 특히, 지방재정이 구조적 요인에 의해 한번 크게 망가졌을 때, 그에 대한 상위 정부(주정부)의 개입 및 관리가 결코 단기에 그치지 않고 중기(최소 5년) 이상의 시야에서 밀도 있게 진행되는 사실은 크게 주목해서 배워야 한다.

Chapter 10

종합: 지방재정 위기의 발생 원인과 교훈

1. 서론: 지방재정 위기의 발생

지방재정 위기는 지방자치단체가 통제할 수 없는 외부 요인과 통제할 수 있는 내부 요인에 의해 발생한다. 역사적으로 보면 전자가 후자보다 더 많았고, 적지 않은 사례에서 두 요인이 복합적으로 작용해서 재정위기를 유발시켰다.

외부 요인에 의한 지방재정 위기로는 1930년대에 전 세계를 풍미한 대공황(Great Depression)으로 인한 사례나 1990년대 후반에 발생한 동아시아 금융위기(속칭 '외환위기') 사례, 그리고 2008년의 글로벌 금융위기 후폭풍으로 발생한 구미의 지방정부 사례를 대표적으로 거론할 수 있다. 이와 같은 초메가톤급 외부 요인에 의한 재정위기는 개별 자치단체로서는 도저히 감당할 수 없는 것으로 신속하면서도 큰 충격을 주는 특징이 있다. 이와 달리 지역을 둘러싼 인구 · 사회 · 경제 · 산업의 구조 변화나 국가 정책의 중대한 기조 변화와 같은 외부 요인도 지방재정 위기를 유발한다. 이러한 사례는 역사적으로 미국 사회에서 광범위하게 관측되었다. 예를 들어, 1970년대와 1980년대에 미국 전역에서 교외화, 사회복지 지출 급증, 산업 구조 변화, 지역 간 인구 · 자본 이동 현상이 나타나면서 상당수의 중대도시들이 재정위기를 경험한 것을 거론할 수 있다. 1980년대에 미국을 풍미하였던 소위 '선벨트 · 스노우벨트(또는 러스트벨트)'(Sunbelt · Snowbelt 또는 Sunbelt · Rustbelt로 표현됨)로 대비되는 시대적 현상은 중북부를 중심으로 하는 전통 산업 지역의 쇠퇴와 남부 지역(텍사스 · 플로리다 · 애리조나 지역

---

1 이 부분은 임성일의 글("외국 지방정부의 재정위기 사례와 대응전략: 우리나라의 교훈과 시사," 세미나 발표문, 2012)을 인용 보완하고 있다.

등)을 중심으로 하는 신흥 첨단 산업 지역의 부상에 따른 인구 · 사회 · 경제적 구조 변화를 함축한다. 이와 같은 전국적 구조 변화는 관련 지역의 경제와 재정에 큰 변화와 후유증을 남겼다.

내부 요인에 의한 재정위기는 지방자치단체장의 정치적 · 정책적 판단 오류, 부실한 재정 관리 시스템, 위험 관리 장치(risk management system) 부재, 잘못된 행태적 관행, 비민주적 거버넌스 체제, 공무원의 부정 · 부패와 회계 부정, 과도한 포퓰리즘 등으로 인해 발생한다. 이러한 사례는 세계 각국에서 산발적으로 관측되고 있다. 가장 대표적인 사례로 미국 캘리포니아주의 오렌지 카운티가 1990년대 초에 거액의 재정 자금을 파생상품에 잘못 투자해 순식간에 재정파탄에 빠져든 경우를 들 수 있다. 근년에 앨라배마주의 제퍼슨 카운티가 대형 공무원 비리(부정 · 부패)에 연루되면서 재정위기를 겪었던 것도 대표적인 내부 요인 사례이다. 그리고 장기간 분식회계 기법을 이용해서 부실한 재정 관리를 해오다가 결국 재정파탄에 처했던 일본의 유바리시 사례도 빼놓을 수 없다(엄밀히 말해서, 유바리시 사례는 오랜 경제 · 산업적 구조 변화와 재정 관리 부실이라는 내부 요인이 결합해서 발생한 경우이다). 이러한 사례에 대하여는 앞의 본문에서 구체적으로 다룬 바 있다.

요약하면, 재정위기의 원인과 배경은 시기별로 차이가 있고, 지방정부에 따라 다르다. 거시적 관점에서 보면 대부분의 지방재정 위기는 일시적 충격에 의해 갑자기 발생하기보다 지방정부가 오래전부터 인구 · 사회 · 경제 · 산업 측면에서 쇠퇴적 구조 변화를 겪어 오다가 그것이 외부의 충격이나 부실한 재정 관리의 한계에 부딪힐 때 발생한다. 이는 지방재정에서의 '암 발생', 조기 진단 및 치료 소홀, 암 진행, 재정 종말로 비유해 볼 수 있다. 그러므로 지방재정의 중장기 건전성에 치명적인 손상을 가하는 '재정 암'의 발생 요인이 무엇인지를 규명하고 그것을 사전에 간파해서 예방하고 치료하는 일이 매우 중요하다. 다만, 매우 예외적이지만 단일의 외부 충격이나 독립적 결정 요인에 의해 재정위기나 재정파산이 발생하기도 한다. 이러한 사실을 인식하면서 지금부터는 앞의 장들에서 살펴본 내용들을 유념하면서 지방재정 위기의 발생 원인과 사례에 대해 종합적으로 정리해 보고자 한다.

2. 지방재정 위기의 발생 원인: 유형화

지방재정 위기가 발생하는 원인을 크게 외부적 요인과 내부적 요인으로 구분해 볼 수 있다. 외부적 요인은 문자 그대로 지방정부의 재정 역량이나 관리 노력의 범위를 넘어서는 외부의 힘 또는 영향을 말한다. 내부적 요인은 지방자치단체장의 잘못된 판단이나 관리 소홀을 포함하여 기본적으로 지방자치단체가 통제 가능한 재정 역량이나 관리 노력 그리고 행태 및 경향을 말한다.

1) 외부적 요인

외부적 요인은 다시 (1) 외부적 충격, (2) 인구 · 사회 · 경제적 구조 변화, (3) 중앙정부(연방정부)의 정책 기조 변화의 세 가지 요인으로 구분할 수 있다. 외부적 충격이란, 특정 국가나 지방정부가 사실상 통제할 수 없는 외부적 힘에 의해 지방재정이 심각한 상태에 빠지는 것을 의미한다. 대표적으로 1929년에 발생한 세계 대공황을 비롯하여 1970년대의 오일쇼크(oil shock), 1990년대 후반의 동아시아 금융위기(외환위기), 2000년대 초반의 IT 거품 붕괴, 그리고 가장 최근(2008년)에 발생한 글로벌 금융위기를 지적할 수 있다.

비록 강도는 다르지만, 한 국가 내에서도 특정 지역에 심각한 타격을 주는 국내 경기의 변화나 산업 구조의 변화도 외부적 충격에 해당한다.[2] 그리고 급격한 물가 상승(inflation)도 성격은 조금 다르지만 지방재정 위기를 초래하는 외부적 충격 요인이 된다. 국내의 수요 · 공급 요인에 의한 급격한 물가 상승과 오일쇼크나 국제 원자재 가격 상승에 따른 급격한 물가 상승이 그것이다. 예컨대, 1980년대 전후로 유럽의 일부 도시들이 겪었던 재정위기의 주범은 다름아닌 급격한 인플레이션이었다.

그 밖에도 특정 공공 서비스의 공급 비용 급증(예: 미국의 공공 의료 비용 급증)이나 국가 정책에 의한 비용 부담 급증(의무 경비의 대상 범위 확대와 단가 인상 등에 의한 사회복지 지출 급증)도 지방재정 위기를 초래하는 중요한 외부적 요인으로 간주된다.

인구 · 사회 · 경제적 구조 변화는 국가나 지역이 포괄하는 인구 구성, 사회적 문화와 가치, 산업 구조, 경제 시스템이 새로운 '영역'(regime)에 진입하거

2 이러한 현상은 미국과 같은 거대 국가에서는 가끔 발생하지만, 우리나라와 같은 중소 국가에서는 발생 가능성이 희박하다. 그럼에도 불구하고 제철과 조선 산업에 크게 의존하고 있는 지방자치단체(광양시, 거제시 등)의 경우 관련 산업이 세계적 불황에 빠지거나 우리나라의 경쟁력이 급격히 떨어질 때(예컨대, 중국의 추월) 재정이 큰 타격을 입을 수 있고, 극단적으로 재정위기에 빠질 수 있다.

나 일대 변화를 겪는 것을 의미한다. 예를 들어, 지역의 인구 구조 노령화, 산업 구조의 변화와 공동화 현상, 주거 문화 변화(예컨대, 단독주택 중심에서 아파트 중심 주거 문화로의 변화), 도시의 교외화 현상이 가속화될 경우 재정의 수입과 지출은 누적적인 영향을 받게 된다. 그리고 이는 재정적자와 채무를 지속적으로 악화시킨다. 이때 만일 재정 능력이 재정 지출의 압력을 감당할 수 없는 한계 상황에 이르면 순식간에 재정위기가 점화된다.

중앙정부(연방정부)의 정책 기조 변화란, 지방의 경제와 재정에 중대한 영향을 미치는 정부 정책의 전환을 뜻한다. 통상 정부의 조세 정책(증세 정책, 조세 감면 정책, 조세 체계 조정), 보조금 정책, 지역 정책(균형발전, 강력한 특정 지역 규제, 특별구역 지정, 지역특화, 그린벨트 정책 등), 산업 정책, 특정 지방 기능 강화 정책(예컨대, 사회복지 서비스 강화) 등이 포함된다. 만일 이러한 정부 정책이 지역의 경제·산업·인력 구조에 결정적인 영향을 미칠 만큼 위력적이라면 지방재정은 단기 또는 중장기 시야에서 재정위기에 직면할 수 있다. 미국에서는 공식적인 국가 산업 정책(국가 계획 포함)이 없지만, 실제로는 연방 보조금 정책 등에 의해 지역의 경제와 산업이 큰 영향을 받는다. 예컨대, 막강한 국방예산을 보유하는 연방정부가 핵심 방위 산업을 어떤 지역에 안배하는지(또는 기존 시설을 어떤 다른 지역으로 이전하는지)에 따라 관련된 지역의 경제와 재정이 큰 영향을 받는다. 마찬가지로 막대한 자금을 균형 정책 용도로 사용하는 유럽연합(EU)의 경우 균형 자금의 안배에 따라서 특정 지역의 경제와 재정이 큰 영향을 받게 된다. 성격과 규모 면에서 차이가 있지만, 우리나라에서도 근년에 원전 관련 시설의 배치 정책이 크게 달라지면서 해당 시설을 유치한 지역(예컨대, 경주시, 기장군, 울진군 등)의 재정이 크게 좋아진 것도 비슷한 맥락에서 이해될 수 있다.

이와 달리 주정부나 지방정부 차원에서 과도한 재정 부담을 수반하는 정책(예: 사회복지 사업, 대규모 공약 사업 등)도 극단적으로 지방재정 위기를 초래하는 요인이 된다. 이는 앞 장에서 살펴본 워싱턴 D.C.와 뉴욕시 사례가 말해 준다(당시 뉴욕시는 주법에 의해 과도한 사회복지 기능을 떠맡은 데 더해 적극적인 사회복지 정책을 추진한 결과 저소득층의 이주가 늘어났고, 이로 인해 복지재정 부담이 눈덩이처럼 불어났다). 비록 정도는 다르지만 근년에 우리나라에서도 정부가 사회복지 정책을 강하게 추진하면서 지방의 의무 지출 부담을 급격히 증가시킨 결과 지방재정이 심각한 압박을 받았던 것도 크게 보면 맥을 같이한다.

2) 내부적 요인

지방재정 위기가 발생하게 되는 또 다른 원인은 내부적 요인에 있다. 내부적 요인에는 자치단체장의 정치적 · 정책적 판단 오류와 부실한 재정 관리 시스템(예산 · 회계의 내부 점검 장치, 위험 관리, 감사 시스템 등), 재정 투명성 기제(정보 공개 및 소통) 미비, 그리고 관료의 부정 · 부패 관행이 핵심을 이룬다. 세부적으로는 재정의 수입 · 지출과 관계되는 인구 · 산업 · 세수입 · 재정 수요에 대한 중대한 예측 오류와 잘못된 정책 결정(공약 사업, 과잉 포퓰리즘 사업 포함), 방만한 자금 운영, 투자 사업 타당성 점검 미비, 비효율적 서비스 공급, 과도한 인력 운영, 부정 · 부패, 지나친 민간 영역 침범, 과도한 채무와 재정적자, 분식회계, 내 · 외부 감사 시스템 취약, 위기 관리 시스템 부재, 재정정보 공개 시스템 부족, 기타 자기 재정규율 장치 미비 등이 포함된다.

내부적 요인을 정치적 요인과 재정 관리 요인으로 구분해 볼 수 있다. 정치적 요인에는 자치단체장의 과도한 대중영합(포퓰리즘) 정책, 지방정치 시스템 오류, 노동조합 영향력, 조직(인력 구조) 관리 미흡, 민간 영역의 과도한 침범 등이 있다. 이들과 관련된 주요 현상으로는 주요 정책 기조의 실시 오류 및 실패, 약한 단체장(의회 · 집행부 관계 구조)과 리더십, 정당 구성(예: 여소야대 국면), 당파적 조직 운영, 방만한 조직 운영(과다 인력), 과도한 공약 사업 실시, 편향된 포퓰리즘 현상 등을 지적할 수 있다.

재정 관리 요인에는 방만한 경영, 세입세출 예측 시스템 미작동, 예산회계 · 감사 시스템 미비, 재정투명성 장치 결여, 자금 관리 비효율성, 서비스 공급 비효율성 등이 있다. 이와 관련된 현상으로는 과도한 재정 지출(비효율, 방만 · 낭비, 선거 관련 과다 지출), 채무 과다, 재정적자 심화, 대규모 자본투자, 부실 공기업 지원(투자 오류) 등을 지적할 수 있다. 공무원의 부정 · 부패 행태는 일반적으로 정치적 요인과 재정 관리 요인 모두와 관계된다.

3) 통제 가능 요인과 통제 불가능 요인

지방재정 위기를 통제 가능 요인과 통제 불능 요인으로 구분해 볼 수도 있다. 앞서 언급한 외부적 요인들은 대부분 통제가 불가능하지만, 정부 정책 기조 변화 요인은 일정 부분 통제가 가능하다. 지역의 경제와 재정 구조에 치명적인 영향을 미치는 정부 정책의 경우 지방자치단체(또는 지방자치단체 연합체)에 의한 협상, 로비, 시위, 여론 조성 등 다양한 형태의 선제적 노력 내지 정치력 발휘가 가능하기 때문이다. 외부적 요인과 달리 지방재정 위기를 촉발시키는 내부적 요인은 사실상 대부분 지방정부의 통제가 가능하고, 마땅히 통제되어야 한다.

4) 구조적 요인과 비구조적 요인

학술적 관점에서는 지방재정의 곤궁 또는 궁핍(distress), 압박(pressure), 재정위기(fiscal crisis)가 발생하는 원인을 논할 때, 크게 구조적 요인과 비구조적 요인으로 구분해서 접근하는 경향이 있다(Gramlich, 1976; Bradbury, 1982; Imnan, 1995 등). 통상 구조적 요인은 인구 · 경제 · 사회 · 제도적 측면을 포괄하고, 비구조적 요인은 행정 및 재정 관리, 지방정치, 노동조합 등의 요인을 포괄한다. 이를 앞서 언급한 내부적 · 외부적 재정위기 발생 요인과 결부시켜 보면, 구조적 요인은 외부적 요인의 한 부분(인구 · 사회 · 경제적 구조 변화 요인)이고, 비구조적 요인은 내부적 요인과 일치한다.

1975년도 뉴욕시 재정위기를 연구한 Gramlich(1976)나 1990년도 필라델피아시의 재정위기를 연구한 Inman(1995)을 비롯한 다수의 연구자들은 미국에서 지방재정 위기가 발생한 주된 원인으로 사회 · 경제적 여건 변화, 즉 구조적 요인을 지목한다. 그러나 Bradbury(1982, 1983)는 지방재정의 심각한 어려움이나 위기가 발생한 원인이 주로 구조적 요인에 있음을 인정하면서도 지역에 따라서는 도시 관리 문제와 '측정되지 않는 비용'(unmeasured costs) 등 다른 요인들이 중요하게 작용하였음을 역설하였다.

Wolff(2004)는 지방정부에 따라 재정의 상태와 여유 면에서 차이가 나고 재정위기의 발생 가능성이 다른 원인을 규명하기 위해 구조적 문제(structural problems)와 비구조적 정치 문제(non-structural political problems)로 구분하여 실증분석을 하였다. 분석 결과 재정 지출이나 채무 수준의 경우 구조적 요인에 의해 설명이 가능한 반면에 재정위기는 구조적 요인에 의한 설명이 어려운 것으로 나타났다. 이는 재정위기를 예측하는 것이 어려울 뿐 아니라 재정위기가 인구·사회·경제적 구조 변화보다 더 큰 외부적 충격에 의해 발생할 가능성이 있음을 시사한다. 이러한 분석 결과는 다수의 선행 연구들과 일치하는 점도 있지만, 그보다는 일치하지 않는 점이 더 많다.

그 밖에도 지방재정 위기의 발생 원인을 지방정치 경향, 노동조합 영향, 잘못된 재정 관리 문제에 중점을 두고 분석한 연구가 다수 있다. 하지만 이들은 전체적 경향을 진단하기보다 개별적·부분적 재정위기 사례를 진단하고 설명하는 측면에서 제한된 설득력을 갖는다.

우리나라에서는 실제로 재정위기 상황에 처한 지방자치단체가 없었기 때문에 관련 이론이나 가설을 검증할 수 있는 기회가 없었다. 다만, 근년에 재정위기는 아니지만 심각한 재정압박 상태에 처한 지방자치단체들이 조금씩 나타나면서 이들을 관측할 수 있는 기회가 생겼다. 현재까지 볼 때, 이들은 대체로 외부적 요인(사회복지 수요와 관련된 정부 정책의 변화와 대상 인구 변화, 경기 침체 등)과 행정·재정 관리 문제 등 내부적 요인이 혼재된 상태에서 재정압박을 겪고 있는 것으로 판단된다. 아직까지 우리나라에서는 미국과 같이 지방정치(단체장의 정치적 경향)나 노조 영향력 변수가 재정위기의 단초를 제공하는 사례나 경향

[표 10-1] 지방재정 위기의 발생 유형과 원인

유형		핵심 발생 원인	주요 현상 및 예시
외부적 요인 (통제 불능)	외부적 충격	· 국가와 지역 외부의 대충격 · 급격한 물가 상승(inflation)	· 글로벌 경기 불황/금융위기 · 국내/지역 경기 불황 · 오일쇼크, 국제 원자재 가격 급등 · 공공재 서비스 공급 비용 급증 (예: 미국의 공공의료 비용 급증) · 국가의 의무적 경비 대상 확대 (사회복지 의무 지출 증가)
	인구 · 사회 · 산업 · 경제 구조 변화	· 인구 구조 변화 · 중산층 몰락, 사회 양극화 심화 · 사회문화 및 가치관 변화 · 산업 · 경제 구조 변화	· 지역 간 인구 이동 · 교외화 현상 · 저출산, 고령화, 핵가족화 · 사회복지 수요 팽창 · 빈곤층 · 실업 · 사회 안전망 복지 지출 급증 · 인프라 노후화 및 기능 부전 · 3차/4차 산업 주도 산업 변화
	정부 정책 기조 변화	· 중앙(연방)정부 조세 정책, 지역 정책, 산업 정책, 균형 · 재분배 정책 등 변화 · 정부개혁, 민영화	· 조세제도 개편 · 적극적 감세 정책 · 대규모 보조금 삭감 · 급진적 지역 정책 · 특정 산업 규제 정책(예: 굴뚝산업) · 원전 가동 중단(예: 일본) · 기타 개혁적 사회 · 정치 · 경제 정책 실시
내부적 요인 (통제 가능)	정치적 요인	· 자치단체장의 결정적 정책 오류 · 지방정치 시스템 오류 · 과도한 노동조합 영향력 · 조직(인력 구조) 경영 미흡 · 민간 영역 과도 침범 · 무리한 민간자본 유치	· 주요 정책 기조 실시 오류/실패 · 약한 시장/리더십(미국 경우) · 당파적 조직 운영 · 방만한 조직 운영(과다 인력) · 무리한 단체장 공약 사업 실시 · 편향된 포퓰리즘(populism) · 특혜, 선심성 대형 사업 실시
	재정 관리	· 방만 경영(재정적자, 채무 누적) · 세입 · 세출 예측 시스템 미작동 · 예산회계 · 감사 시스템 미비 · 지속적 분식회계 · 재정투명성 장치 결여 · 자금 관리 비효율성 · 재정 위험 관리 시스템 부재/부작동 · 서비스 공급 비효율성 · 공무원 부정 · 부패	· 과도한 재정 지출 · 대규모 적자, 분식회계 · 채무 과다 · 현금 흐름 부족(유동성 경색) · 타당성 없는 대규모 자본투자 실시 · 비효율, 방만 · 낭비, 선거 포퓰리즘 · 부실공기업 지원(투자 오류) · 여유 자금의 위험성 투자 · 과도한 연금 부채(미국 경우) · 과도한 조세 감면, 징세 노력 부족

주: 1) '통제 불능', '통제 가능'이란, 지방자치단체가 자체 역량과 스스로의 의지와 노력에 의해 재정위기의 발생 원인을 사실상 통제할 수 없는 경우와 있는 경우를 각각 의미한다.
2) 정부 정책 기조 변화 중에는 지방자치단체의 협상력 발휘 등을 통해 일부 통제 가능한 부분이 있다.

은 관측되지 않고 있다. 하지만 근년에 무상급식과 영유아 보육 사업(누리 과정 포함) 등의 도입 및 확대 실시를 둘러싸고 전개된 소위 '보편적 복지', '선별적 복지'에 관한 이념적 · 가치판단적 논쟁과 정책 결정 과정에서 대혼란이 벌어진 것을 보면 앞으로 우리나라에서도 지방정치가 지방재정 나아가 국가재정에 상당한 영향을 미칠 가능성이 있다.

영유아 보육, 기초연금, 기초생활 복지 등과 달리 무상급식, 반값 등록금은 가치 판단과 정치적 요인이 강하게 작용한 최근의 사례들이다. 학교 무상급식은 법률이나 국가 정책이 아닌 지방자치단체의 조례에 의해 실시되는 소위 교육 복지 대상이다. 이는 지방의 정책 결정이 국가재정에 영향을 미친 매우 드문 사례에 해당한다. 주지하다시피 무상급식 이슈는 오세훈 서울시장 재직 당시 정치 쟁점으로 급부상하였고, 주민투표 과정을 거치면서 사실상 전국적 정책으로 자리를 굳혔다.

최근 우리 사회에서 가장 중요한 화두가 사회복지와 일자리 창출인데, 만일 이들을 정치권에서 지혜롭고 합리적으로 다루지 못할 경우 우리나라의 국가재정과 지방재정은 향후 큰 어려움에 처할 수 있다. 이들은 한번 정책으로 결정되면 중장기적으로 계속해서 많은 재정이 투입되어야 하는 구속성 · 경직성 특성을 지니는 지출이기 때문이다. 사회복지와 일자리 창출이 새로운 시대를 열어 가는 중요한 재정 부문인 것은 분명하지만, 그것이 적정 수준과 경로를 크게 벗어나 지나친 포퓰리즘에 흔들릴 경우 이들에 대한 정치적 · 정책적 선택이 재정위기의 단초가 될 수 있다.

5) 종합

역사적으로 볼 때, 지방재정 위기는 외부적 요인과 내부적 요인이 완전히 분리되어 발생하기보다 두 요인이 복합적으로 작용해서 발생하는 경우가 보편적이다. 많은 경우 재정위기는 '구조화된 내부적 요인'들이 오랜 기간 축적된 상태에서 외부 요인이 결정적인 단초를 제공하거나 충격을 가할 때, 지방재정의 위기 감당 역량이 급격히 소진되면서 발생한다. 이는 동일한 외부적 요인이 충격을 가하더라도 그에 대한 반응이 각 지방의 재정 상태와 여건에 따라 다르게 나타나는 현실이 말해 준다. 예를 들어, 근년에 글로벌 금융위기의 충격이 주어졌을 때, 이미 내적 요인에 의해 재정이 '구조적 부실 상태'(인구 · 산업 구조의 변화에 따른 재정건전성 악화, 잘못된 대형 투자 사업, 채무 수준 과다, 재정 관리 시스템 부실 등)에 놓인 지방자치단체는 충격을 버틸 수 있는 재정적 역량과 여유 공간을 보유하지 못하여 쉽게 위기 상태에 빠져들었다. 그러나 재정의 상태와 구조가 튼튼한 지방자치단체들은 외부적 충격을 상당 기간 흡수할 수 있는 재정적 역량과 여유 공간을 갖고 있어서 결코 위기 상태에 빠져들지 않았다.

재정위기는 특별한 경우(예컨대, 1990년대 후반의 동아시아 금융위기, 2008년에 발생한 글로벌 금융위기)를 제외하면 일정한 기간에 걸쳐 누적되는 구조적인 문제가 더 이상 버틸 수 없는 한계 상황에 부딪힐 때 순식간에 발생한다. 즉, 단기간에 세입이 급감하거나 세출압박 현상이 나타나면서 일순간 재정위기가 발생하는 것이 아니고, 인구 · 산업 · 경제 등 사회 구조적 현상이 오랜 기간 수면 하에서 하나의 거대 변화를 형성하던 중에 어떤 한계치(threshold)에 부딪히면서 발생하는 것이다.[3] 다만, 특수하고 예외적인 상황에서 재정위기가 발생하기도 하는데, 이는 이미 앞에서 살펴본 미국 캘리포니아주의 오렌지 카운티 등 극소수 사례에 국한된다.

종합적으로, 지방재정 위기는 현상적으로 일순간(한계 시점, 한계 상황)에 발생하지만, 그것은 통상 내부적 요인에 의해 이미 위기의 잠재성이 구조화된 지방을 대상으로 외부적 요인이 결정적인 충격을 가하는 형태로 발생한다.

3. 외국의 지방재정 위기: 미국과 일본을 중심으로

이 절에서는 미국과 일본의 지방재정 위기 경험을 중심으로 발생의 원인과 진행 과정 및 대응 조치에 대해 전체적 개관을 중심으로 설명하고자 한다.

1) 미국의 지방재정 위기

(1) 2000년대 이전의 지방재정 위기

미국의 지방재정 위기를 편의상 2000년대 이전과 이후로 구분해서 살펴보면 다음과 같다.

---

3 외부의 충격에 의해 단기적으로 발생하는 재정 압박이나 위기는 중앙정부로부터의 파격적인 지원 내지 구제금융을 통해 어느 정도 대응이 가능하지만(국내 경제와 국가재정이 양호한 것을 전제로 함), 구조적인 재정 문제가 폭발하는 재정위기는 일시적인 파격적 해법을 통해 극복되기 어렵다.

먼저, 2000년대 이전에 있었던 미국의 지방재정 위기는 크게 1930년대의 재정위기와 1980년대 전후의 재정위기로 대표된다. 그 외에 시기와 지역을 달리하면서 국지적인 지방재정 위기가 있었지만 여기서는 미국 사회를 뒤흔들었던 두 시기의 재정위기에 대해 중점적으로 다루고자 한다. 특히, 1930년대에 있었던 지방재정 위기는 사회 · 경제적 충격이나 국민생활 영향면에서 이루 말할 수 없이 컸다.

1930년대의 재정위기는 1929년 미국에서 비롯된 세계 대공황(Great Depression)의 여파로 발생하였다. 대공황은 미국은 물론 전 세계의 경제를 강타하였다. 당시 미국 경제는 마비 상태였고, 그 여파로 정부의 재정 운영이 일대 혼란에 빠져들었다. 연방정부, 주정부, 지방정부를 막론하고 세수가 급감하면서 심각한 재정적자 문제에 휘말렸다. 적자 보전용 국채 발행 잠재력이 충분한 연방정부와 달리 주정부와 지방정부는 채권 발행을 통한 재정적자 충당 역량이 많지 않았다. 특히, 지방정부는 채권 발행 역량의 부족에 더해 세수와 상위정부 보조금이 크게 줄어드는 삼중고에 시달렸다. 당시 지방정부는 세입이 급감하는 상황(기간 세원인 재산세 수입과 주정부 보조금이 급감하는 상황)에서 늘어나는 사회복지 재정 지출(실업, 빈곤, 기초 복지 등)을 도저히 감당할 수 없는 상태에 처했다. 이러한 재정 문제를 타개하기 위해 각 지방정부는 채무재정(debt financing)을 적극적으로 추진하는 정책을 실시했다. 하지만 대공황 상황에서 지방채 발행은 금방 한계에 부딪혔다. 이 과정에서 상당수의 지방정부가 채무 변제 불능 상태에 처하게 되었고, 사실상 재정이 파탄지경에 이른 지방정부들이 전미 각지에서 속출하였다. 이는 미국 고유의 지방정부 파산제도가 도입되는 결정적인 계기가 되었다.

세계 대공황의 여파로 발생한 1930년대의 지방재정 위기와 달리 1980년대를 전후로 발생한 지방재정 위기는 인구 · 사회 · 산업의 구조 변화에서 비롯되었다. 1980년대 전후의 지방재정 위기를 흔히 도시 재정 위기(urban fiscal crisis)라고 말하는데,[4] 그것은 당시 약 40여 개 지방정부가 연방법원에 파산 신청을 한 사실이 뒷받침해 준다. 실제로 파산을 심각하게 고민하고 검토했으나 최종적으로 파산 신청을 하지 않은 지방정부가 다수 있었음을 감안하면, 당시의 재정위기가 얼마나 심각하였고 미국 사회에 큰 충격을 주었는지 짐작할 수 있다.

역사적으로 보면 미국의 많은 중대도시들(New York, Philadelphia, Chicago, Cleveland, Washington D.C., Bridgeport 등)이 1970년대, 1980년대, 1990년대 초에 차례로 재정위기를 경험하였다. 하지만 그 중에서 실제로 연방법원에 파산 신청을 하는 상황까지 간 도시는 극소수이다. 재정파탄에 이르거나 극단적으로 파산 신청을 하는 재정위기의 배경과 과정은 도시별로 다양하다. 구체적인 여건과 원인에 차이가 있지만, 대부분의 도시가 만성적자와 채무 누적이라는 구조적인 재정건전성 문제를 안고 있었던 점은 공통적이다. 그것은 1975년에 거의 파산 신청을 할 뻔한 상황에 내몰렸던 뉴욕시가 그러하였고, 워싱턴 D.C., 클리블랜드시 등이 그랬었다.[5]

---

4 이 부분은 Baldassare의 책(*When Government Fails: The Orange County Bankruptcy*, University of California Press, 1998)을 토대로 관련 문헌의 내용을 참고 정리한 것이다.

5 하지만 뉴욕시는 그 후 몇 년간 긴축재정을 유지해야 했고 지방채를 발행할 수 없었다(당시 뉴욕시의 재정 상태로는 자본시장에서 지방채 발행이 불가능하였기 때문임). 뉴욕시는 재정위기를 극복한 다음 미래의 재정위기 상황에 대비하여 유보 자금(reserve fund)을 별도로 구축하는 한편 세입 확충 차원에서 재산세를 꾸준히 인상하는 조치를 취하였다(Pherhoples and Scorsone, 2012).

뉴욕시가 과도한 장기채무를 안게 된 원인(우호적 복지 정책에 따른 주변 지역으로부터의 다수 저소득층 이주(복지 지출 증가), 연방정부의 뉴욕시에 대한 과도한 경비부담 전가, 중산층의 교외 이주에 따른 조세 수입 감소, 각종 재정 지출 수요 증가 등)은 다른 중대도시와 조금 다르지만, 크게 보아 인구 · 경제 · 산업적 구조 변화와 밀접한 관계가 있는 점에서는 비슷하다. 인구 구조의 변화와 경제 · 재정 쇠퇴 현상이 재정위기를 촉발시킨 것은 클리블랜드의 채무 불이행이나 시카고, 필라델피아 등 다른 도시의 재정위기 상황에서도 대동소이하였다.

거시적으로 보아 1970년대와 1980년대 초에 발생한 지방재정 위기는 지방정부가 특별히 재정 운용을 부실하게 관리하거나 과도한 대형 프로젝트를 수행한 데서 비롯된 것은 아니다.[6] 마찬가지로 과도한 복지 정책이 재정위기의 발단이 된 것도 아니다. 당시의 지방재정 위기는 중 · 동부 지역을 중심으로 전개된 인구 · 경제 · 산업의 구조 변화에 의해 유발되었고, 계속되는 인플레이션에 의해 가속화되었다. 실제로 미국은 거대 국가로서 지역별로 인구 · 산업 · 경제 면에서 큰 차이가 난다(예컨대, 캘리포니아주 하나만 해도 경제 규모가 세계 6, 7위를 넘나들고 있다). 따라서 재정위기의 원인과 현상 및 파급 효과가 전국적으로 동일한 양상을 보이지 않는 경우가 많다.

대표적인 예로서 1980년대에 비롯된 소위 'Sun Belt, Snow Belt(Rust Belt)'로 상징되는 남부와 북부 지역 간의 산업 · 경제 재편성을 언급할 수 있다. 요약하면,

---

6 미국의 재정 시스템에서는 주지사나 시장이 독단적으로 대형 자본 프로젝트를 추진하기 어렵다. 그 이유는 자본투자 사업을 하기 위해서는 필수적으로 지방채를 발행해야 하는데, 이때 지방세를 담보로 하는 공채(General Obligation Bond)를 발행하려면 통상 주민투표를 거쳐야 하기 때문이다.

이는 전통 산업을 기반으로 하는 중북부 도시 지역(Snow Belt; Rust Belt)의 재정에 큰 타격과 위기 상황을 야기한 반면 텍사스, 플로리다, 애리조나로 대표되는 남부 도시 지역(Sun Belt)에는 새로운 재정 · 경제적 혜택을 창출하였다. 이러한 현상은 2000년대 초의 IT 거품경제 붕괴에 따른 도시 재정 위기나 최근의 글로벌 금융위기로 인한 재정위기가 지역별로 다르게 나타나는 것과도 비슷하다. ICMA(2009)는 글로벌 재정위기의 여파가 미국 내에서도 지역별로 다르게 나타나고 있는 사실을 지적하면서 그 원인을 지역별 산업 및 재정 시스템의 차이로 진단하고 있다.

1990년대에는 그 이전 시대와 달리 전국적인 지방재정 위기 현상은 발생하지 않았다. 다만, 간헐적으로 개별적 · 국지적 재정위기 현상은 나타났다. 이 시기에 발생한 지방재정 위기 중에서 일반지방정부와 관련된 것은 극소수였고, 대부분 특별지방정부와 관련이 있었다. 다만, 1990년대에는 세상을 깜짝 놀라게 한 지방재정 위기 사례가 하나 발생하였는데, 그것은 유명한 오렌지 카운티(Orange County) 재정위기이다. 오렌지 카운티 재정위기 사례는 매우 독특한 것으로 미국 역사상 사실상 전무후무한 것으로 간주된다.

(2) 2000년대의 지방재정 위기: 외부적 충격

2000년대를 전후로 발생한 'IT 거품경제'(IT bubble economy) 붕괴 현상과 최근의 글로벌 금융위기(global financial crisis) 현상은 미국의 많은 지역에 재정 압박과 위기 상황을 몰아쳤다. 특히, 이들 두 경제 현상은 미국 내에서도 캘리포니아주에 가장 큰 경제적 타격을 가했는데, 이로 인해 캘리포니아주는 사실상 재정

위기를 겪게 되었다. 캘리포니아주의 지방정부들이 겪었던 재정위기에 관하여는 앞에서 상세히 기술하였으므로 여기서는 주정부를 중심으로 당시의 상황을 개괄적으로 언급하기로 한다.

2000년대 초 미국의 경제와 재정을 떠받치는 대표 선수격인 캘리포니아주가 심각한 재정적자로 몸살을 앓기 시작했다. 캘리포니아는 한때 IT 산업의 발전과 부동산 개발 붐(boom)으로 대호황을 누렸고, 이로 인해 재정이 급팽창하였다. 그러던 캘리포니아주의 재정이 IT 거품경제가 붕괴하면서 급격한 세수 감소와 재정적자 확대라는 이중고를 겪게 되었다. 이러한 상황이 지속되자 주정부의 대외신인도는 추락하였고, 주의 지방채 발행에 애로가 생겼다. 이에 캘리포니아주는 부득이 세출 삭감(구조조정) 프로그램과 증세 정책을 추진할 수밖에 없었다.

당시 주는 주민의 세금(재산세)을 인상하는 조치를 취했지만, 여기에는 한계가 있었다. 미국의 주정부와 지방정부는 전통적으로 독립적인 과세권을 행사해 왔지만, 캘리포니아주는 제6장에서 설명한 바와 같이 '제안 13'(Proposition 13)으로 인해 과세권을 자유롭게 행사할 수 없는 제약을 안고 있었다. 캘리포니아주 법은 재산세의 세율을 올릴 경우 세율 인상 상한의 범위 내에서 제한적으로 인상할 것을 명시하고 있다. 따라서 주가 예산 부족분을 충당하기 위해 세율을 마음대로 인상할 수 있는 상황이 아니었다.

시간이 흐르면서 재정 문제가 매우 다급하게 돌아가자 주정부는 재정적자를 충당할 목적으로 지방채를 발행하기로 결정하였다. 그런데 캘리포니아주 법은 경상예산의 균형재정을 의무화하면서 적자재정을 해소할 목적의 지방채 발행은 허용하지 않았다. 이러한 상황에서 주정부가 경상예산의 적자 해소용 지방채를 발행할 수 있는 유일한 방법은 주민의 동의를 구하는 주민투표를 실시하는 수밖에 없었다. 이에 주정부는 '제안 58'(proposition 58)을 발의하고 그것을 주민투표에 부쳤다. 주민투표 결과 주민의 2/3 이상이 찬성하면서 마침내 적자 해소용 지방채를 발행할 수 있는 물꼬가 터졌다. 주민투표가 성공적으로 끝나자 신용평가 기관들은 캘리포니아주의 대규모 지방채 발행에 대해 긍정적으로 화답했다.

그 후 캘리포니아주는 몇 년간 다시 찾아온 경제 호황(세계적 Goldilocks)을 누리면서 재정적 안정을 찾는 듯하였다. 하지만 불행히도 2008년에 글로벌 금융위기라는 거대한 쓰나미가 닥치면서 주 재정은 빠르게 악화되었다. 2009년에 캘리포니아주는 또 다시 재정파탄의 위기에 봉착하였다. 글로벌 금융위기 발생 이전에 캘리포니아주는 적극적인 감세 정책(재산세 인하, 상속세 폐지 등)과 지출 확대 정책을 과감하게 추진하였다. 그 결과 단기적으로 세수는 감소하는 데 비해 지출은 늘어나 수입과 지출의 부정합 현상이 나타났다. 이러한 정책은 단기적으로 세수 감소가 발생하더라도 중장기적으로는 지역의 경제와 재정이 보다 튼튼해질 것이라고 믿는 일종의 공격적 재정 운영 전략이다. 그런데 이러한 접근은 경기가 호황이고 재정 상태가 양호할 때는 문제가 없다. 하지만 경기 불황이 급격히 확산되는 상황에서는 치명적으로 나쁜 결과를 초래한다. 실제로 캘리포니아주 정부는 또 다시 극심한 재정압박에 시달리게 되었다. 이를 극복하기 위해 주는 과감한 세입 · 세출 조정 정책을 실시하였다. 예를 들면, 캘리포니아주는 재정적자를 줄이기 위해 약 1만 5,000개의 공무원 일자리를 감축하였고, 각종 위원회와 산하 기관을 축소 · 폐지하는 등 다양한 자구 노력을 강구하였다.

캘리포니아주의 재정위기는 주정부 보조금에 크게 의존하는 지방정부의 재정 운영에 치명적인 영향을 미쳤다. 이는 앞서 살펴본 바와 같이 스톡턴, 샌버나디노와 같은 주 내의 중대형 도시를 포함한 수십 개 지방정부의 재정을 출렁거리게 만들었다. 그 중 일부는 재정압박을 견디지 못한 나머지 연방법원에 파산 신청을 하였고, 나머지는 강력한 세출 구조조정과 증세 정책을 실시하여 근근이 재정을 유지하였다.

이와 유사한 현상은 동부의 뉴욕주와 그에 속한 도시들(Albany 등 다수), 그리고 남부의 주들과 소속 도시들에서도 나타났다. 한마디로, 미국의 수많은 지방정부들이 경기 불황으로 인해 세수가 줄어드는 상황에서 핵심 재원인 주정부 보조금의 급감, 복지 지출 수요 증가, 지방채 발행 한계라는 '악성 재정 구조'의 늪에 빠져들고 말았다.

글로벌 금융위기 발생 이후 재정적자 상황에 직면한 주정부와 지방정부는 크게 다음의 두 부류로 구분된다. 하나는 금융위기 이전부터 구조적 재정적자(structural deficits)를 겪어 왔던 유형이고, 또 다른 하나는 금융위기의 여파로 말미암아 심각한 재정적자를 겪게 된 유형이다. 대다수는 금융위기의 여파(금융위기가 발생하면서 재정 수입이 크게 감소하는 가운데 특정 지출 수요가 크게 증가한 여파)로 인해 새롭게 재정적자를 겪게 된 지방정부들이다(임성일, 2011).

일반적으로 구조적 재정적자를 해소하기 위해서는 경상지출을 충당할 수 있는 수준으로 증세 등을 통해 경상수입을 확보하거나, 아니면 경상지출을 경상수입 수준으로 줄이는 방안(또는 양자를 동시에 조절하는 방안)을 강구해야 한다. 특히, 주정부의 경우 세입 부문에서 수입이 감소하는 가운데 지출 부문에서 사회복지 분야의 의무성 지출(Medicaid 등)이 대규모로 확대된 것이 재정압박과 재정적자를 초래하는 주요 요인으로 작용하였다(Conant, 2010). 2010년에 6개 주정부(코네티컷, 조지아, 일리노이스, 매사추세츠, 뉴욕, 버지니아)를 대상으로 실시한 실증조사에 의하면, 모든 주가 글로벌 금융위기로 인해 상당한 재정적 타격을 입었고, 이를 타개할 목적으로 증세 조치가 단행된 것으로 파악되었다.

그리고 6개 주정부는 증세 정책 외에 다음과 같은 재정 조치를 단행하였다. 그것은 (1) 재정안정화기금 활용, (2) 일회성 수입 자금 사용(예산안정기금 외의 유보 자금(reserves) 사용, 차입 또는 기타 자금 활용, 일시차입, 일회성 조세 수입(one time tax revenue)), (3) 지출 삭감(agency 예산, 교육비 지출, 사회복지 지출, 지방정부 보조금 삭감), (4) 세금 인상(소득세, 판매세), (5) 연방정부 재정촉진기금 활용(federal stimulus funds)이다(Conant, 2010).

한 가지 크게 주목해야 할 사실은 금번의 재정위기 속에서 재정안정화기금(fiscal stabilization fund 또는 rainy day fund)이 매우 중요한 역할을 하였다는 점이다(Pherhoples and Scorsone, 2012). 이는 미국의 대부분 지방정부(특히, 주정부)가 과거의 재정위기로부터 배운 학습 효과의 산물이라고 말할 수 있다. 지방재정의 부침(浮沈)이 경기 변동과 밀접한 관련이 있고, 특히 불황기에 많은 고통과 어려움이 가중되는 것을 뼈저리게 체험한 주들이 재정압박 문제를 완화시켜 주는 제도적 장치의 구축 필요성을 절감한 것이다. 그 결과 현재 미국의 대다수 주는 재정안정화기금을 설치해서 활용하고 있다. 이번에 글로벌 금융위기가 강타하였을 때에도 재정안정화기금을 충실히 확보한 주들은 비교적 오랜 기간 선방을 하였다. 반면에 그렇지 못한 주들은 완충 자금의 부족으로 단기간에 재정적자와 채무가 누적되는 재정압박 상태에 돌입하고 말았다. 이는 우리나라의 지방재정에 시사하는 바가 크다.[7]

종합적으로, 최근 미국에서 발생한 지방재정 위기는 1980년대 전후에 발생하였던 도시재정 위기와는 성격이 다르다. 거시적으로 글로벌 금융위기라는 거대한 외부 충격이 주의 재정을 강하게 압박하고, 그 영향이 곧바로 지방정부에 전이되면서 연쇄적으로 재정위기가 발생하는 구조가 특히 그러하다. 이러한 상황에서 재정의 구조와 기초체력이 튼튼한 지방정부는 어렵지만 잘 견뎌내고, 그렇지 못한 지방정부는 재정위기의 소용돌이 속으로 빨려들어 가는 현상이 나타났다.

2) 일본의 지방재정 위기

제2차 세계대전 이후 2000년대 이전까지 일본에서는 두 차례의 지방재정 위기가 있었다. 한 번은 지방제도의 정비가 이루어지고 한국전쟁의 특수가 사라진 1950년대 중반에 발생하였고, 또 다른 한 번은 오일쇼크가 있었던 1970년대와 1980년대에 발생하였다(남황우, 1997). 그 후 1990년대와 2000년대에도 일부 지방자치단체(도쿄도, 오사카부, 부젠(豊前)시, 유바리(夕張)시, 기타 소규모 자치단체 등)

7 최근 우리나라에서도 미국의 재정안정화기금과 유사한 제도의 도입을 시도하고 있으나, 기초자치단체를 포함하는 등 전체의 틀과 운영 방식에 있어서 많은 차이를 보이고 있다.

에서 재정위기가 발생하였다. 일본의 지방재정 위기 경험은 위기의 원인과 복합성이나 파급 효과 및 해결 과정에 있어서 앞서 살펴본 미국의 경우와 비교가 되지 않는다. 그것은 우리나라와 마찬가지로 일본 또한 중앙정부가 지방재정에 대해 집중적으로 거시 관리를 하고 각종 규제를 가하고 있기 때문이다. 쉽게 말해서, 일본에서는 지방재정 위기가 발생하기 어렵다. 지금부터는 일본에서 가장 최근에 발생한 지방재정 위기 사례인 유바리시의 재정위기에 관해 기술하고자 한다.

(1) 유바리시 사례

2006년 6월 일본 홋카이도에 위치한 작은 지방자치단체인 유바리(夕張)시가 준용재정재건단체(準用財政再建団体) 자격을 신청하였다. 구체적으로, 유바리시는 2006년 6월 20일 정기의회에서 상급 자치단체인 홋카이도(北海道)에 재정재건단체 신청을 하기로 결의하였다. 당시 시장은 모두 발언에서 유바리시가 자력으로 재정건전성을 회복하는 것이 어렵다고 판단하여, 지방재정재건촉진특별조치법(地方財政再建促進特別措置法: 재정재건법)에 의존해서 재정을 재건시켜 보겠다는 의견을 표명하였다. 이는 유바리시가 사실상 재정파탄을 인정하고 최후 수단으로 중앙정부에 도움을 요청하는 일종의 재정구제 SOS이었다. 사실, 2000년대 초반에는 일본의 지방재정이 비교적 안정적이었고, 재정재건법에 의해 재정건전성을 회복한 자치단체는 2001년의 후쿠오카현의 아카이케마치(赤池町)를 마지막으로 더 이상 존재하지 않았다.

유바리시가 심각한 재정난에 처한 사실은 6월 초부터 지역 언론을 통해 보

[표 10-2] 유바리시의 채무잔고 실태

(단위: 억 엔)

	보통회계	공영사업회계	합계
단기차입금 잔고	145.4	130.5	275.9
장기차입금 잔고	147.3	58.3	205.6
채무부담 행위	31.5	51.1	82.6
공사 · 제3섹터 채무	12.2	56.1	68.3
합계	336.4	296.0	632.4

자료: 北海道, 『夕張市の財政運營に関する調査』, 2006年 9月.

도되기 시작했다. 재정파탄 소식이 언론을 통해 알려지면서 사람들은 무엇보다도 시의 채무 규모와 재정적자 수준에 대해 놀라움을 금치 못하였다. 유바리시의 인구 · 재정 규모에 비해 재정적자의 폭과 부채 규모가 턱없이 컸기 때문이다. 재정파탄을 선언한 시점에서 유바리시의 부채는 353억 엔(당시 한화로 약 4,800억 원)이었는데, 이는 그 해 유바리시 예산을 크게 뛰어넘는 것이었다. 그 후 9월에 홋카이도가 유바리시의 채무 실태를 면밀히 조사한 다음 결과를 발표하였다([표 10-2] 참조). 그에 따르면 유바리시의 총재무잔고는 632.4억 엔이고, 이는 보통회계 336.4억 엔과 공영사업회계 296.0억 엔으로 구성되어 있다. 채무 유형별로 보면, 단기차입금이 275.9억 엔으로 가장 많고, 그 다음이 장기차입금 205.6억 엔, 채무부담 행위 82.6억 엔, 공사 · 제3섹터 채무 68.3억 엔의 순이다. 무엇보다도 단기차입금이 가장 큰 비중을 차지하였다는 것은 유바리시가 심한 재정압박에 처해 있음을 시사한다.

하지만 사람들을 더 놀라게 만든 것은 유바리시가 오래전부터 재정적자와 채무 규모를 위법하게 숨겨 왔다는 사실이다. 사람들은 2006년 이전까지 매년 흑자재정을 유지해 왔던 유바리시가 2006년 중반에 갑자기 큰 폭의 적자 단체로 전락한 점에 대해 사실 크게 의아해하였다. 이러한 의문은 곧바로 풀렸다. 유바리시가 장기간 체계적이고 지속적으로 분식회계 결산을 실시하여 세상을 속여 온 사실이 알려졌기 때문이다. 유바리시는 과거 수년간 분식회계 등 각종 위법과 편법을 통해 대규모 재정적자와 채무를 감추어 왔던 것이다. 하지만 더 이상 감출 수 없는 막다른 상황에 봉착하자 자신의 치부를 드러내고 백기투항을 하고 말았다. 당시 지방자치단체가 법에 의해 준용재건단체의 자격을 신청하려면 실질수지의 적자 비율이 5%를 넘어야만 했다. 그런데 유바리시는 준용재건단체 신청을 하기 전까지 매년 재정수지가 흑자인 것으로 결산 공표를 해 왔었다. 이러한 유바리시가 특별한 내 · 외부의 충격이 없는 상태에서 갑자기 큰 폭의 재정적자를 보유한 지방자치단체라고 선언을 하고 나서자 모두 깜짝 놀라고 말았다. 유바리시가 수년간 채무와 재정적자 문제를 회계적으로 감쪽같이 속여 온 사실을 사람들이 몰랐기 때문이다.

탄광 지역인 유바리시는 경제 활황기인 1980년대와 1990년대 초까지는 비교적 탄탄한 재정 상태를 유지하였다. 이 시기에 시는 박물관을 짓고 리조트 건설에 몰두하였다. 그리고 다양한 지역개발 사업에 손을 대었다. 문제는 경기가 좋다고 해서 지방자치단체가 각종 개발 사업과 민간 사업 영역에 욕심을 내서 뛰어든 것이 화근이었다. 이는 비단 유바리시만의 문제는 아니었다. 당시 일본의 많은 지방자치단체들이 정도에 차이가 있을 뿐 앞다투어 개발 사업과 경영 수익 사업에 뛰어들었다. 이는 그 후 일본이 예상치 못한 장기 복합 불황의 늪에 빠지면서 지방재정의 큰 골칫거리가 되었다.[8)]

중앙정부는 유바리시의 준용재정재건단체 지정 요청을 받아들였다. 그러자 곧바로 유바리시에 대해 다양한 법적 지원 조치와 제재 조치가 취해졌다(白川一郎, 2007; 小西砂千夫, 2008). 유바리시의 주요 정책과 재정 운영의 상당 부분을 상위 정부(중앙정부와 홋카이도)가 결정하고 통제하는 체제가 수립된 것이다. 중앙정부가 법령(준용재정재건단체 관련 법령)에 따라 당연히 취해야 하는 법적 조치 외에 유바리시는 고육지책으로 자구 노력 조치를 취하였다.

당시의 재정 조치는, 크게 지출조정(예산 및 사업 삭감, 폐지, 조정)과 수입 확충 노력(증세, 세원 확대, 기타 세수 확보 노력) 그리고 채무조정이 골격을 이루었다. 그 중에서도 가장 적극적으로 취해진 조치는 지출 삭감이었다(白川一郎, 2007). 이상에서 언급된 조치는 사실상 전 세계 모든 국가들이 재정위기 단체에 적용하는 일종의 보편적 · 표준적 조치라고 말할 수 있다. 다만, 채무조정에 있어서 재정위기 단체의 채무를 탕감해 주는 파격적인 조치는 없었다(채무 탕감 조치는 미국의 지방정부 파산제도 외에는 실시되지 않고 있다). 당시 유바리시에 취해진 주요 조치에 대해 조금 구체적으로 기술하면 다음과 같다.

첫째, 유바리시의 주요 정책 결정과 재정 운영에 대해 중앙정부와 홋카이도가 간섭하고 통제하는 새로운 거버넌스 체제가 형성되었다. 쉽게 말해서, 유바리시는 일종의 공적 행정 관리 체제에 들어간 것이다(이는 법원의 판단에 의해 진행되는 민간 부문의 법정 관리 체제와는 다르다).

---

8 경기가 선순환 과정에 있고 재정 수입이 지속적으로 늘어나는 상황에서는 어떤 사업도 사실상 수익을 가져오는 우호적 여건과 구조가 마련된다. 하지만 1990년대 초부터 시작된 장기 불황 상황에서는 더 이상 그와 같은 우호적 환경이 유지될 수가 없었다.

둘째, 재정 활동의 여러 부문에 걸쳐 세출 구조조정이 추진되었다. 예를 들면, 학생 수가 적은 초 · 중학교 중 일부가 폐쇄되고, 핵심 주민 서비스를 제외한 나머지 공공 서비스가 감축 또는 폐지되었다. 2007년에는 시립병원이 진료소로 축소되었고, 재정 절감 차원에서 시립양로원과 시립도서관이 폐쇄되었다. 아울러 자구 노력책의 일환으로 시의 집행부와 의회에 대한 지출 삭감이 이루어졌다. 구체적으로, 시의 공무원 수가 269명에서 103명으로 절반 이상 줄었고, 시의원 수 또한 18명에서 9명으로 반 토막이 났다. 아울러 공무원 급여도 20-50% 정도 삭감되고, 각종 수당도 줄었다.

셋째, 세수 확충을 위한 자구 노력 방안이 강구되었다. 구체적으로, 주민세 세율이 6%에서 6.5%로 인상되었고, 고정자산세 세율도 1.4%에서 1.45%로 올랐다. 그리고 하수도 사용료가 2배 증가하는 등 각종 사용료와 수수료의 인상이 뒤를 이었다. 한마디로, 재정파탄의 여파가 주민의 세금 부담을 가중시켰다.

넷째, 지방채 발행에 제동이 걸렸다. 유바리시는 더 이상 자율적으로 지방채를 발행할 수가 없게 되었다. 당시 재정 상태가 정상적인 일본의 지방자치단체들은 '지방채 발행 협의제도'에 의해 지방의회의 승인을 거치면 일정 조건 하에서 자율적으로 지방채를 발행할 수 있었다. 그러나 준용재정재건단체에 대하여는 지방채 발행이 허용되지 않았다.

이러한 일련의 과정에서 가장 큰 피해를 본 것은 지역주민과 지역사회였다. 지역주민은 수치스러운 불명예를 안게 되었을 뿐 아니라 공공 서비스의 축소 · 폐지와 함께 각종 추가적 금전 부담(지방세 및 사용료 · 수수료 인상 등)에 시달리게 되었다. 아울러 재정과 지역경제가 악순환되면서 지역의 고용과 성장에

급제동이 걸리고 인구 유출이 시작되었다. 한마디로, 지역의 경제와 재정이 회복되기까지 오랜 인고의 시간을 겪어야만 하는 상황이 연출된 것이다.

유바리시는 분식회계로 유명했지만, 그 자체가 재정위기를 촉발시킨 직접 원인은 아니다. 그리고 혹자가 지적하는 바와 같이 장기간 지속된 자치단체장의 연임 행정도 근본 원인이 될 수 없다. 유바리시 재정위기의 본질은 한때 일본의 수많은 지방자치단체들이 열광하면서 추진하였던 과도한 투자 사업, 특히 민간 부문의 영역을 침범하는 대형 투자 사업(리조트 건설, 대형 부동산 프로젝트 추진, 테마파크 등 위락 시설 조성, 각종 제3섹터 활성화), 그리고 잘못된 민간자본 유치에서 찾아야 한다.

일본은 장기 고도 경제 성장을 이룬 국가이다. 특히, 1960년대 이후 1990년대 이전의 대부분(오일쇼크 기간 등 일부 기간은 제외)은 고도 성장의 혜택을 누렸던 소위 '잘 나갔던 시기'였다. 당시의 장기호황은 국가재정과 지방재정에 엄청난 재정 팽창의 혜택을 부여했다. 이때 일본의 지방자치단체들은 재원 확충 등을 앞세우면서 리조트 건설, 부동산 개발 등 각종 대형 프로젝트에 깊숙이 관여하였다. 그리고 정부의 이점을 적극적으로 활용하였다. 이 기간 중에는 사실상 어떤 대형 프로젝트에 공공 자금을 투자하더라도 실패할 가능성이 낮았다. 설령 실패하더라도 계속되는 세수와 신규 지방채 발행을 통해 재정회복이 가능했다.

그러나 1990년대에 진입하면서 장기간 지속되던 고도 성장의 엔진이 멈추어 버렸다. 당연히 여기저기서 각종 경제 문제와 재정 문제가 터져 나왔다. 소위 '잃어버린 10년'으로 대변되는 일본의 장기 복합 불황이 사회적 현상으로 고착된 것이다(최근에는 불황의 기간을 연장하여 '잃어버린 20년'이라는 표현을 종종 사용하고 있다). 이는 국민경제는 물론 국가재정과 지방재정에 압박을 가하면서 전에 없던 적자재정을 일상화시켰다. 그리고 적자재정을 메꾸기 위한 국채와 지방채의 발행 규모가 해를 거듭할수록 눈덩이처럼 커졌다. 마침내 적자재정과 채무가 '상호 상승적 악순환 체제'에 진입하였고, 일본의 중앙 및 지방 재정의 건전성은 날로 악화되었다.

이러한 상황에서 나름대로 선제적 대응 조치를 취한 지방자치단체들은 심각한 재정압박 상황은 모면할 수 있었다. 반면에 그렇지 못한 지방자치단체들은 점점 강도가 심해지는 재정압박과 씨름해야만 했다. 유바리시는 이러한 거시적 신경향과 그 파괴력을 재빨리 간파하지 못한 채 구태의연한 방식으로 재정을 관리한 지방자치단체였다. 그 와중에 분식회계라는 정부로서는 넘지 말아야 하는 선을 넘어서는 결정적인 정책 판단 오류를 범하고 말았다.

앞서 언급한 바와 같이, 비록 중대한 정책적 오류라 하더라도 그것이 우호적인 경제 · 재정 환경에서 벌어진 것이라면 회복의 가능성이 있다. 하지만 비우호적인 경제 · 재정 환경에서 벌어진 정책 오류는 사실상 회복이 불가능하다. 유바리시는 재정이 악화일로(惡化一路)인 상황에서 불행히도 감추고 과대포장하는 분식회계의 수단을 선택한 것이다.[9] 이는 사실상 '공적 범죄 행위'이며, 시간과 싸워 패하는 싸움이다.

유바리시가 분식회계를 통해 재정적자를 감추어 왔던 전형적인 방법에 대

---

9 이는 장기연임 시장 하에서 가능한 일이기도 하지만, 만일 유바리시가 소도시가 아닌 중대도시였더라면 다양한 검증 시스템으로 인해 결코 오랫동안 분식회계 사실을 감출 수는 없었을 것이다.

[그림 10-1] 유바리시의 적자 은폐 방법(분식회계)

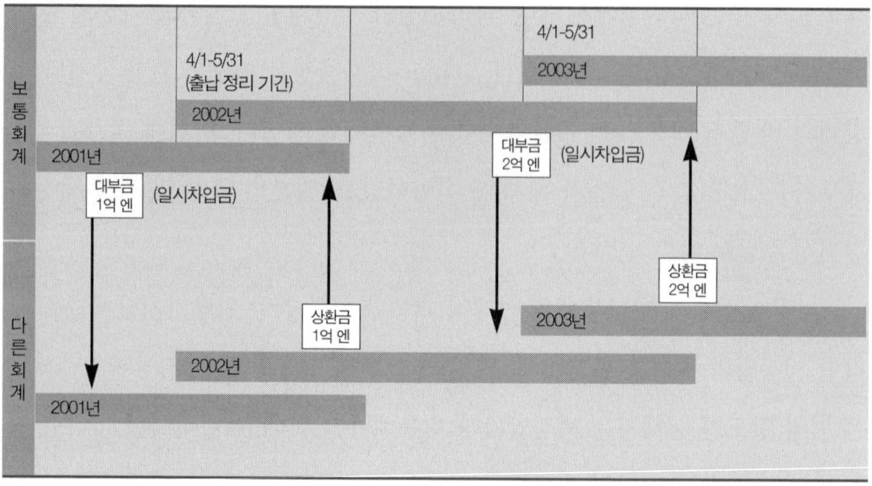

주: 공영사업회계(公營事業会計)에서 매년 1억 엔의 자금 부족이 발생하는 것을 가정하고 재무 처리가 이루어지는 것을 보여 줌.
자료: 北海道, 『夕張市の財政運營に関する調査』, 2006. 9; 白川一郎(2007)에서 재인용하였음.

해 간단히 기술하면 다음과 같다. [그림 10-1]에 나타난 바와 같이, 그 수법은 예상밖에 단순하다. 핵심은 지방예산회계의 중심인 보통회계(우리나라의 일반회계와 유사함)와 다른 회계(병원 등 공영사업회계, 관광 사업 등 특별회계) 간에 일시차입금제도를 이용해서 자금을 빌리고 빌려 주는 내부거래를 수년간 지속적으로 행하는 것이고, 그 과정에서 출납 정리 기간을 교묘하게 악용하였다.

일본의 회계연도는 우리나라와 달리 4월 1일에 시작해서 다음 해 3월 31일에 종료된다. 그런데 행정 및 회계 정리의 필요에 의해 회계연도가 종료된 이후 2개월간(4월 1일-5월 31일) 출납 정리 기간을 설정하여 제도적으로 운영하고 있다. 이 기간은 실제로 새로운 회계연도에 속하지만 지난 회계연도에 미수된 수입을 수납할 수 있다. 그리고 이 기간 중에는 새 회계연도의 수입 및 지출 활동이 정상적으로 이루어진다. 유바리시는 앞서 언급한 회계 간 내부거래(일시차입금 제도)를 악용하고, 출납정리기간제도를 위법하게 활용하는 방법을 통해 수년간 재정적자 문제를 감추었다. 특히, 후자는 다음 회계연도의 수입을 가지고 전 회계연도의 지출을 메꾸는 편법을 통해 자행되었다. 이는 당연히 '회계연도 독립의 원칙'에 위배되는 것이다. 유바리시가 자행한 분식회계를 이해하기 쉽게 간단한 예를 들어 설명하면 다음과 같다(白川一郎, 2007, pp. 222-224).

우선 2001년에 공영사업회계(예컨대, 관광사업특별회계)에서 1억 엔의 자금 부족(적자)이 발생하였고, 매년 계속해서 1억 엔의 자금 부족이 발생하는 것으로 가정하기로 한다. 유바리시는 균형예산 원칙을 준수하고 적자재정을 감추기 위해 보통회계로부터 1억 엔을 일시차입금(단기차입) 형태로 빌리는 회계적 조치를 취하였다. 그 결과 공영사업회계의 재정적자는 사라지게 된다(외형적 · 형식적 수지 균형). 한편, 공영사업회계는 출납정리기간제도를 악용하여 그 기간 중에 새로운 회계연도의 수입을 가지고 보통회계의 지난 회계연도 일시차입금을 변제한다. 그러면 보통회계는 출납 정리 기간 중에 전년도 대부금을 돌려받게 되었으므로 재정의 수지 균형에 전연 문제가 없다. 이와 같은 내부 회계거래가 지속적으로 진행되고, 재정적자 문제가 전연 표출되지 않자 관광회계 사업에 대한 금융 기관의 융자는 자연히 지속될 수 있었다. 사실, 유바리시 의회나 상급 정부(홋카이도, 총무성)가 일시차입금의 누적 규모(실제로 한도액을 크게 초과하였음)와 시기 및 내역을 면밀히 점검하였더라면 유바리시의 재정위기는 조기에 발견되어 진화될 수 있었을 것이다.

4. 유바리시 사례와 재정건전화 조치[10]: 교훈과 결론

유바리시의 재정위기를 계기로 일본 정부는 과거 수십 년간 가동해 왔던 준용재건단체 시스템을 새로운 체제로 바꾸었다. 그 기틀이 되는 것은 신설된 「地方公共団体の財政の健全化に関する法律」(일본에서는 '자치체 재정건전화법'(또는 '지방공공단체재정건전화법')으로 통용되는데, 이 책에서는 재정건전화법으로 표현하고자 함)이다. 동법은 과거 약 50년간 유지되어 왔던 「지방재정재건촉진특별조치법」(통상 '재건법'(再建法)으로 통용됨)을 전면 개정한 것으로 2008년도 결산부터 적용되었고, 2017년 현재도 운영 중에 있다. 재정건전화법의 취지는 지방자치단체가 재정적 위험이나 파탄에 빠지지 않도록 사전에 예방하는 데 중점을 두고 있다. 물론 사전 예방 조치에도 불구하고 재정위기에 휘말리게 된 지방자치단체에 대해 재정을 '재생'(再生, 일본에서는 회생, 회복이라는 용어 대신 재생이라는 용어를 보편적으로 사용하고 있음)시키는 것도 동법의 목적이기도 하다. 하지만 그 방법과 절차 및 수단에 있어서는 지방정부 파산제도와 본질적으로 다르다.

새로운 시스템(재정건전화법)이 과거 시스템(재건법)과 비교해 가장 크게 다른 것은 중앙정부가 지방자치단체의 재정 상태를 평소에 점검해서 위기 발생을 사전에 예방하는 제도적 장치를 마련한 점이다. 그리고 불가피하게 재정위기가 발생하였을 때 중앙정부와 지방자치단체가 취해야 할 사후 대응 절차와 수단을 확보한 것도 중요한 차이다. 특히, 재정 상태의 점검 수단에 있어서 관

10 이 부분의 내용은 小西砂千夫(2008), 神野直彦 · 小西砂千夫(2014), 총무성 자료를 토대로 정리하였다.

련 지표가 개선되고 점검 대상과 범위가 포괄적으로 확대된 점도 재정건전화법이 과거 제도와 다른 중요한 실질적 내용의 차이로 간주된다. 예를 들면, 과거에는 제도적으로 포착되지 않았던 공기업 사업(공영 사업)과 산하 단체(외곽 단체)의 재정적자와 부채, 채무보증 행위, 손실보상 등에 대한 회계 정보가 지표 산정 과정에 포함되고 있다.

과거에는 지방자치단체가 재정파탄 상태에 이를 경우 이를 타개하려면 해당 단체가 중앙정부에 재정회생을 위한 조치, 즉 준용재정재건단체(準用財政再建団体)의 자격을 신청해야만 했다. 이때 해당 단체는 기채제한 대상, 즉 실질수지 적자 비율이 일정 수준 이상(都道府縣 5%, 市町村 20%)이어야만 신청을 할 수 있다. 중앙정부는 이들 자격 요건(적격성)을 객관적으로 검토한 다음 준용재정재건단체의 지정 여부를 최종 판단한다.[11] 그리고 준용재정재건단체로 판단하였을 경우 법에서 명시하는 각종 조치를 취한다.

하지만 새로운 시스템에서는 지방자치단체의 의사와 관계없이 법에 규정된 재정 상태의 진단 기준을 토대로 특정 단체가 재정위기 단체인지의 여부를 판단하게 된다. 이때 만일 특정 단체가 진단 기준에 의해 재정위기 단체로 판정될 경우 지방의 의사와 관계없이 중앙정부가 법적 절차와 조치를 취하는 것이 새로운 시스템의 골자이다. 현재 재정 상태를 판단하는 준거는 실질적자 비율, 연결실질적자 비율, 실질공채비 비율, 장래 부담 비율의 4개 재정 지표이다. 현

11 과거 준용재정재건단체로 지정된 지방자치단체는 적지 않았는데, 대부분 인구와 산업과 재정 규모가 취약한 군소 지방자치단체들이었다. 역사적으로 재정건전법에 의해 재정건전성을 회복한 지방자치단체는 유바리시를 제외하면 884개 단체가 있었다. 그 중에서 법률의 본래 목적인 1954년도의 적자 단체 기준 적용을 받았던 자치단체가 588개이고, 준용된 단체는 296개이다(월간『地方財務』, 編輯局, ぎょうせい, 2008, p. 3).

재 일본의 중앙정부는 이들 4개 지표를 토대로 모든 지방자치단체의 재정적 위상을 '건전 단계', '재정의 조기건전화 단계', '재정의 재생 단계'의 세 유형으로 구분, 판정하고 있다(小西砂千夫, 2008). 여기에서 재정건전화법이 담고 있는 핵심 내용에 대해 간단히 언급하면 다음과 같다.

1) 지방자치단체의 재정 상태 판단 지표(4개 기준 지표)

재정건전화법에서는 지방자치단체의 재정 상태를 거시적으로 파악하는 4개의 지표(실질적자 비율, 연결실질적자 비율, 실질공채비 비율, 장래 부담 비율)를 제시하고 있다. 이들 지표값은 재정통계에 기초해서 산정되며, 감사위원의 검사를 거친 다음 지방의회에 보고되고 외부에 공표된다. 4개 지표 중에서 실질적자 비율, 연결실질적자 비율, 실질공채비 비율의 3개 지표는 유량(flow) 지표이고, 장래 부담 비율은 저량(stock) 지표이다.

실질적자 비율은 일반회계의 자금 부족 상태를 측정하는 지표이다. 연결실질적자 비율은 일반회계뿐 아니라 특별회계, 지방공영기업회계 등 지방자치단체와 관련된 모든 회계의 자금 부족 상태를 순계로 측정하는 지표이다. 지표값은 자금 부족액을 표준재정 규모로 나누어 산정된다. 실질적자 비율과 달리 연결실질적자 비율은 현금회계에 입각해서 현금의 수입과 지출에 초점을 두고 자금의 여유와 부족을 측정하는 일반회계 부분과 발생주의에 입각해서 자금 부족액을 측정하는 지방공영기업회계 부분을 합쳐서 산정된다. 후자의 자금 부족액은 단순한 현금수지의 자금 부족이 아니고 유동부채에서 유동자산을 뺀 금액으로 파악된다. 이는 당장의 자금 부족에 초점을 두지 않고 중장기적으로 자금 해소가 가능한지를 측정하는 데 중점을 두는 개념이다. 이에 따르면 단기적으로 자금 부족이 발생하더라도 만일 그것이 중장기적으로 해소될 수 있다면 이는 실질적인 자금 부족으로 간주되지 않는다. 대표적인 예로 채무 상환 누적 금액에서 감가상각비 누계액을 뺀 금액을 들 수 있다. 지방자치단체가 지방채를 활용해서 실시하는 투자 사업은 통상 투자자산의 감가상각 기간이 채무 상환 기간보다 더 긴 경향을 보인다. 예를 들면, 상수도 사업을 위해 발행하는 지방채의 원리금 상환 기간은 20-30년인 데 비해 해당 자산의 감가상각 기간은 50년 이상이 된다. 이론적으로는 상수도 시설이 완성된 시점부터 원리금 상환이 끝나는 30년이 경과한 이후에도 자산의 내용연수는 남는다. 따라서 이 기간 중에는 자금 부족이 해소된다.

이와 같이 지방공기업의 경우 자금 부족 상태를 측정하는 기준으로 해소 가능 자금 부족액을 채택한 것은 감가상각비를 회수할 수 있을 정도의 수익만 있으면 당해 회계의 재정건전성이 인정된다는 취지에서이다. 현금주의 회계와 발생주의 회계 간의 중요한 차이점 중 하나는 감가상각비와 같은 자본 비용에 대한 인식 여부이다(현금회계에서는 자본 비용을 인식하지 않는다). 따라서 해소 가능 자금 부족액 개념을 채택하여 자금 부족액을 산정한다는 것은 현금주의 회계의 자금 부족액을 발생주의 회계의 당기이익에 근접시켜 인식하겠다는 것을 의미한다. 지방공기업의 경우 사용료 · 수수료 등의 가격 적정성 여부, 감가상각비를 감안한 사업의 수익과 비용의 비교(특히, 사업 원가의 회수 여부와 비용을 초과하는 수익의 발생) 등을 통해 자금 부족과 재무건전성을 판단하는 것이 핵심이다. 요약하면, 연결실질적자 비율은 현금회계(현금 부족)에 초점을 두고 재정건전성을 진단하는 부분(일반회계 대상)과 발생주의 회계(해소 가능 자금 부족액)에 근거해서 재정건전성을 진단하는 부분(일반회계 이외의 회계)을 함께 고려하는 측정 잣대이다.

실질공채비 비율은 지방자치단체의 실질적인 채무 부담의 크기를 채무 상환의 유량 기준으로 측정하는 지표이다. 지표의 측정 대상 및 범위에는 지방자치단체의 모든 회계와 일부 사무조합, 광역 연합의 공채비 · 준공채비 중 지방교부세가 보장해 주는 부분을 제외한 금액이 포함된다.

장래 부담 비율은 지방자치단체가 장래에 부담하게 될 채무 부담의 크기를 저량 기준으로 측정하는 지표이다. 지표의 산정에는 지방자치단체의 모든 회계와 일부 사무조합, 광역 연합, 토지개발공사, 주택공급공사 및 제3섹터 등이 안고 있는 부채와 채무 보증 그리고 손실보상 계약에 의한 부채 등이 총망라된다. 이때 산정되는 부채 금액에는 지방교부세에 의해 보장되는 부분은 제외된다.[12)]

종합적으로, 현재 일본에서 지방자치단체의 재정건전성을 판단하는 기준은 자금 부족을 측정하는 2개 지표(실질적자 비율, 연결실질적자 비율)와 채무 부담의 압박 정도를 측정하는 2개 지표(실질공채비 비율, 장래 부담 비율)로 구성된다. 이는 전 세계적으로 재정건전성을 판단하는 준거가 재정의 흑 · 적자를 측정하는 재정수지와 채무의 크기(유량과 저량의 크기)를 측정하는 데 집중되는 것과 맥

12 일본은 우리나라와 달리 지방교부세의 기준 재정 수요를 산정하는 과정에서 지방자치단체가 발행한 지방채의 상당 부분을 재정 수요로 간주하여 계산해 주고 있다. 사실상 국가가 지방채 발행을 도와주는 셈이다.

[그림 10-2] 재정 상태의 건전화 판단 기준 등

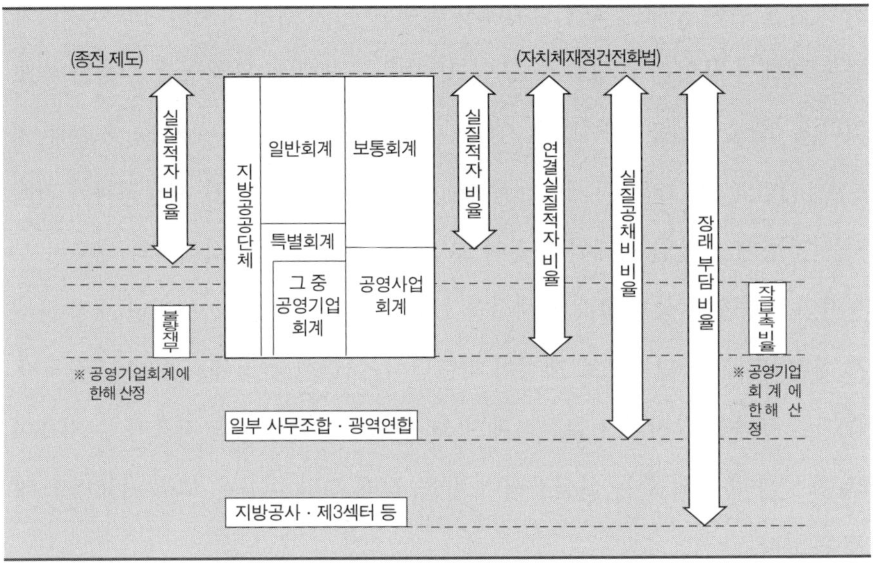

자료: 총무성.

을 같이한다. 다만, 거시적으로는 세계 각국이 공통적이지만, 미시적으로는 재정수지와 채무를 산정하는 방식에 있어서 국가마다 다소 차이가 있다. 예를 들어, 재정의 건전 상태와 압박 상태 및 위기 상태를 판단하는 재정적자와 채무의 수준을 어떻게 설정할지에 대한 세부 내용을 비롯하여 구체적 측정 수단, 측정 시 포함시킬 회계와 회계 기준, 관련 정부 조직 및 기관의 범위, 그리고 판단의 시야 등에 있어서 국가별로 차이가 있다.

재정수지와 채무는 별개가 아니고, 상호 밀접하게 연관되어 있다. 통상 재정수지 변수가 선행하고 채무 변수가 후행하는 경향이 있다. 즉, 재정적자가 커지면 이를 충당하기 위해 채무가 증가한다. 반면에 재정흑자가 지속될 경우 경상적자 충당용 공채의 발행은 필요하지 않고(중앙정부의 경우에만 해당됨), 자본투자 사업을 위한 공채는 적정 범위에서 발행된다. 이 경우 자치단체장은 지방채를 발행해서 사업을 수행할 수도 있고, 지방채 발행 없이 사업을 수행할 수도 있다(하지만 앞서 언급한 바와 같이, 사업의 규모가 크고 중장기적으로 혜택을 제공하는 자본투자 사업의 경우 지방채가 세대 간 형평성 차원에서 매우 중요하다). 재정적자가 지속되는 과정에서 만일 경제와 재정이 호전되지 못한다면 재정적자와 채무는 부정적인 방향으로 상호 확대 재생산을 한다. 이것이 급격히 진행되면 재정 문제가 심각해지고 극단적으로 재정이 파탄난다. 이러한 관점에서 보면 재정적자, 즉 자금 부족을 감지하는 실질적자 비율, 연결실질적자 비율 지표가 주 지표이고, 채무를 측정해 주는 실질공채비 비율, 장래 부담 비율은 보조 지표라고 말할 수 있다.

끝으로, 재정 지표의 객관성과 정확성을 담보하기 위해 감사위원이 재정 지표를 책임지고 심사하도록 조치하였음을 상기할 필요가 있다.

(1) 지방 공공 부문 전체 포괄

재정건전화법은 지방자치단체의 재정 상태를 파악하는 데 있어서 일반회계뿐 아니라 특별회계, 공영기업특별회계, 제3섹터 등 사실상 지방 공공 부문 전체를 포괄해서 접근하고 있다. 일본 정부는 과거 경제와 재정이 번성하였던 시기에는 지방자치단체를 제외한 공영사업이나 출자 · 출연 기관 등 외곽 단체(국민의 세금이 지원되는 사실상 지방자치단체 산하 단체)에 대한 재정 관리는 소홀히 하였다. 그 결과 전체 지방 공공 부문이 안고 있는 채무와 적자, 각종 채무 보증이나 손실 보상 등을 포괄하는 재정 정보가 미흡하였고, 따라서 거시재정 관리가 충실하지 못하였다. 하지만 당시에는 재정이 풍부하여 지방자치단체의 자금 부족이나 채무 문제가 사회 현상으로 부각되는 경우가 거의 없어서 지방재정에 대한 거시 관리의 필요성이 큰 관심을 끌지 못하였다.

그런데 1990년대부터는 지방재정 문제가 지방자치단체와 지방공기업 및 산하 단체와 뒤섞여 복합적으로 나타나기 시작하였고, 그 과정에서 상당한 재정압박과 일부 재정위기의 조짐이 간파되었다. 어떤 의미에서 이를 가장 적나라하게 보여 준 것이 유바리시의 재정위기 과정과 결과이다. 실제로 문제가 터진 것이 유바리시였을 뿐 다른 지방자치단체들도 자칫 폭발할 수 있는 위험성을 안고 있었다. 이러한 현실 상황을 간파한 중앙정부는 마침내 지방재정의 상태 파악과 관리의 영역을 전체 지방 공공 부문으로 확대하기로 결정하였다.

(2) 지방재정 상태의 3단계 유형 구분

재정건전화법에서는 지방자치단체의 재정 상태를 3단계 유형(건전 단계, 재정 조기건전화 단계, 재정재생 단계)으로 구분하고, 각 단계에 적합한 행정 · 재정 대응 조치를 마련하고 있다. 건전 단계는 재정 상태에 문제가 없는 것으로 이에 속한 지방자치단체는 평소대로 재정을 운영하면 된다. 재정 조기건전화 단계는 자치단체의 재정 상태에 일부 문제가 있는 것을 의미한다. 이 단계는 재정에 본질적인 문제가 있는 것이 아니어서 지방자치단체가 자구 노력만 잘하면 재정건전성을 회복할 수 있다고 중앙정부는 보고 있다. 다만, 재정 조기건전화 단계에 속하는 자치단체는 재정건전화 계획을 수립해야 한다. 동 계획은 지방의회의 승인을 받은 다음 중앙정부(총무대신)와 협의를 거쳐 최종 동의를 얻어야 한다. 이때 만일 중앙정부가 동의하지 않을 경우 원칙적으로 지방채 발행이 제한된다. 반면에 중앙정부의 동의를 얻을 경우 재정 조기건전화 대상 단체는 기존의 지방채를 장기채인 '재생진체특례채'(再生振替特例債)로 차환할 수 있는 혜택을 보게 된다. 따라서 재정 운영에 숨통이 트일 수 있다. 한편, 확정된 재정건전화 계획은 매년 실시 상황을 지방의회에 보고해야 한다. 그리고 주요 재정 관리 상황에 대하여는 의무적으로 외부 감사를 받아야 한다. 지방의회는 집행부의 재정건전화 노력에 대해 감시·감독할 의무를 지닌다. 재정 조기건전화 단계에 속하는 지방자치단체가 조기건전화를 달성하기가 매우 어려울 것으로 판단될 경우 중앙정부(총무대신)는 해당 단체가 속한 광역단체장, 즉 지사에게 필요 조치를 권고한다.

재정재생 단계는 사실상 재정위기에 처하였거나 처할 가능성이 높은 지방자치단체에 대한 상태 판정이다. 전반적으로 재정재생 단계는 앞의 두 단계와 달리 중앙정부가 적극적으로 지방재정에 개입하는 정책적 입장을 취한다. 재정재생 단계의 귀속 여부를 판정하는 지표는 실질적자 비율(도도부현 5%, 시정촌 20%)과 연결실질적자 비율(도도부현 15%, 시정촌 30%)이다. 이는 광역자치단체(기초자치단체)의 경우 회계연도의 자금 부족이 5%(20%)를 초과하면 재정이 위험한 상태에 진입한 것으로 판단한다는 의미이다. 실질공채비 비율은 모든 지방자치단체에 대해 35%를 기준점으로 설정하고 있다. 이상에서 언급한 기준치들은 지방의 입장에서 기존의 정책 수단과 보유 자산 매각 등을 통해 재정적자나 부채를 감당할 수 있거나, 아니면 감당이 어려운 것으로 판단되는 일종의 임계치

[그림 10-3] 지방재정건전화법의 틀

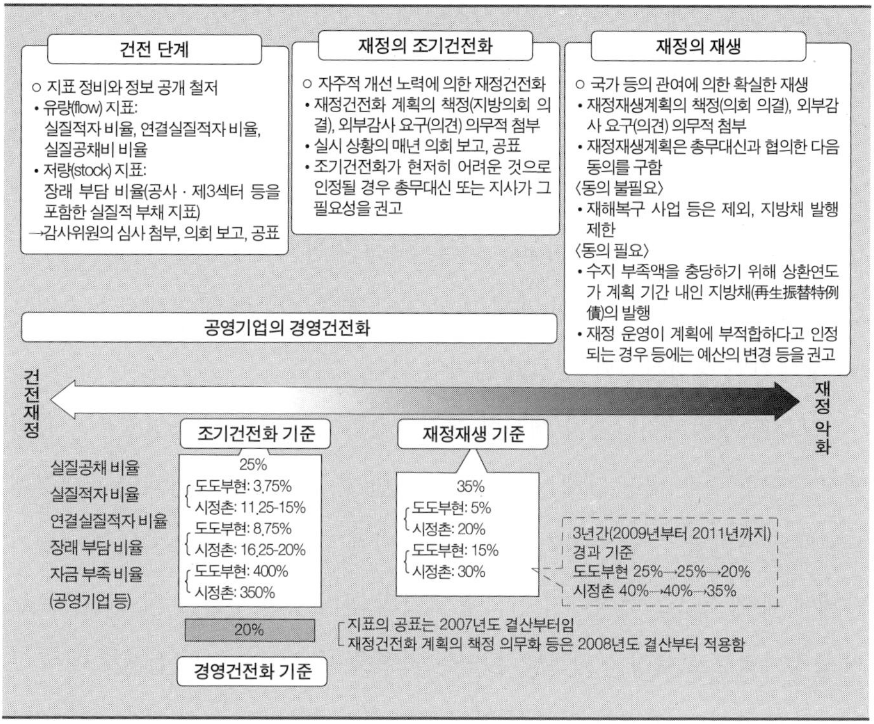

자료: 총무성.

인 셈이다.

일반적으로 지방자치단체가 심각한 자금압박에 처했을 때 취할 수 있는 방법으로는 세출 구조조정(세출 총액 삭감), 매각 가능 자산의 판매, 기금 등 자치단체 저축 자금 활용, 증세 등이 있다. 우리나라에서는 이에 대한 조사 연구가 없어서 정확히 말하기는 어렵다. 하지만 대체로 말해서, 지방자치단체는 5% 내외 수준의 회계연도 자금 부족(적자)에 대하여는 이들 수단을 통해 충당할 수 있을 것으로 판단된다.

재정재생 단계에 속하는 지방자치단체는 재정 조기건전화 단계 지방자치단체와 마찬가지로 재정건전화 계획을 수립해서 지방의회의 승인을 받아야 한다. 그리고 최종적으로 중앙정부(총무대신)의 승인을 받아야 한다. 이때 만일 지방자치단체의 재정건전화 계획이 중앙정부의 승인을 받지 못할 경우 해당 단체는 재해복구 사업을 제외하고는 원칙적으로 지방채를 발행할 수 없다. 다만, 공영기업의 경우 재정건전화 계획 대신 자금 부족 비율에 근거해서 독자적으로 '공영기업 경영건전화' 경로를 밟아야 한다.

그러나 지방자치단체가 제시한 재정건전화 계획에 대해 중앙정부가 동의해서 승인할 경우 해당 단체는 당면한 막대한 자금 부족을 장기채인 재생진체 특례채로 전환할 수 있는 파격적인 혜택을 받게 된다. 이러한 조치는 재정위기 단체에 대해 스스로 헤어나기 어려운 단기의 과다 상환 부담을 해소해 줌으로써 중장기적으로 재정을 회복할 수 있는 기회를 제공한다. 이는 실제로 매우 큰 시혜적 조치이다. 하지만 일본의 자치체 재정건전화법은 어떤 경우에도 지방채의 상환 이자율을 감면해 주거나 채무를 탕감(채권자의 권한 일부 포기 등)해 주는 것과 같은 파격적인 채무조정은 해주지 않는다. 단지, 채무 변제 부담의 성격과 기간을 조절해 주는 조치 정도를 포함하고 있을 뿐이다.

일본의 지방채는 지방재정법에 근거해서 운영되며, 원칙적으로 재정에 문제가 없는 자치단체(재정건전 단계 소속 단체)들은 협의제 방식(과거에는 허가제 방식이었음)에 의해 비교적 자율적으로 지방채를 발행할 수 있다. 하지만 자치체 재정건전화법에서는 지방자치단체의 재정 상태가 조기건전화, 재생 단계에 속하는 것으로 판정이 날 경우 지방채 발행은 협의제 방식에서 허가제 방식으로 변한다. 이와 같이 지방재정의 상태에 따라 지방채 발행에 제한을 가하는 것은 재정 상태의 악화를 방지하는 데 그 목적이 있다. 지방채의 발행이 협의제 방식에서 허가제 방식으로 전환되는 판단 기준으로는 실질공채비 비율, 실질적자 비율, 연결실질적자 비율, 장래 부담 비율, 자금 부족 비율의 5개 지표가 사용된다. 이 중에서 지방재정법에 근거하는 기채 허가의 판단 기준은 실질공채비 비율, 실질적자 비율, 자금 부족 비율이고, 나머지 두 지표(연결실질적자 비율, 장래 부담 비율)는 자치체 재정건전화법에 근거한다.

종합적으로, 일본의 구 재건법(유바리시는 동법의 적용을 받은 일본 내 마지막 지방자치단체이자 신법인 자치체 재정건전화법의 적용을 받은 첫 번째 자치단체임)에서는 지방자치단체의 재정 문제를 사전에 간파해서 예방할 수 있도록 재정 상태를 미리 측정하고 감독하는 조치가 없었다. 그 결과 유바리시처럼 갑자기 재정위기를 맞이하는 사태가 발생하였다. 실제로 유바리시의 재정위기가 불거졌을 때 시는 물론 중앙정부 또한 사실상 속수무책의 상태였다. 무엇보다도 중앙정부 차원에서 선제적으로 재정위기를 통제할 수 있는 법적 · 제도적 수단이 없었고, 위기 발생 후 그에 대응하는 체계적인 정책 수단과 전략이 부재하였다. 이와 같이 심각한 상황을 경험한 일본 정부는 지방재정의 거시적 관리 차원에서 재정위기와 관련된 사전 및 사후적 종합 장치를 마련할 필요성을 절감했다. 그리고 고심 끝에 현재의 자치체 재정건전화법을 탄생시켰다.

현행 자치체 재정건전화법은 지방재정 위기가 발생하지 않도록 사전에 중앙정부가 자치단체의 재정 상태를 진단하고 규제하는 조치(재정 조기건전화 단계 조치 등)에 주력하는 동시에 실제로 지방재정 위기가 발생하였을 때 그에 대처하는 법적 · 제도적 기본 틀과 처방을 담고 있다(神野直彦 · 小西砂千夫, 2014, p. 190). 이는 미국의 지방정부 파산제도가 재정위기의 사전 단계와 무관한 것이나(재정위기 예방기능 부재), 재정위기 발생 이후 상황에 따라 채무를 대폭 탕감해 주고 핵심 변제 조건에 큰 변화를 주는 파격적인 조치를 포함하는 것과는 본질적으로 다르다.

자치체 재정건전화법이 신설된 이후 현재까지는 일본에서 미국과 같이 지방자치단체가 재정파탄에 빠져 채무를 변제하지 못하는 사태는 발생하지 않고 있다. 이는 매우 긍정적인 현상이다. 다만, 재정재생 단계 단체로 판정을 받은 지방자치단체가 하나 있었는데, 그것은 다름이 아니라 이전부터 재정파탄에 처했던 유바리시였다. 사실상 대부분의 지방자치단체가 제1단계인 건전 단계에 속하는 것으로 진단되었다. 이는 어떤 의미에서 우여곡절 끝에 자치체 재정건전화법을 만들어 놓았지만, 실제로는 동법의 효력과 가치가 크게 부각되지 않고 있음을 시사하는 단면이기도 하다.

이와 같은 현실을 냉정히 인식할 때, 중앙정부가 지방자치단체의 재정 운영에 지나치게 관여하고 민간시장(금융 기관 등)을 적극적으로 보호하는 데 따르는 중장기적 부작용에 대하여도 생각해 볼 필요가 있다. 현재 일본 내에서도 자치체 재정건전화법을 중심으로 전개되는 일련의 조치에 대해 지방자치단체의 재정 운영에 규제와 관리 · 감독 권한을 행사하는 중앙정부의 반분권적 조치(즉, 지방의 자율적 재정 운영에 반하는 조치)라고 비판하는 목소리가 만만치 않다.

(3) 교훈과 결론

유바리시의 재정위기는 지방자치단체가 재정규율을 근본적으로 무시하는 상황에서 비롯되었다. 이는 방만한 재정 운영과 과도한 지방채 활용이 혼합된 연성예산제약(soft budget constraint)의 대표적인 사례라고 말할 수 있다(白川一郎, 2007). 이러한 지적은 논리적이고 타당하지만, 본질을 꿰뚫어 보는 것은 아니다. 본질은 지방재정이 고도 경제 성장기에 성장의 역동성과 의기투합해서 과다한 투자 활동을 자제하지 못한 점과, 재정 침체기에 대비하여 재정의 구조와 역량을 강화하지 못한 데서 찾아야 한다. 이러한 진단은 미국의 경우보다 우리의 현실에 보다 절실히 와 닿는 다음과 같은 반면교사의 교훈을 준다.

첫째, 지방자치단체가 자신의 본원적 기능과 공공성의 영역을 벗어나서 과도한 대형 프로젝트를 실시해서는 안 된다. 지방자치단체가 재정 확충을 목적으로 민간 부문의 사업 영역을 과도하게 침범한 결과 시간이 흐르면서 재정 압박에 시달리게 된 사례는 일본에서 많이 발견된다. 경기가 좋고 재정 상태가 양호한 시기에 착수한 각종 대형 프로젝트(부동산 개발 등)는 경기가 선순환하는 동안 재정 확충에 상당히 기여했다. 하지만 그 상황은 경기가 냉각되고 부동산 거품이 꺼지자 급속히 달라졌다. 특히, 불황이 10년 이상 장기화되자 과거에 추진했던 대형 개발 사업들이 지방재정의 발목을 잡는 아킬레스건으로 작용하는 경우가 비일비재하였다. 이러한 일본의 경험은 우리에게 시사하는 바가 매우 크다. 멀리 갈 것 없이 근년에 인천시, 태백시 등 일부 지방자치단체가 경기와 사업을 장밋빛으로 전망하고 대형 개발 사업에 뛰어들었다가 지금까지 재정압박에 시달리고 있는 사실을 상기할 필요가 있다.

둘째, 유바리시 재정위기는 지방자치단체의 '회계 부정직성', 즉 분식회계에 대한 내·외부 통제 시스템을 강화해야 할 필요성을 교훈으로 남겼다. 이를 위해서는 각종 재정 정보의 공유와 공개를 확대하는 재정투명성(fiscal transparency)과 지방자치단체의 회계 설명 책임, 즉 재정책임성(fiscal accountability)을 강화하는 한편 내부 통제 장치와 외부 통제 장치(상위 정부, 감사원, 시민사회 등)를 재구조화하는 접근이 필요하다.

셋째, 유바리시의 재정위기는 지방재정의 상태를 점검하고 판단할 때, 일반회계에 치중하지 말고 지방 공공 부문 전체를 아우르는 예산회계의 관점에서 접근할 것을 가르쳐 준다. 구체적으로, 일반회계와 특별회계 그리고 공사·공단, 출연·출자 기관 등 사실상 국(주)민의 세금이 투입되는 모든 지방 공공부문의 예산회계를 망라하는 통합회계, 연결회계의 관점에서 지방재정의 상태와 지속 가능성 여부를 판단하고 정보를 공개할 것을 촉구한다. 이때 무엇보다도 중요한 것은 회계 간 통합 및 연결의 방식에 대한 룰을 합리적으로 설정하고, 각종 정책 판단과 주민의 이해와 피드백이 충실히 이루어질 수 있도록 양질의 다양한 연결회계의 정보를 공급하는 일이다.

넷째, 지방자치단체가 일시적 자금 부족을 해소하기 위해 행하는 일시차입금제도에 대해 시기와 규모, 방법, 거래 대상, 목적 등 보다 세부적인 내역을 점검하고 외부에 공개하는 장치를 강화해야 하는 교훈을 남겼다. 아울러 이와 관련하여 지방의회 본연의 감시·감독 기능과 역량을 제고해야 할 필요성을 다시금 상기시켜 주었다.

다섯째, 소규모 지방자치단체의 재정 운영에 대해 중앙정부와 광역자치단체가 보다 적극적으로 모니터링하고 주기적으로 재정의 상태를 점검할 필요성을 일깨워 주었다. 일반적으로 대도시와 광역자치단체들은 중앙정부와 감사기구 및 시민사회에 의해 빈번히 감시 · 감독과 견제를 받고, 많은 경우 시스템에 의해 재정이 관리되는데 비해 농촌형 중소 자치단체들은 그러한 상황에서 비교적 자유롭다. 따라서 중앙정부와 광역자치단체는 기초자치단체에 대한 통제 차원이 아니라 재정 위험성 예방 차원에서 지속적으로 기초자치단체의 재정 운영을 모니터링 하는 시스템을 개발하여 운영할 필요가 있다. 이때 무엇보다도 재정 운영과 관련된 우발 상황(우발부채 등 각종 재정위험 요인)과 감추어진 채무 그리고 재정적자 요인을 철저히 감시 · 감독하는 것이 매우 중요하다.

여섯째, 지방자치단체의 내부거래 투명성을 높이고, 재정(재무)위험에 대한 관리와 함께 관련 정보를 외부에 공개하는 재정투명성의 필요성을 고취시켜 주었다(유바리시가 이를 실천하였더라면, 재정위기는 결코 발생하지 않았을 것이다). 글로벌 금융위기 이후 전 세계적으로 정부 재정이 안고 있는 위험성을 체계적으로 점검하고 관리해야 할 필요성이 고조되었고, 그 일환으로 관련 세부 정보를 적시에 공개하고 소통하는 것이 전에 없이 중요해졌다. 여기에는 지방자치단체가 보유하는 주요 자산 및 부채와 관련된 위험성, 각종 보증행위, 대규모 소송사건, 위험성을 내포하는 대규모 계약행위 등에 대한 정보 공개가 기본적으로 포함된다. 아울러 지방자치단체들이 관행적으로 서로 다른 자금회계 간에 융통하는 내부거래 행위에 대하여도 외부로부터 자금을 차입하는 경우만큼이나 엄격한 재정규칙을 적용할 필요가 있다.

끝으로, 일본에서는 미국과 같이 재정위기가 보편적으로 발생할 수 없다.[13] 그 이유는 미국과 달리 일본에서는 중앙정부가 지방의 행정 · 재정 정책에 깊이 관여하는 정부 간 관계(intergovernmental relations)가 작동되고, 지방채와 재정 지출에 대한 거시 통제 시스템이 가동되기 때문이다. 이는 우리나라의 경우도 마찬가지이다.

그러나 앞으로 전개될 지방재정의 시야에서는 우리나라에서도 지방재정 위기가 발생할 가능성이 충분히 있다. 한때 인구 약 185만 명의 대도시였던 미국의 디트로이트시가 수십 년 동안 경제위기, 사회위기, 재정위기라는 역사의 질곡을 겪다가 마침내 재정파산을 하고 인구 약 70만 명의 초라하고 피폐한 도시로 추락하리라고는 10년 전만해도 누구도 예측하지 못하였다. 일본의 유바리시가 한때 인구 약 12만 명의 중소형 자치단체였지만, 지역의 주력 산업(탄광, 석탄산업)이 몰락하는 가운데 크게 잘못된 몸부림(지역경제 활성화를 위한 잘못된 정책, 과잉투자, 부실 재정관리, 과다 채무, 분식회계 등)을 친 결과 재정위기와 사실상의 자치권 상실이라는 최악의 상황을 겪은 후 지금은 인구 약 8,000명의 초라한 촌락으로 쇠퇴하였다.

이들은 모두 지역사회를 주도하고 결정하는 역사적 환경 변화를 제때에 올바로 깨닫지 못하고, 지역에 가장 합당한 자기 결정과 노력을 하지 못하였다. 그 결과 재정위기의 수렁에 빠져들었고, 마침내 지역의 경제 · 사회 · 정치 · 재정 모두가 피폐화되는 불운한 역사의 한 챕터를 맞이하였다. 누가 무어

13 다만, 지방채 발행의 대부분을 지방교부세를 통해 보전해 주는 재정 시스템은 일본의 고유한 것으로 우리나라나 구미의 중앙 · 지방 간 재정 관계와 크게 다르다. 이러한 제도적 장치로 인해 일본의 지방채무는 오늘날 전 세계에서 가장 높은 수준이 되었다. 이러한 시스템은 경기 호황시에는 별 문제가 없다가, 경기 불황이 장기화되고 있는 최근에 와서는 적신호를 보이고 있다.

라고 해도 가장 큰 피해자는 지역의 주민이었다. 하지만 그들에 대한 보상은 누구도 해주지 않았다. 돌이켜 보면, "호미로 막을 것을 가래로 막는" 격이었고, "소 잃고 외양간 고치는" 상황이 전개되었다.

위기는 한순간에 닥치기도 한다. 하지만 대부분의 위기는 오래된 근원과 시간적 누적, 그리고 틈틈이 알아챌 만한 신호와 징후를 보이다가 그에 대한 대응이 적극적이지 못할 때 어느 한계적 순간에 우리를 덮친다. 우리나라의 지방재정을 둘러싼 환경(역사적 배경 화면)은 최근 들어 급격히 변하고 있다. 앞의 몇 장에서 언급한 바와 같이, 인구 구조의 변화(고령화, 생산가능 인구 감소, 저출산), 경제성장의 한계(정형화된 저성장), 정치병(政治病)화 되고 있는 경쟁적 사회복지 재정 팽창, 청년실업, 노인층 빈곤화와 같은 매가 트렌드(mega trend)가 점점 국가와 지방자치단체의 감당 역량을 왜소하게 만드는 동시에 통제 불능의 영역을 확대시키고 있다. 이러한 현상은 우리나라의 재정을 둘러싼 배경 화면이 급격히 바뀌고 있음을 의미한다. 국가와 우리 자신이 변화하지 않으면, 마치 옛날 복장을 하고 새로운 시대적 배경 앞에 어쭙잖게 서 있다가 도태하고 마는 비운을 맞이할 수 있다. 지난 20-30년간 국가재정과 지방재정이 지속적인 고도성장을 향유하면서 재정의 수입과 지출 그리고 채무와 수지를 관리해 오던 관행과 타성을 그대로 유지해 나간다면, 이것은 한국판 "대불황", 아니면 "잃어버린 10년"을 예약하는 것과 다름이 없다.

일본이 결코 어리석어서 "잃어버린 10년, 잃어버린 20년"의 허송세월을 낭비한 것은 아니다. 그 사회가 너무 바빠서 그랬는지, 아무튼 무슨 이유에서인지 일본은 국가의 경제와 재정, 정치와 사회를 송두리째 바꿀 수 있는 시대적 환경 변화(국가의 배경 화면 변화)의 거대한 물결을 꿰뚫어 보지 못하였고, 또한 그에 대해 제대로 대응하지 못하였다. 어떤 면에서 이제는 한국 차례이다. 그 거대한 물결이 한국 사회를 향하여 달려오고 있는 것이다. 우리의 국가재정과 지방재정은 이제 과거 약 30년 고도성장의 풍요와 여유와 낭비를 떨쳐버리고, 효율과 건전과 창의의 새로운 시대를 당당하게 열어 나가야 한다.

참고문헌

강혜규, “중앙과 지방정부 사회복지사업의 구조와 내용: 재정과 운영여건 변화를 중심으로,” 사회복지관련학회 연합학술대회, 기획논문 발표 자료, 2015.

고경환 외, 『2013년 기준 한국의 사회복지지출』, 한국보건사회연구원, 2014.

고제이 외, 『중앙과 지방의 사회복지재정 형평화 연구 – 재정분담체계 재구조화를 중심으로』, 한국보건사회연구원, 2013.

국회예산정책처, 『대한민국 재정 2017』, 2017.

______, 『2017 경제 · 재정수첩』, 2017.

______, 『2017 재정법령집』, 2017.

김미곤 외, 『사회보장제도 장기정책방향』, 보건복지부, 2016.

김상호 외, 『OECD 국가의 복지 수준 비교 연구』, 한국보건사회연구원, 2016.

남황우, “일본의 지방재정위기와 재정진단,” 『지방행정연구』, 제12권 제1호, 1997.

이효 · 이희재, 『지방자치단체의 재정건전성 평가모델 개발에 관한 연구』, 한국지방행정연구원 연구보고서, 2016.

이희재 외, 『지방재정 건전성 관리체계 개선』, 한국지방행정연구원 연구보고서, 2016.

임성일, “우리나라의 재정분권 상태에 대한 분석과 중앙 · 지방간 재원배분체계의 재구축,” 『한국지방재정논집』, 제8권 제2호, 2003.

______, “재정분권의 진행 상태에 관한 분석과 향후 과제 – 보조금제도 주도형 재정분권으로부터의 전환,” 한국재정학회 추계학술대회 발표 논문, 2005.

______, “재정분권과 성장 – 지역경제성장을 위한 재정분권 정책수단의 모색,” 『응용경제』, 제10권 제2호, 2008.

______, “글로벌 금융위기와 지방세 환경변화 및 정책과제,” 지방재정과 지방세, 3월호(통권 39호), 2011.

______, “외국 지방정부의 재정위기 사례와 대응전략: 우리나라의 교훈과 시사,” 한국도시행정학회 주최 한국 지방정부의 재정위기와 극복방안 세미나 발표 논문, 2012.

______, “우리나라 중앙 · 지방정부간 재정관계 재정립,” 『저스티스(Justice)』, 통권 134호, 2013.

______, “세외수입 확충을 위한 이론적 토대와 방향,” 지방세 포럼, 통권 제18호, 2014.

______, “지방자치 20년의 평가와 과제: 지방재정을 중심으로,” 민선지방자치 20년의 회고와 전망, 전국시도지사협의회 주최 세미나 발표 논문, 2015(a).

______, “사회복지재정의 중앙 · 지방간 재정관계 재정립,” 사회정책연합학회(7개 학회), 세미나 발표 논문, 2015(b).
______, “사회복지재정의 중앙 · 지방간 재정관계 재정립과 지속가능성 모색,” 국회예산정책처 주최 세미나 발표 논문, 2015(c).
______, “스페인의 지방재정 개혁 동향,” 지방재정, 제5호(통권 23호), 2015(d).
임성일 · 이효, “지방재정의 순세계잉여금 영향요인: 예산회계 관점을 중심으로,” 『정부회계연구』, 제12권 제2호, 2014.
______ 외, 『지방자치단체의 채무관리 개선방안』, 한국지방행정연구원, 2011.
주만수 · 임성일, “지방채 발행의 적정규모와 상환능력,” 『한국지방재정논집』, 제9권 제2호, 2004.
한국지방행정연구원, 『2015년 지방자치단체 재정분석 편람』, 2016.
______, 『FY 2015 지방자치단체 재정분석 종합보고서』, 2016.

감사원, 『지방자치단체 주요 투자사업 추진실태』, 감사결과 보고서, 2013. 6.
______, 『대규모 국고보조사업 등 집행실태』, 감사결과 보고서, 2013. 9.
______, 『지방자치단체 채무보증사업 관리실태』, 감사결과 보고서, 2013. 12.
______, 『지자체 주요사업 예산 편성 및 집행 실태』, 감사결과 보고서, 2013. 12.
관계부처 합동(사회보장위원회), 『제1차 사회보장 기본계획』, 2014. 8.
기획재정부, (나라살림)『예산개요; 예산개요 참고자료』, 각 연도.
______, 『조세개요』, 각 연도.
______, 『중기재정계획: 2016-2020』, 2016.
______, 『2017년도 예산 및 기금운용계획 집행지침』, 2017.
보건복지부, 『2016 보건복지 통계연보』, 2016.
______, 『2016년 보건복지백서』, 2017.
행정자치부, 『지방자치단체 예산개요』, 『지방자치단체 통합재정 개요』, 각 연도.
______, 『지방재정연감』, 각 연도.
______, 『지방세통계연감』, 각 연도.
______, 『2017년도 지방자치단체 예산편성운영기준 및 기금운용계획 수립기준』, 2016.
______, 『2016년도 지방재정세제 길라잡이』, 2016.
______, 『2017년도 지방채발행계획 수립기준』, 2016.
______, 『2016년 지방공기업 현황』, 2016.

_____, 『2017년 지방교부세 산정 해설』, 2017.
_____, 지방재정 365.

ACIR, *Bankruptcies, Defaults and Other Local Government Financial Emergencies: A Commission Report*, Washington, D.C., March 1985.
_____, *Tax and Expenditure Limits on Local Governments*, March 1995.
Baldassare, M., *When Government Fails: The Orange County Bankruptcy*, University of California Press, 1998.
Bangos, N. B., "Chapter 9 of the Bankruptcy Code: The Dark Side of the Moon," June 8, 2011(http://newsandinsight.thomsonreuters.com/Bankruptcy/Insight/2011/..., 2012-05-10 접속).
Barbone, L., R. Islam, and L. A. Sanchez, "The Great Crisis and Fiscal Institutions in Eastern and Central Europe and Central Asia," Policy Research Working Paper, The World Bank, WPS5453, October 2010.
BBC News, "Europe's PIGS: Country by Country," 2010. 2. 11(http://news.bbc.co.uk/2/hi/business/8510603.stm, 2010-02-11 접속).
Berne, R. and R. Schramm, *The Financial Analysis of Governments*, New Jersey: Prentice-Hall, 1986.
Bird, R. M. and M. Smart, "Intergovernmental Fiscal Transfers: International Lessons for Developing Countries," *World Development*, Vol. 30, No. 6, 2002.
Bloomberg Business, "Harrisburg Files for Bankruptcy on Overdue Incinerator Debt," October 13, 2011(http://www.bloomberg.com/news/articles/2011-10-12/pennsylvania-capital-harrisbur..., 2016-01-26 접속).
Bohn, H. and R. P. Inman, "Constitutional Limits and Public Deficits: Evidence from the U.S. States," *Carnegie-Rochester Conference Series on Public Policy*, December 1995.
Bouker, J., *The D.C. Revitalization ACT: History, Provisions and Promises*, 2008.
Bradbury, K. L., "Fiscal Distress in Large U.S. Cities," *New England Economic Review*, November/December 1982.
_____, "Structural Fiscal Distress in Cities - Causes and Consequences," *New*

England Economic Review, January/February, 1983.

Break, G. F., *Financing Government in a Federal System*, The Brookings Institution, Washington, D.C., 1980.

Cahill, A. G. et al., "State Government Responses to Municipal Fiscal Stress: A Brave New World for State-Local Intergovernmental Relations," *Public Productivity and Management Review*, Vol. 17, No. 3, 1994.

CBO, "New York City's Fiscal Problem: Its Origins, Potential Repercussions, and Some Alternative Policy Responses," Background Paper, October 1975.

_____, "Fiscal Stress Faced by Local Governments," Economic and Budget Issue Brief, December 2010.

Chapman and Culter LLP, *Primer on Municipal Adjustment: Chapter 9 The Last Resort for Financially Distressed Municipalities*, Chicago, IL, July 2012.

Chelsea Record(Chelsea Massachusetts Newspaper), "Twenty Years and Counting," September 22, 2011.

City of Detroit, "Financial Review Commission: Overview of Plan of Adjustment" (PPT version), November 21, 2014.

_____, *Plan of Adjustment*, 2014.

City of Stockton, Chapter 9 Bankruptcy(http://www.stocktongov.com/government/department/manager/bankruptcy/default.html, 2016-01-26 접속).

Cleary Gottlieb Steen and Hamilton LLP, "Chapter 9 Municipal Bankruptcy Eligibility Standards Set in City of Stockton," ALERT MEMORANDUM, June 25, 2013.

Coe, C., "Preventing Local Government Fiscal Crises: Emerging Best Practices," *Public Administration Review*, Vol. 68, No. 4(July/August), 2008.

Cohen, N., "Understanding Municipal Bankruptcy," *Municipal Finance Journal*, Vol. 62, No. 1, 1995.

Conant, J. K., "Introduction: The 'Great Recession', State Budgets, and State Budget Deficits," *Public Budgeting & Finance*, Vol. 30, No. 1, Spring 2010.

CRB(California Research Bureau), "Overview of New York City's Fiscal Crisis," CRB Note, Vol. 3, No. 1, March 1, 1995.

CRC(Citizens Research Council of Michigan), "Avoiding Local Government Financial Crisis: The Role of State Oversight," CRC Memorandum, No. 1053, July 2000.

CRS(Congressional Research Service), "Tax-Exempt Bonds: A Description of State and Local Government Debt," CRS Report, January 9, 2015.

______, "Greece's Debt Crisis: Overview, Policy, Responses, and Implications," CRS Report for Congress, August 18, 2011.

Department for Communities and Local Government(DCLG), *A guide to the Local Government Finance Settlement in England*, 2016.

Dethier, Jean-Jacques and Curtis Morrill, "The Great Recession and the Future of Cities," Policy Research Working Paper 6256, The World Bank, 2012.

Detroit Free Press, "Detroit Rising: Life after Bankruptcy," November 8, 2015 (http://www.freep.com/story/news/local/detroit-reborn/2015/11/08/detroit-rising-life-after-bankrupt..., 2016-01-26 접속).

Deutsche Bank Research, "Fiscal Policy in US States," December 8, 2011.

Diane, J., "An Overview of Harrisburg's Municipal Bankruptcy and Pennsylvania's Municipal Bond Ratings," Widener Law School, April 2012.

DLA PIPER, "City of Harrisburg Chapter 9 Bankruptcy Dismissed," March 1, 2012 (http://www.dlapiper.com/ko/korea/insight/publications/2012/03/city-of-harrisburg-c..., 2016-01-26 접속).

Ebel, R. and S. Yilmaz, "On the Measurement and Impact of Fiscal Decentralization," in *Public Finance in Developing and Transitional Countries*, edited by J. Martinez-Vazquez and J. Allen, 2003.

European Commission, *Post-Programme Surveillance Report*, 2015.

European Economy, *Macroeconomic Imbalances, Country Report – Spain 2015*, 2015.

European Union, *Stability Programme Update 2015-2018*, 2015.

Feldstein, M., "The Failure of the Euro," *Foreign Affairs*, January/February, 2012.

Fisher, R. C., *State and Local Public Finance*, 4th ed., Routledge, 2015.

Fölscher, A., "Local Fiscal Discipline: Fiscal Prudence, Transparency, and Accountability," World Bank, 2007.

GAO, *Assessment of New York City's Performance and Prospects Under Its 3-Year*

Emergency Financial Plan, GGD-77-40, Washington, D.C., April 4, 1977.

_____, *Guidelines for Rescuing Large Failing Firms and Municipalities*, GAO/GGD-84-34, Washington, D.C., March 29, 1984.

_____, *District of Columbia Financial Crisis*, GAO/T-AIMD-95-88, Washington, D.C., February 22, 1995.

_____, *Cleveland's Financial Crisis*, GAO/GGD-96-164R, Washington, D.C., August 21, 1996.

_____, *District of Columbia: Oversight in the Post-Control Board Period*, GAO-01-845T, Washington, D.C., June 8, 2001.

_____, "Municipalities in Fiscal Crisis," GAO-15-222, March 2015.

Gonzalo Villalta Puig, "Ungovernable Spain: Regional Subsidiarity and the Crisis of Local Governance," in *Local Government in Europe*, Carlo Panara and Michael Varney(ed.), Routledge, 2013.

Gramlich, E. M., "The New York City Fiscal Crisis: What Happened and What Is to Be Done?," *American Economic Review*, Papers and Proceedings, Vol. 66, No. 2, 1976(a).

_____, "Intergovernmental Grants: A Review of the Empirical Literature," in *the Political Economy of Fiscal Federalism*, edited by W. Oates, Lexington Books, 1976(b).

_____, "State and Local Budgets the Day after It Rained: Why Is the Surplus So High?," *Brookings Papers on Economic Activity*, Vol. 1, 1978.

_____, "The 1991 State and Local Fiscal Crisis," *Brookings Papers on Economic Activity*, Vol. 2, 1991.

Hagen, J. et al., "Subnational Government Bailouts in OECD Countries: Four Case Studies," Inter-American Development Bank, Working Paper, November 2000.

Hendrick, R., "The Role of Slack in Local Government Finances," *Public Budgeting and Finance*, Vol. 26, No. 1, 2006.

Heppke-Falk, K. H. and G. B. Wolff, "Moral Hazard and Bail-Out in Fiscal Federations: Evidence for German Lander," *KYKLOS*, Vol. 61, No. 3, 2008.

Honadle, B. W., "The States' Role in U.S. Local Government Fiscal Crises: A Theoretical Model and Results of a National Survey," *International Journal of*

Public Administration, Vol. 26, No. 13, 1978.

HUD, *Monitoring Review Report, City of Detroit, Community Development Block Grant Programs(Detroit, MI)*, September 17, 2013.

IBO(New York City Independent Budget Office), "Dawn of a New Era: New York City Fiscal Policy After the Financial Emergency Act," Background Paper, November 2007.

ICMA, *Managing Local Government Finance Cases in Decision Making*, 1996.

_____, "Navigating the Fiscal Crises: Tested Strategies for Local Leaders," White Paper, 2009.

_____, *Municipal Bonds and Infrastructure Development – Past, Present, and Future*, White Paper, August 2015.

IMF, Spain(2015 Article IV Consultation, Press Release), IMF Country Report No. 15/232, 2015.

_____, *World Economic Outlook*, July 2017 및 각 연도.

_____, *Fiscal Monitor*, April 2017 및 각 연도.

_____, *Global Financial Stability Report*, April 2017.

Inman, R. P., "How to Have a Fiscal Crisis: Lessons from Philadelphia," *American Economic Review, Papers and Proceedings*, Vol. 85, No. 2, 1995.

_____, "Transfers and Bailouts: Enforcing Local Fiscal Discipline with Lessons from U.S. Federalism," in J. Rodden et al., *Fiscal Decentralization and the Challenge of Hard Budget Constraints*, 2001.

Instituto de Estudios Fiscales, "Saving Measures in Local Government: The Standard Cost of Local Services," 2013(내부 문건).

Issues PA, "Pittsburgh's Fiscal Crisis: What's Happening Now," April 2004.

Jens Blom-Hansen et al., "Tax Limitations and Revenue Shifting Strategies in Local Government," *Public Budgeting & Finance*, Spring 2014.

JONES DAY, "Bankruptcy Court Confirms City of Detroit's Chapter 9 Plan of Adjustment," November 2014(http://www.jonesday.com/bankruptcy-court-confirms-city-of-detroits-chapter-9-plan-..., 2016-01-26 접속).

Kaminsky, G. L. and A. Pereira, "The Debt Crisis: Lessons of the 1980s for the 1990s," Board of Governors of the Federal Reserve System, International

Finance Discussion Paper, No. 481, September 1994.

Knox, J. and M. Levinson, "Municipal Bankruptcy: Avoiding and Using Chapter 9 in Times of Fiscal Stress," ORRICK, Herrington & Sutcliffe, LLT, 2009.

Ladd, H. and J. Yinger, *America's Ailing Cities, Fiscal Health and the Design of Urban Policy*, Baltimore, Maryland: The Johns Hopkins University Press, 1989.

LAO, "Proposition 58(The California Balanced Budget Act)," December 2003 (http://www.lao.ca.gov/ballot/2004/58_03_2004.htm, 2012-05-17 접속).

_____, "Local Government Bankruptcy in California: Questions and Answers," August 7, 2012(http://www.lao.ca.gov/reports/2012/localgov/local-government-bankruptcy-080712.a..., 2014-03-05 접속).

Levine, H. et al.(eds.), *Handbook of Local Government Fiscal Health*, Jones & Bartlett Learning, 2012.

Lewis, C., "Municipal Bankruptcy and the States," Urban Affairs Quarterly, Vol. 30, No. 1, 1994.

Liu, Lili and M. Waibel, "Subnational Insolvency: Cross-Country Experiences and Lessons," The World Bank, WPS4496, January 2008.

Maguire, S. and J. M. Stupak, "Tax-Exempt Bonds: A Description of State and Local Government Debt," Congressional Service Report, 2015.

Marlowe, J. et al., *Capital Budgeting and Finance: A Guide for Local Governments*, ICMA, February 2010.

McConnel, M. W. and R. C. Picker, "When Cities Go Broke: A Conceptual Introduction to Municipal Bankruptcy," *The University of Chicago Law Review*, Vol. 60, 1993.

Merrill, P. R., "Corporate Tax Policy for the 21st Century," *National Tax Journal*, Vol. 63, No. 4(part 1), 2010.

Mikesell, John L., "Fiscal Administration in Local Government: An Overview," in *Local Budgeting*, World Bank, 2007.

Miller, G. J., "Weathering the Local Government Fiscal Crisis: Short-Term Measures of Permanent change?," *The Municipal Year Book 2011*, Vol. 78, Washington, D.C., ICMA, 2011.

Moody's, *US Municipal Bond Defaults and Recoveries, 1970-2014*, July 24, 2015.

_____, *Infrastructure Default and Recovery Rates, 1983–2015*, 2016.

_____, *Sovereign Default and Recovery Rates, 1983–2016*, June 30, 2017.

Morgan, D. R. and W. J. Pammer, Jr., "Coping with Fiscal Stress: Predicting the Use of Financial Management Practices Among U.S. Cities," *Urban Affairs Quarterly*, Vol. 24, No. 1, 1988.

Murphy, B. J., "Understanding Municipal Bankruptcy," *Municipal Finance Journal*, Vol. 62, No. 1, 1995.

NASBO(National Association of State Budget Officers), "Municipal Bankruptcy and the Role of the States," August 21, 2012.

_____, *State and Local Fiscal Facts*, 2013.

_____, *The Fiscal Survey of States*, 각 연도(2013, 2014, 2015, 2016).

_____, *State Expenditure Report*, 각 연도(2013, 2014, 2015, 2016).

_____, *Budget Process in the States*, 2008, 2016.

National League of Cities, "State and Local Bankruptcy," 2013(http://www.nlc.org/build-skills-and-networks/resources/cities-101/city-finances/state-..., 2014-01-21 접속).

_____, "City Fiscal Conditions," Research Brief on America's Cities, 2012, 2013, 2014, 2015, 2016.

_____, *State of the Cities*, 2015, 2016.

NGA/NLC/NASBO, "Facts You Should Know: 2013 Fact Sheet(State and Municipal Bankruptcy, Municipal Bonds)," 2013.

_____, "State and Local Fiscal Facts: 2016," 2016.

Oats, Wallace, "On the Evolution of Fiscal Federalism: Theory and Institutions," *National Tax Journal*, Vol. LXI, No. 2, June 2008.

OECD, "Fiscal Rules for Sub-Central Governments: Design and Impact," COM/CTPA/ECO/GOV/WP(2006)/1, 2006.

_____, *Fiscal Federalism 2014*, 2014.

_____, *Revenue Statistics*, 각 연도.

_____, 2014 Social Expenditure Update(Data Base), 2014(www.oecd.org/social/expenditure.htm).

_____, OECD STAT, 각 연도.

Orzag, P. R., "The State Fiscal Crisis," *The Milken Institute Review*, Third Quarter, 2003.

O'Toole, Jr., Laurence J., *American Intergovernmental Relations: Foundations, Perspectives, and Issues*, 4th ed., CQ Press, 2007.

Pennsylvanian General Assembly and Local Government Commission, *Municipal Fiscal Stress and Recovery*, Pennsylvanian Legislator's Municipal Deskbook, 4th ed.(2015 update), 2015.

PEW, "Why Michigan is Overseeing the Detroit Bankruptcy," July 23, 2013(http://www.pewstates.org/projects/headlines/why-michigan-is-overseeing, 2014-01-21 접속).

Pew Charitable Trusts, *The State Role in Local Government Financial Distress*, Washington, D.C., July 2013.

PLRL(Public Law Research Institute), "Municipal Bankruptcy: State Authorization Under the Federal Bankruptcy Code," 2010.

Poterba, J. M., "State Responses to Fiscal Crises: The Effects of Budgetary Institutions and Politics," *Journal of Political Economy*, Vol. 102, No. 4, 1994.

PPIC(Public Policy Institute of California), "Proposition 13: 30 Years Later," June 2008.

Reinhart, C. M. and K. S. Rogoff, *This Time Is Different: Eight Centuries of Financially Folly*, Princeton University Press, 2009.

Rendell, E. G., "Cutting the Cost of Government in Philadelphia," *Government Finance Review*, Vol. 13, No. 3, 1997.

Rodden, J. A. et al., *Fiscal Decentralization and the Challenge of Hard Budget Constraints*, The MIT Press, 2003.

Saint Louis University School of Law(Hoffmann, T. D.), "Municipal Bankruptcy Authorization under Chapter 9: A Call for Uniformity among States," *Saint Louis University Public Law Review*, Vol. XXXIV: 215, 2015.

Schrenk, J., "Prichard in Crisis: Bankruptcy and Option of Last Resort," Mobile Register October 10(B-01), 1999.

Scorsone, E. A., "Frequently Asked Questions About the New Michigan Local Financial Emergency Law(Public Act 436 of 2012)," Michigan State University, January 2013.

Scorsone, E. A. and C. Pierhoples, "Fiscal Stress and Cutback Management in State and Local Governments: What We Have Learned and What Remains to be Learned?," *State and Local Government Review*, Vol. 42, No. 2, August 2010.

Shah, Anwar, "Fiscal Need Equalization: Is It Worth Doing? Lessons from International Practices," World Bank, August 2007.

Shalala, D. E. and C. Bellamy, "A State Saves a City: The New York Case," *Duke Law Journal*, Vol. 1976: 1119, 1976.

Shefter, M., *Political Crisis, Fiscal Crisis: The Collapse and Revival of New York City*, New York: Columbia University Press, 1992.

Sobel, R. and R. G. Holcombe, "The Impact of State Rainy Day Funds in Easing State Fiscal Crisis During the 1990–1991 Recession," *Public Budgeting & Finance*, Fall 1996.

Spitto, J. E., "Municipal Insolvency: Bankruptcy, Receivership, Workouts and Alternative Remedies," in D. Gelfand, *State and Local Government Debt Financing*, 2nd ed., St. Paul, MN: Clark Boardman Callaghan, 1993.

Standard & Poor's Rating Services, *Ratings Direct*, February 1, 2016.

State Budget Crisis Task Force, *Report of the State Budget Crisis*, July 2012.

______, *Unfunded Pension Promises*, The Task Force White Paper, April 2013.

Stein, R. B., "The New York City Budgets: Anatomy of a Fiscal Crisis," *Quarterly Review*, Winter 1976.

Tannenwald, R. and Jonathan Cowan, "Fiscal Capacity, Fiscal Need, and Fiscal Comfort among U.S. States: New Evidence," *Publius: The Journal of Federalism*, Vol. 27, Issue 3, 1997.

Ter-Minassian, T., "Fiscal Rules for Subnational Governments: Can They Promote Fiscal Discipline?," OECD, 2007.

Thai, K. V., "Local Government Financial Emergency: The Case of Miami, Florida," *Government Finance Review*, Vol. 13, No. 3, 1997.

The Bond Buyer Yearbook, 2014.

The Economist, "Greece's Default: The Wait is Over," March 17, 2012.

The Financial Crisis Inquiry Commission, *The Financial Crisis Inquiry Report*,

January 2011.

The Joint Economic Committee, "The New York City's Financial Crisis: An Evaluation and Its Economic Impact and of Proposed Policy Solutions," 1975.

The New York Times, "City Council in Harrisburg Files Petition of Bankruptcy," October 12, 2011.

_____, "Detroit is out of Bankruptcy, but Not Out of the Woods," December 10, 2014 (http://www.nytimes.com/2011/10/13/us/harrisburg-pennsylvania-files-for-bankruptcy.html?_..., 2016-01-26 접속).

The Times, "Broken City: Detroit," August 5, 2013.

United Nations, *World Population Prospects, Data Booklet*, 2015 Revision, 2015.

United States Bankruptcy Court Eastern District of Michigan Southern Division, *Disclosure Statement with Respect to Plan for the Adjustment of Debts of the City of Detroit*, February 21, 2014.

United States Census Bureau, *Individual State Description: 2012, 2012 Census of Governments*, September 2013.

_____, An Aging World: 2015, International Population Reports, March 2016.

United States Constitution.

USA TODAY, "Detroit's Lesson-2016 Candidates Can't Ignore $60 Trillion Debt," Column, March 3, 2016.

U.S. Code Title 11 Chapter 9.

Ward, A., "GASB Issues Exposure Draft on Bankrupt Municipalities," *The Bond Buyer*, Vol. 368, No. 33140, June 30, 2009.

Watson, D. J. et al., "Financial Distress and Municipal Bankruptcy: The Case of Prichard, Alabama," *Journal of Public Budgeting, Accounting & Financial Management*, 17(1), Summer 2005.

Weil, "Chapter 9 Update: Alabama Municipalities Eligible As Debtors Under Section 109(c)," Weil Bankruptcy Blog, May 22, 2012(http://business-finance-restructuring.weil.com/chapter-9/chapter-9-update-alabma-m..., 2016-01-26 접속).

Wikipedia, "California Proposition 13(1978)"(http://en.wikipedia.org/wiki/California_Proposition_13_, 1978, 2012-05-17 접속).

_____, "Proposition 2 1/2"(http://en.wikipedia.org/wiki/Proposition_2%C2%BD, 2017-01-

27 접속).
_____, "Detroit Bankruptcy"(http://en.wikipedia.org/wiki/Detroit_bankruptcy, 2016-01-26 접속).
_____, "European Debt Crisis"(http://en.wikipedia.org/wiki/European_debt_crisis, 2016-01-26 접속).
Winegarden, W. H., "The Finances of American Cities: Lessons from Vallejo, Stockton, and San Bernardino," Discussion Paper, October 2014.
Wolff, G. B., "Fiscal Crises in U.S. Cities: Structural and Non-structural Causes," ZEI Working Papers B28-2004, University of Bonn, January 30, 2004.
Wolman, H., "National Fiscal Policy and Local Government During the Economic Crisis," GMF, Urban Paper Series 2014, May 2014.
World Bank, *Local Governance in Industrial Countries*, 2006.
_____, *Local Budgeting*, 2007.
_____, *World Development Indicators*, 각 연도.
Wright, D. S., *Understanding Intergovernmental Relations*, 3rd ed., Wadsworth, 1988.
Zycher, B., "State and Local Spending: Do Tax and Expenditure Limits Work?," AEI(American Enterprise Institute), May 2013.

池上岳彦 編, 『現代財政学を学ぶ』, 有斐閣, 2015.
窪田修, 『図說日本の財政』, 平成28年度版, 東洋経済, 2016.
小西左千夫, 『自治体財政健全化法』, 学陽書房, 2008.
_____, 『地方財政のヒミツ』, きょうせい, 2013.
_____, 『自治体財政健全化法: 制度と財政再建のポイント』, 学陽書房, 2008.
白川一郎, 『自治体破産: 財政の鍵は何か』, 増補改訂版, NHKブックス(日本放送出版協会), 2007.
神野直彦・小西左千夫, 『日本の地方財政』, 有斐閣, 2014.
平嶋彰英, "地方公共団体財政健全化法成立から三年を経て: 制度設計を振り返り, 影響を検證する," 『地方財政』, 2010.
日本経済新聞出版者 編, 『日本大予測2017: これからの日本の論点』, 2016.
月刊「地方財政」編集局 編, 『自治体財政健全化法のしくみ』, きょうせい, 2008.

内閣府, 『経済財政百書』, 平成28年版, 2016.
総務省 統計局, 『世界の統計』, 2016.
総務省 編, 『地方財政白書』, 平成28年版, 2016.

찾아보기